Hablar *y* escribir BIEN

Hablar *y* escribir BIEN

La llave del ÉXITO

Reader's Digest

HABLAR Y ESCRIBIR BIEN

READER'S DIGEST
DIVISIÓN DE LIBROS EN LENGUA CASTELLANA

Corporativo Reader's Digest México, S. de R.L. de C.V.

Director: Gonzalo Ang

Editores: Beatriz E. Ávalos Chávez, Cecilia Chávez Torroella, Berenice Flores, Alma Delia González Valle, Irene Paiz, Arturo Ramos Pluma, Myriam Rudoy

Traducción y adaptación de Reader's Digest México, S.A. de C.V., con la colaboración de Julieta Arteaga Tijerina y Lorena Murillo.

Esta obra ha sido traducida y adaptada de *Bien écrire et parler juste*, © 1989, Sélection du Reader's Digest (Canada) Ltée, Montreal, Canadá.

Reader's Digest México agradece a Leonor Tejada, Óscar Cacho, Gerardo Moncada, Rita Contreras, Teresa Parra y Mauricio Pichardo su colaboración en la redacción de textos nuevos. También agradece al doctor Manuel Alcalá, secretario de la Academia Mexicana Correspondiente de la Española, la información proporcionada para preparar el tema de las academias de la lengua en el primer capítulo.

Esta décima reimpresión se terminó de imprimir el 26 de enero de 2001 en los talleres de Gráficas Monte Albán, S.A. de C.V., Fraccionamiento Agroindustrial La Cruz, Municipio del Marqués, Querétaro, México.

ISBN 968-28-0195-8

Editado por Reader's Digest México, S.A. de C.V.

Impreso en México
Printed in Mexico

UK0696/IC – CE

PREFACIO

Los vertiginosos avances tecnológicos de nuestra época están provocando una especie de ofuscación en quienes necesitamos comunicarnos: todos los seres humanos. La atención en el campo de las comunicaciones se ha concentrado en las computadoras, los satélites, el teléfono y la televisión, a tal grado que parece haber una tendencia a olvidar la escritura y la expresión oral cara a cara.

Hablar y escribir bien, además de explicar el desarrollo y la utilidad de los modernos medios de comunicación masiva, propone rescatar la palabra hablada en su manifestación directa. La vida privada, la vida social y la vida profesional requieren nuestra habilidad para dirigirnos a los familiares, a un grupo de amigos o al comité ejecutivo de la empresa en la cual trabajamos; y para ello es preciso conocer técnicas sencillas que nos puedan proporcionar valiosos resultados.

A través de sus páginas, esta obra de Reader's Digest nos invita también a retomar el arte de la escritura, cualesquiera que sean su forma y su propósito: escribir una carta de amor, preparar el currículum vitae, estructurar un informe de trabajo, redactar la invitación para la fiesta de cumpleaños de un hijo, etcétera. Y, lo más importante: enseña cómo hacerlo. Por si esto fuera poco, brinda útiles recomendaciones para sacar el mayor provecho de las conversaciones telefónicas, así como para hacer un buen papel frente a un grupo en el momento de exponer y defender una propuesta o de dirigir una junta.

Son el complemento de los temas principales de la obra una breve historia de la lengua castellana, un resumen de la gramática de este importante idioma y un original diccionario de dudas que presenta el significado tanto de palabras de reciente aparición en los medios de comunicación, como de vocablos un tanto antiguos pero que han adquirido significados nuevos, acordes con los tiempos.

Vayamos, pues, al encuentro de estas páginas que nos ayudarán a descubrir el placer de *Hablar y escribir bien*.

LOS EDITORES

ÍNDICE

Edificio de la Real Academia Española, Madrid, España.

HISTORIA
DE LA
LENGUA
ESPAÑOLA

No se puede saber con certeza cuál fue la primera lengua o si surgieron muchas al mismo tiempo. Lo que los lingüistas han podido rastrear es la existencia de una muy importante, originaria del centro de Europa, conocida con el nombre de indoeuropea. Esa lengua se expandió hacia la India, donde se desarrolló el sánscrito; y hacia el resto de Europa, donde florecieron lenguas aparentemente tan diferentes entre sí como el griego, el alemán, el inglés, el ruso y el eslovaco. Entre ellas se encontraba el latín, hablado en la Península Itálica, que dio origen a las lenguas romances: el italiano, el provenzal, el francés, el gallegoportugués, el catalán, el rumano, el español. Sin embargo, aunque el español heredó muchas de las características del latín, las diferencias con las demás lenguas romances son evidentes y la historia de la región ayuda a explicar, en parte, estas diferencias. Así, podemos distinguir una época anterior, esto es, antes de la llegada de los romanos; una más donde el latín será el centro de la atención; otra donde la tónica será el aporte de los pueblos germanos después de la caída de Roma; una más donde los árabes serán los protagonistas y, ya como país independiente, el desarrollo del español a través de los siglos.

ESPAÑA ANTES DE LA LLEGADA DEL LATÍN

Antes de la llegada de los romanos, existieron en la Península Ibérica diferentes pueblos que formaron lo que se conoce como el sustrato que influyó sobre el latín, que luego llegó a España, aunque quedan muy pocos testimonios en nuestra lengua. Sin embargo, los topónimos, es decir, las palabras que designan nombres de lugares, poseen elementos que se remontan a épocas muy lejanas.

Los turdetanos o tartesios (pueblos prerromanos) aparecen en el Antiguo Testamento, donde se habla de las legendarias riquezas de Tarsis.

De los iberos, mencionados por Herodoto, podemos citar el río *Iber*, que conocemos como Ebro, y la propia denominación de Península Ibérica.

Los fenicios se instalaron en el año 1100 a.C. Nos dejaron nombres de ciudades: Cádiz (*Gáddir* en fenicio, *Gades* para los romanos y *Qadis* para los árabes); *Málaka* > Málaga, Medinasidonia (relacionada con Sidón) y *Ebusus* > Ibiza (el símbolo > significa: "se transformó en").

Los griegos establecieron centros de comercio en la península: *Lucentum* > Alicante y *Emporium* > Ampurias; pero las huellas lingüísticas del griego en el español son posteriores y, generalmente, llegaron a través del latín.

De los celtas, que llegaron a la península en el siglo VII a.C. y de los cuales descienden el gaélico y el bretón, heredamos topónimos como Segovia y Coimbra, y palabras como abedul, braga, brío, caballo, camino, carro, lanza, perro, pieza.

Los vascos son, de los pueblos que habitaban España antes de la llegada de los romanos, los únicos que aún conservan su lengua, lo que explica y quizá se explica por su acendrado nacionalismo. Javier, Íñigo y Aranjuez son de origen vasco.

En general, del conjunto de todos los pobladores que estuvieron, pasaron o se quedaron en España antes de la llegada de los romanos, podemos destacar el siguiente vocabulario: ardilla, arroyo, barranco, becerro, bruja, cala-baza, cencerro, conejo, chaparro, gordo, gorra, manteca, muñeca, pizarra, ráfaga, sapo, urraca, zurra. Es notorio en muchas de éstas el sonido **rr**, tan característico de la lengua española.

EL LATÍN

Doscientos años antes de la era cristiana los romanos conquistaron la Península Ibérica (197 a.C.); sin embargo, sólo podemos hablar con certeza de castellano o español a partir del siglo X de nuestra era, pues en esa época aparecen los primeros testimonios escritos. En los diez siglos anteriores, seguramente el latín primero convivió con las lenguas que había en la península y, poco a poco, las fue sustituyendo. Estrabón, historiador romano de la época de Augusto, consigna que los turdetanos adoptaron las costumbres romanas y olvidaron su propia lengua.

Y como en todas las épocas y en todas las lenguas, se dio una evolución, paralela y al mismo tiempo divergente, entre la lengua hablada y la lengua escrita, entre lo que se conoce como "latín vulgar" y "latín clásico".

El latín clásico es el que conocemos porque quedó documentado: es el de la literatura, el de los discursos y el de la retórica; el de los historiadores y filósofos, de los cuales algunos fueron originarios de España, como Marcial y Quintiliano, Séneca y Lucano.

Sin embargo, el español y las demás lenguas romances no proceden de ese latín, sino del latín hablado, que poco a poco fue evolucionando, tanto, que de pronto ya no le fue posible al hablante común entender el latín culto y hubo necesidad de dar clases. Así, en el siglo III d.C. aparece el *Appendix Probi*, obra donde se censuran algunas formas, tal como en la actualidad podríamos indicar, por ejemplo, que no se dice "tiatro, se dice teatro".

Los cambios que con el uso transformaron al latín en español a veces se denominan "deformaciones" del latín. Si estamos de acuerdo con el punto de vista que dice que lo único correcto es la lengua escrita, el término es adecuado.

Pero si tenemos en cuenta que por más que se enseñe lo "correcto", la lengua evoluciona —precisamente en el *Appendix Probi* se ve que todas las formas censuradas se impusieron—, el término es demasiado purista.

Los romanos trajeron paz, técnicas nuevas y más cultura —aunque no toda era propia, pues fueron "conquistados" culturalmente por los griegos. A través del latín llegaron voces griegas como idea, fantasía, poesía, música, comedia, tragedia.

La expansión del cristianismo en tierras del Imperio Romano ayudó también a lograr la completa latinización de la península.

También se conservan topónimos de origen latino: *Legionem* > León; *Metellini* > Medellín. De la época de la cristianización tenemos *Sancta Eulalia* > Santolalla; *S. Facundi* > Sahagún.

A grandes rasgos, las diferencias más importantes entre el latín vulgar y el literario que influyeron en el desarrollo del español son las siguientes:

● Un modificador podía estar muy separado de la palabra modificada en lengua escrita, pero en la hablada, el modificador iba junto a la palabra.

● Empezaron a usarse más las preposiciones y esto ayudó a que desaparecieran las declinaciones, característica que el español comparte con otras lenguas romances. De lengua "sintética", donde en la palabra se concentra además la función que tiene en la oración, pasó a ser lengua "analítica", donde las palabras no cambian y sus funciones se establecen con las preposiciones o con la ubicación en la oración.

● Las 10 vocales del latín clásico quedaron reducidas a siete (y finalmente, en el español, a cinco).

La convivencia del latín clásico, conservado gracias a la escritura, y el latín vulgar, que dio origen a las lenguas romances, trajo como consecuencia los "dobletes", es decir, palabras de origen culto y palabras que provienen de la evolución de la lengua:

de *cauda* tenemos **cauda**, la culta, y **cola**, la "vulgar"; o de *operari*, **operar** y **obrar**; de *plenus*, **pleno** y **lleno**. En la actualidad, los científicos siguen usando palabras latinas para designar plantas, animales, etcétera.

DESPUÉS DEL LATÍN, LAS LENGUAS GERMANAS
Al caer Roma, en el año 410, el resto del Imperio se fue desmoronando poco a poco. A España llegaron diferentes tribus bárbaras: vándalos, alanos, suevos, pero la más importante fue la de los visigodos. La situación geográfica de España, en los límites del mundo conocido entonces, propició que los godos llegaran ya con el latín asimilado. Prácticamente no hubo un periodo bilingüe. Y, en líneas generales, su aporte se refiere al ámbito del vocabulario, no de la estructura de la lengua.

LA LINGÜÍSTICA

Se define a la *lingüística* como "la ciencia que estudia desde todos los puntos de vista posibles el lenguaje humano articulado, en general y en las formas específicas en que se realiza, es decir, en los actos lingüísticos (como el empleo de palabras o frases) y en los sistemas conocidos como *lenguas*" (Coseriu, E., *Introducción a la lingüística*, Universidad Nacional Autónoma de México, México, 1990).

Un lingüista estudia una lengua para describirla de un modo científico, y no necesariamente para aprenderla. Esto lo distingue del políglota, que conoce varios idiomas, no con propósitos científicos sino prácticos.

La lingüística está comprendida dentro de otra ciencia más general, la *semiología*, que estudia todos los signos posibles de la comunicación humana mediante los cuales se intercambian ideas y sentimientos. Y se relaciona con la *semántica*, ciencia que estudia los significados de las palabras.

Se puede estudiar, de una lengua, un momento determinado de su desarrollo, o su evolución a través del tiempo. En el primer caso se habla de *sincronía* y en el segundo de *diacronía*.

Una misma lengua se habla de maneras ligeramente distintas en diferentes regiones. Para un mexicano es muy fácil identificar a un individuo del norte del país por su manera de hablar, pero lo entiende aunque no hable exactamente como él. Y los españoles son inconfundibles para un americano por su propia manera de pronunciar la *z* y la *c* y por su uso muy frecuente de los tiempos compuestos o perfectos en la conjugación verbal. A estas variaciones que por causas principalmente geográficas se presentan dentro de una lengua se les llama *dialectos*, y a la ciencia que los estudia se le conoce como *dialectología*.

Del vocabulario de los bárbaros tenemos: guerra, botín, galardón, bandido, heraldo, estribo, brida, espuela, blandir, toldo, atavío. Y los inevitables topónimos como: Castrogeriz, Guitiriz, Allariz; y nombres de personas: Álvaro, Fernando, Rodrigo, Elvira.

LA PRESENCIA ÁRABE
En el año 711 fue derrotado Don Rodrigo, el último rey visigodo. Comienzan 700 años de dominación árabe. Pueblos con religión y lengua diferente han conquistado la Península Ibérica. Existen 4,000 arabismos, es decir, palabras de origen árabe. Eso es todo. ¿Todo? Aunque parezca mucho, desde otra perspectiva es muy poco. Veamos, ¿por qué no hablamos árabe ni somos musulmanes? En América no se necesitaron muchos años luego de la Conquista para hablar español. ¿Cuál fue la diferencia? La diferencia fue el tipo de conquista, la política de tolerancia que

practicaron los árabes y la enorme cultura que poseían. No obligaron a nadie a convertirse a su religión. En zonas árabes convivían judíos, árabes y cristianos, y estos últimos a veces adoptaban la lengua de los conquistadores, pero no cambiaban de religión; se les llamaba *mozárabes*.

Por otra parte, el árabe es realmente una lengua muy diferente y por eso se asimiló nada más su vocabulario.

Además, en el norte de la península estaban refugiados los reinos cristianos que poco a poco, y en especial durante los siglos VIII y IX, fueron presionando y "reconquistando" tierras a los árabes. Las pugnas y divisiones que se dieron posteriormente entre los árabes también contribuyeron a debilitar su poder.

De esa manera convivieron en la península varias lenguas. La cultura llevada por los árabes se refleja, por ejemplo, en los aportes que hicieron en matemáticas; de ahí surgieron palabras de origen árabe como: cifra, álgebra, que enriquecieron el idioma español.

Además de la gran cantidad de palabras que conservamos del árabe, como aceituna, aljibe, alcantarilla, alcohol, azúcar, benjuí y berenjena, también se conservan topónimos: Guadalquivir (río grande), Guadalajara (río de las piedras), Guadalupe (río del lobo), y las que contienen *Medina*, que quiere decir "ciudad" (Medinasidonia).

Si se recorre el diccionario en las palabras que empiezan con a-, especialmente al-, se verá que muchísimas son de origen árabe, pues al- corresponde al artículo árabe que se "pegó" a la palabra cuando ésta pasó a la lengua romance.

Tal presencia árabe en España motivó el concepto de que "Europa empieza en los Pirineos", que hasta nuestros días se maneja.

EL ESPAÑOL EN LA EDAD MEDIA

Las características políticas y sociales de la Edad Media, como la existencia de feudos y de reinos diferentes (Castilla, León, Aragón, Navarra) hicieron que se profundizara la división entre el latín clásico y el vulgar, que ya se empezaba a llamar romance. El latín quedó confinado en escuelas, iglesias y monasterios.

Tales diferencias se percibieron cuando fue necesario aclarar o traducir lo que se decía en latín. Del siglo X son las *glosas*, Emilianenses y Silenses, provenientes respectivamente del Monasterio de San Millán de la Cogolla y Santo Domingo de Silos. Para muchos autores, éstas constituyen el "acta de nacimiento" de la lengua española, aunque ni siquiera se usó en ellas el dialecto castellano.

Palabra en latín	Glosa
barbari (bárbaros)	gentiles, paganos
caracterem (marca, señal)	seingnale
effunditur (se derrama, se vierte)	verterán

Palabra en latín	Glosa
excludere (excluir)	separare, laiscare
exteriores (exteriores)	de fueras
fenum (heno, hierba)	jerba
ignorans (ignorando)	non sapiendo
invalidi (débiles, enfermos)	débiles, aflitos
lapsus (caído)	cadutu
pauperibus (a los pobres)	a los misquinos
poculum (la copa, la bebida)	la bebetura
puniuntur (sufren pena de muerte)	muertos fuerent
terribilem (terrible)	paboroso, temeroso
violenter (violentamente)	fuertemientre

Las luchas para reconquistar los territorios ocupados por los árabes fueron paralelas a las de los reinos cristianos entre sí. El reino de Castilla fue conquistando o aliándose con los de León y Aragón, lo que significó, desde el punto de vista de la lengua, que el aragonés y el leonés, también lenguas romances o dialectos del latín, fueran desplazados y desaparecieran frente al castellano. Sin embargo, el gallego y el catalán lograron sobrevivir.

Algunas de las características de la pronunciación del castellano no se dieron en otros dialectos, como la transformación del sonido f en h. Así, de *farina* tenemos harina.

Del año 1140 es el *Cantar del Mio Cid*, poema épico con trasfondo popular:

Mio Çid Roy Díaz   por Burgos entróve
en sue conpaña   sessaenta pendones.
Exién lo veer   mugieres e varones,
burgeses e burgesas   por las finestras sone.
Plorando de los ojos   —tanto avién el dolore—,
de las sus bocas   todos dizían una razone:
"¡Dios, qué buen vassallo!   ¿Sí oviesse buen señore!"
Conbidar le ien de grado,   mas ninguno non osava:
el rey don Alfonsso   tanto avié le grand saña.
Antes de la noche   en Burgos dél entró su carta
con gran recabdo   e fuertemientre seellada:
que a mio Cid Roy Díaz   que nadi nol diessen posada,
e aquel que gela diesse,   sopiesse (vera palabra)
que perderié los averes   e más los ojos de la cara,
e aun demás   los cuerpos e las almas.
Grande duelo avién   las yentes cristianas;
ascóndense de mio Cid,   ca nol osan dezir nada.

Çid viene del árabe *Sidi*, que quiere decir *señor*. Las hazañas del Cid fueron cantadas, se transmitieron por vía oral a través de los juglares antes de ser escritas y seguramente muchas son exageraciones, pero son no sólo un testimonio del desarrollo de la lengua romance, sino una herencia artística.

Áreas lingüísticas de la Península Ibérica en el siglo XIII.

Gallegoportugués
Leonés
Vasco
Catalán
Castellano

Hacia 1230 se desarrolló una corriente de poesía religiosa con trasfondo culto: el Mester de Clerecía. De esta corriente el poeta más importante es Gonzalo de Berceo y su importancia radica precisamente en el uso muy consciente del romance y no de la lengua culta de la época, que no era otra que el latín:

Quiero fer una prosa en román paladino,
en qual suele el pueblo fablar a su vezino;
ca non so tan letrado por fer otro latino,
bien valdrá, commo creo, un vaso de bon vino.

Alfonso X, el Sabio (1221-1284), rey de Castilla y León, compiló obras que abarcaban el saber de la época. Lo hizo en castellano y aseguró la vida de esta lengua para el futuro. *Las siete partidas* y la *Grande e general estoria* permitieron que fuera el castellano y no el aragonés, el leonés o el gallego, el que se convirtiera en lengua nacional.

A partir del siglo IX la ciudad de Santiago de Compostela se convirtió en lugar de peregrinación de cristianos de toda Europa; debido a ello entraron al idioma palabras de origen francés: homenaje, mensaje, fraile, manjares, vinagre.

De los siglos XI y XII son las *jarchas*, cancioncillas escritas en el dialecto hablado por los mozárabes, pero mezclado con palabras árabes.

Versión original	**Versión moderna**
Gardi bos, ay yermanellas,	Decid vos, ay, hermanitas
kom kontener he mew male	cómo contendré mi mal.
Sin al-habib non bibreyho:	No viviré sin mi amigo:
¿ad ob l'irey demandare?	¿a dónde le iré a buscar?

Del siglo XIV son los *Proberbios*, escritos por don Sem Tob:

Versión original	**Versión moderna**
Por nasçer en espino	Por nacer en un espino
non val la rosa çierto	la rosa no vale menos,
	ciertamente
menos, nin el buen vino	ni el buen vino
por salir del sarmiento.	por venir del sarmiento.
Non val el açor menos	No vale menos el azor
por nasçer de mal nido,	por nacer en mal nido,
nin los exenplos buenos	ni los ejemplos buenos
por los dezir judío...	porque sea un judío quien
	los diga.

LOS SIGLOS XIV Y XV

Durante estos siglos se consolidó el castellano como lengua literaria y retrocedieron el aragonés y el leonés; también se iniciaron esfuerzos para establecer la ortografía.

Un sobrino de Alfonso el Sabio, don Juan Manuel, escribió en castellano *El Conde Lucanor*, una serie de cuentos, muchos de ellos de tradición oral. Es de destacar que se preocupó de que el libro se copiara fielmente y por eso se conserva hasta nuestros días.

El Arcipreste de Hita, clérigo y poeta español (1283?-1351?), escribió en verso *El libro de buen amor*, donde hay fábulas, cuentos y mucho humor.

El marqués de Santillana (1398-1458) y Juan de Mena (1411-1456) fueron importantes escritores que contribuyeron a engrandecer la lírica de la época. En el *Laberinto de Fortuna*, de Mena, se observa la influencia que la literatura italiana ejerció en la castellana de la época. Además, fue uno de los escritores que más cultismos del latín introdujeron; algunos, como *angelical*, se quedaron, otros no tuvieron la misma fortuna.

Las coplas de Jorge Manrique (1440-1479) se leen con frecuencia en la actualidad y son materia de estudio en todos los cursos de enseñanza media.

Es importante destacar que los textos en francés y en inglés de la misma época resultan muy difíciles para los lectores modernos; en cambio los textos en castellano o español se pueden leer con relativa facilidad.

En el siglo XV, Francia e Italia dejaron huella en el vocabulario castellano. Son galicismos *gala*, *galán* y *corcel*; italianismos *soneto*, *embajada* y *belleza*.

La lengua no cesó de cambiar; es más, nunca deja de cambiar. Del siglo XV al XVII se desarrollaron algunos cambios fonéticos importantes:

ç (y c ante *e*, *i*): *braço*, *çerco* se pronunciaban, más o menos, bra*tso* o *tserco*.

g (antes de *e*, *i*) y j: *general* y *jinete* se pronunciaban d*yeneral* y d*yinete*; en la Edad Media el primer elemento desapareció y quedó la *y* pronunciada un poco más fuerte que en México, como la del Río de la Plata cuando dicen *yema*.

x: *xabón* (jabón) y *quexa* (queja) se pronunciaban como *shabón* y que*sha*, como la *sh* del inglés o la *x* de la palabra *Xola* en México.

h: se pronunciaba como una jota suave, como la de *hockey* en inglés.

z: *azadón* se pronunciaba a*dsadón*.

s y ss entre vocales: tenían sonidos diferentes, uno suave y uno fuerte. El suave o sonoro, parecido al del francés en *maison*, se perdió y quedó el fuerte, como se pronuncia la s actual de *así*.

ll: ésta sonaba casi como si dijéramos ca*lie* en ca*lle* y se conserva sólo en partes del norte de España y en algunas zonas de Ecuador.

v y b: el francés y el inglés conservan la diferencia entre *v* labiodental y *b* labial. En castellano ésta se perdió, aunque algunos comunicadores, supuestamente muy cultos, traten de restituirla.

1492, AÑO CLAVE

La reunificación de España

A principios de 1492 se logró la tan ansiada Reconquista. La caída de Granada marcó el fin de la presencia árabe en España. Si bien años antes se había permitido que se quedaran los árabes en territorios reconquistados, los Reyes Católicos determinaron que quien no quisiera convertirse al catolicismo, debía salir de España. Árabes y judíos tuvieron que abandonar la península o convertirse; de ahí nació la palabra *converso*.

Nebrija y la primera gramática

El 18 de agosto de 1492 se publica la primera gramática de una lengua romance: la de Antonio de Nebrija, importante latinista de la época. Del prólogo se recuerda una famosa

Antonio de Nebrija (1444-1522) publicó, precisamente en el año del descubrimiento de América (1492), la primera gramática de la lengua castellana —que también fue la primera de una lengua romance— y el primer diccionario latino-español y español-latino.

frase: "siempre la lengua fue compañera del imperio", que justifica la utilidad de la obra.

La idea era dotar a la lengua castellana de una gramática que le permitiera darse a conocer y conservarse, una gramática que le diera estatuto de lengua al castellano. Y el

modelo fue el latín, por ser la lengua de mayor prestigio en la época. Por eso, aunque no existen ya las declinaciones, las categorías gramaticales tienen los nombres del latín. Todavía se emplea la palabra *dativo*, aunque es mejor decir *complemento indirecto*.

Por este periodo, la lengua castellana había alcanzado ya la exuberancia, la armonía y la madurez suficientes para que aparecieran obras literarias. Además, la difusión de la imprenta facilitaba la publicación de libros. Estas circunstancias, aunadas con el espíritu creador de Nebrija, permitieron que sus obras vieran la luz.

En su *Gramática*, Nebrija fijó la lengua mediante reglas que luego se aplicaron en la enseñanza del español en las tierras conquistadas. Desde el punto de vista lingüístico, éste es uno de sus méritos, pues la existencia de una obra como ésta facilita la enseñanza de una lengua; pero los defensores de la pureza étnica y los detractores de la colonización lo acusan de haber facilitado el sometimiento de los pueblos americanos. Quizás Nebrija no imaginó que su libro serviría para este propósito, pero Hernando de Talavera, obispo de Ávila, sí tuvo esa visión, y se lo hizo saber a la reina Isabel cuando ella preguntó por la utilidad de tal obra:

"...y respondiendo por mi dicho que Vuestra Alteza metiese debajo de su yugo muchos pueblos bárbaros y naciones de peregrinas lenguas, y con el vencimiento aquellos tenían necesidad de recibir las leyes que el vencedor pone al vencido y con ella nuestra lengua, entonces por este mi Arte podrían venir en el conocimiento de ella."

Breve cronología de la vida y la obra de Nebrija

1444 Nace Antonio de Nebrija en la antigua Nebrissa Veneria, hoy Lebrija, en la provincia de Sevilla. Su verdadero nombre fue Elio Antonio Martínez de Cala y Jarava.

1463 Ingresa como becario al colegio de San Clemente, en la Universidad de Bolonia, Italia, donde estudia humanidades.

1473 Vuelve a España para impartir clases en la Universidad de Salamanca, donde lucha por reestablecer la pureza del latín.

1475 La Universidad de Salamanca lo contrata por cinco años para dictar Elocuencia y Poesía.

1481 Imprime 1,000 ejemplares de su libro *Introductiones Latinae*, en Salamanca.

1482 Se publica la segunda edición de *Introductiones Latinae*, pues este libro se vuelve obligatorio para la enseñanza del latín.

1486 A petición de la reina Isabel, publica en español *Introducciones latinas... contrapuesto el romance al latín.*

1492 Publica el *Diccionario latino-español* y la *Gramática de la lengua castellana*, quizás sus obras más trascendentes.

1502 Se incorpora al equipo que realizaría la *Biblia políglota*, proyecto en el que colabora con Alonso de Zamora, Pablo Coronel, Alonso de Alcalá, Hernán Núñez de Toledo, Lorenzo Balbo de Lillo y Diego López de Estuñiga. Por encargo del cardenal Jiménez de Cisneros, revisa los textos griegos y los latinos de la *Biblia políglota complutense*.

1503 Se retira del equipo que realiza la *Biblia políglota*, pues sus compañeros no aceptan revisar la *Vulgata* con un criterio filológico.

1509 El rey lo nombra su cronista, mientras le permite impartir la cátedra de retórica en la Universidad de Salamanca. Aquí intenta imponer el estudio de la gramática, pues considera que ésta se relaciona con todas las materias de estudio.

1517 Publica las *Reglas de Orthographia en lengua castellana* y la *Tabla de la diversidad de días y horas*.

1522 Muere en Alcalá de Henares, el 2 de julio.

La expulsión de los judíos

El 19 de agosto de 1492 fue la fecha límite que tenían los judíos para salir de España. No es aventurado suponer que Colón, al zarpar para América, el 3 de agosto, tuviera en su tripulación a varios judíos (conversos o no). Sin detenernos demasiado en lo que significó la intolerancia de los Reyes Católicos para la economía de España a largo plazo —pues al expulsar a los judíos se quedó sin financieros y sin grandes hombres de letras, así como al expulsar a los árabes se quedó sin agricultores—, la importancia lingüística de este hecho es enorme. Fue como si hubieran existido grabadoras en la Edad Media, pues los judíos sefardíes, que se establecieron en el norte de África y en los Balcanes, llevaron la lengua, hoy conocida como *ladino*, tal y como se hablaba en el siglo xv.

El descubrimiento de América

El 12 de octubre Colón se tropieza con América. Si bien Nebrija se refería a la recién reconquistada península, España de pronto se encontró con un imperio verdadero. Ese imperio estaba atomizado en cientos de lenguas y el castellano sirvió para unificarlo. Al mismo tiempo, se tiñó con palabras de origen americano. El diario de Colón, por ejemplo, ya registra *canoa*. A causa de los habitantes del Caribe decimos *maíz*, incluso en México, donde la palabra era *pozol* (de donde se deriva *pozole*).

El flujo de vocabulario de origen indígena es permanente, pues las lenguas indígenas de América no han desaparecido, aunque corren este peligro.

De asuntos americanos se ocuparon innumerables autores, como Fray Bartolomé de Las Casas, Gonzalo Fernández de Oviedo, Fray Bernardino de Sahagún, Fray Toribio de Benavente (Motolinía), Garcilaso de la Vega (el Inca) y otros que en sus obras recogieron muchas voces del Nuevo Mundo. Por otra parte, desde los primeros años de la Conquista hubo poetas que se deleitaron con tales voces, como Juan de la Cueva, sevillano que estuvo en México entre 1574 y 1577, y escribió:

> Mirad aquellas frutas naturales,
> el plátano, mamey, guayaba, anona,
> si en gusto las de España son iguales;
> pues un chicozapote, a la persona
> del rey le puede ser emprestado
> por el fruto mejor que cría Pomona;
> el aguacate, a Venus consagrado
> por el efecto y trenas de colores,
> el capulí y zapote colorado...

Aproximadamente 30 años antes de la conquista de México y Perú, se incorporaron a la lengua española los antillanismos. Estas voces se arraigaron con tal fuerza que resultaron triunfantes al entrar otros americanismos. Por ejemplo, los mexicanismos *acal* y *piciete*, que se incorporaron a nuestra lengua en el siglo xvi, cedieron paso a las voces antillanas *canoa* y *tabaco* en un lapso muy breve. *Cacique*, *iguana*, *mamey* y hasta *maíz* tuvieron su origen en las Antillas.

La historia de los americanismos es muy compleja, y muestra de ello son algunos curiosos fenómenos que han ocurrido. Tal es el caso del nahuatlismo *galpón*, muy usado en gran parte de Sudamérica pero desconocido en México, y de *tiza*, palabra náhuatl de amplio uso en España y menospreciada en México, donde se dice *gis* (derivada de la raíz grecolatina *gypsum*).

Los españoles confundieron el antillanismo *batata* (el *camote* mexicano) con el quechuismo *papa*, y crearon el falso americanismo *patata*, que con una grafía parecida pasó a otras lenguas, como el inglés (*potato*) y el italiano (*patata*).

Una gran cantidad de americanismos pertenecen al español general y han pasado a formar parte del léxico universal, pues los elementos culturales que representan no existían más que en América. En este caso se encuentran *chocolate*, *tabaco*, *tomate*, *jaguar*, pero muchas más se emplean en una extensión restringida. La palabra *tamal*, de origen náhuatl, se conoce en casi toda la América hispana (aunque sus significados varían ligeramente), pero *pulque* (también nahuatlismo) es casi exclusiva de México, y en esta situación se encuentran un gran número de voces procedentes no sólo del náhuatl, sino también de otras lenguas autóctonas mexicanas, como el otomí, el tarasco o purépecha, el zapoteco, el maya, etcétera.

Podemos decir lo mismo de las voces sudamericanas procedentes de las lenguas quechua, aimara, tupí-guaraní, mapuche y otras. La palabra *jaguar*, por ejemplo, ha sufrido una curiosa evolución. Procedente del tupí-guaraní, pasó al francés y de ahí al español, pero su pronunciación en la lengua original era *yaguar*.

Juan Ruiz de Alarcón (1581?-1639), dramaturgo mexicano que incorporó la comedia moral al teatro clásico español, y Sor Juana Inés de la Cruz (1651?-1695), poetisa y escritora mexicana, considerada la figura más importante de la literatura barroca hispanoamericana.

LOS SIGLOS DE ORO (XVI Y XVII)

Entre los siglos XVI y XVII, el periodo que va de 1580 a 1640 es el que se considera de más esplendor en la literatura en español. Basta con mencionar algunos nombres: Garcilaso de la Vega, Fray Luis de León y Herrera, Miguel de Cervantes, Lope de Vega y Calderón de la Barca, en España, y Sor Juana Inés de la Cruz y Juan Ruiz de Alarcón en México.

Es un periodo en que las obras literarias son la manifestación de una lengua madura que se enriquece con formas nuevas. La grandeza de la lengua representa un reflejo de la grandeza y esplendor del imperio.

De esa época data también la pugna Castilla-Andalucía. Juan de Valdés, autor del *Diálogo de la lengua* (1535), le niega valor a la obra de Nebrija porque éste era andaluz. Lope de Vega era madrileño; Góngora, andaluz.

Se dice también que el español hablado en Andalucía es más suave que el "contundente y golpeado" castellano y se alaba el hablar pulido de los mexicanos.

Entonces se empieza a decir *español* en lugar de *castellano* porque de esta manera se propicia el reconocimiento de que se habla la misma lengua y que ésta puede tener modalidades diferentes.

Al desarrollarse y alcanzar un esplendor sin precedentes la lengua literaria, se ahondan las diferencias entre los letrados y los iletrados y, como en la actualidad, los primeros se dedican a criticar los usos de los segundos, y éstos se resisten a acatar las normas.

Los cambios fonéticos que ya se mencionaron tardaron en pasar a la escritura. Por ejemplo, aunque ya se pronunciaba *herir* como *jerir*, de todas maneras se escribía *ferir*.

También de ese época es el yeísmo, es decir, la igualación del sonido *ll* y *y*, característica compartida por Andalucía e Hispanoamérica.

En esta misma época el humanismo es la fuerza impulsora de todas las actividades, de las artes y de las letras. Pero en España también existió la Inquisición. El propio Nebrija tuvo que abandonar un proyecto de traducción de la Biblia porque la Inquisición podía acusarlo, encarcelarlo y quemarlo si "alteraba" la palabra de Dios, cuando en realidad sólo estaba señalando algunos errores de traducción del griego al latín.

De la misma manera, Luis Vives, recordado hoy como gran pedagogo, tuvo que irse de España porque sus ideas no coincidían con las de la Inquisición.

El español de los Siglos de Oro también llegó a influir en otras lenguas europeas, y en esa época penetraron en ellas palabras españolas y también palabras de origen americano. En francés tenemos: *fanfaron, picaro, guitare*, del español peninsular; *canot* (canoa), *chocolat, maïs*, del español americano. Todo ello propició también la publicación de muchas gramáticas del español para extranjeros. Curiosamente, tal vez como ocurre hoy con los hablantes de inglés, los españoles no estaban interesados en aprender otros idiomas, pues el suyo parecía ser el más importante.

EL SIGLO XVIII

Como en los siglos anteriores la literatura llegó a un punto culminante —razón por la que se les llamó Siglos o Siglo de Oro—, las concepciones de la época implicaban que después de ese esplendor vendría la decadencia. Para evitarla y conservar el esplendor obtenido por los escritores antes mencionados; para evitar los excesos de malos escritores que a veces entendían la literatura como una compilación de adjetivos extravagantes o que introducían neologismos a diestra y siniestra; para fijar definitivamente la ortografía, dado que ya se habían consolidado buena parte de los cambios fonéticos arriba mencionados, en 1713 se creó la Real Academia Española, cuyo producto más relevante fue el *Diccionario de Autoridades*.

Creado bajo el lema de la Academia —"Limpia, fija y da esplendor"—, el diccionario nace con un criterio muy definido respecto a que va a ser *selectivo*. Esto quería decir que no iban a estar en la obra *todas* las palabras que se usaban, sino las que los académicos consideraban *correctas*. Los diccionarios de otras lenguas, por ejemplo el inglés, recogen todas las voces que se van usando o creando. Ninguna palabra tiene que esperar aprobación de alguna academia para poder usarse. En español, en cambio, se ha seguido la filosofía del primer diccionario. Las autoridades a las que se refiere el título de la obra son los escritores de los Siglos de Oro, pero en ediciones posteriores (1780) se eliminaron, entre otras razones porque para los conceptos del siglo XVIII, algunos de los autores, especialmente los barrocos del XVII, eran culpables de los excesos.

En esa época tampoco se consideraba apropiado incluir muchos sinónimos, pues en lugar de apreciarlos como riqueza idiomática, que es la concepción de nuestra época, se creía que empobrecían la lengua, pues un concepto era claro si se expresaba con una sola palabra.

En 1737 se publicó la *Poética* de Ignacio de Luzán, que refuerza los propósitos de la Academia de extirpar los excesos en el lenguaje derivados de la tendencia barroca. Con esta obra se instaura oficialmente el clasicismo, que fue muy estricto en la aplicación de normas precisas (por ejemplo en el teatro) para la literatura y que en buena medida la encorsetó y la privó de la creatividad que había derrochado en los siglos anteriores.

La labor de la Inquisición en este siglo fue seguir siendo censora, y los libros de la Ilustración francesa tenían prohibido entrar en territorio español.

Hay que señalar, además, que el latín no había dejado de ser lengua facultativa; es decir, en las universidades era obligatorio, aunque ya nadie lo hablaba. Recuérdese también que el latín se siguió usando en la liturgia hasta bien entrado el siglo XX.

LA REAL ACADEMIA ESPAÑOLA

Por iniciativa de don Juan Manuel Fernández Pacheco, marqués de Villena, y con el apoyo del rey Felipe V, la Real Academia Española fue fundada en 1713 en Madrid, y el primer tomo del diccionario académico se editó en 1726; el sexto, y último, se publicó en 1739.

En realidad no fue el primer diccionario. En 1611 Sebastián de Covarrubias había publicado el *Tesoro de la lengua castellana o española*, pero no era tan extenso como lo fue el de la Academia.

El diccionario académico del siglo XVIII, con modificaciones, corrección de algunas etimologías erróneas y adición —prudente, demasiado prudente— de palabras nuevas fue la base de sucesivas ediciones. En 1992 se publicó la vigésima primera. Las academias no tienen la función de inquisidores que manden a la hoguera a quienes cometan errores en el uso del idioma; sólo tienen una función normativa. Sin embargo, una de las cosas más criticadas del diccionario académico es el hecho de que incluye muchos usos del habla de Madrid como si estuvieran extendidos a toda la comunidad hispanohablante, es decir, no coloca ninguna marca, como lo hace cuando se trata de mexicanismos o andalucismos. La Academia se atribuye el poder de censurar y no aceptar algunas palabras nuevas; para algunos académicos lo nuevo es malo, y este criterio se observa cuando buscamos palabras que —aunque vienen del inglés o del francés— sentimos ya como propias y no las encontramos en los diccionarios.

Una de las características importantes de la Academia es que en general sus miembros son literatos, no gramáticos o lingüistas: para ser académico, el mérito fundamental es ser buen escritor. En cierta medida es un criterio acertado, pues en teoría los mejores escritores lo son porque han sabido demostrar un gran conocimiento de la lengua a través de su obra. Sin embargo, algunos no están demasiado interesados en el estudio de la lengua misma y poco aportan a la labor académica.

En 1741 se publicó la *Ortografía* y, a pesar de que se han hecho diferentes propuestas para, por ejemplo, abandonar el uso de la *h* puesto que ya no suena, ha prevalecido el criterio académico.

El trabajo de la Real Academia es una labor de equipo de todas las academias de la lengua española. Su secretario es un académico latinoamericano. Siempre hay dos académicos de Hispanoamérica o de Filipinas que pasan uno o dos años en las oficinas de la Asociación de Academias de la Lengua Española para colaborar en las labores de enlace entre las academias.

La Real Academia tiene tres tipos de diccionarios:

1. El histórico, que no está al alcance del público. Se ha venido publicando en folletos (18 hasta la fecha), y va en la letra *a*. En él se consignan todas las palabras que han existido, en todas las épocas y todas las regiones, por lo que encontramos lo mismo localismos (de Chile, Argentina, México, Filipinas, etcétera) que arcaísmos, tecnicismos, jerga, etcétera.

2. El *Diccionario de la lengua española*, que conocemos. Incluye las palabras que ya tienen curso en la lengua estándar, pero no consigna vocablos de la jerga.

3. El diccionario manual, que es quizá el más útil. Está ilustrado e incluye palabras de uso muy extendido, pero que aún no están asentadas en la lengua. Éstas se incluyen en la nueva edición del *Diccionario de la lengua* si aún están vigentes llegada la fecha de publicación de éste.

EL SIGLO XIX

El acontecimiento más importante de la primera parte de este siglo fue la independencia de las colonias (excepto Cuba, Puerto Rico y Filipinas).

Pudieron entrar en territorio americano libros antes no permitidos y a veces los aires de independencia embriagaron y propiciaron excesos: Sarmiento, en Argentina, defendió mucho la idea de que las modalidades del español argentino eran parte de las ideas independentistas (el "acento" de los argentinos es inmediatamente identificado por otro hispanohablante). Por el contrario, Andrés Bello, autor de la célebre *Gramática castellana*, defendió la importancia de la unidad de la lengua y, por ejemplo, consiguió extirpar el voseo en Chile.

A fines de siglo surgió en América la corriente literaria conocida como Modernismo —cuya figura más importante fue Rubén Darío— que revitalizó la poesía española, como ya se dijo, encorsetada con las ideas del siglo XVIII. Esto significó que el eje creativo de la lengua española se trasladara a América y desplazara a los españoles como amos absolutos del idioma. Ello, por supuesto, dolió a los literatos peninsulares de la época y confundió nacionalismos e independencias. En realidad la lengua española no es uniforme, no debe ni tiene por qué serlo, no puede ser la misma y, al mismo tiempo, es única y la compartimos. No debe existir preeminencia de ninguna de las modalidades sobre otra, porque todas son un mismo idioma: el español. En los años de formación de la lengua y cuando ésta logró su mayor esplendor, muchas veces se consideraba a la lengua de la Corte como la perfecta.

En el siglo XVI, la corte de Carlos V se instaló en Toledo y ésta fue más importante culturalmente hablando que Madrid; por lo tanto, el habla de Toledo fue considerada la mejor. En el siglo XIX, como en el XVIII, la cultura francesa fue la más prestigiosa en Europa, por lo que entraron muchos galicismos al español: *arribar, avalancha, burócrata, bayoneta, consomé, cretino, debutar, detalle, finanzas, galante, gripe, modista, menú*... Algunos no se adaptaron a la grafía española y otros se siguen escribiendo en francés, aunque ya tienen grafía en español: *croissant, chef, début*.

Del italiano penetraron menos, como *ópera, partitura*; del inglés: *club, vagón, túnel*; del alemán: *vals*.

A finales de siglo, en 1898, las últimas colonias se independizaron de España. La pérdida del imperio también marcó a la literatura española finisecular. La *Generación del 98*, integrada por Ortega y Gasset, Miguel de Unamuno, Antonio y Manuel Machado y Ramón del Valle Inclán, entre otros, revitalizó la literatura de España.

LA ACADEMIA MEXICANA
Origen

En la segunda mitad del siglo XIX se crearon las academias correspondientes, que auxilian a la española con propuestas, por ejemplo, respecto al vocabulario.

Pocas academias americanas cuentan con recursos que les permitan elaborar diccionarios propios y prefieren enviar propuestas a Madrid. A pesar de esto, algunas de ellas trabajan y aportan mucho al *Diccionario* de la Real Academia; destacan por su labor la colombiana, la mexicana, la argentina, la peruana y la chilena.

El 24 de noviembre de 1870 la Real Academia determinó crear academias americanas correspondientes, a propuesta de varios académicos. Su función sería cuidar la pureza del castellano. Entre quienes propusieron la iniciativa se encontraba el mexicano Fermín de la Puente y Apezechea.

En el caso de México, encabezó el cuerpo de académicos correspondientes el presidente de la República, Sebastián Lerdo de Tejada. Los otros académicos fueron José Sebastián Segura, Manuel Moreno y Jove, Joaquín García Icazbalceta, Juan Bautista Ormaechea, Alejandro Arango y Escandón, José María de Bassoco, Casimiro de Collado, José Fernando Ramírez y Joaquín Cardoso. Pasaron algunos años antes de que se formalizara la organización de la nueva academia; durante este tiempo murieron Manuel Moreno y Jove y José Fernando Ramírez. Entonces, los académicos eligieron, en reuniones privadas, a Manuel Orozco y Berra, Manuel Peredo, Rafael Ángel de la Peña, José María Roa Bárcena y Francisco Pimentel.

Por fin, el 11 de septiembre de 1875 se realizó la sesión inaugural de la Academia Mexicana en la casa del primer bibliotecario de la institución, don Alejandro Arango y Escandón, situada en la antigua calle de Medinas número 6. Su primer director fue José María de Bassoco. Unos días después, el 25 de septiembre, se eligió a los miembros faltantes para completar la mesa directiva. Nombrados ya

Patio principal del edificio que ocupa la Academia Mexicana Correspondiente de la Española, en la Ciudad de México.

el director y el bibliotecario, se designó censor a Manuel Peredo, secretario a Joaquín García Icazbalceta y tesorero a José María Roa Bárcena.

Su funcionamiento comenzó con 12 miembros, pero después ascendió a 36 de número y 36 correspondientes fuera del Distrito Federal. A ella han pertenecido ilustres hombres de letras mexicanos, así como ensayistas, filólogos, filósofos, gramáticos, historiadores, humanistas, novelistas y poetas. En sus más de 100 años de existencia, la Academia Mexicana ha contado con la colaboración de las siguientes personalidades, entre muchas otras:

Ignacio Bernal
Joaquín D. Casasús
Antonio Caso
Antonio Castro Leal
Alfredo Chavero
Rafael Ángel de la Peña
Artemio de Valle-Arizpe
Francisco del Paso y Troncoso
Rafael Delgado
Carlos Díaz Dufoo
Federico Escobedo
Isidro Fabela
Enrique Fernández Granados
Justino Fernández
Federico Gamboa
Joaquín García Icazbalceta
Ángel María Garibay K.
Enrique González Martínez
Luis González Obregón
José Gorostiza
Martín Luis Guzmán
José López Portillo y Rojas
Mauricio Magdaleno
José María Marroquí
Francisco Monterde
Ignacio Montes de Oca y Obregón
Amado Nervo
Salvador Novo
Manuel Orozco y Berra
Manuel José Othón
Joaquín Arcadio Pagaza
Carlos Pellicer
José Peón y Contreras
Juan de Dios Peza
Alejandro Quijano
Emilio Rabasa
Alfonso Reyes
José María Roa Bárcena
Manuel Romero de Terreros
Juan Rulfo
Victoriano Salado Álvarez
Justo Sierra
Francisco Sosa
José Juan Tablada
Jaime Torres Bodet
Julio Torri
Manuel Toussaint
Luis G. Urbina
Octaviano Valdés
José Vasconcelos
José María Vigil
Agustín Yáñez

La Academia Mexicana Correspondiente de la Española recibió, del gobierno de Miguel Alemán, un patrimonio en fideicomiso, y se constituyó en Asociación Civil el 22 de diciembre de 1952. Los estatutos que la rigen en la actualidad datan de esa fecha. En el artículo 1° de dichos estatutos, se encuentra el objeto de esta asociación civil:

> **Art. 1°** La Academia Mexicana tiene por objeto el estudio de la Lengua Española y en especial cuanto se refiera a los modos peculiares de hablarla y escribirla en México. Secundará en sus labores a la Academia Matriz, y estará en comunicación con las otras Correspondientes y en general con los demás institutos análogos.

Los artículos 2° y 3° señalan sus limitaciones:

> **Art. 2°** Con las únicas salvedades que en estos Estatutos constan, a la Academia Mexicana incumbe de un modo exclusivo la solución de sus asuntos literarios, económicos y administrativos.
>
> **Art. 3°** No obstante su carácter de Correspondiente de la Española, la Mexicana es ajena a toda cuestión política, e independiente, en consecuencia, de la acción de los Gobiernos Mexicano y Español, y de sus relaciones diplomáticas.

La Academia Mexicana organizó el Primer Congreso de Academias de la Lengua Española en abril de 1951, en la Ciudad de México. De este encuentro surgió la Asociación de Academias de la Lengua Española, cuya constitución se confirmó en Madrid, en 1956, durante el segundo congreso.

Funciones

1. Aunque se suele decir que la gente no está interesada en hablar bien, y que nuestra lengua está en decadencia, la Academia Mexicana de la Lengua responde a diario una cantidad considerable de preguntas. Las oficinas de gobierno, el personal de las industrias y muchos particulares solicitan la ayuda de esta institución para resolver sus dudas acerca de la lengua, y para llegar a los académicos emplean el fax, el correo y el teléfono, principalmente.

Debido a esta demanda de información y de asesoría, la Academia tiene, entre sus actividades principales, el dar respuesta a todas estas inquietudes de la manera más completa y correcta posible.

2. Otra de las tareas más importantes de la Academia Mexicana es la preparación de papeletas en las que se informa a la Real Academia Española sobre el significado de los mexicanismos. Se han enviado a Madrid más de 700 de estas papeletas con el propósito de que los términos y expresiones que en ellas aparecen se incluyan en el *Diccionario de la lengua española*.

Los mexicanismos son voces que no se usan en el español general, sino sólo en el de México, y se agrupan en dos clases:

a) Hispanismos, palabras del español que en México tienen un significado distinto de aquel que poseen en el español general. Por ejemplo, la palabra *banqueta* designa en México a lo que se llama *vereda* en Argentina y *acera* en España. *Barda* en España es la cubierta de una tapia; en México la barda es tanto la cubierta como la tapia.

b) Indigenismos, palabras que tienen su origen en lenguas autóctonas: náhuatl, otomí, purépecha, maya.

Más de 600 de los mexicanismos enviados en papeletas a la Real Academia fueron incluidos en la edición 1992 del *Diccionario de la lengua española*. Otros no fueron publicados por no haber sido enviados a tiempo para ser considerados en la edición; pero se siguen enviando nuevos.

Una vez incluidos en el *Diccionario* de la Real Academia, los mexicanismos son revisados por los académicos para cerciorarse de que las definiciones sean correctas o, en su defecto, solicitar que se corrijan en la siguiente edición.

3. La Academia Mexicana tiene en proyecto la preparación de un diccionario de mexicanismos. Será obra de un equipo de lingüistas dirigidos por los académicos.

Actividades

Dos veces al mes se reúnen los académicos mexicanos, por las tardes, en sesiones privadas, con el propósito de informar acerca de la correspondencia recibida, de las preguntas hechas por el público y de sus respuestas, así como de noticias provenientes de otras academias.

Realizan también sesiones públicas con motivo del ingreso de algún académico, en las que éste debe pronunciar su discurso, o conmemoran el fallecimiento de algún académico. En las sesiones de este tipo se estudian los temas de las papeletas que se enviarán a la Real Academia, como, por ejemplo, el vocabulario de los alfareros mexicanos. Los Estatutos lo explican de la siguiente manera:

Art. 15° La Academia tendrá sesiones privadas o públicas; aquéllas serán ordinarias y extraordinarias; las públicas tendrán el carácter de solemnes cuando la Academia lo acuerde.

Art. 16° En las juntas ordinarias, después de abierta la sesión por el Director y de leída para su ratificación o rectificación el acta de la sesión anterior, se tratará de los asuntos económicos y de régimen y gobierno de la Academia; en seguida se ocupará ésta en las labores peculiares de su instituto; primero en los trabajos lexicográficos y lingüísticos y en los meramente literarios después. (...)

El puesto de un académico de número queda vacante sólo cuando éste fallece. Entonces, los académicos proponen a alguien para sustituirlo. En una sesión se hacen deliberaciones informales; tres padrinos mandan una carta al director, firmada, acompañada del currículum vitae del candidato propuesto. Una vez recibida, la carta se hace circular junto con el currículum entre todos los académicos para su consideración. Se fija la fecha de la elección y se vota por los candidatos. Quienes no pueden asistir envían su opinión por escrito.

El académico no pasa a ser de número hasta que pronuncia su discurso de ingreso en una sesión pública; otro académico contesta el discurso.

De las tres mujeres que han sido miembros de la Academia Mexicana, la primera, María del Carmen Millán, ocupó el cargo de Secretaria de 1981 a 1982. El bajo número de mujeres que a esta asociación han pertenecido no indica, de ninguna manera, que el sexo sea un requisito para ingresar. Tampoco es indispensable que los candidatos a la Academia tengan una formación lingüística, ni que sean poetas. Se requiere una diversidad de especialistas que conozcan bien su lengua porque los poetas no saben de armas, de astronomía ni de biología, y los problemas que deben abordar abarcan prácticamente todas las esferas de la actividad humana. Ha habido historiadores, biólogos, lingüistas; sólo ha faltado un militar.

Lo que sí constituye un requisito es haber publicado una obra que verse sobre la materia de su especialidad, pero no tiene que ser de carácter literario.

ANDRÉS BELLO Y LA SIMPLIFICACIÓN ORTOGRÁFICA

Andrés Bello nació en Caracas el 29 de noviembre de 1781 y murió en Santiago de Chile en 1865. En 1810 representó a la Junta Revolucionaria de Caracas en Londres, junto con Simón Bolívar y Luis López Méndez. Nacionalizado chileno, reorganizó la Universidad de Chile, de la que fue rector desde 1843. En este país ocupó una senaduría y redactó el Código Civil que fue adoptado en 1855. Aunque entre sus actividades más destacadas se cuentan las de escritor, filólogo, poeta, jurisconsulto y político, la que ha trascendido hasta nuestros días es la que se relaciona con el estudio de la lengua española. Andrés Bello vivió la época en que la mayoría de los países americanos lograron

Andrés Bello (1781-1865), filólogo venezolano que propuso una nueva nomenclatura para los tiempos de la conjugación verbal, entre otras aportaciones hechas al estudio de la lengua española.

independizarse de España, liberación que dejó al descubierto el atraso social y cultural de la mayor parte de la población, que vivía en áreas rurales. Una de las tareas más urgentes que enfrentaban los gobiernos de las naciones recién emancipadas era la educación, pues sin ella no podía crearse la necesaria conciencia nacional. Había que combatir el analfabetismo para informar a los hispanoamericanos lo ocurrido e incorporarlos a la nueva vida cultural.

Consciente de estas necesidades y conocedor de la estructura fónica de la lengua española, Andrés Bello alzó su voz —como lo habían hecho antes otros estudiosos— para simplificar la ortografía castellana. Su propósito era hacer que un sonido correspondiera sólo a una letra, evitando el uso de varias letras para representar un solo sonido ($c, s, z; qu, k, c$) y la asignación de varios sonidos a una sola letra (c, g).

La ruptura temporal con las instituciones culturales de España, como la Real Academia, había originado un caos en cuanto al uso y la evolución de esta lengua en América. Las posturas llegaban a los extremos: desde romper definitivamente con las instituciones españolas hasta obedecer ciegamente los designios de la Academia. Bello adoptó una postura conciliadora: no rechazó la relación con la Real Academia pero consideró que no debía ser ésta la única autoridad lingüística.

No era nuevo este afán de simplificar la ortografía del idioma. A lo largo de los siglos —por lo menos desde los tiempos de Platón y Aristóteles— se han enfrentado dos tendencias relacionadas con la graficación de la lengua: la ortografía etimológica, tradicional, y la fonética. La primera ha defendido la necesidad de que en la escritura permanezcan elementos etimológicos y de uso de las palabras, en tanto que la ortografía fonética propone que a cada sonido corresponda solo una letra y que cada una de éstas se relacione solamente con un sonido.

La ortografía etimológica

Para la ortografía tradicional, en la escritura debe reflejarse el estado anterior y la evolución de la lengua, pues ésta constituye un legado cultural. Su historia nos permite recordar los orígenes de las palabras y valorar el esfuerzo de quienes vencieron muchos obstáculos para aprenderlas: los cultos y los eruditos. Esto implica que el hablante, para escribir correctamente, debe conocer la historia de cada palabra o memorizar las reglas, que tienen muchas excepciones. Esta concepción tiene su origen en una teoría de Platón, según la cual las palabras están unidas de modo estrecho a la realidad que representan; y esta relación sólo puede manifestarse si en la escritura se conservan rasgos que la unan con el origen. Por esta razón, muchos especialistas en la lengua se han dedicado al estudio de la etimología, es decir, del origen de las palabras.

La ortografía fonética

Para quienes propugnan una ortografía basada en la pronunciación, no tienen ningún valor los restos lingüísticos de otras épocas. La escritura es un sistema gráfico que debe permitirnos "pintar" los sonidos de que constan nuestras palabras; leer y escribir deben ser actividades tan sencillas como hablar y, para lograrlo, deben desaparecer del alfabeto los elementos que no tengan una pronunciación exclusiva.

Esta manera de considerar la escritura fue planteada por Aristóteles. Según este filósofo, existe una relación entre las palabras y las ideas, y entre éstas y las cosas, de modo que no se relacionan las palabras directamente con las cosas. Entre estos dos últimos elementos hay una identidad arbitraria (no emana de las cosas, sino que es decidida por los hablantes), igual que la existente entre la escritura y el sonido de las palabras, que es, además, convencional (aceptada por un grupo de hablantes). La arbitrariedad y la "convencionalidad" eliminan toda razón para que existan letras que no se pronuncian y letras que tengan más de un sonido o que puedan sustituirse por otras.

El triunfo de la ortografía etimológica

En virtud de la relación de nuestra lengua con el griego, estas dos concepciones de la ortografía han estado presentes durante siglos. Desde los orígenes del castellano hasta la época de Alfonso el Sabio (siglo XIII), se preconizó la ortografía fonética. Pero el Renacimiento (siglos XV y XVI), que se caracterizó por su veneración a las culturas clásicas (Grecia y Roma), rescató grafías latinas y griegas y las incorporó al español "para conferirle nobleza y tradición". En este periodo aparecieron letras que han sido consideradas inútiles por los defensores de la ortografía fonética: *ph*, *ch*, *y*, *qu*, *h* y otras más.

De entonces data esta lucha entre ambas corrientes, y la etimológica ha resultado triunfadora. Los argumentos en su favor han sido muy diversos, pero se antojan caprichosos y nada objetivos. Unas veces se apoyan en la etimología; otras, en el uso. Ora apelan a la pronunciación, ora a la claridad. En algunos casos, son verdaderamente dogmáticos y hasta ridículos. Dos autores representan la defensa de esta corriente: Juan de Robles, en una obra titulada *Censura de la Ortografía que el Maestro Gonçalo Correas, Cathedrático de Lenguas de la Universidad de Salamanca pretende introduzir*, publicada en Sevilla en 1629, y Gonzalo Bravo Grajera, en su obra *Breve discurso en que se modera la nueva Orthographía de España*, que salió a la luz en Madrid en 1634. El foco de la discordia era un tal Gonzalo Correas, y las declaraciones que en estos libros hacen los defensores de la etimología son las siguientes:

1. Sólo los tontos pueden estar en contra del uso de la etimología.
2. La ortografía sin etimología sería caótica. Debe adquirirse con esfuerzo, pues es una institución con reglamentos propios.
3. La razón pide que se conserve la etimología.
4. La escritura sin erudición resulta rústica.
5. La etimología
   a) Señala los préstamos lingüísticos.
   b) Es erudición en la escritura.
   c) Conserva los vestigios de la antigüedad.
   d) Impide que se olvide el origen de la palabra.
   e) Señala la nobleza de origen.
   f) Sirve para diferenciar palabras.
   g) Acerca al origen de la palabra y lo conserva visualmente.

Estos "criterios" dieron origen a la defensa de grafías polémicas. Juan de Robles declaraba que debían conservarse las consonantes cultas aunque no se pronunciaran, pues podrían servir de adorno; apoyaba esta afirmación diciendo que en la naturaleza existe lo bello, además de lo útil. También atacó a quienes pretendían eliminar la *h* de *Christo*: "I esta novedad la tengo por indecente, porque en

voz tan sagrada no es bien hazer mudança alguna, ni quitarle las letras."

La Real Academia también hizo lo suyo. Habiendo autorizado el cambio del sonido /ks/ de la *x* por el de /s/ (*espiar* por *expiar*) en 1815, dio marcha atrás en su *Prontuario de Ortografía* de 1844; arguyó que esta decisión se debía a la inexistencia de una razón para apartarse de la etimología y a que la pronunciación con /s/ ¡es afeminada!

Andrés Bello nos explica por qué seguimos usando *y* como vocal final. Dice que la Real Academia estaba a punto de promulgar una regla según la cual se escribiría *i* en lugar de *y* en los diptongos terminados en esta última letra. Pero alguien advirtió que tendría que corregirse la palabra *rey* (*rei*) de la estampilla con que se firmaban los despachos reales, y esto les pareció insuperable a los académicos, por razones reverenciales.

La lista de ejemplos puede prolongarse mucho, pero estos casos bastan para darnos cuenta de que el caos ha imperado en la graficación de nuestra lengua. Refiriéndose a la ortografía considerada al modo de los etimologistas, el argentino Domingo Faustino Sarmiento (1811-1888) expresó: "... que quede relegada al olvido esta ciencia ridícula y vaya a reunirse a la astrología judiciaria y a la alquimia, a cuyo género pertenece".

A pesar de todo esto, en nuestros días la ortografía tiene una base etimológica, y las personas que la practican con base en las reglas que de ello derivan tienen prestigio social. Es muy común que una solicitud de empleo sea rechazada si en ella aparecen errores de ortografía, y la realidad es que pocas personas pueden preciarse de no cometerlos.

No sólo Gonzalo Correas y Andrés Bello han manifestado la urgencia de emprender una reforma ortográfica: antes que ellos ya lo había hecho Antonio de Nebrija, en 1517.

La reforma ortográfica de Bello

En la revista *Biblioteca Americana*, Andrés Bello y Juan García del Río publicaron, en 1823, el artículo "Indicaciones sobre la conveniencia de simplificar y uniformar la ortografía en América", en el que dieron a conocer su proyecto de reforma. Conscientes de la dificultad de llevarlo a cabo, propusieron que se realizara por etapas; en la primera de ellas se harían los siguientes cambios:

1. Usar *j* en lugar de *x* y *g* cuando estas tres letras tuvieran sonido semejante. Así, escribiríamos *jerundio*, *Méjico*, *ajentes*.
2. Escribir *i* en lugar de *y* cuando a esta letra corresponda sonido de vocal, por ejemplo: *rei*, *Uruguai*, *voi i vengo*.
3. Eliminar la *h* muda, de modo que se escriba *umanidad*, *proibir*, *exumar*.
4. Escribir *rr* (doble) siempre que su sonido sea fuerte. Esto significa que también al inicio de la palabra, al final y junto a consonante se escribiría así: *rremarr*, *enrraizarr*.

LA RETÓRICA

La retórica es "el arte de elaborar discursos gramaticalmente correctos, elegantes y, sobre todo, persuasivos" (Beristáin, H., *Diccionario de retórica y poética*, 3ª ed., Porrúa, México, 1992). Es un arte muy antiguo, pues data del siglo v a.C., cuando los griegos de Sicilia lo llevaron a Atenas y luego a Roma. Es un arma indispensable para los buenos oradores y, por lo tanto, lo emplean los políticos, los hombres de negocios, los escritores, los poetas y todo el que quiera persuadir y convencer. Para lograr sus propósitos, un buen orador emplea *figuras retóricas*, es decir, expresiones un tanto desviadas del significado establecido por las normas pero que le ayudan a hacer más rica su expresión. He aquí algunas de las más conocidas:

acróstico composición poética en que las letras iniciales o las finales de cada verso forman una palabra o una frase si se leen en sentido vertical, de arriba hacia abajo o de abajo hacia arriba.

aféresis supresión de letras al principio de la palabra (*ora* por *ahora*).

aforismo sentencia cuyo propósito es dar una lección breve, clara y precisa acerca del saber científico, médico, moral, jurídico o de algún otro campo. También se conoce como adagio, refrán, apotegma, máxima, sentencia y proverbio (*Árbol que crece torcido, nunca su tronco endereza*).

aliteración repetición de sonidos en palabras distintas que se encuentran próximas. Empleada deliberadamente, produce un efecto estético de insistencia o de énfasis (*La réplica más regia es la razón*), y también se usa en los juegos de palabras (*Tres tristes tigres tragaban trigo...*).

antonomasia mención de un todo empleando la palabra que signifique una parte, o de una parte mediante el uso de un vocablo que signifique el todo. Así, decimos **El hombre** *siempre ha buscado su origen* en lugar de **Los hombres y las mujeres...** (un hombre forma parte de toda la humanidad, en la que también se encuentran las mujeres).

apócope supresión de letras al final de la palabra (*algún* por *alguno*, *mi* por *mío*).

apóstrofe discurso inserto en otro, que interrumpe a éste para dirigirse a seres que no constituyen el tema principal pero cuya mención realza su importancia (*Nació Benito Juárez en una aldea de Oaxaca que vivía sin prisas.* **¡Oh, admirable indígena, benemérito, liberador!**).

asíndeton ausencia de conjunciones en el discurso: *su corazón latía débil, apagado, resignado; su mirada se perdía en el horizonte, triste, apagada, resignada.*

calembur especie de juego de palabras en el que dos frases próximas se asemejan en el sonido pero no en el significado. El juego se aprecia mejor cuando el calembur es escrito: *dos semillones, doce millones* (en el español de América suenan igual).

comparación empleo de un término comparativo para señalar una cualidad (*Estaba su amor tan triste* **como un día nublado**).

elipsis omisión de palabras y expresiones que las reglas de la gramática y de la lógica exigen, pero que pueden eliminarse sin alterar la comprensión del discurso. Por ejemplo, al final de la oración *Tú saliste de viaje y yo no*, falta expresar el verbo con su complemento; pero es fácil entender que la oración completa es *Tú saliste de viaje y yo no* **salí de viaje.**

hipérbaton alteración del orden gramatical de los elementos del discurso. Esta figura de retórica nos permite expresar de varias maneras las mismas oraciones: *Un sueño alguna vez soñé, Alguna vez soñé un sueño, Alguna vez un sueño soñé, Soñé alguna vez un sueño, Soñé un sueño alguna vez.*

hipérbole exageración utilizada para poner énfasis en palabras o expresiones que, a juicio del hablante, merecen destacar. En el habla coloquial se usa mucho este recurso retórico: *Me* **muero** *de hambre, Hablaba hasta* **por los codos,** **Mil** *gracias por su ayuda, señor.*

lítote negación mediante la cual se expresa en realidad una afirmación. Cuando decimos *La comida china* **no** *me hace muy feliz* queremos decir ...*me desagrada*, y al emplear el eufemismo *La mujer de mi vecino* **no** *es muy bonita que digamos*, tememos decir directamente ...*es fea*.

metáfora empleo de palabras o expresiones cuyo significado debe tomarse sólo en sentido figurado, pues en sentido literal serían absurdas. Abunda en las canciones, en la poesía y en la prosa (*ojos de esmeralda, labios de rubí, corazón de cristal*).

metonimia empleo de un término por otro que es su consecuencia o su causa, o mantiene con él una relación existencial (*Por mi ventana entra* **la luna,** en lugar de ...**la luz de la Luna;** *He leído a* **Benedetti** *por* ...**los libros de Benedetti;** *No hay* **plata** *por* ...**dinero).**

palindroma grupo de palabras o frases que pueden leerse también en sentido inverso, como *Adán y raza, azar y nada* (Julio Cortázar) y *Odio la luz azul al oído* (Rubén Bonifaz Nuño).

paradoja expresión de ideas opuestas y aparentemente irreconciliables, como *Cuando tengo prisa trabajo despacio*, o ésta de Santa Teresa de Jesús: *Vivo sin vivir en mí/y tan alta vida espero/que muero porque no muero.*

pleonasmo repetición de significados mediante el uso de distintas palabras. Usado deliberadamente, constituye un recurso muy eficaz para dar énfasis a la expresión (*Lo vi con mis propios ojos*); pero si se emplea con descuido delata la ignorancia del hablante respecto al significado de las palabras (*Sufrió una hemorragia de sangre*).

polisíndeton abundancia de conjunciones coordinantes en una enumeración (*No he venido a suplicarte,* **ni** *a llorar,* **ni** *a pedir perdón,* **ni** *a verte*).

prosopopeya atribución de cualidades propias del hombre a los animales o a las cosas. Es una figura de retórica muy empleada en las fábulas, donde los animales hablan y realizan otros actos propios de humanos (*La tortuga habló con la liebre*).

5. Emplear *z* en lugar de *c* cuando sus sonidos fueran semejantes: *azia, zereza*.

6. Eliminar la *u* muda que va junto con la *q*: *qemarr, aqí*.

La segunda etapa comprendería los siguientes cambios:

7. Emplear *q* en lugar de *c* cuando tengan sonido igual: *qorazón, qamisa, quidarr, aqólito*.

8. Eliminar la *u* muda que va junto con la *g*: *gerra, agijón*.

En resumen, se propuso la desaparición de la *c* y la *h* de nuestro alfabeto; la *u* dejaría de acompañar a la *q* y a la *g* como elemento indispensable para que éstas tuvieran sonido; la *r* y la *rr* tendrían sonidos distintos; a la *g*, la *x* y la *y* correspondería una pronunciación exclusiva.

Los resultados de la reforma

El propósito de Bello era solamente, en esta etapa, dar a conocer sus ideas a los eruditos para que las estudiaran. Pero, desde su puesto de rector de la Universidad de Chile, alentó a Sarmiento para que retomara la reforma propuesta y la leyera ante el claustro de profesores de la Facultad de Filosofía y Humanidades. El documento, expuesto el 19 de noviembre de 1842, se llamó *Memoria sobre ortografía castellana*. Una comisión universitaria estudió el proyecto y le introdujo algunas moderaciones, hecho lo cual fue aceptado como base de la ortografía nacional de Chile, y algunos otros países del continente lo adoptaron también.

No toda la gente aceptó la innovación; los tradicionalistas la atacaron sin miramientos y Bello tuvo que colocarse a la defensiva. Pero para 1844 ya se habían reestablecido las relaciones con España, y el gobierno chileno aceptó la ortografía de la Real Academia. Según Antonio Alcalá Alba (Lope Blanch, J.M., editor, *Homenaje a Andrés Bello*, memoria, Universidad Nacional Autónoma de México, México, 1983, pág. 99), este esfuerzo "para aportar congruencia a la escritura del español y para facilitar la alfabetización de los pueblos de América" se derrumbó debido a tres razones principales:

— la falta de unión entre los pueblos americanos
— el espíritu de dependencia creado por la Colonia
— las rencillas entre los intelectuales.

Si los hablantes de castellano (o español) apoyáramos una reforma como la que volvió a proponer Andrés Bello, aprenderíamos a escribir y a leer con suma rapidez; además, no cometeríamos tantos errores de ortografía y evitaríamos gastar tiempo, dinero y energías en corregir escritos, repetir reglas de ortografía y memorizar excepciones. Quizás haya culpables de que se cometan tantos errores de ortografía y de que escribir no sea tan sencillo, pero lo cierto es que una reforma de tal envergadura supondría la participación de más de trescientos millones de hablantes, lo cual es una empresa muy difícil que requeriría la inter-

vención de instituciones sociales, políticas y culturales... Pero, ¿no podría ser ésta una de las grandes aportaciones de los modernos medios de comunicación masiva?

EL SIGLO XX
La Generación del 27

Las nuevas corrientes artísticas surgidas a principios de siglo adquirieron fuerza después de la Primera Guerra Mundial. En España, un grupo de poetas españoles formó parte de la llamada *Generación del 27*: León Felipe, Pedro Salinas, Jorge Guillén, Gerardo Diego, Federico García Lorca, Dámaso Alonso, Vicente Aleixandre, Rafael Alberti, Manuel Altolaguirre. Con su escritura, dieron nuevos aires al español peninsular, pues no sólo buscaban la novedad, sino que reconocían todo lo que consideraban valioso del pasado (revaloraron, por ejemplo, a Góngora y a otros poetas barrocos).

El *boom* latinoamericano

Nuevamente, condiciones más políticas que literarias influyeron en los acontecimientos de la lengua, y en la segunda mitad del siglo América obtuvo reconocimiento internacional para el español con lo que se conoce como el *Boom de la novela latinoamericana*. Escritores como Gabriel García Márquez, Mario Vargas Llosa, Julio Cortázar, Carlos Fuentes son mundialmente conocidos y se han traducido a muchísimos idiomas. Estos autores, cuando escriben, no desdeñan el lenguaje que oyen en la calle y en situaciones cotidianas; es decir, le dan mucha importancia al español hablado y, al mismo tiempo, elaboran libros gramaticalmente impecables.

Unidad y diversidad del español

Aunque se han mencionado algunas de las diferencias entre el español de España y el de América, los hablantes de ambos continentes básicamente nos entendemos.

No obstante, en la propia América existen, por ejemplo, zonas de voseo, es decir, donde se usa el pronombre *vos* en lugar de *tú*. No se trata solamente de la región del Río de la Plata; también lo encontramos en parte del sur de México y en Centroamérica.

Tales diferencias han hecho pensar en la posibilidad de que suceda con el español la misma serie de cambios que sufrió el latín y que dio origen a las lenguas romances.

Esto se considera un problema y, por lo tanto, se han tomado medidas para evitarlo. Una de ellas está centrada en las escuelas, en la enseñanza del español y en evitar en lo posible las formas dialectales en ella. Sin embargo, quizá la tecnología actual evite el problema. Los medios de comunicación, especialmente la televisión, se están encargando en la práctica de mantener la unidad, pues manejan un español más o menos común a todos, o por encima de las modalidades geográficas.

José Vasconcelos (1882-1959), *escritor, filósofo, político y educador mexicano. En la filosofía, atacó la corriente denominada* positivismo, *que se opone a toda especulación metafísica y defiende sólo el método experimental; Vasconcelos, precisamente escribió un libro acerca del tema,* Metafísica, *publicado en 1929. Cultivó también la estética, el teatro, la sociología, la historia, el relato y el ensayo. Entre sus actividades políticas, formó parte del Club Antirreeleccionista de Francisco I. Madero en 1908, y viajó a Washington como agente confidencial del movimiento revolucionario. En la Universidad Nacional y en la Secretaría de Educación Pública realizó una fecunda labor cultural. Dirigió la revista* El Maestro *y fundó el periódico político* La Antorcha. *Fue también bibliotecario de la Academia Mexicana, de 1947 hasta 1959.*

Una de sus obras más conocidas, Ulises criollo, *es una autobiografía en la que el autor nos revela el trasfondo político, social y cultural del México de los años treinta. Esta obra forma una tetralogía con* La tormenta, El desastre *y* El proconsulado, *de la misma década. En cuanto al ensayo, es, junto con Alfonso Reyes y Antonio Caso, uno de los mejores representantes de este género en México, en el siglo* XX.

Estudios hechos por los lingüistas nos informan también que las diferencias se acentúan cuando hay menos educación, o en situaciones de comunicación familiar o regional.

Uno de los problemas que enfrenta el español en general, y los puristas en particular, es la penetración de voces inglesas. Así como en los siglos XVIII y XIX el francés fue la lengua más influyente, ahora lo es el inglés. Son numerosos los anglicismos en el español. Hay muchas razones para sea así. En la segunda mitad del siglo, después del fin de la primera y de la segunda guerras mundiales, el desarrollo de la tecnología, especialmente en el área de las comunicaciones, ha sido tan rápido y fantástico que no terminamos de aprender a usar un aparato nuevo cuando ya es obsoleto y tenemos que aprender a manipular otro. Junto con el aparato o la tecnología o el descubrimiento viene la palabra que los designa, y esa palabra generalmente es inglesa, porque en nuestros días son los países de habla inglesa los más desarrollados.

Por más que se quiera ser de amplio criterio respecto a la introducción de neologismos, sucede que a veces se usan palabras inglesas muy de moda, cuando ya hay una palabra española. En el ámbito de la moda, precisamente, tenemos el caso de ropa "casual", cuando en español existe *informal*, que es lo que *casual* quiere decir en inglés. *Casual* está relacionado con *casualidad*, no con *informalidad*. Se usa *parada* en lugar de *desfile*, y *suceso* en lugar de *éxito*. El tiempo dirá si se imponen o no.

De todas maneras se pueden anunciar algunos cambios analizando el habla, y casi todos se dan en ambas márgenes del Atlántico. La causa constante parece ser la necesidad de hablar sin dificultades y con mayor rapidez. Todo sonido que entorpezca el habla tiende a desaparecer.

1) Terminación *-ao* por *-ado*, que se da principalmente en Madrid cuando dicen *soldao*.

2) Pérdida de la *s* final de sílaba, fenómeno de mucha extensión pues abarca gran parte de España y Sudamérica: *mojca* (es una *j* muy suave y no la *s*, ya que se trata de la palabra *mosca*).

3) Confusión entre *r* y *l*, situación no nueva en la lengua. En algunos lugares dicen *mujel* por *mujer*.

4) Pronunciación de *g* por *h* (*güevo*).

5) La *j* fuerte de Madrid y del norte de España se pronuncia más suave en el sur y en gran parte de Hispanoamérica: *dejar = dehar*.

6) La *ch* se debilita y se oye casi como la *sh* del inglés, como en *mushasho* (muchacho).

7) La pronunciación particular de la *y* de *yo*, que en principio estaba confinada al Río de la Plata, se está extendiendo a otras regiones.

8) La desaparición de algunos acentos, como ocurre en la palabra *período = periodo*.

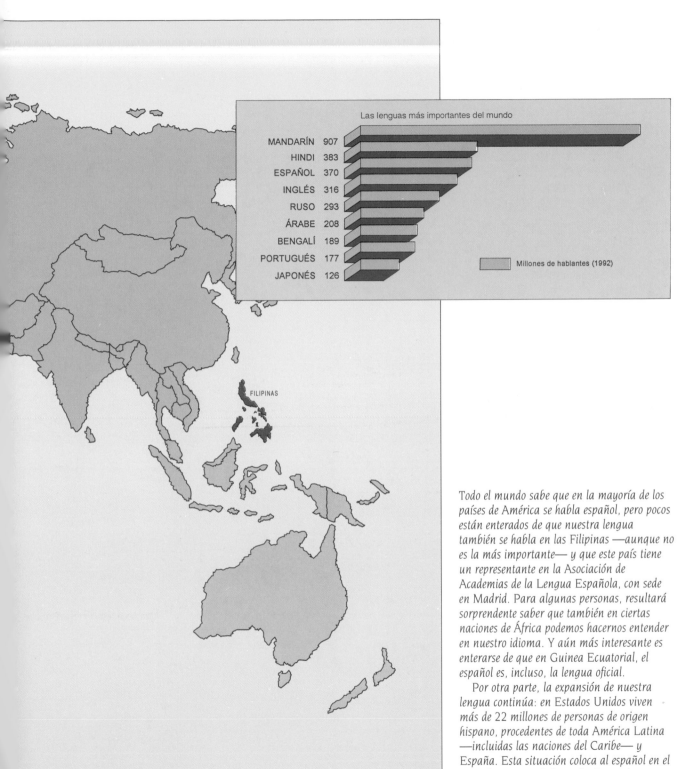

Las lenguas más importantes del mundo

	Millones de hablantes (1992)
MANDARÍN	907
HINDI	383
ESPAÑOL	370
INGLÉS	316
RUSO	293
ÁRABE	208
BENGALÍ	189
PORTUGUÉS	177
JAPONÉS	126

FILIPINAS

Todo el mundo sabe que en la mayoría de los países de América se habla español, pero pocos están enterados de que nuestra lengua también se habla en las Filipinas —aunque no es la más importante— y que este país tiene un representante en la Asociación de Academias de la Lengua Española, con sede en Madrid. Para algunas personas, resultará sorprendente saber que también en ciertas naciones de África podemos hacernos entender en nuestro idioma. Y aún más interesante es enterarse de que en Guinea Ecuatorial, el español es, incluso, la lengua oficial.

Por otra parte, la expansión de nuestra lengua continúa: en Estados Unidos viven más de 22 millones de personas de origen hispano, procedentes de toda América Latina —incluidas las naciones del Caribe— y España. Esta situación coloca al español en el tercer lugar mundial por el número de hablantes, después del mandarín y el hindi.

Diferencias entre el español americano y el de España

Nos entendemos, pero notamos las diferencias. Y éstas no se refieren sólo al vocabulario. Aunque allí se puede notar, por ejemplo en campos semánticos bien precisos, como el de las frutas y verduras, el uso de palabras muy diferentes: *piña* y *ananá*; *plátano* y *banana*; *aguacate* y *palta*; *papa* y *patata*. Las *judías verdes* en España son *ejotes* en México, *chauchas* en el Río de la Plata y *vainitas* en Perú.

También podemos encontrar variaciones a lo largo del continente americano.

Sin embargo, compartimos a grandes rasgos tres diferencias fundamentales:

a) Pronunciación de la *c* y la *z* como *s* (*zapato* y *cielo* se pronuncian en América igual que *sapo* y *silbido*). La explicación más aceptada hasta el momento es el hecho de que la mayoría de los conquistadores provenían de Andalucía o pasaban mucho tiempo allá antes de embarcarse, y en esa zona se pronuncian igual la *c*, la *z* y la *s*.

b) Desaparición de la segunda persona del plural, *vosotros*, en favor de la forma *ustedes*.

c) Para los españoles, algunos usos regionales de América suenan arcaicos. Esto se explica en parte por la lejanía de la metrópoli. Gran parte del territorio de las colonias españolas, además, estaba muy alejado y aislado de las capitales virreinales, que eran los centros políticos y culturales, y por eso se desarrollaron características propias. En ese sentido, el voseo puede ser considerado como un arcaísmo.

En 1978 se estableció en la Constitución española que "el castellano es la lengua oficial del Estado". A los grupos nacionalistas vascos, catalanes y gallegos, el uso del vocablo "español" les parece una forma de menospreciar sus lenguas nacionales. En América, *castellano* y *español* son sinónimos y se usan indistintamente.

El español y las lenguas indígenas

Cuando llegaron los españoles a América vinieron acompañados por sacerdotes. La conquista militar se complementó y se consolidó con la conquista espiritual. Sin embargo, la gran piedra con la que tropezaron fue el idioma, o, más bien, las 300 familias de idiomas americanos con sus dialectos. Al principio usaron dibujos; luego aprendieron los idiomas de cada región; pero eran pocos los sacerdotes y muchos los pueblos y las lenguas diferentes. En México el náhuatl se difundió más de lo que el Imperio Azteca abarcaba originalmente porque se empezó a usar como lengua franca, es decir, como un idioma extranjero que varios pueblos usaban para comunicarse. Pero en parte por la diversidad y la dificultad (hay lenguas que son tan difíciles como el chino para un hablante

---

¿QUÉ PASÓ CON LA CH Y LA LL?

El 27 de abril de 1994, la Asociación de Academias de la Lengua Española, reunida en Madrid, acordó suprimir la *ch* y la *ll* como letras independientes en los diccionarios, glosarios, índices y todo tipo de listas de palabras que vayan ordenadas alfabéticamente. De las 22 academias —incluida la de Filipinas— que estuvieron representadas en la deliberación, 17 aprobaron la propuesta, una la rechazó y las demás se abstuvieron de votar. Esta decisión no significa que desaparezcan los sonidos, como mucha gente ha creído. No se trata de decir *muco* en lugar de *mucho*, ni *corizo* por *chorizo*, sino de colocar o buscar la palabra *chorizo* en el apartado de la letra C, pues ya no habrá una lista de palabras que comiencen con CH. Éstas se encontrarán en seguida de la combinación *ce*, después de la cual vendrán las palabras que empiecen con *ci*, todas bajo el apartado de la C:

antes:	ahora:
C	**C**
caladero	caladero
cefalea	cefalea
cítara	chaqueta
cogollo	checo
craso	chillar
cundir	chusma
	cítara
CH	cogollo
chaqueta	craso
checo	cundir
chillar	
chusma	

Algo similar ocurrirá con la *ll*:

antes:	ahora:
L	**L**
lamer	lamer
lazo	lazo
lemúridos	lemúridos
lima	lima
lozanía	llama
lucro	llegar
	llorar
LL	llovizna
llama	lozanía
llegar	lucro
llorar	
llovizna	

De hecho, la separación no existía antes de 1803 en nuestra lengua. Por otra parte, en los diccionarios de otros idiomas, como el inglés, no existen apartados para la *ch* ni para la *ll*, y en las computadoras, el ordenamiento alfabético tampoco hace esta distinción.

español), en parte porque les obsesionaba la posibilidad de crear herejías (conceptos como el de la Santísima Trinidad son muy complejos), por decreto real se prohibió evangelizar en lenguas indígenas y se hizo obligatoria la enseñanza del español. Sin embargo, jamás se contó con los recursos humanos necesarios para hacerlo.

Se hicieron muchas gramáticas de las lenguas indígenas, y aún se trabaja en ellas en la actualidad. La preocupación del siglo XX radica en que no se pierdan muchas lenguas que están a punto de extinguirse por falta de hablantes.

Sólo en dos países de América la lengua indígena es oficial: el quechua y el aimará en Perú, y el guaraní en Paraguay.

En México se ha hablado de "rehabilitar" el náhuatl. ¿Qué sentido tendría hacerlo en zonas mayas o donde hablan otomí o tarasco? También se ha hablado de poner en la Constitución que el idioma oficial es el español. De hecho ya lo es, pero se teme que con esto se deje de respetar a las lenguas indígenas.

Sin menospreciar —por ejemplo, usando términos incorrectos como "dialectos" para referirse a las diferentes lenguas indígenas— los diferentes idiomas nativos de América, es necesario reafirmar que el español es, sin lugar a dudas, la lengua unificadora, y la lengua materna de una abrumadora mayoría de americanos.

Dificultades para la enseñanza del español

La masificación de la educación, un concepto desarrollado fundamentalmente en el siglo XX, ha creado no pocos problemas. La obligatoriedad de la educación elemental es una necesidad asociada con el desarrollo, con el progreso, con la modernidad. Se han probado muchos métodos, se han cambiado muchos programas al ritmo de los últimos descubrimientos o de las últimas teorías; pero la enseñanza del español sigue siendo un problema, en especial, la de su ortografía. Afortunadamente, desde el punto de vista ortográfico, la distancia entre el español escrito y el hablado no es tan grande como la que hay entre el inglés y el francés; sin embargo, muchos pedagogos y lingüistas coinciden en que la simplificación de la ortografía (eliminación de la *h*, *k* en lugar de *c* y *q*, y una sola *s* para *c,s,z*, etcétera) mejoraría la asimilación de la escritura.

Estas propuestas chocan con los que piensan que la ortografía de la palabra debe conservarse porque es una manera de conservar su origen, su etimología.

Respecto a la redacción, al uso de la puntuación, etcétera, encontramos que generalmente no se le da la importancia que se merece, pues, ¿no es a través del lenguaje como todas las demás materias se explican? ¿No es en última instancia el lenguaje materia prima y vehículo de expresión del pensamiento? Si se tuvieran en cuenta estos conceptos, se buscarían mejores métodos y no se limitaría la enseñanza de la escritura a una simple memorización inútil de reglas y conceptos.

El idioma español y sus modalidades

Las diferencias que separan a españoles y americanos son menores que las que existen en diferentes niveles de la lengua. Si tomamos en cuenta tres parámetros fundamentales, encontramos que la lengua tiene:

a) Variaciones geográficas. Son las más fáciles de distinguir porque inmediatamente identificamos "acentos" o modalidades de vocabulario. Podemos identificar muchas zonas diferentes por sus características particulares. En México, por ejemplo, la manera de pronunciar vocales y consonantes no es la misma en todo el país. En Veracruz las vocales al final se alargan en detrimento de las *s* de los plurales. En la Ciudad de México, se oyen más las consonantes que las vocales. Es en el vocabulario donde se dan más variaciones geográficas, como se comentó respecto al campo semántico de frutas y verduras. Pero también hay variantes sintácticas. Por ejemplo en Venezuela y el Caribe se oye ¿*Qué tú tienes?* en lugar de ¿*Qué tienes?* o ¿*Qué tienes tú?* Y en el Río de la Plata se dice *Vení*, en lugar de *Ven*.

b) Variaciones históricas. El estudio de una lengua a través de los siglos nos da una idea de su evolución y de sus tendencias. A muchos interesan las *etimologías*, donde se investiga cuál es el origen de una palabra y si tenía el mismo significado que en la actualidad. Sin ir muy lejos en el tiempo, *pluma* no significa lo mismo ahora que en el siglo XIX, pues ya nadie usa plumas de ganso para escribir y, sin embargo, al bolígrafo, de relativamente reciente invención, en México se le llama *pluma*.

c) Variaciones sociales. En la lengua también hay clases sociales. Se habla de lengua culta y de lengua vulgar y lengua familiar; el hablante de la ciudad se distingue inmediatamente del hablante del campo; hay "germanías" o "caló" o "lunfardo", que son los lenguajes particulares que usan los delincuentes. Pero también hay diferencias generacionales. Los jóvenes buscan no ser iguales a sus padres a través del lenguaje e introducen voces nuevas.

También la sociedad censura, y se habla de "buenas" y "malas" palabras. Pero las variaciones se combinan: una "mala" palabra de Argentina no es tal en Puerto Rico.

La pregunta es: ¿cuál de todas las variantes es la correcta? ¿La modalidad del español hablado en Madrid? ¿El habla de la clase culta de Bogotá? ¿El español que se hablaba en el siglo XVIII? La respuesta es que todas son válidas desde el punto de vista lingüístico en tanto permitan la comunicación. Ninguna modalidad es mejor que otra, y este concepto, aparentemente tan sencillo, es difícil de asimilar por algunos españoles y por algunos americanos. Los hablantes de América suman 330 millones, y los de España 40; es lógico desprenderse de la idea de que lo único "correcto" es el español de Madrid.

PARA ENTENDER LA COMUNICACIÓN

La comunicación y la vida privada
La comunicación y la vida social
La comunicación y la vida profesional

HACIA UNA SOCIEDAD DE COMUNICACIÓN

La comunicación está de moda. El extraordinario desarrollo de los medios de transporte y de información de principios del siglo xx —el automóvil, la prensa, el cine, la telegrafía inalámbrica, el fonógrafo y la radio— sin duda ha contribuido a la difusión del término. Al finalizar la Segunda Guerra Mundial ocurrió un gran avance. A pesar de que el mensaje escrito no ha perdido aún su fuerza esencial, la televisión se ha convertido, indudablemente, en el medio de comunicación masiva por excelencia. Según la afortunada frase del sociólogo canadiense Herbert Marshall McLuhan, la comunicación ha transformado en una "aldea global" al mundo entero, antiguamente dividido en cinco continentes.

Gracias a las modernas redes de transmisión (fibra óptica) y de enlace (satélite geoestacionario), toda información puede ser difundida casi instantáneamente, no sólo al mundo entero sino también a las estaciones espaciales habitadas, es decir, a la inmensidad del espacio cósmico. Nos encontramos ya en la era de la comunicación generalizada, y el siglo XXI nos depara grandes sorpresas en este campo.

Estamos bombardeados por palabras, imágenes y sonidos. Existe tal profusión de mensajes que nos preocupa ordenarlos. Sin embargo, a partir de nuestra propia experiencia podemos clasificar este caos incesante y, paralelamente, comprender mejor los variados papeles que juega la comunicación en los diversos niveles de nuestra vida.

EL MUNDO DE LA VIDA PRIVADA

El espacio más importante de nuestra vida es la casa, el hogar. Las relaciones que se establecen en él son las correspondientes al núcleo familiar, y la comunicación que ahí se da es más bien interpersonal, es decir, está constituida principalmente por diálogos y comprensión mutua.

Sobre esta base de la comunicación interpersonal se cimientan las primeras experiencias del niño y se determinan las relaciones entre los adultos. El diálogo y la comprensión implican un mínimo de igualdad y de transparencia y están enfocados a lograr el bienestar y el desarrollo de la persona (relaciones amistosas, amorosas, etcétera). Estas relaciones prevalecen en lo que se llama convencionalmente —de acuerdo con la terminología sociológica— *grupos primarios* (familia, relaciones entre compañeros, etcétera).

En el caso de este tipo de comunicación, toca a la psicología explicar los mecanismos que intervienen en él.

EL MUNDO DE LA VIDA SOCIAL

Éste es el ámbito de la ciudad, de la urbe. No depende de la intimidad y se relaciona más bien con el mundo público. En él se da una comunicación de otro tipo. Las relaciones no sólo se realizan entre persona y persona, sino también entre persona y grupos e incluso entre grupos y grupos. Los intereses pueden ser opuestos e incluso contradictorios en algunas ocasiones. Los grupos dirigentes se constituyen y tienden a imponer su punto de vista. La información escrita, que nos esforzamos por guardar en archivos como testimonio irrefutable, logra la preeminencia sobre la palabra hablada. La noción de masa aparece poco a poco. La comunicación en la vida social no se propaga de igual manera de un grupo a otro; es, sobre todo, obra de los grupos legítimos constituidos y reconocidos en una urbe.

En estas condiciones —las de la vida social— la comunicación no sólo es un medio de intercambio sino también un vehículo de reforzamiento del poder. Se ha convertido en un método más económico de gobierno, del

LOS ÁMBITOS DE LA COMUNICACIÓN	EL CAMPO DE LA COMUNICACIÓN				
	Lugares privilegiados	Relaciones	Formas de comunicación	Modelos	Objetivos
VIDA PRIVADA	casa	persona con persona	diálogo	psicología	bienestar
VIDA SOCIAL	ciudad	grupos	persuasión	psicosociología	regulación social
VIDA PROFESIONAL	empresa	jerarquías, hombre/máquina	órdenes	cibernética	productividad

Con sólo poseer el cable o la antena apropiados, los televidentes de todo el mundo tienen acceso a los programas que transmiten numerosas televisoras nacionales y extranjeras. El satélite permite abrir nuevos horizontes al multiplicar las fuentes de emisión.

cual dispone el poder para anunciar sus decisiones pero también para acallar por la fuerza las demandas sociales, para disimular su carácter autoritario o para dar por hecho el consenso. Así, la comunicación es, simultáneamente, una técnica de difusión y un medio ideológico, encaminado a lograr la regulación social.

En este caso, la psicosociología se encarga de explicar el funcionamiento de los grupos, y las ciencias políticas de analizar los mecanismos del poder.

EL MUNDO DE LA VIDA PROFESIONAL

La vida profesional de la mayoría de nosotros se desarrolla principalmente en una empresa. Incluso las profesiones liberales, como la abogacía y la medicina, tienden a practicarse en oficinas y clínicas privadas, que funcionan como pequeñas empresas. La comunicación regula las relaciones jerárquicas del escalafón (gerentes, ingenieros, técnicos, supervisores, obreros) y, en lo que concierne a la producción, establece la relación del hombre con las máquinas e incluso, actualmente, la relación de las máquinas automatizadas con otras de igual naturaleza.

En la vida profesional la comunicación se ha convertido en un vínculo de mando que se aplica al hombre o a la máquina (en este último caso se habla, sin ambages, de las máquinas "dominadas"). Los ingenieros han imaginado la comunicación basándose en un modelo cibernético (en el cual todo se regula), y han hecho uso de los medios informativos que, después de haberse desarrollado en la industria, penetran de manera irreversible en el mundo de

los servicios. Una comunicación de este tipo apunta esencialmente hacia la productividad y deja entrever la idea de una sociedad postindustrial.

Las cinco funciones de H. Lasswell

En un excelente artículo publicado en 1948, el eminente sociólogo estadounidense Harold Dwight Lasswell, uno de los padres de la teoría de la comunicación, definió el acto de comunicación con la ayuda de las siguientes preguntas: ¿Quién/dice qué/a quién/a través de qué medio/y con qué efectos?

"El estudio científico del proceso de la comunicación —dice Lasswell— tiende a centrarse en una u otra de estas preguntas. El especialista en el análisis del *quién* (el emisor) se concentra en los factores que originan y dirigen la comunicación. El especialista del *dice qué* realiza el análisis del contenido, o sea, del mensaje. Cuando el centro de interés está constituido por el *a quién* (las personas a las que se dirigen los medios) estamos hablando del análisis del auditorio (los receptores). Quien estudia primordialmente la radio, la prensa, el cine y los otros medios de comunicación participa en el análisis de los *medios*. Si se trata el problema del impacto del mensaje sobre los receptores, estamos hablando del análisis de los *efectos*."

Desde entonces, casi siempre se han abordado los problemas de comunicación con la ayuda de estas cinco preguntas fundamentales insistiendo a menudo en la última y más problemática: *¿con qué efectos?*

MODELOS DE COMUNICACIÓN

El diálogo es, probablemente, el más eficaz de los esquemas básicos de la comunicación humana. Establecer un diálogo implica, por principio, superar el obstáculo de la lengua; es decir, tratar de entender al interlocutor y de hacerse entender por él, además de conservar las convenciones sociales y de establecer un ambiente de confianza y autenticidad.

En toda comunicación existe el supuesto de que entre los participantes debe haber una confianza previa y una sinceridad recíproca. Si faltan estas condiciones, la comunicación no puede establecerse. También existe un objetivo que comparten ambos interlocutores: tratar de llegar conjuntamente a la verdad, descartando los factores que pudieran impedir el intercambio de mensajes. Por otra parte, el contenido de la comunicación está asociado con la posición social de quienes hablan. No es conveniente decirle todo a cualquier persona; existen ciertas convenciones que deben respetarse.

En fin, en la comunicación propiamente dicha, el simple hecho de escucharse unos a otros implica que se entienden los interlocutores, que existe entre ellos una comprensión mutua.

La comunicación está integrada por tres registros: el de los sentimientos, el de la sabiduría y el del código social. Los elementos de orden sentimental (como la necesidad de expresar las intenciones, de ser auténtico, de lograr la confianza mutua) ponen en juego una moral. Por su parte, en los elementos de tipo cognitivo (como el conocimiento y la verdad que ambos interlocutores buscan conjuntamente) intervienen las categorías de la lógica. Los elementos correspondientes al código social (referidos a la rectitud de la relación interpersonal) tienen que ver con la psicología social.

En la diversidad de situaciones reales, no todos estos elementos tienen el mismo peso: dos viejos amigos realmente tratarán de expresar sus más profundos sentimientos, burlándose de los convencionalismos y del rigor de la lógica; en cambio, dos personas que se encuentran por vez primera para realizar una negociación estarán especialmente atentas a evaluarse, no se hablarán con toda la confianza ni se pondrán realmente de acuerdo. Dos científicos estarán preocupados, sobre todo, por determinar conjuntamente lo que es falso y lo que es verdadero y estarán poco atentos a los convencionalismos, sabiendo, de entrada, que no deben equivocarse.

LOS POLOS DE LA COMUNICACIÓN

La relación interpersonal nos proporciona el modelo de la comunicación, permitiéndonos construir poco a poco un esquema que nos informa cuáles son los elementos que intervienen en la comunicación efectiva, sea cual fuere su naturaleza. La gramática puede ser nuestro punto de partida, ya que ha establecido las características elementales de la acción. En un diálogo todo ocurre entre tres personas, a las que podemos representar con los pronombres personales: *yo*, *tú*, *él*.

Yo es el que habla, realiza la acción o la experimenta. *Tú* es aquel a quien el *yo* se dirige, a quien interpela. *Él* es aquel o aquello de quien se habla, el mundo exterior, el otro. En la comunicación no se trata sólo de que el *yo* se relacione con el *tú* en un movimiento circular, pues la comunicación es una relación triangular que se establece entre tres elementos: el *yo*, el *tú* y el *él*, el *mundo*.

Referente
ÉL

YO   TÚ

Emisor   *Receptor*

La terminología de la comunicación (emparentada con la de las telecomunicaciones) ha convenido en llamar *yo* al emisor, *tú* al receptor y *él* (el mundo exterior, aquello de lo que se habla) al referente, pero en realidad la relación existe entre el *yo* (emisor) y el *tú* (receptor); el referente no está relacionado verdaderamente con el *yo* ni con el *tú*, sólo está presente gracias a la evocación que realizan el *yo* y el *tú*.

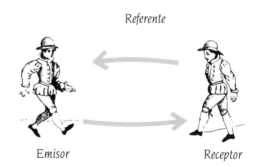

Referente

Emisor   *Receptor*

EL CÓDIGO DE LA BUENA COMUNICACIÓN

Para comunicar, es preciso utilizar un lenguaje común, emplear aproximadamente el mismo vocabulario y dar un sentido equivalente a las palabras. El emisor conforma (codifica) lo que va a decir y el receptor interpreta lo dicho (lo decodifica).

El código es, simultáneamente, el diccionario del que se dispone (la serie de términos) y el conjunto de reglas para combinar los signos empleados (gramática).

LAS SEIS FUNCIONES DE LA COMUNICACIÓN

Fijemos, como lo haría una instantánea fotográfica, los diversos elementos de la comunicación, todos ellos igualmente necesarios para su funcionamiento:

La función referencial. Generalmente la labor del mensaje es proporcionar una información relativa al mundo exterior. La intención predominante de algunos mensajes está centrada en esta función. En tal caso se encuentran los telegramas, la información de revistas especializadas, las actas, los informes y los textos científicos.

La función metalingüística. En el mensaje lingüístico, la lengua puede hablar de la lengua misma, como es el caso de las definiciones del diccionario, de las entradas y de las explicaciones.

La función sintomática. Está centrada en el emisor, que trata de interpretar sus sentimientos y de transmitir una emoción determinada. Esta función la encontramos en las cartas personales, en los diarios y en las confesiones.

La función apelativa. El propósito de la comunicación se centra en movilizar y convencer al receptor. Los elementos gramaticales más importantes de un mensaje de esta naturaleza son el vocativo (palabra con la que se designa al *tú*) y el imperativo (modo verbal de las órdenes, peticiones, súplicas). Esta función aparece preponderantemente en los sermones, la publicidad, la literatura comprometida, las cartas profesionales y los informes.

La función poética. El objetivo de este mensaje es el mensaje mismo. Esta función no sólo encuentra su expresión en la poesía: evoca también el placer estético experimentado en los juegos del lenguaje. La función poética se encuentra en los textos literarios, los humorísticos, las rondas infantiles y los retruécanos (juegos de palabras).

La función fática. Existen mensajes que sirven esencialmente para establecer, prolongar o interrumpir la comunicación; para comprobar si el circuito funciona ("¡Bueno! ¿Me oye?"); para atraer la atención del interlocutor o para asegurar que éste no se distraiga ("Como le decía..."). Esta función se encuentra básicamente en los encabezados de los periódicos, en los lemas publicitarios, en los mensajes radiofónicos y en ciertos elementos de la conversación.

Las diversas funciones de la comunicación que acabamos de mencionar pueden estar mezcladas en un texto, ya que un mensaje nunca tiene una sola función ni un solo propósito.

Los diseños permiten la comunicación y se adaptan a las diversas modas y estilos de las épocas. De izquierda a derecha se muestran las competencias de ciclismo, gimnasia, futbol, natación y atletismo según las representaron distintas sedes olímpicas: (de arriba abajo), México (1968), Montreal (1976), Moscú (1980) y Seúl (1988). Con el tiempo, la comprensión del mensaje que representa el dibujo se vuelve automática.

LA COMUNICACIÓN EFICAZ

Imaginemos que por arte de magia desaparece repentinamente toda la publicidad. Dejemos volar la mente hasta el día en que se suprimen los anuncios comerciales que, mediante la alegría de su música y la plasticidad de su escenografía, nos comunican su mensaje entre fragmento y fragmento de un programa de televisión. Supongamos también que desaparecen las páginas a todo color que señalan el principio y el final de las revistas que hojeamos distraídamente; que se suprimen los espectaculares anuncios que adornan las azoteas de los edificios y los andenes del metro... Sin duda veríamos un mundo gris y aburrido.

La comunicación publicitaria es muy cara. En Estados Unidos, 30 segundos de publicidad durante la emisión televisiva del XXII Super Bowl, realizado en 1988, costaban alrededor de 645,000 dólares; en México, un anuncio de 1 minuto en el horario más caro de la televisión costaba en 1993 algo más de 150,000 dólares. La publicidad trata de impresionar poderosamente y apunta con certeza, y todo ello en unos cuantos segundos. Es, por naturaleza, una forma eficaz de comunicación.

Tenemos mucho que aprender acerca de la comunicación en general y de los procedimientos para descifrarla adecuadamente.

La comunicación publicitaria, al igual que la de cualquier otro tipo, puede descifrarse perfectamente con la ayuda del esquema fundamental de la comunicación: alguien (el publicista) le habla a alguien más (aquel que hojea las revistas o que mira el anuncio) de cierta cosa (el objeto del cual se hace publicidad).

Dicho de otra manera, un emisor (el publicista) le habla a un receptor (el cliente potencial) de cierto referente (el producto que se vende).

La comunicación eficaz exige una respuesta del receptor; en este proceso debe completarse un ciclo. Si esto no ocurre, no habrá verdadera comunicación, y tal es la característica de nuestros modernos medios electrónicos: el receptor es pasivo, sólo recibe la información pero no retroalimenta al emisor. Quizás lo correcto sería hablar de medios de información y no de comunicación.

UNA FORMA DE INSISTIR

Sabemos que toda comunicación es un sistema que enlaza al emisor (el *yo*), al receptor (el *tú*) y al mundo (el *él*). Sin embargo, es posible insistir más en alguno de los elementos del sistema: en el *yo*, en el *tú* o en el *él*. Dicho de otro modo, todo aquel que trata de comunicar debe elegir primero lo que va a poner de relieve. Así, toda comunicación está marcada por una actitud (cierta forma de insistir).

UNA MANERA DE HABLAR

Pero hay de formas a formas en que uno (el emisor) le habla de una cosa (el objeto) a otro (el receptor):

❑ Se puede hablar adoptando un tono objetivo, afirmativo, frío, racional.

❑ Se puede hablar insistiendo en lo social, los valores tradicionales o lo que es normal.

❑ Se puede hablar sugiriendo la poesía, el sueño o la transgresión.

Toda comunicación está marcada por un registro (cierta forma de hablar), que puede ser poético, neutro o social.

LAS DECISIONES DEL PUBLICISTA

El publicista tiene que tomar dos decisiones:

La actitud: elegir una manera de insistir (acerca del *yo*, del *tú* o del *él*).

El registro: elegir una manera de hablar ("objetiva", "social", "poética"). A primera vista podría creerse que existen mil y una formas de hacerlo. En realidad las cosas son más sencillas. Para concebir las diversas posibilidades de "poner en escena" la comunicación basta con entrecruzar la forma de insistir con la forma de hablar.

EL REGISTRO: CIERTA FORMA DE HABLAR	LA ACTITUD: CIERTA FORMA DE INSISTIR		
	Insistir en el *yo*	Insistir en el *él*	Insistir en el *tú*
HABLAR POÉTICAMENTE	¡oh, yo!	contemplad el objeto	la connivencia
HABLAR OBJETIVAMENTE	yo	aquí está el objeto	tú
HABLAR SOCIALMENTE	yo existo	miren el objeto	el grupo

LA COMUNICACIÓN MASIVA

En los andenes del metro, un enorme cartel anuncia una función de gala que se transmitirá por televisión, destacando en primer plano a diversos artistas del mundo del espectáculo. El séptimo arte invita a los pasajeros a ver una película que narra la vida de un cronista de radio. A su vez, por radio, otro cronista relata las impresiones de los periodistas acerca de la mencionada función de gala: los detractores de Marshall McLuhan, que no creen en el concepto de "aldea global", también son habitantes de ella.

El enorme poder de la prensa, el cine y la radiodifusión ha abierto el camino a la comunicación (o difusión) masiva de finales de siglo. Actualmente la televisión es la que dicta las exigencias. El ejemplo de los juegos olímpicos y de los campeonatos mundiales de futbol lo demuestra: en muchos casos, los horarios de las competencias se establecen tomando en cuenta las horas de más alto "rating", para que el mayor número posible de telespectadores presencien en directo el desempeño de los atletas. Algunas competencias se realizan durante la noche, para que puedan verse en un intervalo más amplio de horarios.

LA FUNCIÓN DEL LENGUAJE

La comprensión, y el posterior conocimiento del mundo, pasa forzosamente a través del lenguaje. Gracias a su capacidad lingüística, el hombre ha sabido crear, entre él y la naturaleza, un universo artificial, constituido no por cosas sino por símbolos, por un sistema de signos que le permite aprehender su realidad.

Se produjo una verdadera revolución cultural cuando se crearon los medios para tratar al lenguaje como un producto material, para grabarlo a discreción y difundirlo en directo o de manera diferida. La invención de la escritura ha permitido la conservación del lenguaje; posteriormente, también la imprenta contribuyó a este fin mediante la difusión facsimilar de los escritos.

REPRODUCIR LA REALIDAD

Desde entonces, el hombre no ha cesado de perseguir el sueño de reproducir en su totalidad al mundo. En poco menos de 100 años, han visto la luz las técnicas que han permitido conseguirlo: la fotografía para reproducir la imagen, el fonógrafo para el sonido, el cine para el movi-

Actualmente las antenas parabólicas conviven con las antenas tradicionales de televisión en las azoteas de las ciudades modernas, simbolizando la "comunicación masiva" o, más bien, la "masificación de la comunicación".

miento y el holograma para la imagen tridimensional. Si bien en un principio cada una de ellas se conformó individualmente, pronto se conjuntaron para integrar un mundo intermediario (al igual que el lenguaje) entre el hombre y la naturaleza. La historia de la comunicación masiva es inseparable de esta apropiación de la realidad, ocurrida según dos ejes primordiales: primero adueñarse de lo real y conservarlo, y luego beneficiar con él al mayor número posible de personas, es decir, difundirlo.

La elaboración de imágenes

El hombre aprendió a grabar, conservar, multiplicar y difundir los textos, y paralelamente aplicó estas técnicas a las imágenes. No es una casualidad que el grabado en madera haya servido para reproducir imágenes —religiosas sobre todo— incluso antes de que se fabricaran los tipos móviles de imprenta (hechos con una aleación de plomo y antimonio) para reproducir textos. En las primeras décadas del siglo XIX, gracias a la óptica y a los adelantos de la química, mediante un aparato fue posible fijar de una manera general y casi instantánea diversos aspectos de la realidad; nos referimos a la invención de la fotografía en 1827. El incesante desarrollo experimentado a lo largo de unos 50 años permitió esta apropiación mecánica de la realidad, que sobrepasaba en perfección al laborioso trabajo del pintor y del dibujante.

Sin embargo, inicialmente, el mundo fue fijado en blanco y negro. Si bien la primera fotografía a color se realizó en 1869, fue necesario esperar más de 40 años (hasta 1910) para que se realizara su comercialización, e incluso 30 años más (1941) para que estuvieran a la disposición del público en general, a precio razonable, las películas y las fotografías a color.

Los progresos técnicos de la comunicación abrieron un abismo entre la actual industria de producción audiovisual y la realización verdaderamente artesanal de las primeras emisiones de radio. En la fotografía, grabación publicitaria con efectos sonoros.

El dominio del sonido

La posibilidad de la grabación sonora fue visualizada en Francia, en 1877, por el poeta y sabio Charles Cros. Unos 10 años más tarde, en Estados Unidos, el "gramófono" permitió la reproducción de estas grabaciones, antes de que aparecieran los primeros discos fabricados con ebonita y posteriormente con goma laca, lejanos y caducos ancestros de nuestros materiales actuales.

La captación del movimiento

Al mismo tiempo, la fotografía abandonó el campo de la imagen fija para entrar en el ámbito del movimiento. Las primeras vistas fotográficas en las que se empleó película perforada se grabaron en 1890 sobre celuloide. Cinco años más tarde, los hermanos Lumière, considerados como los padres del cinematógrafo, presentaron en París la primera demostración de una cámara capaz de grabar películas y de proyectarlas.

La imagen tridimensional

Es preciso dejar de lado procedimientos antiguos como los anaglifos, que requerían del uso de anteojos con un cristal rojo de un lado y uno verde del otro; mediante estos lentes, era posible tener la ilusión de ver en relieve un dibujo impreso a la vez en rojo y en verde. También dejemos de lado el estereoscopio, que permite, mediante cristales ópticos, ver en relieve dos fotografías ligeramente desfasadas pero casi superpuestas. La ilusión casi perfec-

ta del relieve no fue posible hasta la década de 1950, gracias al rayo láser. La imagen virtual obtenida por medio de un equipo de instrumentos de física no está sujeta a un soporte impreso, sino que posee su propia dimensión. Verdaderamente se ve en relieve, a tal punto que uno rodea la imagen, se acerca a ella y trata de tocarla como si fuera un objeto material del mundo real.

La década de los ochenta fue testigo del desarrollo de las técnicas de producción cinematográfica que trataban de que el espectador se sintiera parte de la película: la técnica Imax y el procedimiento Omnimax, utilizado en 1989 en el rodaje de una película acerca de los hermanos Chappe, inventores del telégrafo.

DIFUNDIR LA INFORMACIÓN

El mundo de la comunicación masiva, posible en sus inicios gracias a la conservación y la reproducción de sonidos y de imágenes fijas y móviles, no se desarrolla realmente hasta que progresan de manera sustancial las técnicas de difusión de imágenes, palabras y música. Difundir es, en principio, llevar algo lejos rápidamente. Y la historia nos lo muestra: la comunicación masiva es inseparable de las telecomunicaciones. El hada de la electricidad juega aquí un papel preponderante, ya que proporciona una red que no está dominada ni por los límites de la visión (como en el caso del telégrafo Chappe) ni por el apremio del tiempo de transporte (como en el caso de las redes fluviales o de carreteras).

Inicialmente el esfuerzo humano se enfocó en la fabricación y multiplicación de documentos, concebidas como verdaderos sistemas analógicos: el impreso es un pensamiento materializado, análogo a su expresión mediante el lenguaje; asimismo, la fotografía es un fragmento de la realidad, reducida y reproducida como imagen.

La transmisión a distancia

Con el nacimiento del radiorreceptor (1898), se pudo enviar información a distancia sin necesidad de recurrir a medios de transporte. Gracias a la electricidad y a su desarrollo fue posible poner a circular la información, transformar el telégrafo (1844), y que Alexander Graham Bell inventara el teléfono en 1876, que conjunta las propiedades de los campos magnéticos con las de la corriente eléctrica. Al prescindir de una red material (alambre de cobre), la electricidad fue capaz de transmitir señales a distancia sin necesidad de otro recurso que el aire. La radiotelegrafía inalámbrica, desarrollada por Guglielmo Marconi en 1896, marcó un gran avance, junto con la invención del estadounidense Lee De Forest: una lámpara de vacío con tres electrodos, que permite amplificar las señales recibidas.

Los progresos tecnológicos

Las nuevas tecnologías desarrolladas en el siglo XIX rápidamente se vuelven interactivas. Las técnicas fotográficas se aplican a la imprenta, para dar origen, hacia 1850, al fotograbado. La línea telefónica permite al belinógrafo (1907) transmitir imágenes a distancia. La historia de la comunicación masiva está integrada por estos entrecruzamientos y perfeccionamientos recíprocos. El cine sonoro (1927) fue posible gracias a una celda fotoeléctrica acerca de la cual se habían hecho experimentos desde 1888. La grabación magnética (ideada en 1899) tuvo que esperar un cuarto de siglo para ver que el tubo catódico daba origen a la imagen televisiva (1926).

La difusión masiva

Los medios de comunicación (o, más bien, de difusión) masiva, como la prensa, la radio y la televisión, penetran en los hogares de un amplísimo sector de la sociedad, día tras día. Todo el entorno nos lo indica: el tiempo promedio que una persona pasa frente al televisor, la cantidad de aparatos de recepción por familia (en la Ciudad de México, el 99% de los hogares cuentan con un televisor, y el 33% tienen dos o más), el incremento en el número de cadenas de televisión cerrada y el éxito de los aparatos de videograbación. El aspecto masivo de la difusión se entiende más adecuadamente si consideramos las cifras promedio a nivel mundial. En el lapso de un año, un habitante consume cerca de 6 kg de papel periódico, en relación con un tiraje cotidiano total de cerca de 500 millones de ejemplares. Uno de cada dos habitantes de nuestro planeta posee un radio. Cada año se imprimen cerca de 500,000 títulos de libros. En el mundo hay más de 250,000 salas de cine. Y el número de aparatos de televisión supera la prodigiosa cifra de 500 millones.

Se comprende la importancia de los imperios industriales y comerciales que crecen tras estas cifras: la industria de las estaciones difusoras (radio, televisión y componentes), la industria de la difusión propiamente dicha (agencias de prensa, redes de ondas hertzianas, cables y satélites) e incluso, actualmente, la industria de los programas.

Para entender mejor la realidad de la difusión masiva, es preciso analizar lo que ha pasado con la prensa, la radio, la televisión y las telecomunicaciones. En cada caso, si continuamos el análisis, encontraremos las constantes que hemos mencionado: el deseo de fijar los complejos cambios de nuestro mundo (descomponiéndolo en signos más sencillos), de conservarlo y luego de transmitirlo al mayor número posible de receptores, mediante técnicas cada vez más complejas. Para dicha o desdicha de la humanidad, bien o mal llevada, la comunicación puede ser, efectivamente, la mejor o la peor de las cosas.

	PRENSA	RADIO	TELEVISIÓN
INVENCIÓN	hacia 1450 Gutenberg	1898 G. Marconi	1926 J.L. Baird primera imagen televisada
INNOVACIÓN COMERCIALIZACIÓN	1631 T. Renaudot 1833	1917 1920	1936 Emisión BBC (Londres) 1940-1941 (Estados Unidos) 1950 (México)
IMPLANTACIÓN MASIVA	1860	1925	1946 (Estados Unidos)
EXPANSIÓN	1920-1930	1935	1951 (Estados Unidos)
NUEVOS AVANCES	formato "tabloide" 1919	transistor 1947	televisión a color: 1954 (Estados Unidos); 1967 (México)

LOS ARCHIVOS

Desde épocas muy remotas de la historia de la humanidad, el hombre dejó rastros de su presencia. Generalmente, estos vestigios son reconstruidos por la arqueología: desperdicios, restos calcinados, osamentas... Pero hay otros que reflejan alguna forma de sistematización: las marcas o señalamientos que el hombre antiguo realizó intencionalmente para dar testimonio de que, en aquel momento, se había producido un acontecimiento importante, el cual, por el simple hecho de estar inscrito sobre una tablilla, o bien en piedra o bronce, merecía ser conocido, recordado y quedar asentado para siempre.

La comunicación social surge en el momento en que el hombre desafía el deterioro producido por el tiempo, dotando a sus signos con la permanencia de lo escrito.

La comunicación masiva es posible gracias a esta capacidad de agrupar, y posteriormente poner a la disposición de todos, un gran volumen de documentos (actualmente hablamos de datos). Así, archivar se ha convertido en una labor indispensable de nuestra sociedad de comunicación.

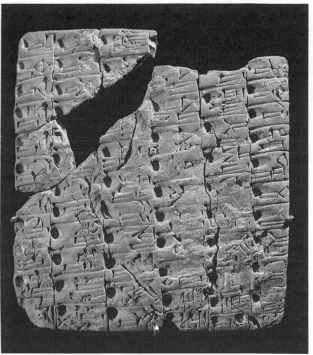

Miles de tablillas mesopotámicas, grabadas con caracteres cuneiformes, fueron descubiertas en las bibliotecas de los palacios hallados bajo las arenas del desierto.

La escritura aparece hacia el año 3500 a.C., con la civilización sumeria. Con ella se inicia una extraordinaria acumulación de signos. La escritura hace posible el surgimiento de la historia, en el sentido en el que la entendemos actualmente; es, a la vez, la memoria de nuestra presencia en el mundo y un intento por capturar el futuro.

LA BIBLIOTECA Y EL ARCHIVO

La escritura nació muy ligada con la arquitectura. Un sinnúmero de fachadas, estelas, lápidas y obeliscos han traído hasta nuestros días los elocuentes vestigios de la Antigüedad. Sin embargo, pronto los vehículos de la escritura se volvieron más móviles: tablillas de arcilla cocida, hojas de papiro y de palmera, trozos de corteza de árbol, tablillas de cera endurecida, seda y pergamino hecho de piel curtida. Asimismo, muy pronto fue posible concentrar y conservar los escritos, necesarios para el funcionamiento de la ciudad y el ejercicio del poder.

Los archivistas estaban al servicio de los poderes político y religioso, en tanto que los escribas y los copistas se encargaban de transcribir los textos una y otra vez, hasta tener la cantidad de ejemplares requerida. Sin duda, en la actualidad no podemos imaginar la magnificencia de estos depósitos de escritura.

Ya en el siglo VII a.C., la biblioteca del rey asirio Asurbanipal, establecida en el palacio de Nínive, poseía más de 20,000 tablillas con textos literarios y científicos. La biblioteca de Alejandría, la más célebre del mundo griego, poseía, en el siglo III a.C., 700,000 volúmenes. En la antigua Roma existían por lo menos 28 bibliotecas.

Después de la caída del Imperio Romano y de las grandes invasiones que trastornaron Europa, no quedó nada de estos grandes centros culturales. Durante la Edad Media —antes del surgimiento de la imprenta— cada una de las bibliotecas que se establecieron en monasterios y universidades conservaba apenas un poco más de 1,000 volúmenes.

Fue necesario esperar hasta el siglo XV para que, gracias al desarrollo de la imprenta, tuviera un avance considerable el archivo de los conocimientos y, por lo tanto, aumentaran las posibilidades de comunicarlos. A partir de entonces, las cosas ocurrieron de manera más veloz. Se calcula que hacia el año 1500 había 20 millones de libros en circulación en todo el mundo, lo cual implica la existencia de entre 30,000 y 35,000 títulos.

Desde 1437 hasta el siglo XX, en todo el mundo se han impreso cerca de 10 millones de obras. Cada año se publica un número creciente de títulos. En la República Mexicana, el promedio anual de títulos publicados es de

7,200. Desde luego, también hay que sumar a estas cantidades los numerosos periódicos y revistas.

Todo esto se conserva y se acumula en edificios especialmente construidos para ello, por ejemplo, los archivos públicos y las bibliotecas nacionales de diversos países del mundo.

Todo se guarda: no solamente los pensamientos a través de la escritura, sino también el transcurrir del tiempo por medio de la fotografía y del cine, y las palabras mediante el disco fonográfico y las cintas magnéticas. Sin embargo, llega el momento en que todo esto termina por desbordarse: las estanterías de las bibliotecas se saturan y los espacios destinados a la conservación de documentos escasean.

LOS BANCOS DE DATOS

Afortunadamente, en los años cincuenta nace la informática, y con ella la computadora. Desde entonces, de progreso en progreso, ha sido posible almacenar, sin ningún problema y de una manera relativamente compacta y de rápido acceso, millones y millones de datos.

La técnica del microfilme permite reducir considerablemente el volumen de ciertos archivos como los de periódicos, revistas, anuarios y catálogos, facilitando su conservación y consulta. Los bancos de datos acrecientan la posibilidad de tener acceso a la información y ponen a disposición del usuario un volumen considerable y cada vez mayor de información, gracias a las redes de teleinformación, cada vez más difundidas por todo el mundo. La transformación de los datos más complejos en una sencilla numeración binaria (en la que únicamente se

En numerosas hemerotecas es posible realizar la consulta de periódicos antiguos mediante el microfilme.

utilizan los números 0 y 1) hace posible que una biblioteca consulte e intercambie datos bibliográficos relativos al acervo de otra biblioteca situada a distancia. Asimismo, los investigadores pueden consultar los bancos de datos y conformar sus propios archivos.

Ni la más grande de las bibliotecas del mundo podía soñar con conjuntar todo el saber humano. Pero en la actualidad, las bibliotecas, los archivos y los bancos de datos de muchos países ofrecen la posibilidad de acumular todo este saber y de volverlo accesible al público.

La aparición del disco compacto para computadora (CD-ROM), gracias a su enorme capacidad de almacenamiento, constituye otro medio útil para acumular datos y recuperar información.

Los archivos nacionales

El Archivo General de la Nación, de México, contiene uno de los acervos de mayor interés para el país. En él se pueden encontrar tanto documentos de importancia histórica como testimonios de la vida cotidiana de épocas pasadas. El Acta de la Declaración de Independencia, los Sentimientos de la Nación y la Constitución de 1917 se encuentran aquí, resguardados por las sólidas instalaciones de un edificio que hasta 1982 fue utilizado como penitenciaría: el palacio de Lecumberri. Aquí pueden encontrarse también las respuestas que busca una persona cuyo árbol genealógico no es del todo conocido para ella, pues se dispone de información relativa a las actas de nacimiento; los gobiernos de los estados localizan mapas antiguos que les servirán para dirimir conflictos limítrofes; una diseñadora de modas lo visitará para conocer el vestido de la época colonial o del Porfiriato, en fin... Cartas de Emiliano Zapata, una invitación para una boda de principios de siglo, información acerca de las plantas medicinales utilizadas por los indígenas, informes de la Santa Inquisición, un manual del siglo XVII para tocar

guitarra, la orden que se dio al Escuadrón 201 de la Fuerza Aérea Mexicana para que entrara en combate durante la Segunda Guerra Mundial: todo esto y más, celosamente guardado, pero no por ello inaccesible para el público.

El primer intento por crear un archivo nacional en México se realizó en 1790, pero su lugar actual y exclusivo fue establecido casi dos siglos después: en 1982; antes de este año, la historia documental de la vida de los mexicanos pasaba de una oficina gubernamental a otra. En la actualidad, 25 km de textos, material gráfico, películas, programas de radio e incluso información en computadora atestiguan el pasado de la nación.

El cuidado de los libros y demás documentos que llegan al Archivo es muy escrupuloso. Todo material nuevo que ingresa a las instalaciones es fumigado inmediatamente. Después, en una cámara de vacío se le aplican sustancias químicas esterilizadoras. Ciertos libros de papel muy antiguo reciben un tratamiento de lavados para eliminar ácidos que podrían acelerar el deterioro, o reciben injertos de pulpa de papel en las partes resquebrajadas.

LAS REDES DE COMUNICACIÓN

Nuestra condición de usuarios nos lleva a emplear ciertos objetos sin reflexionar acerca de su funcionamiento. Con sólo oprimir un botón o dar vuelta a una perilla, la televisión, la calefacción o la luz eléctrica están a nuestra disposición. Estos aparatos, conectados a terminales, funcionan gracias a una serie de canales, frecuentemente de tipo material, como ductos de agua o de gas, alambres metálicos y cables, e implican la realización de excavaciones y la existencia de postes. Algunas veces estos canales pueden ser inmateriales, como es el caso de las ondas eléctricas y hertzianas, y requieren de antenas y satélites.

Todo esto forma una malla, semejante a una inmensa red de pescar, que enlaza entre sí a las ciudades y a cada uno de nosotros con el mundo entero, gracias a un sistema o a una pantalla catódica. Todos estos elementos se interrelacionan, ya que existe energía transmitida por ondas moduladas y por vibraciones propulsadas. En un extremo de la cadena tenemos la producción; en el otro, el consumo. Pero entre ambos media la distribución, que requiere de todo un aparato industrial y de depósitos de información (bancos de datos) que constituyen nuestros modernos archivos.

CAMINOS, VÍAS Y DUCTOS

Si observamos un mapa representativo del Imperio Romano en la época de su máximo esplendor, nos daremos cuenta de que el enorme poderío de Roma no se concibe sin la red de vías de comunicación que se extendían desde el norte de Europa hasta las costas de África. El mensaje viajaba a la velocidad del mensajero, que acortaba las distancias con la rapidez de un caballo a galope. Las marchas de los soldados no excedían los 30 km al día. Gracias a los acueductos, el agua contaba con una red propia que abastecía a las grandes ciudades. Si exceptuamos las señales de fuego o de humo que se enviaban desde las antiguas torres, nos encontramos con que las vías se convierten en el sostén fundamental de la comunicación humana; las mercancías transitaban principalmente por los ríos y canales.

Fue preciso esperar hasta que ocurriera la Revolución Industrial, a principios del siglo XIX, para que surgieran nuevas redes de comunicación. Nos referimos a las vías férreas, que transportaban minerales aun antes de que

aparecieran las diligencias para transportar viajeros. A fines del siglo XIX surgieron los ductos de distribución de gas y electricidad, y con ellos llegó el progreso de la industrialización. Con frecuencia nos olvidamos de que hasta la Primera Guerra Mundial los habitantes de las grandes ciudades europeas se calentaban haciendo uso del carbón, y la iluminación se realizaba con lámparas de petróleo; de allí que en algunos edificios de Europa aún puedan leerse placas que anuncian "agua y gas en todos los pisos". Por eso, no deja de maravillarnos el hecho de que los antiguos romanos contaran ya con un eficiente sistema de calefacción urbana.

LA RED ELÉCTRICA

Con el advenimiento de la electricidad cambió todo: de sobra conocemos el importante papel que juega en el mundo de la comunicación. Gracias a su transmisión casi instantánea a lo largo de cables metálicos, la electricidad sirve como soporte de las señales elementales que constituyen toda información. Las comunicaciones avanzaron a gran velocidad a raíz del progreso del electromagnetismo (el telégrafo eléctrico en 1844 y el teléfono en 1876). Desde entonces proliferaron los cables telegráficos a lo largo de las vías férreas y se multiplicaron los cables telefónicos.

Los caminos y las vías férreas son la base de los medios de transporte. Los ductos permiten la circulación de fluidos y de gas. Las redes de electricidad también son soportes de información, lo mismo que las líneas de alta tensión, que transmiten la energía a distancia y cuyas torres tachonan el horizonte.

La capacidad de las redes de transporte y de comunicación pronto se volvió insuficiente debido a la saturación. Este problema quedó resuelto en el momento en que fue posible enviar diversos mensajes, simultáneamente, a través de un solo cable (sistema múltiplex) y cuando se logró dominar nuevas longitudes de onda hasta llegar, poco a poco, a la onda corta —al principio a alta frecuencia (HF) y después a muy alta frecuencia (VHF) e incluso a ultraalta frecuencia (UHF), utilizadas para la televisión y el radar—. En la actualidad se utilizan ondas hertzianas en la telefonía, y cables eléctricos para transportar las imágenes televisivas. Los cables transoceánicos han sido superados por los satélites que, se espera, formarán una red única, capaz de transmitirlo todo.

LA FIBRA ÓPTICA

La R.N.I.S. (red numérica para la integración de servicios) es empleada en nuestros días por los especialistas en telecomunicaciones que preparan el mundo del año 2000. A primera vista, el término no es muy claro; sin embargo, las propias palabras nos indican de lo que se trata. La integración de servicios implica la constitución de una red a través de la cual puedan pasar todos los servicios de

En estas fibras ópticas
pueden circular tanto
conversaciones
telefónicas como
imágenes televisivas.

comunicación que hasta la fecha contaban con su propia red: la red telefónica, la informática, la radiofónica y la televisiva.

Sin embargo, esta red única sólo es posible si la información es transformada en una serie de números, lo cual ya sabemos hacer a la perfección. La voz, las imágenes y los textos no sólo son impulsos eléctricos, ya que pueden ser desglosados y señalados con valores binarios (0,1). Así, la informática puede adueñarse de estos datos que las computadoras de alta capacidad, sirviéndose de tales redes, mezclan, clasifican, procesan y transmiten. Esta red no es analógica sino numérica, pues transmite números. Para realizar este proyecto fue necesario aumentar la capacidad de las redes y modificar la naturaleza de sus soportes. Las investigaciones realizadas en este campo han desembocado en la invención de la fibra óptica.

La fibra óptica —que actualmente se puede fabricar a nivel industrial— es un tipo de filamento de vidrio con un diámetro de 0.10 a 0.40 mm, constituido por un núcleo revestido con una especie de funda que tiene un índice de refracción menor que el del núcleo. La fibra conduce un haz luminoso inyectado mediante un sistema de rayo láser y modulado por un sistema eléctrico. La luz, en el transcurso de su trayectoria, no puede alejarse del núcleo y se refleja en la "funda".

Los cables de fibra óptica, con diámetros iguales, poseen un rendimiento incomparablemente más alto que los cables coaxiales tradicionales (aproximadamente en una relación de 1 a 100).

En la actualidad, cerca de 250 compañías están consagradas al mundo de las fibras ópticas. Corning Glass, empresa número uno a nivel mundial, posee las principales patentes de la fibra de sílice y produce aproximadamente 100,000 km de este material al año. Se calcula que en 1990 las ventas mundiales se elevaron hasta los tres mil millones de dólares.

Gracias a esta tecnología, a través de un cable se puede conformar esta red del futuro, capaz de transportar simultáneamente imágenes, sonidos y textos.

La modernización de México en materia de telecomunicaciones avanza con la instalación de una red de fibra óptica que enlazaba ya, en julio de 1993, a 25 de las ciudades más industrializadas del país. El plan del Estado y de la empresa Teléfonos de México es comunicar a 54 ciudades mediante una red de 13,500 km que aumentará la calidad y la rapidez de las transmisiones.

EL LIBRO

En todo el mundo se publican cada año aproximadamente 500,000 títulos, que vienen a sumarse a los 40 millones ya existentes. En relación con el número de habitantes del planeta, esta cifra, que parece enorme, representa apenas un título por cada 10,000 personas. Por un lado, históricamente el libro es uno de los primeros medios de comunicación masiva; por otro, considerando diversas disparidades, su influencia es muy irregular. El libro nutre la vida intelectual de millones de personas; sin embargo, el número de hogares en los que no irrumpe nunca es aun mayor. De acuerdo con el libro La galaxia Gutenberg, *del sociólogo canadiense M. McLuhan, el libro, símbolo de la civilización de lo escrito, ha sido relegado por la prensa, la radio y la televisión. Cada nuevo medio de comunicación parece desplazar al más antiguo, con el fin de llegar al mayor número posible de personas. Pero el libro sigue siendo una realidad viva en nuestro mundo moderno. Y los adelantos técnicos surgidos en estos últimos 30 años —desde la fotocomposición hasta los sistemas de computación para imprimir más rápidamente y a un costo más bajo— permiten al libro mejorar su difusión y persistir como el primer pilar de toda cultura.*

LOS INICIOS DEL LIBRO

Antes de que el primer libro fuera impreso, existía ya "el libro más antiguo del mundo": un largo rollo de papiro hallado en Tebas, que contiene máximas y preceptos faraónicos y que data aproximadamente del año 2000 a.C. Poco a poco, a principios de nuestra era, las largas bandas de papiro, de pergamino o de tejido que se enrollaban en un núcleo de madera, hueso o marfil, empiezan a sustituirse por los códices, especie de cuadernos formados por una o varias hojas plegadas y cosidas unas con otras.

En la América precolombina existieron también documentos en los cuales los indígenas plasmaban ya sus pensamientos. Los habitantes de Mesoamérica poseían una larga tradición bibliográfica, manifestada en el uso de cierta especie de papel hecho de la corteza de un árbol. Este material permitía la escritura y presentaba las ventajas de ser duradero y ligero. En papel, nuestros antepasados escribían acerca de sus tributos y de temas religiosos; elaboraban teogonías y creaban literatura. Los mayas, por ejemplo, poseían obras de teatro y hacían complicados cálculos astronómicos, y los mixtecos registraban el trans-curso de su vida, de la de sus grandes señores y de sus relaciones con otros pueblos. Abundan, en los documentos de las culturas náhuatl, huasteca, teotihuacana, tarasca, olmeca y maya, las relaciones de hazañas y conquistas, de peregrinaciones y desastres de la naturaleza, y de fechas de acontecimientos de carácter cotidiano, como el nacimento y la muerte.

A pesar de las grandes oleadas de destrucción que ha sufrido la humanidad, decenas de miles de estos libros han llegado hasta nuestros días. La imprenta permitió dar una difusión sin precedentes al libro. Si bien de los primeros libros (biblias, obras religiosas y escolares) se realizaban tirajes de 100 o de 200 y algunas veces hasta de 300 ejemplares, pronto éstos aumentaron y se multiplicaron. Así, a finales del siglo XV existían unos 30,000 títulos, y sin duda unos 20 millones de ejemplares impresos. La Feria de Francfort ya era, en ese entonces, un lugar privilegiado para la compra de libros. Pronto aparecieron los primeros catálogos, y los vendedores ambulantes empezaron a sustituir a las librerías. Se establecieron centros por toda Europa: en Roma (1465), en Colonia (1466), en Basilea (1468), en París (1472), etcétera. Venecia se convirtió en la capital del libro gracias a la fama del célebre impresor Aldo Manucio. Se imprimieron las obras de Virgilio y de otros clásicos latinos, y las de Aristóteles, que fueron restituidas a su lengua original, el griego, mientras que el Humanismo hacía renacer la Antigüedad clásica.

Escaparate de una librería: reflejo de una sociedad y símbolo de apertura hacia otras sociedades.

LA DIFUSIÓN MASIVA

La primera imprenta que se estableció en territorio ibérico llegó en 1473; el privilegio correspondió a Valencia. De aquí pasó a Burgos, Barcelona, Alcalá de Henares y Salamanca. Los conquistadores españoles trajeron a México el invento unas décadas después del descubrimiento de América, incluso antes de que todos los rincones del Viejo Continente contaran con él. La tradición impresa de México — y con ella la del continente americano— inicia en 1539, con la instalación de la imprenta del italiano Juan Pablos en la capital de la Nueva España. Durante el primer siglo de la imprenta novohispana se publicaron aproximadamente 180 obras de temas diversos, pero con predominio de los de doctrina cristiana, lingüística, legislación, filosofía, teología, medicina, historia natural, cancioneros y crónicas. Pasados los primeros 100 años, las provincias de la Nueva España empiezan a conocer la publicación por medios impresos: Puebla siguió a la capital del Virreinato, en 1642, y después Oaxaca (1720). Los movimientos de liberación, sobre todo el de Independencia, dieron un gran impulso a la imprenta, que se utilizó para mantener informados a los bandos del estado de la lucha. En 1827 había ya 30 imprentas en la nación recientemente independizada.

A partir de entonces, el trabajo editorial se ha adaptado a los dinámicos avances tecnológicos; pero la verdadera industria de este campo se desarrolló entre 1930 y 1956, y a partir de entonces se ha estado consolidando. Factores diversos la han favorecido: el apoyo gubernamental, la incorporación de exiliados españoles a la industria edito-

El libro se desarrolló como industria mediante el empleo de los modernos medios de fabricación y de difusión.

rial en México, la Guerra Civil Española (que frenó la actividad editorial en ese país) y las guerras mundiales. Todo esto permitió al país ganar mercados en Latinoamérica.

En Europa, el libro no se convirtió realmente en un medio de comunicación masiva hasta antes del siglo XIX. Los medios de producción y de comercialización influyeron directamente en la difusión al igual que en su uso escolar y universitario.

El libro de bolsillo

En los siglos XIX y XX, las innovaciones técnicas abarataron los costos de impresión, por lo cual resultó mucho más fácil adquirir libros. En el siglo XIX una novela podía costar el equivalente del salario semanal de un empleado administrativo, pero en la actualidad se podría comprar fácilmente una docena de ellas.

En el siglo XX la impresión de libros ha experimentado una nueva revolución con el perfeccionamiento del libro de bolsillo, encuadernado en rústica, cuya producción es sumamente barata y que además ocupa poco espacio. Impreso por primera vez en 1841 por Christian Bernard Tauchnitz, en Alemania, alcanzó los grandes mercados con la creación de Penguin Books en Inglaterra y del Livre de Poche francés. Actualmente se puede encontrar en este formato la mayor parte de la literatura mundial.

En 1935 apareció la primera colección de libros de bolsillo de Penguin, lo cual supuso el comienzo de una revolución en la impresión, la edición y los hábitos de lectura. Fueron los primeros libros dirigidos a un mercado de masas debido a su bajo precio y a su buena calidad de impresión. El número 1 era una biografía del poeta Shelley escrita por el autor francés André Maurois.

¿Qué hace un editor de libros?

La palabra "editor" tiene varios significados, pero todos dentro de la misma línea de trabajo. Es, sencillamente —en la primera de las acepciones del término—, el propietario de una empresa editorial, que sólo interviene en las decisiones de mayor nivel. Es, también, un administrador y coordinador de los procedimientos de trabajo que dan como resultado un libro, y sus funciones terminan antes de que éste sea impreso y encuadernado. Por otra parte, se denomina así a la persona que trabaja directamente con los textos, es decir, la que los redacta, traduce, corrige, selecciona y los deja listos para que queden plasmados en las páginas de un libro.

LA PRENSA

La prensa ocupa un sitio muy particular entre los medios de comunicación masiva. Cronológicamente, es el primero y más antiguo de los llamados mass media; *surgió en una época en que ni siquiera se soñaba en designar con este término a un medio de información que se difunde de manera periódica a un público amplio. Estrechamente relacionada con el acontecer y con el progreso de las técnicas de impresión, la prensa continúa beneficiándose con esa aura que, en nuestra civilización del libro, ha rendido grandes beneficios a todo lo escrito. La prensa tiene que ver con los acontecimientos instantáneos, inmediatos y fugaces, pero también pone en juego la carta de la reflexión y del testimonio, a tal punto que constituye la piedra angular de todo sistema* multimedia. *Lo escrito, aunque a veces se dobla, no se quiebra frente a lo audiovisual.*

EL NACIMIENTO DE LA PRENSA

En la antigua Roma se publicaban los "acta diurna", carteles que contenían noticias y se colocaban en lugares públicos. En China y Corea ya se hacían impresiones con tipos móviles varios siglos antes que en Europa. Pero realmente la prensa nació en Europa occidental, 150 años después del advenimiento de la imprenta, durante los primeros años del siglo XVII. Los primeros títulos aparecieron en los Países Bajos (Amberes y Amsterdam), y posteriormente en Estrasburgo, Basilea, Francfort y Berlín. En Venecia, en el siglo XVI el gobierno ya editaba un pequeño periódico cuyo precio era de una gaceta; de aquí se deriva el nombre de algunos periódicos que pertenecen a instituciones educativas o gubernamentales y que se especializan en temas que sólo conciernen a tales corporaciones. En Francia, la historia de la prensa se inicia con *La Gaceta*, fundada en 1631 por Teofrasto Renaudot. En la Nueva España, el primer antecedente de la prensa tomó la forma de una hoja volante que se imprimía para su venta en las calles de la Ciudad de México. Estos primeros "periódicos" del siglo XVI daban a conocer los acontecimientos ocurridos dentro o fuera del virreinato. Las noticias de Europa llagaban al puerto de Veracruz en la flota de la Metrópoli.

En un principio, debido a los altos costos, se editaban solamente pocos periódicos y estaban dirigidos a un público selecto. Pero el posterior desarrollo tecnológico de la imprenta permitió producir este tipo de publicación a un costo accesible para las grandes masas de curiosos lectores; en muy pocos años, surgieron otros periódicos en todo el mundo.

Aunque en América del Norte este medio tardó bastante en irrumpir en escena, el primer periódico "masivo" se publicó en Nueva York en 1883. El fenómeno de la prensa se veía con muy malos ojos, pues se consideraba como un instrumento propicio para propagar los ataques políticos contra el gobierno.

EL DESARROLLO DE LA PRENSA

La prensa que actualmente entendemos como un medio de comunicación masiva, nació en el siglo XIX. La Revolución Industrial, el crecimiento de la población urbana y los avances en la alfabetización favorecieron la aparición de nuevos lectores. En tanto que los títulos se multiplicaban, los tirajes aumentaron gracias a las nuevas técnicas.

❑ Las máquinas de impresión se perfeccionaron. Quedaron lejos los tiempos de la prensa de Gutenberg, hecha de madera, y se dio el salto hasta la prensa totalmente metálica (1797), en la cual la impresión se realizaba en plano. Más tarde, en 1845, surgieron las primeras rotativas, en las cuales, a diferencia de la prensa plana, la impresión se realiza con la ayuda de rodillos.

— *¡Cómo! ¿Le compro el periódico y no encuentro en él las noticias de hoy?*
— *Las noticias de hoy estarán en el periódico de mañana.*
  (H. Daumier)

❑ El papel deja de colocarse hoja por hoja: las grandes bobinas alimentan las máquinas de manera continua.

❑ Los procedimientos de composición se perfeccionaron a principios del siglo XIX hasta dar origen al linotipo (1880) —en el cual una línea completa de caracteres se funde en una sola pieza— y, un año más tarde, al monotipo.

En este momento surgen las grandes agencias internacionales de información, de las cuales la más importante es la Agencia Havas, fundada en 1832 por Charles Louis Havas. A su vez, los empleados de esta compañía crearon agencias en sus países de origen: Julius Reuter fundó en Londres, en 1852, la Agencia Reuter, y Bernard Wolf, por su parte, estableció en Berlín, en 1849, la Oficina de Comunicación Telegráfica. Paralelamente, se creó en 1848 la Prensa Asociada de Estados Unidos (Associated Press), cuya finalidad era concentrar y difundir las noticias provenientes de Europa.

PERIÓDICOS EXITOSOS

Todos los factores confluyeron en el abaratamiento del precio de los diarios. El perfeccionamiento de las técnicas permitía tirar más rápidamente un número mayor de ejemplares, y por lo tanto satisfacer la curiosidad de un público más amplio que sólo estaba dispuesto a adquirirlos si se abarataba su precio. Y fue precisamente esta capacidad de llegar a un público amplio lo que interesó a los departamentos de comercialización de las grandes empresas, que por entonces empezaban a vender productos de amplio consumo y que pronto consideraron a los periódicos como apoyos publicitarios. Este surgimiento de la publicidad permitió al diario venderse dos veces: una, al anunciante, y otra, ejemplar por ejemplar, al lector. En este sentido, la evolución de los diarios en Estados Unidos es admirable; el lector compra la información y también, de alguna manera, compra la publicidad.

En la década de 1830, Benjamin H. Day, con su New York Sun, que se vendía en un penique (2 centavos), inaugura un nuevo tipo de prensa que revolucionó el mundo del periodismo. Este diario, que hacía énfasis en las noticias locales, en historias "de interés humano" y en reportajes sensacionalistas, en dos meses aumentó su tiraje de 2,000 a 5,000 ejemplares, para alcanzar, en 1837, la prodigiosa cifra de 30,000 ejemplares; esta cantidad era igual a la que producían en conjunto todos los editores de periódicos de Nueva York en la época en que el precio era de un penique.

De esta manera, surge una prensa barata y escandalosa que pronto se convirtió en una opción de apoyo para los publicistas. Entre la diversidad de títulos y de personalidades de esa época, destacan las legendarias figuras de Joseph Pulitzer (que dio nombre al premio de periodismo más afamado) y de William Randolph Hearst, quienes libran una lucha sin cuartel por acrecentar la difusión de sus diarios (con tirajes del orden de los 800,000 ejemplares hacia 1897). Para hacer más atractivas sus ediciones, Pulitzer y Hearst probaron el uso de encabezados, secciones y nuevos tipos de artículos; inventaron las ediciones dominicales, publicaron tiras cómicas y emplearon el color en la impresión, lo cual hacía todavía más atractivo el material.

Durante los años treinta cambió el rostro de los diarios; dominados por los partidos políticos, pronto se popularizaron. Los folletines, las noticias de interés general y la publicidad les aseguraban un tiraje mayor.

EL FUTURO DE LA PRENSA

No existe ninguna gran novedad relativa a la prensa, en el transcurso del siglo XX. Se renueva mediante la aparición de revistas noticiosas profusamente ilustradas como Time (1923), Newsweek y Fortune (1936), y principalmente Life (1936). Pronto hacen su aparición las revistas mensuales como Reader's Digest (1922), conocida en español como Selecciones. Los formatos se modificaron y se impuso (incluso en el caso de la prensa cotidiana) el tabloide (la mitad del formato empleado tradicionalmente por los diarios).

Al pasar de los años, los medios audiovisuales se hicieron cada vez más presentes y la prensa se replegó. Diversos diarios desaparecieron, pero algunos subsistieron "honorablemente", e incluso aumentaron ligeramente sus tirajes. La prensa diaria se convirtió en la herencia de los grandes centros urbanos, en tanto que la local se mantuvo con dificultades. Los semanarios regionales y la prensa local, después de la fusión de diversas empresas, uniformaron sus contenidos y se convirtieron en simples apoyos publicitarios.

En el área de las revistas, los años setenta fueron testigos de la aparición de numerosas publicaciones especializadas en bricolaje (labores diversas de la casa, como albañilería, electricidad y carpintería, que se realizan sin acudir a un profesional), decoración y cocina. Una vez más, esta diversidad tendía a desaparecer a causa de la gran competencia entre las empresas.

La fisonomía de los grupos de prensa se modifica al integrarse los grupos multimedia, con intereses tanto en la prensa escrita como en la radio, la televisión, el cable y los satélites.

En la República Mexicana, la actividad periodística está concentrada en la capital, donde se imprimen diarios muy importantes, como el Diario Oficial de la Federación, El Universal, La Jornada, Uno más uno, El Heraldo, Excélsior, El Nacional, Novedades, etcétera. Algunos se especializan en ciertos temas, como los deportes (Esto, La afición), la farándula (Fama) y otros; entre las revistas existe prácticamente toda la diversidad de temas: ciencia, arte, tecnología, literatura, agricultura, política, manualidades... En las ciudades del interior también se publican periódicos y revistas, pero sus tirajes son menores y su circulación es más restringida.

LA RADIO

"Informar, divertir, cultivar" es el triple objetivo que persigue la radio. Por esta razón, constituye un medio en toda la extensión de la palabra, y ocupa un lugar en el conjunto de los medios de comunicación; es más rápido que la prensa pero menos completo que la televisión. Desde el advenimiento de la televisión, su auditorio se concentra en las emisiones matutinas y vespertinas, ya que las noches están reservadas para la televisión. La tecnología del transistor dotó a la radio de un nuevo aire y la convirtió en el medio más accesible, ya que estaba a la disposición del público radioescucha las 24 horas del día. Asimismo, las grandes cadenas radiofónicas y sus estaciones afiliadas aseguraban la información local.

LA INVENCIÓN DE LA RADIO

Todo comenzó con el dominio de lo invisible. En 1818 Augustine Fresnel sostenía que la luz estaba constituida por ondas; posteriormente, el inglés Michael Faraday (1831) y el escocés James Clerk Maxwell (1865) afirmaban que dichas ondas eran de tipo electromagnético; finalmente, en 1887, el físico alemán Heinrich Hertz logró producir en laboratorio la emisión y la detección de las ondas que en la actualidad llevan su nombre ("hertzianas"), caracterizadas por tener una frecuencia que se sitúa entre las vibraciones acústicas y las luminosas.

Mediante perfeccionamientos de todo tipo se trató de mejorar la emisión y la recepción de estas ondas. El ingeniero ruso Alexander Popov creó una antena radioeléctrica y transmitió el primer mensaje radiotelegráfico de la historia, en 1896, a una distancia de 250 m.

El italiano Guglielmo Marconi registró en Inglaterra, en 1896, la primera patente de un "sistema práctico de telegrafía inalámbrica por medio de ondas eléctricas"; de esta manera, la radio empieza a constituirse verdaderamente en un medio de comunicación. De progreso en progreso, las distancias salvadas fueron cada vez mayores: el Canal de la Mancha en 1899, y el océano Atlántico en 1901.

La investigación en este campo tuvo un avance decisivo con el perfeccionamiento del audio (1906). El físico estadounidense Lee De Forest fue el responsable de este progreso: utilizando una lámpara de vacío con tres electrodos, logró amplificar las señales radioeléctricas de diversas frecuencias y también modificar a voluntad las oscilaciones (modulación y demodulación), que son factores indispensables cuando se trata no sólo de transmitir las señales del alfabeto Morse sino también la música e incluso la voz. Ese mismo año, Reginald Fessenden logró transmitir un discurso, un poema y música, que fueron captados por barcos que bordeaban la costa de Estados Unidos.

EL DESARROLLO DE LA RADIO

En sus inicios, la radio sirvió principalmente para producir y transmitir información técnica, como la posición de barcos en alta mar y los informes meteorológicos.

Al terminar la Segunda Guerra Mundial, la radio pasó a otra fase de evolución. La antena se incorporó a los aparatos de radio y, en 1948, se inventó el transistor. Los grandes radios de antaño, alrededor de los cuales se reunía la familia, desaparecieron definitivamente ante la aparición de los "radios de transistores" de pilas, que eran apenas un poco más grandes que un paquete de cigarrillos.

En la actualidad puede verse que el avance ha sido enorme: existen unas 30,000 estaciones radioemisoras y más de mil millones de aparatos receptores (es decir, en promedio existe un radio por cada cinco habitantes).

LA RADIO MODERNA

Desde sus orígenes, la radio ha mostrado su capacidad excepcional para transmitir en directo, y de manera inmediata, un acontecimiento. Inicialmente fue utilizada por la prensa para este fin. En 1898 el *Daily Express*, utilizando las invenciones de Guglielmo Marconi, transmitió los resultados de una regata. En 1920, una estación de radio de Pittsburgh difundió, por primera vez en la historia, los resultados de las elecciones presidenciales en Estados Unidos de América.

En los inicios de la Segunda Guerra Mundial, la radio ocupó un lugar muy importante en la vida cultural de todo el mundo. Los animadores eran considerados como verdaderos artistas, y las radionovelas eran muy apreciadas. La radio se convierte, en cierta forma, en la base de la cultura

Los protagonistas de la vida pública deben conjuntar, de manera constante, los micrófonos de la radio con la imagen que dan de ellos mismos y de su política.

Los acontecimientos, y la información relacionada con ellos —sean de carácter deportivo, político o artístico—, serían inconcebibles en la actualidad sin los micrófonos de la radio, que atestiguan su trascendencia.

de masas. En los años de la posguerra se aviva la competencia entre las estaciones, las cuales veían con malos ojos la llegada de la televisión. No obstante, tuvieron que adaptarse a esta situación y salir adelante con bríos. Gracias a su agilidad y a su rapidez, la radio es un medio de información irreemplazable. La utilización de las ondas de amplitud modulada (AM) y de frecuencia modulada (FM) dieron a la radio un segundo aire y permitieron el surgimiento de estaciones especializadas en cada uno de estos tipos de transmisión. Con el transcurso del tiempo se confirma la complementariedad de los medios: unos hablan de otros.

LA RADIO EN MÉXICO

El ingeniero Constantino de Tárnava instaló en Monterrey, en 1919, una estación experimental a la que bautizó con el nombre de TND (Tárnava-Notre Dame), que inició sus transmisiones en octubre de 1921.

El 19 de marzo de 1923 se produjo la primera radiotransmisión en la capital de la República. En 1925

operaban en el país 11 radiodifusoras: 7 en la capital de la República y 4 en provincia, instaladas en Mazatlán, Monterrey, Oaxaca y Mérida. Un año después, eran 16 las estaciones que trabajaban en el territorio nacional. En 1929 también vibraban en los cuadrantes capitalinos las estaciones comerciales XEG, XEO, XETA, una primera XEX del periódico *Excélsior*, además de una difusora cultural y otra de la Secretaría de Industria, Comercio y Transporte. En este año, México se adhiere a los acuerdos de la Conferencia Internacional de Telecomunicaciones, celebrada en Washington, en la cual se le adjudicó el uso de los indicativos nominales XE a XF para radiodifusión. Al comenzar 1930, se iniciaron las emisoras XEJ, en Ciudad Juárez; XET, en Monterrey; XES, en Tampico; XEV, en el puerto de Veracruz, así como la XEL, XEJP y XELZ en la capital de la República Mexicana. El 18 de septiembre de 1930 fue fundada por Emilio Azcárraga la XEW, "La Voz de la América Latina desde México", una emisora de alcance nacional, que encumbró a cantantes como Agustín Lara, Jorge Negrete, Guty Cárdenas y Lucha Reyes.

LA TELEVISIÓN

El novelista francés Julio Verne trató de imaginar el futuro y previó la existencia de pantallas que se llenarían de imágenes como por arte de magia. Alrededor del año 1880, cuando se lograba crear la impresión de movimiento mediante la proyección cinematográfica, los científicos trabajaban arduamente en el descubrimiento de las propiedades de la celda fotoeléctrica, elemento indispensable para lograr el análisis, punto por punto, de las imágenes. Fue necesario aguardar más de medio siglo para que se cumpliera esta profecía con la invención de máquinas (en un principio poco agraciadas) con imágenes, a las que se conocería como "televisores".

EL NACIMIENTO DE LA TELEVISIÓN

El 12 de julio de 1928, en los laboratorios de la Bell Telephone en Estados Unidos, ocurrió la primera demostración importante del funcionamiento de la televisión. En aquella época aún no existían ni el término ni el objeto; únicamente habitaban en la visionaria imaginación de algunos sabios. El descubrimiento estaba entonces en boca de todos. Ya en 1926 el inglés John Logie Baird había logrado transmitir a distancia una imagen animada, basándose en el principio del disco perforado inventado por Paul Nipkow en 1884.

Sin embargo, el posterior desarrollo de la televisión fue posible gracias a la creación de una voluminosa lámpara de vacío de un tipo particular, que contenía un bloque de celdas fotoeléctricas pequeñísimas: nos referimos al iconoscopio, inventado por el ingeniero rusoestadounidense Vladimir K. Zworykin. Este invento permitía explorar, mediante haces de electrones, la imagen que se analizaba y se transmitía. En algunos países, la televisión hizo su aparición durante la década de 1930.

DEL BLANCO Y NEGRO AL COLOR

En 1936 la British Broadcasting Corporation (BBC) en Inglaterra, y la Columbia Broadcasting System (CBS) y la National Broadcasting Company (NBC) en Estados Unidos realizaron una programación destinada a los propietarios de aparatos de televisión que se fabricaban en pequeña escala. La televisión a colores, desarrollada en 1944, se utiliza masivamente en Estados Unidos durante la década de 1950.

LA ALDEA GLOBAL

Actualmente somos testigos del surgimiento de una red de comunicación mundial muy particular, protagonizada por los satélites geoestacionarios de telecomunicación. En nuestros días, la difusión internacional de acontecimientos excepcionales es algo común; el asesinato y los funerales de John F. Kennedy, los Juegos Olímpicos, un eclipse e incluso los primeros pasos de Neil Armstrong sobre la Luna fueron vistos instantáneamente por unos 700 millones de personas.

Una cifra de telespectadores de esta magnitud habla, sin duda, del gran poder de la televisión como medio de información. La televisión modifica la vida política y la utilización del tiempo libre, además de amenizar las conversaciones. En la actualidad, cada día son más numerosos los programas y nos hace falta tiempo para ver todas las emisiones que están a nuestra disposición.

La televisión ha desarrollado medios técnicos para que su amplio público pueda grabar imágenes y conformar su propia videoteca. Existe, incluso, la cámara portátil y la videocasetera, cuya operación está al alcance de cualquier persona. En 1929 ya se había logrado grabar imágenes de televisión en discos, pero hasta 1956 la televisión grabó imágenes sobre película cinematográfica. En la actualidad este soporte se ha podido reemplazar por una cinta electromagnética: el "videotape".

González Camarena y la televisión

El ingeniero mexicano Guillermo González Camarena patentó en 1940 un sistema de televisión a color, en México y en Estados Unidos, con el cual se adelantó a muchos de los técnicos más notables de su época, entre ellos el mismo Zworykin. Debido a sus conocimientos en el área de la radiodifusión, en ese mismo año fue nombrado jefe de operadores de dos importantes estaciones de radio de la capital mexicana: la XEW y la XEQ. Creó su propia emisora de televisión monocromática, y en 1946 envió la primera señal al aire; dos años después aplicó su invento y realizó la primera transmisión televisiva en color en México: algunas personas tuvieron el privilegio de apreciar en un circuito cerrado una intervención quirúrgica realizada en el hospital Juárez de la Ciudad de México.

El invento de González Camarena consiste en un disco transparente, teñido de azul, rojo y verde, que se hace girar a la velocidad con que un cañón electrónico recorre la pantalla donde proyecta la imagen que toma la cámara. A 90,000 km/seg, el cañón recorre la imagen, la capta y la transmite en forma de vibraciones electrónicas a una planta que las convierte en vibraciones eléctricas. Éstas se transforman en ondas y se lanzan al aire; el televisor las capta, las transforma en vibraciones eléctricas y luego en vibraciones luminosas que reconstruyen la imagen en la pantalla: esto es lo que percibe el televidente. El sistema es tricromático, pues se basa en la descomposición de la luz en tres colores básicos.

Los telespectadores han creado el hábito; la televisión, el acontecimiento. Con frecuencia, bajo las lentes de las cámaras, la vida política tiene repercusiones trascendentes.

Y el futuro...

Los años 80 fueron testigos de un progreso excepcional en el campo de la teledifusión. El acceso a las videocintas y la multiplicación de los canales, cada vez más especializados, permitieron establecer una programación "ideal". En un futuro cercano aparecerá la televisión de alta definición, y ciertos procedimientos como el Imax presagian la posibilidad de lograr imágenes en tres dimensiones. También se prevé que las pantallas de los televisores puedan colgarse de la pared, por su escaso grosor.

Aún es demasiado pronto para predecir la popularidad de la televisión interactiva, que permitirá al usuario intervenir en la escena de acuerdo con sus deseos (se podrá modificar el final de una historia de amor, por ejemplo); sin embargo, la historia de los telespectadores y sus medios de comunicación promete un fantástico porvenir.

LA TELEVISIÓN EN MÉXICO

1934 El ingeniero Guillermo González Camarena inicia sus experimentos.

1939 González Camarena da a conocer su invento, un sistema tricromático de televisión.

1940 González Camarena patenta su invento.

1942 González Camarena realiza las primeras transmisiones experimentales de televisión.

1945 González Camarena hace una demostración de la primera cámara de televisión construida en México.

1946 Sale al aire la XHGC, canal 5, primera difusora de televisión experimental.

1947 Se incluyen los primeros anuncios comerciales en la televisión mexicana.

1948 Se realiza la primera transmisión en color, en circuito cerrado.

1949 Se otorga la concesión para crear la XHTV, canal 4, al señor Rómulo O'Farrill.

1950 Sale al aire el canal 4, primer canal comercial.

1951 Inicia sus transmisiones el canal 2, XEW.

1959 Nace XHIPN, el canal del Instituto Politécnico Nacional.

1968 Comienza sus transmisiones el canal 13, XHDF.

LAS TELECOMUNICACIONES

Las telecomunicaciones transmiten información a distancia a través de medios diversos: la escritura (telégrafo), el sonido (teléfono y radiodifusión), las imágenes (fax y televisión) y las ondas electromagnéticas (radar). Estas técnicas, algunas de ellas nacidas durante la segunda mitad del siglo XIX, se han desarrollado a tal punto en nuestro siglo que ya constituyen la armazón real, aunque invisible, de nuestra sociedad. No existen actividades, ni aun las más comunes, que no requieran la tecnología de la telecomunicación: seleccionar un boleto de tren o de autobús, modificar un itinerario aéreo o simplemente mirar en la televisión una carrera de automóviles que se realiza en el otro extremo del mundo. Y, sin embargo, esta presencia es totalmente discreta, si no es que invisible. Por todos lados hay pantallas, teclados, enormes bobinas y, de vez en cuando, grandes antenas parabólicas que se pierden en el horizonte.

EL TELÉGRAFO ELÉCTRICO

El telégrafo óptico, inventado por Claude Chappe en 1791, aún se utilizaba en 1850; sin embargo, los hombres de ciencia seguían tratando de utilizar la electricidad para transmitir señales a distancia. Para que el proyecto de un telégrafo eléctrico pudiera realizarse en buenas condiciones técnicas, fue necesario aguardar la invención de la pila eléctrica con las propiedades del electroimán y la existencia de un alfabeto simplificado. Samuel Morse (1791-1872) hizo su aportación: creó el alfabeto que lleva su nombre, que consiste en la combinación de puntos y rayas.

Después de haberse realizado, en 1844, una primera demostración pública entre la Cámara de la Suprema Corte de Estados Unidos y la estación de trenes de Baltimore, el telégrafo se comercializó rápidamente y se estableció la comunicación entre la costa este y la oeste, reduciéndose a unos cuantos minutos la transmisión de información. Algunos años más tarde le tocó a Europa su turno de construir una red telegráfica.

Más allá de los océanos

Sin embargo, aún era necesario enlazar entre sí a los continentes. Pronto se pudo salvar el obstáculo de mares y océanos, y esto fue posible mediante la ayuda de una máquina capaz de cubrir kilómetros y kilómetros de cable

con un material semejante al látex, que los protegía por completo de la corrosión ocasionada por el agua salada. La resistencia de los cables a la fricción de los fondos marinos se aseguró enredándoles, a todo lo largo, una especie de alambre de púas que impedía el desgaste del látex. Los buques iban desenredando poco a poco los cables, que quedaban colocados sobre el fondo marino. La realización de este proyecto se concluyó en el lapso de unos 30 años.

En 1851 se había logrado enlazar a Inglaterra con Francia, y 14 años más tarde se realizó el enlace entre Inglaterra y el continente americano. En 1901, Marconi transmitió señales de telegrafía inalámbrica de Cornualles (Reino Unido) a Terranova (Canadá).

Cada día más palabras

Con el objeto de aumentar el rendimiento de las telecomunicaciones, los nuevos sistemas sucedían a los antiguos. El sistema de Morse permitía enviar 25 palabras por minu-

Las antenas parabólicas que dominan nuestro horizonte son el símbolo de la modernidad de las telecomunicaciones.

El 29 de julio de 1896 se realizó la primera emisión de telegrafía inalámbrica, en la torre Eiffel; el mensaje se dirigió al Panteón de París. Éste fue un importante paso en la historia de las telecomunicaciones, ubicado entre el telégrafo de Chappe y la comunicación vía satélite.

to; el de Hughes, de 40 a 45; y el de Baudot, hasta 60. Posteriormente, la utilización de la banda perforada aseguró la transmisión automática. A esta innovación sucedieron el teleimpresor, luego el sistema múltiplex, que hacía posible la transmisión simultánea de diversas comunicaciones, y el dúplex, que permitía el paso simultáneo de dos comunicaciones en sentido contrario y cuyo uso se generalizó durante la década de 1870.

LA DIFUSIÓN DE IMÁGENES

El principio de la telegrafía se adaptó muy bien en el caso de los mensajes escritos, pues simplemente se trataba de codificar el texto, enviar la señal en clave Morse y, una vez recibido por el destinatario, decodificarlo. Sin embargo, el caso de las imágenes es más complejo y fue necesario que se dominara la tecnología de la celda fotoeléctrica para conseguirlo. La prensa, entonces en plena expansión, tenía una urgente necesidad de contar con un sistema de transmisión de imágenes fotográficas. La belinografía o

telefotografía permitió enviar y recibir fotografías, textos y dibujos con rapidez; transformó las variaciones luminiscentes de la imagen en variaciones de corriente eléctrica. La versión moderna de este aparato es el fax, que utiliza la línea telefónica.

EL TELÉFONO

A pesar del perfeccionamiento que experimentó la telegrafía, aún presentaba algunas desventajas: los mensajes claros y breves debían ser codificados por personal especializado en la materia. Los trabajos de Alexander Graham Bell, emigrante escocés domiciliado en Canadá, y las investigaciones sobre telegrafía armónica realizadas en Boston, hicieron posible la creación del teléfono, en 1876, que transmitía directamente la voz humana.

La difusión

El problema que se derivaba de la comunicación a grandes distancias radicaba en el debilitamiento de la corriente a

El teléfono irrumpió en la vida cotidiana. Su presencia en los lugares públicos y su multiplicación en los hogares facilitaron notablemente las comunicaciones.

lo largo de la línea. En 1900 se colocaron, cada determinada distancia, bobinas de autoinducción que, si bien reforzaban la corriente, disminuían la velocidad de propagación alterando la voz considerablemente. La lámpara de vacío de tres electrodos de De Forest, utilizada en la radiodifusión, permitía evitar este inconveniente. Se instalaron "repetidoras" o estaciones amplificadoras a lo largo de los diversos trayectos. En 1915 se inauguró la línea Nueva York-San Francisco, de 6,000 km de longitud. Pronto, las redes telefónicas se propagaron rápidamente por todo el territorio de Estados Unidos, y los canadienses utilizaron las líneas estadounidenses para cubrir las largas distancias.

La automatización

En un principio todo se hacía manualmente. Una pila eléctrica conectada al teléfono, que se recargaba dándole algunas vueltas a una manivela, hacía posible el funcionamiento del micrófono. Cada línea debía estar conectada directamente con aquella con la que quería comunicarse. En ciudades como Boston, el entrecruzamiento de los cables era tal que fue preciso buscar una solución. Entonces aparecieron las primeras centrales telefónicas en Boston, EUA, y en Hamilton, Canadá. En esos tiempos las operadoras tenían mucho que hacer... y que escuchar. Posteriormente se pasó al sistema semiautomático, luego al automático en el establecimiento de circuitos, y finalmente a los sistemas electrónicos que permiten el enlace entre los usuarios sin la intervención de las operadoras (larga distancia automática), asegurando, de esta manera, rapidez y discreción.

LAS COMUNICACIONES POR SATÉLITE

A partir de los principios de la corriente conductora, el sistema múltiplex fue muy fácil de operar. Los cables telefónicos permitían el paso de 480 vías telefónicas; el cable coaxial, 960; y las ondas hertzianas, 1,800. La primera red de ondas hertzianas en el mundo se estableció en 1948 y enlazó a Nueva Escocia con la Isla del Príncipe Eduardo, Canadá. Actualmente, todas las técnicas de telecomunicaciones están relacionadas con el sistema telefónico.

Los satélites constituyen la manifestación más espectacular de las telecomunicaciones. Esta nueva era se inicia en 1962 con la puesta en órbita del satélite *Telstar*. A pesar de que la vida de un satélite era de sólo siete años en sus inicios, las técnicas se perfeccionaron y, en la actualidad, transmiten señales entre todos los puntos del planeta.

México entró a la generación de los satélites en 1985, con la puesta en órbita de los artefactos *Morelos* I y II. Pero ya el 19 de noviembre de 1993 puso en órbita el primero de los satélites de la segunda generación, el *Solidaridad* I, para sustituir al *Morelos* I en 1994. El lanzamiento fue realizado por la empresa francesa Arianespace en el territorio de la Guayana Francesa, y permitirá a México independizarse en la transmisión de sus señales de voz, imágenes, datos y servicios a nivel mundial, además de entrar en la moderna era de la globalización. A diferencia del sistema *Morelos*, los satélites *Solidaridad* tendrán una mayor vida útil, capacidad superior de transmisiones y la posibilidad de brindar servicios a través de lo que se denomina *Banda L*: comunicaciones con aviones, barcos, ferrocarriles y automóviles, así como localización de unidades de carga y pasaje en todo el territorio mexicano.

LOS DICCIONARIOS

Los diccionarios definen todo, y también se definen a sí mismos en la entrada "diccionario". El Pequeño Larousse lo define como: "Reunión, por orden alfabético o ideológico, de todas las palabras de un idioma o de una ciencia", y el Diccionario de uso del español de María Moliner: "Libro en que está la serie de palabras de un idioma o de una materia determinada, colocadas alfabéticamente y explicadas, o bien con su equivalencia en otro idioma". La Real Academia Española lo define así: "Libro en el que se recogen y explican en forma ordenada voces de una o más lenguas, de una ciencia o materia determinada".

El lector que consulta un diccionario para verificar la ortografía de una palabra o informarse acerca de su significado preciso para poder utilizarla con propiedad, no se imagina, ni siquiera aproximadamente, el inmenso trabajo (en ocasiones muchos años de labor de grandes grupos) que representa la elaboración de un diccionario. Y hay que pensar en el sinnúmero de ellos, no sólo en los escritos en español sino en diversos idiomas, que se encuentran en el mercado.

Cuando leemos un libro saltamos de una palabra a otra; nos asombramos al encontrarnos con un significado antiguo o con palabras cuya existencia ni siquiera imaginábamos. Sin embargo, casi siempre, sea cual fuere la frecuencia con la que consultamos el diccionario, realizamos una lectura superficial de sus minúsculos caracteres, de sus abreviaturas y de la riqueza misma de sus indicaciones.

Más que una invitación a viajar por el fascinante mundo de las palabras, el diccionario constituye un útil instrumento que es preciso aprender a consultar para sacarle el mayor provecho a toda su riqueza informativa.

LOS PRIMEROS DICCIONARIOS

El término *diccionario* proviene del latín medieval *dictionarium*, que significa "colección de voces". Para facilitar la comprensión de textos latinos, en la Edad Media se usaban glosas (notas explicativas) escritas en la correspondiente lengua vulgar; así nació la lexicografía, parte de la lingüística que estudia lo relacionado con la preparación de los diccionarios: con una finalidad explicativa y descriptiva. Más tarde, las glosas se reunieron en glosarios, y de éstos

nacieron los primeros diccionarios impresos (latín con explicación en latín, o latín con explicación en lengua vulgar), cuya finalidad era, en primer lugar, mejorar los conocimientos de latín para poder interpretar o elaborar textos en esa lengua, naturalmente según el ideal del latín clásico vigente a partir del Renacimiento. Junto con los diccionarios bilingües latín-lengua vulgar, o viceversa, se publicaron las primeras guías de conversación bilingües para viajeros, peregrinos y comerciantes. Ambos tipos de inventarios lexicográficos bilingües se completaron poco a poco con equivalentes en otras lenguas, y así surgieron los diccionarios y vocabularios en varias lenguas (multilingües), que estuvieron de moda en Europa entre 1520 y 1680 y siguen siendo útiles.

La inquietud del hombre renacentista despertó el interés por la etimología e hizo que este aspecto de la lengua tuviera un valor enorme durante siglos y, en parte, relegara la explicación del significado y del uso de las palabras a un segundo plano.

En el siglo XVII aparecen, en los primeros diccionarios que se podrían considerar monolingües, junto a una explicación muy práctica del significado, etimologías (muchas veces erróneas) e información enciclopédica, es decir, una mezcla desuniforme de varios tipos de diccionarios, como el *Tesoro de la lengua castellana o española*, de Sebastián de Covarrubias, en 1611. El *Tesoro*, monumento lexicográfico importante y testimonio valioso del castellano de su época, es, para un crítico de la actualidad, poco sistemático en la estructura de los artículos y en la selección de entradas, además de caótico en su ordenación alfabética, lo cual no impide que se le considere como el mejor diccionario español que se publicó después del de Antonio de Nebrija y como un hito en la historia de la lexicografía española.

En el siglo XVIII, en una sociedad jerarquizada cuyos ideales son la autoridad, el orden y el respeto a las normas sociales, nace el diccionario de la Real Academia Española, que principalmente en los siglos XIX y XX ha servido de base para la elaboración de otros; incluso sus definiciones se han copiado literalmente en muchos casos. Sus tendencias normativas y puristas llevan consigo considerables restricciones en cuanto a la selección del vocabulario en los diccionarios, y de este modo se establece por mucho tiempo el predominio de la lexicografía normativa sobre la descriptiva. Así podríamos seguir subrayando en cada época otras influencias sobre la lexicografía europea y americana que explican, junto con la falta de una sólida base teórico-lingüística, sus méritos y sus deficiencias.

Durante el siglo XIX aparecieron dos tipos de diccionarios del español de América: los de provincialismos y los de barbarismos. En la mayoría de los casos, los primeros designaban realidades americanas que no tenían palabras correspondientes en el español peninsular; los autores esperaban que la Academia los incluyera en su diccionario. Los barbarismos, en cambio, fueron rechazados por los mismos autores hispanoamericanos y pasaron a la lista de palabras que debían eliminarse para sustituirlas por las correspondientes en el español peninsular.

En el siglo XX ha ganado muchos adeptos la idea de que las variantes del español de América poseen autonomía y de que el español peninsular debe considerarse sólo como una dialecto más de esta lengua, y con esta base se está trabajando en la elaboración de nuevos diccionarios: el *Diccionario del español de México*, que se realiza en El Colegio de México, y el *Nuevo diccionario de americanismos*, que está a cargo de la Universidad de Augsburgo, Alemania.

TIPOS DE DICCIONARIOS

Considerando el número de lenguas en que están expresados los términos, podemos clasificar fácilmente los diccionarios en: multilingües, que sirven para la traducción, y en monolingües, que incluyen las definiciones en el mismo idioma de las entradas.

Hay diccionarios especializados, que contienen términos correspondientes a una rama especial del conocimiento (ortografía, rimas, ideas afines, sinónimos), y entre ellos se encuentran los léxicos científicos o técnicos, los índices analíticos y los glosarios.

Existen los diccionarios de la lengua, que definen la forma y el empleo de las palabras, y los diccionarios enciclopédicos, que proporcionan diversos datos acerca de realidades designadas por las palabras. Los diccionarios más empleados (los enciclopédicos) son a la vez un recuento de palabras y una enciclopedia.

LAS PALABRAS EN EL DICCIONARIO

Según el tipo al que pertenezcan, los diccionarios pueden proporcionarnos la siguiente información:

❏ Categoría gramatical (sustantivo, adjetivo, verbo, preposición, adverbio, conjunción, interjección).

❏ Historia de la palabra (fecha de la primera vez que se empleó en lengua escrita, formas sucesivas y etimología).

❏ Significados de la palabra, con los diversos campos de la actividad humana en los que se emplea: uso literario, campo de la geología, de la física, etcétera.

❏ Ejemplos de uso de las palabras dentro de frases, a menudo tomadas de textos de escritores célebres, lo cual permite reconocer las diversas variaciones de sentido de una misma palabra (polisemia).

❏ Sinónimos (palabras diferentes que tienen el mismo sentido, por ejemplo: automóvil/coche, casa/hogar).

❏ Antónimos (palabras que tienen sentidos opuestos, por ejemplo: bueno/malo, poco/mucho).

CRONOLOGÍA DE LOS DICCIONARIOS EN ESPAÑOL

La tradición lexicográfica de nuestra lengua data de hace varias centurias. En España, el diccionario nace a finales

---

De la teoría a la práctica

Generalmente, los diccionarios y las enciclopedias están a la libre disposición de los usuarios en las bibliotecas públicas; por lo tanto, no es necesario llenar una ficha de lectura para consultarlos. Resulta conveniente fotocopiar los artículos consultados con el fin de tener, posteriormente, la posibilidad de consultar dichos datos con mayor calma, así como de compararlos o sintetizarlos. Esta labor permite aclarar los conocimientos e identificar los puntos que aún parecen oscuros o desconocidos y que deberán ser objeto de una investigación posterior. También resulta muy útil recurrir a la bibliografía y a las referencias de las obras consultadas; de esta manera es posible pasar del nivel enciclopédico al especializado. El libro especializado nos proporciona información complementaria.

Cuando, al consultar una enciclopedia, un término nos remite a otro, relacionamos hechos o ideas que hasta entonces nos parecían totalmente separados. La enciclopedia proporciona un marco general de conocimientos, y de lectura en lectura profundizamos en un tema, poco a poco, partiendo de nociones generales hasta llegar a la información precisa.

---

del siglo XV, prácticamente junto con la primera obra de gramática: la de Antonio de Nebrija. En la América hispana, las primeras obras de este tipo vieron la luz en los años de la emancipación de las colonias de España.

En España
1490 Alonso de Palencia: *Universal vocabulario en latín y romance*
1492 Antonio de Nebrija: *Diccionario latino-español*
1611 Sebastián de Covarrubias: *Tesoro de la lengua castellana o española*
1726-1739 Real Academia Española: *Diccionario de Autoridades*
1954 Joan Corominas: *Diccionario crítico etimológico de la lengua castellana*
1975 María Moliner: *Diccionario de uso del español*
1992 Real Academia Española: *Diccionario de la lengua española,* vigésima primera edición

En América
1886 Rufino José Cuervo: *Diccionario de construcción y régimen*
1900 Luis Cabrera: *Diccionario de aztequismos*
1905-1910 Rodolfo Lenz: *Diccionario etimológico de voces chilenas derivadas de lenguas indígenas americanas*
1918 Pedro Armengol Valenzuela: *Glosario etimológico de nombres de hombres, animales, plantas, ríos y lugares, y de vocablos incorporados en el Lenguaje vulgar, aborígenes de Chile, y de algún otro país americano*
1936 Esteban Pichardo: *Diccionario provincial de voces cubanas*
1959 Francisco J. Santamaría: *Diccionario de Mejicanismos*
1977 Luis Hernández Aquino: *Diccionario de voces indígenas de Puerto Rico*
1990 Juan Álvarez Vita: *Diccionario de peruanismos*

La lectura de una entrada del diccionario es una labor de consulta. No se trata de leer toda la ficha, puesto que no necesitamos conocer todos los significados al mismo tiempo. Es recomendable identificar primero la categoría gramatical que nos interesa, esto es, determinar si buscamos el significado de una palabra como sustantivo, adjetivo, verbo, interjección, preposición o conjunción; la sección de gramática de este libro le ayudará a conocer estos conceptos.

Se ordenan alfabéticamente las entradas.

Todo diccionario tiene una lista de abreviaturas en las primeras páginas. Consúltela.

Las entradas léxicas elegidas en este caso, están relacionadas con el término *comunicar*, que también está incluido. La mayor parte del texto está tomado del Diccionario de la Real Academia Española, edición de 1992.

Significado
La misma palabra puede tener diversos significados. Cada uno de ellos aparece precedido de un número.

Un idioma no sólo se escribe: también se habla. Y cada vez es mayor la diversidad de situaciones, personas y estratos sociales y culturales en que se usa. Por este motivo, se ha adquirido la costumbre de distinguir los niveles de la lengua: argot, familiar, popular, retórica, etcétera. El sentido de una palabra varía de acuerdo con el nivel de la lengua en el que se utiliza.

Una misma palabra puede tener diversos significados (polisemia) de acuerdo con su pertenencia a tal o cual campo del vocabulario. El diccionario muestra la diversidad de acepciones que una palabra puede tener:
❏ Los antónimos son palabras que tienen significados opuestos.
❏ Los sinónimos son palabras de escritura diferente pero de significado similar.
❏ Los homónimos son palabras de escritura parecida pero de significado distinto.
❏ Una palabra de uso común puede pertenecer a uno o varios vocabularios especializados (científico, técnico, etc.). Así, adquiere un significado particular de acuerdo con su área de utilización.

comunicabilidad. f. Calidad de comunicable.
comunicable. (Del lat. *communicabilis*.) adj. Que se puede comunicar o es digno de comunicarse. // **2.** Sociable, tratable, humano.
comunicación. (del lat. *communicatio, -onis*.) f. Acción y efecto de comunicar o comunicarse. // **2.** Trato, correspondencia entre dos o más personas. (SINÓN. *Aviso, noticia*.) (ANTÓN. *Incomunicación, aislamiento*). // **3.** Transmisión de señales mediante un código común al emisor y al receptor. // **4.** Unión que se establece entre ciertas cosas, tales como mares, pueblos, casas o habitaciones, mediante pasos, crujías, escaleras, vías, canales, cables y otros recursos. // **5.** Cada uno de estos medios de unión entre dichas cosas. // **6.** Papel escrito en que se comunica alguna cosa oficialmente. // **7.** Escrito sobre un tema determinado que el autor presenta a un congreso o reunión de especialistas para su conocimiento y discusión. // **8.** V. **vía de comunicación.** // **9.** V. **medios de comunicación.** // **10.** *Ret.* Figura que consiste en consultar la persona que habla el parecer de aquella a quienes se dirige, amigas o contrarias, manifestándose convencida de que no puede ser distinto del suyo propio. // **11.** pl. Correos, telégrafos, teléfonos, etc.
comunicado, da. p. p. de **comunicar.** // **2.** adj. Dicho de lugares, con acceso a los medios de transporte. *Barrio bien, mal* COMUNICADO. // **3.** m. Nota, declaración o parte que se comunica para conocimiento público.
comunicador, ra. adj. Que comunica o sirve para comunicar. // **2.** Dícese de la persona con una actividad pública a la que se considera capacitada para sintonizar fácilmente con las masas. Ú. t. c. s.
comunicar. (Del lat. *communicare*, estar en relación con.) tr. Hacer a otro partícipe de lo que uno tiene. // **2.** Descubrir, manifestar o hacer saber a alguien alguna cosa. // **3.** Conversar, tratar con alguien de palabra o por escrito. Ú. t. c. prnl. // **4.** Transmitir señales mediante un código común al emisor y al receptor. // **5.** Establecer medios de acceso entre poblaciones o lugares. *El puente* COMUNICA *los dos lados de la bahía.* Ú. t. c. prnl. // **6.** Consultar, conferir con otros un asunto, tomando su parecer. // **7.** ant. **comulgar.** // **8.** intr. Dar un teléfono, al marcar un número, la señal indicadora de que la línea está ocupada por otra comunicación. // **9.** prnl. Dicho de cosas inanimadas, tener correspondencia o paso con otras. // **10.** Extenderse, propagarse. *El incendio* SE COMUNICÓ *a las casas vecinas.* // **11.** Méx., Perú. Levantar la incomunicación a un preso.
comunicatividad. f. Calidad de comunicativo.
comunicativo, va. (Del lat. *communicativus*.) adj. Que tiene aptitud o inclinación y propensión natural a comunicar a otro lo que posee. // **2.** Dícese también de ciertas cualidades. *Virtud* COMUNICATIVA. // **3.** Fácil y accesible al trato de los demás.
comunicología. f. Ciencia interdisciplinaria que estudia la comunicación en sus diferentes medios, técnicas y sistemas.
comunicólogo, ga. m. y f. Persona que profesa la comunicología o tiene en ella especiales conocimientos.

Etimología
Se trata del origen de la palabra. En este caso, la etimología es latina (lat.): el verbo *communicare* significa "estar en relación con".

Comunicar, como verbo intransitivo (v. intr.). El verbo no expresa el tránsito de una acción del sujeto al complemento.

El diccionario de la lengua se convierte, cada día más, en un diccionario de frases. Para explicar cada uno de sus significados, la palabra se emplea en un enunciado, es decir, se reemplaza en el contexto de una frase. Si es posible, se incluyen citas de escritores célebres.

En general, los diccionarios de la lengua precisan la clase a la que pertenecen los verbos (transitivo, intransitivo, pronominal), y esto nos guía en su uso.

Comunicar, como verbo transitivo (v. tr.). El verbo expresa la idea de una acción que pasa del sujeto al complemento.

Comunicar, como verbo pronominal (v. prnl.). En este caso, el verbo tiene que conjugarse acompañado de un pronombre: *me comunico, se comunican, te comunicas,* etcétera.

LA DOCUMENTACIÓN

Toda persona tiene, entre sus derechos, el del acceso a la información. Este deseo de no quedarse relegado ante los descubrimientos científicos o las más novedosas investigaciones de la ciencia humana se manifiesta mediante la lectura de libros.

Sin embargo, la consulta de periódicos, semanarios y revistas también representa un apoyo fundamental. La documentación constituye un enlace permanente con el mundo, y el lector actual cuenta con una infinita variedad de fuentes documentales.

UN ABANICO DE RECURSOS
La prensa cotidiana

Constituye un medio de información excepcional. Día tras día informa de los acontecimientos de la vida nacional e internacional (política, sociedad, cultura, comunicación, economía, servicios, deportes, etcétera). El único inconveniente de la prensa diaria es que pronto la información que contiene pierde su actualidad y se vuelve efímera. A cambio, el lector se mantiene actualizado.

Las revistas

La prensa diaria es, por principio, un cómodo medio de documentación, pero ha sido relevada por las revistas. La prensa especializada y las revistas, además de cubrir diversos campos de la vida profesional, presentan artículos mucho más importantes, poniendo de relieve algún tema específico y proporcionando información detallada y completa, además de actual.

Las colecciones

Ciertas editoriales publican colecciones de obras monográficas, que dan cuenta de un solo tema en pocas páginas. Así, podemos encontrar una colección de literatura hispanoamericana cuyos títulos den a conocer la obra de Gabriel García Márquez, Octavio Paz, Mario Vargas Llosa y Jorge Luis Borges, por ejemplo. O una serie de volúmenes en que se trate la historia de Rusia, a propósito de la desintegración de la Unión Soviética.

Las bibliotecas y los centros de documentación

Aunque sería ideal documentarse sobre un tema con medios propios —es decir, a través de la lectura de periódicos y revistas—, es evidente que nadie puede cubrir toda la información disponible en la actualidad, concerniente a un tema.

Las bibliotecas constituyen una visita obligada para los investigadores. En la actualidad, las fuentes de documentación con que cuentan también son electrónicas.

Para ir más lejos, es preciso recurrir a las bibliotecas y a los centros de documentación, que funcionan con personal especializado, y en los cuales es posible encontrar, además de libros, colecciones de revistas cuyo contenido frecuentemente se presenta en índices. También se encuentran anuarios, enciclopedias e incluso condensaciones de artículos. Cada vez con mayor frecuencia recurrimos a la utilización de medios técnicos como la microfilmación de datos. Algunas bibliotecas cuentan también con sistemas de télex, fax y correo electrónico, lo cual facilita el préstamo interbibliotecario; asimismo, en muchas de ellas es posible tener acceso a bancos de datos mediante un sistema de computadoras.

Las bibliotecas y los centros de información siempre están a la disposición del público y no hay que dudar en utilizarlos. El personal que labora en dichos centros puede ayudar al usuario orientándolo, indicándole qué ficheros debe consultar, proporcionándole las obras disponibles, revistas y diarios y, si hay libre acceso a la sección de libros, indicándole la ubicación de los estantes. Integrar la información para realizar un dossier (expediente de documentos sobre un mismo tema) resulta más sencillo si, previamente, tenemos una idea de la clasificación de los libros, la cual es, de hecho, la misma en todas las bibliotecas, aunque hay dos sistemas: el Dewey y el de la Biblioteca del Congreso estadounidense.

El bibliógrafo estadounidense Melvin Dewey (1851-1931) introdujo la clasificación decimal en 1876. Ubicó los conocimientos humanos en 10 clases básicas (000: obras generales; 100: filosofía; 200: religión; 300: ciencias sociales...). A su vez, estas clases se dividían en otras 10, y cada una de éstas en 10 secciones más. De esta manera, si buscamos una novela (clase 800, correspondiente a la literatura), la encontraremos después de las obras relacionadas con el arte (700) y antes de las obras dedicadas a la geografía y a la historia (900). El conocimiento de estas clasificaciones básicas (000 a 900) nos permite orientarnos fácilmente en las bibliotecas. Una novela (clase 800) de Emilio Zola pertenece a la literatura francesa cuyo número es el 840 (el 830 le corresponde a la literatura alemana; el 850, a la italiana; y el 860, a la española). Los libros de literatura francesa están situados en los anaqueles contiguos a los de literatura inglesa (820) y alemana (830), y están clasificados alfabéticamente a partir de la primera letra del apellido del autor (Z, en el caso de Zola). Este sistema de clasificación se utiliza en la mayoría de las bibliotecas públicas, en tanto que la clasificación de la Biblioteca del Congreso estadounidense (*Library of Congress*) se utiliza generalmente en las bibliotecas universitarias grandes y en la Biblioteca Nacional de Estados Unidos. Esta clasificación tiene una base alfabética y 24 divisiones.

Evidentemente, no se trata de conocer con profundidad los detalles relativos a las clasificaciones —esa tarea corresponde a los bibliotecólogos—, sino simplemente de saber que existen y conocerlas a grandes rasgos. Desde luego, lo anterior se refiere al caso del usuario que desea buscar un libro en la biblioteca sin perder tiempo y sin preguntar al bibliotecario. Sin embargo, depende de cada persona el explorar un anaquel y otro y el hojear obras en las cuales no se había pensado en un principio.

Una vez que uno se ha familiarizado con estos lugares, se puede recurrir al catálogo (o a los ficheros) de la biblioteca, el cual generalmente está dividido en dos secciones: el de fichas ordenadas por autor/título y el de registros organizados por tema. La clasificación de las fichas es alfabética y el número de clasificación que aparece en la esquina superior derecha indica el lugar en el que se ubica el libro en los estantes.

EL DOSSIER DE PRENSA
La revisión de los periódicos
Un expediente de información periodística (dossier) se integra, en primer lugar, revisando los diarios sin hacer una lectura profunda.

❑ Los artículos deben clasificarse por orden de aparición, es decir, cronológico.

❑ Se aconseja el procedimiento de lectura rápida. También es posible orientarse en el periódico con base en el sumario que aparece en la primera página.

❑ Es bueno indicar con un lápiz de color el artículo que se desea conservar, y anotar en la primera plana la página en la que aquél se encuentra. Desde luego, esto no debe hacerse cuando consultamos diarios de una biblioteca o de alguna hemeroteca, para evitar alterarlos.

❑ Los artículos relativos al tema que nos interesa se fotocopian o se recortan.

❑ Al margen de cada artículo debe anotarse el título del periódico del que lo tomamos y la fecha en que apareció.

❑ Si el tema sobre el que investigamos tiene cierta continuidad, debemos reunir los artículos día tras día, para conformar nuestro dossier.

❑ Para facilitar la consulta debemos reordenar los artículos y ponerles una portada en la cual indicaremos el tema del dossier y el año.

El análisis
Para utilizar eficazmente la prensa, no debemos limitarnos a recortar, coleccionar y clasificar artículos interesantes: es necesario, además, que se analicen el título y el texto de cada artículo.

Ejemplo: "Télésat lanzará el primer servicio móvil de telecomunicaciones por satélite en el mundo"
(artículo de Paul Durivage, *La Presse*, 13/XII/88).

La compañía Télésat Canadá, el Canadian Pacific y un consorcio japonés han constituido una nueva sociedad de telecomunicaciones, Télésat Mobile, que lanzará el primer servicio móvil de comunicación por satélite en el mundo, un proyecto de 360 millones de dólares que implica la creación de 200 empleos.

El servicio proyectado, que será complementario de la red de telefonía celular, permitirá a las empresas establecer comunicaciones permanentes (voces y datos) con su flotilla de vehículos (aeronaves, camiones o navíos) que se encuentren en cualquier lugar de América del Norte.

De esta manera, será posible que las empresas de transporte localicen a cualquier hora la posición de sus vehículos y se comuniquen con ellos aun cuando estén en marcha. Para esto bastará con dotar a cada vehículo de una antena de 30 cm de diámetro. Cada terminal costará aproximadamente 4,500 dólares, de acuerdo con las previsiones actuales.

"Los primeros trabajos de Télésat Mobile permitirán a los fabricantes y a los proveedores canadienses estar a la vanguardia de una tecnología que suscita la atención del mundo entero", comentó M. Eldon Thompson, quien destacó también que actualmente en Australia se trabaja en la implantación de un servicio similar.

El proyecto, que ha sido desarrollado por el Ministerio Canadiense de Comunicaciones, requirió 10 años de investigaciones. Originalmente se establecieron vínculos estrechos con el consorcio estadounidense de servicios móviles de telecomunicaciones por satélite (AMSC), que debe proporcionar un servicio similar en Estados Unidos.

Ambos consorcios conjugaron esfuerzos en la construcción y en el uso de los dos satélites requeridos: uno que cubriría Canadá, y otro, Estados Unidos, con la posibilidad de que se sustituyan. El satélite canadiense —se promete— será el primero en ponerse en órbita, probablemente a principios de 1993.

Télésat Canadá es el principal accionista de esta nueva empresa, con una participación del 50%. El Canadian Pacific posee el 30% de las acciones, y el consorcio japonés el 20%. Los tres socios invirtieron conjuntamente 100 millones de dólares en el proyecto. El financiamiento complementario se asegurará mediante préstamos.

Análisis del título

Primero, debemos leer el artículo en su totalidad, buscando las palabras clave entre las que conforman el título. Este procedimiento es sencillo, rápido y relativamente eficaz, y presenta diversas posibilidades:

❑ Seleccionar una sola palabra clave, es decir, la palabra del texto que se considere más importante. Podemos, por ejemplo, subrayarla con rojo.

❑ Elegir dos palabras clave del título. En este caso tendríamos como primera palabra clave "telecomunicaciones", y "satélite" como segunda.

❑ Desarrollar el análisis del subtítulo o, en su defecto, el de uno de los textos introductorios del artículo: "El servicio proyectado, que será complementario de la red de telefonía celular, permitirá a las empresas establecer comunicaciones permanentes (voces y datos) con su flotilla de vehículos (aeronaves, camiones o navíos) que se encuentren en cualquier lugar de América del Norte", poniendo de relieve las palabras más significativas.

Al aplicar este último procedimiento obtenemos: *servicio / red / telefonía / empresas / comunicaciones / vehículos / América del Norte.* Pero, como podemos ver, la lista de palabras clave es demasiado larga.

Puede reducirse a *telefonía / comunicaciones / vehículos* (que coinciden con una palabra del título: *telecomunicaciones*). El término "(tele)comunicaciones", común tanto al título como al texto introductorio, parece ser la verdadera palabra clave del artículo.

El proceso que realizamos aquí en diversos momentos (buscar una palabra clave, dos palabras clave y todas las palabras clave) se realiza rápidamente cuando nos acostumbramos a hacerlo. Una vez que hemos leído el título, lo transformamos inmediatamente en una serie de palabras. A continuación debemos preguntarnos cuál es el número

mínimo de palabras que emplearemos para que se conserve el sentido original del título.

Análisis del texto

Evidentemente, el análisis del texto es un procedimiento más largo que el análisis del título, y podemos proceder a resumirlo mediante diversos métodos.

❑ **El método de las palabras clave.** Está claro que debemos leer todo el texto. A lo largo de la lectura reparamos en las que parecen ser las "palabras clave", las cuales anotamos en una hoja que adjuntamos al artículo. A continuación releemos nuestra lista y seleccionamos un pequeño número de palabras clave (entre cinco y ocho), las cuales ordenaremos alfabéticamente.

❑ **El método del resumen informativo.** En este tipo de resumen deben mencionarse todos los asuntos que se tratan en el artículo, pero evitando la repetición textual.

**Resumen informativo del artículo
"Télésat lanzará el primer servicio móvil
de telecomunicaciones por satélite
en el mundo"**

FUENTE:

Proyecto desarrollado por el Ministerio Canadiense de Comunicaciones.

DATOS:

❑ **Creación de empleos**
Proyecto de 360 millones de dólares; creará alrededor de 200 empleos.

❑ **Servicio complementario**
Se suma a la red de telefonía celular.
Permite los enlaces (voces y datos) con los vehículos.
Servicio en toda América del Norte.

❑ **Puesta en marcha y funcionamiento**
Enlaces con consorcios estadounidenses para construir dos satélites: uno para Canadá y otro para Estados Unidos.

❑ **Socios participantes**
Consorcio japonés: 20%
Télésat Canadá: 50%
Canadian Pacific: 30%
Inversión: 100 millones de dólares

❑ **Ejecución**
Primer satélite en órbita: el canadiense, en 1993.

LA COMUNICACIÓN Y LA VIDA PRIVADA

EL HABLA

Durante muchos siglos, el único medio de comunicación fue la relación cara a cara, la que se realizaba mediante diálogos en voz alta o discursos en las plazas públicas. Todo se afirmaba o se decidía al instante, de manera directa. En la actualidad, el habla y su representación escrita se producen, básicamente, en forma diferida, con el desarrollo de las técnicas de comunicación —primero la prensa, luego la radio y más tarde la televisión—, con el acopio de información en los archivos y en los bancos de datos, y con la multiplicación de redes que unen instantáneamente los puntos más distantes del planeta. Pese a ello, la expresión mediante el habla no deja de ser menos omnipresente, además de que constituye el medio más humano de comunicación.

El concepto de habla no es fácil de comprender, dado que se define en relación con el de lengua, el cual, a su vez, remite al concepto de lenguaje. Cada uno de estos términos —lenguaje, lengua y habla— cobra sentido a partir del lugar específico que ocupa dentro de ese conjunto de actividades que es la comunicación.

EL LENGUAJE
El lenguaje es la función de expresar verbalmente el pensamiento y los sentimientos. Por extensión, designa a todo

sistema de signos que permite tanto la comunicación entre dos individuos como entre un complejo grupo de ellos. "El lenguaje —escribió el lingüista Joseph Vendryes (1875-1960)— es un acto fisiológico en cuanto que se sirve de diversos órganos del cuerpo humano. Es un acto psicológico, puesto que supone la actividad voluntaria del espíritu. Es un acto social en virtud de que responde a una necesidad de comunicación entre los hombres. Es, en resumen, un hecho histórico que se atestigua a través de muy diversas formas."

LA LENGUA
La lengua es el lenguaje conformado por signos lingüísticos, es decir, por palabras. Su carácter no es universal: sólo es posible gracias a la existencia de idiomas particulares, como el ruso, el chino y el portugués. En una época en que todo se internacionaliza e, incluso, se globaliza (la tecnología, la economía), la lengua es, al parecer, uno de los últimos valores con que los grupos humanos pueden diferenciarse. Junto a las lenguas más difundidas, como el inglés, el francés y el español, existen en el mundo entre 4,500 y 6,000 lenguas más, que los lingüistas y los etnólogos se esfuerzan por clasificar con base en su origen.

EL HABLA
¿Qué es el habla? Es la puesta en práctica, por parte de la persona (el hablante), de la comunicación oral, en la que se emplean un cierto número de palabras (léxico) según un número determinado de reglas (sintaxis): es el ejercicio que cada individuo hace de su lengua. Para designar algo con exactitud debemos conocer parte del léxico, cuya existencia es anterior al uso que hacemos de él y que se encuentra consignado en el diccionario. Y para que puedan comprendernos nuestros interlocutores debemos apegarnos, hasta cierto punto, cuando menos a la sintaxis (según las reglas formalizadas en una gramática).

Sin embargo, para expresarnos, casi siempre podemos elegir entre varias combinaciones, que le dan variabilidad a la lengua y revelan parcialmente la personalidad del que habla. Tenemos, así, una sucesión gradual de hechos lingüísticos, a saber:

❏ El lenguaje es el fenómeno existencial que caracteriza al hombre en relación con los demás seres animados.

❏ La lengua es un hecho social, dado que conforma un sistema coherente de la expresión del pensamiento, que pertenece, en común, a un conjunto de individuos.

❏ El habla es la manifestación individual de esa necesidad existencial que tiene el hombre de expresarse, de afirmarse y de comunicarse.

El descubrimiento del habla
Cerca del tercer mes de edad, el bebé emite sonidos que han dejado de ser gritos, pues su carácter no es impulsivo.

En las calles de nuestras ciudades se ha perdido la costumbre de los diálogos entre individuos de distintas edades. Sin embargo, los jóvenes conservan el gusto de tener contacto con sus mayores. En este caso, el habla cumple también la función de vínculo generacional.

La primera forma de lenguaje es el balbuceo, y después de él el niño alcanza (entre los ocho meses y el año) el estado en el que la imitación del lenguaje hablado (sílabas) se vuelve una delicada realidad. Al año, más o menos, pronuncia sus primeras palabras, cada una de las cuales tiene el valor de una frase; a los dos años, puede unir cuando menos dos palabras.

A medida que pasan los meses, y después los años, su vocabulario aumenta, hasta llegar a 1,500 palabras hacia los tres años, y a 3,000 cerca de los cinco. ¿Por qué desea hablar el niño? Poco a poco descubre que el habla es un medio para influir sobre los otros: para solicitar, informar y convencer; es el lenguaje socializado. Asimismo, para él hablar es un juego, o bien, la forma de dar a la acción un acompañamiento vocal; es el lenguaje egocéntrico. La función del lenguaje infantil es descubrir (el habla sirve para cuestionar, comprender y explorar el mundo) y crear un universo particular: el de la imaginación.

EL LÉXICO

El léxico es el conjunto de palabras de una lengua. Se calcula que el idioma español consta de 250,000 vocablos, pero es obvio que nadie los conoce todos y que tampoco todos aparecen en un solo diccionario. Esta cifra implicaría considerar todas las palabras existentes, de todas las épocas y en todos los niveles de lengua existentes (jergas, regionalismos, ciencias y técnicas, etcétera), así como los arcaísmos y los neologismos. La vigésima primera edición del *Diccionario de la lengua española*, de la Real Academia Española, publicada en 1992, contiene solamente 83,500 palabras; y el *Pequeño Larousse ilustrado* de 1993 consigna 91,000. En realidad, nosotros —los hablantes comunes—

apenas conocemos una parte de ese vocabulario, cerca de 20,000 palabras, un gran número de las cuales pertenecen a nuestro vocabulario pasivo, el que sólo comprendemos por el contexto pero no usamos; uno consulta los diccionarios para verificar el sentido de esas palabras.

En la vida cotidiana requerimos, básicamente, de 5,000 términos, y seleccionamos de entre el léxico de la lengua en cuestión los que nos son más útiles. Las palabras que se utilizan con mayor frecuencia reúnen las siguientes características específicas:

❑ Son las más cortas: *cinematógrafo* se transformó en *cine*; *televisión*, en *tele*.

❑ Son de origen popular (en oposición a las eruditas): *alcohólico* es más usual que *etílico*.

❑ Son las que tienen el mayor número de significados (en lugar de las específicas): *hacer* se aplica en más situaciones que *realizar*.

LA LENGUA HABLADA

Existe un alfabeto fonético internacional, diseñado para transcribir exactamente los sonidos de la lengua hablada, según el principio que reza: "Un solo signo para cada sonido, un solo sonido para cada signo." Este alfabeto, que creó en 1888 la Asociación Fonética Internacional, es distinto del de la lengua escrita, y consta de 36 sonidos o fonemas y 26 signos o grafemas. Se utiliza con frecuencia en los diccionarios multilingües para indicar al lector la pronunciación de las palabras extranjeras. En los diccionarios de la lengua española no es necesario explicar la pronunciación porque el conocimiento de ciertas reglas ortográficas basta para que el lector sepa cómo se pronuncian las palabras.

En la lengua hablada, las reglas gramaticales se aplican con mucho menos rigor que en la escrita. Las frases a menudo quedan incompletas, se enciman, se repiten; ciertos tiempos verbales —como el futuro simple (*iré*) o la segunda forma del pretérito de subjuntivo (*fuese*)— no son muy favorecidos en México, y en su lugar se emplean la perífrasis verbal de futuro (*voy a ir*) o la primera forma del pretérito del subjuntivo (*fuera*). La negación se expresa en forma elíptica (se dice, simplemente, "no"), y se aceptan sin problema giros que en lo sintáctico resultan incorrectos.

En una conversación basta con llamar *eso* a aquello de lo que se habla; *tú*, a la persona a quien se habla; y *yo*, a quien habla. La frase *Entiendes a qué me refiero* sustituye fácilmente a toda una serie de datos que tendrían que especificarse en un texto escrito.

Asimismo, el vocabulario que se usa es poco variado, por una sencilla razón: la memoria inmediata no es capaz de retener el significado de más de 30 palabras. Un enunciado sólo se comprende al final, y las repeticiones, que son más frecuentes que en el lenguaje escrito, ayudan a la comprensión.

La adquisición de la lengua es una etapa clave del desarrollo del niño, quien manifiesta así su incipiente personalidad.

La lengua hablada también se apoya en los nexos (conjunciones y preposiciones) y en los artículos. Estas categorías gramaticales representan menos del 1% del léxico total de la lengua española, pero se repiten tanto que pueden llegar a constituir cerca del 50% del discurso. Se utilizan con más frecuencia que los sustantivos, los verbos, los adjetivos y los adverbios, aunque de estas categorías tengamos una mayor variedad.

La importancia de los nexos llega a tal grado que, si los elimináramos de un artículo periodístico, la extensión de éste se reduciría a la mitad, y si nos expresáramos sin ellos, el sentido de nuestro mensaje resultaría apenas comprensible.

Maneras de hablar

Respecto a las más o menos 5,000 palabras que usamos en nuestra vida cotidiana, vamos a precisar y a valorar su significado mediante las particulares formas de expresión, de las que carece la lengua escrita.

La articulación permite emitir y comprender el mensaje. No obstante, cada situación presenta sus propias exigencias: una conferencia debe articularse mejor que una simple conversación; un mensaje oral que no se acompaña de mímica —como sucede al hablar por teléfono o por radio— requiere de una mejor articulación; y para dar una impresión de intimidad, las palabras se susurran.

El *énfasis* permite cortar una frase, subrayar algo importante o expresar una emoción, destacando una sílaba o un grupo de ellas. En español, a diferencia de otros idiomas, los acentos de la lengua hablada ayudan a marcar el énfasis. En la lengua escrita, las tildes y los signos de puntuación, los de exclamación y los de interrogación se encargan de indicar este aspecto.

La *inflexión* sugiere matices, colorea el sentido y orienta la forma de interpretarlo. En cuanto a la respiración, que corresponde a la necesidad física de recuperar el aliento, es la que da ritmo al discurso.

Los gestos no pertenecen propiamente al lenguaje, pero casi siempre lo acompañan, y sirven para puntualizar o reforzar el discurso: distinguen al que habla. Cabe señalar que la expresión del rostro varía según los códigos propios de cada cultura; y al respecto se habla de "lenguaje corporal", que puede incluso contradecir al oral.

En el lenguaje mímico no sólo interviene el rostro: prácticamente todas las partes del cuerpo comunican algo que a veces las palabras no dicen. La postura al sentarse, el movimiento de las manos, de las piernas y de la cabeza, así como la mirada, el tono de la voz y muchos otros elementos complementan o modifican el mensaje emitido por el hablante mediante las palabras. Incluso nuestra ropa y, en general, el aspecto personal, envían a nuestro interlocutor mensajes de los que con frecuencia no estamos conscientes.

Modalidades sociales de la lengua
Resulta claro que nuestra manera de utilizar la lengua varía de acuerdo con las circunstancias. Así, es posible distinguir varios niveles o registros de lengua (también llamados

El pintor, hombre de comunicación: Picasso brinda a sus oyentes una muestra de sus facultades orales.

modalidades): uno familiar (el de la conversación entre amigos); otro común o estándar (que empleamos en situaciones donde se requiere cierto nivel de formalidad), y un registro elevado (el de la literatura, las conferencias, los cursos o la comunicación en la vida profesional).

Los niveles sociales de la lengua identifican a las personas que pertenecen a un mismo grupo. Hay personas que pueden tratar con individuos de todos los niveles, y usan el lenguaje requerido en cada situación; por otra parte, el léxico que se considera culto en un país puede ser vulgar en otro.

ALGUNOS CONCEPTOS BÁSICOS	QUÉ EVITAR
El habla es una de las características existenciales del ser humano.	Considerar inferiores a las civilizaciones que no tienen una lengua escrita.
Lenguaje, lengua y habla son eslabones de una cadena indisoluble.	Pensar que existe una lengua noble (la escrita) y una vulgar (la oral).
La lengua posee un alfabeto, un conjunto de reglas gramaticales y algunos nexos.	Empobrecer el vocabulario del español por el uso innecesario de palabras extranjeras.
La respiración da el ritmo al discurso, y la frase obtiene de ella su equilibrio.	Abusar de las abreviaturas.
La inflexión, la articulación y el énfasis son otros recursos para orientar el sentido de las palabras.	Adoptar todas las palabras que se pongan de moda.
La sociedad y la comunicación no pueden existir sin el habla.	Rechazar toda forma nueva de expresión.

EL TELEGRAMA Y EL GIRO TELEGRÁFICO

El telegrama, documento reservado para ocasiones especiales, es aún, pese a la competencia de los nuevos medios de comunicación, una manera rápida y personal de llegar, en todo momento y lugar, a nuestros amigos y parientes.

El telégrafo ocupa el lugar del hijo mayor en la familia de las telecomunicaciones. Tan lejos como nos remontemos en la memoria de los pueblos, siempre hallamos rastros de experimentos en materia de comunicación por señales. Los romanos, por ejemplo, construyeron toda una serie de complejas e importantes redes telegráficas, mandando señales con hogueras. La instalación del telégrafo aéreo de Chappe, en 1793, fue una etapa decisiva en la historia moderna de las telecomunicaciones. Mediante ese sistema se podía transmitir un mensaje de París a Lille, al norte de Francia, en dos minutos, y de París a Toulon, en el sur, en veinte minutos, si las condiciones atmosféricas eran favorables. Este aspecto aleatorio se eliminó con el empleo de la electricidad para la transmisión de señales. El nombre del pintor y físico estadounidense Samuel Morse simboliza este nuevo avance técnico. Fue él quien esbozó el primer aparato que utilizó un electroimán para la conducción de mensajes. Más tarde, los aparatos telegráficos manuales fueron sustituidos por teleimpresores o teleti-

pos, totalmente automáticos. Podemos diferenciar tres fases para el envío de un telegrama:

❏ La solicitud de envío puede hacerse llenando un formulario en la oficina de telégrafos o por teléfono.

❏ La transmisión requiere de un aparato teleimpresor ligado a una red de circuitos o conmutadores.

❏ La oficina de distribución recibe el telegrama en su teleimpresora y lo hace llegar al destinatario.

Actualmente, en todo el mundo, el uso del telegrama es cada vez menos frecuente. Hasta hace poco, el télex lo sustituía en buena medida, pero ahora el fax (facsimilar) goza de todas las preferencias, en especial para las comunicaciones comerciales e interempresariales; no es un aparato muy voluminoso ni muy caro, y funciona a través de la red telefónica, por lo cual también resulta útil y relativamente fácil instalarlo en casa.

Aunque el desarrollo de otros medios de comunicación más directos, como los que se encuentran enlazados por redes, le ha quitado ese carácter de "gran descubrimiento", el telegrama sigue conservando un lugar muy importante en nuestra vida. Así, los telegramas son llevados rápidamente a su destino, a través de las oficinas de Telégrafos Nacionales de México. Mediante este servicio también se puede enviar dinero de modo muy rápido, en los giros telegráficos: sólo hay que llenar una forma y entregar la cantidad que se enviará más un cargo, y el dinero podrá estar en su destino el mismo día.

Ventajas del telegrama

Pese a la competencia de otros medios de comunicación, el telegrama es insustituible debido a tres razones principales: su rapidez, su universalidad y las posibilidades que ofrece para transmitir un mensaje personal.

❏ Rapidez: "Llegaré lunes 21 horas. Imposible telefonear. Espérame aeropuerto México. Jorge Gómez." La transmisión del mensaje es casi instantánea y, si el domicilio del destinatario está correcto, alguien irá a buscar a Jorge Gómez al aeropuerto de la Ciudad de México.

❏ Universalidad: "Jaime Bueno, Hôtel de la Poste, Nueva Orleáns, Louisiana, U.S.A. Antes seguir viaje urge llames mamá." En vez de Nueva Orleáns podría ser el Desierto de Gobi, Timbuctú, Australia o Borneo. El telegrama llega a todas partes, a los sitios más remotos así como a los más turísticos, gracias a la universalidad de las telecomunicaciones.

❏ Personalización del mensaje: "Noemí. Trabajo en obras en Argentina. Recordé tu cumpleaños. Te amo." Sin duda el telegrama no puede sustituir a una carta detallada ni a una llamada telefónica, pero será recibido como una brisa de afecto, en el momento justo.

Qué evitar. El empleo del telegrama responde a necesidades urgentes. El envío de un mensaje en una situación inoportuna tendrá consecuencias negativas.

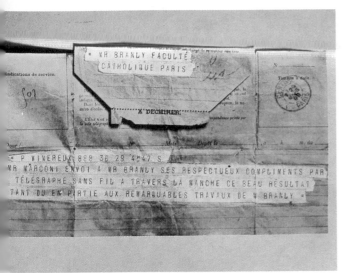

Luego de establecer las telecomunicaciones bajo el Canal de la Mancha, Marconi reconoció mediante un telegrama lo que su invento debía al francés Édouard Branly.

❑ Imprecisión: "Impacientes de verte de nuevo. Llegaremos lunes Quito." ¿Cómo llegarán? ¿Por avión, tren o auto? ¿A qué hora? ¿Cuántas personas vienen? Para conocer las respuestas se tendrán que hacer varias acciones que se habrían evitado con una redacción correcta del telegrama.

❑ Falta de tacto: "Juan muerto accidente auto. Funeral lunes a las tres." La noticia de un accidente puede ser trágica, y para la persona que abre el telegrama, Juan quizá haya sido el marido, el novio, un amigo o un pariente lejano. En el primer momento, el impacto emocional que cause el mensaje se resentirá de la manera más dramática; sería mejor participar el hecho poco a poco, sin decir mentiras: "Juan sufrió accidente auto. Urge te presentes hoy Cruz Roja." El destinatario podrá imaginar un desenlace fatal, pero también puede abrigar la esperanza de que no haya llegado al extremo. En cualquier caso, nada está confirmado y se podrá manejar la situación con racionalidad.

Con frecuencia la gente se inquieta demasiado ante el simple hecho de recibir un telegrama; asocia este medio de comunicación con la tragedia, y muchas personas lo utilizan solamente para estas circunstancias. El problema puede resolverse si lo utilizamos también para comunicar buenas noticias.

❑ Desperdicio: "En el principio creó Dios el cielo y la tierra..." No es aconsejable seguir el ejemplo de este personaje de Julio Verne, quien, para monopolizar el uso del telégrafo en perjuicio de otro periodista, envía a su diario el principio del Génesis. Cada palabra en un telegrama cuesta. La información debe resumirse lo más posible, aunque sin perder claridad ni precisión.

Qué hacer. Antes de enviar un telegrama, se debe analizar la urgencia del mensaje, las condiciones que resulten más favorables para que el destinatario lo reciba, y la rentabilidad de la operación. Recordemos que el telegrama es un medio especial de comunicación, diferente de la carta, por su rapidez; del fax, porque es universal; y del teléfono, porque es escrito y unilateral. Por ello, improvisar el texto de un telegrama puede resultar problemático, imprudente y costoso. Para transmitir información clara, precisa, condensada y completa es necesario un esfuerzo de reflexión y síntesis. Debemos hacernos cuatro preguntas: dónde, cómo, por qué y con qué medios.

¡Y cuidado con los malentendidos! Un telegrama que diga: "Fue niño. Sordo, también", puede causar una conmoción, cuando lo que la madre quiere anunciar es un doble nacimiento: el de su hijo y el de su amiga, la señora Sordo. Economizar las palabras no significa ser elíptico al grado de causar confusión. En general, en la redacción telegráfica se usan poco los nexos (preposiciones y conjunciones) y los artículos, pero no debe vacilarse en incluirlos si son indispensables para la claridad del mensaje. Son más importantes las palabras llamadas "nucleares", esto es, los sustantivos y los verbos; también se requiere muchas veces agregar adverbios y adjetivos.

Considerando la importancia de un telegrama, no debemos menospreciar otros factores. La dirección del destinatario debe escribirse con todo el cuidado y la seguridad necesarios, pues un mensaje bien escrito no llegará a su destino, o llegará tarde, si existe un error en el código postal o en el nombre de la calle.

QUÉ HACER	QUÉ EVITAR
Preguntarnos si un telegrama resulta más conveniente que una carta o un telefonema.	Improvisar el texto de un telegrama, sobre el mostrador de la oficina de correos o al teléfono.
Redactar un texto claro y conciso, que responda a las preguntas: dónde, cómo, por qué y con qué medios.	Escribir un mensaje vago, ambiguo o incompleto, que confunda al destinatario.
Averiguar cuál será el costo.	Emplear demasiadas palabras o repetirlas.
Ponernos en el lugar del destinatario. Evitar que pueda recibir una fuerte impresión.	No tomar en cuenta la reacción del destinatario, redactando mensajes con falta de tacto.

LA PARTICIPACIÓN

"Participar" significa, según el Diccionario de la lengua española, *"intr. Tomar uno parte en alguna cosa.// 2. Recibir una parte de algo.// 3. Compartir, tener las mismas opiniones, ideas, etc., que otra persona. Ú. m. con la prep. de.// 4. tr. Dar parte, noticiar, comunicar." En relación con este último significado, la participación, impresa o grabada, comunica un acontecimiento importante, sea feliz o doloroso, que puede incluir o no una invitación, pero en todos los casos exige una pronta respuesta.*

La participación sigue siendo un medio elegante de anunciar un matrimonio o un nacimiento. También permite comunicar el fallecimiento de alguien, sin tener que entablar conversaciones que podrían resultar dolorosas.

PARTICIPACIÓN DE MATRIMONIO
La participación de este suceso puede hacerse de varias maneras. Según su importancia y las relaciones que se mantengan con los destinatarios, puede variar el grado de personalización. Podemos dar parte antes de la ceremonia para que a ella asistan nuestros amigos y conocidos, o bien, después, si queremos una boda íntima.

La participación tradicional consta de dos cartoncillos plegados, en cada uno de los cuales aparece el nombre de una de las familias. Al enviarlos, se escribe el nombre de la parte que los manda. Hoy en día, esto es un lujo del que puede prescindirse, y se admite que sólo lleve un cartoncillo plegado en dos, en el que cada familia ocupa una de las mitades. En ambos casos, el papel debe ser blanco y de buena calidad. El propósito de la participación no es únicamente anunciar el acontecimiento, sino también invitar a los allegados a la ceremonia y a la subsecuente recepción. Así, además de señalar el lugar, la fecha y la hora de las nupcias, se debe agregar una tarjeta que indique el sitio en el que se realizará la recepción, el domicilio al que debe enviarse la respuesta para confirmar su asistencia y, en su caso, el regalo de bodas.

En nuestros días, es común que los propios futuros cónyuges sean quienes den parte del casamiento. Para ello, se suele utilizar una tarjeta decorada y rotulada a mano, con la que se invita a parientes y amigos. Es muy común que éstos organicen fiestas "sorpresa" con el propósito de manifestar sus parabienes.

NOTIFICACIÓN DE NACIMIENTO
Por lo general, en cuanto la esposa sabe que está encinta, lo comunica a su cónyuge. Después se enteran los futuros abuelos. Transcurridos unos cuatro meses, se compartirá la feliz noticia con otros familiares y con las amistades. Al ocurrir el nacimiento, se notificará a todos los allegados. La fórmula tradicional es la siguiente:

El señor Jaime Méndez y la señora Selma Torre de Méndez le participan con alegría el nacimiento de Elena.

Esta fórmula puede sustituirse por un texto más original y personal, que nos permita emplear un poco de imaginación para elegir una tarjeta decorada.

NOTIFICACIÓN DE DECESO
A nuestros parientes y amigos cercanos podemos darles aviso, por teléfono o con un telegrama —incluso personalmente—, de la muerte de un ser querido. En el caso de personas con las que mantenemos relaciones menos estrechas, basta con la esquela mortuoria en las páginas de los diarios; quien se encarga de publicarla es la agencia funeraria, una vez que tiene los datos sobre la familia del fallecido, así como la fecha, el lugar y la hora del funeral. A las personas que asistieron al sepelio y brindaron sus condolencias se les envía una nota que tiene por lo general el propósito de dar las gracias, y en ella suele redactarse un texto sencillo:

El señor Ernesto Junco y señora le agradecen profundamente las muestras de afecto y consideración que se sirvió usted brindarles durante este doloroso trance, y le envían su más sincero reconocimiento.

Todo París fue invitado a dar el último adiós a Charles Gounod, compositor de Fausto *y de* Romeo y Julieta.

RESPUESTA A UNA PARTICIPACIÓN

La participación constituye un gesto social y afectuoso al que resultaría particularmente incorrecto no responder. Cuando un pariente, un amigo o alguien que mantiene con nosotros una relación profesional nos envía un mensaje de júbilo o duelo, el responder pronto —y, sobre todo, con las palabras adecuadas o la fórmula emocionalmente indicada— es una obligación que habla, a la vez, de nuestra educación y de nuestra sensibilidad. En la práctica, si bien la respuesta a una participación es obligada, el contenido del mensaje dependerá de cada caso y del grado de familiaridad que exista entre las partes. También debemos considerar las susceptibilidades, las jerarquías y las diferencias generacionales.

Al recibir la participación de matrimonio y la invitación para la ceremonia o la recepción, se responderá con una carta manuscrita si queremos expresar en forma personal nuestra alegría. Se acostumbra hacer un regalo a los futuros esposos; por lo general, las tiendas especializadas en artículos para estas ocasiones, y los grandes almacenes, cuentan con una lista de las bodas próximas. El envío del regalo debe acompañarse con una tarjeta, cuyo texto podría decir lo siguiente:

> *Antonio Garza envía a Sara Rojas y Pablo Castruita sus más sinceras felicitaciones y votos por una dicha duradera, y les ruega que acepten este modesto obsequio como testimonio de su leal amistad.*

Si, por algún motivo, no nos es posible asistir ni a la ceremonia del matrimonio ni a la recepción, deberemos disculparnos, ya sea por carta o mediante una simple tarjeta de visita, dirigida a los padres, con un mensaje como el siguiente:

> *Pese a la imposibilidad de asistir a la boda de su hijo, con el pensamiento me uniré a su alegría. Les agradezco infinitamente la invitación y lamento no poder estar con ustedes. Asimismo, les envío mis más sinceras felicitaciones y ruego comunicar a los futuros esposos mis deseos de que una felicidad duradera les acompañe.*
>
> *Afectuosamente, Antonio Garza*

QUÉ HACER	QUÉ EVITAR
Ponernos de acuerdo con los interesados.	Emplear formatos fantasiosos y no conformes con lo acostumbrado.
Elaborar un presupuesto.	Redactar fórmulas demasiado familiares, que podrían desagradar.
Revisar las listas de destinatarios.	
Seleccionar a quienes, además de la participación, recibirán una invitación.	Dejar incompletas las listas de invitaciones.
Rotular los sobres a mano.	Rotular con descuido los nombres en los sobres.
Enviar las participaciones con suficiente anticipación.	Enviar con retraso las participaciones.
Anotar en una lista la confirmación de asistencia.	No responder, si somos invitados.

PARTICIPACIÓN DE DUELO

Proporcionar a la agencia funeraria los datos necesarios para la publicación de una esquela.	Emplear un estilo frío o impersonal.
	No asistir al funeral.
Preparar la lista de quienes asistieron al funeral para enviarles una nota de agradecimiento.	En caso de no poder asistir, no expresar nuestras condolencias mediante una carta.
Respetar la última voluntad del difunto.	

LA INVITACIÓN

Las reglas de etiqueta en cuanto a invitaciones han cambiado mucho. Debido al acelerado ritmo de la vida que llevamos, cada día es más frecuente la invitación espontánea, oral, que deja mucho espacio para la improvisación. Sin embargo, siempre es agradable recibir una invitación más formal, escrita, cuando la ocasión lo amerita.

El arte de ofrecer una recepción ha vuelto a tomar fuerza. Es cierto que en nuestros días el ambiente es más relajado y las recepciones oficiales o formales son menos frecuentes, pero ello no impide seguir ciertas reglas de urbanidad que los invitados apreciarán.

Las reuniones profesionales, familiares o amistosas se hacen casi siempre alrededor de una mesa. Es común que los hombres de negocios o los periodistas se citen a la hora del desayuno o de la comida, en un restaurante. Ese tipo de invitación se hace por teléfono o personalmente: "Por cierto, ¿qué te parecería una comida en el restaurante X? Allí podríamos hablar con tranquilidad del proyecto." Es ésta una invitación desenfadada, sencilla, cotidiana, que supone mucha complicidad y un rechazo momentáneo de las convenciones o jerarquías. No obstante, aun en tal caso será necesario precisar la hora y el lugar del encuentro (restaurante, café, departamento). En el otro extremo de esta simplicidad, si es usted una personalidad del mundo

del arte o la política, podría recibir un sobre con una invitación oficial en la que le pidan que sea tan amable de asistir a una función de gala. Aquí se usará el lenguaje con todo su esplendor diplomático.

Entre estos dos extremos, existe toda una gama de invitaciones respecto a las cuales quizá nos puedan surgir varias preguntas:

—¿Cómo debo realizar la invitación? ¿Oralmente, mediante anuncios y mensajes, por carta, con una tarjeta impresa, por vía oficial?

—¿Con qué motivo hago la invitación?

Las invitaciones se clasifican en varias categorías: ocasiones familiares (comida, bautizo, primera comunión, matrimonio); encuentros vespertinos (té, bridge, tertulia); recepciones formales (cenas, cocteles, reuniones musicales o artísticas, bailes); diversiones al aire libre (carne asada, día de campo).

INVITACIÓN ORAL

Todo lo que es común, cotidiano, se maneja personalmente o por teléfono. Es obvio que un jefe de prensa no enviará una invitación escrita a un periodista para desayunar, como tampoco lo hará un gerente de ventas con su cliente, o un jefe de publicidad con su fotógrafo.

La consecuencia de esta premura es, a veces, la precipitación, la confusión o la negligencia: se invita sin la antelación que la persona necesita para programar su tiempo. Por otra parte, el teléfono es un arma de doble filo, pues si bien la invitación se hace en unos minutos, el convidado puede cancelarla en el último momento. Ello provoca la angustia, la irritación y el enojo de los otros participantes, así como pérdidas de tiempo y de energías, que probablemente podrían evitarse si las cosas se hicieran con más reflexión y en forma más racional.

Sin embargo, el verdadero peligro es que ese ritmo acelerado y trepidante de la vida profesional repercuta en la vida privada. Una civilización sin memoria, tradiciones ni costumbres está condenada a muerte. Por ello, aunque no reprobamos la invitación oral —pues ésta también vale por su espontaneidad y sencillez—, nos referiremos ahora a esas ocasiones de la vida privada que, por lo general, requieren del envío de una carta o tarjeta impresa.

INVITACIÓN FAMILIAR

Antes que nada, se debe realizar una labor exploratoria y no oficial a fin de determinar el momento más oportuno para la reunión familiar. Para ello, el teléfono resulta muy útil. Según la distancia a la que vivan los miembros de la familia o su disponibilidad, el organizador de la reunión podrá enviar después por correo una confirmación.

En el caso de un bautizo, por ejemplo, en el que el número de invitados es a veces mayor, resulta más simple utilizar tarjetas de participación.

Fiesta infantil. Elenita cumple 10 años. Cecilia, su madre, le preguntará a qué amigos quiere invitar. Entonces preparará una lista con los domicilios de los padres y enviará una invitación a cada una de las madres interesadas.

Elenita le invita a su fiesta de cumpleaños, el martes 12 de junio, a partir de las 11:00 horas, en Orquídeas núm. 358, colonia Florida.

Coctel. Ya avanzada la tarde, es la hora de inicio del coctel, que puede empezar a las 18:00 horas y no se prolonga más allá de la medianoche. Por lo general, éste se ofrece para dar las gracias a ciertas personas por algún servicio o gesto de cortesía que nos brindaron, o porque tenemos con ellas algún tipo de relación de negocios. El lugar de reunión del coctel se elegirá cuidadosamente, según el tipo de efecto que se desee obtener. Sería más cálida la reunión si se realizara en la casa de los anfitriones, pero las dimensiones cada vez menores de las casas modernas impiden esta cortesía; así que deberá alquilarse un salón.

Las invitaciones, en las que se indicarán el día, la hora y el lugar de reunión, y que incluirán la fórmula R.S.V.P., deben ser impresas con el nombre del organizador, y se enviarán cuando menos 15 días antes de la fecha señalada.

Cena. Existen diversos tipos de ellas: íntimas, de amigos, formales, privadas pero de tipo profesional, oficiales... Salvo en el último caso, la forma en que se haga la invitación no está sujeta a reglas precisas, sino a costumbres forjadas por el empirismo y las prácticas sociales:

— Debemos cerciorarnos, por vía telefónica, de que los convidados estén de acuerdo con la fecha.

— Después enviaremos una carta o tarjeta impresa a fin de confirmar la invitación, el día y el lugar, así como para aclarar si será formal o informal.

La invitación para una fiesta de niños estará llena de colorido, y resultará más atractiva si contiene detalles de originalidad.

SELECCIONES DE LA COLECCIÓN READER'S DIGEST

En torno al impresionismo

READER'S DIGEST MÉXICO, S.A. de C.V.,
EL CONSEJO NACIONAL PARA LA CULTURA Y LAS ARTES
y el
INSTITUTO NACIONAL DE BELLAS ARTES

tienen el honor de invitar a
ustedes a la inauguración de la
exposición

SELECCIONES DE LA COLECCIÓN READER'S DIGEST
En torno al impresionismo

para celebrar el 50º Aniversario
de la revista *Selecciones del Reader's Digest* en
México y América Latina,

que se llevará a cabo el día 16 de enero de 1990,
a las 19:00 horas, en la Sala Nacional del Museo del
Palacio de Bellas Artes, de la Ciudad de México.

No es necesario ser una personalidad del mundo del arte o la política para recibir una invitación como ésta. Las galerías de arte generalmente invitan así a sus clientes.

Conviene considerar la siguiente sugerencia: en el momento de hacer la lista de invitados tomemos en cuenta las afinidades y antipatías que existan entre ellos, pues resulta peligroso reunir alrededor de una misma mesa al responsable de una central nuclear y a un ecologista.

Si la recepción se va a hacer en el campo, una tarjeta de invitación con un plano en el reverso facilitará la llegada de los convidados. La creciente necesidad de salir de las ciudades en busca de aire puro ha multiplicado el gusto por las casas de campo y por las reuniones al aire libre, desde los *picnics* familiares o una carne asada, hasta las fiestas en el jardín, que se realizan en propiedades privadas. Los *picnics* dan testimonio del placer que experimentan los miembros de un grupo al divertirse juntos, en un espacio abierto. Se organizan de manera espontánea, y revisten un menor grado de formalidad, pero no por ello hay que descuidarlos. Las fiestas en el jardín o las comidas campestres, por el contrario, requieren de la misma atención y formalidades que las necesarias para una cena o recepción.

R.S.V.P.

Si es agradable recibir una invitación, resulta imperioso responder a ella dentro de un plazo adecuado, es decir, cuando mucho dos días después de haberla recibido, sea negativa o afirmativa la respuesta. Por lo general, se responde con una tarjeta personal en la cual se anota un texto semejante al siguiente:

En caso de aceptar:
El señor Juan Sabino agradece profundamente a la señora Griselda Méndez su amable invitación, la cual acepta con enorme placer.

En caso de no poder asistir:
El señor Juan Sabino agradece a la señora Méndez su amable invitación, y lamenta profundamente no poder aceptarla en virtud de que ese día deberá salir de la ciudad.

Resulta siempre más correcto precisar la causa por la que no se podrá asistir, aunque, por supuesto, ese tipo de respuestas se aplican a las invitaciones hechas por personas que no son totalmente de nuestra confianza o con las que mantenemos cierta distancia. En el caso de amigos íntimos o familiares, se puede responder con una carta menos formal o simplemente mediante una llamada telefónica. Una de las obligaciones que tiene el invitado es llegar puntualmente. Al respecto, existen diferencias de opiniones. Algunos dicen que es de mal gusto llegar a la hora exacta y que es preferible dejar pasar un cierto lapso, que puede ir de algunos minutos a una hora. Pero, en este último caso, es posible que la sopa ya esté fría cuando lleguemos. Lo más recomendable es considerar la opinión generalizada del grupo al que pertenezcamos, pero hay cierto tipo de ceremonias que no pueden esperar, como la boda religiosa o la civil, o cualquier tipo de acto que preceda a una fiesta.

Asimismo, se ha vuelto frecuente incluir, arriba del domicilio, las siglas R.S.V.P. (del francés *Répondez, s'il vous plaît*, que se traduce como "Favor de confirmar su asistencia" o "Favor de responder").

INVITACIÓN EN SOCIEDAD

Cuando se va a ofrecer una comida o una cena a personas conocidas, conviene enviar la invitación cuando menos con ocho días de antelación si viven en la misma ciudad; en cualquier caso hay que considerar la distancia que la nota —y los invitados— tiene que recorrer, de modo que nuestros agasajados se enteren una semana antes. Para hacer la invitación, se utilizará la fórmula tradicional:

El señor y la señora De la Reguera le invitan a la cena que ofrecen a sus amigos, el viernes 28 de marzo, a partir de las 18:00 horas.

En ciertos casos, la invitación podrá ser más detallada o, incluso, humorística.

QUÉ HACER	QUÉ EVITAR
Adaptar las formas y modalidades de la invitación a las circunstancias.	**Cuando invitamos:**
	Conformarnos con una invitación oral.
Contestar por escrito toda invitación que recibamos.	Invitar al mismo tiempo a personas que no se simpatizan.
Hacer llegar las invitaciones ocho días antes de la fecha fijada para la reunión.	**Cuando somos invitados:**
No invitar a la misma reunión a personas que sean enemigas por razones políticas, religiosas, personales o de cualquier otra índole.	No responder.
	Cancelar la asistencia en el último momento.
Preparar un plan para las comidas.	No asistir cuando ya hemos aceptado.
Buscar una fórmula adecuada como respuesta.	Invitarnos solos.

Toulouse-Lautrec, pintor francés del siglo XIX, invitó así a sus amigos a tomar... una taza de leche.

LA RECEPCIÓN

La palabra "recepción" se relaciona con "recibir", y tiene una diversidad de significados, consignados en el Diccionario de la lengua española: *"f. Acción y efecto de recibir.// Admisión en un empleo, oficio o sociedad.// Fiesta palatina en que desfilaban por delante de las personas reales los representantes de cuerpos o clases y también los dignatarios que acudían para rendirles acatamiento.// Ceremonia o fiesta que se celebra para recibir a un personaje importante.// Reunión con carácter de fiesta que se celebra en algunas casas particulares.// En hoteles, congresos, etc., dependencia u oficina donde se inscriben los nuevos huéspedes, los congresistas que llegan, etc.// Acción de captar las ondas radioeléctricas por un receptor.// Der. Hablando de testigos, examen que se hace judicialmente de ellos para averiguar la verdad." En la vida privada, las recepciones, organizadas por iniciativa propia, pueden ir desde lo más íntimo —el bridge de la tarde, una comida entre dos parejas de amigos— hasta lo más deslumbrante: el coctel, la fiesta en el jardín o el banquete de bodas. El ambiente y la invitación variarán según se trate de una recepción de tipo familiar, entre amigos o formal.*

Para que una recepción tenga éxito, debemos plantearnos antes algunas preguntas, como, por ejemplo: ¿A quién invitar y por qué? ¿En dónde? ¿Será formal o informal? ¿Cómo y qué se debe preparar? ¿Quién va a recibir? ¿Quién y cómo va a animar la reunión? ¿De qué manera se debe terminar la recepción?

RECEPCIÓN ENTRE AMIGOS

Dado que nos limitaremos a las recepciones de carácter privado, no vamos a analizar aquí todas las formalidades, sino sólo a proponer algunos ejemplos más o menos detallados, según la complejidad del caso.

Destaquemos, sin embargo, que lo que da el tono a una recepción no es el motivo sino el número de invitados. Recibir a más de 10 personas exige una cuidadosa organización, que evite el desorden y permita a los anfitriones departir con sus invitados. Según la importancia de la recepción, del espacio y del equipo con el que se cuente, puede ser conveniente alquilar un salón y recurrir a una casa especializada en banquetes.

La partida semanal de bridge

Se debe tener cuidado con las reuniones rutinarias, pues éstas pueden caer pronto en el tedio y la indiferencia. Ciertamente, existe la motivación del juego, pero esto a la vez implica riesgos, dadas sus propias limitaciones, como la de que deba haber siempre cuatro jugadores por mesa. Por otra parte, cuando se organiza un campeonato, es siempre indispensable recordar el lugar, la fecha y la hora del torneo, con dos días de anticipación.

Para los casos de ausencia es útil contar con un directorio "especializado", con los nombres, los domicilios, los teléfonos y, también, las categorías de los posibles sustitutos. Si la iniciativa del reemplazo surge del organizador, deberá evitar introducir en el círculo un elemento que pueda desequilibrar la armonía del grupo o, peor aún, destruirla. Para que el recién llegado pueda adaptarse al grupo y a la situación, se le deberá poner al tanto de las modalidades del encuentro.

Se servirán bebidas entre cada partida; té y café en la tarde; bebidas alcohólicas en la noche. La llegada de la bandeja con estas bebidas puede asimismo servir como señal discreta, por parte del organizador, para pedir que la partida no se prolongue demasiado.

Antes de iniciar el encuentro, se pondrá sobre cada mesa una libreta especial para anotar los puntos, un lápiz y dos barajas de cincuenta y dos naipes o cartas. Es indispensable que éstas no estén maltratadas ni tengan alguna señal que permita identificarlas.

Una vez tomadas esas precauciones, el organizador será otro más de los jugadores y, junto con su compañero, tendrá que hacer uso de la intuición y la suerte, o bien, del guiño y de las palabras en clave.

No importa qué edad tenga el niño: una fiesta en su honor siempre lo alegrará y estrechará los lazos familiares.

La fiesta para niños

Elenita va a cumplir 10 años, y Cecilia, su madre, ha decidido organizar en su honor una reunión con amigos.

Preparará la lista de invitados junto con su hija, pero, pese a una posible objeción de la pequeña, limitará el número a 15, pues, de lo contrario, correría el riesgo de perder el control. Las familias de los pequeños amigos serán invitadas por teléfono, con 15 días de anticipación. Después, Cecilia enviará una confirmación escrita, pues, sobre todo a una fiesta de 10 años, uno no suele ir a la casa de cualquier desconocido.

Cecilia comprará refrescos, carnes frías y una gran variedad de pastas secas. También llevará gorros, máscaras y serpentinas para crear un ambiente de alegría, de fiesta y de disfraces. Asimismo, comprará pequeños regalos y organizará concursos.

Ahora resta lo más difícil, lo menos controlable: el desarrollo de la reunión. Cecilia estará presente cuando Elenita apague las velas y el coro de niños, más o menos entonados, cante la canción propia para la ocasión. Cecilia tiene facilidad para organizar juegos y contar cuentos. Si la temperatura lo permite, puede resultar divertido hacer actividades al aire libre. En caso contrario, podrá proyectar una película. Asimismo, será necesario prever la hora del regreso a casa, para lo cual determinará el momento en el que los padres deban ir a recoger a sus hijos.

COCTELES Y CENAS

El arte de recibir ha evolucionado. La rígida etiqueta ya no se impone, aunque siempre hay que respetar algunas reglas. Primero, como para cualquier otro tipo de reunión, se debe elegir bien a los invitados para que ésta resulte armoniosa. Después viene la planeación de los platillos,

para lo cual se hará una lista a fin de evitar olvidos. Si se trata de una comida, es preciso que los invitados lleguen a la hora. Los que lleguen tarde pasarán directamente a la mesa y empezarán con el platillo que ya esté servido. En una comida entre amigos, no se asignan lugares, pero la costumbre indica que haya una alternancia hombre/mujer, evitando colocar a las parejas frente a frente.

Armonía del menú

El éxito de una comida entre amigos depende, claro está, del ambiente general, y a ello debe contribuir el menú. Se deben evitar los platillos demasiado "caseros" o los que se venden ya preparados. Con ciertos alimentos deberán tomarse algunas precauciones (véase el recuadro). Es preferible servir pollo que cerdo, y un asado o pierna, en lugar de carne picada. Asimismo, con platillos demasiado condimentados se corre el riesgo de que no gusten a todos. Como postre, se podrá jugar con la fantasía y ofrecer, por ejemplo, helados o frutas decorados. La fórmula del *buffet* se presta para este tipo de reuniones y permite a los anfitriones participar en ellas.

El coctel

Cuando se va a recibir a un número mayor de amigos, el coctel es la solución ideal. Permite invitar a los amigos o conocidos al término de la jornada de trabajo. Su preparación exige menos tiempo que una cena, pues basta con servir bebidas y bocadillos, tanto fríos como calientes, la mayoría de los cuales se comen sin cubiertos. Los cocteles se realizan, generalmente, entre las 17:00 y las 19:00 horas. Por ello, es posible hacerlos entre semana sin que resulte demasiado cansado para quienes deben levantarse con ánimos a la mañana siguiente.

El almuerzo dominical

El domingo es día de levantarse tarde, tan tarde que el apetito llega después de la hora del desayuno y un poco

Alimentos con los que se deben tener precauciones
Alcachofas. Servir sólo los corazones. Completas, resultan más convenientes para comidas familiares.
Camarones. Presentarlos como guarnición.
Crustáceos. Si no se cuenta con los utensilios necesarios para abrir las tenazas, servirlos en barquillos o volovanes.
Almejas. Se presentan abiertas, en sus conchas. El invitado desprenderá la carne con un tenedor especial, y después beberá el jugo de limón o el vinagre que se le roció.
Elotes. En una cena formal, por refinamiento, deberán evitarse.
Pescado. Servir un pescado de tamaño grande, como el salmón, después de quitarle la espina central.

En 1867, Frédéric Bazille, considerado como uno de los pioneros del impresionismo, pintó esta "Reunión de familia".

antes del momento de comer. Es una buena ocasión para recibir a familiares y amigos. Como se trata de una invitación informal, el ambiente es relajado y no hay reglas de vestir. Este almuerzo combina el desayuno y la comida, e inicia por lo general alrededor de las 11:00, para terminar hacia las 15:00 horas. Se sigue la fórmula del *buffet* y se pueden ofrecer platillos de desayuno (como huevos, tocino, salchichas y crepas). Si se quiere una comida más formal, pueden también prepararse diversos guisos. En cuanto a las bebidas, es posible ofrecer champaña, vinos y jugos variados. En las reuniones de jóvenes, a veces cada uno coopera con un platillo, carnes frías o queso. Resulta de buen gusto llevar una botella de vino a los anfitriones. Todas las contribuciones de ese tipo se discuten en detalle al momento de hacer las invitaciones.

RECEPCIÓN FAMILIAR

Es el tipo de reunión que se organiza en ocasión de un sacramento religioso, por lo que resultaría inapropiado e, incluso, de mal gusto, convertirla en un coctel social. Deberá ser algo íntimo y familiar, lo que no significa, tampoco, aburrido. La champaña simbolizará la alegría de la fiesta, y se acompañará con bocadillos y carnes frías diversas. A los muchos niños que suelen asistir a este tipo de recepciones se les ofrecerán las bebidas que convenga.

RECEPCIÓN FORMAL

Carlos es consejero de comunicaciones; María es ingeniera en informática. Tienen muchos amigos y les gusta ofrecer fiestas y divertirse. Cada año, en mayo, organizan lo que ellos llaman "noche blanca". Las modalidades varían según su fantasía y fértil imaginación. En una ocasión, la blancura se centró en las bebidas (aperitivos, vinos, licores); en otra, en la vestimenta. Todos los disfraces estaban permitidos, con la condición de que evocaran ese color.

En esta tercera vez, se trata de un crimen cometido con arma blanca, y a dicha representación seguirá una investigación lo suficientemente compleja para mantener ocupados a los invitados, entre la cena y el café que se servirá al amanecer.

Para la preparación, la cuenta regresiva iniciará dos meses antes de la fecha fijada, y a ella dedicarán Carlos y María la mayor parte de su tiempo libre. A fin de no olvidar nada, prepararán un calendario con hojas desprendibles y con marcas distintas para cada actividad. En él se hallará todo lo que deben preparar, lo que falta hacer y lo que ya está listo.

Una reunión de este tipo requiere, para evitar los tiempos muertos, de una preparación minuciosa y un escenario completo. Según el número de invitados, es posible contratar un especialista en banquetes y utilizar su salón para realizar ahí la investigación.

ALGUNOS PRINCIPIOS GENERALES

Recordemos, en primer lugar, que la más elemental educación consiste en responder de manera pronta, no cancelar en el último momento y no dejar de asistir a una reunión porque, súbitamente, surja algo más interesante o agradable que hacer.

El agradecimiento del invitado se manifiesta, por lo general, mediante un regalo, casi obligatorio cuando asistimos a una fiesta de bautizo, religiosa o a una boda. El regalo siempre agradará a los anfitriones; sin embargo, se debe evitar lo ostentoso o inapropiado. Resulta más elegante enviar discretamente un arreglo floral antes de la recepción, que llegar con un ramo inmenso en pleno aperitivo.

Si no se es puntual, se corre el riesgo de llegar cuando el resto de los invitados ya están a la mesa, lo que resulta desagradable para todos. Aun cuando exista una relación estrecha con quien nos invita, o en el lugar seamos muy conocidos, deberemos evitar dar a los otros convidados la impresión de hallarse en un país poco civilizado.

La gente que monopoliza la conversación resulta desagradable, lo mismo que quien no abre la boca. No hay nada más ameno que un intercambio de ideas, siempre que se sepa escuchar e intervenir en el momento oportuno.

Hasta las reuniones más divertidas llegan a su fin. La mayor virtud del invitado es retirarse cuando aparece el primer signo de cansancio. Deben evitarse los adioses y las despedidas interminables en la entrada. No obliguemos a nuestro anfitrión a ponerse la ropa de cama para insinuarnos: "Si yo fuera el invitado, ya me habría marchado..."

QUÉ HACER	QUÉ EVITAR
Cuando invitamos	
Prever el tema de la reunión.	Conformarnos con hacer invitaciones por teléfono.
Elegir, en consecuencia, a los invitados.	Elegir un lugar inadecuado.
Enviar oportunamente invitaciones precisas.	Calcular mal la cantidad de comida y bebida necesarias.
Recibir a los invitados en forma personal.	No tomar en cuenta las afinidades de los invitados.
Hacer sentir bien a todos los participantes.	Proyectar diapositivas o películas que sólo a uno le interesan.
Cerciorarnos de que el servicio sea perfecto.	
Preparar recursos de animación si el ambiente decae.	Improvisar, en lugar de organizar.
Cuando somos invitados	
Responder.	Cancelar la asistencia en el último momento o no asistir.
Preparar un regalo u otro tipo de atención.	Olvidar los regalos.
Llegar puntualmente.	Enviar los regalos a destiempo.
Alabar la comida, pero sin exageración.	Ser informales en exceso.
Atender a nuestros vecinos de mesa.	Monopolizar la conversación.
Participar en la animación de la reunión.	Hacer comentarios irónicos, del tipo: "Deberían cambiar de carnicero."
Saber retirarnos a tiempo.	Prolongar indefinidamente las despedidas.

LA CARTA FAMILIAR

Para dar muestra de nuestro afecto o interés a alguien nos valemos de un tipo de correspondencia que no se deja atrapar por reglas rígidas: la carta familiar. Esta misiva sigue el más natural de los movimientos, el del corazón, y no necesita ningún artificio. Tanto recibirla como enviarla nos hace meditar, recordar, sentir nostalgia, reír o llorar. Quien nos viera al rostro al momento de escribir una carta personal adivinaría las emociones que experimentamos.

Pero, ¡cuidado! No es tan simple. Hoy en día no hay mucha gente que sea capaz de escribir una carta, una verdadera carta: legible, coherente, interesante y con un estilo correcto. La carta ha sido relegada a un papel marginal, detrás del teléfono o la tarjeta postal, aunque, de toda la correspondencia escrita, es la más rica, la más leída y la que se conserva por más tiempo.

DIME CÓMO ESCRIBES
Y TE DIRÉ QUIÉN ERES

Leamos y analicemos la siguiente carta, que, desde un paraíso vacacional, escribe Estela a su amiga Ana:

> Querida Ana,
>
> *Sabes cómo detesto escribir, pero lo prometido es deuda (disculpa mis faltas de ortografía). Estoy pasando unas vacaciones fantásticas con Jorge, en las Bahamas. Es maravilloso, casi increíble. El mar es cristalino, el cielo azul y la gente muy simpática; realmente es el paraíso. No tengo deceos de regresar a México, en donde tendré que encargarme de pintar el departamento y elegir tapices. ¡Que lata! Todo el día tomamos el sol. Jorge se lastimó el tobillo cuando jugaba tenis y además perdió unas gafas increíbles que le había regalado; no tiene remedio. Y en cuanto a ti, ¿cómo has pasado tus vacaciones en el campo? No creo que el clima esté muy bueno y, con los dos niños, supongo que no paraz de trabajar, pero bueno si con eso evitas pensar en él, no está tan mal. Todos tenemos nuestras pequeñas penas, te dejo porque Jorje me está llamando para ir a comer.*
>
> *Muchos besos y asta pronto.*
>
> Estela

La carta de Estela revela una personalidad egoísta y pretenciosa. Los evidentes errores de ortografía son muestra del descuido con que la remitente cumplió con el "compromiso" de escribir.

Cuando escribimos una carta familiar, no está de más, incluso en el caso de un pariente cercano, preguntarnos: ¿Por qué le escribo? ¿Cuál es mi objetivo? Si Estela se hubiera planteado estas simples preguntas, habría pensado en la suerte que tenía de pasar unas vacaciones maravillosas en un lugar privilegiado, mientras que Ana tuvo que ir sola (luego de una separación muy dolorosa), con sus hijos, al campo, a una región que no se distingue por su buen clima. El objetivo de Estela, que es su amiga, debería haber sido, evidentemente, el subirle un poco el ánimo, mostrándole de inmediato su interés y diciéndole palabras de consuelo, así como destacando los aspectos positivos del lugar al que Ana fue a vacacionar y moderando un poco la euforia que ella siente en su isla encantada. Pero la carta de Estela no tiene ningún objetivo preciso, no transmite ningún sentimiento, ninguna intención real, nada interesante.

Este antiejemplo no toma en cuenta dos principios fundamentales: la carta es una forma de presentarnos a los demás y tiene un objetivo preciso. Éste puede ser muy concreto, como felicitar a alguien, dar alguna noticia, enviar un deseo, preguntar algo; o bien, más general: dar muestras de afecto o de amistad, distraer, recordar a alguien. Generalmente, los objetivos se encuentran entremezclados.

Aun cuando no abordemos temas muy profundos o le demos un tono de plática superficial —lo cual evidentemente no está prohibido—, una carta debe al menos alcanzar su objetivo principal, que es el encuentro con otra persona en un terreno común. No olvidemos que la carta familiar debe llevar un momento de placer al que la lee. Y puede ser muy agradable; de lo contrario, la decepción será aún mayor.

Si usted es tímido o reservado, aquello que escriba transmitirá más de lo que normalmente se atreve a decir personalmente, y podrá sacar provecho de la distancia. Trate de ser fiel a su forma de ser, aunque siempre con un esfuerzo por dar una buena impresión. Su lector se sentirá decepcionado de tener entre las manos un papel atestado de faltas de estilo y ortografía, y no apreciará la lectura de un texto insípido e incoherente.

CÓMO ESCRIBIR UNA CARTA

Una carta familiar se escribe, por supuesto, a mano, y por lo general con un bolígrafo, lo que hace que su escritura revele su verdadera personalidad.

Presentación

No existen reglas precisas para una carta familiar. Basta con escribir la fecha y el lugar en la esquina superior derecha. Ésta es una regla de cortesía, a la vez que una medida práctica, pues sirve para que el destinatario pueda ubicar su carta en el tiempo y en el espacio. No se acostumbra poner el nombre del destinatario a la izquierda de la carta, como se hace en las comerciales, pero usted puede anotar el suyo en la esquina superior izquierda, así como su domicilio; tenga en cuenta que, si hace esto, la misiva parecerá más formal y menos familiar.

Encabezamiento

Lo conveniente es utilizar el encabezamiento o tratamiento de costumbre, según su fantasía o su humor: "Querido hermano", "Estimado amigo"... En ocasiones dudamos de emplear el adjetivo posesivo *mi*, *mío* ("padre mío", "señora mía", "mi amor"); es preferible no hacerlo cuando se escribe a personas mayores o a aquellas con las que no se tiene un trato íntimo.

Fórmula de despedida

Si se escribe a alguien con quien la relación es muy cercana, pero de manera formal, se deberá retomar en la fórmula de despedida el encabezamiento de la carta, y decir, por ejemplo: "Aprovecho la ocasión, querido padrino, para enviarle un afectuoso saludo", si es que empezó la carta diciendo "Querido padrino".

El encabezamiento y la despedida son, en este tipo de cartas, cuestión de intuición. (Se ofrecen algunas sugerencias en el recuadro.) Es preciso saber mostrar suficiente familiaridad y afecto a nuestros parientes y amigos cercanos, y también guardar la reserva necesaria ante quienes pertenecen a nuestro medio pero que, por motivos de edad, merecen un trato más respetuoso. Uno no se dirige de la misma manera a su madre que a su bisabuela. Por lo tanto, conviene ser cuidadosos al redactar la despedida, pues una imprudencia escrita causa más efecto que la cometida en forma oral.

ALGUNAS FÓRMULAS QUE DEBEMOS CONOCER	
ENCABEZAMIENTO	**DESPEDIDA**
DE PADRES A HIJOS	
Diminutivo habitual	Besos
"Querida María"	Te mando un beso, etc.
"Mi amada hija"	(otras variantes)
"María querida"	Abrazos
DE HIJOS A PADRES Y ABUELOS	
"Querida mamá"	Te mando un beso
"Papá querido"	Le mando un beso
"Mi querida abuela"	Con mucho cariño
"Querido abuelo"	Con todo mi amor
A LOS AMIGOS	
"Querido amigo"	Con afecto
"Querido Pablo"	Saludos
"Mi querido amigo"	Tu amigo
"Mi querido Pablo"	Tu sincero amigo
A COMPAÑEROS	Te (le) envío un afectuoso saludo
A COLEGAS	Sinceramente
A OTRAS RELACIONES	Le envío mis más cordiales saludos Reciba mis respetuosos saludos Atentamente
A COFRADES	Con un fraternal saludo

Espontaneidad

La clave del éxito de una carta familiar es la espontaneidad. Utilice el tono que emplearía en una conversación con la persona a la que escribe; así, las ideas le vendrán más naturalmente y la carta resultará más viva. La espontaneidad cumplirá mejor su cometido si va acompañada de agudeza psicológica, de cortesía y de un estilo correcto.

Estilo

La naturalidad de un escrito concebido como si estuviéramos hablando no impide buscar un estilo de escritura personal que vaya más allá de la charla superficial. Trate de usar la imaginación, el humor y, ¿por qué no?, también la poesía en sus cartas. Estela, en la carta que mostramos, no solamente no trata de tener un estilo, sino que su texto es sólo una serie de frases y lugares comunes: "el mar cristalino", "el cielo azul", la isla es "un paraíso".

No es indispensable emplear un tono compasivo al escribir a un amigo que se encuentra en dificultades, ni un lenguaje infantil cuando nos dirigimos a un niño, lo cual no

Sr. Luis Antonio Vázquez
APDO. 76-037, CP 04202
México, D. F.

MIT LUFTPOST
PAR AVION

Estimado Luis:

Aunque me han fascinado
as flores de Holanda,
extraño el radiante
sol de México.
Saludos.

Graciela

La tarjeta postal reviste una formalidad menor que la carta, pero puede despertar entusiasmo al llevar a su destinatario imágenes de lugares desconocidos.

implica falta de comprensión en el primer caso, ni de adaptación al nivel del niño, en el segundo. Haga uso de un poco de psicología.

Las reglas gramaticales se aplican a una carta familiar tanto como a cualquier otro texto. Ahí también será necesario buscar la palabra exacta y el giro apropiado para expresarnos de la manera más clara y viva posible.

El método

A primera vista, podría pensarse que la espontaneidad excluye el empleo de un método. Sin embargo, no debemos creer que la expresión surge de manera totalmente anárquica. Debemos recurrir a un mínimo de orden.

Cuando en una carta familiar buscamos un objetivo específico, es posible seguir un esquema clásico de redacción: exposición del tema, desarrollo y conclusión. Lo que aquí llamamos método es, en realidad, un hilo conductor o un procedimiento para enriquecer el texto. He aquí algunos "trucos":

❏ Si tiene dificultades para escribir, no empiece la carta explicando que no tiene nada que decir, que le cuesta trabajo expresarse, que escribe a destiempo, muy mal, etcétera. Tampoco diga que, en términos generales, detesta escribir, pues su lector tendrá la impresión de que está usted haciendo un esfuerzo sobrehumano por cumplir con una faena a la que con todo gusto renunciaría.

❏ Antes de sentarse a escribir, anote rápidamente los puntos que desea tratar, a fin de no lanzarlos en desorden sobre la hoja.

❏ El punto de partida más evidente se basa en una regla fundamental: la cortesía. Ésta le exige que piense, primero que nada, en la persona a quien escribe, y que empiece por preguntarle sobre su salud, su situación; requiere que le haga saber el gusto que le da escribirle, especialmente si usted es el primero en hacerlo.

❏ Después de ello podrá hablarle sobre usted, sin olvidar, no obstante, la presencia de esa persona.

❏ Si no le vienen ideas a la mente, coméntele simplemente lo que hace; háblele de sus proyectos, de lo que ha pensado; condimente el texto con anécdotas, agregue un poco de humor, y su carta será un éxito.

❏ Si responde a una carta, el primer paso es agradecer a la otra persona por haberle escrito y manifestarle la alegría que le dio leer su carta. La misiva recibida le servirá de guía y así la respuesta resultará más sencilla.

❏ Escriba por párrafos. Esto le permitirá, por una parte, ordenar las ideas que desarrollará y, por la otra, presentarlas de manera equilibrada y armoniosa. Las cartas de extensión mediana podrán llevar entre tres y cinco párrafos, ya sea que comprendan o no la fórmula de despedida.

CARTA DE CONDOLENCIAS

Este tipo de carta no tiene que ser larga, a menos que usted tenga una relación muy estrecha con el familiar del difunto y que por alguna causa no pueda visitarlo. Por lo general, tres o cuatro párrafos bastan. Es preciso utilizar las palabras con cuidado y usar un estilo sobrio. La carta deberá enviarse en cuanto nos enteremos de la noticia.

En el primer párrafo, expresaremos la pena que nos ha causado la noticia; en el segundo, que compartimos su dolor y le ofrecemos todo el apoyo que podamos brindarle; y en el párrafo final, le expresaremos nuestros sentimientos de afecto, los cuales le haremos saber de manera casi "maternal".

Nunca debemos ser pródigos en discursos panegíricos sobre la persona fallecida. Sólo expresaremos algunas palabras positivas y mencionaremos la amistad o el afecto que nos unía a ella.

Si es usted quien recibe la carta, deberá responder a las expresiones de afecto, aunque para ello podrá tomarse un cierto tiempo. Bastará con decir a quienes le escribieron que sus cartas, en efecto, le brindaron un gran consuelo.

BUENOS DESEOS O FELICITACIONES

En el primer párrafo expresaremos nuestra alegría, la sorpresa o el orgullo. En el segundo vendrán los buenos deseos o las felicitaciones, se puede agregar aquí el rasgo de sensibilidad o humor que dé un toque personal a su carta. En el último párrafo, es posible evocar algunas consideraciones prácticas.

Las cartas de buenos deseos o felicitación no tienen que ser respondidas con otra carta cuando quien las envía es un familiar. Esto mismo se aplica para otro tipo de cartas: de disculpa, de solicitud de un servicio, o de ciertos tipos de agradecimiento.

CARTA DE AGRADECIMIENTO

Al parecer, hoy en día nos basta con decir simplemente "adiós" y "gracias" al anfitrión, después de una buena cena o de una estancia en su casa de campo. Pero tomemos en cuenta que la gente no está obligada a invitarnos. A veces se trata de amigos cercanos que "nos la deben", pero puede ocurrir que no nos sea posible corresponder de inmediato o de la misma manera a la invitación. Es entonces preferible enviar unas palabras de agradecimiento por haber recibido una invitación, y una verdadera carta en el caso de haber pasado una temporada en casa de alguien. Esto siempre será sumamente apreciado por los anfitriones, que no dudarán en volver a recibirlo.

CARTA A LOS PADRES

No necesitamos decir a los niños lo que deben escribir a sus padres. Ellos generalmente lo saben hacer perfectamente bien, con mucha espontaneidad, humor y ternura.

En cuanto a los mayores —a quienes a veces se les seca la tinta frente al papel inmaculado, teniendo una mano sobre el teléfono mientras piensan que sería mucho más rápido hacer una llamada—, les recordaremos que lo interesante para los padres, además de una expresión de afecto, es *cuándo*, *dónde*, *por qué*, *cómo*, y después, de nuevo, *cuándo*, *dónde*, etcétera, pues lo que desean es sentirse tranquilos. Rara vez les reprocharán el contenido de la carta, pero sí se lamentarán con amargura por la falta de noticias.

Finalmente, algo que resulta muy aburrido es escribir a la anciana tía. Sea breve y sobrio; no hay que decir cualquier cosa pensando que no tiene la menor importancia. Además, si le aburre a tal grado, lo mejor es no escribir, pues no debe olvidar que usted es su carta. ¿Por qué mejor no hacer el intento de pensar en ella y esforzarnos por darle un poco de nosotros?

CARTA A UN NIÑO

No hay lector más impaciente que un niño. En ocasiones le dará más gusto recibir una carta que una llamada telefónica. El tono en que la escriba deberá ser muy vivo y

No todo el mundo posee la facultad de Ernest Hemingway de escribir en cualquier circunstancia.

aún más espontáneo que para cualquier otro tipo de carta: anécdotas cortas, relatos breves salpicados de bromas y juegos de palabras.

Los pequeños no pueden mantener por mucho tiempo la atención; entonces, ¿por qué no ilustrar la carta con elementos recortados de revistas o con dibujos? Evite, sobre todo, los prolongados discursos moralizantes; no sirven para nada y resultan muy aburridos.

TARJETA POSTAL

Existen tarjetas postales muy bellas, pero también las hay horribles o de mal gusto. La tarjeta postal sirve simplemente para decir "Pienso en ti", pero podemos hacer un esfuerzo por ir un poco más allá del "Besos de mi parte". Se debe dar a la tarjeta un mínimo de contenido, ya sea con un mensaje breve, que transmita un sentimiento de amistad, o con un pensamiento, o con ambos elementos.

Un último consejo: aunque no sea sino una simple tarjeta postal, envíela dentro de un sobre; así tendrá más espacio para escribir y sí llegará antes que usted.

LA CARTA DE AMOR

Escribir cartas de amor es un arte muy difícil, pues se debe expresar ese sentimiento eterno pero sin caer en la repetición, en el lugar común, en la redundancia o en el esteticismo artificial. No podemos, evidentemente, dar recetas en este campo de la espontaneidad pura, sólo mostrar a través de la literatura algunas etapas de la vida amorosa.

La carta de amor es un modo de expresión que en otra época floreció al punto de crear un género literario; a veces tenía la forma de un mensaje transmitido de prisa y en secreto por una sirvienta. Sin duda, tiende a desaparecer, pero subsiste la necesidad de escribirla.

Muchos grandes personajes de la historia y de la literatura han sucumbido ante la ausencia del ser amado y la urgencia de escribir lo que sentían para comunicárselo. Algunas obras literarias se nutrieron con la correspondencia de sus personajes: *Relaciones peligrosas* (1728), de Pierre Choderlos de Laclos; *Los sufrimientos del joven Werther* (1774), de Goethe. Y ciertas cartas, ficticias o reales, constituyen también verdaderas obras literarias: las *Cartas portuguesas* (1669) atribuidas a una religiosa portuguesa, pero cuyo autor aún es prácticamente desconocido; así como las de Antonieta Rivas Mercado (actriz mexicana, escritora y productora de teatro de principios del siglo xx), y todas esas otras escritas por autores que justifican el haber sido

publicadas, como las de George Sand a Federico Chopin, de Franz Kafka a Milena, de Bolívar a Manuela Sáenz (su eterna amante, casada con otro):

> Mi bella y buena Manuela:
> Cada momento estoy pensando en ti y en el destino que te ha tocado. Yo veo que nada en el mundo puede unirnos bajo los auspicios de la inocencia y del honor. Lo veo bien, y gimo de tan horrible situación por ti; porque te debes reconciliar con quien no amabas; y yo porque debo separarme de quien idolatro!!!! Sí, te idolatro hoy más que nunca jamás. Al arrancarme de tu amor y de tu posesión se me ha multiplicado el sentimiento de todos los encantos de tu alma y de tu corazón divino, de ese corazón sin modelo.
> Cuando tú eras mía yo te amaba más por tu genio encantador que por tus atractivos deliciosos. Pero ahora ya me parece que una eternidad nos separa porque mi propia determinación me ha puesto en el tormento de arrancarme de tu amor, y tu corazón justo nos separa de nosotros mismos, puesto que nos arrancamos el alma que nos daba la existencia, dándonos el placer de vivir. En lo futuro tú estarás sola aunque al lado de tu marido. Yo estaré solo en medio del mundo. Solo la gloria de habernos vencido será nuestro consuelo. El deber nos dice que ya no somos más culpables!! No, no lo seremos más.

El autor expresa el vacío que siente todo amante ante la ausencia del ser amado, y el deseo de dar eternidad al lazo amoroso. Son éstos dos aspectos esenciales de la carta de amor: la ausencia del ser amado y la eternidad del lazo.

A aquel o aquella que apenas conocemos, le podemos escribir para decirle, a la vez, la alegría que sentimos con el primer encuentro, la excesiva brevedad del placer experimentado en ese momento, y el deseo de volver a verlo o verla. Pero por ahora sólo existe un sentimiento de ternura, que tal vez se transforme en lo que se suele llamar amor.

¡Ay! ¡Cuántas cosas tengo que contarle!
Algo que caracteriza al texto amoroso es la urgencia y la abundancia de lo que se quiere decir, y la incapacidad para hacerlo. La religiosa portuguesa termina su tercera carta lamentándose: "¡Ay! ¡Cuántas cosas tengo que contarle!" Es preciso, así, hallar las palabras que expresen lo esencial, en cada etapa del discurso amoroso.

Diderot, mientras escribía en la penumbra a Sophie Volland, dice con malicia: "No dejo de hablar, sin saber si estoy formando letras. Ahí, donde no haya nada, lea que la amo", lo cual es una manera hábil de superar la dificultad y escapar a las trampas de las palabras.

En los textos, la expresión del sentimiento es más fuerte cuando éste acaba de nacer. Generalmente se traduce por un lenguaje creativo, a veces estético y, en todo caso, impulsivo. Pero el problema radica en volcar toda esa

El estilo romántico tiene sus adeptos, aun cuando la pluma de ganso y la abundancia de flores nos hablen de épocas ya pasadas. Lo que ocurre es que la inspiración no tiene edad.

vehemente verbalización en una hoja, sin que el contacto con ella le reste fuerza.

En la etapa de la declaración, el mensaje no tiene que preocuparse por consideraciones paralelas o secundarias. Todo se resume en las palabras: "Te amo." El inconveniente es que, después de esto, se corre el riesgo de caer en lo repetitivo y de que esos "Te amo" degeneren en una proliferación maligna. A ello se añade el peligro de un empleo excesivo de metáforas, más o menos afortunadas, que consisten en comparar al ser amado con toda suerte de objetos, de especie y género diferentes.

El lento desarrollo del sentimiento es más sutil que la carga amorosa o que la declaración apasionada. Existen otras formas, que no consisten precisamente en proclamar a gritos el amor.

Léase, por ejemplo, lo que el escritor austriaco Rainer Maria Rilke escribió:

Cuánto me alegra haberla encontrado, tan bella y admirable como es usted. Me embeleso ante su belleza como un niño al que le narran una bella historia...

A partir de entonces, pienso que siempre soñé con el momento en que la vi por vez primera y me dije: "¡Pero si es ella, es Mimí!" Porque yo la amo desde siempre. Pero la amaré aún más después de haberla conocido.

La verdad del sentimiento exige que uno se deje descubrir ante el otro por medio de cartas que digan todo, pero sin declaraciones estruendosas. Eso encontramos en el poeta español Gustavo Adolfo Bécquer, quien, sin pronunciar la palabra "amor", expresa la importancia de ese sentimiento:

Cartas literarias a una mujer

En una ocasión me preguntaste: ¿Qué es la poesía?

¿Te acuerdas? No sé a qué propósito había yo hablado algunos momentos antes de mi pasión por ella.

¿Qué es la poesía?, me dijiste; y yo, que no soy muy fuerte en esto de las definiciones, te respondí titubeando: la poesía es... es... y sin concluir la frase buscaba inútilmente en mi memoria un término de comparación, que no acertaba a encontrar.

Tú habías adelantado un poco la cabeza para escuchar mejor mis palabras, los negros rizos de tus cabellos, esos cabellos que tan bien saben dejar a su antojo sombrear tu frente con un abandono tan artístico, pendían de tu sien y bajaban rozando tu mejilla hasta descansar en tu seno; en tus pupilas, húmedas y azules como el cielo de la noche, brillaba un punto de luz, y tus labios se entreabrían ligeramente al impulso de una respiración perfumada y suave.

85

Mis ojos, que, a efecto sin duda de la turbación que experimentaba, habían errado un instante sin fijarse en ningún sitio, se volvieron instintivamente hacia los tuyos, y exclamé al fin: ¡la poesía... la poesía eres tú!

[...]

La poesía eres tú, te he dicho, porque la poesía es el sentimiento, y el sentimiento es la mujer.

La poesía eres tú, porque esa vaga aspiración a lo bello que la caracteriza, y que es una facultad de la inteligencia en el hombre, en ti pudiera decirse que es un instinto.

La poesía eres tú, porque el sentimiento, que en nosotros es un fenómeno accidental, y pasa como una ráfaga de aire, se halla tan íntimamente unido a tu organización especial que constituye una parte de ti misma.

Últimamente, la poesía eres tú, porque tú eres el foco de donde parten sus rayos. [...]

Él es de los pocos para quienes el amor no se halla en las palabras sino en la vida, y para quienes éste se enriquece y construye con el tiempo. Su correspondencia, ahora publicada, prueba que las cartas de amor pueden, aún en nuestra época, expresar un sentimiento rico y genuino. Esto contradice lo que en ocasiones se afirma sobre la pobreza del contenido de este tipo de expresión. Las cartas que usted escriba tendrán siempre la fuerza del sentimiento que las inspiró.

Trampas de las palabras

Existe el grave riesgo de que las palabras no cumplan su misión, a saber, la de transmitir la verdad expresiva del sentimiento. Rilke expresó ese miedo a las palabras:

Da miedo pensar en todas las cosas que se hacen y se deshacen con palabras. Ellas se hallan tan lejos de nosotros, encerradas en el eterno más o menos de su existencia secundaria, indiferentes a nuestras urgentes necesidades; se alejan en el momento en que las atrapamos; tienen su vida propia, y nosotros, la nuestra. Y siento esto en forma más lacerante que nunca, ahora que le escribo.

Las palabras son débiles para expresar la verdad y traidoras al describir equívocamente el amor. He ahí una terrible advertencia que deben recordar los autores de cartas de amor, porque las palabras saben a veces decir lo que al corazón le resulta imposible sentir, basta con saber leer. Esta advertencia debería invitar a los falsos enamorados a evitar hablar sobre lo que no es sino producto de su exaltación narcisista.

La ausencia

El tema por excelencia en la carta de amor es la ausencia, la circunstancia ideal para escribir, pues el poder de la imaginación está en su cúspide. Cuando la ausencia dura poco, la conciencia amorosa se torna nostálgica, y es

La carta de puño y letra puede no ser muy legible, pero transmite una calidez que conmueve al lector.

entonces cuando la expresión epistolar resulta más significativa, en virtud de que la carta exige una respuesta. He aquí una muestra elocuente de la nostalgia de José Martí, en esta carta en la que contrasta la parafernalia de un ejército con el retrato de su amada:

¡Ah, María, si me vieras por esos caminos, contento y pensando en ti, con un cariño más suave que nunca, queriendo coger para ti, sin correo con que mandártelas, estas flores de estrella, moradas y blancas, que crecen aquí en el monte!

Voy bien cargado, mi María, con mi rifle al hombro, mi machete y revólver a la cintura, a un hombro una cartera de cien cápsulas, al otro en un gran tubo, los mapas de Cuba, y a la espalda mi mochila, con sus dos arrobas de medicina y ropa y hamaca y frazada y libros, y al pecho tu retrato.

Pero suele ocurrir que quienes alguna vez se amaron, después mantengan una especie de correspondencia como la que Víctor Hugo imagina en *Ruy Blas*. Estando de cacería, el rey de España escribe a la duquesa de Alburquerque:

Señora, hace mucho viento y maté seis lobos.
Firma, Carlos.

LA CARTA DE RECLAMACIÓN

El consumidor de un producto, el usuario de un servicio o el beneficiario de un derecho, en ocasiones se enfrentan a la negligencia, la incompetencia e, incluso, la deshonestidad. Muchas dificultades suelen resolverse entre las personas sensatas, sin necesidad de un escrito. Pero, una vez que una discusión se envenena y se definen posturas irreconciliables, lo único que resta es recurrir a escritos, a los que a veces sigue un litigio. No muchas personas son verdaderamente capaces de reclamar sus derechos y expresar sus quejas en una simple carta. Pocas lo hacen; la gente prefiere, por lo general, resignarse.

El propósito de este capítulo es examinar la manera de resolver una diferencia, en un contexto amigable, aunque exponiendo los elementos necesarios que pudieran servir como prueba, en caso de una acción legal, dado que estas vías no son excluyentes.

La carta que presentamos a continuación explica lo ocurrido a un cliente de una agencia de automóviles, que sufre un percance en la carretera debido a los defectos de fabricación del motor.

México, D.F., 10 de enero de 1994

Agencia Casas, S.A.
Calle Puebla núm. 10
Col. Roma
México, D.F.

Señor Raúl Casas

Asunto: Reclamación relativa al cambio de motor de un automóvil Volkswagen, modelo 1994.
Factura núm. 16824, del 7 de enero de 1994.

Señor Casas:

En su agencia adquirí un automóvil Volkswagen, modelo 1994, el 4 de diciembre de 1993. Recogí mi auto el 7 de enero de 1994, luego de pagar la suma de N$ 25,000.00 (veinticinco mil nuevos pesos 00/100 M.N.), que señalaba la factura.

El 8 de enero de 1994, dicho automóvil se averió a 50 km de la Ciudad de México, sobre la carretera a Cuernavaca. Llamé a la agencia, y el empleado que se hallaba en la recepción a las 14:00 horas me dijo que no podía recibir el coche y que yo debería hacer una cita para el 28 de enero, primera fecha disponible. Además, y en respuesta a mis quejas, me aseguró que yo debería pagar la reparación. Al día siguiente, cuando hablé a sus oficinas, recibí la misma respuesta. Por tal motivo me veo obligado a escribirle, a fin de que se me dé una cita de inmediato y se proceda, sin demora y a cargo de su agencia, a reparar adecuadamente el vehículo, con la instalación de un motor nuevo.

Debo destacar que me sorprendió mucho la actitud de su empleado, dado que a mí se me había garantizado plena y legalmente que le harían cualquier reparación a mi automóvil si tenía fallas de fabricación. La magnitud y la naturaleza de la avería exigen su inmediata intervención.

Finalmente, me permito recordarle que he comprado dos vehículos en su agencia y que ahí me han hecho siempre todas las reparaciones y revisiones. Por ello, me sorprendió y molestó muchísimo el trato casi grosero que recibí y el cual me parece inusual en la red de concesionarias Volkswagen, que se preocupa por mantener el prestigio de la marca.

Subrayo la urgencia de esta reparación, pues dicho auto es el que empleo para mis actividades profesionales, y el hecho de que no funcione, lo cual es responsabilidad suya, me perjudica enormemente. Me pondré en contacto con usted por vía telefónica en cuanto reciba usted la presente, con la certeza de que este asunto se resolverá en un plazo breve. Queda entendido que, si no recibo los servicios inmediatos a los que tengo derecho, no me quedará más remedio que acudir a otras instancias.

Atentamente,

LA COMUNICACIÓN Y LA VIDA PRIVADA

Con una carta como ésta, su reclamación tiene todas las probabilidades de ser atendida, pues respeta las reglas que a continuación mencionamos. O, en caso contrario, constituirá una prueba muy útil en su expediente.

DATOS QUE SE DEBEN PRECISAR

Antes de dar rienda suelta a su ira —lo que es preferible evitar—, empiece por reunir todos los datos necesarios a fin de que la respuesta no se demore y de que no falte algo que pueda provocar una contestación lacónica en la cual se afirme, por ejemplo, que no fue posible hallar su expediente. Según la institución de la que se trate, indique claramente toda referencia útil:

— Banco: código del banco, número de cuenta, número de cheque, importe, fecha.

— Gobierno: su registro del seguro social, registro de empleado o patrón, folio y fecha de la notificación.

— Seguros: número de póliza, registro de cliente, número de la factura.

— Teléfono: su número telefónico.

— Club: número de la credencial de membresía, año de inscripción.

— Auto: número de placa del vehículo, marca, modelo, número de serie, etcétera.

En ciertos casos, será conveniente agregar, al número que haya mencionado usted, la naturaleza de la institución o el domicilio del lugar en el que trabaja.

Si ya inició algún trámite, tal vez le hayan asignado un número a su expediente; anótelo en su envío, junto con los nombres de las personas responsables del documento.

Cuando se trata de un producto, los datos necesarios podrían ser los siguientes:

— Referencia del modelo (ejemplo: modelo XY).

— Número de serie o característica.

— Nombre y domicilio del vendedor.

— Número de garantía.

— Folio y fecha de la factura o de la compra.

Si tiene dudas, anote todos los datos. También puede fotocopiar los documentos y anexarlos a la carta, pero siempre es preferible que las referencias aparezcan, además, directamente en la carta.

Cuando responda una carta, indique el nombre y el cargo del destinatario: "Señor X, Director del Servicio de Mantenimiento", o "Señor Y, Jefe del Departamento de ..."

También será muy útil que mencione la fecha de la carta a la que responde.

Luego de haber dado todas las referencias, indique el asunto de la carta, siempre que éste sea preciso.

Por ejemplo:

Accidente del 6 de marzo de 1994. Obras de electrificación en la calle Aristóteles núm. 14, Colonia San Ángel.

Si tiene dudas, es mejor que no ponga nada, pues corre el riesgo de que su carta tome una dirección equivocada.

Pero, volvamos a nuestro ejemplo. Se trataba de escribirle a un importante concesionario de la Volkswagen. Es probable que la agencia encuentre sin dificultad la factura de la venta; pero, para que todo esté en su favor y el proceso se acelere, conviene indicar como referencia la fecha de la compra, el folio de la factura y como asunto: Reclamación relativa a la compra de un automóvil Volkswagen, modelo 1994, factura núm. 16824, del 7 de enero de 1994.

¿A QUIÉN DIRIGIRSE?

En este caso, conviene escribirle directamente a un empleado que tenga mayor jerarquía que quien lo atendió por primera vez; si sabe cómo se llama, es mejor. En tal caso, indique: "Señor Raúl Casas."

Es muy importante saber el nombre de la persona a quien se dirige una reclamación. La gente se vuelve más circunspecta y consciente de sus responsabilidades cuando sale del anonimato de su función.

La ira y la irritación no sirven de nada. Se deben observar dos reglas fundamentales: apegarse estrictamente a los hechos y establecer los fundamentos correctos de su reclamación. Ello constituye, a la vez, un método de reflexión y una forma de exposición.

Antes que nada, lo que diga, incluso los detalles, deben ser irrefutables, y una exposición objetiva de los hechos le servirá para ello. Veamos otro ejemplo: después de escuchar con atención las explicaciones del vendedor de lavadoras, usted leyó el instructivo; luego, utilizó el aparato de acuerdo con el uso al que fue destinado, es decir, que tuvo cuidado de no echarle canicas; utilizó el voltaje adecuado para el aparato y se cercioró de que no hubiera variaciones fuertes de corriente en la casa.

Así, no hay nada que reprocharle, por lo que ahora puede redactar su carta de reclamación, con palabras firmes pero corteses. Los desperfectos que afectan nuestra vida cotidiana no convierten en incapaces o ladrones a quienes, al parecer, son responsables. Modere, entonces, su ira.

EXPOSICIÓN DE LOS HECHOS

Los hechos son inalterables. Usted no los puede cambiar. Empiece por describirlos con exactitud rigurosa. Habrá ganado un punto si su interlocutor se ve en la imposibilidad de refutarlos.

Expóngalos de manera breve y precisa, sin agregar lances apasionados del tipo: "Podrá usted imaginar mi furia cuando vi que...", o bien: "Con estupor comprobé que..." Es posible expresar nuestro enojo, pero sin que cause risa, pues ello nos llevaría a perder la partida.

Tampoco es necesario "rellenar" el texto con una infinidad de detalles que no tienen relación con la queja, o con impresiones o estados de ánimo. El hecho de que lloviera el día de la avería, que su tía estuviera enferma y que usted fuera a recoger a su hijo a la escuela porque tenía varicela,

Una reclamación puede requerir firmeza, pero nunca hay que dejarse llevar por la cólera. Al redactar claramente el documento, debemos mostrar nuestra resolución, pero sin lanzar amenazas en todas direcciones.

no añadirán nada a su reclamación sino, por el contrario, la debilitarán. En el ejemplo que dimos, los hechos son precisos y responden a las preguntas: ¿dónde? ¿cuándo? y ¿cómo? En su carta, usted no tiene que responder por qué, dado que no es un especialista. De hecho, conviene abstenerse de hacer uno mismo el diagnóstico, pues esto podría acarrearle la ironía del especialista. Evite debilitar su posición; no dé explicaciones a menos que, por ejemplo, haya sido plomero durante diez años y conozca perfectamente la causa de la avería de su calentador de agua.

JUSTIFICACIÓN PLENA DE SU RECLAMACIÓN

Luego de haber establecido los hechos, será necesario exponer lo que justifica plenamente su queja. En el ejemplo, la reclamación es doble: desea que le den una cita en fecha próxima y, sobre todo, exige que la reparación no sea a su cargo.

Suele ocurrir que un motor salga defectuoso, pero lo verdaderamente inadmisible es que se pretenda, por una parte, que usted aguarde durante un mes y, por la otra, que pague lo que legalmente no le corresponde.

Respecto al primer punto, es importante destacar la urgencia de la situación, mencionando que utiliza el auto para su trabajo; la agencia comprenderá que si no atiende pronto el asunto, corre el riesgo de que se le haga responsable de las consecuencias.

La segunda queja está bien fundada: todo comprador tiene derecho, cuando menos, a la garantía legal por defectos ocultos del objeto. Recordemos que el fundamento de una reclamación se basa siempre en una justificación legal. En efecto, su reclamación se debilitará si lo que usted pretende es exigir que se ejecute una obligación a la que no tiene derecho. En caso de duda, confórmese con apelar al sentido común, a la lógica o al carácter normal y justo de su petición.

En nuestro ejemplo, usted sabe que la agencia le debe por ley la garantía, y la agencia también lo sabe. Así, la reclamación se desprende naturalmente de la exposición exacta de los hechos. Ahora, es necesario saber qué podemos reclamar. En este caso, se pide que el motor sea

---

La garantía: lo que debemos saber

Cuando le den una garantía, hágase las siguientes preguntas y consideraciones:

● ¿El producto está descrito en detalle, con sus números de serie y modelo?

● ¿La garantía cubre todo el artículo o sólo ciertas piezas?

● ¿La garantía cubre tanto las piezas como la mano de obra?

● ¿La responsabilidad del fabricante o del vendedor está limitada? ¿Contra qué lo protege?

● ¿La garantía es transmisible si se revendiera el producto?

● ¿Qué debe hacer el comprador para poder gozar de la garantía?

● ¿Quién es responsable de la garantía, el fabricante o el vendedor?

● ¿Existe un servicio local para las reparaciones y el mantenimiento?

● ¿Cuándo empieza la vigencia de la garantía? ¿Cuánto dura?

● El aparato garantizado se descompone. El vendedor y el fabricante se "pasan la pelota" y se hacen de oídos sordos. No abandone la partida: lleve su queja a la Procuraduría Federal del Consumidor. Será necesario que proporcione los siguientes datos: su nombre y su domicilio, una descripción del bien o del servicio objeto de la reclamación, una carta en la que se relaten los hechos, el nombre y el domicilio del proveedor, y una copia del comprobante de la operación. Las denuncias generalmente son individuales, pero también pueden ser presentadas por los comités de defensa y protección de consumidores, caso en el que las denuncias son de carácter colectivo.

---

reemplazado o que se repare si no está totalmente defectuoso. Pero, según las circunstancias, también podría solicitar que el contrato se rescindiera, que se le redujera el precio, que se le pagaran daños y perjuicios, etcétera.

RAPIDEZ DE ACCIÓN

En el ejemplo que dimos y en el supuesto de que no tuviera éxito, es obvio que se deberá actuar con mucha rapidez. Incluso en situaciones menos urgentes, conviene actuar lo más pronto posible; con toda seguridad las reclamaciones tardías serán atendidas tardíamente.

FIRMEZA DEL TONO

Debe evitar que sus argumentos y sus datos puedan ser interpretados como un signo de debilidad o duda. Es preciso que el destinatario sepa que usted está decidido a llegar hasta el final. La carta que presentamos está muy bien, pero sería conveniente ir más allá e insinuar lo que se haría en caso de negativa.

Usted dice que le sorprendió el comportamiento del concesionario, en comparación con el de los otros, con lo cual da a entender cuánto puede afectar eso a la marca. Es una forma de advertir al agente que, en caso necesario, usted informará directamente al fabricante. Sin duda, ese agente le responderá que no le importa, pero tal vez, al momento de renovar la concesión, la empresa Volkswagen tome en cuenta las quejas y cambie de concesionario.

En la primera carta, lo único que se pretende es hacer saber lo que se exige y que se sepa que uno está informado. No está por demás advertir a su destinatario sobre las medidas concretas que podría usted tomar, entre las que estaría el comunicarse con ciertas instituciones, como la Procuraduría Federal del Consumidor. El mencionar las instancias a las que podría acudir no deberá interpretarse como un chantaje o una amenaza de delación, y debe exponerse como un derecho que usted podría ejercer si su problema no despierta el interés y la atención que merece. Tampoco se trata de enunciar todas las instituciones del gobierno para asustar al proveedor; si usted menciona secretarías o ministerios que no tengan relación con el problema, perderá credibilidad. Olvídese también de las amenazas en las que salgan a relucir sus influencias; la fórmula de "Yo tengo un amigo que trabaja en la policía" no funciona.

REQUERIMIENTO

Su carta estuvo perfecta, pero han pasado ocho días y aún no le "honran" con una respuesta. Habló por teléfono y lo pasaron de una a otra persona. Cuando ya creía tener al responsable, éste hablaba en ese momento por la otra línea; cuando volvió a llamar, acababa de entrar en una junta. Y el lunes 17, a primera hora, le dijeron que había sido transferido a provincia.

Es el momento de acudir a una instancia superior. Si de pronto se enfrenta a la abulia o a la mala voluntad de un empleado, puede enviar una copia de su primera carta a la dirección de la empresa (al propietario, presidente o director general), con la nota: "personal y confidencial", para que tenga alguna posibilidad de llegar a su destino. Al mismo tiempo, mantendrá la iniciativa y el ritmo de la reclamación, anexándole la siguiente carta, certificada y con acuse de recibo:

México, D.F., 19 de enero de 1994

Requerimiento
Correo certificado

Señor Casas:

Dado que aún no he tenido respuesta a la carta de reclamación que les envié el 10 de enero de 1994 (de la cual anexo copia fotostática), le informo que confirmo y mantengo mi reclamación y le pido que me responda a vuelta de correo.

En aplicación de mis derechos, me veo obligado por la presente a requerirle de manera formal que se ejecuten las obligaciones que me son debidas. (Explicar en qué consiste la obligación. En caso de que no tenga éxito, esta carta podrá llevarse ante el juzgado.)

Nuevamente, le reitero mi interés en que este asunto se resuelva en términos cordiales.

Atentamente,

Con esta carta, usted habrá dado un paso muy importante: en la primera, exponía su problema y buscaba una solución; en la segunda, da testimonio de la ausencia de respuesta (o de la negativa a acceder a su petición) y exige sus derechos con una fecha fija. El requerimiento representa el punto de partida para exigir que se le paguen intereses moratorios y compensatorios, o para transferir los riesgos de pérdida a cargo de quien está en posesión de algo. Es conveniente que la leyenda "requerimiento" aparezca al principio de la carta.

Si, después de este paso, su petición aún no es atendida, lo siguiente será entrar en el campo de lo judicial, en cuyo caso es mejor consultar con un abogado respecto a la conveniencia de iniciar un proceso legal o de acudir a ciertos organismos de protección.

RECLAMACIÓN ANTE EL GOBIERNO O INSTITUCIONES DE SERVICIOS PÚBLICOS

Ésta es una empresa frecuentemente delicada y, casi siempre, muy prolongada. Los gobiernos y las instituciones de servicios públicos actúan dentro de un marco de leyes, reglamentos y lineamientos internos que el ciuda-

dano desconoce. Ciertamente, usted tiene derecho a conocerlos, pero recabar todos los elementos del marco en el que se inscribe su reclamación puede exigirle mucha paciencia y tenacidad.

Muchos organismos públicos cuentan con un servicio de relaciones con los ciudadanos, cuya función es, precisamente, orientarlo respecto a esos trámites. Haga gala de tacto y diplomacia en su petición. Pida que le expliquen toda negativa o rechazo y no actúe como si supiera de antemano que su interlocutor le tiene mala voluntad por ser usted un ciudadano o usuario de un servicio público.

Si todos sus avances son infructuosos y tiene usted una verdadera reclamación que hacer, fundada en derecho, póngase en contacto con un abogado o con el *ombudsman*, especie de procurador de justicia intermediario entre el gobierno y el pueblo, que tiene carácter autónomo aunque es designado por el gobierno.

En la Ciudad de México existe un *ombudsman*, el titular de la Procuraduría Social del Distrito Federal, institución que se encarga de defender a los ciudadanos en caso de abuso por parte de la autoridad pública en esta entidad. A diferencia de la Comisión de Derechos Humanos, que conoce de las violaciones de carácter penal en todo el país, la Procuraduría Social capta inconformidades acerca de actos de gobierno de la Ciudad de México y de sus 16 delegaciones, relacionados con asuntos como el transporte y la vialidad, entre otros. Brinda también asesoría jurídica y administrativa, y auxilia a los propietarios de edificios en condominio para que conozcan sus derechos y sus obligaciones.

Avance de la reclamación	
PRIMERA CARTA	
Petición amable	Hechos
Formato simple	Reclamación
Estilo firme y educado	Buenos fundamentos
Plazo: entre 8 y 15 días	
SEGUNDA CARTA	
Certificada y con acuse de recibo	Recordatorio y copia de la primera carta
Estilo cortante	Requerimiento
TERCERA CARTA	
En caso necesario, instancia superior	Crítica de los hechos
Copia de los antecedentes	Confirmación de la justificación de la queja

LAS FICHAS

La ficha, relacionada con la práctica intelectual, es una hoja de papel o de cartón delgado que se utiliza para tomar notas y registrar indicaciones relativas a una idea, persona u objeto, y que se clasifica junto con otros documentos del mismo formato en un fichero. Es mucho más práctico consultar una ficha que un cuaderno o un libro, puesto que en ella sólo se trata un tema a la vez, el cual se encuentra sintetizado.

La ficha sobre la que se registra un dato se emplea con fines de seguridad. La de documentación (bibliográfica, médica) posee, además, virtudes pedagógicas. Existen las fichas que nos señalan (como la policial) y las que hacemos por iniciativa propia; las fichas analíticas y las de síntesis; las que constituyen una pieza de un expediente y las que, por su formato, deben ir en un fichero. Presentaremos un bosquejo de esta diversidad mediante ejemplos concretos. Pero, antes, recordemos algunos conceptos generales y de sentido común.

LLENADO DE UNA FICHA
Una ficha, cualquiera que sea, debe ser legible. Se recomienda el uso de la máquina de escribir; si no cuenta con una, cuando menos escriba los nombres propios con letra como la de imprenta o con mayúsculas.

ORGANIZACIÓN DE LAS FICHAS
A diferencia del resumen, la función esencial de la ficha es servir de recordatorio. Así, su presentación responderá a criterios de eficacia y comprensión inmediata, resultado de una metodología muy estricta.

Debe incluir los siguientes datos:
— Título y designación del tema tratado.
— Información (administrativa, histórica, técnica, literaria, científica).
— Tema y subtemas.
— Personajes que participan.
— Hechos y testimonios.

Además, podrá añadirse una opinión personal, con frases breves. La redacción dependerá de la forma de la ficha, pero en cualquier caso será clara y no tendrá ornamentos estilísticos, sin que esto signifique descuido.

Recordemos que cada tipo de mensaje tiene su particularidad. El telegrama emplea un lenguaje codificado que se llama, precisamente, estilo telegráfico. Los anuncios de los periódicos reducen el texto a una especie de esqueleto. La ficha no autoriza ninguna licencia de ese tipo.

CLASIFICACIÓN DE LAS FICHAS
Una ficha, herramienta de uso esporádico y puntual, sólo tiene valor si se halla correctamente clasificada y se puede consultar en el momento en que se necesite. Existe mucha libertad y una amplia gama de posibilidades en este campo. Para uso individual, bastará con fichas simples, colocadas una detrás de la otra, o fichas con bordes visibles que permitan clasificar la información.

TIPOS DE FICHAS
De documentación. Bibliográficas, de trabajo (temáticas o de contenido), de documentación, de administración; directorios.
De uso profesional. Analíticas de los expedientes, de contratación y otros datos del personal, comerciales (clientes y proveedores).
Técnicas. Contables, perforadas, microfichas.
Legales. De hotel, de policía, de embarque (en los aeropuertos).
Bancos de datos. Ficheros computarizados.

Fichas de documentación
Bibliográficas: Son útiles cuando realizamos un trabajo de investigación, pues nos permiten tener a la mano los datos de los libros que podremos consultar en el proceso de acopio de la información y durante la redacción. La ficha bibliográfica es una tarjeta de cartulina, de 7.5 x 12 cm, en la que se asientan los siguientes datos básicos: nombres de los autores, título y subtítulo (subrayados), número de edición (a partir de la segunda), nombre de la editorial que lo publicó, ciudad, año de publicación y número de páginas.

Hawkes, N.   Maravillas del hombre

Hawkes, Nigel. Maravillas del hombre. Obras maestras de la construcción. Trad. del inglés por Lorena Murillo y Alfredo Boyd. Reader's Digest México. México, D.F. 1993. 240 págs.

Ejemplo sencillo de una ficha bibliográfica. Los datos de la parte superior pueden omitirse.

En nuestra búsqueda de información, y antes de ser ingeridas por las computadoras, las fichas han formado parte de nuestra vida diaria, ya se trate de buscar un libro en la biblioteca o de ser identificados por una institución.

En algunos casos se dispone de otros datos, como el nombre del compilador, el del prologuista, el del traductor, el de la colección o serie, y el número de volúmenes de que consta la obra.

De trabajo (también llamadas *fichas de contenido o temáticas*): Una vez que hayamos elaborado nuestra lista de fuentes bibliográficas, procederemos a la recolección de datos en tarjetas de cartulina de 12.5 x 20 cm. Leeremos todos los libros con el fin de comprender el tema y seleccionar la información que nos parezca medular para incorporarla en las fichas. La información que aquí se vierta nos guiará en la preparación de exámenes, de conferencias y de trabajos de investigación. Sería muy poco útil y práctico llevar todos los libros que hemos consultado a dondequiera que hablemos de un determinado tema, y como tampoco es recomendable leer lo que expondremos, la ficha de trabajo nos marcará pautas y ayudará a nuestra memoria con citas textuales, tablas de datos, ejemplos, diagramas y cualquier otro material de apoyo.

Cada ficha es independiente de las otras. Esto significa que el tratamiento de un tema no concluirá en una tarjeta distinta de aquella en la cual inicia; acaso continuaremos al reverso. Una ficha de trabajo contiene tres elementos esenciales:

Los encabezados. Son palabras que ubican el contenido en dos o tres categorías, en orden descendente, que sirven para la clasificación de la ficha. Aparecen en la parte superior izquierda de la tarjeta.

El contenido. Es la información que hemos tomado de la fuente bibliográfica. Puede constar de una cita textual, de un resumen, de un comentario personal o de una combinación de estos elementos, y ocupa la parte central de la tarjeta.

La referencia bibliográfica. Es la serie de datos que identifican a la fuente (libro) de la cual se tomó la información. Como ya tenemos las fichas bibliográficas con los datos completos, bastará con anotar el nombre del autor —abreviado—, el título de la obra y las páginas consultadas. Aparece en la parte inferior derecha de la tarjeta.

Ficheros computarizados

En lo que respecta a nuestra vida personal, es indudable que la ficha manuscrita o mecanografiada sigue siendo el procedimiento más frecuentemente utilizado; aquí, las

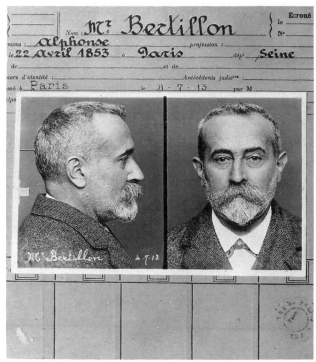

Ficha de quien puso a los criminales en fichas, al crear, en 1879, la antropometría: Alphonse Bertillon, jefe del Servicio de Identificación Judicial de la Prefectura de Policía de París.

fichas se clasifican por orden alfabético o cronológico, por temas, autores, países...

Pero las largas y tediosas búsquedas en archivos polvosos han terminado. Ahora basta con apretar unas cuantas teclas para que aparezca el dato que requerimos. No obstante, como todo progreso de importancia, éste también suscita algunas críticas y dudas, debido, cuando menos, a tres causas: **1.** Este sistema de clasificación cuesta mucho y supone inversiones que sólo las empresas, y no los particulares, pueden hacer; **2.** Debe tenerse cuidado con las simplificaciones excesivas y la atrofia de la memoria; **3.** Los ficheros computarizados contienen información acerca del estado civil, las finanzas, la policía y la seguridad social, y pueden comunicarse entre ellos, lo cual presenta peligros para las libertades individuales.

QUÉ HACER	QUÉ EVITAR
Precisar el sentido de cada palabra.	Leer sin memorizar.
Hacer fichas de trabajo y documentación.	Hacer fichas tachadas y confusas.
Redactar la ficha con claridad, precisión y legibilidad.	No dedicar tiempo a nuestra documentación.
Clasificar la ficha; de lo contrario, no sirve.	No clasificar siempre las fichas en el mismo orden.

HISTORIA
INGENIERIA
CONSTRUCCION

Las construcciones más admirables del mundo, como el Canal de Panamá, el Palacio del Vaticano, las esculturas del monte Rushmore y la Gran Muralla China, tienen en común la característica de ser logros humanos grandiosos y únicos, que ponen de manifiesto la megalomanía que impulsa a los grandes constructores.

Todos los pueblos del mundo han experimentado el ansia de crear algo excepcional y memorable, que deje huella. Y esto ha ocurrido en todos los periodos de la humanidad: desde la prehistoria hasta nuestros días. Megalomanía y deseo de dejar huella en el mundo son la motivación de la magnificencia de las llamadas "maravillas del mundo".

Hawkes, N., Maravillas del hombre, pág. 7.

Ficha de trabajo de resumen. La información se ha consignado respetando el contenido original de la fuente, pero sin hacer una copia textual.

LA CONSIGNA

La consigna es una instrucción que da una autoridad. Generalmente es breve y, por naturaleza, conminatoria. Sin embargo, por extensión, con frecuencia se presenta como un recordatorio, que se refleja en la señalización de las carreteras o de espacios cerrados (bodegas, talleres, etcétera).

Si reflexionamos un poco, veremos que diariamente estamos sometidos a una multitud de consignas. Algunas son implícitas y las hemos asimilado a tal grado que han adquirido un valor de uso, se han convertido en hábitos o, como dirían los sociólogos, en hábitos sociales, cuando están totalmente interiorizadas, al punto de que dejan de parecer órdenes provenientes del exterior. Las consignas, en su mayoría inofensivas, conforman la trama de nuestra vida cotidiana.

Tomemos un ejemplo. Una madre de familia, que llamaremos Marta, se despierta a las 6:30 de la mañana y obedece la consigna, ahora implícita, de despertar a su marido, cuyo sueño es un poco pesado. Después, viola la consigna de mantener limpia la casa al prohibirle que saque la basura esta mañana, puesto que se le haría tarde para llegar al trabajo; luego se dirige a la guardería, donde respeta todas las consignas propias de esta institución. Corre más tarde a tomar el autobús... en marcha, contrariamente a la consigna, y cede su lugar a una mujer embara-

zada y un poco mayor que ella. Luego de bajar del autobús, una vez que éste se ha detenido por completo, se dirige a su trabajo, con mucho cuidado —como es obvio— de cruzar sobre la zona marcada para peatones. Entra en el edificio, sube al ascensor, en el que van más de ocho personas, y finalmente llega a su lugar de trabajo, donde tiene el cargo de secretaria. Sobre su escritorio encuentra las consignas que le ha dejado su jefe.

Todos podemos hacer este pequeño ejercicio de inventario y clasificar las consignas: las que, a fuerza de obedecerlas, se han convertido en hábitos· las más explícitas, que se nos dificulta respetar; y finalmente aquellas a las que nos "obligan" y que nos "pesan", porque las consideramos inútiles o anacrónicas.

PSICOLOGÍA DE LA CONSIGNA
El modelo conductista

La primera etapa de este modelo psicológico que insiste en la importancia de la conducta considera la emisión del estímulo: una petición, una orden, una conminación... una consigna. Para el sujeto, el primer momento es el de la percepción. El receptor debe dar a entender que recibió el mensaje antes de actuar, o mostrar con su acción que lo ha percibido correctamente. Los mecanismos de consignas en secuencia utilizan ese tipo de escalas. En la segunda etapa, el sujeto reacciona. Su respuesta puede ser verbal o motora, simple o compleja.

El modelo conductista "exitoso" es el que permite obtener la respuesta deseada, a partir de la puesta en acción del estímulo. La recepción debe ser perfecta, y el estímulo debe estar perfectamente adaptado también. Ya se trate de una orden o de una consigna escrita o verbal, el mensaje deberá ser inmediatamente leído, comprendido, registrado, y la misión será ejecutada de acuerdo con la instrucción. El dibujo que representa un rayo y una calavera es más explícito que un extenso discurso científico sobre los peligros de la corriente de alta tensión y el riesgo de muerte que implica. Asimismo, se puede establecer una relación entre un color y un mensaje, como ocurre en los semáforos, las banderas, etcétera.

El estilo del texto también debe obedecer a ciertas reglas lógicas. Sabemos que mientras más compleja es la sintaxis de la frase, más difícil resulta la recepción del mensaje y, en consecuencia, su plena comprensión, su memorización y su efecto.

Cuando se desea obtener tres operaciones con una misma consigna, conviene respetar la secuencia temporal. Es preferible decir: "Descuelgue el extintor; desprenda el seguro; presione las manijas", que decir: "Presione las manijas después de haber descolgado el extintor y desprendido el seguro." Esta manera de presentar la consigna corre el riesgo de conducir a posibles errores de manejo o provocar una paralización. Así, la lectura se realiza según un circuito que pasa por las palabras clave. Es lo que se denomina "circuito de lectura", el cual puede ser reforzado mediante recursos tipográficos. La manera más eficaz de dar a conocer una consigna es la que combina un sistema de símbolos con el sistema lingüístico, es decir, con las palabras.

De la máquina al hombre
Tenemos, por último, las aptitudes del cerebro humano. La mayor parte del tiempo un individuo común actúa fácilmente a partir de un solo criterio o de la elección entre dos opciones. Por ello, la consigna debe ser concebida de manera que sea de acuerdo con la finalidad que se persigue, unívoca y de ejecución inmediata.

Si tomamos como ejemplo el uso del "cajero automático", veremos que sólo propone una consigna en cada ocasión, y que no es posible pasar a la siguiente si no se ha ejecutado la anterior. La forma de búsqueda en un banco de datos debe también respetar consignas estrictas para llevar a buen término su tarea. Lo mismo ocurre con las computadoras personales, que presentan un "menú" que debemos seguir paso a paso para obtener la información requerida.

CONSIGNA DE SEGURIDAD
En muchas situaciones, el mensaje es una advertencia e, incluso, una orden. Sin embargo, a fin de que la orden sea respetada, el mensaje va más allá de su expresión conminatoria, y presenta argumentos persuasivos.

Es el caso de las señales de tránsito en una zona escolar, que muestran un niño con sus libros: el mensaje no podría ser más evocador.

Este tipo de consignas se debe concebir de manera muy rigurosa, a fin de que presente un mensaje unívoco. Tal es el caso de las consignas y señales en las carreteras. Éstas deben cumplir, cuando menos, con cuatro características:
— visibilidad
— legibilidad
— adecuación del mensaje
— eficacia.

Visibilidad y legibilidad
Los señalamientos que presentan una conminación no sólo deben ser vistos, sino que también su mensaje debe ser recibido con toda claridad por el sujeto. La señal, como es obvio, no debe quedar oculta detrás de un obstáculo, un árbol o un poste, ni aparecer en forma súbita después de una curva o a la salida de un túnel. El escalonamiento y la repetición de las señales hacen que el mensaje sea mucho más eficaz. Esta técnica se utiliza particularmente en las autopistas, mediante luces, lámparas intermitentes y señales múltiples y sucesivas que indican sin ambigüedad el peligro.

Código de colores y formas

En materia de señalización, los colores tienen un sentido preciso y desempeñan un papel primordial pues corroboran el mensaje escrito. El rojo indica una prohibición, un alto; si hay un pictograma central, éste es negro. El amarillo indica un peligro; el pictograma central es negro. El verde designa seguridad, autorización o posibilidad de paso. El azul es un signo de obligación; el pictograma central es blanco.

También las formas sirven como apoyo al mensaje. El círculo indica obligación y prohibición; el triángulo, advertencia. El cuadrado y el rectángulo con frecuencia son señales de salvamento o de información.

Adecuación del mensaje
La señalización debe adaptarse perfectamente a la información que se desea dar, y limitarse a ella. Debe tener un solo sentido, y no debe haber contradicción entre los mensajes, especialmente entre la señalización temporal y la permanente. Las consignas no deben acumularse, pues se correría el riesgo de anular mutuamente su efecto o de que se contradijeran.

Eficacia
La exactitud del mensaje, su coherencia con la situación a la que se refiere, su carácter adecuado y completo, le confieren credibilidad y, por ende, eficacia. Casi siempre la señalización está programada; se distinguen en ella:
— el enfoque
— la posición
— la finalidad de la prescripción.

Los mensajes se escalonan. Por ejemplo, en el caso de obras de carretera, se coloca una preseñalización, como: "Obras a 2 km"; después viene una señalización intermedia que pretende, por ejemplo, que se reduzca la velocidad; luego vienen señales llamadas "de avanzada". que representan la figura conocida de un hombre con una pala, y cuyo significado es "Hombres trabajando"; más adelante está la señalización de posición, con banderas, luces y señales de "Obras". Finalmente, el mensaje debe cerrarse con la indicación del fin de la prescripción.

CONSIGNA ANTIINCENDIOS
Ésta tiene cuatro propósitos: prevención, alerta, extinción y evacuación.

Prevención. Se enuncia, principalmente, bajo la forma de una prohibición:
— "Prohibido fumar."
— "Prohibido emplear productos o instrumentos que puedan provocar incendios."
— "Prohibido encender fogatas."

Este ciclista de Afganistán tiene dos opciones viales: la carretera para automóviles y el camino para asnos y dromedarios. Como no hay señalización para bicicletas, opta por la vía más cómoda.

Pero también se establecen medidas de apoyo:
— mantenimiento de aparatos eléctricos
— colocación de herramientas de auxilio: caseta de auxilio, extintores
— entrenamiento
— simulacros.

Alerta. Generalmente, la primera medida consiste en avisar al empleado de seguridad o a los bomberos. En esta etapa, es preciso indicar claramente el lugar, la naturaleza del incendio y su magnitud.

Extinción. En primer lugar, se debe suprimir la causa: cortar la corriente, cerrar el paso del gas, etcétera.

Según el tipo de incendio, conviene atacar el foco con el método y los medios apropiados: agua, arena o espuma, tratándose de fuego producido en materia sólida; talco, espuma, CO_2 o arena si el incendio es alimentado por un gas; talco, CO_2 o arena seca si la causa es de tipo eléctrico.

Para el manejo de los extintores también se debe respetar estrictamente el modo de empleo y evitar los errores:
1. Descolgar el extintor.

2. Desprender el seguro.
3. Sujetar la manguera con una mano.
4. Presionar las manijas con la otra mano.
5. Dirigir el chorro hacia la base del fuego.

Evacuación. Existen, finalmente, una serie de consignas para la evacuación:
— conservar la calma
— utilizar las salidas de emergencia
— no usar los elevadores.

CONSIGNA DE SALVAMENTO

El rescate es un campo en el que la consigna desempeña un papel primordial. En primer lugar, es una urgencia. Se trata de poner en práctica algunos principios simples de seguridad, que permiten reducir las consecuencias de un accidente.

Hemorragias

— Oprimir la herida con una gasa o un paño.
— Elevar el miembro herido por arriba del nivel del corazón.

PRIMEROS AUXILIOS EN CASO DE AHOGAMIENTO

SI LA VÍCTIMA NO PUEDE RESPIRAR, SE LLEVARÁ LAS MANOS A LA GARGANTA E INTENTARÁ TOSER.

1 Pregunte a la víctima: "¿Se está asfixiando?" Si no puede hablar y necesita ayuda:

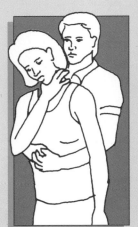

2 Practique la maniobra de Heimlich:
■ Párese detrás de la víctima.
■ Pase sus brazos por abajo de los de ella.
■ Coloque un puño (con el pulgar hacia adentro) sobre el abdomen de la víctima, en la boca del estómago, exactamente arriba del ombligo y muy por debajo de la orilla de las costillas.
■ Coloque la otra mano sobre el puño.
■ Presione con fuerza hacia arriba.

3 Repita la operación, en caso necesario.

SI LA VÍCTIMA PIERDE EL CONOCIMIENTO

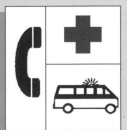

4 ¡Pida auxilio!
■ Solicite los servicios médicos de urgencia:
— Ambulancia.
— Médico.

El esquema es la clave de una buena información, como lo muestra este cartel. A veces no hay tiempo de leer y comprender las instrucciones, por lo que la ayuda visual es muy útil.

— Aplicar un torniquete.

Las tres consignas explicadas en las páginas anteriores (la de seguridad, la antiincendios y la de salvamento) resumen las medidas de emergencia que todos podemos tomar. Más allá de esto, el asunto compete a un socorrista profesional.

Descarga eléctrica
— Cortar la corriente accionando el interruptor principal.
— Desprender a la persona con un objeto seco, que no sea conductor de electricidad.
— Revisar la respiración y el pulso de la víctima, y practicar la reanimación cardiorrespiratoria (RCR), en caso de que sea necesario y estemos capacitados para ello.

EL MENSAJE PUBLICITARIO
La publicidad es el conjunto de actividades y medios que tienen como propósito dar a conocer servicios o bienes susceptibles de consumo. Al igual que en cualquier acto de comunicación, intervienen aquí la parte emisora (el medio) y la receptora (el posible consumidor). Por lo general, en los modernos medios de comunicación hay un emisor (la televisión, una revista, un cartel, la radio) frente a múltiples receptores (los miles de televidentes, lectores, radioescuchas, etcétera.) que pueden sentirse atraídos por la forma en que se les presenta el anuncio. Aquí predomina la función apelativa de la comunicación, que por lo general emplea la segunda persona del singular (tú, usted) para dirigirse a las masas.

¿Cómo logran inducir la compra los publicistas?
La apelación al prestigio, la comodidad, el amor, la felicidad, el placer y otros valores que sólo son tales en el contexto de una sociedad, es la constante en los mensajes publicitarios. El *slogan* ofrece al futuro comprador una imagen de sí mismo que lo fascina, que representa una promesa de lo que él podría ser... si comprara el objeto: el perfume que acompaña a la mujer sensual, la loción del hombre conquistador, la tarjeta de crédito que permite gastar cuanto se desee en cualquier lugar, el automóvil en el que cualquier rubia querría pasear, y muchos más.

La publicidad crea necesidades y fantasías. Con un breve razonamiento nos podremos dar cuenta de que una mujer no convencerá a sus socios empresariales lavándose el cabello con el champú "X", y de que los niños no serán más felices si mamá les pone pañales importados. Pero el anuncio comercial es a veces tan fascinante que nos convencemos inconscientemente de las "bondades" del producto.

La realidad y la publicidad
Con frecuencia, el mensaje publicitario frustra las expectativas del receptor (sólo las rubias son bellas, superiores; sólo quienes hablan inglés tendrán éxito) porque muestra un mundo encantador que no se puede encontrar en la realidad o, por lo menos, en la de un grupo de receptores. Esos hombres y mujeres jóvenes, de cuerpos envidiables, que con el mayor desenfado pasean por la playa, producen en el televidente o el lector de revistas un deseo de ser como ellos; pero, como su estrato social no es el mismo, se

conformará con tener algo en común: la bebida que ellos consumen, la marca de ropa que visten, los cigarrillos o la cerveza de moda.

Los *slogans* con que se pretende convencer al consumidor están dirigidos al individuo, primordialmente, pero también a la pareja y, en algunos casos, a la familia. En ellos se escuchan o se leen las siguientes frases:

— "Es para *ti*."
— "Para el hombre de *éxito*..."
— "La gente *diferente* usa..."
— "Demuestre su *amor* con..."
— "Sólo los *jóvenes* visten la marca..."
— "Si usted no compra en..., no *sabe comprar*."
— "Vístase como ...(*cantante o actriz de moda*)."
— "El *futuro* está en la escuela XZ."

Las consignas en la publicidad

En la actividad publicitaria se utilizan dogmas que se convierten en consignas convencionales: una persona elegante debe vestirse en las tiendas "Y"; para ser joven hay que usar tal o cual objeto; para demostrar nuestro amor debemos regalar un reloj de marca suiza; una mujer que quiera verse bien debe usar zapatos de tacón alto. Y en realidad hay quienes se rigen por esta "filosofía".

Otras veces se recurre al mensaje cómico para fijar en el consumidor la idea del producto. La gente suele comentar los lemas de algunos comerciales, o los aplica en circunstancias semejantes a las que se presentan en el medio de comunicación que los difunde.

El mensaje escrito

La lengua escrita también juega su papel en la publicidad. Una gran cantidad de etiquetas de productos (detergentes, herramientas, refrescos, alimentos y otros) exhiben, de manera ostentosa, el nombre comercial, es decir, la marca; pero el nombre genérico (el tipo de producto al que corresponde la marca) aparece en letras demasiado pequeñas y casi nadie lo lee. Esto tiene una consecuencia evidente: cuando se compra uno de estos artículos, se pide por la marca y se elimina la posibilidad de consumir productos de la competencia. Recuerde usted cómo pide unos pañuelos desechables, un suavizante de telas, una pastilla de ácido acetilsalicílico... Por la marca, ¿verdad?

La publicidad no sólo sirve para dar a conocer un producto, sino que también puede ser puesta al servicio de mensajes de interés general. Es entonces cuando las consignas simples abandonan su rigidez de enunciado normativo y toman prestada la forma del *slogan*.

De la misma manera en que los publicistas elaboran un concepto destinado a vender un detergente, pueden crear un concepto que "venda" algún tipo de conducta. Esta evolución de la forma de comunicación, esta modificación del mensaje, da por resultado que ciertos modos de expre-

sión se vuelvan caducos. Ya no es posible presentar un cartel que diga: "No maneje si ha bebido". Más bien se propondrá algún *slogan* como: "Manejar o beber; debemos escoger", "Vino y licor no van con el motor", "En el camino, no tomo vino" o algún otro que vaya más allá de la simple petición de conducta y que pueda recordarse, como los que han creado ciertas compañías vinícolas.

La consigna será más eficaz si va acompañada de un elemento gráfico que la apoye. Hoy en día vemos carteles que incitan a la seguridad, y su eficacia es mucho mayor que un párrafo del reglamento de tránsito o una consigna.

Siempre recomendaremos a quienes deben imponer consignas que recurran al *slogan*, a la frase impactante y, por supuesto, al humor, con la condición de que la consigna siga siendo útil y no se parezca a la del "quinto planeta" de El *Principito*, de Antoine de Saint-Exupéry:

La consigna en El *Principito*

Cuando abordó el planeta, saludó respetuosamente al farolero:

— Buenos días. ¿Por qué acabas de apagar tu farol?
— Es la consigna —repuso el farolero—. Buenos días.
— ¿Cuál es la consigna?
— Apagar mi farol. Buenas noches —y lo volvió a encender.
— ¿Y por qué lo volviste a encender?
— Es la consigna —repuso el farolero.
— No entiendo —dijo el principito.
— No hay nada que entender —contestó el otro—. Una consigna es una consigna. Buenos días —y apagó su farol. Entonces se secó la frente con un pañuelo a cuadros rojos—. Mi trabajo es terrible. En otros tiempos resultaba razonable. Apagaba en la mañana y encendía por la tarde. Tenía el resto del día para descansar, y el resto de la noche para dormir...
— ¿Acaso después cambió la consigna?
— La consigna no ha cambiado —repuso el farolero—. ¡Ése es el problema! El planeta cada año gira más rápidamente, y la consigna no ha cambiado —lanzó un suspiro de tristeza y se dijo—: "Él es el único que podría haber sido mi amigo. Pero su planeta es demasiado pequeño. No hay lugar para dos..."

Lo que el principito no se atrevía a admitir era que añoraba ese planeta bendito debido, sobre todo, a los mil cuatrocientos cuarenta atardeceres que tenía cada veinticuatro horas.

— No tiene nada de agradable —dijo el farolero—. Hace un mes que estamos hablando.
— ¿Un mes?
— Sí. Treinta minutos. ¡Treinta días! Buenas noches —y volvió a encender su farol.

El principito lo miró y sintió amor por ese farolero que tan fielmente obedecía la consigna.

EL ANUNCIO CLASIFICADO

El intercambio de bienes y servicios forma parte fundamental de toda sociedad. Y esto es aún más cierto en las grandes concentraciones urbanas, donde el consumo es una razón de vivir. Los intercambios son cotidianos; las compraventas se multiplican. Para hacerse notar entre tal mare mágnum, *uno se debe anunciar, y el anuncio clasificado en los diarios es el lugar ideal para ello. Pero saber interpretar o redactar un mensaje como éste requiere de cierta atención.*

Los periódicos dedican un lugar cada vez mayor a los anuncios clasificados; basta hojear los diarios para darse cuenta. De hecho, ciertos periódicos se consagran exclusivamente a ese tipo de publicación. Es el caso, sobre todo, de los bienes raíces y los automóviles (en México y otras ciudades del mundo existe una revista que se dedica a las compras de segunda mano). Tales publicaciones se distribuyen casi por todas partes, a veces en forma gratuita. Intercambios, trueques, ventas y compras están a la orden del día. Los campos de aplicación del anuncio clasificado desbordan por mucho el ámbito estricto de la vida profesional y se expanden hacia los principales aspectos de la vida privada.

Se ofrece ropa, instrumentos musicales, viajes, lugares de descanso, piezas de colección... Las bolsas de intercambio se multiplican. Y los sentimientos, e incluso las relaciones sexuales, también participan.

El nuevo estilo de mensajes del corazón se ha introducido en muchos diarios. Pero la gran mayoría de los anuncios clasificados se refieren a los mercados de los bienes raíces y los automóviles.

Antes de presentar ejemplos concretos, recordemos algunas reglas de conducta que son suficientemente generales para aplicarse a cualquier situación. Los anuncios clasificados, en cuanto a su redacción, son muy similares a un jeroglífico. Antes de lanzarnos por caminos a veces sorpresivos y siempre sembrados de dificultades, sería bueno ejercitarnos en describir esos textos de un género particular. Después de la lectura viene la interpretación. Cada anuncio tiene su originalidad, contenido y mensaje propios. Todos los detalles que se mencionan deben ser analizados y comparados.

Dos actitudes se imponen. En primer lugar, la confianza y la apertura. Para apreciar un anuncio, es conveniente ponerse en el lugar del redactor y preguntarse: ¿Qué ofrece? ¿En qué condiciones? ¿Es una oferta seria?

En segundo lugar, la lucidez: entre todos esos anuncios, necesariamente hay algunos que son trampas, y éstas pueden ir de la broma al timo.

Cuando buscamos un objeto o un servicio precisos, una lectura atenta y rigurosa de los anuncios clasificados nos permitirá elegir en varios niveles.

Primero están los anuncios que se aproximan a lo que buscamos. No hay que eliminarlos de inmediato.

Después vienen los anuncios que presentan varios puntos que responden a los deseos del lector, aun cuando éstos no sean enteramente satisfechos.

Finalmente están los anuncios que nos convencen a primera vista, a los que debemos responder sin dilación.

Una primera serie de ejemplos nos ilustrará sobre los puntos que hemos mencionado. Después será el momento de invertir los papeles y no conformarnos más con leer los anuncios clasificados, sino redactarlos.

ENCONTRAR UN DEPARTAMENTO

Eugenia Romo vive con sus dos hijos, de 11 y 12 años de edad. Tiene un departamento de cinco habitaciones, en un lugar tranquilo y de fácil acceso. La renta es razonable.

Sin embargo, acaba de enterarse —lo cual le pareció como un cataclismo en un cielo sereno— de que el propietario ha decidido recuperar el departamento para su uso personal, luego de haberle hecho trabajos de reparación y modernización.

Su contrato fue rescindido y Eugenia tiene seis meses para encontrar un nuevo alojamiento. Su familia y su trabajo reducen considerablemente el tiempo que puede dedicar a la búsqueda del lugar soñado. Además, no quiere mermar demasiado sus ahorros pagando los precios exorbitantes que piden en la ciudad. Así, ha hecho una lista de las colonias en donde le gustaría vivir y ha decidido espulgar los anuncios clasificados de los diarios. Pronto, Eugenia se da cuenta de que algunos de esos anuncios los publican inmobiliarias que así evitan pagar comisiones. La redacción de otros es vaga y no permite darse una idea precisa del lugar o importe de la renta.

He aquí un ejemplo.

Grande, 120 m, limpio, tranquilo; julio. Después 6. 2-34-56-78.

Este anuncio no indica ni el precio, ni la colonia, ni si hay que hablar por la mañana o por la noche. Eugenia se queda perpleja. Sin embargo, más adelante encuentra otro:

Col. Anzures, 120 m, 3 rec., cocina y baño modernos, estacion., teléf. N$1,500. Después 18 hrs. 7-65-43-21.

Este último anuncio da toda la información que Eugenia necesita, lo que le evitará telefonemas y visitas inútiles.

Tanto en un periódico como en un tablero de avisos, debemos espulgar los anuncios y clasificarlos según nuestros intereses.

Ahora falta preguntar al arrendador si el lugar está libre y, en caso contrario, fijar una fecha.

La claridad de un anuncio es ventajosa para ambas partes, pues evita a uno el precisar el estado y valor del sitio y, a otro, el fastidio de tener que hacer más averiguaciones. Señalemos, asimismo, que en el juego de los anuncios clasificados se debe reaccionar con rapidez.

COMPRAR O VENDER UN AUTOMÓVIL

Si los bienes raíces ocupan mucho espacio de los anuncios clasificados, los automóviles no se quedan atrás. Muy solicitados, los autos de segunda mano dan lugar a muchas transacciones. Las reglas aplicables a los inmuebles son las mismas, es decir, la claridad es esencial. Sin embargo, ciertas indicaciones son más útiles que otras. Curiosamente, el estado de la carrocería es lo que con frecuencia se menciona primero, seguido del kilometraje, el estado de los neumáticos, el tipo de radio, el color y, finalmente, el buen funcionamiento del motor y el precio.

Un anuncio que diga:

GOLF 89 GL, *buenas condiciones,* N$20,000, 9-87-65-43 generará demasiados telefonemas sin éxito, mientras que otro, mucho más completo, sólo atraerá a los compradores interesados:

New Yorker 89, 2 ptas., negro, 37 000 Km, equipado: espejos y puertas eléct., radio am-fm, casetera, autom., como nuevo, una joya. Por viaje. Precio fijo N$33,000. 6-50-20-12, tardes.

Ciertas agencias de autos usados utilizan los anuncios clasificados sin identificarse como tales. Debemos, entonces, ser precavidos. Tampoco es recomendable revisar el automóvil en la mitad de la noche y creer sin más cuando el vendedor nos asegura que pertenecía a su anciana tía, que viajaba muy poco...

VENDER UNA CASA

El señor Fuentes heredó de sus padres una casa en Cocula, a unos 120 km de Guadalajara, con un terreno de 2 ha. Sin embargo, el señor Fuentes es soltero y no tiene ni hermanos ni hermanas. Detesta todo lo que huela a campiña, vida campestre y aislamiento. Por lo tanto, no tiene el menor interés en seguir manteniendo una casa que nunca ocupará, ni siquiera temporalmente.

Además, es un hombre de negocios. Desconfía profundamente de las agencias y quiere ocuparse él mismo de sus intereses. Su primera decisión concierne a los medios a los que tiene la intención de confiar su anuncio. Luego de haber tomado nota de las secciones de los diarios nacionales y de las revistas especializadas en bienes raíces, sólo conserva tres publicaciones: un diario matutino, una publicación semanal regional y el periódico que tiene más renombre en materia de compra y venta de casas.

Después pregunta en el periódico el costo por letra de un anuncio y su frecuencia de aparición, y entonces

En honor del impresor Morris se bautizaron estas columnas de París en las que se pegaban carteles que anunciaban espectáculos.

procede a redactar su anuncio. Son tres los principios que seguirá:

Sobriedad de los términos. Una oferta de venta no es ni una esquela ni un panegírico. Se deben evitar por ello los adjetivos exagerados, como: fabulosa, increíble, extraordinaria, magnífica, espléndida, que nadie creerá. Estos adjetivos dependerán del cliente.

Precisión de los términos. La dificultad consiste en llegar a lo esencial. En un anuncio no se puede describir todo. Debemos ponernos en el lugar del posible comprador y preguntarnos qué debe saber necesariamente. El interés del comprador dependerá del lugar, de la superficie del terreno, del número de habitaciones de la casa, de su estado y, naturalmente, de su precio. No nos podemos permitir ser aproximativos o imaginativos. Así, el señor Fuentes confió a expertos el avalúo de su propiedad y mantuvo un margen de precios de N$170,000 a 190,000. Decidió que en su anuncio pediría la cantidad de N$185,000, lo que le dejará un margen de negociación durante las transacciones.

Cómo entrar en contacto. Los compradores interesados deben saber a qué domicilio escribir, a qué número telefonear, así como los días y horas en que se puede visitar la propiedad. Dadas las responsabilidades del señor Fuentes, las visitas tendrán lugar tres días por semana: sábados, domingos y lunes. Los contactos por carta o teléfono se podrán hacer a través del periódico.

Con todos esos elementos, el señor Fuentes redactó el siguiente anuncio clasificado:

Se vende, a 120 km de Guadalajara, casa de campo, confortable, con terreno de 2 ha con bosque. Comedor, chimenea, sala, cuatro hab., dos baños, terraza con vista panorámica. Aire acondic., sistema de alarma. Estacionam. p/4 autos. Perfecto estado. Precio N$185,000. Visitas sábados, domingos y lunes. Tel. 4-18-12-35, lun. a vier. Sr. Fuentes.

LA OFERTA DE OTRO TIPO DE BIENES O SERVICIOS

Los bienes raíces y los automóviles son motivo de un anuncio en el periódico con la mayor frecuencia, pero también se puede usar este medio para ofrecer intercambios de menor valía económica o de un gran valor sentimental o práctico.

Las mascotas suelen salir de casa sin que sus amos se den cuenta; y si los vecinos no pueden ayudar a localizarlas, es útil poner un anuncio en el periódico. En este caso se requerirán, para su identificación, los siguientes datos: raza, color, sector de la ciudad donde se perdió, señas particulares, recompensa y datos del propietario (teléfono, nombre, horario en que se le puede llamar).

También se pierden a veces algunos documentos. El portafolios se olvida en el metro, en un autobús, en el taxi o en algún restaurante. Quizás esos papeles no tengan valor para quien los haya encontrado, pero sí para el propietario. Si perdió solamente dinero, olvide el asunto; pero si con él iban su pasaporte y su acta de nacimiento, ponga un anuncio en el periódico o en alguna revista: proporcione una descripción de los documentos, diga dónde los perdió, agregue los datos pertinentes para que la persona se ponga en contacto con usted y ofrezca una recompensa.

QUÉ HACER	QUÉ EVITAR
Cuando buscamos	
Aprender a leer los anuncios clasificados.	Confiar en cualquier anunciante.
Hacer una selección en varios niveles.	No comparar ventajas e inconvenientes de las ofertas que se hacen.
Exigir detalles y garantías.	Comprometerse en forma precipitada.
Desconfiar de las gangas "demasiado buenas para ser verdad".	No tomar ninguna precaución cuando se trata de artículos de segunda mano.
Cuando ofrecemos	
Elegir los medios según el tipo de cliente al que se quiera llegar.	No verificar la seriedad de los medios elegidos.
Redactar un texto preciso y completo.	Exagerar las virtudes de lo que se ofrece.
Pedir a un experto que valúe lo que ofrecemos.	Olvidar mencionar los datos para contactos y visitas.
	Pedir un precio exagerado.

LA
COMUNICACIÓN
Y LA
VIDA SOCIAL

LA PRESENTACIÓN

El primer contacto personal reviste una importancia determinante en la vida cotidiana. Según las circunstancias, puede definir, si no nuestro futuro, sí al menos la calidad de las relaciones que nos ligarán con las personas que nos rodean. Algunos afirman que la primera impresión debe ser la mejor.

Sin que esto sea un principio definitivo, es evidente que la presentación inicial juega un papel esencial, debido, sobre todo, a que la vida moderna exige un número creciente de contactos y a que las decisiones se toman cada vez con mayor rapidez. En resumen, debemos cuidar nuestra imagen.

La forma transitiva del verbo *presentar* es la más complicada, la más abierta y la más antigua. Su primer sentido significa "llevar a una persona en presencia de otra para que la conozca y la vea". Las fórmulas de cortesía que se emplean en este caso son casi rituales: *Tengo el honor de presentarle a... Tengo el placer de presentarle a... Permítame presentarle a...* Dicha presentación puede ocurrir durante una reunión, una cena de gala o un encuentro azaroso. También se emplea como introducción en una plática, conferencia o manifestación artística. Dado que a veces la memoria falla y se olvidan los nombres (demasiado fácilmente), siempre es posible presentar a alguien sirviéndonos de sus realizaciones:

Permítame presentarle a una joven que se ha distinguido en el campo del diseño gráfico y que obtuvo el premio de la Asociación de Fabricantes en 1992.

"Presentarse", como verbo intransitivo, significa "llegar a un sitio y pararse frente a una persona". A veces se indica en los anuncios: "No escriba; preséntese."

Nuestros ejemplos no podrán, evidentemente, ilustrar todas esas variedades semánticas. Elegimos tres que cubren un área suficientemente vasta para ser representativos: presentarse a sí mismo, presentar a alguien y presentar a un conferencista.

PRESENTARSE A SÍ MISMO
Las ocasiones en que debemos presentarnos son muchas. Nos ocuparemos de tres de ellas: cuando nos presentamos en una reunión privada o profesional, ante un jurado y en una entrevista de trabajo.

En una reunión privada o profesional
Jaime López, técnico en informática, debe asistir a una conferencia de prensa que organizó un distribuidor de materiales electrónicos para dar a conocer unos productos nuevos. Como él conoce muy poco ese medio y a la gente que ahí se mueve, tendrá que presentarse a sí mismo. Primero, Jaime prestará una atención especial a su vestimenta. A menos que tenga mucha seguridad en sí mismo, procurará que su traje esté acorde con la ocasión y que no "desentone". Después intentará obtener la mayor información posible sobre los presentes y sobre sus actividades. Así, por ejemplo, no lo tomarán desprevenido si alguien le habla de un paquete de autoedición que acaban de sacar al mercado.

En segundo lugar, un poco perdido en aquel medio desconocido, se dirigirá a los organizadores de la recepción, ante quienes se presentará con la mayor naturalidad posible, es decir, sin ostentaciones ni falsa modestia. Jaime abordará a los responsables de comunicación y, tendiéndoles la mano, se presentará así: "Buenas noches, soy Jaime López, técnico en informática. Me siento feliz de que me hayan invitado a este lanzamiento, sobre todo porque conozco varios de sus productos, y algunas de sus novedades me parecen muy interesantes." El hielo ha sido roto y el encargado de relaciones públicas estará encantado de presentar a Jaime ante los otros invitados.

Ante un jurado
Mariana Vasconcelos debe presentarse ante un jurado que seleccionará docentes para el programa de maestría en literatura de la Universidad de Aguascalientes. Para la carrera, propuso un plan que exige una amplia gama de conocimientos, por lo que su presentación debe estar a la altura de las circunstancias.

La presentación también es la manera adecuada de vestirse para una ocasión especial. Por esto decimos que alguien no está "presentable" cuando está mal vestido.

La notoriedad de los hombres públicos no los exime de hacer un esfuerzo por presentarse. Ir al encuentro de la gente y de la opinión pública es una de las claves de las campañas electorales.

Seis consejos para presentarse correctamente

- Ir vestido adecuadamente y acorde con las circunstancias.
- Hacer un esfuerzo por estar tranquilo y sonriente.
- Exponer claramente su nombre y títulos.
- Mirar de frente a su interlocutor.
- Evitar los saludos de mano muy débiles o demasiado fuertes o prolongados.
- Para convencer, el primer contacto debe ser breve.

Debe, pues, hacer gala de calma y seguridad. Una candidata que se presenta de tal forma y con una sonrisa impresiona a cualquier jurado. Sin embargo, en el momento de entrar en el salón de exámenes, Mariana se sentía asustada. Tenía un nudo en la garganta. Había cambiado sus *jeans* y su camisa de estudiante por un traje sastre y zapatos de tacón alto, y eso acentuaba su malestar.

Le habían aconsejado que mirara a los ojos a los miembros del jurado, sin ostentación pero sin humildad. El consejo era acertado, pero aún faltaba algo. "Si puedo hacer sonreír a uno de ellos —se dijo—, tendré más oportunidades; si lo logro con dos, habré ganado."

—Antes de iniciar la exposición propiamente dicha, tiene un minuto para presentarse —anunció el presidente del jurado.

Significados de los verbos presentar y presentarse

FORMA TRANSITIVA (PRESENTAR)	FORMA INTRANSITIVA (PRESENTARSE)
Mostrar algo a alguien.	Llegar a un lugar.
Mostrar una persona o cosa ciertas características.	Pararse frente a alguien.
Dar a conocer una persona a otra.	Darse a conocer.
Conducir un programa o espectáculo.	Comparecer, asistir a un lugar, ante una persona o en un juicio.
Proponer a alguien para un cargo.	Ofrecerse para algo.
Ofrecer (excusas, disculpas).	Producirse un hecho.
	Aparecer bajo un cierto aspecto.

Mariana dio un profundo suspiro para liberar la angustia, y luego empezó:

Me llamo Mariana Vasconcelos; nací en el estado de Jalisco...

De pronto, fue interrumpida:

— ¿Conoce la obra de Juan Rulfo?

— Por supuesto. Rulfo nació en Jalisco (en Sayula, para ser exacta), y sus dos libros publicados (El *llano en llamas* y *Pedro Páramo*) demuestran hasta qué punto le interesaba dar un testimonio exacto del vocabulario que se utiliza en la región. Sus primeros cuentos se publicaron en la revista *Pana*, de Guadalajara.

El resto de la entrevista prosiguió con todo éxito, dado que Mariana era convincente y conocía muy bien su tema. Su presentación, sencilla y natural, así como su perfecto dominio del tema que expondría, le facilitaron las cosas.

En una entrevista de trabajo

Las cualidades personales son las que determinarán el resultado de la entrevista para solicitar empleo. Dicha entrevista debe ser minuciosamente preparada y pensada. Debemos saber destacar las cualidades que nos hacen aptos para ocupar el puesto, y las esbozaremos en el currículum vitae. Conviene ser puntuales y no tener otros compromisos más tarde: en ocasiones, los encargados de recursos humanos llevan a los candidatos a visitar las instalaciones, y sería muy mal visto interrumpir la entrevista porque tenemos cita con el médico.

Nuestra ropa será de tipo formal, aun cuando sepamos que las personas de ese lugar suelen ir a trabajar vestidas de manera informal.

PRESENTAR A ALGUIEN

Es aconsejable respetar ciertas reglas cuando llega el momento de presentar a alguien. Así, de manera general, se acostumbra presentar a los hombres ante las mujeres y a los más jóvenes ante los mayores. En un primer momento, se debe evitar la familiaridad, a menos que se trate de una reunión informal, como un desayuno o la inauguración de una casa, en que los invitados van de un grupo a otro y en ocasiones pueden presentarse a sí mismos.

En la actualidad, tiende a desaparecer la formalidad de las presentaciones, principalmente entre los jóvenes. Ellos ven con malos ojos este ceremonial. Alguien que vaya a una fiesta de cumpleaños acompañado de su novia podrá presentarla diciendo simplemente: "Te presento a Rita" o "Ella es Rita". La chica en cuestión dirá: "Hola" o "Mucho gusto", y tal vez estreche la mano del desconocido. Otra forma de hacer la presentación podrá contener los siguientes diálogos: "Te presento a mi novia." Ella dirá su nombre y estrechará la mano del desconocido, al tiempo que dice la frase de marras: "Mucho gusto" o "Encantada de conocerte". El desconocido contestará con una frase similar y dirá su nombre; quizás agregue, además, la fórmula "Para servirte" o "A tus órdenes".

Sea cual fuere el caso, es conveniente tratar de retener en la memoria los nombres de las personas presentadas, puesto que podrían considerar como una falta de educación el olvido de este detalle.

PRESENTAR A UN CONFERENCISTA

Para este caso preciso, haremos tres recomendaciones muy útiles:

❏ Aunque otras personas sean las responsables de ello, es prudente verificar que los micrófonos y el sonido de la sala funcionen adecuadamente. Esto se hará de la manera más discreta posible, a fin de no herir susceptibilidades.

❏ Fórmulas como: "Todos ustedes conocen al señor X", aun cuando pretenden halagar, no siempre corresponden a la realidad, por lo que será mejor evitarlas.

❏ No es el conferencista quien debe hacer la presentación, es decir, no se presentará él mismo.

También existe otro circunloquio detestable: "Sólo diré algunas palabras." La presentación debe ser clara, concisa, modesta. Por ejemplo: "Es un honor para nosotros poder recibir al doctor Claudio Ortiz, profesor de la Facultad de Historia de la Universidad Nacional, quien nos hablará sobre el Porfiriato."

QUÉ HACER	QUÉ EVITAR
Ir vestidos de manera correcta y, sobre todo, adecuada.	Llegar vestidos de *jeans* y camisa a una reunión formal.
Jamás quedarnos sentados.	Pronunciar entre dientes nuestro nombre.
Pronunciar claramente nuestro nombre o el de la persona a la que presentamos.	Abusar de los saludos de mano.
Presentar a los hombres ante las mujeres, y a los desconocidos ante las personalidades.	Decir "encantado" a una viuda, o "felicidades" a un enfermo o a una anciana.
No tardar demasiado en la presentación.	Hacer un recuento detallado de nuestra vida.
Mirar de frente a nuestro interlocutor.	Presentar a un conferencista y dar el discurso en su lugar.

empleos creados conciernen a la comunicación; cuando las radiodifusoras y las cadenas de televisión multiplican las entrevistas con personalidades y con ciudadanos comunes; cuando la vida social se ve atestada de reuniones, coloquios, encuestas y grupos de presión, el hecho de tomar la palabra constituye un elemento básico del éxito.

La palabra fácil nunca es innata o, si lo es, requiere una buena dosis de pulimento. Los más grandes oradores y los actores más famosos han debido, en ocasiones, superar una gran timidez o problemas de locución que parecían irremediables. Louis Jouvet, autor y director de teatro francés, transformó su tartamudeo en un estilo de expresión que marcó su época, en tanto que Demóstenes, el célebre orador y estadista ateniense, preparaba sus discursos forzándose a hablar con piedras en la boca.

La mayoría de los actores de teatro dirán que las horas previas a la entrada en escena, sobre todo antes de la primera representación en público, son muy difíciles: los músculos están tensos, el corazón late con más rapidez, una "pelota" de angustia se aloja en el estómago, la boca se seca y el miedo escénico se instala.

HABLAR EN PÚBLICO

Para cualquiera que nunca se haya parado frente a un grupo, hablar en público es, en apariencia, la cosa más sencilla del mundo. Pero, en definitiva, no es lo mismo escuchar a un expositor que estar en sus zapatos: la diferencia es abismal. La necesidad de expresar y de comunicar es inherente a todo ser humano, pero hay que aprender a encauzarla. A partir de que el niño balbucea sus primeras palabras, el verbo da ritmo a toda su existencia. Sin embargo, el habla, "ese elemento simple del lenguaje articulado", en ocasiones tiene una no muy buena reputación. Verba volant, scripta manent, "las palabras vuelan, lo escrito permanece" señalaban los latinos. Y, por su parte, Molière afirmaba: "Los hechos dicen más que las palabras." También, para calificar promesas falsas, hay toda una serie de frases que expresan la misma desconfianza: "A las palabras se las lleva el viento." Pero, por otra parte, es cierto que también se habla de "dar la palabra", de la "palabra de honor" o de "faltar uno a su palabra".

Aun cuando vivamos inmersos en nuestra época y nos adaptemos al sorprendente auge de los medios audiovisuales de comunicación, no debemos enterrar tan pronto a Gutenberg. Hoy en día, cuando muchos de los

Un manojo de micrófonos a la salida de una reunión. Los términos de la declaración final deberán ser sopesados.

El maestro pone a prueba
diariamente su habilidad para
hablar en público. Aunque los
integrantes del grupo sean los
mismos, le plantean nuevos
retos en cada clase.

Esto también es cierto en el caso de los profesores, quienes, clase tras clase, deben convencer o domar a un público particularmente exigente, heterogéneo e imprevisible, y ello sin contar siquiera con un texto que se vaya a representar o sustentar. Esas profesiones están llenas de peligros y trampas, y obligan a quienes las ejercen a un constante cuestionamiento. Así, a veces nos sorprende escuchar a quienes, con cierta inconsciencia, declaran: "Yo, cuando se trata de hablar, nunca tengo problemas."

Mostrémosles, entonces, ese largo trayecto que debe recorrer el orador, y que va de la asamblea sindical a la conferencia de prensa, pasando por la junta con el grupo directivo, la exposición escolar o universitaria, la entrevista televisada y la relajante charla de sobremesa.

La asamblea sindical

Eduardo Suárez participa muy activamente en el sindicato de profesores de su universidad. Hace poco, la dirección propuso unas políticas que pretende poner en práctica el próximo año. Son de esperarse algunos recortes de personal, aun cuando existe una evidente sobrepoblación estudiantil. Además, los presupuestos para investigación y documentación serán reducidos. Durante una asamblea a la que se convocó a profesores y estudiantes, el señor Suárez expondrá la situación. Dado que es partidario de la concertación, tratará de no ser alarmista y de no provocar un levantamiento. Las quejas son muchas. Por lo tanto,

deberá esforzarse por hacer de lado sus temores a fin de suscitar una reflexión común, sin que por ello se mezclen los intereses particulares de cada grupo. Antes de la asamblea, preparará su intervención, que procurará exponer sin interrupciones. Al escuchar a los otros participantes y tomar nota de sus argumentos respectivos, podrá afinar su razonamiento y exponer en unos pocos minutos las soluciones que él ve, procurando, sin embargo, no herir susceptibilidades. Así, en un primer momento anotará los aspectos positivos de las diversas intervenciones y las fundirá en una solución global que invite a los asistentes a la reflexión positiva aunque no logre una aprobación absoluta. Su intervención, salpicada de anécdotas y ejemplos humorísticos, retendrá la atención de su auditorio, al cual no le quedará otro remedio que sumarse a la conclusión que se impone: hacer estallar una huelga... concertada.

La reunión de trabajo

Aquí, los casos son muy numerosos. Vamos a elegir el ejemplo del jefe del área de relaciones públicas. El señor Héctor Galindo debe defender su presupuesto frente a los representantes de su dirección y, más exactamente, frente al secretario general, el director comercial y el director financiero. Las relaciones entre estos cuatro personajes no son sencillas. Los dos directores comparten la misma opinión negativa respecto a la política de Héctor Galindo, quien, a su vez, envidia inconscientemente el cargo del secretario general. Héctor Galindo apenas logra abstraerse de esos factores. Al hablar, sus dedos se crispan alrededor del lápiz. Además, le gusta utilizar gráficas y cuadros. Pero, al cabo de algunos minutos, éstos se encuentran ya tan sobrecargados que resultan totalmente incomprensibles: tachaduras, marcas de diversos colores, adiciones, etcétera.

Luego de ver una filmación de su intervención, Héctor Galindo tomó conciencia de sus manías, por lo que ha

La exposición escolar o universitaria

En cada etapa de la formación escolar, los estudiantes se enfrentan al ejercicio de la exposición oral. Para la mayoría es una experiencia, si no traumatizante, sí muy difícil. Al respecto, sólo existe un secreto: conocer a fondo el tema que se va a presentar. El tiempo que se dedica a la preparación es muy variable. Una breve exposición en un curso de secundaria casi siempre se limitará a resumir alguna lectura. Pero las cosas son muy diferentes cuando

A veces, el micrófono aparece de pronto al paso de los transeúntes, pero no siempre debemos tomar la palabra.

decidido tratar de superar sus sentimientos y tranquilizarse. Ahora, al hablar, coloca las manos sobre la mesa y sólo se permite hacer de vez en cuando algún gesto oportuno, acorde con el mensaje, para acompañar sus ideas. Sus colaboradores le preparan los cuadros y las gráficas y, sobre todo, Héctor ha aprendido a respirar, a sonreír y a no utilizar frases bruscas que ofendan al auditorio. Además, dado que es un hombre competente que conoce su trabajo, ha logrado defender con éxito algunas operaciones prestigiosas que antes se topaban contra el escepticismo y la incomprensión. El secretario general resume ese cambio al dirigirse al resto del auditorio: "Nuestro amigo Galindo está mejor que nunca, y sus peticiones parecen mucho más razonables."

se trata de una tesis de maestría. No obstante, en todo caso, el humor siempre podrá ayudar al orador no experimentado. Sin embargo, no se debe abusar de él, sino emplearlo de manera oportuna y acorde con el auditorio. Los colegas que discuten acerca del mismo problema podrían considerarlo como algo reconfortante, pero un jurado tal vez lo vería como una tentativa de manipulación.

La documentación se realiza en casa o en una biblioteca. A partir de esa acumulación de datos, se elabora un plan estructurado y preciso, en el cual se subrayan las ideas que conducirán la exposición, las subdivisiones y algunas señales para manejar las transiciones. Escribir la totalidad del texto es un mal método. Una exposición no es para ser leída, sino para ser pronunciada.

Se dice que el general Charles de Gaulle memorizaba sus discursos antes de pronunciarlos. Si usted desea seguir este ejemplo, tome en cuenta los olvidos momentáneos y el pánico que experimentamos cuando una palabra se nos escapa. Además, no todos somos el general De Gaulle. Aun cuando no se determine de antemano un límite de tiempo, la experiencia demuestra que una exposición de más de 15 minutos cansa al auditorio e indispone al jurado. Repetimos: el propósito de la exposición no es describir la historia del mundo, sino destacar dos o tres puntos precisos. "Más vale una cabeza bien formada que una muy llena", aconsejaba ya Rabelais, el famoso escritor francés del siglo XVI, autor de *Gargantúa y Pantagruel*.

He aquí algunos consejos: hable con soltura, siga el plan que se ha propuesto, evite las digresiones inútiles, respete el tiempo que había asignado a cada tema y no adelante la conclusión, déjela para el final. No olvide mirar al auditorio; tome en cuenta sus reacciones. Durante su exposición, haga algunas pausas para respirar profundamente.

Es muy provechoso conceder al público algunos minutos para que haga preguntas o manifieste sus desacuerdos con el expositor. A fin de evitar las interrupciones, al inicio de la exposición debe recomendarse a los asistentes que anoten sus preguntas en fichas que, para este fin, se les distribuirán. Con el propósito de mantener el orden, conviene que el presentador, auxiliado por las edecanes, recoja las fichas y lea en voz alta cada una de las preguntas anotadas para que se les dé respuesta. El orador responderá de la manera más concisa posible y evitará establecer conversación personal, pues debe dirigirse a todos los asistentes. La honestidad debe imponerse: si se desconoce la respuesta, hay que reconocerlo públicamente en lugar de decir una mentira, y comprometerse a investigar el asunto.

La intervención que se transmite por radio o televisión

El escritor, la actriz, el político, el deportista profesional, el profesor de medicina, el industrial y el sindicalista saben la importancia que tienen los medios audiovisuales para su imagen y la de su profesión. Aprenden a utilizar esas herramientas esenciales de la comunicación moderna, ensayando regularmente diversos tipos de intervención con profesionales. Mantenerse en posición erecta, cambiar de expresión, educar la voz, modularla según la situación: todo ello es resultado de la práctica. La experiencia permite, sobre todo, descubrir la importancia del reflejo rápido, del arte de la réplica y de la concisión. Aquí no se dispone de mucho tiempo para captar la atención, sino sólo de algunos segundos o, a lo más, de uno o dos minutos. Las primeras palabras que se pronuncien y el estilo adoptado son determinantes.

Con el desarrollo de las cadenas de radiodifusión y televisión —sin contar los canales locales—, y su establecimiento regional, las actrices y las celebridades del deporte

Detrás de la aparente improvisación de un payaso, existen un arte y un mensaje perfectamente dominados.

y la política no son ya los únicos a quienes esto atañe. Todos aquellos que ejercen una responsabilidad o que toman una iniciativa quizá deban explicarla o justificarla frente a un micrófono o, en ocasiones, frente a las cámaras.

La conversación social

Carlos es un hombre muy simpático, pero habla demasiado y, para colmo, es un moralista. A menudo lo invitan a reuniones sociales y, precisamente durante una de éstas, como de costumbre, narró generosamente sus anécdotas y prodigó consejos. Ese día el grupo no estaba tan atento como en otras ocasiones. Un joven, Adrián, que había sido presentado a Carlos como un hombre brillante, bostezaba.

— ¿Por qué, joven amigo —preguntó Carlos—, usted que representa el futuro del país no ha hablado en toda la noche, ni siquiera para decir "Esta boca es mía"?

— Meditaba, señor —repuso Adrián—, en una máxima de Epicteto: *Habla lo menos posible. O no digas más de lo necesario y de manera breve.*

Naturalmente, no volvieron a invitar a Adrián y a Carlos a las mismas reuniones, pero éste empezó a leer a Epicteto. Desde entonces escucha más a sus interlocutores, y sus conversaciones son cada vez más interesantes. Entre otros cambios de conducta, evitó hacer declaraciones que podrían desagradar o ser objeto de burla.

La conferencia de prensa

Este concepto evoca la ceremonia ritual que reúne periódicamente a la prensa nacional e internacional alrededor de altos dignatarios de Estado. No obstante, con el desarrollo de las relaciones públicas y de los servicios de comunicación, este tipo de acontecimientos tiende a multiplicarse y a cubrir todas las áreas de la actividad social. Organizan conferencias de prensa las federaciones patronales y sindicales, así como los responsables de encuentros deportivos, culturales, científicos o turísticos, y en el nivel local, los grupos y asociaciones que se quieren dar a conocer. Además, cada día es más frecuente que los especialistas en comunicaciones sean quienes se encarguen de las relaciones con la prensa, ya sea escrita o electrónica. Así, resulta cada vez más difícil atraer la atención de los periodistas para que "cubran" ciertos campos de actividad. Las situaciones son demasiado diversas para que resulten de interés. Sin embargo, podemos recordar algunos principios generales:

❑ Los periodistas son muy solicitados. Por ello, conviene llamarlos con suficiente anticipación y, sobre todo, preparar los textos de prensa que atraigan su atención. Un texto débil o banal corre el riesgo de ir a dar a la cesta de papeles y frustrar el propósito de figurar en público.

❑ Un boletín de prensa bien preparado hará posible que los periodistas que no puedan asistir a la conferencia tengan, no obstante, todos los datos necesarios para hablar de usted o de su empresa de una manera conveniente. Además, un juego de fotografías siempre será muy apreciado en la sala de redacción.

❑ Una conferencia de prensa se prepara minuciosamente, redactando notas no sólo de los temas sobre los que se quiere hablar, sino también acerca de las preguntas embarazosas que los periodistas con gusto le harán.

❑ Se deberá verificar que la sala que se utilizará para la reunión cuente con un equipo de sonido adecuado y en buen estado, además de tener el mobiliario suficiente.

❑ El organizador de la conferencia hace una breve exposición introductoria. Leerla resultaría desastroso; por ello, la forma en que coloque las notas que le servirán de recordatorio es fundamental. Tenga cuidado, sobre todo, con las manos temblorosas que dejan caer las hojas y con las frases fuera de lugar.

❑ Responder a las preguntas requiere un conocimiento a fondo de los temas, así como escuchar atentamente y saber adaptarse y replicar con una buena dosis de humor y franqueza.

QUÉ HACER	QUÉ EVITAR
Informarse y dominar el tema.	Pensar: "No necesito prepararme, pues yo sé hablar y siempre hago las cosas bien."
Elaborar un plan muy preciso.	
Preparar notas de recordatorio con cambios de tema muy bien señalados.	Escribir la exposición.
	Leer la exposición.
Cuidar nuestra presentación. Tomar tiempo para respirar y relajarnos.	Dar curso libre a nuestras manías y gesticulaciones.
Mirar al auditorio con la idea de convencerlo.	Si no leemos, dejar que la exposición se desarrolle a través de digresiones y analogías.
Regresar periódicamente a los puntos importantes.	Emplear términos oscuros, enfáticos o pretenciosos.
Pasar de lo grave a lo ligero, de la broma a lo serio; es decir, dar variedad a los argumentos y a la forma del discurso.	Apresurar la conclusión por no haber previsto el tiempo con el que se contaba.
Respetar los límites de tiempo definidos.	Monopolizar la palabra.
Ceder la palabra a los asistentes y responder a sus preguntas.	Cortar la palabra a los interlocutores.
Intervenir en el momento oportuno y con eficacia.	No tomar en cuenta los argumentos de los otros participantes.
Sugerir más que afirmar.	
Hablar para procurar el intercambio y no para bloquear la discusión.	Confundir el hablar en público y la agresión con la búsqueda de soluciones.

LA EXPOSICIÓN ORAL

La palabra es el don más espontáneo que ha recibido el hombre. Aunque en los primeros años de vida del niño su adquisición es muy lenta, su uso se vuelve cotidiano y las posibilidades de desarrollo son casi infinitas. La palabra permite transmitir a un auditorio un mensaje que se comprende de inmediato, para que, a su vez, el auditorio se convierta en el emisor de su propio mensaje.

El mensaje verbal provoca generalmente una respuesta (retroalimentación). Cuando ésta existe, significa que el mensaje ha sido transmitido. Por ejemplo, si alguien pide sal, alguien más se la dará o le dirá que vaya a buscarla. Este tipo de mensajes prácticos es perfectamente comprensible. Pocas personas no dan una respuesta ante un mensaje oral.

Pero las cosas se complican cuando se trata de enviar un mensaje a un público que no está presente, o que está situado a cierta distancia. La exposición oral frente a un público es un tipo de comunicación muy distinto del intercambio directo de mensajes. En el primer caso, el emisor no espera una respuesta inmediata; habla durante media hora o una hora, sin recibir respuesta alguna por parte del auditorio. Ello hace que la exposición constituya una prueba difícil para el emisor y, a veces, también para el auditorio, dado que no existe un medio de control directo de la recepción. No obstante, aquí también se da la retroalimentación. Ésta puede ser positiva —atención constante, aprobación con movimientos de cabeza, aplausos—, o negativa —distracción, murmullos, protestas, etcétera. Tales actitudes, aunque son desagradables y desalentadoras, permiten demostrar la forma en que la aplicación de diversos recursos hace que una exposición tenga éxito o constituya un fracaso.

¿Quién habla?

Esta pregunta puede parecer extraña. En este caso es usted quien habla. Antes de tomar la palabra, deberá preguntarse: ¿Quién soy yo en relación con el auditorio? ¿Qué condición tengo que me autoriza a dirigirme a esta gente? Usted es, por ejemplo, profesor, responsable de una asociación de empleados al servicio del Estado; ese carácter debe determinar su comportamiento. Su método no será el mismo si es un eminente especialista en estrategias nucleares o si está sustituyendo a dicho especialista, del cual es su asistente. No hablará de la misma manera ni con la misma autoridad en cada uno de esos casos, aun cuando sea usted tan sabio como aquél. Nunca debe olvidarse que la exposición oral es una representación en la que va a interpretar precisamente el papel que se espera de usted. Si es un sabio, su auditorio no aceptará que trate con ligereza el tema que, supuestamente, domina, o que su exposición evidencie una absoluta falta de preparación. Es muy sencilla la situación, en teoría: el único papel que debe interpretar es el suyo, y eso es lo que se espera de usted.

¿A quién se habla?

Resulta indispensable conocer a los elementos que componen el auditorio: el número de personas, su extracción social, su edad, su sexo y los valores comunes del grupo. Pero tomar en cuenta al auditorio no significa que deba uno identificarse con él. Si va usted a dirigirse a un grupo de niños, no es necesario que se vista como niño con el pretexto de adaptarse, como tampoco es aconsejable que se engalane como para ir a una boda. No nos dirigiremos de la misma manera a una asociación de personas de la tercera edad que a un grupo de adolescentes. En tales casos, será preciso revisar nuestras fórmulas, referencias, ejemplos y toques de humor. Tampoco crea que es necesario emplear un vocabulario pedante frente a personas de niveles acomodados, ni términos malsonantes ante un auditorio popular. Sea simplemente usted mismo y así gustará a sus oyentes, sin artificios.

¿Dónde se va a hablar? ¿En qué circunstancias?

Infórmese previamente sobre la naturaleza de la reunión en la que va a participar. Es muy importante saber si la reunión es espontánea o si es resultado de una obligación. Resulta, en efecto, más difícil retener la atención de un auditorio cautivo que de uno que se ha reunido libremente. También deberá conocer el nombre y la personalidad de los otros participantes, los temas que se abordarán y el tiempo disponible para hablar.

Finalmente, es útil informarse sobre la disposición del lugar y las condiciones de la comunicación (micrófonos, acústica, etcétera). Disponga de antemano las reparaciones necesarias, si ello es posible o admisible.

En todos los casos, debe comprenderse bien cuál es la naturaleza precisa del acto: una conferencia no es una cátedra, y usted aburrirá a los oyentes si adopta un tono didáctico; una exposición informativa no es un simposio de especialistas, por lo que nadie le entenderá si utiliza términos demasiado técnicos. En cuanto a la duración del acto, no anuncie que va a someter algunas "breves" reflexiones a la consideración de su auditorio para tardarse luego una hora hablando y terminar al momento en que ya todos tienen que salir. En una exposición exhaustiva de una hora, ofrezca siempre lo que realmente se espera de usted; así es como logrará dar lo mejor, y cumplirá verdaderamente con su compromiso.

LA ACTITUD DEL ORADOR

Vayamos ahora a su presentación. La forma es un factor determinante del éxito de su exposición. A veces el auditorio que apreció mucho una conferencia se decepciona al tener el texto entre sus manos. Ello se debe a que el orador supo retener la atención no precisamente mediante el contenido de su discurso. A través de éste, una personalidad afirma su presencia. Por ello, no debe descuidar ninguno de sus modos de expresión.

Empecemos por todo aquello que no es la exposición propiamente dicha, pero que es necesario decir inmediatamente, como las limitaciones del expositor, el enfoque de su ponencia o algunas recomendaciones acerca de la conducta del público.

La voz

Para quien quiere expresarse en público, la voz es un elemento esencial, pues lleva el mensaje y afirma la "presencia" del orador. Por ello se debe producir de manera que se proyecte sin esfuerzo y en forma agradable, mediante su tono, modulación e inflexiones. No debemos menospreciar esta característica argumentando que "no somos locutores profesionales".

La voz debe trabajarse en cuanto a la articulación y la dicción, no tanto en el volumen, pues si utiliza un micrófono no tendrá que hacer un esfuerzo particular, salvo el de no acercarse o alejarse demasiado de él, y el de controlar sus gesticulaciones para no golpearlo a cada momento. Su respiración no debe escucharse como un soplido. No fuerce al máximo las posibilidades de su voz, a fin de conservar una reserva que le permita en un momento dado

variar el tono. Puede iniciar en voz baja para que se imponga el silencio a fin de que sus oyentes puedan escucharlo, y proseguir en un nivel normal. Es indispensable comprender que lo más importante es el contenido del discurso, y no las gesticulaciones exageradas ni los gritos que profieren algunos políticos en campaña.

La voz le permite destacar un hecho o una opinión de la misma forma que los caracteres en negritas o itálicas lo hacen en un texto impreso. Su entonación, sus inflexiones, sus variaciones de volumen desempeñarán el papel de verdaderos signos de puntuación.

Procure modificar el ritmo mediante la alternación de frases cortas y frases largas, y con pausas en los momentos idóneos, para mantener interesado al auditorio. Si la atención del público baja, es mejor detenerse durante un instante que hablar cada vez más fuerte. También se puede poner énfasis a las palabras o a las frases alargando el sonido inicial de lo que se quiere resaltar, o haciendo una breve pausa antes o después de la palabra o frase. No hay que olvidar que el contenido de nuestro discurso también es responsable del interés del público.

Los gestos

El discurso se transmite mejor si la palabra va acompañada y complementada por el gesto. En la Antigüedad se enseñaba el arte de la retórica, pero también el arte de la mímica. En Cicerón y Quintiliano encontramos observaciones relativas a esto.

Algunos programas de televisión, en los que un animador recibe invitados, resultan instructivos en esta materia. Las manías de una actriz que no deja de acomodarse el cabello mientras habla, o las de un cantante que acompaña cada frase con toda suerte de movimientos de mano, son a veces caricaturizados. En ellos puede convertirse en algo distintivo y en una especie de marca comercial, pero no sucede lo mismo en el caso de quienes no practican esas profesiones.

La naturaleza de los gestos depende de la cultura de origen, del país y de la época, pero hay algunos que son "universales". Todos ellos tienen un significado, y pueden traicionarlo aunque haya dominado usted su voz. Así que no hable de generosidad o de honestidad al tiempo que cierra los puños; de futuro, mientras deja caer las manos; de conciliación, apuntando con el índice en una actitud acusatoria. No declare su sinceridad al tiempo que desvía la mirada o que esconde una parte de su rostro, y no diga que el problema es simple, mientras se rasca la nariz o la barba, que son signos de perplejidad e incomodidad.

Los gestos ejercen una función precisa en el discurso y deben ir en armonía con éste. Acompañan el mensaje, lo complementan, o sustituyen a la palabra. Algunos gestos tienen el efecto de despertar la atención: los griegos y los romanos se golpeaban el muslo o la frente, o daban un golpe con el pie. No hay sociedad que no use ademanes.

En un banquete, el discurso debe ser más interesante que la comida... por un momento.

Hoy en día, en ocasiones se recurre a los gestos bruscos, como dejar caer el expediente sobre la mesa o arrojar un objeto frágil a sabiendas de que es irrompible, como unas gafas. Los gestos de este tipo también pueden acompañar a la indignación. Si usted no posee el sentido ni el dominio del gesto preciso, lo mejor será que se abstenga de hacerlo para evitar parecer autómata. En tal caso, lo más simple es unir las manos al frente, y colocarlas sobre la mesa, o cruzarlas en forma de puente, si estamos sentados. Al estar de pie, es recomendable unirlas por detrás; esto ofrece la ventaja de disimular ante el auditorio los posibles temblores de manos debidos al nerviosismo.

La presencia

Se trata aquí de su presencia física y de la proyección que emana de su persona. Es el lenguaje del cuerpo. En ello interviene el aspecto general, la forma de caminar, la manera de moverse en el espacio, las expresiones del rostro y de la mirada. Todos ellos son elementos que, junto con los gestos y la voz, constituyen su presencia. Ésta llega a ser tan importante en ciertas personas, que se les atribu-

ye "carisma", especie de don que Dios concede a ciertas personas para atraer y seducir con palabras. Ejemplo de ello es el discurso de Martin Luther King, I *Have a Dream* (*Tengo un sueño*), que permanecerá por mucho tiempo como ejemplo claro y emotivo de grandilocuencia.

En la primera etapa del contacto con el auditorio, usted tenderá a ver hacia el vacío; necesitará, por lo tanto, fijar la vista en un objeto y después mirar poco a poco a quienes lo escuchan, sin permitir que esto lo distraiga. Mantener el contacto visual es una regla absoluta, y por ello no resulta aconsejable leer el texto, pues dicho contacto no se establece. No obstante, es posible que deba leer algunos documentos. En tal caso, prepárelos con todo cuidado, indique las citas, que deberán ser breves, y léalos con soltura, tratando de mirar a sus oyentes.

PELIGROS DE LA EXPOSICIÓN ORAL
Dificultades de elocución

No debe lamentarse si carece de esa facilidad de palabra que le permitiría intervenir en todo y por todo. Sepa usted que el don natural de la facundia con frecuencia es responsable de que haya malos oradores que se consideran a sí mismos buenos, y que, por el contrario, la dificultad para hablar —e incluso algunos problemas del habla, como el tartamudeo— estimula la superación que produce los mejores oradores.

Captar la atención

El orador al que se escucha es quien sabe dar valor a su discurso mediante entonaciones, articulaciones y acentuaciones que dan a ciertas palabras una fuerza persuasiva y una intensidad particulares. A veces, se debe suspender el flujo de palabras para atraer la atención; otras, precipitarlas como si fuera un caso de urgencia. Un contraste hace sonreír; un matiz más personal conmueve. Las frases sinceras y directas dan muestras de confianza.

Asimismo, debemos evitar caer en las trampas del vocabulario, a saber:

❑ El uso de palabras de moda, pues por ser efímeras tal vez no las entiendan todos nuestros oyentes. Los jóvenes han puesto de moda vocablos como "rollo", "onda", "fresa", cuyos significados, además de no ser específicos, cambian con las décadas.

❑ Las muletillas, que son palabras o frases repetidas innecesariamente en el discurso, por ejemplo: "Hoy quiero hablarles de... este... el impacto de las... este... computadoras en la industria... este... latinoamericana."

❑ El empleo de anglicismos: "Visitamos un *mall* en el que encontramos una excelente *chance* para ir de *shopping*..."

Nerviosismo

Estar nervioso es un fenómeno complejo que no deriva únicamente de la técnica de la exposición, sino de todo un trasfondo psicológico. La sensibilidad es puesta a prueba por el nerviosismo, y en algunas personas es tan alta que no la pueden dominar; en consecuencia, tienen graves dificultades para hablar en público. Todos conocemos esa sensación de perder la memoria, de no poder articular una sola palabra, de sudar en frío, de tener seca la boca, de sentir temblores; todos hemos experimentado ese irresistible deseo de estar en otra parte o, por lo menos, de que no nos vean "hacer el ridículo".

Existen medios para disminuir el nerviosismo. Primero, es preciso prepararnos adecuadamente, sin incurrir en excesos; debemos, cuando mucho, escribir la primera frase de la exposición, es decir, acostumbrarnos a la temperatura del agua antes de lanzarnos de lleno a la alberca.

Después, si aún nos sentimos inseguros, será necesario preparar un plan muy detallado. Para concluir, podremos redactar una frase final. Así, podremos nadar aunque tengamos que hacerlo con la ayuda de un salvavidas.

Un buen método consiste en crear un esbozo de diálogo antes de la exposición, lo cual permite restarle dramatismo a la situación. Sirve para afirmar la presencia del auditorio y vencer el miedo que le tenemos. No es recomendable decir "¿Me escuchan?" o golpetear 10 veces el micrófono, cuando es evidente que todo el mundo lo escucha. El nerviosismo surge como una angustia originada por el miedo a lo desconocido, percibido como un peligro. Finalmente, tiene un origen psicológico inesperado: es, en el fondo, la subestimación de sí mismo lo que conduce al sujeto a mostrar una conducta de fracaso y no a afrontar la realidad y el juicio de los demás. Sería útil, entonces, que reflexionáramos sobre la naturaleza de nuestra inhibición o angustia, y que observáramos la forma que adopta nuestro nerviosismo.

MÉTODO DE EXPOSICIÓN
Preparar y conocer el tema

Quien se proponga hablar frente a otros debe, evidentemente, conocer su tema o, si se trata de una exposición de circunstancias, complementarla con información y detalles originales. No es posible improvisar durante mucho tiempo; si no se prepara el material, la ilación se hace mal, no se ofrecen los ejemplos pertinentes, las metáforas son pobres y no siempre afortunadas. La exposición oral debe cumplir su primera función, que consiste en aportar realmente un contenido, dar sustancia al discurso; es esto lo que se denomina *función referencial*.

Si puede usted elegir el tema, escoja uno atractivo, actual, polémico; evite hablar de asuntos acerca de los cuales ya se han dado todas las conclusiones. Si no puede escogerlo, intente refrescarlo actualizándolo, modificando la forma en que antes ha sido presentado, creando comparaciones adecuadas a la época.

Recopilación de datos

Sin entrar aquí en el detalle de la investigación intelectual, recordemos que para profundizar en un tema la documentación debe ser de buen nivel y, por lo tanto, confiable. Tenga cuidado con los documentos de segunda mano, las compilaciones más o menos bien hechas o las interpretaciones cuya pertinencia es cuestionable. El método de fichas de contenido es muy efectivo, sobre todo si usted va a repetir varias veces su exposición; le permitirá actualizar su tema y puede servirle en caso de nerviosismo. Sobre las fichas ordenadas por tema, anote lo que debe aprovechar de la documentación. Clasifique los hechos importantes y las ideas centrales. En cuanto a los comentarios, escríbalos aparte, ya sea para adoptarlos o para criticarlos. Una vez hecho esto, es el momento en que interviene la operación fundamental: la elaboración del plan.

El plan

Más que cualquier otra cosa, el plan es un armazón que le permitirá sostener todos los elementos que va a utilizar. La labor de reflexión que hará sobre el tema es la que le

Según las circunstancias y las personas, algunas exposiciones hacen historia.

sugiera o le imponga el plan. Tendrá dominado el tema en el momento en que pueda exponerlo en unas cuantas palabras y ofrecer una conclusión. No existe un plan aplicable a todos los casos; sólo hay algunos modelos que pueden ser útiles. Antes se decía que era necesario esta-

El arte de la oratoria

Quintiliano, el retórico hispanolatino del siglo I que escribió un extenso tratado sobre la materia, definía ya la oratoria como el arte del bien decir pero, también, de la persuasión; Pascal hablaba de persuadir mediante "la verdad y la voluptuosidad". El arte de la oratoria debe, en lenguaje moderno, cumplir las funciones apelativa y poética del lenguaje. Debe también cumplir la función referencial, que informe útilmente al auditorio.

Lo que en otros tiempos se llamaba retórica buscaba dar a los alumnos los medios para instruir y persuadir, gustar y conmover. Recurría de manera formal a los "lugares oratorios", es decir, a argumentos utilizados como prueba, por ejemplo: los hechos, los valores y las definiciones, pero también el ejemplo, las opiniones y las máximas.

Dichos lugares oratorios se inscribían en los modelos tipo de reflexión, entre los cuales el silogismo era el más conocido: "Todos los hombres son mortales; Sócrates es un hombre, por lo tanto, Sócrates es mortal." Otro ejemplo es el argumento de autoridad expresado en la forma *magister dixit* ("el maestro lo ha dicho", por lo tanto, es verdad). También citemos la deducción, la inducción, el dilema, el ejemplo o argumento personal, el argumento *a fortiori*, la analogía, etcétera. Nos llevaría demasiado espacio hablar en detalle de la enseñanza de la retórica.

Primero se deben elegir argumentos sólidos y no coleccionar, en forma a veces ridícula, una multitud de argumentos secundarios. Éstos hacen las veces de las tropas en un campo de batalla. Sólo los más fuertes lograrán el triunfo, si están dispuestos con orden y método.

Sus argumentos deben integrarse al discurso y apoyarlo. Si algunos son débiles, mándelos a la retaguardia o deséchelos, pero nunca los ponga en primer plano, pues le restarán credibilidad a su exposición. En la situación que describimos en este capítulo, no hay un adversario directo, como en un debate; usted es el único que ordenará el conjunto de elementos que habrán de instruir, persuadir y distraer, y que, finalmente, llegarán al gusto de su auditorio.

Finalmente, permite llevar a su punto más alto las tres funciones esenciales de la expresión oral: la función fática, es decir, la manera de establecer una comunicación perfecta entre el emisor y el receptor; la sintomática, que consiste en dar relieve al discurso; y la poética, que busca la estética de la palabra.

blecer tres partes en el plan: tesis, antítesis y síntesis. Aún hoy puede seguirse dicho método, pero presenta algunos inconvenientes. Con mucha frecuencia obliga a exponer tres veces los mismos hechos, a incluir forzadamente el punto de vista contrario y a crear una síntesis imposible o improbable entre dos puntos de vista contradictorios.

De hecho, la forma de razonar dictaba el plan. Ahora bien, no se debe confundir el proceso de reflexión con el modo de presentación. La coherencia del conjunto es indispensable, la elección del número de partes depende de la naturaleza del tema y de su extensión. Así, en el caso de una conferencia prolongada, se pueden yuxtaponer diversos puntos de vista, clasificándolos en forma racional. Supóngase que vamos a hablar sobre el perro. Tendremos los siguientes puntos de vista:

— etimológico (*Canis familiaris*)
— zoológico (cánidos)
— histórico (Egipto)
— taxonómico (razas)
— pragmático (transporte, caza, guardia, socorro)
— biológico (reproducción)
— práctico (crianza, entrenamiento)
— sociológico (uso social)
— literario (*Flush, El sabueso de los Baskerville*).

Esta exposición es puramente descriptiva. Si no quiere que su auditorio se aburra, tendrá que hacerla atractiva mediante la introducción de una problemática y la elaboración de un plan interno para cada parte. Así, por ejemplo, en la sección zoológica, plantee el enigma de la inexistencia del perro en estado salvaje; en la sociológica, introduzca el tema de los perros en las grandes ciudades y de su número en relación con la cantidad de niños, etcétera.

TIPOS DE PLANES
El plan descriptivo
Como su nombre lo indica, se limita a yuxtaponer observaciones, a describir hechos y situaciones. No es un plan muy elaborado, sino más bien un método de clasificación. Si no lo domina, puede convertirlo en una masa de datos.

El plan analítico
En esta clase de plan se refleja una labor de análisis más o menos profunda, en la cual la información se expone según los criterios de semejanzas y diferencias, generalidades y particularidades, lo cualitativo y lo cuantitativo, etcétera. Existen muchos planes de este tipo, pero su inconveniente es el carácter un tanto mecánico del paso de la primera parte a la segunda.

El plan histórico o cronológico
Aquí la articulación es más sencilla, pues se hace sobre una fecha o un periodo histórico, como el desajuste social provocado por la Revolución Mexicana o la emigración de

La elocuencia puede ser una cualidad innata, pero también se cultiva.

españoles a América como resultado de la Guerra Civil. Es un plan simple, donde lo más importante es no equivocarse con las etapas. Presenta el inconveniente de ser demasiado lineal y de dificultar la síntesis.

El plan sintético

Es el más elaborado y el más difícil de construir. Generalmente se hace en dos partes. Es un plan de ideas. El proceso consiste en ligar dos conceptos, A y B, y estudiar el uno desde el punto de vista del otro. Este método se encuentra en Pascal: 1° la justicia sin la fuerza; 2° la fuerza sin la justicia. Este plan se acerca al de tesis, antítesis y síntesis, pero el modo de presentación parte de la síntesis, a la que se llega por medio de una reflexión previa. En ninguna parte está escrito que se deba hacer un plan en dos o tres partes. La experiencia demuestra simplemente que la alternancia de dos partes es la más sencilla, tanto para el orador como para el auditorio.

Pero, aun si se recurre a un plan en tres partes, será útil regresar a un movimiento binario entre las subpartes. Dicho movimiento mantiene la atención y facilita la memorización tanto al orador como al público.

PARTES DEL PLAN

Ahora, aborde francamente y con un buen gancho la primera parte, recordando su tema. Si éste se va a dividir, como

es recomendable, dé a conocer el plan interno. El mismo proceso se aplica a la segunda parte de la exposición. Pero tenga cuidado: no caiga en el error contrario, es decir, en la manía por el plan, que consiste en pasar el tiempo anunciando lo que haremos.

Este tipo de exposición resulta totalmente indigesto. Se debe, entonces, dar mucha suavidad a los cambios de tema para que el discurso sea riguroso, sin que por ello pierda soltura o naturalidad.

La introducción

Tal vez parezca paradójico que tratemos este punto después del plan. De hecho, esta parte de la exposición, llamada exordio, debe elaborarse al final. En efecto, debemos saber primero adónde y por dónde vamos, para poder indicarlo a los demás.

Entonces, después de haber armado el cuerpo de la exposición, prepararemos la introducción. Debe llevar, en primer lugar, un medio de ataque, llamado "gancho". Puede consistir en un principio, una paradoja, una anécdota, una cita, una pregunta, un hecho o un toque humorístico.

Después debe exponer su tema y "venderlo", mostrando el interés particular que tiene para el auditorio, su actualidad y, finalmente, la originalidad de su enfoque. Luego de este aspecto, que busca motivar al auditorio, se debe introducir el tema propiamente dicho. Por ello resulta importante dar en la introducción una definición de los conceptos esenciales y delimitar lo que usted va a tratar; después indicará lo que quiere demostrar.

Como final de la introducción, mencionará breve pero claramente su plan. No ofrezca toda la sustancia de su exposición en la parte introductoria, pues dará la impresión de repetir y prolongar inútilmente la conferencia. Una vez que ha expuesto su plan, debe apegarse a él plenamente y dar a cada parte un peso suficiente para justificar el haberla incluido. Por ejemplo, si tiene que hablar de las causas y los efectos de la malaria, no omita la segunda parte, pues su auditorio se decepcionaría.

La conclusión

El final que usted se fijó, la conclusión, es en esencia un cierre; esto significa que va a terminar de hablar. Debe, en primer lugar, anunciar que va a concluir y no interrumpir bruscamente una peroración relacionada con la segunda parte. Una vez anunciada su conclusión, termine pronto, pues la atención habrá empezado a disminuir.

La conclusión no debe repetir el tema, salvo en alguna frase; no es una posdata ni una fe de erratas. Tampoco debe tomar el aspecto de un cierre total. Por ello, su última frase debe llevar una apertura que invite a otro nivel de reflexión, a otro concepto, a otra perspectiva.

QUÉ HACER	QUÉ EVITAR
Intervenir con eficacia.	Improvisar sobre un tema que no conocemos bien.
Conocer profundamente el tema.	Hablar demasiado, entre dientes o con imprecisiones.
Sugerir, más que afirmar.	No tomar en cuenta los argumentos de los otros participantes.
Dominar las técnicas de la expresión oral: respiración, articulación, entonación, acentuación.	Confundir el hablar en público y la búsqueda de soluciones con la agresión verbal.
Hablar para propiciar un intercambio y no para bloquear una discusión.	Hablar siempre de uno mismo, en lugar de abrir el debate.

LO QUE NUNCA DEBEMOS HACER

Movimientos con las manos

jugar con las llaves, el bolígrafo, el reloj, el encendedor o cualquier otro objeto

limpiar los anteojos

ponernos y quitarnos los anteojos, los anillos, los aretes, el reloj...

volver hacia uno y otro lado las hojas de anotaciones

estirarnos, o alisarnos la barba o el bigote

abrir y cerrar el abrigo

dar la impresión de que estamos buscando algo continuamente

ajustarnos la corbata

prender un cigarrillo tras otro

tronarnos los dedos

Movimientos corporales

mover sin cesar los pies

mostrar la suela de los zapatos

cruzar una y otra vez las piernas

caminar de un sitio a otro sin parar

Gesticulación

meternos las manos en los bolsillos

rascarnos, frotarnos, etcétera.

apoyarnos en el brazo

gestos impulsivos

ademanes exagerados

gestos que indiquen tensión

ademanes que no correspondan a lo que se dice

expresiones que tiendan a manipular la opinión del público

gestos inoportunos

Manías verbales

carraspear innecesariamente

toser sin motivo

emitir voces como *mmhh... aahh...*

muletillas: este... o sea... esto... ¿me entienden?... no sé si me comprenden... de alguna manera... como decía... pues sí, efectivamente...

PROGRAMAS Y CARTELES

Siempre llega el momento en que todo comerciante, todo miembro de una asociación o de un sindicato quiere transmitir cierta información al público. Dada la circunstancia, se le presentan dos posibilidades: hacerlo con sus propios medios o confiar la labor a un profesional; en cualquier caso, debe conocer ciertas reglas esenciales que le permitan ejecutar o juzgar el proyecto que se le presente.

A partir de un boletín de prensa, hemos redactado y diseñado un programa y un cartel muy sencillos.

Asociación de Comerciantes de la Avenida Insurgentes

AVISO

Santa Claus gigante, en la Plaza Fuentes

La Asociación de Comerciantes de la Avenida Insurgentes de la Ciudad de México, en ocasión de las fiestas navideñas, expondrá un Santa Claus gigante, de 12 m de altura, en la Plaza Fuentes, del 15 de diciembre de 1993 al 2 de enero de 1994.

El Santa Claus, elaborado por iniciativa de dicha asociación, permitirá apreciar el talento de los estudiantes de artes plásticas de la Universidad Nacional, quienes concibieron y realizaron esta obra.

La iniciativa servirá para mantener la tradición festiva de esta plaza y será un preludio de las fiestas que se llevarán a efecto dentro de algunas semanas.

Un grupo de comediantes presentará un espectáculo para niños, después del cual repartirán regalos entre los presentes, el 18 de diciembre, a las 15:00 horas.

EL PROGRAMA

Al impreso que anuncia las partes de que constará un espectáculo o un acto público, y las circunstancias en que ocurrirá, se le denomina programa. Los teatros comunican de esta manera lo referente a la función, y algunas escuelas lo utilizan para dar a conocer sus cursos. Tiene un formato estándar, de 21 x 27.5 cm (tamaño carta), el cual, una vez plegado en tres, se presta para la distribución masiva. El programa contiene menos información que el boletín de prensa, pues en la comunicación promocional es mejor decir lo esencial, con un propósito único: llamar la atención del mayor número de personas. El boletín de prensa que detalla la actividad será el complemento indispensable de la parte promocional, y servirá como base de los artículos que se publiquen en la prensa local.

Asociación de Comerciantes de la Avenida Insurgentes de la Ciudad de México

SANTA CLAUS GIGANTE

PLAZA FUENTES
UN SANTA CLAUS GIGANTE DE 12 METROS DE ALTURA DEL 15 DE DICIEMBRE DE 1993 AL 2 DE ENERO DE 1994

SÁBADO 18 DE DICIEMBRE, 15:00 HORAS
ESPECTÁCULO PARA NIÑOS
Y OBSEQUIO DE JUGUETES

El Santa Claus fue realizado por los estudiantes de artes plásticas de la Universidad Nacional, con el financiamiento de la Asociación de Comerciantes de la Avenida Insurgentes de la Ciudad de México.

Un programa contiene:

— Como encabezado, el nombre de quienes organizan la iniciativa y de quienes la patrocinan.

— Un *slogan*, que indica una sola idea, considerada la más importante. En otros casos, lo que se destaca es la originalidad de la iniciativa.

— En caracteres menos sobresalientes, la información práctica indispensable (tamaño del Santa Claus, fechas y lugares de exhibición, por ejemplo).

— Finalmente, hasta abajo y en letras pequeñas pero de tamaño legible, los nombres de los organizadores de la iniciativa y, por respeto a su trabajo, la mención de los realizadores de la obra.

Un dibujo del Santa Claus alegrará el programa y atraerá la atención de los niños, principalmente la de los que aún

En los puestos de periódicos, las novedades se anuncian por medio de carteles, generalmente; pero también las portadas de las publicaciones sirven para este propósito.

no saben leer (el programa va dirigido sobre todo a los niños y a sus padres, antes que a otros habitantes de la ciudad, por lo cual es muy importante hacerlo atractivo).

EL CARTEL PUBLICITARIO

Al igual que el boletín de prensa, el cartel publicitario es un complemento indispensable del programa, pues proporciona información al público al que no se llegaría por otros medios, y sirve para dar difusión al suceso. El diseño del cartel puede ser el mismo que el del programa. No es obligatorio, pero, en todo caso, el *slogan* sí debe reproducirse con el mismo tipo de letra, para que el evento sea fácilmente identificable. Por esa misma razón, el dibujo también será idéntico. Es importante saber que un texto extenso no es ni necesario ni útil. Lo que da calidad al cartel es el diseño, la tipografía, los colores y el formato.

Exhibición

Es muy importante que el cartel se exhiba por doquier, sobre los muros y paneles, para que no pase inadvertido; pero primero debemos cerciorarnos de que los reglamentos locales no prohíban hacer esto. En la Ciudad de México, por ejemplo, está prohibido pegar carteles en árboles y en propiedad privada.

El *slogan*

El lema o la frase clave que sirve para identificar de inmediato el producto o el espectáculo objeto de una campaña publicitaria se denomina *slogan*, y le corresponde una sola idea esencial, para que sea fácil de retener en la memoria. Esta idea se escoge con base en las características del producto o del evento por promover. Con frecuencia los *slogans* son juegos de palabras.

Veamos un ejemplo. Dos empresas que ofrecen y venden productos por correspondencia elaboraron sendas campañas, cada una en torno a un *slogan* con una idea esencial. Una eligió la frase "48 horas", aludiendo a la rapidez de la entrega, y la otra optó por "Mi juguete". Ambos son breves; el público los retiene fácilmente y su elección de compra se orientará hacia el catálogo de la empresa cuyo *slogan* haya logrado mayor identificación. Una idea esencial impresiona y, en ciertos casos, hace la diferencia. Es el caso de "48 horas", la frase del almacén de ventas por correspondencia que garantizaba una entrega rápida.

El *slogan* y la idea esencial deben impresionar, lo cual no significa desagradar o agredir, sino seducir o estimular la imaginación. Finalmente, es fundamental determinar con precisión el objetivo, es decir, el sector de la población al que se dirige la campaña. El *slogan* puede variar en función del objetivo y de los medios utilizados. Así, por ejemplo, la publicidad para un producto de lujo llegará mejor a su objetivo a través de una revista de alto prestigio que por medio de un diario popular, como la mayoría de los que se dedican a reseñar los encuentros deportivos.

La redacción

En un principio, el "anuncio" servía para vender productos: tenía un carácter meramente comercial. Hoy en día, la publicidad se ha colocado por méritos propios entre las ciencias de la comunicación, que cubren múltiples aspectos de la vida social. Sin embargo, ciertas reglas de redacción, a veces simples, rigen esta actividad.

He aquí siete reglas que se deben respetar para lograr la mejor redacción del texto de un mensaje publicitario, de un programa o de un cartel:

— **Conocer el público** al que se habla: el objetivo. La pregunta "¿A quién me dirijo?" es la primera que debemos plantearnos. Para que sean leídos nuestros mensajes, tenemos que adaptarnos a la forma de pensar y al vocabulario de los receptores, y definir los estratos sociales que nos interesan (categoría socioprofesional, edad, ubicación geográfica, etcétera). Ello permite determinar con precisión el estilo de la redacción, así como el gráfico, y también el número de programas y carteles que se imprimirán y repartirán.

— **Definir el contenido del mensaje** que se transmitirá. "¿Qué quiero decir?" Un buen material publicitario se estructura en torno del *slogan*, la frase que contiene la idea esencial. Todos los elementos deben articularse de manera que el lector los comprenda y retenga.

— **Seleccionar y jerarquizar la información.** No debe haber más de una idea esencial por *slogan*. Pero, como no es posible decirlo todo en una frase breve, debe seleccionarse la información que se quiere dar a conocer, y utilizar sólo aquella que sirva de apoyo a la idea esencial.

El folleto sigue las mismas reglas de expresión y comunicación que el programa, pero su producción resulta más costosa.

— **Emplear un vocabulario sencillo.** Es aconsejable escribir frases muy cortas. No es siempre necesario agregar adjetivos o complementos.

— **"Vestir" el texto.** Utilizar el *slogan* como título, complementarlo con recuadros o elementos visuales (mapas, gráficas, dibujos, figuras). Considerar el uso del color y del blanco y negro.

— **Releer el texto.** Se trata de ir a la caza de errores, como repeticiones, frases confusas, mala sintaxis, ortografía, frases demasiado largas, adjetivos inútiles e, incluso, palabras faltantes.

— **Presentar un boceto bien hecho:** la impresión del programa o del cartel es más sencilla en la medida en que el boceto esté bien presentado

Para la impresión y la difusión de estos materiales no se requieren muchos recursos. Generalmente se utilizan dos tipos de impresos:

— El folleto. Su formato es pequeño; consta de dos o tres hojas dobladas y se acompaña de algunas ilustraciones. Debe ser muy claro el mensaje.

— La hoja volante. Es una simple hoja fotocopiada o impresa mediante procesos sencillos, que permite difundir una información de manera muy rápida.

Producción y difusión

Se debe definir el estilo del cartel, es decir, la concepción gráfica del documento, los colores (cuántas tintas), el formato, el tipo y la cantidad de papel y la distribución del diseño en la página.

La producción comprende dos actividades importantes: la composición del texto (la escritura en computadora que le dará las características definitivas) y su distribución con base en el boceto. Es necesario tomar algunas decisiones antes de pedir que se haga la composición:

— el tipo de letra
— el tamaño
— la interlínea
— los colores.

Puede solicitar usted la asesoría o los servicios de un diseñador gráfico para que le proponga diferentes soluciones y tamaños. La producción del boceto debe confiarse a un impresor, al cual le pedirá un presupuesto. Finalmente, se debe elegir con cuidado el medio idóneo para la difusión del mensaje.

El cartel publicitario permite, mediante los recursos gráficos (fotografías, dibujos), sugerir o "decir" un gran número de cosas sin depender únicamente del texto. La prensa comparte las mismas características. La televisión, el cine y la radio hacen posible ilustrar un *slogan* mediante la imagen animada y la voz grabada. Estos medios son sumamente costosos; sólo los grandes anunciantes pueden recurrir a ellos.

EL PANFLETO

Para dar a conocer posturas políticas, sindicales o sociales se recurre al panfleto o pasquín. Su publicación es motivada por algún acontecimiento, y constituye un medio de respuesta rápida y de información masiva.

El panfleto no tiene un estilo obligatorio, sino una exigencia: contener sólo una idea, con frecuencia de carácter difamatorio. En él, todas las formas de expresión complementarias están permitidas: dibujos, gráficas, cuadros, fotografías... Hay un imperativo que se debe respetar: la diversidad. Algo que evitar: la monotonía.

PROGRAMA - CARTEL - PANFLETO: SUS CARACTERÍSTICAS
Programa: Material publicitario ligero, que se utiliza con fines comerciales.
Panfleto: Material de propaganda que sirve para dar a conocer posturas políticas, sindicales, etcétera. Con frecuencia es de carácter difamatorio.
Cartel: Material ligero, complementario a los dos anteriores, y suficientemente legible para colocarlo sobre los muros durante un tiempo determinado. El cartel no debe presentar el mismo contenido que el panfleto.
El programa y el cartel publicitario deben ser sucintos y legibles; estarán impresos en color (de preferencia) y llevar ilustraciones, fotos, dibujos y otros recursos gráficos.
El panfleto puede ser más extenso (salvo cuando se anuncia un mitin o una reunión), aunque entonces pocos lo leerán, dado el principio de que el texto más largo se lee menos.

UTILIZAR EL MATERIAL APROPIADO
• Determinar cuál es el público al que nos dirigimos (el objetivo) y definirlo con precisión.
• Analizar sus preocupaciones, necesidades, gustos y "estilo".
• Definir un *slogan*: una idea concisa y atractiva; en el caso del panfleto se llama *consigna*.
• Decidir qué medios se utilizarán.

SEIS REGLAS DE REDACCIÓN	CARACTERÍSTICAS TÉCNICAS
• Conocer el público al que uno se dirige: el objetivo. • Seleccionar y jerarquizar la información. • Emplear un vocabulario sencillo. • Redactar el texto. • Releer el texto. • Presentar una copia legible.	• Estilo • Colores • Formato • Papel • Tiraje (cantidad de ejemplares)

¿Qué reglas deben conocerse antes de redactar un panfleto?:

— Pensar en los lectores: a quién se dirige, cuáles son sus preocupaciones y su situación, a fin de adaptar mejor los argumentos si se trata de convencer, o para darse a entender mejor. Quien escribe debe elegir cuidadosamente sus palabras, no de acuerdo con el sentido que tienen para él, sino del que tendrán para los lectores. Quizás a veces haya que basarse en el uso de las palabras, más que en las reglas.

— Ordenar las ideas: antes de redactar, hacer un esfuerzo por ordenar nuestras ideas, y proceder con orden y con lógica. Un plan bien concebido y dispuesto aclara y prepara de manera decisiva la producción.

— Ser breve: un panfleto debe ser un material que se lea con rapidez. Si se quiere obtener mayor eficacia, es más útil realizar dos o tres panfletos para expresar ideas diversas, en lugar de uno solo, pesado e indigesto.

— Redactar un texto sencillo: la escritura no tiene virtudes mágicas, pero se deben respetar algunas reglas. La principal de ellas consiste en empezar por la relación de hechos, es decir, responder, en forma esquemática, a las preguntas: ¿Quién? ¿Cómo?

De esta manera, el lector entrará directamente al meollo del asunto. La introducción del texto debe ser una invitación para leerlo completo; su función primaria consiste en decir inmediatamente de qué trata y dar la magnitud del acontecimiento. Después se podrá comentar cómo, por qué y qué se propone.

Una redacción clara también debe contener títulos secundarios, párrafos bien espaciados (cuando menos dos líneas), espacios en blanco entre títulos principales y títulos secundarios, y palabras subrayadas.

— Después de la redacción: el texto debe diseñarse y complementarse con recursos gráficos. El panfleto no estará terminado sino hasta que se encuentre un título que estimule la curiosidad y sea incisivo. El subtítulo permite, en caso necesario, explicar el título, precisarlo. Una tipografía adecuada ayuda al lector y destaca lo que se considera más importante. Es un poco similar a las inflexiones de la voz o a los gestos de alguien que habla.

LA PANCARTA

Tiene un uso muy frecuente como medio para comunicar consignas políticas y sociales. La vemos en todas las marchas de protesta contra el gobierno, o en cierto tipo de manifestaciones de apoyo a instituciones, a políticas o a principios morales o religiosos. Así, el aborto, el desempleo, la guerra —y la paz—, la libertad de cultos y los derechos de la mujer "salen a las calles" en pancartas.

CÓMO ORGANIZAR UNA JUNTA

En nuestra sociedad se hacen intercambios personales, cada vez con más frecuencia, durante las juntas. En las empresas, en las colonias, en los edificios en condominio o en las escuelas, la gente se reúne para hablar, para resolver problemas o, simplemente, para disfrutar del placer de estar con las personas a quienes quiere. Es así como, tarde o temprano, todos nos hallamos ante la necesidad de participar en una junta y, tal vez, incluso ante la perspectiva de ser nosotros mismos los organizadores. Aunque el orden del día (lista de asuntos por tratar, en caso de que la junta revista cierta formalidad) y la participación ordenada juegan un papel esencial en este tipo de intercambios, se debe también respetar un cierto número de reglas para que la junta sea un éxito total y produzca los resultados que de ella se esperan.

Seguimos en el contexto de la comunicación y la vida social, y para ayudarle a conducir eficazmente una junta o a sacar el mejor partido de su participación, presentaremos algunas reglas sencillas que le servirán para superar los principales escollos.

JUNTA DE PADRES DE FAMILIA

Este tipo de reunión puede ser convocada por el director o por el comité de la sociedad de padres de familia de la escuela. Hemos redactado un citatorio como ejemplo, e indicaremos lo que se debe hacer para que todo se desarrolle sin tropiezos.

Citatorio

El Comité de la Sociedad de Padres de Familia de la escuela San Francisco le invita a participar en la junta que con motivo del nuevo año escolar 1994-1995 **se llevará a cabo el lunes 5 de septiembre, a las 19:00 horas, en el aula magna.**

En esta junta se definirá nuestro plan de acción para el ciclo lectivo, y se informará a los padres de los alumnos de nuevo ingreso acerca de las actividades de nuestra sociedad.

Se dará prioridad al problema de las comidas en la cafetería, así como a la posibilidad de contratar vigilancia para la hora de salida de clases. Requerimos su apoyo respecto a estos puntos, a fin de que una delegación de padres pueda reunirse con el director dentro de algunas semanas. Para los padres que vengan acompañados de sus hijos, habrá un servicio de guardería.

Si requiere información adicional, favor de comunicarse con el señor Otilio Jiménez, al 2-23-45-67.

Atentamente,

Por el Comité de la Sociedad de Padres de Familia,
Sr. Otilio Jiménez

Fecha de envío de los citatorios

El 22 de agosto, es decir, 15 días antes de la junta, se enviarán los citatorios. Es un plazo razonable: si se mandaran antes, los padres podrían olvidar la fecha; si el envío se hiciera demasiado próximo al día de la junta, podrían tener ya otros compromisos.

Preparación

El nombre del organizador de la junta debe aparecer claramente escrito (Comité de la Sociedad de Padres de Familia de la escuela San Francisco).

— La fecha, la hora y el lugar de la junta deben destacarse mediante el empleo de un tipo distinto de letra (negritas, en este caso).

— El lugar de la junta debe ser conocido por todos, de fácil acceso y, si es posible, localizarse en un punto de paso obligado (la escuela, por ejemplo).

— La hora de la junta debe propiciar la asistencia del mayor número posible de citados (a las 19:00 horas es mejor que a las 14:30, pues los padres salen tarde de sus trabajos). Como cada quien organiza de manera diferente su tiempo, el problema de la hora es más complejo que el del lugar; pero esto no debe impedir la organización de juntas, pues difícilmente podrán asistir todos los padres cada vez que se les convoque.

Orden del día

Es necesario informar desde antes a los participantes sobre los asuntos que se tratarán en la junta; así, cada quien podrá considerar si es de su interés, y asistir ya con ciertos antecedentes.

Envío del citatorio

Generalmente se puede enviar por correo, o entregarse en propia mano a cada padre. Pueden usarse carteles también, para llegar a todos los interesados, a los socios de reciente ingreso y a quienes no participen en las actividades de la sociedad.

CUIDADO: Enviar a los padres el citatorio por medio de los alumnos es poco recomendable, dado que ellos conceden poca importancia al hecho y el confiarles el mensaje es arriesgarse a que haya muchas ausencias. Pero si tuviera que hacerse así, convendría enviarlo junto con las calificaciones, que por fuerza revisarán los padres.

CUIDADO: ¿Se debe enviar una invitación o un citatorio? Aunque el propósito sea el mismo, ¿qué palabra usaremos? Esto depende de la situación. El gerente de una empresa puede permitirse citar a los empleados que dirige, porque existe una relación jerárquica. Sólo él puede juzgar los términos que empleará. En cambio, en una asociación o sindicato no son bien vistas las relaciones jerárquicas, y se pueden herir susceptibilidades si se usa el término "citatorio"; tal vez sea mejor utilizar "invitación". A final de cuentas, lo que se busca es la asistencia mayoritaria.

REUNIÓN DE SOCIOS

Vamos a indicar ahora cómo se organiza una asamblea general anual de socios. La copropiedad tiene sus exigencias, en especial la de reunirse periódicamente, digamos, una vez cada año, en una fecha fija. La primera asamblea se verifica en el primer aniversario del nacimiento de la sociedad. El citatorio o la invitación para asistir a dichas asambleas debe enviarse a todos los socios y a los acreedores, 15 días antes de la fecha en que se verificarán; estará mecanografiado y se enviará por correo ordinario. Para cerciorarse de que todos estén al tanto, se debe también pegar un aviso en un lugar visible al que acudan frecuentemente los socios. El envío postal debe incluir todos los documentos pertinentes, como el presupuesto y el orden del día, el cual considerará un tiempo para las intervenciones particulares. En el caso de asambleas extraordinarias, convocadas por un administrador o un acreedor, referentes a problemas que requieren de una intervención rápida, el plazo para el envío del aviso es de 10 días. Las asambleas generales anuales deben necesariamente tener quórum, es decir, una asistencia mayor del 50% (con un socio más basta) de los copropietarios o de sus representantes —la estructura interna de una asociación puede tener distintas especificaciones—. Ciertas decisiones (obras mayores, enajenación de bienes, procesos legales) deben ser aprobadas por unanimidad. En ambos casos, se debe enviar una copia del acta a todos los interesados, dentro de los 15 días posteriores a la reunión.

CÓMO ORGANIZAR UNA JUNTA
La preparación

— Es esencial establecer un orden del día, es decir, la lista de temas que se tratarán y la secuencia en que se abordarán. Una junta en la que se quiere arreglar todo está de antemano destinada a fracasar. Es mejor organizar dos o tres juntas, en lugar de una sola de la que no salga nada. Un orden del día preciso permite delimitar los problemas y tomar decisiones; incluso ayuda a poner límite al tiempo que se le dedicará.

— Fijar uno o varios objetivos precisos a partir del orden del día. Éstos no irán en contra del sentido de las decisiones que se vayan a tomar, pero evitarán que se olvide el propósito primario por el cual se convocó a la junta.

— Si la junta es de trabajo, conviene limitar el número de participantes. Cada uno debe tener una razón clara para estar ahí. Con frecuencia, la confusión aumenta con la cantidad: todos quieren intervenir, la junta corre el peligro de prolongarse, los participantes de aburrirse, y las decisiones de ser aplazadas.

— Si se trata de la junta o reunión de una asociación, el problema es diferente, pues aquí el propósito es propiciar la mayor participación (ejemplo: junta de una sociedad de padres de familia). Se debe, entonces, realizar una junta preliminar de un grupo reducido que se encargue de preparar el trabajo y de someter las propuestas a la asamblea. Esto es una precaución indispensable. En efecto, la mayoría de los participantes llegan con sus propias preocupaciones y con frecuencia será necesario volver a enunciar los objetivos para llegar a las conclusiones.

— Pedir a un orador que prepare una introducción. Ésta deberá ser lo más corta posible, de manera que no aburra al auditorio ni prolongue inútilmente la junta. La introducción deberá mencionar el orden del día, los objetivos, evocar en todas sus dimensiones el problema que se aborda, recordar los argumentos de unos y otros, las posibles soluciones, y las consecuencias de tal o cual decisión.

— Designar un moderador de la sesión. Su misión será coordinar la junta; cederá la palabra, reencauzará el debate cuando éste se salga de rumbo y marcará las etapas del desarrollo de la junta: apertura, presentación, introducción, debate y conclusión. Para conducir eficazmente la discusión, el moderador deberá conocer muy bien a los

En las reuniones con fines políticos (mítines) se dan cita los líderes de los partidos, los militantes y los simpatizantes. Muchos de ellos adoptan posturas radicales, como exigir la renuncia del presidente de la República.

participantes, sus actividades, el tema abordado y los objetivos que se buscan. En una asamblea grande, el moderador tal vez no conozca a toda la gente, pero se esforzará por observar a todos los que tomen la palabra y les pedirá que se presenten durante su primera intervención.

—En ocasiones algunos accesorios (material didáctico) pueden servir. Si se trata de apoyar una demostración con cifras, será útil contar con pizarrón, rotafolios, proyector, videocasetera, así como con hojas de papel y lápices para cada participante.

—Conviene pensar, eventualmente y a guisa de introducción o para acompañarla, en la proyección de audiovisuales (diapositivas, películas). Se revisará dicho material antes de la junta.

—Por último, a veces es necesario dar a los participantes expedientes que contengan un simple recordatorio de los elementos que se discutirán y que todos deben ya conocer. En otras ocasiones, conviene enviar con anticipación el expediente, sobre todo cuando contenga documentos importantes; así todos podrán leerlos con tranquilidad y prepararse mejor para la discusión.

—En ciertos casos, es posible facilitar la identificación de los participantes pidiéndoles que porten gafetes o colocando frente a ellos portanombres.

—Algo más que se debe tomar en cuenta al organizar la junta es que las condiciones materiales (sala con aire acondicionado, jarras de agua y vasos) sean apropiadas y que se disponga de espacio suficiente para que los participantes puedan verse y escucharse mutuamente. La primera condición podrá cumplirse sin mayor dificultad; pero si no se calcula bien el espacio entre cada individuo, la segunda es más difícil de lograr.

Supongamos que hay una junta de 10 personas, y observemos el esquema de la página siguiente:

Mesa cuadrada. En este modelo de disposición, los individuos 2 y 7 impiden que las personas 3 y 1 y 6 y 8 se vean unas a otras.

Mesa rectangular. Los participantes 2 y 3 se interponen entre el 4 y el 1. Lo mismo sucede con los participantes 8 y 7, quienes ocultan al número 6 del 9.

Mesa en T. Los participantes 6 y 7 se dan la espalda, lo mismo que el 2 y el 3, mientras que el 5 y el 4 quedan aislados. Con este tipo de mesa, la discusión corre el riesgo de entablarse entre los números 1, 2, 7, 8, 9 y 10; fácilmente pueden quedar excluidos, luego de un momento, los participantes 3, 6, 5 y 4. De hecho, sólo las mesas redondas y las ovaladas ofrecen las condiciones requeridas para el buen desarrollo de las juntas.

En una asamblea que reúne a un gran número de participantes y, sobre todo, si las condiciones distan mucho de ser las óptimas, la mejor solución sigue siendo la del "salón de clases" —los ponentes se sitúan sobre un estrado, con el grupo frente a ellos—, aun cuando esto dificulte los intercambios personales. De ser posible, y si el número de participantes es superior a 20, debe utilizarse un sistema de sonido (micrófonos, bocinas y otros accesorios) adecuado a la ocasión.

CÓMO CONDUCIR LA JUNTA

— Hacer la presentación de los participantes, de ser necesario (el moderador de la sesión lo hará).

— Iniciar los debates (ponentes).

— Mantener el control de los debates; reformular y dirigir las preguntas.

— Dar a todos oportunidad de expresarse, pero encauzar la discusión si alguien se sale del tema o tiene propósitos distintos.

— Cuando se tome la palabra, participar con claridad siendo breve, preciso y concreto. Para ello, se deben tener claras y ordenadas las ideas. La mayoría de los buenos oradores se expresan a partir de un plan de intervención, sin leer un texto. Es muy importante no imponer nuestro punto de vista, y saber escuchar a los demás.

— Con frecuencia, durante una junta se hace un brindis, es decir, un homenaje colectivo a alguien por sus méritos e, incluso, al éxito del proyecto. Según el tipo de junta, el brindis se puede hacer de pie, en cualquier momento. Si se realiza al principio, será más protocolario; dado que la junta no ha comenzado y los participantes están más tensos, será breve. Si el brindis se hace durante la junta, puede constituir una pausa que en ocasiones es necesaria e, incluso, muy positiva. Cuando se deje para el final, será más caluroso cuanto mejor conducido haya sido el trabajo efectuado.

— Después de la reunión, será conveniente anotar las conclusiones y hacerlas llegar a los participantes, para evitar que se vuelvan a cuestionar las decisiones o que se olviden ciertas ideas.

PRINCIPALES TIPOS DE JUNTAS

Ya antes insistimos en la necesidad de conocer bien los problemas que se tratarán y de definir con suficiente claridad los objetivos por alcanzar. Ello determinará el método más conveniente. Existen tres clases de juntas:

Ninguno de los tres modelos de mesa (cuadrada, rectangular y en T) que aquí se ilustran son ideales para una junta. Resultan mucho más aconsejables las mesas redondas y las ovaladas.

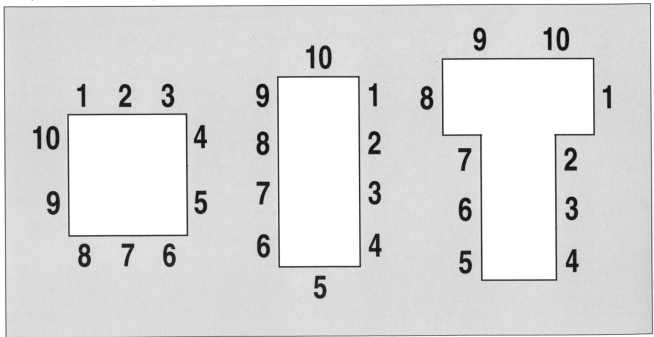

Una junta de trabajo, en la que se invita a cada participante a una reflexión colectiva, debe ser minuciosamente preparada. La improvisación, en este caso, no da buenos resultados.

Las juntas de discusión

La discusión es la actividad más frecuente en las juntas. Debe realizarse en torno a un tema previamente definido, y tendrá la forma de un debate, una mesa redonda o cualquier otra; muchas veces tiene como propósito la toma de decisiones. El moderador será responsable de coordinar al grupo y de procurar que los intercambios de ideas se realicen de la mejor manera. Sus funciones son:

— precisar el tema de la discusión en una introducción que, de preferencia, sea breve

— propiciar la expresión de opiniones, reacciones y preguntas

— conceder la palabra en el orden en que se pida

— reformular y replantear las preguntas hechas

— procurar que todos los presentes participen

— resumir los puntos cada cierto tiempo

— hacer una síntesis final.

La personalidad del moderador debe desvanecerse en beneficio de la participación de todo el grupo.

La "lluvia de ideas" o junta de creatividad

Este método tiene la finalidad de propiciar y acelerar la producción de ideas nuevas y originales. Los participantes, luego de saber cuál es el tema, generan durante una hora, más o menos, un caudal de ideas, y deben esforzarse por expresar el mayor número de ellas en el menor tiempo posible. La imaginación es totalmente libre y la crítica está prohibida. Durante la fase de producción de ideas, el moderador debe concretarse a ceder la palabra a los participantes, replantear las ideas confusas, y dar dinamismo al grupo, si ello es necesario. En la segunda etapa, el grupo clasificará las ideas para preparar el trabajo de ponerlas en práctica. Se trata de un tipo de junta muy particular, pero que puede dar excelentes resultados como fuente de propuestas para crear nuevos productos o para implantar nuevas formas de trabajo en una empresa o institución.

Veamos un ejemplo. La empresa Compu Siglo XXII pretende crear un nuevo periférico de entrada (dispositivo para introducir datos en la computadora), que sea eficaz, preciso, rápido y práctico. El moderador de la sesión de *brainstorming* (nombre en inglés de esta técnica) pide a los presentes que den rienda suelta a sus fantasías, para que después se analice la posibilidad de llevar a la práctica cada idea. Las características propuestas para el nuevo periférico fueron las siguientes:

— anteojos que permitan enviar datos a la pantalla a través de la vista

— micrófono para introducir datos a través de la voz
— teclado de control remoto; desaparición de cables.

Los estudios de caso

Un caso es la descripción de un problema para buscar una solución. Este método consiste en:

— separar por grupos los elementos del problema
— comprender todos los aspectos del caso
— examinar las diversas soluciones posibles y sus consecuencias
— conservar las mejores soluciones.

El moderador puede hacer un recorrido por la mesa para que cada uno de los participantes exponga plenamente su punto de vista. Luego coordinará de la misma forma en que lo haría en el caso de una junta de discusión.

Una buena junta sólo es posible si se sabe crear un clima de comprensión y un ambiente de serenidad que permitan superar los obstáculos y las dificultades que muchas personas padecen cuando tienen que hablar en público. Se trata de un aspecto de la conducta que requiere, a la vez, de apertura de espíritu, voluntad de llegar a soluciones y tolerancia. La agresividad y el empleo de un tono despectivo al dirigirnos a nuestros compañeros conducen cualquier junta al fracaso.

TRES TIPOS DE JUNTAS PARA TRES TIPOS DE OBJETIVOS		
	NECESIDADES	QUÉ EVITAR
Junta de discusión (debate, mesa redonda, polémica para toma de decisiones).	Una introducción de 10 a 20 minutos, para recordar los datos y los objetivos. Un moderador de la sesión. Señalar el punto importante siempre que sea necesario. Hacer una síntesis final.	Una introducción que pretenda abarcarlo todo. Una reunión anárquica. Un moderador autoritario. Un debate cerrado. Intervenciones prolongadas. Los diálogos.
Lluvia de ideas o junta de creatividad (producción intensiva de ideas nuevas).	Un moderador que conozca este tipo de juntas. Borrar al máximo toda relación jerárquica. Liberar la imaginación.	Que dure más de una hora. Una introducción prolongada. Las críticas. Intervenciones prolongadas. Los debates personales. Los diálogos.
Estudio de caso (para analizar y comprender el problema que se plantea y buscar conjuntamente una solución).	Un recorrido por la mesa para que hablen todos los participantes. Un moderador imparcial y, de ser posible, ajeno al problema.	La agresión. Un debate cerrado.

REDACCIÓN DE INFORMES

Cualquier escritor se lo podría asegurar: el estar frente a una hoja en blanco en ocasiones causa vértigo, angustia, incertidumbre. ¿Y por qué esta angustia no habrían de compartirla quienes en algún momento de su carrera o de sus actividades sociales se ven obligados a redactar algo?... Pero esta situación tiene remedio; aquí presentamos algunas recomendaciones que nos ayudarán a vencer estos síntomas.

Cuando redactamos un informe, debemos hacer una síntesis de los conocimientos, de las experiencias y de las pruebas que se han acumulado en torno al asunto en cuestión; elaborar hipótesis diversas que puedan conducirnos a una solución concreta; y, finalmente, indicar lo que es deseable y lo que debe evitarse. Todo esto significa: comprometerse. Preparación, estructuración, redacción y presentación son las etapas que dan como resultado un informe.

LA PREPARACIÓN
La tarea asignada es precisa, y para la preparación se cuenta con un tiempo rigurosamente limitado. La habilidad y la experiencia permiten llegar más pronto a lo esencial, pero no eliminan el riesgo de la falta de funda-

mentos y la parcialidad, que pueden ser inconscientes. Se avanza entre dos vías paralelas: la objetividad, de la cual no debemos copararnos durante la fase inicial del trabajo, y la necesidad de llegar a conclusiones personales. Las tareas iniciales de quien elabora un informe consisten en hacer encuestas *in situ* (en el lugar de trabajo, en el campo), entrevistas con todos los que pueden aportar información o testimonios, y la lectura cuidadosa de todos los documentos, de todas las fuentes existentes. Pero es preciso trabajar con rapidez sin perder la perspectiva. La obtención de datos reviste una gran importancia. Se trata de recoger todos los documentos, datos, estadísticas y testimonios útiles a la elaboración del informe.

El objeto de la investigación está representado tanto por el título del tema asignado como por la jerarquía que tiene dentro de una organización la persona que lo asignó y recibirá el resultado, es decir, el destinatario. La preparación permitirá responder tres preguntas: ¿Cuál es el tema?, ¿a quién nos dirigimos? y, después de haber hecho las encuestas, de recabar los testimonios y los documentos, ¿qué preguntas no se pueden contestar? La evaluación de los diversos elementos nos permitirá conservar sólo lo esencial.

LA ESTRUCTURACIÓN
El problema es particularmente complejo y no se puede reducir a esquemas sencillos. Por lo tanto, lo abordaremos cautelosamente, haciendo cuatro preguntas acerca del tema: ¿Existe un plan modelo?, ¿un plan para la revisión final?, ¿un plan para convencer? ¿Se deben redactar la introducción y la conclusión antes que el cuerpo del texto?

Un plan modelo
No es posible que un plan prefabricado se adapte a todos los tipos de informes existentes, puesto que un informe puede abordar toda la gama de actividades imaginables: la narración de los hechos, una visita, las características de un producto, un accidente, el trabajo del especialista, la organización de un grupo, la actividad militar, el dictamen de un consejo de administración, la actividad de la policía, el aspecto técnico, lo administrativo, la preparación académica... Algunos documentos constarán de 10 cuartillas; otros, de más de 100. El tema puede limitarse a un hecho preciso o referirse a intereses de orden general.

El plan no es una estructura que pueda sobreponerse a la realidad, sino al revés: es la realidad la que suscita las ideas, las reflexiones y el razonamiento. En consecuencia, al inicio de la concepción de un informe se pueden considerar generalmente varios tipos de planes. Por lo común, el plan de un informe se compone de una introducción que define el objeto de estudio, un desarrollo, una conclusión y, en ocasiones, anexos o apéndices. Se siga o no un modelo preestablecido, el plan es el elemento fundamental de la redacción de un informe, aunque sirva sólo para evitar omisiones, repeticiones o incoherencias.

Un plan para la revisión final

La cuenta regresiva ha comenzado. Llegó el día que nos fijamos para encerrarnos con las notas, los testimonios y los documentos recabados durante la fase preparatoria. Ahora se requiere algo esencial: poner en orden toda esa información, esas pistas, esos embriones de hipótesis. Y entonces nos daremos cuenta de que algunos hechos que parecían secundarios tienen una importancia fundamental; de que los testimonios que habíamos juzgado contradictorios coinciden, y de que las verdades consideradas absolutas son mucho más complejas de lo que parecían después de un análisis superficial.

Posteriormente, verificaremos que los hechos, los testimonios y las cifras que elegimos como elementos constitutivos de la redacción del informe, coincidan de manera lógica y coherente con esos conceptos generales que darán título a los capítulos del documento. En caso contrario, será necesario revisar el análisis y modificar las estructuras y los fundamentos. Ya Descartes sugería en su célebre obra *Discurso del método*: "... conducir ordenadamente los pensamientos, empezando por los objetos más simples y más fáciles de conocer, y ascender poco a poco, como por una escalera, hasta el conocimiento de los más complejos". En pocas palabras, se debe buscar el equilibrio en el procedimiento.

Un informe se desarrolla mediante secciones de igual importancia; la cantidad de éstas no debe ser mayor de cuatro. Dichas secciones pueden, a su vez, dividirse en varias subsecciones. Pero, según una ley elemental de la física, el equilibrio siempre está en movimiento: un informe no es una masa inerte. Se le puede comparar con un organismo vivo cuya inteligencia y dinamismo tienden hacia un doble objetivo: informar y convencer.

Un plan para convencer

Ya resumimos, revisamos y sintetizamos. Destacamos con la mayor precisión e imparcialidad que se pueda todos los aspectos de un hecho, de un fenómeno o de un caso que amerita ser conocido. Ahora debemos pasar a lo que hace de la redacción de un informe algo original, valioso y difícil: proponer hipótesis, dar argumentos sobre cada una de ellas y adoptar un compromiso, señalando claramente, con entusiasmo, la mejor solución, sin olvidar quién es el destinatario de nuestro informe: el ministro, una empresa o el público general.

Los argumentos más importantes por lo general son aquellos a cuyo desarrollo se dedica más espacio y que se colocan al final de una demostración o de un razonamiento. Pero iniciar con una banalidad o una aproximación sería, evidentemente, un error. La elaboración de un plan

es, a fin de cuentas, un juego de construcción: las bases deben ser sólidas y los materiales deben ensamblarse unos con otros a la perfección. Así, la sucesión de argumentos tendrá la coherencia que le dará la tesis que defiende y destaca. Aquí, los métodos varían. Es posible proceder mediante una simple acumulación de argumentos de la misma naturaleza, con lo que se corre el riesgo de aburrir con una tediosa enumeración. Más aconsejable es relacionar argumentos, pasando de lo técnico a lo cotidiano, de lo económico a lo psicológico. Otro método consiste en oponer la tesis que se ataca a la que se defiende.

De esta manera, nos acercamos al esquema discursivo en el que, luego de la descripción de los problemas planteados, se proponen diferentes soluciones. Se subrayan las ventajas e inconvenientes de cada una de ellas y se refutan las objeciones que pudieran suscitar. Un esquema más atractivo y más frecuentemente utilizado es el dialéctico. A partir de una tesis, es decir, un proyecto, y de una antítesis, o sea un contraproyecto, se llega a una síntesis, que busca conciliar tendencias aparentemente contradictorias.

La elaboración del plan define el orden en el que se presentarán los argumentos. Por lo tanto, su preparación es primordial y determinará la calidad y la corrección del informe que finalmente convencerá al destinatario.

La introducción y la conclusión

¿Se deben redactar éstas antes que el cuerpo del texto? Algunos autores aconsejan realizar primero estas partes del informe, aunque también recomiendan evitar todo abuso de sistematización: no tiene que ser siempre así. La introducción y la conclusión son las partes que más interés despiertan. Por ello, serán leídas primero y analizadas con una mirada particularmente crítica. Asimismo, definen, cada una a su manera, el resto del documento. De entre ellas, la conclusión debe redactarse antes que la introducción, por una razón muy simple: es una prolongación del esfuerzo que se realizó para elaborar la estructura del informe, mas no una reducción.

La conclusión no es un resumen. Su propósito es doble: recapitular y proponer. En primer lugar, en ella se recuerdan las tesis expuestas y los principales argumentos que se usaron para defenderlas; pero, sobre todo, permite al autor comprometerse al señalar la solución que él recomienda. Y aun cuando la opinión expuesta pueda sorprender o desagradar, debemos sostenerla de manera firme, sincera y sin ambigüedades.

La introducción es, por supuesto, otra pieza esencial del informe. No haremos muchos comentarios sobre ella; baste decir que debe ser precisa y definir el objeto del trabajo. Como prepara al lector respecto al contenido del documento, es lógico que se redacte al final, una vez que se ha verificado la coherencia de la estructura utilizada.

Un *oficio tan antiguo como la escritura es el de escribano; éste es quien se encarga de reproducir los pensamientos de su cliente. Su labor de redacción debe ser tan fiel a la realidad como un informe.*

En nuestros días, es más frecuente que los informes se hagan en computadora y se guarden en su memoria magnética.

LA REDACCIÓN

Hay criterios de legibilidad: frases cortas, términos sencillos, expresión exacta. Pero no es posible meditar acerca de algo que no está definido, ni madurar un plan que sólo se halla en la mente o cuestionar indefinidamente las hipótesis. Debemos lanzarnos; la página en blanco debe cubrirse de signos. Una vez que las ideas están claras, la pluma corre más fácilmente sobre el papel:

> *Sí; lo supremo es el estilo sobrio y claro. Pero, ¿cómo escribir sobrio y claro cuando no se piensa de este modo?*
> Azorín (José Martínez Ruiz)

Después, podremos aligerar el texto, corregirlo o reescribirlo, pero ya tendremos una base. Las palabras son

Las notas asentadas en una libreta no desaparecen: más tarde se convertirán en un informe sintetizado, en el que se resumirá el conjunto de las investigaciones.

las bandas de transmisión del pensamiento, y el diccionario es su motor. Todo autor que se respeta tiene siempre un diccionario al alcance de la mano.

LA PRESENTACIÓN

Ni el texto más interesante será apreciado en su justa dimensión si su presentación es desordenada, sucia, ilegible o incompleta. El contenido de un informe puede ser lo más importante, pero su presentación debe seguir ciertas reglas, que recordaremos aquí brevemente.

En la portada, como encabezamiento, aparece el nombre del organismo que solicitó el informe. Después, en la mitad de la página, el título, seguido de la frase: "Informe que (nombre del autor) presenta a (nombre del destinatario)." La fecha figura en la parte inferior de la portada. En la

hoja siguiente viene el índice, así como la numeración de las páginas correspondientes a cada punto.

El prólogo y el índice aparecen al principio del informe, al igual que el resumen. Éste sintetiza las principales secciones del informe, es muy útil para propósitos de consulta, y puede utilizarse como reseña para la prensa. Además, indica si el contenido es interesante: después de leerlo decidiremos si vale la pena continuar.

El texto del informe propiamente dicho se dividirá en párrafos que, a su vez, se articularán en torno a los títulos y subtítulos. Los cuadros y las gráficas se colocarán frente a los textos que con ellos se ilustran. Las citas y las referencias bibliográficas aparecerán como notas de pie de página o, si su extensión lo justifica, se mandarán al apéndice para que no interfieran con la lectura del texto.

QUÉ HACER	QUÉ EVITAR
Tomar el tiempo necesario para hacer una encuesta minuciosa.	No definir claramente el objeto de estudio.
No omitir ninguna fuente de información.	Dejarnos influir.
Evitar cualquier parcialidad.	Ceder a la tentación de vengarnos de alguien.
Anotar las ideas y los hechos más importantes.	Descuidar el plan.
Elaborar un plan con diferentes partes.	Dar el mismo valor a todos los argumentos.
A partir del plan, inducir y deducir.	No presentar una conclusión.
Evaluar los argumentos destinados a convencer.	Proponer soluciones confusas o ambiguas.
Presentar varias hipótesis.	Descuidar la presentación.
Proponer una solución precisa que nos comprometa.	Ser reiterativos.
Trabajar con cuidado la conclusión.	No leer varias veces nuestro trabajo.
Escribir al final la introducción.	No preocuparnos por las reacciones del destinatario del informe.

EL ACTA Y LA RESEÑA

"Papelito habla", se dice por ahí con cierto desenfado. Pero la frase encierra la suficiente seriedad para ponernos a pensar en la importancia que tiene la escritura en papel. En nuestra era de las computadoras, de la comunicación por satélite, del enlace simultáneo del mundo para compartir la información, parece no haber testimonio más fidedigno, inalterable, práctico y ubicuo que el papel. Aún nadie entrega o pide comprobantes de pago, actas de nacimiento o contratos en un disco de computadora; aún se asientan en papel los acuerdos a los que llegan quienes participan en una asamblea; todavía aparecen en papel las firmas. Incluso el dinero toma la forma del papel.

El acta, llamada a veces "minuta", es el informe que relata fiel y objetivamente una serie de hechos y da fe por escrito de una situación determinada, sin interpretación o comentario alguno por parte de quien la presenta. Es formal, puesto que, en virtud del carácter objetivo de lo que narra, debe servir como prueba. Existen importantes variaciones entre los dos tipos de actas, en lo que corresponde a las reglas de presentación que se deben observar y a su valor testimonial.

LOS DOS TIPOS DE ACTAS

Básicamente, se clasifican en públicas y privadas.

— Las actas públicas son asentadas por una persona con autoridad pública y tienen consecuencias jurídicas. Por ejemplo, una multa por infracción a las leyes de tránsito. Otras autoridades también hacen uso de ellas, como los oficiales del registro civil en los municipios, y las autoridades de las delegaciones del Distrito Federal.

La forma en que se redactan debe permitir que su legalidad sea verificada, pues, en ocasiones, alguna irregularidad puede causar su anulación.

— Las actas privadas son asentadas por un particular facultado por la ley o por el estatuto de un organismo privado. Constituyen la memoria y, por lo tanto, la prueba de las condiciones en las que ocurrieron ciertos hechos de la vida de organismos como asociaciones, sociedades civiles y comerciales, condominios, etcétera. Todas las actas se asientan según un modelo, pero pueden contener menciones particulares debidas al tipo de actividad del organismo en cuestión, o a ciertas obligaciones que imponga la ley.

ACTA DE UNA REUNIÓN DE CONDÓMINOS

Usted es condómino de las Torres Monte Real, un lujoso edificio habitacional de 80 departamentos, y el 22 de abril se llevará a cabo una asamblea general extraordinaria. Será una reunión importante, pues, según el orden del día —conocido también como "agenda"—, se discutirá y votará sobre diversas obras a las que algunos de los condóminos se oponen terminantemente.

La persona que por lo general funge como secretario no estará presente. Por lo tanto, la asamblea lo nombra a usted para ese cargo. No olvide que, como miembro de la asociación, usted tiene derecho a voz y voto. Su tarea no debe impedirle seguir los debates, aun cuando el tomar notas resulte agobiante en ocasiones.

Facultades del redactor del acta

No debemos confundir a quien lleva la pluma durante la asamblea con quien está facultado por la ley, sea interna o externa, para asentar el acta. Cualquier miembro de la asamblea puede ser nombrado secretario de la sesión, pero, por lo general, el presidente es el responsable de lo que se diga en el documento.

Datos de identificación

El acta debe señalar muy claramente:

— el nombre del organismo al que se refiere: *Asociación de Condóminos de las Torres Monte Real, Av. República núm. 25, Guadalajara, Jal., México*

— la fecha de la asamblea. (Lo mismo se aplica a una sociedad, asociación civil o comité empresarial.)

— la naturaleza de la reunión: asamblea general ordinaria, extraordinaria, del comité ejecutivo, etcétera.

EJEMPLO DE ACTA

ASAMBLEA ANUAL DE LA SOCIEDAD...

A ... de ... de 19..., a las ... horas.

Nombre de la compañía o asociación
Domicilio fiscal...
Asistentes: Señoras Irma Pérez y María Hinojosa; Señores Juan Icazbalceta, Ernesto Salas y Francisco Gómez.
Ausente: Señor Héctor de la O
Invitado: Señor Pedro Suárez

La lista de asistentes fue revisada y certificada; se comprueba que los accionistas presentes y representados forman quórum. La asamblea, por lo tanto, puede llevarse a cabo conforme a la ley.
El presidente hace entrega a los accionistas de:
— un ejemplar del estatuto de la sociedad o una copia de la convocatoria dirigida a cada accionista, etcétera
— los balances anuales, con cierre al ...
— los informes del consejo de administración y los del interventor
— el texto de los proyectos y las resoluciones.
En todos los casos:
El presidente recuerda que los documentos y la información presentados, y que él enumera, están a disposición de los accionistas.
El presidente lee, entonces, el orden del día:
— Informe del consejo de administración y presentación del balance para el ejercicio comprendido del día ... al día ... de 19...
— Informes del interventor.
— Aprobación de los balances.
— Reparto de utilidades.
— Designación de administradores.
— Renovación del cargo de los administradores.
— Renovación del cargo del interventor.
— Uso de fichas de asistencia.
Da lectura al informe del consejo de administración y después presenta a la asamblea los balances anuales.
El interventor toma la palabra.
Se abre la discusión....................
El presidente somete sucesivamente a voto las siguientes resoluciones, que están en el orden del día:

Primera resolución. Aprobación de los balances.
La asamblea general, luego de haber escuchado la lectura de los informes del consejo de administración..., aprueba los balances del ejercicio, tal como fueron presentados, los cuales muestran un saldo de $... También aprueba las operaciones que aparecen en los balances o resúmenes de dichos informes.
Por tal motivo, la asamblea general ratifica a los administradores y al interventor en sus cargos.
Esta resolución se adopta el día ... de .... de 19...

Segunda resolución. Sobre los acuerdos del artículo 101.
El acuerdo mencionado en el informe se aprueba por ... votos contra ... votos.

Tercera resolución. Sobre el reparto de utilidades.
La asamblea general, de acuerdo con la propuesta del consejo de administración, decide repartir las ganancias de la siguiente manera.........................
El dividendo global por acción será de ....

Cuarta resolución. Renovación de los cargos de los administradores.
La asamblea general, en virtud de que los cargos de los administradores expiran este día, ha decidido renovar, por el plazo de un año que terminará en la fecha de la reunión de la asamblea general ordinaria de accionistas, los cargos de los señores:
....
Esta resolución se adopta el día ... de ... de 19...
Los señores..........., presentes en esta reunión, declaran aceptar la renovación de sus cargos.

Quinta resolución. Uso de fichas de asistencia.

Sexta resolución. Renovación del cargo del interventor.

No habiendo más puntos en el orden del día, la sesión se levantó a las ... horas. La presente acta fue firmada por Francisco Gómez, presidente de la sociedad.

LE FLAGRANT DÉLIT

Un ordenanza, un oficial de policía y dos guardias se presentaron a temprana hora para sorprender en "flagrante delito" a una pareja de adúlteros. En los folletines europeos del siglo XIX abunda este tipo de actas "ilustradas".

Información obligatoria

El acta deberá mencionar que los copropietarios fueron convocados mediante el procedimiento acostumbrado, según los términos de la ley, y sólo se podrá referir a los puntos asentados en el orden del día, que también aparecerá en el documento, a fin de evitar impugnaciones, e indicará si se tocaron todos los puntos o si algunos fueron pospuestos. Si no está ya constituida una mesa directiva, se designa a un presidente, un secretario y un tesorero, por votación mayoritaria.

Después vienen las menciones relativas a la participación de los miembros. Si la asamblea es muy numerosa, no es necesario indicar los nombres de todos los presentes, pero es aconsejable llevar una hoja de asistencia. Por otra parte, resulta muy útil registrar el nombre de los ausentes, e indicar si dieron aviso de su inasistencia; en el caso de que haya homónimos, es importante escribir sus nombres completos. Finalmente, el acta debe mencionar que se verificaron los poderes de las personas que mandaron un representante. En efecto, los miembros que no pueden asistir a la reunión tienen derecho a delegar su poder en terceros. En ciertos casos, los representantes deben ser

miembros de la colectividad de la que se trata. Después de esto, el acta debe señalar las reglas relativas al voto y manifestar si hubo quórum, es decir, si asistió el número necesario de miembros o representantes para poder deliberar sobre los puntos del orden del día.

La discusión

Ésta se lleva a cabo bajo la autoridad del presidente de la sesión. Los puntos del orden del día se someten sucesivamente a discusión, según lo establecido. El acta debe relatar el desarrollo de la sesión. La primera etapa es la de discusión, que conduce al planteamiento del asunto que se somete a voto y a la toma de una resolución.

Evidentemente, el redactor del acta no puede transcribir la totalidad de lo que se diga en la discusión; sin embargo, sí debe presentar los hechos con exactitud e imparcialidad. Así, si algún punto suscita una discusión acalorada, ello deberá ser asentado, mencionando las diferentes opiniones. Deberá indicarse si el hecho debatido puede ser objeto de futuras impugnaciones. Si ocurre algún incidente, será preciso analizar si éste podría tener consecuencias legales. El acta no va a resolver el asunto, pero debe dar constancia de los hechos. Una regla que siempre se debe respetar es la de la democracia de las asambleas, en su desarrollo y en su registro. No es necesario transcribir el contenido de cada intervención. Sólo se dirá, por ejemplo, que a la señora González le sorprende que... y que la señorita Rentería comparte su asombro, o bien, de manera más sucinta, que "algunos copropietarios destacaron..."

En ocasiones, la cortesía y la diplomacia aconsejan que ciertas intervenciones se transcriban de manera más precisa; por ejemplo, el comentario de un especialista. Algo que resulta particularmente desagradable es ver nuestro nombre junto a una opinión que nunca expresamos —sobre todo si es tonta—, o que nuestro comentario se atribuya a alguien más —especialmente si es brillante. Debe procederse con exactitud, objetividad y diplomacia, y no olvidar que una diferencia de opiniones refleja, por lo general, intereses encontrados. Aun cuando la opinión sea minoritaria, ésta amerita que se le transcriba, salvo en el caso de que sea totalmente absurda.

Votación de las resoluciones

De la discusión de los puntos del orden del día surge una propuesta de voto, llamada "resolución". El acta debe transcribir íntegramente la resolución sobre la cual se vota, y compete al presidente de la junta el formularla claramente para que pueda ser transcrita en forma exacta.

Entonces, la asamblea procede a votar. El acta habrá de mencionar el resultado de cada votación, indicando no sólo los votos a favor sino también los que se emitieron en contra y las abstenciones. A veces, mencionará las reservas expresadas por la minoría, derecho que ofrecen, por ejemplo, algunos reglamentos que rigen el asiento de actas en materia de condominios; este tipo de menciones no agregan nada, a menos que la decisión tomada pueda tener consecuencias importantes en el futuro.

Después, se debate y se vota por las resoluciones. Al final de la sesión se manifiesta que ya no quedan más puntos del orden del día por tratar y que se levanta la sesión. Entonces, el presidente, el secretario y el tesorero firman el acta.

Las actas deben apegarse a ciertas formalidades. Tal es el caso de la correspondiente a una copropiedad, cuando uno de los socios está ausente o se opone. La posible impugnación del acta obliga a quien la asentó a anotar escrupulosamente el nombre de los opositores y de los ausentes. Otras actas no son tan formales, como sucede con las de las asociaciones civiles. En lo que se refiere a las sociedades comerciales, el documento debe registrarse con todo rigor, para anexarlo al libro de actas. Además, tanto las compañías como las sociedades sin fines lucrativos deben permitir que sus accionistas o miembros, según el caso, consulten dichas actas durante el horario de trabajo en su domicilio fiscal.

Las reglas antes mencionadas se aplican a todos los tipos de actas, con variaciones que dependen de la naturaleza de la colectividad en cuestión.

En este mismo capítulo ofrecemos un ejemplo simplificado de un acta correspondiente a una asamblea general ordinaria anual.

LA RESEÑA

Esta relación de hechos se diferencia del acta en que no está sometida a ningún formulismo jurídico y que cubre una gran variedad de situaciones. Puede ser oral o escrita. En el segundo caso, puede empezar por: *Tengo el honor de hacer de su conocimiento...........; de informarle.........*, etcétera. También es posible titularla: "Reseña elaborada a raíz de la entrevista del 22 de marzo...", etcétera.

La presentación de una reseña responde a la necesidad de conservar un testimonio del suceso (es, entonces, una memoria), y a la de supervisar la forma en que se han ejecutado ciertas órdenes.

Muchas situaciones dan lugar a la presentación de una reseña. Puede tratarse de notificar sobre el cumplimiento de un cometido o de una misión; en este caso la reseña es el acto por el cual el asignado informa al asignante sobre lo realizado para la ejecución de la encomienda.

Aquí hay que distinguir entre "reseña" e "informe". La primera consiste en mantener informado a alguien de manera espontánea y en el marco de una relación poco jerarquizada. El informe, por el contrario, supone una relación de subordinación. El informe es, generalmente, obligatorio y se hace por escrito: un representante comercial o un militar deberán redactar un informe.

Cuando una reunión de trabajo no tiene carácter estatutario, puede ser útil conservar una reseña que no deberá sujetarse a ningún formato especial pero tampoco tendrá valor legal. El secretario de la sesión es quien toma las notas que servirán como documento de trabajo y que se enviarán a todos los participantes. Dicho tipo de documento, sin carácter estatutario, puede llevar la leyenda: "confidencial".

El término "reseña" o "relación" también se aplica a situaciones en las que la misión del autor no tiene importancia por sí misma, como sucede tratándose de una audiencia, un espectáculo o un libro. En tal caso, el autor no va a someter su escrito a un superior, sino que lo empleará para informar a una colectividad sobre lo que ha visto, escuchado o leído. Aquí, la reseña se acerca al trabajo del periodista, del crítico o del gacetillero; a diferencia del acta, el autor debe realizar una labor de análisis y de síntesis, y luego expresar opiniones que pueden no ser imparciales. Esto nos lleva del campo de la reseña al de la crítica: se reseña una película exhibida en el festival de Cannes o en la Muestra Internacional de Cine de la Ciudad de México, o el último libro de Mario Vargas Llosa.

CÓMO TOMAR NOTAS

Tomar notas o apuntes es una manera de capturar y conservar información escrita u oral. El propósito que se busque con ello puede variar de manera considerable. En algunas ocasiones, se hace únicamente por mantenerse ocupado; en otras, para retener de una exposición sólo aquello que es necesario a fin de alimentar las preguntas y las respuestas de un debate. Finalmente, es posible que tenga como objetivo el conservar la información para un uso posterior: síntesis o actas destinadas a otra persona, obtención de datos para la realización de un trabajo individual, etcétera. Pero, en todos los casos, la técnica es casi la misma: se trata de resumir una declaración que, cuando es oral, siempre resulta más extensa que si fuera escrita. Toman notas los estudiantes, las personas que asisten a una conferencia, los periodistas, quienes asisten a una junta o asamblea, los médicos...

Cada quien tiene su sistema personal de tomar apuntes, aunque, a final de cuentas, todos los métodos se asemejan. He aquí un ejemplo de cómo tomar notas: utilizaremos para ello el inicio de la obra *Acerca de la guerra*, del general prusiano Karl von Clausewitz (1780-1831). Trataremos de resumirlo a nuestra manera.

No empecemos con una definición académica, que resultaría pesada y pedante, de lo que es la guerra; limitémonos a su esencia: el duelo. La guerra no es más que un duelo a escala mayor. Si quisiéramos atrapar en un solo concepto los innumerables duelos individuales que la componen, haríamos bien en imaginar a dos luchadores. Cada uno trata, por medio de la fuerza física, de someter al otro a su voluntad; su deseo inmediato es derribar al adversario, a fin de hacerlo incapaz de resistirse.

def. esencia
guerra = dlo. >
g = muchos dlos.
luch. con fuerza fís. somet. a su vol.
→ derrib. adv. (= fin de la resist.)

Este resumen toma en cuenta algunas palabras que se repiten en forma constante a lo largo del libro. Por ello se reducen a su más simple expresión.

g = guerra
dlo. = duelo
adv. = adversario

Ésta es una de las formas de tomar notas. Veamos ahora detalladamente la técnica más eficaz para elaborar notas útiles y claras.

EL REGISTRO DE LA INFORMACIÓN

Tomar notas no es lo mismo que utilizar la taquigrafía o la estenotipia. La taquigrafía es un sistema de signos convencionales que permiten transcribir un discurso a la misma velocidad en que se emite, y la estenotipia es un procedimiento de taquigrafía mecánica. Ambos son procedimientos para recoger íntegramente el discurso, con puntos y comas. Es el sistema que utilizan las secretarias en una sesión.

La toma de notas no es una reproducción literal ni exhaustiva de un discurso. Aun cuando se utilice también el proceso de contracción de lo escrito, como en la taquigrafía, no es de la misma naturaleza, pues implica necesariamente un mecanismo intelectual, una operación que consiste en elegir, organizar y procesar datos. A fin de tomar buenas notas, se debe reflexionar sobre su utilidad y, por lo tanto, sobre su destino; esto ocurre en cada uno de los niveles.

El material para la toma de notas

Aquí intervienen, por supuesto, los gustos individuales, pero se puede hablar de dos tipos de materiales en los cuales asentar las notas: la libreta de hojas desprendibles y la empastada, que se relacionan con dos finalidades precisas. Dejaremos de lado la técnica muy particular de las notas derivadas de una lectura, para limitarnos a las de actos orales.

Tomemos el ejemplo de un investigador que desea conservar las notas que tomó en el curso de varias conferencias. Deberá clasificarlas y colocarlas en expedientes, o compilarlas para pasarlas posteriormente a fichas. En la fase de toma de notas, deberá pensar en la clasificación requerida para su trabajo. Lo más práctico será usar una libreta de hojas desprendibles, y escribir en una hoja distinta lo relativo a cada uno de los temas expuestos. Será mejor que no escriba en ambos lados de las hojas, pues ello dificultaría su labor posterior. Las hojas sueltas no son aconsejables, ya que pueden crear confusión y requieren que se les numere de inmediato, además de que se deterioran y se pierden con más facilidad. La libreta de pasta dura ofrece la ventaja práctica de servir como apoyo cuando no estamos sentados ante un escritorio ni disponemos de ninguna otra superficie de apoyo.

Ahora veamos el ejemplo de un jefe de obras, encargado de supervisar varios trabajos, o el de un hombre de negocios que está a cargo de una operación. En tales casos, se recomienda usar una libreta empastada de buena calidad (evitar la de espirales que se atoran y rompen las hojas).

Esta libreta, que será también agenda, bitácora, acta y lugar de reflexión, lo acompañará a todas partes. Su único inconveniente es que, dada la cantidad de información que contiene, el perderla resultaría particularmente doloroso. Pero, para prevenir eso, pueden utilizarse varias libretas si se trata de una operación muy compleja.

El procedimiento de la libreta no se presta para un trabajo de investigación en alguna especialidad, pues no permite clasificar y reunir los diversos datos. Pero puede resultar muy efectivo para la toma de notas "al vuelo": una información, una reflexión, una fórmula, una bibliografía, etcétera.

Así, podemos ver claramente la ventaja de cada uno de los dos materiales. La libreta empastada permite hacer una clasificación cronológica para seguir la pista de un hecho histórico, una evolución; mientras que la de hojas desprendibles colocadas en expedientes diversos facilita el ordenamiento por tema.

Datos de identificación

Cualquiera que sea el material elegido para escribir notas, siempre se debe indicar la fecha, el tema y el nombre del expositor. También se pueden agregar las circunstancias y el lugar del hecho.

Si se emplean libretas de hojas desprendibles, se puede agregar una indicación que facilite su clasificación posterior, la cual debe elegirse con cuidado. Si, por ejemplo, se tratara de una conferencia sobre Leonardo da Vinci y usted fuera un especialista en él, clasificaría la conferencia que trata sobre el "sfumato" (niebla) en la pintura de Leonardo bajo el apartado de su expediente que se refiere a la técnica pictórica del artista. Si fuera un especialista en el siglo XVI, clasificaría sus notas en el expediente titulado: "El arte italiano en el siglo XVI."

Según su tema de interés, usted definirá el método de clasificación adecuado: "La pintura en Milán", "Los artistas italianos en la corte de Francisco I", etcétera. Y también podría clasificar la conferencia por el nombre del conferencista si éste es particularmente brillante. La referencia del tema puede anotarse con lápiz y de manera provisional. Asimismo, es posible fotocopiar las notas para insertarlas en varios apartados de su expediente.

LA TÉCNICA DE TOMAR NOTAS

No se trata solamente de anotar algo de lo que se dice, sino de hacerlo de manera que después pueda leerse. Mencionaremos algunos errores que se deben evitar. La toma "cabalística" de notas consiste en anotar la información de una manera tan resumida, abstracta y esotérica que, dos horas más tarde, resulta casi imposible a su autor entender el sentido de lo que escribió y dar cuerpo a aquello que no parece sino un esqueleto. Está por demás decir que tales notas resultan inutilizables y frustrantes.

Como lo vimos en nuestro ejemplo, las anotaciones pueden ser escuetas, pero deben conservar ciertas palabras clave y frases de transición que permitan una lectura continua basada en un circuito lógico. Las notas vagas son resultado de una atención difusa. El discurso no fue bien escuchado y las palabras no fueron bien comprendidas; el mejor de los planes resulta poco útil; lo secundario asume el lugar de lo principal y los enlaces son ambiguos; las causas se confunden con los efectos; las listas de factores de algún fenómeno están incompletas... Tales notas son, a veces, producto de una exposición aburrida y mediocre, y sólo merecen terminar en el cesto de papeles.

Otro error que se comete con frecuencia cuando se toman notas es el de quien no quiere perderse de nada; todo lo escribe, con puntos y comas. La más breve exposición lo lleva a llenar páginas enteras de signos, totalmente inútiles, pues resultan tan extensas como leer el propio discurso, además de que, para colmo, con frecuencia son ilegibles.

La omisión

Se deben omitir ciertas partes del discurso, pero, como es obvio, esta operación se hará de manera inteligente. El suprimir todos los artículos y ciertos pronombres posesivos, personales, demostrativos o relativos no afecta en absoluto al texto, y lo mismo sucede con muchos adjetivos calificativos y ciertos adjetivos determinativos cuyo papel no es esencial. Por el contrario, se deben conservar los calificativos esenciales, los nombres clave y ciertos verbos; los verbos *ser* y *estar* con mucha frecuencia pueden eliminar-

Cuando no se tiene papel, la mano sirve para tomar notas... siempre y cuando haya una pluma.

se: en lugar de El *hombre es grande*, se escribe *Hombre grande*. Otros verbos son difíciles de eliminar.

En cuanto a las conjunciones, son esenciales pero pueden reducirse a algunos símbolos. Todas las frases de transición, tales como *Pasemos ahora...* o *Acabo de analizar...* deben suprimirse. La frase: *Voy a dar un ejemplo*, se reducirá a *Ej.*

Las letras iniciales

El empleo de iniciales es una técnica que permite reducir una palabra o expresión a una letra. Cuando se reúnen varias letras iniciales, se les llama siglas.

Las reducciones a una sola letra son, por lo general, sólo comprensibles para su autor, a menos que utilice siglas convencionales. Existen algunas excepciones, como son las letras o signos que designan las monedas, seguidas o precedidas de una cifra. En ocasiones, la letra lleva un signo distintivo: £ para libra, $ para pesos o dólares. Además, en este último caso, se debe indicar $US o $CAN, para evitar la confusión entre las divisas estadounidense y canadiense. Existen las abreviaturas $C (peso colombiano), $Ch. (peso chileno) y $RD (peso de la República Dominicana). Asimismo, ciertas letras griegas se reconocen de inmediato, como alfa y omega. Cuando se debe anotar con frecuencia la misma palabra, ésta puede reducirse a una sola letra. Por ejemplo, *g* para "guerra", en el texto que vimos.

La asociación de varias letras iniciales (siglas) es muy frecuente; existen cientos de ellas que designan entidades, países, instituciones sociales y organizaciones: ONU (Organización de las Naciones Unidas), BID (Banco Interamericano de Desarrollo), EUA (Estados Unidos de América), TLC (Tratado de Libre Comercio), IMSS (Instituto Mexicano del Seguro Social), etcétera. En todas las profesiones, la gente está cansada de repetir frases interminables, por lo cual prefiere designar los procedimientos, operaciones, situaciones o síntomas por las primeras letras de las palabras que conforman sus denominaciones. Es más común decir "sida" que repetir la expresión "síndrome de inmunodeficiencia adquirida"; también se habla del láser (siglas en inglés de *light amplification by stimulated emission of radiations*, amplificación de la luz mediante la emisión estimulada de radiación), del RFC (Registro Federal de Contribuyentes), del SAR (Sistema de Ahorro para el Retiro) y del fax (por facsimilar).

La abreviación

Éste es un procedimiento sumamente frecuente, que consiste en la eliminación de las sílabas finales o iniciales de una palabra. El efecto nos resulta con frecuencia familiar, pero el procedimiento es útil para tomar notas. Muchas palabras ahora se utilizan en su forma apocopada. Así, es posible escribir sin problema *cine* (cinema), *profe* (profesor),

doc (documento), etcétera. El procedimiento paralelo —la aféresis—, que se aplica a la primera sílaba, es mucho menos frecuente, por ser poco comprensible; tal es el caso de *cipal*, por municipal, o *pitán*, por capitán.

La contracción

Contraer consiste en suprimir el máximo de letras de una palabra, sin que ésta pierda su legibilidad. Por lo general se suprimen las vocales, pero también algunas consonantes. En ciertas lenguas, como la árabe, se da una supresión de la vocalización, sin que ello presente grandes inconvenientes. En castellano, al tomar notas escribiremos *gral* por general, *mtto* por mantenimiento, *prob* por problema, *gob* por gobierno, *núm* por número, etcétera.

La contracción puede combinarse con el apócope cuando la palabra es muy larga. Los adverbios se prestan para esta operación. Escribiremos, por ejemplo, *evid^{mte}* por evidentemente, poniendo arriba las tres últimas letras.

Cuando ciertas palabras se van a utilizar en forma constante, pueden reducirse a una sola letra, *E* por Estado, *p* por proposición o *g* por guerra, como en nuestro ejemplo.

Los símbolos

Existen dos tipos de símbolos: los ideogramas, que representan directamente un objeto o una idea, y los símbolos matemáticos, que representan una figura abstracta. La representación por ideogramas, como los jeroglíficos egipcios, es pesada, pues nos obliga a hacer un dibujo; en cambio, la simbología matemática puede utilizarse con mayor facilidad. Dichos símbolos toman el lugar de las articulaciones lógicas del discurso, y establecen los enlaces necesarios entre sus diversos elementos numéricos. Todos los signos matemáticos pueden ser interpretados con palabras, y de esa manera se explican sus relaciones.

$=$ *igual o equivalente*
$\simeq$ *más o menos equivalente*
$\neq$ *diferente, no corresponde a*
$<$ *menor que*
$>$ *mayor que*
$-$ *menos* (este signo se encerrará en un círculo para evitar confundirlo con el guión)
∞ *infinito*
$\in$ *pertenece a*
$\cup$ *unión*
$\subset$ *incluido en, subconjunto de*
$\cap$ *intersección*

o bien:

$\exists$ *existe*
$\nexists$ *no existe*
$\forall$ *cualquiera que sea*

La relación entre dos conceptos puede expresarse mediante una diagonal: *guerra/paz*. La mayoría de las indicaciones de movimiento o que marcan una relación causal pueden sustituirse por una flecha:

↑ *aumenta, crece*
↓ *desciende, disminuye*
→ *conduce, implica, tiene por efecto, por consiguiente, producto de*
⇒ *implica necesariamente o absolutamente*

Otros símbolos muy conocidos y que provienen de diversas áreas tienen un sentido muy claro para la mayoría de la gente:

♀ *mujer*
♂ *hombre*
Δ *peligro*
W *trabajo*
? *pregunta*

DISPOSICIÓN DE LAS NOTAS

No basta con abreviar, reducir o contraer las palabras o las oraciones. También se requiere de un modo de organización y jerarquización de las notas que tenga sentido. Para ello se puede recurrir a diversos medios, como la numeración o indicación mediante letras y números, arábigos y romanos, siempre con una progresión rigurosa, como puede ser ésta:

I. *número romano*
A. *mayúscula*
B. *mayúscula*
1. *número arábigo*
a) *minúscula*
b) *minúscula*
α *alfa*
β *beta*
. *punto*
* *asterisco*
— *guión*

Al adoptar un sistema de agrupación y jerarquización como el citado, debemos seguirlo rigurosamente. La toma de notas no siempre será estructurada y, sobre todo si el orador es desordenado, nos obligará a hacer una selección. Sólo se anotarán las ideas y los hechos importantes,

La grabación del discurso en un aparato refleja fielmente una declaración oficial. Por lo general, las notas escritas dan lugar a una reseña menos precisa, y no palabra por palabra, del discurso original.

Mientras el uno degusta, el otro pone por escrito las impresiones. Sin embargo, ninguno de los dos pretende traducir literalmente la verdadera sensación del sabor del vino.

o, si las notas son más abundantes, se subrayará o encuadrará lo esencial. La disposición de las notas sobre la hoja no debe descuidarse.

Si escuchamos una exposición que dará lugar a un debate y a preguntas, resulta práctico dividir la hoja en dos y dejar una parte para los comentarios o las preguntas personales y la otra para asentar la información.

Para tomar notas todos los métodos son buenos, siempre que uno pueda entenderlas después. La técnica más noble es, sin duda, la del resumen, pero resulta sumamente difícil tratar de condensar el texto a la velocidad del discurso. Aquel que combine el arte de la contracción intelectual y el de la contracción puramente escrita será un maestro en tomar notas.

LA FINALIDAD DE LAS NOTAS

Tomar notas no es una operación pasiva: constituye la primera etapa de un proceso intelectual, y no un fin en sí misma. Las notas deben cumplir el papel que se les va a asignar. Por lo tanto, se les tiene necesariamente que procesar en una fase posterior, y nada nos impide hacerlo inmediatamente después. Lo mejor es leerlas al final o un poco después de terminada la conferencia. Cuando la memoria aún está fresca, se podrá completarlas sin problema, eliminar lo que parezca inútil y destacar aquello que es importante, subrayándolo. Esta depuración del texto permitirá hacer un mejor uso de él en el futuro.

Las notas de un discurso aparecen necesariamente en el mismo orden que éste. Lo único que se puede hacer es agregar comentarios al margen. Pero existen situaciones en las que la toma de notas requiere más de una reflexión que de la técnica de la abreviación o de la contracción.

LAS FICHAS DE TRABAJO

El principio de las fichas descansa en el hecho de que, una vez recopilada la información, ésta será clasificada y ordenada a nuestro antojo, dado que no sabemos el uso que haremos de ella después.

Cada ficha llevará un título que será un elemento de la nomenclatura de trabajo del usuario. También se pueden usar colores diferentes o marcas distintivas. Muchos investigadores, profesores y periodistas tienen ficheros que les permiten escribir o hacer consultas sobre diversos temas con mucha rapidez.

La ficha sólo debe contener un dato, que podrá ser completado después, según evolucione el tema. Así, por ejemplo, un crítico literario puede llevar fichas por obra y por autor, de manera que le sea posible reunir con facilidad la totalidad de su información personal, mientras que, si sólo conservara las notas que ha obtenido en el curso de los años, le sería difícil encontrar la opinión o el hecho que necesita en determinado momento. Dado su reducido tamaño, la ficha se presta para realizar un sistema coherente de reducción (*vea el capítulo correspondiente a las fichas*).

LA CARTA

En la era de las telecomunicaciones, de los satélites y de la superconductividad, aún intercambiamos palabras de manera oral y escrita. Sea alfanumérica o binaria la modalidad de la transmisión, dichas palabras son transcritas en la mayoría de los casos: el mensaje de un fax, el telegrama, el télex, el informe de una computadora. Por lo tanto, en un primer momento es necesario escribirlas, y ¿por qué no hacerlo sobre un papel? Con demasiada frecuencia, una llamada telefónica se resume en algunos garabatos al dorso de un sobre, que después olvidamos o perdemos. La carta, por el contrario, es fácil de archivar y sirve como prueba de una solicitud, de una confesión, etcétera. "A las palabras se las lleva el viento; lo escrito permanece."

En otros tiempos, la carta asignaba, a quien la escribía, la tarea de mantener los lazos familiares y de establecer las reglas que aseguraban la comunicación. De hecho, esta práctica dio origen a un género literario: la correspondencia y la novela epistolar florecieron con los siglos.

LA PRÁCTICA EPISTOLAR

¿Cuántas veces en el año nos reprochamos a nosotros mismos el no haber escrito una carta? Escribir a alguien para felicitarlo, darle las gracias o mostrarle nuestra sim-

patía, o simplemente para decirle que lo recordamos, que sería importante y agradable renovar los lazos de amistad y complicidad, es un buen propósito que se desvanece ante el torbellino de obligaciones de la vida cotidiana. Además, siempre contamos con el teléfono —una llamada es más fácil, rápida y directa—; y, por otra parte, la idea de hallarnos frente a una hoja en blanco nos da, con mucha frecuencia, una sensación de vértigo.

Si a usted realmente le ocurre esto, quiere decir que ha llegado a una especie de punto límite. Escribir es una práctica que debería ser cotidiana, como caminar. El no querer escribir es como una enfermedad, semejante a la parálisis muscular o a la agorafobia (temor a los lugares abiertos). Ciertamente, el arte epistolar no es sencillo; requiere estilo, imaginación y espontaneidad, así como reflexión, rigor y una percepción muy clara de la finalidad del mensaje. No se debe escribir para expresar cosas por demás evidentes: "Un cuarto de hora antes de morir, aún vivía." Trátese de datos precisos o de sentimientos más vagos, de un documento de 100 páginas o de una misiva de unas cuantas líneas, siempre resulta útil tener un plan o, cuando menos, una idea de la estructura.

Antes de escribir debemos aprender a pensar; así evitaremos hacer un borrador tras otro. La confusión que podamos tener se disipará si reflexionamos antes de tomar la pluma y el papel, y no dejaremos inconcluso un asunto para continuarlo después de haberle intercalado otros inoportunamente.

Una vez realizada esta ordenación indispensable, podremos preocuparnos por la elección de las palabras, del estilo y del ritmo de la frase. En efecto, antes de abordar la redacción propiamente dicha, es aconsejable preguntarnos qué tono vamos a utilizar. Hemos usado aquí un término que por lo general califica a la conversación, dado que, como ya lo dijimos, el acto de escribir para propiciar una respuesta sustituye poco a poco al placer del diálogo. Las palabras no son neutras; tienen color, intensidad, prolongaciones y significado que el lector de la carta va a percibir, evaluar y comprender.

En esto y en su originalidad y encanto radican las dificultades de la práctica epistolar. El propósito se debe adaptar a las circunstancias y al tono del mensaje, que puede ser grave, oficial, anónimo o alegre. Y se deben considerar también las relaciones que mantenemos con el destinatario de la carta.

En todos los casos, se evitará el estilo rimbombante tanto como la redundancia. Las palabras precisas y juiciosamente empleadas son más sugestivas y eficaces que cualquier perífrasis. Además, confieren a la frase un ritmo armonioso que facilitará la lectura, al hacerla más agradable. Pero pasemos ahora de la teoría a la práctica; una carta se escribe según ciertas reglas que conciernen, a la vez, al fondo y a la forma.

PRESENTACIÓN DE LA CARTA

Imaginemos una persona que necesita obtener un documento cualquiera, relacionado con su vida privada o con sus actividades profesionales. Un ejemplo: Mario Ortega quiere conseguir una copia del contrato de venta de un automóvil, que firmó con su concesionario Ford.

Mario Ortega
Jacarandas núm. 25
México, D.F.

Señor Presidente
Ford, S.A.

Le pido que me haga llegar una copia de mi contrato de venta. Lo necesito para agregarlo a mi expediente contable. Es urgente.
Le agradezco de antemano y le envío mis más afectuosos saludos.

(firma ilegible)

Fácilmente se puede comprobar que esta carta constituye un antimodelo. Veamos por qué.

— Una carta debe llevar la fecha en la esquina superior derecha.

— Ford, S.A., es una empresa muy grande que proporciona muchos servicios, entre ellos el destinado a los clientes. El presidente de la compañía no se ocupa de casos particulares.

— El nombre y el domicilio del remitente se verían mejor en la parte inferior derecha.

— El nombre y el domicilio del destinatario se escriben en la parte superior, junto al margen izquierdo.

— Se acostumbra mencionar el asunto en la parte superior izquierda de la carta, abajo y ligeramente a la derecha de los datos del destinatario.

— En el caso preciso de esta solicitud, es indispensable mencionar la marca, el modelo y el año del automóvil, así como la fecha de compra.

— Se debe evitar el empleo de frases que puedan parecer conminatorias, como "es urgente". Ello puede molestar o causar risa.

— Las frases de despedida deben corresponder al tipo de destinatario. Resulta exagerado enviar "afectuosos saludos" al presidente de la Ford, a quien no conocemos. "Atentamente" habría bastado.

— Una firma ilegible no se puede aceptar, a menos que abajo de ella se escriba el nombre del signatario, a máquina o en mayúsculas manuscritas.

Ahora veamos un buen ejemplo. Se trata de Félix Gómez, quien se disculpa en una carta por no poder entregar a tiempo unas muestras de telas que había prometido.

Querétaro, Qro., 28 de febrero de 1994

Sr. José Luis Íñiguez
Director comercial
Mueblería Colonial
Av. Juárez núm. 45
México, D.F.

Asunto: Muestras de telas

Estimado Señor:
En seguimiento a nuestra conversación del día 7 de febrero, me apena mucho informarle que será imposible hacerle llegar las muestras que me solicitó.
Le aseguro que este retardo se debe a causas totalmente ajenas a nuestra voluntad, pero en el curso de la próxima semana le enviaré las muestras prometidas.
Aprovecho la oportunidad para comentarle que hemos recibido de Corea unas telas que irían de maravilla con sus sillas, y tienen un precio en verdad muy razonable. Adjunto le envío el catálogo de dichas telas.
Sin más por el momento, reciba usted mis más cordiales saludos.

(firma)
Félix Gómez
Corregidora núm. 152
Querétaro, Qro.

Se adjunta catálogo "Colores de Corea".

La carta contiene todos los datos que deben llevar este tipo de documentos, y la colocación de los elementos corresponde a la que generalmente se emplea.

Principio de la carta

El lugar y la fecha están bien indicados; el nombre y el domicilio del destinatario figuran en el lugar correcto. Al respecto, si el destinatario comparte el cargo con otras personas (por ejemplo, el de representante), se indicará su nombre debajo del de la compañía, con la leyenda: "*Atención señor…*" En ocasiones, abajo del domicilio aparece la palabra "Referencia", seguida de un número de expediente o contrato relacionado con el asunto; este dato resume el contenido de la carta y facilita su clasificación.

La frase inicial variará según el destinatario. ¿Cómo dirigirse a éste?: *Estimado Señor* o *Estimado señor Íñiguez*. *Estimado amigo*, si se trata de relaciones menos formales. *Querido Andrés… Mi querida Sara*, denotan un mayor grado de intimidad. En las cartas más formales se indicará el título del destinatario: *Estimado Señor Presidente… Estimado Señor Ministro… Estimado Señor Embajador… Estimado Señor Director…*

El "Palacio de Correos" de la Ciudad de México ha sido el centro de la actividad postal del país desde 1902.

En 1871, los parisienses sitiados enviaban su correspondencia dentro de esferas herméticas que ponían en el río Sena para que la corriente las arrastrara fuera de la ciudad.

En México, el término *Licenciado* engloba una gran diversidad de profesiones (abogados, sociólogos, psicólogos, historiadores, administradores de empresas, etcétera); incluso se emplea como vocativo con cierta intención aduladora, y muchas personas se hacen llamar así para reivindicar prestigio. Es muy raro que uno escriba a un rey, al Papa o a un cardenal, pero, en tales casos, se debe empezar por: *Su Majestad, Su Santidad* o *Eminencia.*

Frases de cortesía

Terminar una carta nos puede causar problemas en ocasiones. ¿Qué debemos decir? ¿Vamos a enviar nuestros "más cordiales saludos" o nuestros "respetuosos saludos"? ¿Vamos a despedirnos "atentamente" o "sinceramente"? Quizás debamos escribir frases más largas, como "Sin más por el momento, me despido de usted". Es en estas ocasiones cuando a veces envidiamos a los estadounidenses y a los ingleses, que pueden terminar su carta con un simple *Sincerely yours* (sinceramente suyo) o *Faithfully yours* (fielmente suyo), cualquiera que sea el rango o nivel social del destinatario.

Para aclarar las cosas, quizá podríamos proponer cuatro modalidades diferentes para el empleo de esas famosas frases de cortesía. Cuando nos dirigimos a una personalidad, a un notable o a un superior jerárquico, podemos despedirnos, sin temor a equivocarnos, con una frase como: *Reciba usted mis más atentos saludos* o *Aprovecho esta oportunidad para enviarle un respetuoso saludo.* Una carta para una oficina de gobierno, una asociación o una empresa, puede concluir con un simple *Atentamente.* Cuando escribimos a un particular, la conclusión puede ser del tipo: *Sin otro particular y en espera de su respuesta, reciba usted mis más cordiales saludos,* o bien, *Aprovecho la ocasión para enviarle un afectuoso saludo.* Finalmente, en los casos en que se trata de expresar amistad, afecto, ternura o complicidad, todo está permitido. Los enamorados, en cada generación, inventan frases acarameladas que les parecen nuevas. Sin embargo, siempre hay que conservar la mesura y el buen juicio. Debemos evitar las extravagancias que puedan molestar, humillar o apenar.

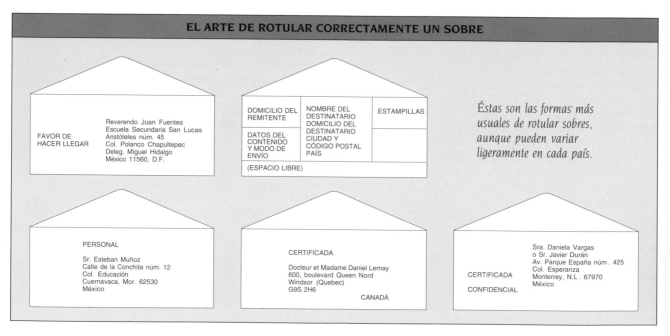

EL ARTE DE ROTULAR CORRECTAMENTE UN SOBRE

Éstas son las formas más usuales de rotular sobres, aunque pueden variar ligeramente en cada país.

Cada país y cada época han tenido su propio estilo de buzones. En Los Ángeles, EUA, se distinguen por su color, aunque no por su forma.

Ahora falta el sobre. Entre una envoltura amorfa y un sobre elegante, es preferible escoger la segunda solución. A fin de facilitar el trabajo de los empleados postales y dar una buena impresión al destinatario, se deberán evitar los garabatos. No se acostumbra escribir *Señor* o *Señora*, sino sus abreviaturas (Sr., Sra.). Siempre deberemos rotular nuestros sobres con la mayor precisión y claridad, sin olvidar datos muy importantes, como el remitente y el código postal. Utilice la máquina de escribir para correspondencia formal, o el bolígrafo para cartas personales; nunca use lápiz o marcador de tinta soluble en agua.

El sobre
La carta comercial puede enviarse en sobres tamaño oficio, de preferencia, pero también cabe la posibilidad de insertarla en uno tamaño carta. ¿Sabe usted cómo doblar la hoja para meterla en el sobre? Le haremos dos recomendaciones al respecto.

Consideremos el envío en un sobre tamaño oficio. Doble la hoja de abajo hacia arriba, abarcando más o menos la tercera parte; doble ahora de arriba hacia abajo, empleando también la tercera parte de la hoja. Métala en el sobre, con el margen superior hacia arriba.

Si va a emplear un sobre tamaño carta, doble la hoja de abajo hacia arriba, abarcando casi la mitad: acérquese algo menos de 1 cm al margen superior. Doble desde el margen derecho hacia el izquierdo, abarcando la tercera parte del ancho de la hoja. Haga luego un doblez de la izquierda hacia la derecha, llegando a menos de 1 cm del borde. Meta la carta en el sobre, con el ala derecha hacia arriba.

Es obvio que no puede faltar la dirección del destinatario, acompañada del nombre. Estos datos se anotan en la parte inferior derecha del sobre. También se puede enviar la carta a un apartado postal. Otro elemento necesario son los datos del remitente —nombre y dirección—, que se escriben en la parte superior izquierda del sobre. Adicionalmente se puede anotar la leyenda CONFIDENCIAL o ENTREGA INMEDIATA, arriba de la dirección del destinatario o a la izquierda de ella. En la parte superior derecha se pegarán las estampillas o timbres postales.

Una última recomendación: no selle los sobres con cordeles, cinta adhesiva ni grapas. Por otra parte, cuando el sobre no lleva la cantidad necesaria de estampillas, es devuelto al remitente si su nombre aparece en él. De lo contrario, el sobre es desechado.

ALGUNOS EJEMPLOS DE CARTAS
No hablaremos aquí de la carta a una oficina de gobierno o de la carta de negocios, pues éstas se tratan en otro apartado. Pero, aun sin tomar en cuenta esas dos categorías, las ocasiones para escribir son muy numerosas.

— Leamos la carta de condolencias que escribió el general Charles de Gaulle a la viuda de Francisque Gay, uno de los políticos franceses más destacados del periodo de 1945 a 1960:

Estimada Señora:

Desde el fondo de mi corazón me conduelo por la pena que le aflige a usted y a los suyos. Usted sabe en cuán alta y, agrego, sincera estima tenía al presidente Francisque Gay, por sus notables cualidades como hombre de ideas y de acción y por el valor que con nobleza mostró durante los momentos más difíciles.

Fue mi gran compañero cuando combatíamos al enemigo
y honro su memoria con profunda emoción.

Estimada Señora, mi esposa se une a mis sentimientos y
me ha pedido expresarle que ella se encuentra junto a usted
con el pensamiento. En cuanto a mí, le ruego que reciba mis
más respetuosos y afligidos saludos.

Charles de Gaulle

Es muy conmovedora esta carta de condolencias, pues combina el pésame de un hombre de Estado con el sentimiento de quien tuvo también una relación personal con el fallecido. La alusión a los momentos difíciles que pasaron juntos demuestra la sinceridad de la aflicción que se manifiesta. Por otra parte, se nota que la misiva no fue redactada por un escritor, como la siguiente, pues no hay recursos literarios sobresalientes.

El célebre escritor cubano José Martí envió a su hermana Amelia la siguiente carta en 1880, encontrándose él en Nueva York:

Tengo delante de mí, mi hermosa Amelia, como una joya
rara y de luz blanca y pura, tu cariñosa carta. Ahí está tu
alma serena, sin mancha, sin locas impaciencias. Ahí está tu
espíritu tierno, que rebosa de ti como la esencia de las primeras
flores de mayo. Por eso quiero yo que te guardes de vientos
violentos y traidores, y te escondas en ti a verlos pasar: que
como las aves de rapiña por los aires, andan los vientos por la
tierra en busca de la esencia de las flores. Toda la felicidad de
la vida, Amelia, está en no confundir el ansia de amor que se
siente a tus años con ese amor soberano, hondo y dominador
que no florece en el alma sino después del largo examen,
detenidísimo conocimiento, y fiel y prolongada compañía de
la criatura en quien el amor ha de ponerse. Hay en nuestra
tierra una desastrosa costumbre de confundir la simpatía
amorosa con el cariño decisivo e incambiable que lleva a un
matrimonio que no se rompe, ni en las tierras donde esto se
puede, sino rompiendo el corazón de los amantes desunidos
[...] Cuéntame Amelia Mía, cuanto pase en tu alma. Y dime
de todos los lobos que pasen a tu puerta; y de todos los vientos
que anden en busca de perfume. Y ayúdate de mí para ser
venturosa, que yo no puedo ser feliz, pero sé la manera de hacer
feliz a los otros [...]

Ciertamente, José Martí no es nuestro contemporáneo, y en su expresión no hallamos una gran modernidad. Su forma de hablar podría hacer reír a algunos; tal vez un hombre de nuestra época no hablaría así a su hermana, porque tanto el lenguaje como las costumbres han cambiado. Sin embargo, ¡qué gusto da leer este tipo de testimonios escritos! Las frases son tan largas que parecen expresar una preocupación y una actitud protectora que no quiere terminar. La nostalgia, la prudencia, el amor filial, e incluso el sufrimiento, se encuentran a todo lo largo de la carta. Pero las frases metafóricas, relativas a los vientos, los lobos, el perfume de las flores... producen una sensación de ternura. La maestría de un estilo original en el que la preocupación central alterna con detalles cotidianos y sencillos, y con frases líricas, permite al autor dar rienda suelta a su inspiración y espontaneidad. De ahí resulta una impresión de familiaridad y emoción.

QUÉ HACER	QUÉ EVITAR
Mantener la costumbre de escribir cartas regularmente.	Considerar a la carta como un medio de expresión en desuso.
Nunca olvidar agradecer por escrito.	Dejar que nuestro correo se acumule sin darle respuesta.
Mostrar nuestro afecto y compasión cuando ocurran hechos felices o dolorosos a nuestros conocidos o amigos.	No avisar por escrito si asistiremos o no cuando se trata de una invitación precisa.
No reprimir el deseo espontáneo de escribir.	Emplear, como provocación o por ignorancia, frases chocantes o inadecuadas.
Inculcar en nuestros hijos el hábito de escribir cartas.	Escribir en forma ilegible, y no incluir nuestro nombre y domicilio.
Respetar las formas tradicionales de presentación: fecha, espacios, firma, referencias.	No releer lo escrito, y descuidar el estilo y la ortografía.
Empezar y terminar con las frases adecuadas.	No revisar la escritura exacta del nombre de nuestro destinatario.
Verificar, en el sobre, el domicilio completo del destinatario. Debe llevar el código postal.	Olvidar poner estampillas a la carta.
	Omitir el código postal.

CARTA A UNA OFICINA DE GOBIERNO

Siempre que necesitamos hacer trámites en oficinas de gobierno, lo pensamos dos veces, por lo menos. La burocracia nos atemoriza, provoca en nosotros una sensación de impotencia y crea un monstruo de pesimismo cuando imaginamos las enormes filas que deberemos hacer y las interminables horas que pasaremos de oficina en oficina, de funcionario en funcionario, llevando copias aquí y allá de tal o cual papel cuya importancia ignorábamos. Muchos ciudadanos no se atreven a dirigirse a las dependencias de gobierno. Sin embargo, esas oficinas consagran gran parte de su tiempo a hacer saber al público que están a su disposición; por televisión y radio, y mediante volantes nos enteramos de que existe una procuraduría que defiende a los consumidores, y otra para quejarse de los abusos del mismo gobierno. Pero no todo se arregla con una llamada telefónica: en ocasiones es preferible usar el correo. Tratándose de comunicarnos con una persona inaccesible o de solucionar un caso atípico, la carta es un elemento tangible, que se conserva, y es menos volátil que las palabras.

Administrar significa, primero, manejar asuntos públicos o privados, y defender intereses determinados. Ya en el Renacimiento, Maquiavelo escribió acerca de la importancia del Estado como institución que debía administrar todos los intereses y derechos privados.

Un particular puede delegar la administración de sus bienes a otro, facultado mediante un poder. Tal delegación es obligatoria tratándose de menores e incapacitados, y en este caso se le llama tutela. También se habla, en sentido figurado, de administrar medicamentos a un enfermo y, en última instancia, de administrar los sacramentos. Pero, de manera más general, el término "administración" se relaciona con el conjunto de servicios públicos destinados a satisfacer ciertas necesidades colectivas. Dada su magnitud, algunas empresas de servicios y las grandes corporaciones ameritan también ser clasificadas en esta categoría.

LA ADMINISTRACIÓN PÚBLICA: CÓMO ENCONTRAR EL CAMINO

Con el correr de los años, el aparato administrativo del Estado se ha vuelto muy complejo. Los muchos servicios y programas creados para satisfacer a una población cada vez más diversificada pueden a veces dificultar el acceso a los funcionarios; además, los programas temporales son en ocasiones tan efímeros que no hay tiempo para hacer reclamos a quien haya resultado responsable. Todo ello está dirigido por los tres poderes de gobierno.

Aun cuando pueda parecer evidente, es importante llevar al día nuestros expedientes y anotar las fechas y los nombres de los funcionarios con los que hemos hablado cada vez. En una segunda fase, el consultar las páginas del directorio telefónico puede ser útil. En algunos estados de la República Mexicana es posible llamar a Locatel, un servicio de información telefónica que puede orientarnos en cuanto a las funciones que desempeñan las instituciones del gobierno, e indicarnos también su dirección y teléfono. Finalmente, si una persona se siente afectada en sus derechos, puede recurrir a la Procuraduría Federal del Consumidor, a la Oficina de Derechos Humanos o, en el Distrito Federal, a la Procuraduría Social, en donde, luego de ciertas averiguaciones, tratarán de darle solución al caso.

¿POR QUÉ ESCRIBIR? ¿CÓMO HACERLO?

Para hacer llegar un mensaje o arreglar un problema, con frecuencia se debe recurrir a varios funcionarios. El laberinto de la administración pública es tan complicado que resulta muy tedioso llegar a la persona que responderá a nuestra solicitud. Además, en ese embrollo de leyes, las reglas y los procedimientos se superponen y deben ser continuamente modificados. Por esto la carta ofrece muchas ventajas, dado que contiene los elementos necesarios para que el destinatario atienda la petición y tome nota de los comentarios, además de que da tiempo para encontrar

Las caricaturas son muy mordaces respecto a la actividad de los funcionarios.

las respuestas o, en caso contrario, para turnar la solicitud a la persona adecuada. Para ser eficaz, este tipo de correspondencia debe respetar ciertas formas. Pero, en esencia, se trata de ir al grano, evitando los adornos de la redacción y los apasionamientos.

Algunos requisitos

La carta que se envía a una oficina de gobierno se redacta según tres criterios imprescindibles: precisión, brevedad y claridad. De esta manera es mucho más probable obtener una respuesta.

Precisión. Ésta es fundamental, pues, sin duda, el destinatario ignora las circunstancias que motivan su carta. Aun cuando en la oficina a la que se dirige ya exista un expediente con su nombre, quizá sea difícil obtenerlo o podría incluso estar clasificado como confidencial y, por lo tanto, ser inaccesible. Por ello es mejor recordar los detalles del asunto con los datos pertinentes. Para evitar que lo confundan con otra persona que tenga el mismo nombre, deberá indicar su número de expediente o contrato. También es importante no equivocarse con las cifras, sobre todo si éstas constituyen el parámetro indispensable para hallar su expediente en un fichero computarizado. Además, conviene anexar una copia de todos los documentos pertinentes.

Brevedad. Es muy probable que su destinatario no disponga de mucho tiempo para leer una carta extensa. Lo ideal es que sea de una o dos cuartillas. De esta forma, el funcionario no se verá tentado a dejar para más tarde, o para nunca, la lectura de su misiva. Evite todo detalle superfluo y, sobre todo, no narre su vida entera, sino sólo la parte pertinente del asunto en cuestión. No recurra al sentimentalismo; evite las descripciones en las cuales usted aparece como una pobre ama de casa que tiene ocho hijos y necesita el servicio telefónico porque le rompe el corazón no saber dónde están y... ¡claro!, como no tiene teléfono para que ellos la llamen, es urgente que se instalen líneas en su colonia... Sólo manifieste la necesidad de contar con este servicio y solicítelo. Ahora que, si la escasez de vigilancia en su colonia ha propiciado la delincuencia, sí puede exponer algunos casos, puesto que está ante un problema de seguridad pública.

Claridad. *Todo debe ser sacrificado a la claridad. [...] Más vale ser censurado de un gramático que no ser entendido.* (Azorín.) Hasta los casos más complejos deben parecer claros para el lector. Si su redacción ya es breve y precisa, existen muchas probabilidades de que sea también comprensible. Al igual que en toda carta de negocios, es esencial que sólo haya una idea por párrafo, y que no se repita más adelante. Para ello, el mejor método es elaborar un plan, que se dividirá en tres partes: 1. Un planteamiento claro del asunto; 2. Una exposición objetiva de los hechos; 3. Una propuesta de solución.

El destinatario debe saber desde el primer momento cuál es el problema. Por ejemplo, usted escribe a la Oficina de Hacienda porque se negaron a hacerle ciertas deducciones fiscales. Empezará su carta diciendo simplemente:

"Creo que existe un error en el cálculo de las deducciones a las que tengo derecho..." Esta simple entrada plantea el problema, y el funcionario que lea su carta sabrá de inmediato a qué atenerse. Lo esencial se ha dicho. Pero si la carta comienza con una diatriba en contra de los impuestos fiscales, es muy probable que la dejen a un lado o la tiren a la basura.

Recuerde en seguida que no debe sobrecargar su exposición; todo debe ser claro, objetivo y preciso. De ser necesario, se pueden numerar los diversos puntos que usted quiere destacar. Y para captar la atención mediante la claridad, la presentación será ligera.

Después expondrá la solución propuesta. Ésta a veces se confunde con el asunto; si esto ocurre, deberá usted utilizar un vocabulario más enfático y, por lo tanto, más favorable a la resolución de su asunto. En caso contrario, su carta deberá servir de fundamento a su destinatario. Pero si la solución que usted propone no es aceptada, le deberán decir el motivo.

La redacción de su carta, sea como sea, siempre estará escrita en un tono cortés y terminará con un comentario positivo. No hay que insultar para lograr la reparación de un daño; además, a veces sólo basta mencionar el error. Éste sigue siendo el método más seguro para lograr que nos escuchen y, ¿por qué no?, también para obtener una respuesta favorable. En resumen, una carta eficaz debe responder a tres preguntas: ¿El asunto está claramente expresado? ¿Los hechos expuestos son convincentes? ¿La solución propuesta es realista?

Algunos ejemplos

A un ciudadano le preocupa la crisis de vivienda en su comunidad y, al respecto, desea sensibilizar a su diputado:

Señor Diputado:

Me han dicho que el gobierno quiere acelerar el ritmo de construcción de nuevas viviendas. Nuestra comunidad es una de las que se han visto más afectadas por la crisis actual. El Consejo Municipal ha dado a entender que abundan terrenos disponibles, pero que los constructores no logran que la

Sociedad Central de Hipotecas y Vivienda les otorgue fondos para construir las habitaciones requeridas.

Sé que, cuando se estudien los detalles del presupuesto, a la Cámara se le planteará este asunto y deberá votar respecto a los créditos que permitirían que la Sociedad aumentara los préstamos para las viviendas nuevas.

Éste es el motivo por el que le escribo. Usted está consciente de los problemas que nos aquejan y no dudo de su buena disposición para resolverlos. Con la seguridad de que usted hará uso de su influencia para que las sumas asignadas respondan a las necesidades de quienes en la comunidad anhelan una vivienda digna, me despido y aprovecho la ocasión para enviarle mis más respetuosos saludos.

En otro ejemplo, el problema de la contaminación afecta más a algunas colonias que a otras. Aquí se emplea la complicidad para lograr que el alcalde se haga consciente de lo grave del problema.

Estimado Señor Alcalde:

Le ruego que permita a un ciudadano de su comunidad el llamar nuevamente su atención sobre el problema de la contaminación, y en particular en nuestra región y ciudad, que, como usted lo sabe mejor que nadie, se han visto especialmente afectadas.

La capa de polvo, aceite y hollín que a diario mi esposa debe limpiar de los marcos de las ventanas pone en evidencia lo urgente que es hallar una solución. Su automóvil, Señor Alcalde, está estacionado en la calle; por mera curiosidad, pásele un dedo sobre la bella y reluciente carrocería...

¿Acaso no considera usted que sería el momento de lanzar una campaña para lograr medidas eficaces, sobre todo contra los humos industriales? El combate a la contaminación del aire tendría que reunir a todos los ciudadanos, sin importar su ideología política. La comunidad entera que está bajo su cargo, Señor Alcalde, se sentiría feliz y hasta orgullosa de verlo emprender una campaña semejante, y se apresuraría a apoyarlo.

Sin otro particular por el momento, me permito enviarle mis más respetuosos saludos.

QUÉ HACER	QUÉ EVITAR
Tener un asunto preciso que exponer: reclamación, solicitud, recomendación, etc.	Denigrar sistemáticamente a los funcionarios.
Informarnos sobre la oficina a la que debemos acudir.	Escribir sin un motivo serio.
Personalizar la petición: incluir nombre, domicilio, referencias.	Olvidar los elementos necesarios para la identificación de nuestro expediente.
Formular claramente el mensaje.	Escribir en tono provocativo o irónico.
Si uno mismo es un funcionario, respetar las jerarquías al redactar la carta.	Narrar la vida personal.
	No enviar nuestra carta al organismo competente.

EL ANUNCIO CLASIFICADO

"Júpiter quería donar una granja. Mercurio anunció su intención y la gente se presentó, hizo ofertas y le escuchó. Todo resultó a pedir de boca." En esta fábula, Jean de la Fontaine —escritor y poeta francés— convierte a Mercurio, dios romano del comercio y la elocuencia y mensajero de Júpiter, en un intermediario: el equivalente mitológico de nuestros anuncios clasificados. La Fontaine fue un precursor, pues los Mercurios modernos emplean la radio y la televisión para transmitir mensajes y propuestas de intercambio: siguen dando avisos a través de la palabra hablada. En algunos países hay, incluso, canales de televisión que dedican todo su tiempo a los anuncios comerciales.

La prensa sigue siendo el medio predominante de transmisión de anuncios, los cuales se redactan generalmente en forma abreviada o en estilo telegráfico, y cuyo empleo abarca las más diversas áreas. Los avisos clasificados no se refieren únicamente a la venta o renta de departamentos, casas de campo, muebles o automóviles: también ofrecen vestidos, instrumentos musicales, viajes, sitios vacacionales y piezas de colección. Las bolsas de intercambio se multiplican, y los sentimientos —incluso las

relaciones sexuales— también intervienen en los modernos "correos del corazón" de algunos periódicos.

Cada día es más frecuente hallar revistas y diarios que incluyen secciones en donde se ofrecen todo tipo de actividades que implican relaciones personales: desde clubes de solteros, masajes con "chicas de primera clase", personas que buscan pareja para fines matrimoniales, hombres y mujeres jóvenes "para acompañamiento domiciliario" las 24 horas... hasta los ofrecimientos directos de relación sexual, conversaciones eróticas por teléfono y matrimonios que buscan compartir a sus parejas con "personas de amplio criterio". Tales anuncios están dirigidos a personas que, en cualquier caso, se sienten solas.

La búsqueda de empleo genera otro tipo de soledad y angustia. Los anuncios clasificados intervienen entonces como reguladores del mercado de trabajo: los que ofrecen empleos ocupan una parte importante de los periódicos, en particular de las ediciones sabatinas y dominicales, que consagran muchas de sus páginas a "Ofertas de empleos". Es difícil establecer la tasa de respuesta a esos anuncios, pero si pensamos en el enorme número de solicitudes que deben llenar los egresados de las diversas escuelas antes de recibir, siquiera, una respuesta, las cifras deben de ser impresionantes.

Aprender a redactar y descifrar este tipo de mensajes concierne tanto al emisor (una empresa, generalmente), en la medida en que no quiera quedar sepultado bajo un alud de solicitudes que no responden a lo que busca, como al receptor (un candidato al puesto), quien, de otra manera, corre el riesgo de descorazonarse ante los repetidos rechazos. Antes de analizar con detalle este desciframiento —que abarca, sobre todo, el aprender a leer los anuncios, comprender su alcance y saber redactar la respuesta adecuada—, no está de más preguntarnos si las ofertas de empleo serán más numerosas que las solicitudes o si ocurre lo opuesto.

LA SOLICITUD DE EMPLEO

La solicitud de empleo motivada por un anuncio clasificado, al parecer, es cada vez menos frecuente. Hay bibliografía especializada que aconseja cómo interpretar las ofertas de empleo y cómo responder a ellas de manera eficaz.

Esta tendencia a la extinción de las solicitudes se podría explicar por la evolución de las costumbres. Cada día hay más solicitantes espontáneos, que no caen en la trampa de los anuncios clasificados. Las cartas y el currículum vitae se envían sin intermediarios, o el solicitante acude directamente a la empresa donde cree que podría trabajar. Por otra parte, están proliferando las agencias de reclutamiento, que captan personal y lo ponen a consideración de las compañías que lo requieren. Pero existen otras razones que resultan más convincentes. Redactar una solicitud de empleo en forma de anuncio clasificado exige una madu-

Una solicitud de empleo es la proposición de un encuentro entre el "perfil" de un candidato y las necesidades de una empresa.

rez y un espíritu de síntesis que no todos los candidatos poseen. Además, una solicitud de empleo no es lo mismo que un llamado de auxilio: no basta mostrar buena voluntad, sino que hay que condensar en unas pocas palabras las habilidades, las referencias y la experiencia. Ahora bien, una gran parte de los solicitantes son jóvenes cuya experiencia en el mercado de trabajo es muy reducida.

Tomando en cuenta que se trata de una operación específica, relativamente costosa y que supone una cuidadosa redacción, vamos a presentar dos ejemplos, seguidos de un comentario:

❏ Primer ejemplo:

Joven dinámico. Formación universitaria. Alto nivel estudios y experiencia profes. busca un puesto que implique motivación, relaciones y con futuro. Puedo trabajar en México o el extranjero. Tel. 5-25-13-80.

Esta solicitud tiene pocas probabilidades de éxito. Su principal defecto está en ser demasiado vaga. ¿Qué formación tiene? ¿Qué experiencia? ¿Qué edad? ¿Qué puesto desea? Y, cuidado con los pleonasmos: una formación universitaria implica siempre un alto nivel de estudios. Cuidado también con las frases hechas: un joven es, por naturaleza, dinámico. Por último, resulta un poco inocente pedir que un puesto ofrezca un futuro cuando aún no hemos sido siquiera contratados.

❏ Segundo ejemplo:

José Hernández. 32 años. Disponibilidad para viajar. Diplomado en traducción (francés/inglés/español). Experienc. en Ofna. de Inmigración. Puedo empezar de inmediato. Intérprete. Tel. 6-08-09-10.

Ésta es una solicitud mucho más precisa que la anterior; por lo tanto, puede ser tomada en consideración. No obstante, también podrían hacérsele algunas críticas. La disponibilidad para viajar no es algo que se aprecie necesariamente en todos los puestos, y el estar disponible de inmediato puede no ser un buen signo. El dato sobre la experiencia en la Oficina de Inmigración es vago, pues no se sabe si trabajó como traductor o como intérprete.

LA OFERTA DE EMPLEO

La movilidad del mercado de trabajo y los oficios que generan las nuevas tecnologías nos obligan a adaptarnos constantemente y a estar abiertos a la posibilidad de un cambio. En consecuencia, una o varias veces en la vida nos veremos en la situación de acudir a los anuncios clasificados. Debemos evitar, entonces, que esta experiencia nos cause un sentimiento de angustia, torpeza o incompetencia. El anuncio clasificado no es un laberinto hostil: es un modo de intercambio que se basa en mensajes codificados, en los que cada una de las partes debe dar su mejor imagen.

Cómo leer una oferta de trabajo

Muchas personas leerán el anuncio distraídamente; otras lo marcarán o recortarán, y algunas más responderán si la oferta es atractiva y les concierne directamente. En ciertos casos, la competencia será fuerte, y aquellos cuyo análisis del texto sea más completo y perspicaz tendrán más oportunidades de quedarse con el empleo.

La clave para el desciframiento y la interpretación del anuncio sólo la posee el propio emisor. De ahí surge toda una serie de preguntas que debemos plantearnos. ¿Cuál es la identidad del autor del anuncio y por qué decidió invertir en él? Dejando a un lado los anuncios relativos a los servicios, los que se refieren a personal de nivel medio son insertados, generalmente, por agencias de empleo, que tamizarán las solicitudes. En otros casos, son las propias empresas las que los ponen, indicando todos sus datos,

Los anuncios clasificados de los diarios se deben revisar cuidadosamente.

mientras que cientos de ellas sólo mencionan un apartado postal o un número de teléfono. Tal discreción por lo general se debe a motivos internos de la empresa. En efecto, o el puesto es nuevo, o el empleado que lo ocupaba acaba de renunciar o fue despedido por cualquier razón. Pero, en ambos casos, lo que peligra es el equilibrio de esa función. Y éste es un primer indicio para el futuro solicitante, quien deberá actuar con prudencia antes de comprometerse a ingresar a ese equipo de trabajo.

La inversión que hace una empresa en un anuncio para ofrecer empleo obedece a una motivación doble:

❏ Hallar un colaborador responsable y competente a partir de una oferta, a la vez específica y lo suficientemente amplia para no desalentar a ese posible "garbanzo de a libra". El arte del redactor del anuncio consiste en saber armonizar estos dos aspectos contradictorios.

❏ Realzar el valor de la imagen corporativa poniendo de relieve la importancia y la calidad de la empresa.

Luego de haber examinado esos elementos, el empleador tomará en cuenta, de manera conjunta, las motivaciones, habilidades y exigencias del candidato.

El nombre del puesto que se ofrece es, evidentemente, fundamental. Algunos son muy precisos: *director comercial del área química, secretaria ejecutiva bilingüe, reportero, ingeniero en sistemas*, etcétera. Otros son más vagos: *vendedor, asesor de comunicaciones*. Generalmente, el anuncio especifica las referencias deseables y los conocimientos indispensables

y, a veces, la remuneración. Por último, el lector atento procurará deducir la estructura y la importancia del organismo que propone el empleo. Un grupo multinacional, una empresa privada, una asociación nacional y una empresa local no se presentarán de la misma manera.

La persona en busca de empleo clasificará los anuncios que le llamaron la atención en tres categorías:

❏ Los que, luego de analizarlos, no responden en absoluto a sus gustos o aptitudes.

❏ Los que corresponden al empleo que desea, aunque con algunas desventajas. En tal caso, hablará por teléfono para concertar una cita o acudirá al domicilio incluido en el anuncio. La vida moderna exige una respuesta rápida: es mejor llamar el mismo día que aparece el anuncio. Algunas empresas piden que el currículum se envíe por fax; otras incluyen en el anuncio la leyenda "Favor de concertar cita al teléfono... con..." o "Acudir a la dirección ..." Enviar los documentos (currículum y carta para solicitar una entrevista) por correo o mensajería resulta muy lento, pero habla de la formalidad de la persona.

❏ Los que responden totalmente a sus deseos. En este caso no hay un minuto que perder: concierte por teléfono una cita, o acuda a la dirección especificada a entregar su solicitud y su currículum, o envíelos por fax. Algunas veces, la empresa que ofrece el empleo se encuentra lejos de nuestra residencia, en otra ciudad. En este caso, es posible que el anuncio pida el envío por correo del currículum y de

Esta caricatura ilustra las dificultades que en la actualidad encuentran con frecuencia los profesionistas para hallar un empleo.

una carta para presentar su candidatura. En ocasiones, se permite enviar una segunda carta de recordatorio si aún no le responden.

Una oferta de empleo que nos podría convenir

Pedro Lozano tiene 24 años y es Licenciado en Administración de Empresas. Ha ocupado algunos cargos eventuales en varios bancos y en una empresa especializada en electrodomésticos. Acaba de casarse y busca una situación económica más estable. De los anuncios que encontró en el periódico, señaló el siguiente: "Empresa en expansión busca un colaborador para el área del Sureste. Ofrecemos un puesto excepcional en un mercado muy prometedor, así como grandes posibilidades de desarrollo, un programa de capacitación, salario base y comisiones. El candidato deberá tener buena presentación y facilidad de palabra tanto en español como en inglés. También deberá estar dispuesto a luchar por alcanzar el éxito. Los interesados deben enviar su currículum vitae y expectativas salariales a... o entregar personalmente sus documentos en..."

Pedro respondió al anuncio, pues encontró, como elementos positivos, las posibilidades de desarrollo, la capacitación permanente y el trato con gente de alto nivel. Por otra parte, ignora cuál puede ser ese "mercado muy prometedor" y no le agradó el sermón moralizante sobre "estar dispuesto a luchar por alcanzar el éxito". Teme que le asignen un puesto de representante de ventas. Pero, en caso de que logre una cita con el responsable del grupo, aclarará esos puntos oscuros.

Una oferta de empleo que definitivamente nos conviene

Ana María Torres tiene 23 años y acaba de recibirse de Licenciada en Ciencias de la Comunicación en la Universidad Iberomexicana. La siguiente oferta atrae su curiosidad: "Responsable de comunicaciones en el sur de Puebla para la Cámara de Comercio. La calidad de nuestras prestaciones es reconocida en los medios económicos e industriales. Como responsable de comunicaciones, sus labores serán muy diversas: elaboración de una estrategia de comunicación interna y externa, redacción y diseño gráfico, edición de todos los materiales de información, implantación del plan de trabajo de la Cámara, participación en eventos regionales, etcétera.

"Se requiere formación académica de nivel superior o maestría en comunicaciones, derecho o ciencias políticas, con orientación o experiencia en relaciones públicas, periodismo o publicidad; amplia cultura general, sentido de las relaciones humanas (de alto nivel) y, sobre todo, una irreprochable habilidad de redacción. Enviar currículum al despacho de los señores José Henkel y Armando Cuevasnieto, Asesores, a la siguiente dirección..."

Ya entrada la noche, Ana María fue a hablar con su amiga Laura respecto a esta oferta.

— Esto es exactamente lo que necesito, Laura. Soy una apasionada de la comunicación. Me gustan las responsabilidades, necesito libertad en mi trabajo y cierta autonomía; además, me gustaría radicar en el sur...

— Entonces manda tu solicitud lo antes posible —la interrumpió Laura.

— Es inútil. No me contratarían, pues no tengo experiencia profesional.

Laura se echó a reír, y esto molestó un poco a Ana María, que envidiaba el pragmatismo de su amiga. A la edad de 20 años, Laura había abierto una tienda de diseño.

— No eres tú quien se debe poner a temblar frente a tu futuro patrón, amiga. Él es quien debe considerar tus exigencias. Además, ¿qué es lo que busca? ¿Un diploma? Lo tienes. ¿Gusto por las relaciones públicas? Tú diste muestra de eso con tu tesis sobre "Relaciones públicas y asociaciones locales". No es sólo una investigación teórica; es un documento que debes vender. Además, tienes experiencia de campo: hiciste tu servicio social en la oficina de prensa de Radio 21.

Ana María hizo un gesto de duda, por lo que Laura adoptó un tono más convincente:

— ¡Sí! Todo eso cuenta, te lo juro. Así es como verán si tienes o no el sentido de las relaciones humanas.

— Pensarán que soy demasiado joven.

— ¿Joven? Créeme que, para la Cámara de Comercio, eso es una ventaja. El dinamismo es muy importante; llevarás ideas nuevas sobre diseño gráfico, presentación de los invitados a las reuniones, y mucho más. ¡Anda!, vamos a redactar tu carta de solicitud.

QUÉ HACER	QUÉ EVITAR
Para ofrecer empleo	
Dar suficientes datos.	No ser específicos en la formulación del puesto vacante.
Hacer una propuesta precisa.	Usar frases hechas, como "joven dinámico".
Exaltar la propuesta.	Exagerar la importancia de la empresa.
Redactar con claridad y sencillez.	Omitir el domicilio y el teléfono.
Para solicitar empleo	
Señalar todos los anuncios interesantes.	Desalentarnos ante el gran número de candidatos que hay para un solo puesto.
Tomar en cuenta los datos que proporciona el anuncio acerca de la empresa.	Pensar *a priori*: *Soy demasiado joven, sin experiencia.*
Hacer un balance objetivo de nuestras habilidades.	Pensar en el organismo emisor como en un adversario.
Clasificar los anuncios en tres categorías: *interesante, muy interesante, apasionante.*	

LA COMUNICACIÓN Y LA VIDA PROFESIONAL

EL CURRÍCULUM VITAE

La lengua española presenta algunos rasgos curiosos o contradictorios. Considera como barbarismos, extranjerismos o palabras invasoras a los anglicismos (vocablos de origen inglés) y a los galicismos (palabras francesas); pero acepta, además de las reminiscencias del árabe y otras lenguas, expresiones latinas que se aplican, especialmente, en los campos del derecho, la ciencia y la pedagogía. Aunque nos crean dudas al escribir sus plurales, memorándum, addendum, in situ, et al. y currículum vitae son testimonios, entre muchos otros, de estos latinismos aceptados.

La última de estas expresiones es un nombre común que se emplea desde fines del siglo XIX, y significa "curso de la vida" o "carrera de la vida". Quizás podríamos pensar que tales frases son más sugestivas o poéticas, pero no es muy común presentar, a quien nos entrevista, un documento titulado "curso de la vida" o "carrera de la vida": la costumbre se impone. Limitémonos, entonces, a señalar que, como pieza clave de una estrategia profesional, el currículum vitae consigna la información de carácter civil y profesional más importante que una empresa o institución necesitan de quien presenta una solicitud de empleo.

La primera observación que nos viene a la mente, antes de entrar en materia, se refiere a la relación que existe entre anuncio clasificado, currículum vitae, solicitud, entrevista y —con los antecedentes necesarios y un poco de suerte— contrato de trabajo. El interés que despierta una oferta de empleo suscita una reacción que se concreta en la entrega del currículum vitae y de una solicitud de empleo, con la finalidad de lograr una entrevista en la que se reúnan ambas partes. La dinámica de la cadena que acabamos de mencionar tiene como pivote el currículum vitae y la solicitud. El uno no va sin la otra, y el orden en que se suceden no puede modificarse.

Una solicitud y un currículum inadecuados o insuficientes se convierten en elementos negativos de selección. ¿Cómo puede usted evitar un rechazo, que es siempre decepcionante e, incluso, humillante? No existe un procedimiento milagroso ni un modelo aplicable a todos los casos, que pudiera considerarse como la solución absoluta. El currículum vitae es el reflejo de una formación, de una carrera y de una personalidad. Esto no significa que uno se deba dejar llevar por un individualismo a ultranza o por fantasías un tanto ingenuas que nos conduzcan a inventar cualidades. Se trata de un instrumento de trabajo y un medio de comunicación profesional.

EL ESTILO DE LA REDACCIÓN

Se puede escoger uno de tres métodos para la redacción: escribir en primera persona (yo), lo cual podría parecer presuntuoso; hacerlo en tercera persona (él, ella), lo cual resulta pomposo; o recurrir a una simple enumeración, que es un procedimiento rápido y eficaz. Por ejemplo, no será necesario escribir "asumí las responsabilidades de la mensajería", sino simplemente "mensajero".

Reflexione antes de redactar su currículum. Tome en cuenta las recomendaciones que hacemos. Veamos a continuación un caso:

"La página está en blanco, pero, en unos momentos, la voy a llenar de datos que convencerán o decepcionarán a mi interlocutor. Ahora bien, da la casualidad de que este último podría ser quien decida mi futuro profesional.

"Primero, voy a anotar en una ficha los datos que permitirán identificarme y dar una idea de mi personalidad. Es indispensable incluir algunos elementos: el estado civil, los estudios, los diplomas y las referencias profesionales. Pero no sé si deba hablar de otros: ¿debo mencionar mis problemas familiares, los trabajos eventuales que tuve, mis aficiones deportivas, mis actividades sociales y culturales?

"Si me pongo en el lugar de mi futuro patrón, ¿conviene que mencione las responsabilidades que me gustaría asumir, o eso podría resultar molesto? Y, ¿en cuanto a los idiomas? Por supuesto, voy a decir que soy bilingüe; que hablo el inglés con fluidez.

CURRÍCULUM VITAE DE CLARA LEDESMA

Nombre:
Clara Ledesma Contreras

Dirección:
Insurgentes Sur 11128-4, Tlalpan, D.F.

Teléfonos:
6-58-97-12 (dom.); 5-43-56-78 (of.)

Fecha y lugar de nacimiento:
30 de septiembre de 1965, San Juan del Río, Qro.

Estado civil:
Soltera

Estudios y diplomas:
— Bachillerato (Instituto Morelos, San Juan del Río)
— Diploma de profesora de inglés (Instituto Anglo-Mexicano, México, D.F.)
— Certificado del Curso Superior de francés (IFAL, México, D.F.)
— Certificado de estudios secretariales (Academia Hudson, incorporada a la SEP, México, D.F.)
— Curso anual de inglés para profesores (Instituto Anglo-Mexicano)
— Seminario de actualización para secretarias, enero de 1989, organizado por la SEP
— Primer semestre de computación en la Academia Fibonacci, México, D.F.

Otros idiomas:
— Inglés (100%)
— Francés (50%)

Experiencia profesional:
1986-1989 "Grupo Industrial Ruiz Moya"
Puesto desempeñado: Secretaria del jefe de ventas (supervisión de la facturación, correspondencia en inglés y en español, archivo).

1989 a la fecha "La Ciudad de París"
Puesto desempeñado: Secretaria del director (correspondencia en español, inglés y francés; reclutamiento de personal; organización de cursos para secretarias, vendedoras y edecanes).

Pasatiempos:
Cine, teatro, conciertos. Deporte: tenis.

Referencias:
— Ing. José Ruiz Nolasco, vicepresidente del "Grupo Industrial Ruiz Moya".
— Lic. Jean-Luc Tavernier, director de la empresa "La Ciudad de París".

El currículum vitae *es el reflejo de una personalidad: testimonio de un pasado y de los proyectos actuales.*

"Tengo frente a mí la ficha modelo de presentación de un currículum vitae, en la cual aparecen, de arriba abajo, los datos personales (apellido, nombre, fecha y lugar de nacimiento, estado civil, domicilio, teléfono), la situación familiar, los estudios, los conocimientos de otros idiomas, la experiencia y los objetivos profesionales y las actividades extraprofesionales.

"Esta presentación me causa cierto malestar. Me parece que se asemeja demasiado a un interrogatorio policiaco. Prefiero destacar aquello que me parece más importante, es decir, el hecho de que soy bilingüe. Después mencionaré mi educación y los diplomas y títulos que he recibido, mis experiencias extrauniversitarias (trabajos eventuales, organización de coloquios). Anotaré mi edad, situación familiar y los deportes que practico. Voy a terminar diciendo claramente cuáles son mis objetivos, pensando siempre en la forma en que mi posible patrón los leerá. Ahora surge un nuevo dilema: la extensión.

"De entre todos los consejos que me dieron, uno que parecía un refrán y me hizo reír fue el de: "No digas todo; mejor dilo bien y brevemente." En ser breve, estoy de acuerdo, pero, ¿qué significa eso? ¿Veinte líneas? Seguramente no; parecería una ficha de identificación. ¿Cuatro páginas? Eso sería un cuento. Elijo, entonces, un currículum

Una forma un tanto audaz de encontrar empleo consiste en enviar, por iniciativa propia, nuestro currículum a una empresa cuyas actividades se relacionen con nuestra preparación.

vitae de dos páginas, claro, ligero y sin faltas de ortografía ni de sintaxis; consultaré en el diccionario las palabras sobre las cuales tengo dudas. Creo que así mi entrevistador leerá mi currículum con facilidad.

"¿Cómo explicaré que me despidieron de un trabajo?... ¡Ya sé! Abordaré el aspecto menos molesto. Causa de la separación: trabajo poco compatible con mi preparación. ¿Y cómo debo explicar que estuve un año sin trabajo? No ocurrirá ninguna tragedia si escribo la causa: intento de iniciar un negocio por cuenta propia."

Existen excelentes currícula redactados según la forma tradicional. La fantasía no está prohibida, pero exige una atención particular. Como ya lo dijimos, el currículum es la presentación de uno mismo, es como una especie de escaparate. Con frecuencia debe presentar, en unas pocas páginas, la experiencia de muchos años. Por lo tanto, este primer contacto con un posible patrón es muy importante. Usted debe proporcionar todos los datos relativos al puesto que solicita.

De hecho, se debe hacer un currículum para cada destinatario, pues no toda la información es útil para todos los casos. El trabajo que realizó en 1987 para la empresa X puede no ser compatible con el empleo que ahora solicita en la compañía Y. Se conservará el cuerpo del currículum, es decir, los elementos constantes, como el estado civil, y se modificará según sea necesario: un curso complementario aquí, una experiencia profesional allá, las referencias, los idiomas...

Lo que se debe mencionar

En cuanto a la experiencia profesional, conviene indicar el nombre de nuestro ex jefe en el puesto que ocupábamos y, en su caso, las labores adicionales que realizamos. En el ejemplo, vimos que Clara colaboró en los cursos para secretarias y edecanes, lo cual es importante y muestra su facultad de adaptación a situaciones diversas y su deseo de superar retos. En este sentido, la diversidad de habilidades puede ser útil. Pero no mencionó que trabajó como vendedora de helados, puesto que no era necesario mostrar su determinación de salir adelante. En cuanto a los estudios, sólo aparecerán los niveles más altos de cada ciclo. Salvo que se trate de cursos especializados, por lo general es inútil mencionar los niveles inferiores, pues es evidente que alguien que terminó la preparatoria cursó el

El *currículum vitae* de Franz Liszt, redactado por él mismo.

primer año. También conviene mencionar cursos adicionales que agreguen algo a su experiencia profesional.

Respecto a las referencias, es preferible darlas sólo si se solicitan. Ello permite aligerar el texto y evitar que esas personas deban contestar demasiadas llamadas telefónicas. Por último, el tema del salario generalmente se negocia en el momento de la entrevista, y no deberá abordarse en el primer contacto, representado por el currículum vitae y la carta de solicitud que lo acompaña.

RESPUESTA A UNA OFERTA DE EMPLEO

Éste es, por supuesto, el modo más frecuente de contacto entre una persona y una empresa. El camino hacia el triunfo profesional puede pasar por el escrutinio sistemático de los anuncios clasificados de los diarios y las revistas especializadas. Luego de varios intentos y de una última prueba decisiva (la entrevista), habrá un contrato. Veamos un ejemplo de oferta de empleo, muy semejante a los que aparecen en los periódicos locales:

LA CÁMARA DE COMERCIO DE LA CIUDAD DE PUEBLA SOLICITA
Responsable de comunicaciones
Sus funciones serán:
—Elaboración de una estrategia de comunicación interna y externa.
—Participación en eventos regionales.
—Redacción, edición y diseño gráfico de la información.
—Implantación de un plan de trabajo para la Cámara.

Requisitos:
Estudios de Licenciatura o Maestría en Ciencias de la Comunicación, y con orientación o experiencia en relaciones públicas, periodismo o publicidad; amplia cultura general; sentido de las relaciones humanas (de alto nivel) y, sobre todo, irreprochable habilidad para redactar. Dirija su currículum a Asesores Henkel y Cuevasnieto, Plaza España núm. 9.

LA CARTA DE SOLICITUD

Una vez que el currículum está listo, es momento de pensar en la redacción de esta carta. Es espontánea cuando el envío del currículum se realiza por iniciativa del solicitante del empleo, pero, en muchos de los casos, constituye la respuesta a una oferta. Al escribirla, no debemos alejarnos de ciertos principios ni omitir nuestras motivaciones personales. Es un elemento de unión indispensable entre las partes que intentan comunicarse.

En la correspondencia que la empresa recibirá en respuesta a un anuncio, la carta representa el contacto inicial, el primer criterio de evaluación. Por ello, la forma es importante. La carta debe ser breve, y presentarse en párrafos claros y ordenados. Los tachones y las faltas de ortografía son inaceptables. Debe, por claridad, escribirse a máquina, pues una letra ilegible impedirá que sus datos se conozcan.

Recordemos que el propósito del currículum vitae es resumir los diversos elementos y las referencias que reflejan la personalidad del candidato; y la carta de solicitud va a determinar si su experiencia, sus cualidades y su perfil concuerdan adecuadamente con la oferta. Por lo tanto, será más objetiva y directa. Sirve, a la vez, como declaración de intenciones y afirmación de un propósito. No olvide que su finalidad es solicitar una entrevista, lo cual debe formularse con precisión, pero sin excesiva insistencia. Existen tantos tipos de cartas como perfiles de candidatos. Veamos dos modelos:

Señor Director:

Me considero suficientemente capacitado para ocupar el cargo de representante que solicitaron en su anuncio (Excélsior, 7 de junio). Dicho puesto me atrae por la diversidad de relaciones que implica, y creo que mi falta de experiencia se compensa con mi dedicación al trabajo y mis deseos de aprender. Considero tener una buena presentación, y mi pasado profesional, aunque está relacionado con otro tipo de actividades, me permite afirmar que podría...

Atentamente,

Señor Director:

Su oferta de trabajo, que se publicó el 7 de junio en Excélsior, me interesa mucho. Ustedes solicitan "un representante comercial dinámico y con experiencia"; y desde hace seis años yo trabajo para una empresa de productos químicos y mi registro de ventas se ha triplicado en cuatro años. Debo decir que mi empleo actual no me desagrada, pero las perspectivas laborales que ustedes ofrecen me resultan atractivas, por lo que mucho le agradecería poder concertar una entrevista y...

Atentamente,

Es muy probable que la empresa escoja al segundo candidato, por su experiencia, pero no desechará *a priori* al que carece de ella y manifiesta mucho entusiasmo.

EL CURRÍCULUM DE LA EMPRESA

¡Claro! Las empresas también requieren presentar su currículum, el cual debe incluir lo siguiente:

DATOS DE LA EMPRESA
    Razón social:
    Domicilio social:
    Teléfonos:
    Registro Federal de Contribuyentes:

RECURSOS HUMANOS
    (Estructura, personal con que cuenta, cargos y títulos)

DESARROLLO
    (Lugar y fecha en que inició operaciones, etapas por las que ha pasado, etcétera)

REPRESENTANTES
    En el país:
    En el extranjero:

CAPACIDAD
    Técnica:
    Administrativa:
    Financiera

QUÉ HACER	QUÉ EVITAR
Presentar correctamente nuestra carta.	Omitir domicilio y número telefónico.
Destacar nuestras referencias.	Descuidar la presentación de la carta.
Escribir lo esencial y eliminar lo anecdótico.	Poner rúbricas confusas.
No decirlo todo.	Escribir el currículum en un estilo narrativo y egocéntrico.
Equilibrar el contenido del currículum y el de la carta-solicitud.	Incluir datos demasiado sucintos y detalles inútiles.
Mecanografiar la carta y el currículum.	No solicitar una entrevista.

EL TELÉFONO

Para el hombre, la transmisión de la palabra siempre ha sido un deseo y una búsqueda a la vez. Apenas en el siglo XIX pudo transmitirse la voz humana a distancia, gracias a la experimentación sobre los fenómenos del electromagnetismo. Alexander Graham Bell, escocés nacionalizado estadounidense, realizó y presentó en 1876 los primeros aparatos que transmitían la voz a través de una línea eléctrica de alambre de unos 3 km. En la actualidad, aunque la tecnología ha enlazado al teléfono con los satélites y otros ingenios del hombre, su función original no ha cambiado.

En poco tiempo, el teléfono, junto con el telégrafo y el télex, integró el conjunto llamado telecomunicaciones, que emplea los mismos métodos de conmutación, es decir, la conexión entre varios circuitos eléctricos.

En un siglo, el teléfono se convirtió en una de las herramientas más importantes y universales de la comunicación moderna al unir los cinco continentes. Permite transmitir en segundos desde los mensajes más confidenciales hasta los más comunes. Sin embargo, a veces el usarlo causa molestia e, incluso, angustia. En efecto, el teléfono y el breve tiempo de que disponemos para comunicarnos nos transforman en seres invisibles, dotados solamente de voz, que informan, preguntan y convencen.

INFORMAR

Veamos tres casos: una telefonista (recepcionista), una secretaria ejecutiva y un jefe de prensa.

La telefonista

Contrariamente a lo que algunos piensan, la telefonista tiene una influencia decisiva en la imagen de una empresa u oficina de gobierno, pues es ella la primera persona que habla con todas las personas que telefonean. Ella es la primera imagen, la primera voz de una empresa.

Martina es telefonista de la Compañía de Electricidad. Antes de empezar a trabajar, verifica que tiene al alcance de la mano todo el material que necesita: directorios telefónicos (la sección blanca y la amarilla), las claves de larga distancia nacional e internacional, el directorio interno de extensiones y el organigrama de la empresa y, evidentemente, una libreta de notas y un lápiz.

Suena el teléfono y en el conmutador se enciende la señal luminosa. Martina esboza una sonrisa y responde: "Compañía de Electricidad. Buenos días." Habla pausadamente. Se esfuerza por articular con claridad las palabras y separar las sílabas, y hace como si su interlocutor estuviera sentado frente a ella. "Un momento, por favor. Voy a buscar a la persona." Martina nunca hace esperar al interlocutor sin darle una explicación; es lo que se llama "poner en espera". Y, si ésta se prolonga, Martina se disculpa con su interlocutor y le pregunta si desea seguir esperando.

Buscan al señor Hernández, director de mercadotecnia, quien se encuentra en Durango. Martina responde: "El señor Hernández salió de la ciudad. Regresará el próximo lunes, a las diez." Luego agrega: "¿Gusta dejarle algún mensaje?", o "¿Quiere que él se comunique con usted?", o bien "¿Desea hablar con su secretaria?" Entonces, Martina anotará con exactitud el mensaje que le den y enviará de inmediato el recado a la oficina correspondiente. Existen formas especiales para tomar recados telefónicos, en las que se consigna el nombre de la persona que llamó, el de la persona a la que buscaba y el mensaje.

Dado que la empresa tiene relaciones con oficinas de otros países, Martina recibe llamadas de extranjeros de vez en cuando, por eso un requisito de su puesto es el de hablar varios idiomas, principalmente el inglés.

La secretaria ejecutiva

El ritmo diario de una empresa está marcado por las llamadas telefónicas. Ya vimos la importancia que tiene la telefonista para distribuir la información y los mensajes. Si esto se realiza de manera clara, rápida y eficaz, se evitará la deformación de los mensajes y de la información, así como la confusión que resulta de ello, que puede llegar incluso a los malentendidos.

Lucía Cava Estrada es secretaria ejecutiva. Su responsabilidad se ubica entre tres agentes comunicativos: su jefe, otros empleados de la empresa y el personal externo. Dentro de la empresa, ella garantiza una especie de continuidad para las llamadas destinadas a su jefe. Ciertamente, él cuenta con líneas telefónicas privadas; pero cuando acude a una junta, sale de la ciudad o trabaja en algo que requiere concentración y aislamiento, Lucía es quien responde todas las llamadas para el director, las cuales pueden provenir de colaboradores, colegas de otros servicios, o de la dirección general.

Lucía, nuestra secretaria ejecutiva, va a modificar la entonación y el estilo de sus respuestas basándose en la importancia de sus interlocutores. Si se trata de dar una información común (fecha de una reunión, planes de la semana, domicilio o número telefónico), ella misma proporcionará los datos que le soliciten o tomará algunas decisiones con base en la agenda de su jefe. Pero si la llamada viene de la dirección general de la empresa y es de carácter urgente e imperativo, se asegurará de informar a su jefe, sin importar dónde se encuentre éste.

Por último, si el mensaje es importante y complejo, Lucía se asegurará de haber comprendido bien todos los términos y luego los resumirá en una tarjeta dirigida a su superior, subrayando los puntos esenciales.

Lucía asumirá plenamente este papel de filtro de las llamadas telefónicas provenientes de personas externas. Aquí, de nuevo se pondrán a prueba su estabilidad emocional, su inteligencia y sus habilidades profesionales. Ella debe saber que el señor X es un cliente especial; que el señor Y molesta mucho al jefe, pero que hay que sobrellevarlo; y que el susodicho jefe casi nunca se encuentra cuando llama el señor Z y, por lo tanto, debe disculparlo con frases que no lo desalienten definitivamente.

Respecto al contenido de los mensajes, resumamos las categorías arriba mencionadas:

— información que la secretaria puede brindar directamente, sin la autorización expresa del jefe

— información que exige una reacción inmediata y que se debe transmitir cuanto antes

— mensajes que deben ser anotados en formas, lo cual supone una comprensión perfecta y una redacción clara y precisa, que evite confusiones en el receptor.

El jefe de prensa

El lugar que ocupa el teléfono en las labores de un jefe de prensa o de un responsable de relaciones públicas es cada día mayor. A diario recibe decenas de llamadas. Constituye, de hecho, el servicio de "recepción" de la empresa, pero en un nivel general. Estos cargos exigen reflejos rápidos, gran capacidad de adaptación, un espíritu crítico y una información sólida y al día, cuyo contenido haya sido asimilado a la perfección.

El jefe de prensa dispone de varias líneas telefónicas. La mayoría de las llamadas le llegarán por el conmutador, pues sólo dará su número directo a unos cuantos privilegiados (corresponsales de agencias periodísticas, radio o televisión), que tienen prioridad en la jerarquía de la información.

A las preguntas que no impliquen dificultad alguna ni comprometan la situación de la compañía, como cifras sobre la producción realizada o productos nuevos lanzados al mercado, les dará respuesta inmediata.

Si el dato solicitado requiere investigación en otras áreas de la empresa, el jefe de prensa pedirá a su interlocutor que lo llame más tarde, en cuanto haya obtenido la información necesaria. Si el dato es confidencial, le explicará a aquél amablemente que no puede proporcionárselo. Su prestigio profesional dependerá de su rapidez, eficacia y habilidad para resolver este tipo de problemas.

Cuando la pregunta planteada ponga en duda las políticas de la dirección general, el jefe de prensa dará prueba de suma prudencia. Él es un portavoz, no un comentarista, y mucho menos un crítico. Las palabras dichas por teléfono pueden ser aumentadas o desviadas de su contexto. Si el interlocutor insiste, el jefe de prensa le podría proponer concertar una cita con uno de los representantes de la dirección o la presidencia de la empresa.

PREGUNTAR

El teléfono es la herramienta por excelencia para hacer averiguaciones de manera rápida. Pero para este uso existe una condición: que las preguntas sean simples y concretas, que estén claramente formuladas y no se equivoquen de destinatario, es decir, que se dirijan al individuo u organismo que les dará respuesta a satisfacción.

Antes de usar el teléfono, se deben considerar algunas recomendaciones prácticas:

— Definir con cuidado los datos que se desea obtener.

— Eliminar todo lo que sea superfluo, accesorio o incidental. A una pregunta ambigua, dispersa o desordenada, con seguridad se dará una respuesta confusa y embrollada.

— Averiguar quién es la persona capacitada para proporcionar la información que se requiere.

— Tomar en cuenta los horarios y las costumbres del interlocutor. Éstos varían según se trate de una oficina de gobierno, una empresa, un diario, un centro de información, un teatro o un particular. La averiguación telefónica funciona cuando menos en tres niveles: profesional, intraempresarial y privado.

Existe el campo, que ya mencionamos, de la información profesional, en el que se ubican los datos precisos que el concesionario de una planta de automóviles, por ejemplo, regularmente debe obtener de su productor, un vendedor de su proveedor, o un periodista de un jefe de prensa. Pero es en la vida privada donde el empleo prudente del teléfono puede evitar trámites fastidiosos y permite ganar un tiempo considerable. A través de él podemos saber los horarios de autobuses y aviones, o reservar lugares para una obra de

Por ejemplo, se encuentra reunido el comité de dirección de una empresa para analizar un nuevo proyecto de fabricación; la tendencia se inclina hacia el rechazo. En ese momento, suena el timbre del teléfono. llama el responsable del departamento de investigación, quien subraya los elementos a favor relativos a la tecnología, la seguridad y el precio de venta. Si logra cambiar la opinión del comité respecto al asunto que se discutía, la intervención telefónica, por su calidad y rapidez, habrá sido determinante.

No olvidemos que una llamada telefónica puede tranquilizar, aconsejar, alentar e, incluso, salvar vidas. Para muchos marginados, personas solas y enfermos, los organismos como Neuróticos Anónimos, Alcohólicos Anónimos, Conasida y otros más representan con frecuencia el último recurso. Los números telefónicos de esas instituciones se encuentran en el directorio. Aquí, el poder de persuasión no se mide en términos numéricos, pero no por ello resulta menos valioso.

EL BUEN USO DEL TELÉFONO

Los ejemplos anteriores lo demuestran: saber hablar por teléfono es un arte que concierne, sobre todo, a la vida profesional, pero también influye en nuestra vida privada, en las relaciones de amistad, de familia y de amor. Podemos adquirir una "personalidad telefónica" si aprendemos a cultivar la voz. Hablar correctamente es un elemento de seducción, de triunfo. Asimismo, el saber modular la voz, adaptarla a las circunstancias y parecer simpáticos por el solo recurso de las palabras que se pronuncian es también un verdadero placer y un signo de equilibrio mental y psíquico. ¿Acaso no nos enamoramos de alguien por su voz, aunque al conocerlo personalmente suframos una decepción? El teléfono crea una imagen que no siempre corresponde a la realidad.

Como todo arte, la conversación telefónica tiene sus reglas, que debemos conocer, respetar y perfeccionar. Primero que nada, el teléfono establece un contacto directo, rápido y preciso, pero que no debe ser anónimo. Así, debemos personalizarlo de inmediato mediante la identificación de los interlocutores.

A fin de no sobrecargar los conmutadores o las redes, las conversaciones telefónicas no deben durar más de cinco minutos. La solicitud de una cita, de un dato o de información se hará de la manera más breve posible. Todo lo que sea parloteo, chisme, digresión o comentario anecdótico queda, evidentemente, prohibido.

El teléfono no es el único recurso. Para la solución de problemas complejos, que implican diversas etapas, será más conveniente una reunión o un informe escrito. Otro error se relaciona con el horario de las llamadas. Nunca es agradable ser despertado a las seis de la mañana por una voz inoportuna. Tomemos en cuenta que algunas personas se acuestan temprano o se levantan tarde.

El teléfono es un medio para comunicarnos con los demás y para reflejar nuestra propia personalidad.

teatro. El usuario entra en contacto con asociaciones, médicos y taxis; puede solicitar información en oficinas de gobierno o pedir consejos u orientación de muchas clases. La invención de las contestadoras automáticas ha contribuido al auge de estas iniciativas.

CONVENCER

A primera vista, usted se podría preguntar si elegimos el convencimiento a manera de contraejemplo. ¿Acaso las ventajas del teléfono no son la rapidez, la sencillez y la confiabilidad? Desde luego; pero convencer a alguien de que nuestro producto es bueno, o de que el precio es el mejor, supone una argumentación sólida, detallada y compleja, la cual suele requerir tiempo, paciencia y tenacidad: lo contrario, en cierta forma, de la conversación telefónica habitual. Sin embargo, tratar de convencer por teléfono no es siempre un error. Veamos cómo y por qué.

Tenemos, primero, el convencimiento por obstinación. A fuerza de solicitar una cita, un favor o un servicio, un individuo, tan motivado como tenaz, acabará por lograr que quienes rodean a un dirigente, ministro o actriz convengan en concederle todo o parte de lo que pide.

Otro caso se refiere al de una decisión importante o urgente que debe concretarse o, por el contrario, anularse.

Al parecer, no hay obstáculo que el teléfono no pueda salvar: si nadie contesta, una máquina grabará los mensajes.

Debemos destacar dos excepciones a ese código de buena conducta: la urgencia y la desesperanza. Una llamada telefónica puede salvar una vida, lo que se confirma diaria y dramáticamente en los casos de accidentes, siniestros y enfermedades, sin olvidar la soledad, la desesperación y la angustia que provocan intentos de suicidio. En estos casos, parafraseando el Evangelio, "la peste no espera ni conoce hora o día".

Usar el teléfono para hablar de asuntos intrascendentes aturdirá a quien esté al otro lado de la línea. Al terminar la llamada, esta persona apenas sabrá para qué la llamaron, y esto significa pérdida de tiempo, energía y dinero.

Las llamadas de trabajo deben prepararse: hay que tener los documentos necesarios al alcance de la mano, estar en condiciones óptimas de tranquilidad y guardar respeto por las convenciones establecidas para estos casos.

"Las palabras vuelan..." Resulta imprudente confiar sólo en nuestra memoria luego de colgar el auricular, sobre todo si se trata de una cita o de un dato preciso y expresado en cifras. Por lo tanto, anotaremos en una agenda o tarjeta el resultado de la conversación.

EL TELÉFONO, HOY

Enchufes y aparatos suplementarios. Para conectar su aparato en el lugar deseado, puede solicitar a la compañía de teléfonos que coloque varios enchufes o le facilite las extensiones que usted requiera. No está permitido que los particulares hagan estas instalaciones.

Contestadoras automáticas. Puede uno salir de casa con toda tranquilidad, pues estas máquinas se encargarán de grabar los mensajes de quienes hayan llamado durante nuestra ausencia. Existen tres tipos de contestadoras, tanto para el público general como para las empresas.

La contestadora simple, que responde las llamadas y da el mensaje que previamente se grabó; la contestadora-grabadora, que también retransmite los mensajes de quienes llamaron; y la contestadora de consulta, con la que se pueden escuchar y borrar a distancia los mensajes dejados en ella.

Además, se puede recurrir al servicio de mensajes telefónicos, los cuales toman nota de las llamadas y, al comunicarse el interesado, se las transmiten.

Télex, fax. El servicio de télex permite transmitir textos mecanografiados, por medio de una teleimpresora. Así, es posible ponerse en contacto con cualquier parte del mundo. El fax (abreviatura de *facsímilar*) es un medio de transmisión a distancia, capaz de enviar un texto o un gráfico que aparece en papel, por medio de una red telefónica, a cualquier lugar donde haya otro aparato similar. Del mismo modo, la recepción se hace en papel. Las computadoras, por su parte, pueden comunicarse entre sí, si cuentan con un sistema o una red.

Audioconferencia, conferencia telefónica, Audiphone. El sistema de audioconferencias sirve para comunicar a distancia a varios grupos dispersos en el territorio de un país o un continente. La conferencia telefónica, o telerreunión, es la comunicación simultánea de varias personas, por teléfono, usando la red normal.

Por último, gracias al sistema Audiphone, una empresa, una oficina de gobierno o una asociación brindan información a un gran número de personas que llaman al mismo tiempo, con el empleo de una sola línea telefónica.

LADA 800. Las empresas u oficinas de gobierno que contratan este servicio ofrecen a su clientela la posibilidad de hacer llamadas de larga distancia, sin costo. La llamada no se cobra a quien la hace, sino a la empresa que la recibe, con el fin de multiplicar los contactos necesarios para su desarrollo. Basta con marcar 91 800 y el número telefónico de la empresa, en el territorio nacional.

Telemática. En algunos países existen terminales de computadoras sencillas que se conectan a la línea telefónica. Constan de una pantalla y un teclado para comunicarse con ciertos servicios de información: directorio electrónico, bolsa de valores, catálogos de compra, noticiarios, bancos, etcétera.

El teléfono celular. Esta moderna modalidad del teléfono es realmente cómoda. No requiere ningún cable, por lo que puede usarse en cualquier parte de la República Mexicana para establecer comunicación dentro del país o con Estados Unidos y Canadá. El coche en marcha, la calle, el patio de la casa y el campo son ahora lugares privilegiados de la comunicación electrónica. Para muchos, es una necesidad: hombres de negocios, ejecutivos, médicos. Pero hay quienes lo usan por el placer de comunicar un "chisme" cuanto antes. Las reglas generales para el uso del teléfono común son también recomendables en este caso.

QUÉ HACER	QUÉ EVITAR
Antes de la llamada	
Tener a mano los documentos, el material y los datos necesarios.	Tener en desorden la información que necesitamos.
Crear un ambiente de tranquilidad.	Carecer de un verdadero motivo para llamar.
Formular el mensaje que deseamos transmitir.	Improvisar el mensaje.
Durante la llamada	
Sonreír.	Hablar desde un sitio donde haya mucho ruido.
Identificar a nuestro interlocutor.	Hablar a gritos o entre dientes.
Identificarnos.	Hablar precipitadamente.
Enunciar claramente nuestro mensaje.	Mezclar los datos y los mensajes.
Hablar como si el interlocutor estuviera frente a nosotros.	
Evitar las digresiones y anécdotas.	
Hablar en cuanto suene la señal de la contestadora automática.	
Después de la llamada	
Anotar el resultado de la llamada y, en su caso, transmitir el mensaje.	Confiar en nuestra memoria.

LA CORRESPONDENCIA PROFESIONAL

Sea cual fuere su oficio o profesión, cuando menos ocasionalmente tendrá que expresarse en forma escrita. Esto significa que alguna vez necesitará redactar una solicitud de empleo o una carta de renuncia, de reclamación, de recomendación, de solicitud de información, etcétera. Los datos que requiere o el ascenso que solicita deben ser objeto de una redacción acorde con las formas que imponen los códigos y las costumbres.

No basta preguntar o investigar; hay que hacerlo con fundamentos. Esto es válido para un trámite complejo, pero también para la correspondencia profesional.

La concisión y la claridad, que deben ser características fundamentales de una carta, sirven además como apoyo para una argumentación en la que se destacan los méritos de un individuo, la injusticia de una medida o la gravedad que reviste una situación.

He aquí el ilustrativo inicio de una carta de Blas Pascal, que forma parte de sus *Cartas provinciales*: "Hice la presente muy larga porque no tuve tiempo de hacerla más corta."

SOLICITUD DE INFORMACIÓN

Luisa es economista y leyó la serie de artículos que publicó *El Cotidiano*, escritos por Gerardo Dardón, conocido analista financiero cuyos consejos son con frecuencia solicitados por dirigentes de empresas. En su último artículo, el señor Dardón decía a sus lectores que las fuentes documentales estarían a disposición de los interesados. Varios de los temas que el señor Dardón ha abordado interesan a Luisa, que quisiera saber más respecto a ellos. Por lo tanto, escribió esta carta:

México, D.F., 14 de septiembre de 1993

Señor Gerardo Dardón
Av. Hidalgo núm. 48
Centro
México, D.F.
CP 06300

Señor Dardón:

Seguí con gran interés la serie de artículos que publicó usted en el periódico El Cotidiano, *del 6 al 11 de septiembre de 1993.*

Tengo un especial interés en los siguientes dos temas que abordó en su crónica: "Las exportaciones de aluminio mexicano hacia los países de la Cuenca del Pacífico" y "La disminución del turismo en el sur de México". Entiendo que tuvo usted acceso a cientos de tablas estadísticas internas de la Secretaría de Comercio y Fomento Industrial, así como a varios estudios realizados por la Cámara de Comercio de la Ciudad de México, por la Cámara Nacional de la Industria de la Transformación y por la misma SECOFI.

Mucho le agradecería que me hiciera llegar las referencias exactas de sus fuentes.

Agradeciendo de antemano la atención a la presente, le envío mis más cordiales saludos.

Luisa Bernal
Calle 2 núm. 128
San Pedro de los Pinos
México, D.F.

LB/

Observaciones

Esta carta nos parece muy adecuada, aunque no es perfecta. Es concisa y clara, y no presenta información superflua ni digresiones inútiles.

Luisa tuvo una duda: ¿debía o no decir al señor Dardón que ella también es economista? Desde luego, habría podido hacerlo sin que eso hubiera sido un error; pero era innecesario, pues los artículos del señor Dardón no fueron publicados en una revista especializada, sino en un diario,

El tono de una carta de negocios debe reflejar firmeza y cortesía, cualidades que permitirán al lector imaginarse al autor.

y el autor ponía sus fuentes a disposición del público general, no sólo de los especialistas.

CARTA PARA PEDIR UN AUMENTO DE SUELDO

Raúl Torres Caballero es especialista en diseño de sistemas computacionales y trabaja para una empresa nacional de procesamiento de datos por computadora. Se formó sobre la marcha, mediante prácticas de trabajo y cursos, es decir, no se graduó en la facultad de ingeniería de la universidad, lo cual se refleja en su salario.

— Te están explotando —le dice, indignada, su amiga Carolina—. Tu trabajo vale mucho, aunque no tengas un título universitario. Deberías exigir un aumento de sueldo o renunciar.

— Renunciar, ¡qué bien! ¿Y cómo encontraría otro trabajo? —le responde Raúl, con preocupación.

Entonces, Carolina le asegura que sus conocimientos son una garantía por sí mismos y que él no tendría dificultad para hallar otro empleo, pues las empresas

prefieren la experiencia y no los papeles. Raúl no está tan seguro de eso, pero, luego de mucho pensarlo y de redactar una docena de borradores, finalmente envía a su jefe la siguiente carta:

Jalapa, Ver., *15 de agosto de 1993*

Sistemas Electrónicos, S.A.
Rinconada núm. 21
Col. Esperanza
Jalapa, Ver.
México

Ingeniero Jaime Solórzano
Director General

Estimado señor Solórzano:

Hace ya tres años que colaboro en el diseño de los sistemas de información en los que la empresa bajo su dirección se ha especializado, y me siento muy contento de pertenecer a ella. El estar aquí me ha permitido adquirir una serie de conocimientos muy valiosos. En varias ocasiones ha tenido usted a bien, ya sea en conversaciones privadas e, incluso, en forma pública, reconocer la calidad y la responsabilidad de mi trabajo.

Pero me he dado cuenta de que, desgraciadamente, el salario que recibo no corresponde a esos testimonios de estimación y consideración de los que usted me ha hecho objeto. Incluso creo que esta situación es motivada sólo por el hecho de que no tengo un título universitario.

No quisiera por ningún motivo, Señor Director, que usted considere esta carta que ahora le dirijo como una forma de presión o chantaje; sin embargo, si en los próximos meses mi remuneración no corresponde al nivel cada día más alto de responsabilidades, me veré en la necesidad de tomar las medidas que considere pertinentes.

Sin otro particular, reciba usted, Señor Director, mis más cordiales y respetuosos saludos.

Raúl Torres
Extremadura núm. 88
Col. Herradura
Jalapa, Ver.
México

RT/

Observaciones

La frase de Raúl sobre el chantaje resulta ingenua y un poco torpe. Cuando se pide un aumento, dando a entender que existe otra opción, es porque probablemente ya se cuenta con un respaldo, es decir, con una oferta de trabajo. De otra manera, en caso de que la dirección se niegue a ello, uno se verá frente a una situación muy delicada.

La carta de negocios deja poco espacio para la imaginación y la inspiración. Es un género muy particular de correspondencia, que no tiene nada que ver con la carta de amor.

CARTA DE COBRO

Samuel Gómez Novelo es propietario de Almacenes Novelo, una empresa distribuidora de materiales para la construcción en Mérida, estado de Yucatán. Normalmente, él otorga crédito a los constructores de la región, y les envía un estado de cuenta mensualmente.

En 1985 Samuel empezó a trabajar de esta manera y nunca había tenido problemas. Pero desde hace ocho meses da crédito a Carlos Castro, quien tiene un comercio de pinturas. Samuel está inquieto, pues hace tres meses

que no ha recibido pago alguno de este cliente, quien se niega a pagar la totalidad de su adeudo.

Cada vez que hablan por teléfono, el señor Castro le hace muchas promesas. La semana pasada llegó incluso a asegurarle que "el cheque ya había sido depositado". Samuel, evidentemente, no recibió nada, por lo que, furioso ante la actitud de su cliente, estaba a punto de ir a ver a su abogado; pero su esposa lo persuadió de que probara un último recurso antes de iniciar un proceso legal, así que Samuel envió la siguiente carta al señor Castro:

Mérida, Yuc., 25 de agosto de 1993

Señor Carlos Castro
Rosedal núm. 126
Mérida, Yuc.
México

Señor Castro:

Su último estado de cuenta presenta un saldo que asciende a dos mil cuatrocientos nuevos pesos (N$ 2,400.00), el cual aún no ha sido pagado.

Hace ya más de tres meses que usted me adeuda esta cantidad y, pese a sus muchas promesas, aún no he recibido nada. Incluso llegó usted a mentir al decirme que el cheque por esa cantidad ya había sido depositado en mi cuenta bancaria.

Por lo tanto, ante su negligencia e irresponsabilidad, mi abogado se hará cargo de este asunto y tomará las medidas necesarias a fin de que dicho importe me sea pagado, a menos que antes del 30 de agosto de 1993 reciba yo un cheque certificado por la suma de dos mil cuatrocientos nuevos pesos (N$ 2,400.00). Le informo también que todos los costos legales resultantes de este proceso le serán cargados a usted.

Atentamente,

Samuel Gómez G.
Calle de la Asunción núm. 325
Mérida, Yuc.
México

Observaciones

El segundo párrafo de la carta de Samuel resulta totalmente inútil, pues no sólo no agrega nada, sino que debilita el impacto de la petición de pago inmediato. La carta, por su concisión, debe mostrar claramente que Samuel ya no desea discutir nada. Él no tiene que dar ninguna explicación sobre el hecho de exigir que se le pague inmediatamente. Para evitar errores como éste, no debemos olvidar que los hombres de negocios, los profesionistas y los funcionarios consagran una parte considerable de su tiempo a leer y responder la correspondencia que reciben, por lo que les irrita mucho perder el tiempo con cartas imprecisas, confusas o agresivas. Por lo tanto, la correspondencia profesional o de negocios debe ser legible, breve y directa.

CARTA DE RECOMENDACIÓN

En la vida laboral es muy frecuente que a un candidato se le pidan cartas de recomendación antes de incorporarse a una empresa. Pueden ser expedidas por particulares o por personas que ocupen un puesto en alguna otra empresa. Con ello se busca tener referencias por escrito acerca de la persona que va a ser contratada.

No hay mucha variedad en la redacción de este tipo de documento. En general, en él se hace constar que el firmante conoce a la persona en cuestión y que, en consecuencia, no tiene ningún inconveniente en extender una recomendación para su desempeño en el campo laboral. Veamos un ejemplo:

San Luis Potosí, S.L.P., 14 de febrero de 1994

Industrias Mabe, S.A. de C.V.
Avenida Carranza 352
Col. Polanco
San Luis Potosí, S.L.P.

A quien corresponda:

Por medio de la presente deseo recomendar ampliamente a la señorita María del Refugio Martínez para el desempeño del puesto de secretaria ejecutiva que ha solicitado en esa empresa. Puedo asegurar que es una persona honesta, responsable y capaz, y que desempeñará con eficiencia las tareas concernientes al puesto que solicita.

Agradeciendo de antemano la atención que se sirvan prestar a esta carta, me despido de ustedes.

Atentamente

Sra. Silvia Zamarripa

CARTA PODER

La imposibilidad de asistir personalmente a recoger un documento importante, de cobrar un cheque o de realizar algún otro trámite, crea la necesidad de llenar un formato de carta poder. En cualquier papelería se puede comprar, pero es necesario conocer algunos consejos sencillos para llenarla. El documento está dividido en tres bloques o recuadros. En el primero se anotan la ciudad y la fecha en que se expide la carta, además del nombre de la persona a quien se otorga el poder. El segundo tiene una estructura muy similar a ésta:

Por la presente   doy   al Sr.   Cesar Núñez poder amplio, cumplido y bastante para que a   mi nombre y representación   recoja un cheque por $2,000.00 en la Secretaría de Comunicaciones.

En el último recuadro aparecen las firmas y los nombres del otorgante del poder, de la persona que lo acepta y de dos testigos.

LA ESTRUCTURA DE LA CARTA

En la carta familiar no se requieren tantos datos, pero en la profesional y en la de negocios es preciso respetar ciertas convenciones, que resumiremos a continuación.

[1] Xxxxxxxxxx x xxxxxxx xxxxxxx
Xxxx xxxxx x xxxxxxx
Xxxx xxxxxx xxxxxx

[2] Xxxxxxx xxxxx xxxxxxxxxx xxx

[3] Xxxxxx x xxxxxx xxxx xxxxxxx
xxxx xx xxxx x xxxxxx
xx xxxxx xxxx

[4] Xxxxxxx xxxxxxxxxx:

[5] Xxxxxx xxxxxxxxxx xx xxxxxxx x xxxxxx xxxxxx xxx xxxxxxxxx xxx x xxxxxx xxxxxxxx xx xxxx x xxxxx xxxxx xxxxx xxxxxxxxxxxx xx.
Xxxxxxxxxxxx xxxxx xxxxx xxx xxxxxxxxx xxxxxxx xxxxx xxxx xxxxxxxx x xx xxxxxxxx xxx xxxx xxxxx xxxxxxxxxx xx xxxxxxx xxxxxxxx xxxxxxxxxx xx x x xxxxxxx.
[6] Xxx xxxxxxxxx xxxxxx xxxxxx xxx x xxxxxxxx xxxxxx.

[7] Xxxxxxxxxxxxxx

[8] Xxxxxxxxxxxxxxxxxxx
Xxxxxxxxxxxxxxxxxxx

[9] XXX/xx
[10] Xxxxx:
[11] X.X.

[1] Membrete, en el caso de empresas, despachos, instituciones, etcétera.
[2] Fecha. Va precedida por el lugar donde se escribe la carta, si ésta no lleva membrete.
[3] Datos del destinatario.
[4] Vocativo ("Estimado señor...").
[5] Cuerpo de la carta.
[6] Frases finales ("Agradeciendo de antemano...").

[7] Despedida ("Atentamente" o "Saludos").

[8] Firma. Anotar sólo el nombre y el cargo de la persona que rubricará la carta.

[9] Identificación. Se anotan las iniciales mayúsculas de quien dictó la carta y las minúsculas de quien la mecanografió. Esta costumbre tiende a desaparecer.

[10] Anexos. Anotar aquí los documentos que se adjuntan a la carta, como un cheque, un acta, etcétera.

[11] Posdata (P.D.). Incluye información omitida en el cuerpo de la carta o datos un tanto ajenos al tema, que merecen tratarse. Su extensión es muy breve (una o dos líneas). No es recomendable para cartas comerciales.

LAS FÓRMULAS DE CORTESÍA MÁS USUALES

Las siguientes frases y palabras deben emplearse con cuidado. Sólo en caso de que las relaciones sean un tanto estrechas (amistosas y familiares, principalmente) se usarán las palabras *querido* y *estimado*, o *con cariño, con afecto*. Cuando se trate de personalidades de alta jerarquía, se usarán las fórmulas de respeto: *con un respetuoso saludo...* Nunca diremos: "Querida Reina" ni "Estimado Presidente de la República".

Encabezamiento o vocativo

Señora, Señorita, Estimada Señora, Estimada Señorita.
Señor, Estimado Señor, Estimado Amigo.
Mi querido Amigo, Mi querida Amiga.
Mi estimado Colega, Distinguida Colega.
Mi estimado Andrés, Mi querida Susana.

Frase final o despedida

Atentamente, Afectuosamente, Saludos, Con cariño.
Con todo nuestro afecto, Con todo mi afecto.
Te mando, mi querido Andrés, un cariñoso saludo.
Le envío, Señor, mis más cordiales saludos.
Reciba, Señor, un afectuoso y cordial saludo.
En espera de su amable respuesta, le envío mis más respetuosos saludos.
Sin otro particular, me despido de usted, Atentamente.

Sin otro particular, le envío un respetuoso saludo.
Agradeciendo de antemano la atención que se sirva dar a la presente, me despido de usted, Atentamente.
Reciba usted, Señor Presidente, mis más cordiales y respetuosos saludos.

OTRAS FÓRMULAS DE CORTESÍA

El vocativo es el encabezamiento; el tratamiento es la fórmula que se empleará en el cuerpo de la carta.

Destinatario: Sacerdote; *vocativo*: Reverendo; *frase final*: Me permito enviarle, Reverendo, mis más cordiales y respetuosos saludos; *tratamiento*: Reverendo o, también, Reverendo Padre.

Destinatario: Embajador; *vocativo*: Señor Embajador; *frase final*: Me permito enviarle, Señor Embajador, mis más respetuosos saludos; *tratamiento*: Señor Embajador.

Destinatario: Abogado; *vocativo*: Señor Licenciado; *frase final*: Sin otro particular, le envío un cordial saludo; *tratamiento*: Señor Licenciado.

Destinatario: Cardenal; *vocativo*: Eminencia; *frase final*: Me permito enviarle, Eminencia, mis más respetuosos saludos; *tratamiento*: Eminencia.

Destinatario: Ministro; *vocativo*: Señor Ministro; *frase final*: Me permito enviarle, Señor Ministro, mis más respetuosos saludos; *tratamiento*: Señor Ministro.

Destinatario: la Reina; *vocativo*: Majestad; *frase final*: Que Su Majestad permita a éste, su humilde servidor, hacerle llegar un respetuoso saludo; *tratamiento*: Majestad.

Destinatario: Gobernador; *vocativo*: Señor Gobernador; *frase final*: Me permito enviarle, Señor Gobernador, mis más respetuosos saludos; *tratamiento*: Señor Gobernador.

QUÉ HACER	QUÉ EVITAR
Ser insistentes, con sobriedad.	Ser descorteses.
Tener un expediente bien organizado.	Ser imprecisos.
Decir con claridad cómo se debe satisfacer la reclamación.	Provocar confusión.
	Mostrar servilismo.
Presentar nuestra petición en forma original.	Formular peticiones contradictorias.
Ser sinceros.	Emplear perífrasis o circunloquios.
	Mezclar reclamaciones y confesiones.
	Confundir reclamación con agresividad.

EL RESUMEN

De toda la información contenida en un documento, tal vez sólo nos interese una parte. O, aunque todo nos parezca interesante, solamente quedarán en nuestra memoria algunos aspectos relevantes. Es mejor centrar nuestra atención en un poco de ese acervo, que quedarnos sin nada por no seleccionar lo trascendente. El Diccionario esencial Santillana de la lengua española consigna la siguiente definición del verbo resumir: "Exponer algo de forma breve, considerando sólo las ideas o rasgos más importantes."

Al pasar de los siglos, los sinónimos del verbo "resumir" se han multiplicado: abreviar, disminuir, acortar, reducir, condensar, etcétera. Se puede resumir un discurso, una situación o el pensamiento de un autor. Por analogía, se llega al concepto dialéctico de síntesis. "Los grandes poetas tienen el don de *resumir* el pensamiento de los pueblos entre los que han vivido; de ser, en una sola palabra, su época hecha hombre", declara Honoré de Balzac. Por su parte, Víctor Hugo afirma: "Todo aquello que *resume* a la humanidad es sobrehumano."

"Resumir" es, por lo general, un verbo transitivo; sin embargo, en ocasiones toma la forma pronominal: "resumirse" es convertirse, resultar ("El país se resumió en una tragedia"). "La nación se resume en un hecho: el deseo

de mantener la vida en comunidad", dice Ernest Renan. Pero este aspecto reductor tiene sus límites, pues, como nos recuerda Paul Valéry, "nada hermoso puede *resumirse*". La gama semántica de esta palabra es muy completa, pues se convierte en adjetivo (*un libro resumido*), en locución adverbial (*en resumen*: en pocas palabras) y, sobre todo, en sustantivo del género masculino (*resumen*).

Su significado oscila entre la representación abreviada de un texto, discurso o idea (*hacer un resumen, el resumen de las noticias, el resumen de un texto*) y el sentido figurado que tiende a la abstracción y a la generalización (*el resumen de la sabiduría humana*).

Como todo lo que tiene significado, la palabra "resumen" posee diversas connotaciones, que van de la virtud al exceso. He aquí dos ejemplos: "Montesquieu piensa por *resúmenes*. En un capítulo de tres líneas, *resume* toda la esencia del despotismo. Incluso, a veces, el *resumen* resulta enigmático, lo cual lo hace doblemente agradable, pues, además del placer de comprender, sentimos la satisfacción de adivinar." En este extracto de *Orígenes de la Francia contemporánea*, Hipólito Taine idealiza la forma en que Montesquieu utiliza el procedimiento, hasta concederle virtudes casi creativas. Por el contrario, el filósofo Alain, en sus *Propósitos*, lo describe con una feroz ironía: "El pedante aprende por *resúmenes*. Una vez que ha aprendido, sabe. Y, veinte años después, seguirá utilizando las mismas frases y los mismos argumentos."

TÉCNICAS DE RESUMEN

Vivimos en la era de la información, pero también de la desinformación. La paradoja y la contradicción son sólo aparentes, puesto que disponemos de una cantidad cada día mayor de documentos relativos a la evolución tanto del mundo como de nuestra vida privada y de nuestras actividades profesionales. Pero, en realidad, es difícil manejar tantos datos.

Las imágenes y los sonidos dejan huellas fragmentadas y erráticas en nuestra memoria. Un drama sigue al otro, y la repetición de los programas de televisión sólo nos deja vagas reminiscencias. En cuanto a los escritos, apenas contamos con tiempo para leer, por lo cual tanto quienes están sobrecargados de trabajo como los ociosos exigen que se les expliquen, se les ilustren, se les resuman los puntos importantes de los hechos, así como sus consecuencias prácticas. Los diarios y las revistas están atestados de títulos como: "Lo que debemos saber acerca de...", "Lo que debemos comprender acerca de...", "Lo importante de...", etcétera.

El servicio de información periodística que proporcionan algunas agencias es un resumen de texto de tipo elemental. Existen algunos más elaborados, y son los que aquí nos interesan. Los géneros y modos de empleo son muy diversos. Por comodidad, los dividiremos en tres: los resúmenes de textos para uso personal; los compendios de textos como herramientas pedagógicas a nivel de educación media y superior, en varias disciplinas, y, por último, los resúmenes prácticos para la vida profesional.

Pero, cualquiera que sea el tipo de resumen de que se trate, existen ciertas reglas prácticas y algunas técnicas de preparación que debemos conocer y dominar para realizar un trabajo adecuado, útil e interesante.

Extraer la idea central

Así como hay quien experimenta vértigo al encontrarse ante una hoja en blanco, existe quien siente fobia de penetrar en un texto (pues realmente se debe penetrar en él, dado que la comprensión puramente abstracta e intelectual no basta). Sin un mínimo de intuición y gusto por el trabajo, el resumen elaborado será plano, no tendrá relieve y, probablemente, carecerá de utilidad.

El pensamiento de un autor es un mecanismo frágil, vivo y coherente. El condensarlo requiere una labor de relojero, que consiste, a la vez, en desarmar y respetar. Lo que cuenta no es tanto la letra como el espíritu; en otras palabras, el resumen no es un receptáculo de citas copiadas en forma más o menos fiel, sino la puesta en relieve de un razonamiento. Al respecto, la impresión que se obtiene en una primera lectura es esencial. Una mirada fresca puede descubrir más fácilmente el pivote de una idea, la idea central; y, de inmediato, argumentos, pruebas y hechos empiezan a relacionarse y a girar en torno de ella como satélites. Para fijar en el papel esta primera impresión que obtenemos de un texto original, deberemos dejar de lado, por un momento, el documento, y anotar de memoria, en hoja aparte, la forma en que se articula la estructura que hemos descubierto.

Extraer los argumentos

Una vez detectados los ejes principales de un trayecto, la fatigosa marcha se vuelve un paseo, y entonces podemos detenernos a mirar las particularidades del paisaje. Hablando de un texto, esta metáfora se refiere a hechos, pruebas, anécdotas, deducciones y transiciones que nutren a las ideas esenciales. Después de realizar varias lecturas, podremos subrayar los términos importantes, destacar los párrafos que habrán de conservarse, numerar la progresión de los argumentos, distinguir las frases de transición y, mediante el uso de un diccionario, precisar el sentido de ciertas palabras.

Destacar la estructura del texto

El plan del resumen se elabora a partir de la estructura del texto. Si el original es claro y coherente, el plan se desprenderá con facilidad. Pero si el texto resulta confuso y repetitivo, el autor del resumen deberá esclarecerlo. Se procederá con prudencia y modestia, sin olvidar, primero,

que resumir no consiste en extraer al azar ciertas ideas importantes y, por otra parte, que en todo texto, aun en el más hermético e incoherente, existe una continuidad intelectual, un hilo conductor. Y la función del resumen es, precisamente, descubrirlo y destacarlo, darle una forma más "digerible".

Suprimir y simplificar

Es necesario distinguir entre lo que son las ideas y lo que son las frases empleadas por el autor. Un texto se construye en torno a una tesis, reforzada por una serie de argumentos, testimonios y ejemplos. Entre todos estos elementos de naturaleza similar, debemos escoger el más importante, el más representativo o evocador.

Cuando se trata de palabras, debemos eliminar las frases huecas, los adjetivos superfluos, las aposiciones y los pleonasmos. Ejemplo de frases huecas es: *Le escribo para decirle...* Ejemplo de adjetivos superfluos: *una calurosa y húmeda selva, un engorroso trámite burocrático...* Ejemplo de pleonasmo: *subir para arriba.* Ejemplo de aposición: *La Ciudad de los Palacios* (en repetición de México).

Siempre que sea posible, también simplificaremos las oraciones y los giros idiomáticos de las frases. Éstos son algunos ejemplos de lo que podremos hacer:

❑ Sustituir un complemento por un adjetivo: *el pensamiento del hombre* se convierte en *el pensamiento humano.*

❑ Sustituir una oración subordinada por un adjetivo o un participio. En lugar de esta extensa frase: *Incluso si se pudiera dotar a las computadoras de lógica afectiva, éstas todavía no se hallarían, sin embargo, cerca de lo que es el pensamiento humano,* podemos escribir, con menos palabras: *Aun dotadas de lógica afectiva, las computadoras no serían capaces de reproducir el pensamiento humano.*

❑ Sustituir dos oraciones por una sola (convertir la subordinada en una frase). En lugar de: *Los planes que sus hijos tienen para el futuro lo regocijan,* se puede decir: *Los planes de sus hijos lo regocijan.*

❑ Sustituir una enumeración por un término colectivo. En lugar de poner en lista: *las sillas, las mesas y los sillones del salón,* escribiremos *el mobiliario del salón.* Lo propio de un buen resumen es la economía de palabras, sobre todo si tenemos limitado el espacio.

Economía y concisión no son necesariamente sinónimos de estilo telegráfico, que es lo primero que habremos de evitar. Después, respetaremos en lo posible la forma que tiene el texto original. El autor del resumen debe conservar su propio estilo, evitando caer en una personalización exagerada. Queda prohibido el empleo confuso del pronombre *yo,* puesto que no se sabrá si se atribuye al autor o al redactor. El resumen no consiste en un remiendo de citas: es una herramienta de comunicación que, aun cuando respeta la fidelidad del mensaje, debe poder leerse independientemente del texto original.

EL RESUMEN PARA USO PERSONAL

El resumen es la base de toda documentación personal. Se suele resumir una conferencia que se acaba de escuchar, una entrevista, una película o una obra de teatro. Pero, por lo general, el resumen se aplica a documentos escritos: periódicos, informes, cartas, actas, reseñas, artículos, revistas y libros.

Aquí debemos marcar la diferencia que existe entre el resumen, la ficha y las notas. El resumen no es un recordatorio, como la ficha, sino un texto autónomo que se conservará para su consulta. Pero, como condensación de una obra más compleja, tampoco debe parecer un juicio crítico o el asiento de un suceso, como las notas. Su misión no es denunciar los errores ni las repeticiones. Constituye un excelente ejercicio intelectual que afina nuestras facultades de análisis y síntesis.

Ahora, vamos a poner en práctica lo arriba mencionado, tomando como documento por resumir las páginas precedentes: en el espacio de, más o menos, una página de extensión, explicaremos qué debe contener un resumen para uso personal.

La idea central del texto es: "Condensar el pensamiento de un autor requiere de una labor de relojero, que consiste, a la vez, en desarmar y respetar."

Para "desarmar", habrá que abordar la cuestión semántica (precisar el significado de la palabra *resumir*) e indicar la originalidad del procedimiento y sus posibles usos. La descripción de las diferentes lecturas del modelo nos permite entrar en el corazón del análisis. En la primera lectura, se desprende la idea central. Las lecturas subsecuentes sirven para precisar las diversas articulaciones, los términos importantes, los párrafos que se conservarán y la progresión de los argumentos.

Seis consejos para hacer un buen resumen

- Leer y releer el texto que se va a resumir.
- Extraer claramente la tesis y los argumentos que la apoyan.
- Trazar la estructura del texto que se va a resumir.
- Suprimir todo lo que resulte inútil, tanto en las ideas como en la redacción.
- Redactar un texto claro, preciso y fiel, evitando convertir el resumen en un remiendo de citas.
- No imitar el estilo del texto original.

Esta labor nos lleva a la necesidad de elaborar un plan. "Respetar" significa, primero, "comprender una tesis, una demostración y las etapas de un razonamiento", pero también quiere decir "suprimir las frases parasitarias, las repeticiones y las ideas de naturaleza similar". Veamos, ahora sí, un resumen de todo lo que acabamos de decir respecto al "resumen de texto":

Resumir significa retomar, de manera abreviada, lo esencial. Un resumen de texto, ya sea para uso personal, universitario o profesional, presenta la esencia del pensamiento del autor. Es una labor de relojero, en la que se desarma a la vez que se respeta.

La idea central aparece desde la primera lectura. Luego se toma nota de la articulación del discurso, la progresión de los argumentos, los términos importantes, las transiciones y, al final, el plan, que, como hilo conductor, une todas las piezas del rompecabezas.

"Respetar" consiste en destacar un razonamiento y no en copiar citas. Ello requiere un proceso de esclarecimiento y simplificación. Se aplica tanto a las ideas como a los ejemplos similares, y también a las oraciones y los giros idiomáticos. En frases como: "Una calurosa y húmeda selva...", "Un engorroso trámite burocrático...", "Subir para arriba...", "Los planes que sus hijos tienen para el futuro lo regocijan", siempre hay palabras de más.

"Concisión" no es sinónimo de "estilo telegráfico". El autor del resumen no debe imitar la forma del texto original, sino preservar su propio estilo, pues el resumen es una herramienta de comunicación que, aun cuando respeta la fidelidad del mensaje, debe poder leerse independientemente de su modelo.

No olvidemos, sin embargo, que este procedimiento tiene sus límites. Taine admiraba a Montesquieu, quien "pensaba por resúmenes". El filósofo Alain, por su parte, es implacable: "El pedante aprende pronto por resúmenes... Y, veinte años después, seguirá utilizando las mismas frases y los mismos argumentos."

CONDENSACIÓN DEL TEXTO

Condensar un texto es un ejercicio que no agrada a muchos. Sin embargo, constituye una tarea fundamental en muchas disciplinas y es una labor cotidiana para los profesionistas que laboran en diversos campos. Así, bibliotecarios, secretarias ejecutivas, periodistas y políticos deben ser capaces de dar cuenta de documentos que a menudo son muy extensos y complejos. Por lo general, y si no hay un límite marcado por el número de palabras o por el tiempo, los textos se reducen a una cuarta o a una tercera parte, según se requiera. En ciertos casos, habrán también de extraerse los datos pertinentes de los cuadros que presente el texto original. Por otra parte, puede ser útil el acudir a la gramática o a los diccionarios, especialmente cuando se pasa de un idioma a otro.

Pero este ejercicio no sólo cumple una función utilitaria: también permite verificar el bagaje pedagógico del alumno y, sobre todo, su nivel de cultura general, su grado de inteligencia y su dominio de la expresión escrita. Es, en efecto, imposible resumir correctamente un texto si se ignora la personalidad del autor o los temas que le son familiares. Según la disciplina (filosofía, literatura, ciencias

Ejercicio matutino de resumen de textos periodísticos. Esta práctica es común en las estaciones de radio y en las cadenas de televisión.

políticas, economía, etcétera), se utilizarán tanto periódicos como libros. Se debe hacer gala de curiosidad y atención respecto al texto que vamos a resumir.

Esta apertura es una muestra de inteligencia, la cual se ejercerá, además, por la vía de otras tres cualidades: intuición, lógica y objetividad. No es posible resumir un texto si no se perciben las ideas esenciales. Éstas se ordenan en torno a una tesis de la cual se desprenden argumentos, pruebas y testimonios. Pero en dicha condensación no debe entrar una interpretación subjetiva. Lo que se va a destacar es el pensamiento del autor y no las opiniones de quien resume.

El dominio de la expresión escrita es importante, y los errores de ortografía o de corrección en el uso del idioma causan muy mala impresión. Además, la forma debe ser impecable. Para concretar lo que acabamos de explicar, veamos el texto de "La misión de Prometeo". Determinaremos los elementos de reflexión respecto a la tarea que se va a realizar y luego presentaremos un resumen del texto.

La misión de Prometeo

Hace una o dos generaciones era raro que se cuestionara seriamente el que la Ciencia, manifestación de una de las más altas cualidades del espíritu humano, fuera la fuente más fecunda del bienestar natural y espiritual.

Cierto es que la difusión popular del saber científico siempre encontraba enemigos poderosos entre los defensores de las místicas imperantes y entre aquellos cuyas ventajas y privilegios resultaban de la ignorancia temerosa de sus dominados. Pero, pese a las dificultades y primeras injusticias debidas a los malos usos del progreso científico, la confianza popular en la Ciencia aumentaba día con día.

Empero, la historia de los últimos cincuenta años ha presenciado un sensible cambio en esta actitud general. Desde finales del siglo XIX, se expresan cada día con más frecuencia inquietudes y angustias ante ciertas consecuencias nefastas de la Ciencia. Y algunos incluso han llegado a poner en duda el valor de la Ciencia como factor de civilización. Los recientes hechos relativos a la bomba atómica han contribuido aún más a la confusión general respecto a la Ciencia, confusión que ha llegado incluso hasta los propios científicos. Pero, a pesar de los ejemplos que nos da la historia y los recientes acontecimientos sobre el mal uso de la Ciencia, yo me cuento entre los que piensan, y afortunadamente aún son muchos, que la Ciencia nos ha permitido alcanzar un grado muy elevado de liberación material, condición necesaria para nuestra liberación espiritual...

A manera de resumen diré que el conocimiento científico puro nos lleva paz al alma, al acabar con las supersticiones, derrotar a los terrores invisibles y darnos una conciencia cada vez más exacta del sitio que ocupamos en el universo.

Además, y es éste uno de sus rasgos más elevados, la Ciencia constituye un elemento esencial de unión entre los diversos pensamientos de los hombres, esparcidos por el mundo. En mi opinión, no existe otra actividad humana en la que el acuerdo entre los hombres pueda alcanzarse de manera tan plena. La observación científica se traduce en las mismas reacciones mentales, sin importar la longitud y la latitud. Y podríamos preguntarnos si acaso no sucede lo mismo en el caso de otros seres vivos de nuestro universo, si es que existen, aun cuando su forma sea muy diferente de la nuestra, en tanto estén dotados de la facultad de pensar. En ello radica la universalidad de la Ciencia.

FRÉDÉRIC JOLIOT-CURIE
(conferencia en la UNESCO)

Una forma de realizar el resumen

El primer paso ya está dado: la primera lectura del texto. Ahora hay que volver a leerlo para subrayar lo más importante. (Los conceptos de gramática que empleamos aquí, están explicados en el capítulo "Nociones de gramática".) En el primer párrafo, señale con lápiz o con marcatextos los sustantivos y los verbos que contengan un significado importante, según usted, en relación con el tema que se expone. Haga una lista de estas palabras (*Ciencia, fuente, bienestar; cuestionara, fuera*). Repita el procedimiento con los párrafos siguientes. Debe haber coherencia en esta relación, es decir, la colocación de un sustantivo en seguida de otro deberá permitir pensar en una sucesión de conceptos que exprese lo mismo que el texto original.

Elimine elementos redundantes (*manifestación de una de las más altas cualidades del espíritu humano*, aposición de *la Ciencia*) y reduzca las frases largas (*Hace poco* en lugar de *Hace una o dos generaciones*). Quite adjetivos superfluos, y podrá escribir, acerca del primer párrafo: *Hace poco era raro que se cuestionara el que la Ciencia fuera la fuente más fecunda del bienestar*. Note que conservamos el adjetivo *fecunda*. Esto se debe a que, por lo general, el complemento predicativo no se elimina, puesto que en él se encierran las cualidades del sujeto. Además, en este tipo de oraciones (copulativas), el verbo sólo sirve de nexo.

Ideas esenciales y estructura del artículo
— Tesis

Es la defensa y la divulgación del bienestar que aporta la ciencia. Dicha tesis se construye en torno a tres argumentos:

❏ La ciencia nos ha permitido alcanzar un grado muy alto de liberación material.

❏ Ésta es condición necesaria para nuestra liberación espiritual.

❏ La ciencia es un elemento fundamental de unidad entre los pensamientos de los hombres, dispersos por el mundo.

— Antítesis

El bienestar que aporta la ciencia es cuestionado:

❏ En otros tiempos, por "los defensores de las místicas imperantes".

❏ Hoy, debido a la existencia de la bomba atómica y, de manera más general, a las consecuencias nefastas de las aplicaciones científicas.

Sala de redacción de una gran cadena de televisión. La nota se arma, con frecuencia, a partir de resúmenes enviados por diversas agencias de prensa.

— Síntesis

❏ Frente a esta confusión general que alcanza a los medios científicos y llega incluso a cuestionar el valor de la ciencia como factor de civilización, la confianza popular en la ciencia no deja de aumentar.

❏ No existe otra actividad humana en la que se llegue a un acuerdo tan pleno entre los hombres.

❏ La ciencia es universal y les importaría por igual a otros seres vivientes del universo, si existieran.

Técnicas de expresión
— Definiciones y precisiones

Prometeo. Titán, hermano de Atlas, que provocó la cólera de Zeus al llevar el fuego a los hombres. Su misión consiste en vencer el oscurantismo mediante el saber.

Frédéric Joliot-Curie (1900-1958). Uno de los más célebres físicos franceses. En colaboración con su esposa, Irène, hizo descubrimientos esenciales respecto al átomo y los fenómenos de la radiactividad.

UNESCO. Organismo que depende de la Organización de las Naciones Unidas y cuya misión es promover la educación, la ciencia y la cultura.

Los defensores de las místicas imperantes. Perífrasis del autor para designar a los fanáticos de la Inquisición.

— Observaciones sobre el estilo

❏ El autor emplea la primera persona. Se compromete en la defensa y la divulgación de la Ciencia, palabra que escribe con C mayúscula. El resumen tomará en cuenta esta actitud de compromiso y sinceridad.

❏ Sin embargo, es necesario simplificar las perífrasis y las oraciones subordinadas que se enganchan para conformar una demostración compleja.

❏ Simplificar no significa caricaturizar. El tejido de las frases es muy denso. A veces, el simplificar sin traicionar parece imposible.

— Extensión del resumen

La condensación debe limitar el número de palabras. Tomando en cuenta tal requerimiento, proponemos el siguiente resumen del texto:

La misión de Prometeo

Hace más o menos cincuenta años, se consideraba a la Ciencia como la expresión de las más elevadas cualidades del espíritu y como fuente de bienestar para la humanidad.

Aun cuando los fanáticos de la Inquisición hayan retardado su difusión para conservar la influencia que tenían, la confianza popular en la Ciencia no dejó de aumentar.

Hoy, frente al peligro nuclear, el público, e incluso algunos científicos, cuestionan el papel civilizador de la Ciencia. Yo pienso que ella aún aporta libertad material y, por lo tanto, espiritual...

En resumen, el saber científico, al permitirnos conocer nuestro lugar en el universo, nos libera del oscurantismo y de las supersticiones. No existe otra actividad humana en la que el consenso sea tan universal. La observación cotidiana genera las mismas ideas en los cinco continentes. Y lo mismo ocurriría si acaso existieran otros seres vivos en el universo, diferentes de los hombres.

EL RESUMEN PARA USO PROFESIONAL

A la dirección general de las oficinas de gobierno y de las empresas privadas, todos los días llegan informes, proyectos, estudios, documentos y libros, más o menos voluminosos, interesantes y relacionados con las actividades que esos organismos desempeñan. Pero nadie tiene tiempo de leerlos, nadie salvo aquellos cuyo trabajo consiste precisamente en eso: los gerentes administrativos, bibliotecarios, directores adjuntos o secretarios del consejo de administración.

Las indicaciones que hemos dado, las reglas que extrajimos y las técnicas descritas se aplican tanto a la condensación de textos como a los resúmenes para uso personal y profesional.

Sin embargo, en este último caso, cabe señalar algunas observaciones particulares:

— El resumen profesional es, por lo general, una tarea asignada por una autoridad o una estructura jerárquica precisa. Un mínimo de psicología permite diferenciar aquello que es importante para los lectores de lo que es accesorio.

— El resumen profesional no es un examen; sin embargo, las consecuencias de un error de interpretación, que podrían llegar a repercutir hasta lo más alto de la jerarquía dentro del organismo en cuestión, serían graves.

Aun sin ser tan graves, el descuido de la forma y de la ortografía, o una presentación confusa, resultan sumamente desagradables.

— Es posible que el resumen se anexe a un discurso, una nota o un documento del que el superior en jerarquía se hará responsable. Por lo tanto, el autor del resumen evitará toda opinión personal o imprudente.

— Pero prudencia no significa pusilanimidad. Para que la exposición tenga valor, deberá tener una estructura sólida, que realce clara y lógicamente la tesis o algunas ideas esenciales.

Síntesis informativa

Existe otro tipo de resumen para uso profesional que amerita un tratamiento por separado: se trata de la síntesis informativa. Los diarios, las revistas y los medios audiovisuales son su soporte natural. Pero con mucha frecuencia se emplea también en las oficinas gubernamentales y en las empresas de ciertas dimensiones.

Imaginemos el caso de una compañía hidroeléctrica. Cada mañana, el responsable del servicio de información (llámese jefe de prensa, director de comunicación o gerente de medios) encuentra sobre su escritorio todos los diarios nacionales y regionales, así como periódicos de información general o especializada. Además, probablemente cuente con un télex y un fax para recibir las notas de las agencias o las de un servicio de información de noticias de radio y televisión.

❑ Su primera consigna es trabajar con rapidez. La síntesis informativa debe llegar a todos los departamentos, a más tardar a las once de la mañana.

❑ El redactor también debe aprender a abreviar. Sólo dispone de una hoja de 21 x 27 cm.

❑ Deberá, por lo tanto, conocer a fondo las estructuras y particularidades de los diversos diarios. Esta labor cotidiana le permite extraer y seleccionar de manera eficaz y rápida las noticias importantes.

❑ Sus lectores son los directores de la empresa, que laboran en diversos departamentos y comparten un interés común: conocer a la perfección todo lo referente a la energía eléctrica.

❑ El autor de la síntesis informativa dividirá, entonces, su texto en cuatro secciones: información general, noticias relativas a la energía, información sobre el sector hidroeléctrico y notas referentes a los responsables y directivos de la empresa.

❑ La redacción deberá ser clara y concisa, sin comentario alguno de quien ha recabado la información.

QUÉ HACER	QUÉ EVITAR
Imbuirnos del espíritu del texto, mediante una serie de lecturas.	Anotar una serie de citas.
Extraer el "hilo conductor", es decir, la continuidad lógica. Establecer un plan riguroso.	Parafrasear.
Esforzarnos por acortar las frases.	Traicionar el espíritu del texto.
Redactar en forma clara, sin utilizar la primera persona.	Hacer comentarios personales.
Pensar en el lector del resumen.	Redactar en estilo telegráfico.
Respetar los requerimientos (número de palabras, tiempo límite).	No hacer un borrador.
	Emplear palabras cuyo significado desconozcamos.

EL INFORME

El informe es una herramienta de trabajo que hace posible reunir gran cantidad de información de manera sintética. Lo característico de un informe son su claridad y su definida estructura, la cual permite que la información contenida sea directa y objetiva. Resulta particularmente útil en este mundo de comunicaciones, inundado por un alud de informaciones, a veces contradictorias, en las que con frecuencia no hay un hilo conductor que permita descubrir su sentido. En la escuela y en el trabajo requerimos informes para conocer la marcha de las actividades que tenemos asignadas, y aquí empiezan nuestras angustias.

El informe analiza hechos o situaciones, y extrae consecuencias para formular un juicio y sugerir decisiones. Si se habla de un informe, se habla de un redactor. Escribir no es más sencillo que tomar la palabra, y por ello a menudo asusta hasta a las personas más preparadas.

Un buen informe orienta, en forma a veces determinante, las acciones de una empresa, de una oficina de gobierno o de una comunidad. Su empleo abarca sectores muy diversos: la educación, la administración pública, la actividad industrial, la investigación, la vigilancia policiaca, etcétera. Vamos a examinar, a manera de ejemplo, cuatro tipos de informes: el de servicio social, el de un accidente, el anual de una empresa y el proyecto de inversión.

INFORME DE SERVICIO SOCIAL

En las carreras universitarias, y en algunas técnicas y magisteriales, el servicio social es un requisito para la obtención del título profesional. No hay que confundir tesis con informe. Por lo general, el servicio social se lleva a cabo en un ámbito laboral afín a los estudios, durante periodos que van de unas cuantas semanas a algunos meses. En algunos casos, el informe consta de tres documentos: el informe de quien realiza el servicio, los comentarios del responsable de este estudiante en la empresa donde lo realiza, y los del asesor.

Tomemos, por ejemplo, el caso de Roberto González Iturralde, quien realizó su servicio social para obtener el grado de Maestría en Sociología en la Universidad Nacional. Luego de varias visitas a Estados Unidos, debe redactar un informe sobre la forma en que funcionan los parques recreativos en ese país, y las ideas que se podrían aplicar en México, especialmente en la capital de la República.

En la primera parte de su trabajo, Roberto siguió al pie de la letra los consejos que le dieron sus asesores y sus compañeros. Observó la organización general y el funcionamiento de los parques recreativos en Estados Unidos. Analizó la documentación existente, tanto en películas, diapositivas, folletos, panfletos y diarios destinados al público en general, como en estudios, consejos, guías y notas de servicio elaborados para los animadores y el personal de los parques. Visitó dos instalaciones: una, de tendencia pedagógica y futurista, y otra que reúne todas las atracciones y diversiones de moda, desde simuladores de vuelo o de batalla naval hasta juegos mecánicos y montañas rusas. Participó en encuestas, sondeos y entrevistas para darse una idea del grado de satisfacción o descontento de los visitantes; incluso organizó, con un grupo de estudiantes estadounidenses, un coloquio sobre la administración del tiempo libre, esa nueva disciplina que tiende a promover y sistematizar las diversiones.

Luego de esta experiencia teoricopráctica, y con una abundante y contradictoria documentación, Roberto se dispone a redactar un informe de unas 50 páginas.

Su plan se divide en cuatro partes. Como introducción, el objeto de su informe. Después, la descripción de sus experiencias y de las instalaciones observadas. En tercer lugar, el análisis crítico de las ventajas y los inconvenientes de esos parques recreativos (costos de inversión, rentabilidad, impacto sobre el medio natural, apreciación cualitativa respecto a la cultura). Por último, el informe estudiará en qué condiciones pueden las estructuras estadounidenses adaptarse a México.

El texto del informe debe ser claro y preciso. La redacción se hará en un tono impersonal, y el "yo" se utilizará con

Cualquier accidente automovilístico, por pequeño que sea, debe quedar asentado en un informe.

mesura, salvo cuando sea necesario para la comprensión del desarrollo de las actividades. Se evitarán los comentarios impertinentes de tipo humorístico o filosófico, aunque no por ello se caerá en un estilo que haga tediosa la lectura. Todo depende de la dosificación.

El informe que Roberto redacte deberá ser sólido, conciso y lógico, y seguir el orden y desarrollo que los especialistas a los que consultó describen en cuatro puntos:

— Definir el problema y justificar la importancia y el interés que representa para la comunidad.

— Describir el contexto en el que se desarrolla el estudio (medio geográfico, situación socioeconómica y política, etcétera).

— Argumentar y proponer una o varias soluciones para el problema expuesto en el informe.

— Examinar los resultados y todas sus variantes.

INFORME DE UN ACCIDENTE
Una bodega que, de pronto, se incendia; una caldera que explota, un soporte que se vence; una carambola de automóviles... Son diversos los tipos de accidentes que, por desgracia, suelen dejar muchos heridos y muertos.

Entonces hay que dar cuenta del siniestro, explicarlo y determinar sus causas para que no se repita. Esta síntesis aparece en el informe de accidentes —que no debe confundirse con el acta—, que es más bien una reseña fiel de lo que los testigos vieron o escucharon. El informante, designado en virtud de su capacidad, jerarquía y función (un oficial de policía, un ingeniero), describirá las circunstancias del accidente, analizará los testimonios recabados y presentará sus conclusiones.

INFORME ANUAL
La ley obliga a todas las empresas a presentar un informe anual de cada ejercicio financiero. En términos fiscales se llama "declaración anual". La asamblea de accionistas debe aprobar (o desaprobar) dicho documento y corroborar la gestión de los directores y administradores de la empresa.

Pero el desempeño de la empresa, el contexto socioeconómico en que labora y sus resultados financieros no conciernen únicamente a los accionistas: también interesan a los clientes, proveedores e instituciones financieras con que trabaja la empresa. En esta lista haríamos mal en no incluir a los empleados.

Soldados que revisan un informe. La organización militar se sustenta en la transmisión confiable de información.

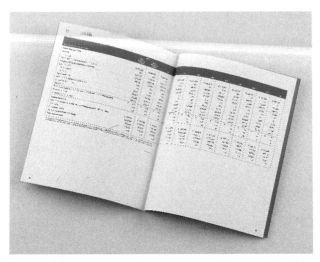

El informe de un auditor puede constituir una denuncia del mal uso de los fondos públicos.

Cada departamento de la empresa contribuye a la redacción y difusión del informe anual. La secretaría general, bajo el mando de la dirección general y de la presidencia del consejo de administración, elabora la sección general, así como la introducción y la conclusión. Las áreas técnica y comercial analizan los resultados que les competen. La dirección de servicios financieros es responsable del balance general y del saldo. Y el departamento de relaciones públicas da a conocer el documento a todos los interesados y se encarga de que la prensa lo publique.

Un informe anual se ubica, de esta manera, en un estricto entorno. El prefacio del presidente describe las actividades del año transcurrido. Si se trata de una empresa multinacional, ello se hará por sectores y países. Un consorcio financiero presentará los resultados de sus participaciones. En el caso de los grandes bancos, se describirán las áreas enteras de la economía, las finanzas y la política internacional, tomando en cuenta los diversos conflictos, especulaciones, crisis, cambios o descubrimientos. Dicho texto, en el que análisis y síntesis se yuxtaponen, va seguido de datos numéricos: estadísticas, cuadros sectoriales y, por último, todos los datos contables pertinentes. La presentación del informe anual es, a menudo, muy detallada; incluye fotografías, en un formato espacioso y sobre papel de buena calidad. La presentación resulta importante, pues el informe constituye también una herramienta publicitaria que, en caso de que el saldo sea positivo, puede atraer nuevos inversionistas y contribuir al crecimiento de la empresa.

La parte técnica del documento, aunque es importante, se presenta en forma sobria y relativamente breve. Antes que nada, propone una imagen corporativa dinámica, que da fe de la situación de la empresa y de sus posibilidades de expansión. Muestra luego una sinopsis de las actividades y va seguida de unas palabras del presidente. Después viene un análisis de cada sector y del potencial de explotación. Esta sección lleva, por lo general, muchas ilustraciones y su finalidad es dar seguridad a los inversionistas, presentes o futuros. En un anexo se presenta un informe financiero más detallado, que muestra las ganancias por acción y las deudas de la empresa. La presentación puede variar de una a otra empresa, pero la esencia es la misma. Este documento, de entre 50 y 100 páginas, no es árido, contrariamente a lo que podría pensarse.

PROYECTO DE INVERSIÓN

Como es obvio, el informe anual corresponde a las empresas ya existentes; es el balance de sus operaciones y una ventana abierta a las actividades pasadas y futuras. Por su parte, el proyecto de inversión de una empresa recién creada, aunque es menos ostentoso, se elabora básicamente en torno al mismo esquema.

El proyecto de inversión se asemeja en varios aspectos al informe anual. Constituye, en cierto sentido, un informe que permitirá a un individuo convertirse en empresario, y a los inversionistas y financieros tener una idea de ese proyecto de empresa para tomar una decisión acerca de su posible participación en ella. Es una herramienta que sirve para varios objetivos. Primero, permite poner sobre una hoja de papel la imagen global de la nueva empresa. Bien redactado, según las reglas, el proyecto de inversión también puede servir como guía para las etapas de arranque, y será un instrumento para valorar los progresos y los errores de la administración. Para el inversionista y el banquero, el proyecto de inversión constituye una base de evaluación muy útil, que debe permitirles verificar la seriedad de la empresa y su viabilidad. En consecuencia, el proyecto debe ser elaborado con todo cuidado.

Consejos básicos

Primero, conviene estructurar el proyecto de tal forma que incluya todos los detalles pertinentes en un orden lógico, lo cual facilitará a los interesados su lectura, comprensión y compilación. Si se trata de una primera experiencia, es preferible que lo revise una persona reconocida por su pragmatismo. Una mirada desde el exterior evitará ciertas exageraciones resultantes de un entusiasmo que en ocasiones es realmente desbordante.

Además, se debe describir con precisión el contexto en que se inscribe la empresa: el equipo de dirección, los planes de mercadotecnia y financiero, así como un calendario de etapas de trabajo. A fin de facilitar su consulta, al principio del documento deberá incluirse un resumen del proyecto, de un par de páginas. Éste debe ser suficientemente atractivo para interesar al inversionista y convencerlo de la seriedad de la empresa.

Detalle del proyecto

En la primera parte se trata de presentar una imagen del sector en cuestión. Las tendencias del mercado y de la clientela, así como un catálogo de los productos, actividades y servicios que ofrece la competencia, constituirán el cuerpo. Luego seguirá la descripción de los objetivos de la empresa. Si es una compañía ya existente, se narrará su historia y se explicarán las razones de la expansión que se proyecta. A esto seguirá la lista de los productos que se van

CONTENIDO DE UN PROYECTO DE INVERSIÓN

I. Industria, empresa y productos
   A. La industria
   B. La empresa
   C. Los productos o servicios

II. Plan de mercadotecnia
   A. Investigación y análisis del mercado
       a) clientela
       b) mercado y tendencias
       c) competencia
       d) ventas previstas
   B. Plan de arranque
       a) estrategia de mercadotecnia
       b) precios
       c) tácticas de venta
       d) servicio posventa y garantías
       e) publicidad
   C. Diseño y afinación
       a) estado de avance
       b) investigación y mejoras
       c) costos

III. Plan de producción
   A. Ubicación
   B. Instalaciones

IV. Recursos humanos
   A. Organización
   B. Dirección
   C. Salarios
   D. Consejo de administración
   E. Servicios de apoyo
   F. Mano de obra

V. Plan de administración
   A. Calendario
   B. Riesgos

VI. Plan financiero
   A. Previsiones
   B. Presupuesto
   C. Balance
   D. Control de gastos

a ofrecer y sus ventajas sobre artículos similares. Este "posicionamiento" esclarecerá la visión del futuro inversionista y permitirá identificar su nicho de mercado.

El plan de mercadotecnia

Es un elemento clave de la presentación. Se prestará suma atención a los datos que contenga. Se trata de convencer al posible inversionista de que las proyecciones de ventas son realistas. También servirá de base para determinar las necesidades, en términos de capital y préstamos. Sin caer en excesos, puede ser útil recurrir a cuadros estadísticos, lo que permitirá también aligerar un poco el informe.

Como todo texto de carácter administrativo, el proyecto de inversión debe ser conciso y preciso. Dado que las personas que lo consultarán tienen muchas ocupaciones, apreciarán un documento claro, en el que encuentren rápidamente la información que necesiten. Los mismos principios de redacción se aplican a las otras partes del proyecto de inversión. Debe pensarse en reducir la posibilidad de que el lector se quede con dudas.

CÓMO ELABORAR UN INFORME

Un informe es un documento original que no sólo recaba testimonios, sino que además describe una situación o transmite información de interés para un determinado grupo. No da órdenes ni ofrece directrices; por lo tanto, es un medio de participación eficaz e irreemplazable.

Definir el problema. En todas las actividades, el trabajo pronto se tornaría rutinario, monótono y paralizante si su organización, rendimiento y finalidad no fueran periódicamente revisados. La asignación y la preparación de un informe permiten el cuestionamiento y la reflexión. Para concebir su plan, el redactor debe recabar información variada e incluso contradictoria, que incluya tanto cifras como hipótesis, testimonios innegables y rumores, experiencias antiguas y proyectos. De todo lo que reúna, el informante sólo conservará los elementos irrefutables que coadyuven a la consecución de su objetivo, pues otra característica del informe es que constituye una herramienta destinada a la acción. Los errores que aparezcan en el papel cobrarán un precio en la realidad.

Exponer los hechos. Contrariamente a lo que ocurre en la preparación de una disertación, tratado o ensayo, que abordan un problema general, el informe se refiere "al momento"; es decir, su elaboración y su presentación deben coincidir en el tiempo. Describe un caso preciso, aun cuando sea complejo y genere consecuencias difíciles de prever. El redactor evitará todo efecto literario o metafórico que desvíe la atención. El mejor estilo es, a menudo, resultado de la concisión, del rigor en el razonamiento y de un profundo conocimiento técnico del caso.

HOSPITAL SAN JERONIMITO

Informe médico, producto de una minuciosa auscultación.

Esta descripción será lo más honesta, completa y sintética posible; tomará en cuenta testimonios, opiniones, información y cifras provenientes de diversas fuentes. Sin embargo, no será neutra, pues va dirigida a la persona, al grupo, al consejo o a la asamblea que solicitó el estudio. Debe asumir una postura, sin manipular al lector.

Argumentar y convencer. Es ésta la tercera característica de un buen informe en la vida profesional; el relato de los hechos debe ir acompañado de elementos de juicio que tengan cuando menos un valor introductorio. El destinatario del documento, quien deberá tomar una decisión sobre un tema del cual no conoce todos los datos, desea ganar tiempo, ahorrarse un análisis demasiado detallado y prolongado del problema.

Por lo tanto, las proposiciones y los juicios del informante deben ser claros, para ahorrar tiempo, plurales, para no manipular la decisión del responsable; y tener argumentos sólidos, para evitar objeciones que quitarían credibilidad al documento.

Proponer soluciones. El informante no se mantiene al margen de su trabajo, su función no es neutral; las conclusiones que presenta comprometen su responsabilidad. Esta característica concierne particularmente a los investigadores y a los miembros de los consejos de organización, cuyas proposiciones darán por resultado inversiones importantes, la implantación de nuevas técnicas o el lanzamiento de productos cuya comercialización puede implicar muchos riesgos.

Recapitular. Un informe representa en el papel la síntesis de elementos complejos y contradictorios que forman parte de un conjunto cuyas variables deben dominar quienes participaron en su elaboración. El informante define el problema y muestra lo que es importante y realista.

Luego de mencionar los datos, testimonios y fuentes de que dispuso, el redactor expone sus argumentos y propone iniciativas de acción. Nunca pierde de vista que su demostración, si bien debe evitar la subjetividad, la parcialidad y el apasionamiento, debe ser suficientemente convincente para ganarse la adhesión de la persona o del grupo a los cuales va dirigida.

PRESENTACIÓN

Hacemos aquí algunas recomendaciones para la presentación, es decir, el aspecto que debe tener el informe para ser más legible y dar una mejor impresión al lector.
— Emplear papel blanco tamaño carta.
— Escribir solamente por una de las caras de la hoja.
— Evitar los errores mecanográficos y de ortografía.
— Numerar cada una de las hojas.

QUÉ HACER	QUÉ EVITAR
Pensar en:	No prepararse lo suficiente.
— el destinatario	Confundir los géneros informativos.
— el tipo de informe	Omitir ciertos testimonios o informes.
— los documentos y testimonios de que se dispone	
— el número deseable de páginas	Emplear un estilo demasiado literario o frases que pretendan manipular.
— los requerimientos impuestos (plan, estilo, argumentación)	
— la coherencia de las proposiciones	Presentar proposiciones vagas.
— el compromiso del informante con las conclusiones que presenta.	Presentar conclusiones apresuradas y parciales.

LAS NOTAS EN EL TRABAJO

¿Y si por un instante fuéramos músicos?... Viviríamos pensando en las notas. En el universo musical, la nota caracteriza un sonido por su forma (duración) y por su lugar en el pentagrama (altura). Se habla de notas redondas, blancas, negras y corcheas. Las notas se agrupan en figuras. Saber leer notas musicales es, a la vez, una experiencia de aprendizaje y un placer. Podemos ver, por ejemplo, que las notas modernas son ovaladas y tienen, salvo la redonda, un mango dirigido hacia arriba o hacia abajo. También podemos entonar las notas de la escala musical (do, re, mi, fa, sol, la, si), lograr una nota cristalina o, por el contrario, desafinar.

Este origen se refleja, en sentido figurado, en la vida cotidiana cuando hablamos de las notas alegres de un acontecimiento, de dar la nota (llamar mucho la atención) o de un lugar de mala nota. Los estudiantes toman notas en la clase; los empleados, en las juntas de trabajo; los médicos, al dar consulta a un paciente; los periodistas, al hacer una entrevista o asistir a una conferencia de prensa... En fin; todo el mundo toma notas, pero no siempre sabe cómo hacerlo.

Ahora, de la armonía musical pasemos a la escritura común, a la de las actividades cotidianas. La nota se convierte entonces en una palabra o una frase relativa a un texto, que aparece a un lado de él. De manera más general, consiste en un breve comentario escrito que se hace al escuchar, observar o estudiar algo, pero que no llega a adquirir la estructura de una carta. Se toman notas durante un curso o un discurso. Los estudiantes se prestan las notas y las conservan en cuadernos. Algunos escritores también las publican.

La nota (calificación) se convierte en la evaluación breve, y generalmente expresada en cifras, que un profesor hace del trabajo de un estudiante, o un supervisor de su subordinado. Más prosaicamente, la nota es el papel sobre el cual se inscribe el detalle de una cuenta, ya sea del consumo de gasolina, de electricidad, de teléfono, de la permanencia en un hotel o de cualquier otro bien o servicio.

La nota de gastos constituye una transición respecto a aquello de lo que hablaremos aquí más detalladamente, o sea la nota de trabajo, que es una práctica común en las empresas y oficinas de gobierno, donde se utiliza para transmitir instrucciones. Pero, antes de redactar notas, debemos aprender a tomarlas mientras escuchamos a un orador. Lo uno no va sin lo otro. Veamos la técnica para tomar notas.

TOMAR NOTAS

Usted es un estudiante, el gerente de una empresa, un investigador, el representante de una asociación de consumidores, un auditor o un archivista. Asiste a cursos, reuniones de trabajo, coloquios, conferencias y debates. Tiene entre sus manos y por un tiempo limitado una obra indispensable para su investigación. Conservará un registro de los hechos o de la información recibida mediante algunas anotaciones.

Se considera que las notas derivadas de una lectura resultan menos difíciles que las que se toman en el momento de escuchar una exposición. En efecto, en el primer caso se cuenta con más tiempo y con la posibilidad de regresar a ciertos puntos que no quedaron claros en la primera lectura. Aquí el riesgo consiste en no seleccionar adecuadamente y en mezclar en las notas tomadas lo esencial y lo superfluo. Las ideas importantes y las frases clave serán subrayadas con lápiz (para poder borrar después), y una segunda lectura permitirá reparar las omisiones.

Con ayuda de un plan bien detallado se podrán redactar notas que sean coherentes y reflejen el pensamiento que se está resumiendo.

Más complejo y difícil es tomar notas "al vuelo", cuando se debe retener "el meollo" de la exposición de uno o varios oradores. Esta tarea resultará más sencilla si se tiene un conocimiento previo, aunque sólo sea parcial, del tema que será tratado, pues en este caso se emplearán términos técnicos o se evocarán hechos ya conocidos por el escucha,

El tomar notas facilita tanto la actividad académica como las labores en una empresa.

y que le resultarían confusos o incomprensibles si los escuchara por primera vez.

Tomar notas durante un discurso supone, además, el uso del material adecuado (libreta o cuaderno, nunca hojas sueltas, y lápiz o bolígrafo) y un código personal que se respetará en todo el documento (por ejemplo, abreviaturas, palabras que resumen toda una frase u otros recursos de la escritura rápida) y que después podrá descifrarse con facilidad.

Está usted listo para escuchar, en las mejores condiciones materiales y psicológicas posibles. El orador hablará de un tema que usted conoce bien: el futuro de la industria disquera en México y las perspectivas del mercado exterior. Evidentemente, su trabajo resultará más sencillo si el orador, al principio de la conferencia, describe el plan. Usted anotará entonces los tres o cuatro temas que aquél piensa desarrollar: la euforia de los años setenta, la crisis actual, las caídas de la competencia y las perspectivas tecnológicas. En torno a estos elementos catalizadores será más fácil engranar los detalles.

Además, usted anotará las palabras clave: etiqueta, lista de ventas, costos de producción, piratería, discos compactos, etcétera, que representan elementos complementarios de la espiral del discurso. Los argumentos en contra que presenten otros participantes también deberán ser tomados en cuenta.

Una vez a solas con sus notas, tendrá que releerlas, clasificarlas y, sobre todo, redactarlas rápidamente (mientras su memoria está fresca) en un texto de síntesis, a fin de que su trabajo sea utilizable.

REDACCIÓN DE LAS NOTAS
Nota explicativa

El complemento de la nota general es la nota explicativa. Sin embargo, en algo es distinta: aquí no se trata de resumir una conferencia de un tema general, del tipo "La situación de la música en México", sino de aportar nuevas luces a un tema concreto que ya fue objeto de análisis. Tomemos el caso de un productor independiente: Discos Encanto. El presidente de esta compañía, Jaime Vargas, es compositor, y desearía descargarse de algunas de sus actividades administrativas para consagrarse a la creación, sin por ello perder el control de su empresa. En varias ocasiones ha conversado con el representante de una disquera multinacional, quien habló a sus empleados sobre la situación de Discos Encanto. El consejo de administración le pidió entonces que pusiera en papel su proyecto. Ésta es la nota explicativa que redactó el representante de la empresa multinacional:

Asunto: Nota de participación en la empresa Discos Encanto.
Fecha: 3/05/93

La empresa Discos Encanto fue fundada por el señor Jaime Vargas Valenzuela, en 1989, con un capital inicial de $100,000,000. En los años transcurridos hasta la fecha, el señor Vargas ha invertido N$30,000 adicionales para adquirir material electrónico de grabación y mezcla.

El valor de esta empresa descansa por entero en la personalidad de su fundador, un joven compositor de 30 años de edad cuyo talento ha empezado a ser reconocido. De su último álbum, "Boleros de México y Cuba", se vendieron más de 75,000 copias.

Cabe señalar que Discos Encanto no sólo produce las obras de su fundador: también tiene contratos con varios compositores e intérpretes que ya empiezan a adquirir renombre y que participan en numerosos festivales nacionales e internacionales, además de estar bien colocados en las listas de popularidad.

En virtud de que compartimos el mismo mercado y de que el señor Vargas desea descargarse de algunas de sus responsabilidades administrativas, me parece oportuno y deseable que nuestra empresa se asocie con Discos Encanto. De esta manera, tendríamos la posibilidad de penetrar en un sector del mercado al que hasta ahora no hemos llegado.

Nota petitoria

Ocurrió un accidente en una obra en construcción y un obrero resultó gravemente herido. El informe elaborado al respecto destaca un cierto descuido en la aplicación de las medidas de seguridad. Por ello, la dirección de personal ha enviado una nota petitoria e, incluso, imperativa al jefe de la obra y al responsable de seguridad de Ingenieros de la Construcción, S.A.:

Como ya usted sabe, la obra de Altamirano emplea a un elevado número de trabajadores. En varias ocasiones le señalé que no se estaban respetando las más elementales normas de seguridad.

El accidente del que acaba de ser víctima el señor Antonio Rosas es prueba de las carencias existentes en ese aspecto. El Departamento de Seguridad se muestra cada vez más riguroso en cuanto a la aplicación de los reglamentos, y sus visitas a las obras se han vuelto más frecuentes, pero esto no basta.

No quisiéramos que la buena reputación de que goza esta empresa se empañara, ni que hubiera más obreros lesionados. Por lo tanto, le solicito que organice en el plazo más breve posible varias sesiones de información en las que se recuerde a todos los obreros y supervisores de la empresa cuáles son las normas elementales y obligatorias de seguridad. Asimismo, le pido que se apliquen con mayor rigor los reglamentos. Espero que me informe de las acciones tomadas para mejorar esta situación.

Nota interna

El propósito de la nota interna de trabajo es informar a los empleados acerca de una decisión tomada por las autoridades, o dar a conocer a un grupo de personas los cambios ocurridos en el funcionamiento de un departamento o los nuevos lineamientos que entrarán en vigor. En ocasiones, esta información lleva una amenaza de castigo:

Se informa a los empleados, técnicos e ingenieros que laboran en las instalaciones de la casa matriz de nuestra empresa que, en virtud de la decisión tomada por la dirección de personal y en aplicación de la norma 2,474 emanada de la dirección general, los horarios se han modificado de la siguiente manera: 8:30 a 12:30 y 14:00 a 17:00 horas, en lugar de 8:00 a 12:00 y 13:30 a 17:30. Todo retardo injustificado será sancionado.

Pero la mayor parte de las notas internas evitan evocar la amenaza de una sanción. Ahora, para cambiar de ambiente, vayamos tras los bastidores de un teatro. En la entrada del corredor que da al escenario, el apuntador coloca, antes de cada función, una nota interna:

Hoy, representación número 50 de Sol Blanco. Se invita a todos los actores y personal de apoyo a la celebración que se realizará después de la función en el restaurante "Las palomas", ubicado en la esquina de Paseo de la Reforma y Niza.

Notas escolares

En su opinión, ¿qué es más difícil: tomar notas mientras escucha una conferencia o redactarlas para transmitirlas? En realidad, la respuesta depende de las circunstancias, las oportunidades y los temperamentos. Sin embargo, la acción que consiste en escuchar, comprender y asimilar en el momento, para después transcribir fielmente, supone ciertos conocimientos y experiencias que no cualquiera tiene.

La preparatoria y, sobre todo, la universidad son el escenario de los primeros ensayos profesionales. Se asiste a los cursos de los profesores, pero también se aprende a hacer comentarios sobre exposiciones, en los que cada estudiante toma una responsabilidad.

Resulta muy formativo, luego de hacer una presentación, verificar cómo han sido percibidas nuestras propias palabras. Si el plan de nuestra exposición no fue claro ni bien enunciado, si las anécdotas elegidas para ilustrar el tema no se engancharon en espiral alrededor de las ideas principales, si ciertas palabras clave o simbólicas no se repitieron con la frecuencia necesaria para captar la atención, o si, por último, la conclusión no constituyó una síntesis armónica y sugestiva del mensaje que queríamos transmitir, revisemos las notas que tomaron nuestros camaradas respecto a nuestra intervención y veremos que éstas son vagas, incoherentes y, probablemente, inútiles.

Después, asistamos al curso de un profesor cuya claridad e inteligencia apreciemos, y comprobaremos que el tomar notas se vuelve una tarea sencilla. La introducción hace más preciso el tema y las formas en las cuales éste se liga a otros temas ya tratados. El plan se desarrolla según ciertos ejes fundamentales. Algunas frases se repiten, como variaciones fundamentales de una sonata o de un concierto. El tono y el estilo oscilan entre la gravedad, la objetividad y la ironía, siguiendo el desarrollo del discurso.

Esto es: las notas que tomemos dependen mucho del expositor. Pero, ¡cuidado! El talento de su profesor no alcanza para dos. Si usted está distraído, si su interés por el tema que él esté exponiendo es nulo, o si su código de abreviaturas y escritura rápida es incoherente, sus notas resultarán inútiles. Y esto no hará otra cosa que empeorar cuando esté sometido a los rigores de la vida cotidiana y siga tomando notas sin un método sistemático.

Nota verbal

Aunque no nos dediquemos a la actividad diplomática, es interesante saber cómo se las ingenian nuestros representantes ante el concierto mundial para comunicarse mediante las notas verbales. Aunque parezca contradictorio el término, este género de comunicación es escrito y lo usan ciertos funcionarios para transmitir observaciones, datos o noticias, o para insistir en la respuesta de asuntos planteados con anterioridad. Este documento se redacta en tercera persona; no va firmado pero sí rubricado, y aborda asuntos no muy trascendentes. Por supuesto, tendrá la fecha de emisión y el nombre del destinatario.

Nota formal

También dentro de la actividad diplomática, existe la nota formal, tipo de correspondencia de mayor uso y formalidad. Se utiliza para participar asuntos de interés, expresar una protesta, pedir concesiones, solicitar votos para alguna organización internacional, aclarar posiciones respecto a algún asunto, acusar recibo de otros documentos, proporcionar consulta, etcétera. El estilo de redacción de estas notas implica el empleo de las fórmulas de cortesía consagradas por el uso —según el rango diplomático del destinatario—, aunque exista un alto grado de tensión entre los países, y de un lenguaje no muy usual en el habla de muchos países de América, como los adjetivos posesivos "vuestro(s), vuestra(s)": Vuestra Excelencia.

QUÉ HACER	QUÉ EVITAR
Al tomar notas	
Informarnos previamente sobre el tema.	Mostrar desinterés por el tema.
Disponer del material adecuado.	Trabajar con hojas sueltas.
Decidir qué código de abreviaturas utilizaremos.	No numerar las hojas.
Escuchar con atención.	Utilizar un lápiz o un bolígrafo en mal estado.
Subrayar las palabras clave.	Hablar con nuestros compañeros durante la exposición.
Redactar un texto claro después de tomar las notas.	Dejar por ahí las notas, sin redactarlas.
Al redactar notas	
Ser breves.	Hacer demasiado extensas las notas.
Ser concisos.	No precisar a quién se dirige la nota.
Resaltar los datos importantes.	Dar información ambigua o equívoca.
No descuidar la armonía del estilo.	Hablar en jerga.
	Asfixiar al personal con un exceso de notas internas.

LA RESEÑA

En la vida privada, social o profesional, con frecuencia se confunden la nota, el resumen, el informe, la reseña y el acta. En estas páginas explicaremos sus diferencias.

Según ciertos autores y ciertas prácticas, la reseña se asemeja mucho, en cuanto a su empleo y significado, al resumen. Sin embargo, se utiliza el término "reseña" cuando se trata de hacer la relación de un hecho (accidente, reunión, manifestación, etcétera), mientras que, en el caso de un texto, se habla de "resumen". La reseña se extrae directamente de la realidad: es un testimonio; el resumen nace de un texto ya existente.

Por otra parte, una semejanza evidente con el informe es que la reseña se dirige también a un destinatario determinado. Aquí, las diferencias se dan en cuanto a la argumentación y a la finalidad. La reseña es un relato, más o menos exacto y objetivo, de un acontecimiento: aquí termina su misión. En cambio, el redactor de un informe realiza una síntesis de todos los elementos de información con que cuenta; luego extrae hipótesis, que presenta a su lector, y se compromete con una opinión en el momento de presentar una conclusión. La reseña y el informe son, pues, complementarios; sin embargo, el último es más complejo y ambicioso.

El acta comprueba y delimita hechos que pertenecen al pasado, aun cuando sea cercano; es, además, un documento cuyos destinatarios no son siempre individuos (pueden ser instituciones): se trata, por lo general, de un escrito elaborado por una autoridad competente, en el que se hace constar o se relata un hecho que acarrea consecuencias jurídicas (civiles o penales). Sin embargo, también se llama acta a la reseña oficial de lo que se dijo o hizo en una asamblea o reunión (de un consejo de administración, por ejemplo).

Recordémoslo: la reseña es, ante todo, un testimonio. Su autor describe un acontecimiento en el que participó o al que asistió, y está obligado a presentar un texto fidedigno. No habrá de provocar que se le acuse de ser parcial u omitir datos. Para ello, se planteará las preguntas: ¿qué?, ¿quién?, ¿dónde?, ¿cuándo? y ¿cómo?, a fin de verificar que ninguna circunstancia relevante se le escape. El documento será necesariamente breve, pero irá firmado. Los superiores, colegas o subordinados que lo lean sabrán quién es el responsable de las lagunas, de las carencias, de una presentación parcial o tendenciosa de los hechos... o de un excelente documento.

En la práctica, las reseñas abarcan realidades muy diversas, por lo que presentaremos cuatro tipos de ellas: de una reunión, de un accidente, de una misión y oficial.

Reseña de una reunión

Cecilia Duarte es la madre de Elena, alumna del tercer grado de secundaria en la Escuela del Valle, y es también delegada de la Sociedad de Padres de Familia. Como tal, va a redactar la reseña de la reunión trimestral del grupo. Para que el documento sea fidedigno, Cecilia necesitará tener ciertos datos: los nombres de los asistentes, la fecha y el lugar de la reunión, los asuntos tratados y los acuerdos.

La reunión trimestral del grupo tercero "B", de la Escuela del Valle, tuvo lugar el 17 de diciembre de 1993, en la oficina del director.

Participaron en dicha reunión, bajo la presidencia del director, los señores..., profesores del grupo; el señor "X", consejero pedagógico; el señor "Y" y la señora "Z", delegados de la Sociedad de Padres de Familia; y los jóvenes "A" y "B", representantes de los alumnos.

El director de la escuela insistió en la importancia que tienen las calificaciones parciales y semestrales para el promedio del año escolar, y en la influencia de estos resultados para el paso al primer año de preparatoria.

La opinión general de los profesores coincide en que el nivel académico del grupo es bueno, salvo por algunos estudiantes distraídos o indisciplinados. El profesor de matemáticas insistió especialmente en que resulta inconcebible que unos pocos alumnos afecten el trabajo de todo el grupo.

Los dos delegados de la Sociedad de Padres de Familia esperan que dicha situación no prospere y pidieron a todos los participantes hacer lo posible para que el año escolar continúe sin dificultades. En conclusión, se señaló que la mayoría de

Colin L. Powell, como jefe del Estado mayor del gobierno de G. Bush, hizo algunas reseñas breves de la Guerra del Pérsico.

los alumnos tienen un promedio satisfactorio. Sin embargo, una cuarta parte del grupo presenta un preocupante atraso, lo cual confirma las observaciones precedentes. Debido a ello, todos los presentes darán una atención especial a este grupo.

Después de poner la fecha en la reseña y firmarla, Cecilia Duarte tiene por costumbre agregar, a mano, la siguiente leyenda:

Si desea información adicional, favor de llamarme a mi casa, después de las 19:30 horas, al 2-34-56-78.

Reseña de un accidente
Este tipo de reseña es el relato de un testigo que pretende proporcionar información por si hubiera una averiguación administrativa o judicial, y descargarse de responsabilidades que él, obviamente, no tiene:

De Pedro Lara a Jaime García, capataz en la obra de Altamirano.

Deseo informarle del accidente del que fui testigo y en el cual el señor Antonio Rosas Garcidueñas, albañil de 34 años, resultó gravemente herido.

Ocurrió el 5 de marzo de 1993, cerca de las 11:30 horas, en las obras del túnel de Altamirano. Yo trabajaba en la entibación de las escaleras, a unos cincuenta metros del sitio donde se vino abajo el andamiaje. De inmediato corrí al lugar del accidente y traté de liberar a Antonio de los tablones que le habían caído encima. Pero al darme cuenta de la gravedad de sus heridas, decidí no moverlo. Entonces avisé a toda prisa al encargado de seguridad, quien de inmediato me pidió que llamara a la Cruz Roja y corrió al lugar del accidente con su botiquín de primeros auxilios. Las ambulancias llegaron unos minutos más tarde y llevaron al herido al hospital más cercano. Al recibir el aviso, los inspectores del Departamento de Seguridad iniciaron las averiguaciones.

Reseña de una misión
Un ingeniero en informática, un gerente de producto y un grupo de directores son enviados por su empresa a una misión fuera del país. Acaba de abrirse una fábrica en Caracas, Venezuela, y se trata de saber si funciona correctamente y si se está llevando a cabo una comercialización adecuada de los productos fabricados.

Dado que la misión es muy compleja y de larga duración, los comisionados enviarán a la dirección de la casa matriz varias reseñas acerca de aspectos precisos, como el equipo técnico, los problemas de la mano de obra y la política de comercialización.

Cuando regresen a la casa matriz de la empresa, el responsable de la misión redactará un informe en el que retomará los elementos más relevantes de las diversas reseñas elaboradas por sus compañeros durante su estancia en el extranjero. El redactor subrayará las hipótesis presentadas, y al final del documento expondrá sus conclusiones personales.

Reseña oficial

La reseña que se relaciona con la actividad gubernamental puede adquirir diversas formas. Por ejemplo, luego de una reunión particularmente importante del Primer Ministro con su gabinete, él mismo o alguno de sus principales ministros se enfrentará a las cámaras de televisión, afuera de la sala. Para tal efecto, elaborará una reseña de las decisiones que se tomaron.

> *De acuerdo con los informes recibidos por este ministerio a mi cargo, la situación en la República de Sudáfrica se ha deteriorado seriamente desde hace algunos meses, pese a las repetidas promesas del gobierno de Pretoria y de Johannesburgo de buscar una mejoría. Ya habíamos tomado la iniciativa de aplicar una coerción moderada a ese país, mediante restricciones al comercio. Pero hoy decidimos reforzar dichas medidas, con la prohibición de todo intercambio comercial con ese país. Debo agregar que tenemos la firme intención de hacer que se respeten estas medidas, y hemos pensado en varios medios para disuadir a quienes quisieran contravenir nuestras instrucciones. Vamos a presentar un proyecto de ley en tal sentido en la apertura de la sesión del ministerio. Esperamos que el gobierno sudafricano comprenda el sentido de nuestro mensaje y actúe en consecuencia, por el respeto de los derechos humanos.*

A esta reseña oficial generalmente sigue un intercambio de preguntas y respuestas entre los periodistas y el ministro, a menos que él prefiera cortar de tajo cualquier otro comentario y alejarse al terminar de leerla.

APRENDER A REDACTAR

Muchos profesionistas, aun siendo brillantes y capaces, viven una pesadilla ante la sola idea de redactar una nota, una reseña o un informe. Pero necesitan dominar los signos del lenguaje, ya sea oral o escrito.

Si su jefe le ha pedido que elabore la reseña de una reunión que le fue asignada, haga uso de sus notas. No olvide ningún hecho importante; establezca una relación clara, precisa y completa de lo que escuchó, pero no extraiga ninguna hipótesis o conclusión personal. De lo contrario, le harían notar que se ha extralimitado en sus funciones, entre las cuales no estaba juzgar los hechos.

De igual forma, si lo han designado secretario del consejo administrativo de su empresa —lo que es un privilegio y una muestra de confianza—, sujétese a las reglas relativas a la redacción de un acta.

De manera más general, recordemos que la escritura es, a la vez, un proceso de aprendizaje y práctica. Comienza con la facultad de escuchar, que nos ayuda a tomar notas. Éstas constituyen una base sólida para concebir un plan bien estructurado, que debe adaptarse al tipo de documento solicitado. Por su parte, la redacción es una cuestión de estilo, el cual puede mejorar y reforzarse mediante la lectura regular de textos muy diversos y el dominio real del significado de las palabras.

Redactar un escrito es como navegar en un velero: para llevarlo a puerto se deben respetar las reglas de la navegación literaria que imponen la gramática, la lógica y las costumbres.

La reseña de un libro

Reseñar un libro consiste, de manera general, en describir sus características editoriales y físicas. A los posibles lectores les interesará principalmente lo siguiente:
— título y autor
— tema tratado y enfoque
— número de páginas
— presencia de material gráfico (fotografías, mapas, ilustraciones)
— público al que está dirigido.

QUÉ HACER	QUÉ EVITAR
Conocer profundamente el caso.	No tomar notas en el momento del hecho que se reseñará.
Elaborar un plan preciso.	
Decir lo máximo con el mínimo de palabras.	No estructurar el documento.
No omitir nada esencial.	Omitir información.
Escribir en función del destinatario.	Exponer hipótesis apresuradas.
Distinguir la reseña del informe.	Proponer conclusiones personales.

LA CORRESPONDENCIA INTERNA

Esperadas o inesperadas, y en ocasiones graciosas, las notas que constituyen la correspondencia interna de una empresa o institución forman parte de nuestra vida cotidiana. Sus destinatarios pueden leerlas, conservarlas o tirarlas al cesto de papeles. En todo caso, estas actitudes opuestas tienen su explicación: son el resultado, bueno o malo, de la forma en que se concibieron, redactaron o difundieron los mensajes.

Este capítulo da algunas recomendaciones que permitirán que su futura correspondencia interna sea comprendida, aplicada y conservada: en pocas palabras, que cumpla su objetivo.

OBJETIVOS DE LA CORRESPONDENCIA INTERNA

Antes del análisis detallado de la correspondencia interna, señalemos que para designarla se utiliza con frecuencia el término *memo* —abreviatura de *memorándum*—. Sin embargo, en este caso no es apropiado, pues el *memo* es, principalmente, una nota que señala a los demás algo que deben recordar, y de lo cual ya están enterados.

El secreto para la eficacia de la correspondencia interna está en no abusar de ella y hacer que llegue a las personas adecuadas en el momento oportuno. Ciertamente, es agradable enterarse de un cumpleaños, un nombramiento e, incluso, de que las ventas han aumentado, pero no es necesario ahogar a nuestros colaboradores bajo un alud de avisos, que pronto se encontrarán en el cesto de papeles. Algunas notas que se dirigen "a todo el personal" sólo conciernen a unas cuantas personas; por lo tanto, es preciso redactarlas según las reglas establecidas y no imprimirlas en cantidades industriales.

Por último, una nota de estas características se dirige a nuestros superiores, a los compañeros de trabajo y a los subordinados. De cualquier forma, la correspondencia interna puede tener varios objetivos, los cuales se pueden clasificar en tres grupos: informar, dar instrucciones y corregir. Ahora propondremos algunos métodos para redactar eficazmente la correspondencia interna.

Informar

Mediante este objetivo se pretende hacer del conocimiento de una persona o de un grupo cierta información que le puede ser útil para alcanzar las metas que le han sido fijadas. Es posible informar acerca de la vida de la empresa, la fábrica, el establecimiento o el taller; de los problemas de recursos humanos, los resultados esperados, etcétera. La primera misión de una nota de este tipo es *hacer del conocimiento de...* Pero no se trata de sustituir a los órganos de información existentes (revistas internas, boletines y otros). En efecto, la nota interna, por su brevedad y rapidez de concepción y distribución, es un instrumento muy práctico para informar en el momento adecuado a los destinatarios precisos y bajo las mejores condiciones.

Dar instrucciones

En este caso, el objeto de la nota es dar órdenes a fin de que los destinatarios actúen en la forma correcta y ejecuten de la mejor manera posible sus tareas. Recordemos que "Lo escrito permanece; a las palabras se las lleva el viento". Una orden o una instrucción tiene más probabilidades de ser ejecutada correctamente si aparece escrita en una nota. También, como lo veremos, se puede pedir a los destinatarios que firmen al margen para confirmar que recibieron la instrucción. Así, el control de la aplicación de las órdenes resultará mucho más sencillo.

Corregir

Cuando una persona comete un error o utiliza un procedimiento no acorde con las reglas, conviene que se lo hagamos notar y le demos nuevas instrucciones tendientes a evitar la reincidencia. Además, en ocasiones es deseable hacer del conocimiento de los otros miembros del grupo las nuevas instrucciones, como ejemplo de lo que no se debe hacer. En tal caso, la correspondencia interna es una herramienta *ad hoc*.

LA PRESENTACIÓN DE LA NOTA

La extensión. ¡Cuidado! No se trata de escribir una novela o una tesis de doctorado. Si queremos que alguien lea nuestra nota y que, además, la comprenda, ésta habrá de ser breve. La norma aconseja escribir una cuartilla o cuartilla y media, a doble espacio. La experiencia muestra que, ante la gran cantidad de papeles que día con día amenaza al personal de todas las empresas y, más aún, de las oficinas de gobierno, el destinatario o lee de prisa o no lee nada. Entonces, si la nota es muy larga, será registrada "a medias"; no será memorizada ni, en ciertos casos, comprendida: pronto se olvidará y terminará en el cesto de papeles.

Por supuesto, estas consideraciones no deben ser rígidas. Se pueden escribir notas más extensas, pero es importante entender que pueden perder eficacia. Si la información que se quiere proporcionar es mucho más amplia, habrá que pensar en otro tipo de documento, como un informe, o en realizar una reunión informativa.

El asunto. El enunciado que resume en una o dos líneas el tema que trata la nota debe expresarse de la manera más clara y breve posible para facilitar la comprensión. Pero también debe ser atractivo; es decir, estará redactado de tal suerte que el lector se interese en leer en seguida el cuerpo de la nota. Por otra parte, si el asunto se redacta en forma ambigua u oscura, se corre el riesgo de que el destinatario no reciba el mensaje.

Las referencias. De ser posible, se citarán pocos documentos, pues el destinatario no irá a buscar esos 20 papeles que se mencionan en la nota ("Revista interna número...", "Memorándum de fecha...", etcétera).

El texto. El mensaje constituye el cuerpo de la nota.

La firma. Al final del documento aparece la firma de quien emitió el mensaje.

Algunas veces se agrega el plan o lista de distribución. Existen varios métodos para este propósito, y en su momento los estudiaremos.

Es importante señalar la tendencia actual en las costumbres de los profesionales: la correspondencia interna se orienta cada día más hacia el empleo de una versión simplificada de las notas, que llamaremos "nota rápida". Ésta puede presentarse como en el recuadro adjunto. Después de ese sencillo encabezamiento aparece el texto, el cual, también muy simplificado, en ocasiones se redacta en estilo telegráfico. Por último viene la firma del emisor.

Este tipo de correspondencia interna se utiliza cuando la información, las instrucciones y las correcciones deben ser inmediatas. Es evidente que este tipo de nota no respeta las reglas del protocolo, pues lo único que importa

NOTA RÁPIDA		
Origen: (*emisor*)	Fecha:	Núm.:
Destinatario 1: (*receptor*)	Asunto:	
Destinatario 2: (*receptor de copia*)	Referencia:	
Núm. de copias:	Docs. anexos:	

en ella es la eficacia. También veremos que, en materia de distribución, es posible aumentar la rapidez con que la correspondencia interna llega a sus destinatarios.

Además de las reglas relativas a la presentación general de la correspondencia interna, es conveniente interesarnos por la forma en que se debe redactar la nota a fin de que logre al máximo su objetivo.

La redacción

El texto debe ser conciso, breve, sencillo, y fácil de leer y de retener. Es preciso ir a lo esencial. He aquí algunas reglas de redacción para lograr que la correspondencia interna sea mejor leída:

Frases cortas. Mientras más corta es la frase, mejor es la comprensión. Y lo que se busca con la correspondencia interna es ser bien comprendidos. Para ello, es aconsejable utilizar construcciones simples, cuyos elementos sean: *sujeto... verbo... complementos.*

No abuse de las oraciones relativas (con pronombre relativo; vea la sección de gramática). En lugar de:

El trabajo que debía usted hacer, *en relación con la nota* que le envié *el día...*

escriba:

El trabajo por hacer, *según la nota* enviada *el...*

Evite intercalar grupos de palabras entre el verbo y el complemento, o entre el sujeto y el verbo. El estilo tan fragmentado producido por el exceso de puntuación dificulta la lectura:

En el siglo XVI *había, en México, la Ciudad de los Palacios, una mujer enigmática que, a fuerza de voluntad, logró superar, en poco tiempo, su aparente invalidez.*

Sería más fluida la lectura si escribiéramos:

En el México del siglo XVI *había una mujer enigmática que logró superar su aparente invalidez en poco tiempo.*

Sólo incluya una idea por oración. Además, cuide la puntuación, que es sumamente importante para la comprensión del mensaje. Compare el significado de las siguientes frases:

1. *Se le podrán conceder ciertas prórrogas de ser necesario; hágamelo saber.*

2. *Se le podrán conceder ciertas prórrogas; de ser necesario, hágamelo saber.*

No se debe menospreciar el papel de los signos de puntuación. Mucha gente cree que no sirven para nada o que se pueden poner a diestra y siniestra, según el gusto personal. Incluso hay quienes ponen comas cuando, al leer en voz alta, sienten que "se les acaba el aire". Los signos de puntuación evitan que unas palabras, frases u oraciones se relacionen, y marcan una relación entre otros vocablos y elementos oracionales. Los enunciados del ejemplo anterior podrían quedar también así, atendiendo a la puntuación:

1. *De ser necesario, se le podrán conceder...*
2. *De ser necesario, hágamelo saber...*

Palabras comunes. Esto no impide utilizar términos técnicos propios de la profesión. Pero es preciso emplear palabras cortas y comunes. Así, es preferible decir *abanico* que *flabelo; antes* que *con anterioridad; incitar* que *enzurizar*, etcétera.

Estilo directo. Su correspondencia interna va dirigida a uno o varios destinatarios precisos. En lugar de escribir:

El jefe de taller deberá hacer esto o aquello.

diga:

Usted deberá hacer esto o aquello.

Siga estos sencillos consejos de redacción, y su nota será leída, comprendida y memorizada con rapidez y facilidad. Ahora, a distribuir la correspondencia interna.

Algunos ejemplos

NOTA DE INFORMACIÓN

Empresa XYZ
Destinatario: Todo el personal
Fecha: 2 de agosto de 1993
Asunto: Vacaciones anuales
Pago de horas "extras"

La presente nota tiene por objeto recordarles las reglas vigentes para la solicitud de vacaciones y la compensación de horas extraordinarias de trabajo.

Solicitud de vacaciones
De acuerdo con el contrato colectivo, los empleados deben comunicar antes del 31 de marzo las fechas que eligieron para salir de vacaciones. Aunque se acostumbra tomar un periodo vacacional en el curso del año que corre, se puede obtener una prórroga, luego de consultarlo con la oficina de Recursos Humanos. Señalamos que las vacaciones se otorgarán en el orden en que se soliciten.

Pago de horas extraordinarias
Se pagarán horas "extras" a los empleados que se queden a laborar después de la hora de salida, siempre y cuando tengan permiso de su supervisor.

El director de Recursos Humanos
Jaime Lara

NOTA DE INSTRUCCIONES

Empresa XYZ
Destinatario: Dirección de la fábrica de Toluca
Fecha: 12 de septiembre de 1993
Asunto: Investigación que realizará el señor Cornejo en nuestras instalaciones

El consejo de administración asignó al señor Indalecio Cornejo la tarea de elaborar un informe sobre las actividades y el funcionamiento de la fábrica. El señor Cornejo analizará los procesos de producción y evaluará la productividad de cada puesto de trabajo. Después propondrá soluciones para incrementar el rendimiento.
Les pedimos su ayuda para esta iniciativa que se inscribe dentro del proceso de racionalización de los recursos de la empresa.

El director general
Ramiro Vallarta

NOTA DE CORRECCIÓN

Empresa XYZ
Destinatario: Señor Alfonso Gutiérrez, supervisor general de productividad
Fecha: 11 de octubre de 1993
Asunto: Reglamento de seguridad

Luego de una breve visita a la fábrica, pude observar que ciertas reglas relativas a la seguridad en el taller de pintura no se están respetando. Tal relajamiento no se puede tolerar.
Le pido que transmita este mensaje a todos los empleados. Es por su propia seguridad.

El jefe de Producción
Joaquín Díaz Arredondo

La distribución

Éste es un punto muy importante. Efectivamente, su correspondencia interna debe llegar a todos los interesados, con el propósito de provocar ciertas conductas, informar o servir de ejemplo.

Difundir la correspondencia interna implica, en primer lugar, preguntarnos quiénes son los destinatarios de nuestro documento. No hay que olvidar a ninguno ni "inundar" a toda la empresa o el departamento con documentos inútiles. Si se envían notas a personas no interesadas en la materia, se corre el riesgo de que cuando el mensaje sí sea para ellas ya no lo lean. Así pues, elija a las personas interesadas, y sólo a ellas, como las destinatarias de su nota.

Después debemos hacer tantas copias como destinatarios tengamos. El método de un solo ejemplar que circula por los diferentes departamentos resulta un muy mal medio de distribución, porque no está dirigido a nadie y nadie es responsable de hacerlo circular.

Cualquier sitio por donde todos los empleados tengan que pasar es ideal para colocar avisos de interés interno.

Por último, algo que se busca al difundir la correspondencia interna es la rapidez. El modelo de "nota rápida" permite ganar tiempo en la redacción y, por lo tanto, llegar más pronto a los interesados.

También es posible pegar el mensaje en los pizarrones o tableros de avisos, que deben constituir un complemento de la distribución, pero no el único, puesto que pocas personas se toman la molestia de leer los mensajes que aparecen en ellos.

Para saber si su nota logró el objetivo, puede pedir al destinatario que le devuelva la copiá firmada por él. Ésta es una práctica muy utilizada, que compromete a la gente a enterarse y a evadir el pretexto de "a mí nadie me lo dijo".

Los resultados

Usted ha enviado la correspondencia interna de acuerdo con todas las reglas indicadas: una redacción simple, clara y directa y, por último, con la rapidez deseada. Ahora quiere saber qué efectos ha producido, cómo fue recibida. Pero no es posible, por supuesto, que emprenda una labor de espionaje para averiguarlo.

Sin embargo, existe una forma para obtener una respuesta a la correspondencia interna enviada. Puede ser algo como:

Favor de comunicarme si existen dificultades para aplicar lo indicado en este mensaje.

Esta petición, que se refiere a la dificultad para aplicar las instrucciones, permite a los destinatarios expresarse. Así, usted podrá saber cuáles son los problemas que su correspondencia interna ha suscitado y los obstáculos a los que se enfrenta el personal para resolverlos.

El medio de transmisión

Por último, es interesante detenernos un momento en las técnicas modernas de comunicación, las cuales han modificado la correspondencia interna. El uso del papel como medio de transmisión se ha reducido un poco, dando paso a la computación. Las notas y las instrucciones se pueden comunicar a sus destinatarios por medio de un monitor de computadora. Pero esta situación no hace más que confirmar la necesidad absoluta de respetar las reglas antes mencionadas. En efecto, el hecho de que la información aparezca sobre una pantalla durante un determinado tiempo, y después se desvanezca, exige que se le dé una forma simple y fácilmente memorizable. La tecnología nos ayuda, pero no lo hace todo.

EN LUGAR DE:	ESCRIBA:
El supervisor de la fábrica deberá tomar todas las medidas...	*Usted debe tomar todas las medidas...*

En efecto, el supervisor es el destinatario de la nota y es a él a quien usted se dirige.

Prefiera la forma activa a la pasiva:
Un aumento de 2% le ha sido concedido.   *Decidí concederle un aumento de 2%.*

Use la primera persona del singular:
Decidí..., Les recuerdo..., Le informo...

LA CIRCULAR

Todos somos destinatarios reales o potenciales de escritos que llevan un aviso, una advertencia o una incitación a hacer algo o a adoptar una determinada actitud, y cuyo estilo puede ser gracioso o serio, y resultar interesante o molesto en cualquier caso. Estos textos se envían de manera simultánea a todos los destinatarios y tienen idéntico contenido. Algunos llevan un encabezado que los identifica como circulares, pero otros sólo pueden identificarse por sus características, que estudiaremos a continuación.

¿QUÉ ES UNA CIRCULAR?

La circular, según la definición del *Diccionario de uso del español*, de María Moliner, es una "comunicación o aviso que se envía con el mismo contenido a varias personas, por una autoridad, etc." También se le llama "carta circular". Otros diccionarios la definen de modo semejante.

Cuando es una carta

La circular, generalmente, es igual que cualquier otro tipo de carta en cuanto a su forma y estilo. Pero al observarla más de cerca comprobamos que no es un documento original: el nombre del destinatario es intercambiable. El vocativo se adapta a cualquier persona: *Estimado(a) Señor(a)*. En ocasiones, la circular puede no tomar la forma de una carta, sino llevar simplemente el título de "circular" o "aviso"; su destino es lo que la define.

Cuando es un aviso

El mensaje puede ser desde una simple información hasta una advertencia, aunque el carácter del documento limita su eficacia jurídica y, por ende, su poder sobre los interesados. Por ello, es mejor no usar las circulares para anunciar decisiones importantes. A veces, la circular se coloca en los pizarrones o tableros de avisos, como recordatorio.

Cuando contiene un solo mensaje

Según Moliner, la circular "se envía con el mismo contenido a varias personas". Y así es. El emisor quiere que el mensaje sea idéntico para todos los destinatarios, para evitar interpretaciones y comportamientos distintos, pues su propósito no es entablar una correspondencia confidencial. La carta no es original; además, en ocasiones se distribuye dentro de sobres sin rotular.

La circular puede ir dirigida a un grupo determinado: inquilinos, estudiantes, miembros de una asociación profesional, empleados de una empresa, etcétera. En todos los casos, los destinatarios reciben un mensaje "personalizado", aun cuando éste provenga de un medio automatizado. Y esto diferencia a la circular del panfleto.

CIRCULAR PRIVADA

Es la más simple y la más utilizada. Se dirige a un grupo específico de destinatarios, y se relaciona más bien con la vida privada. Veamos un ejemplo:

INMOBILIARIA LAVAL, S.A.

Señor Jorge Benítez
Calle de Fresno núm. 189
Col. Santa María la Ribera
México, D.F.

Asunto: Remozamiento del edificio

Estimado(a) Señor(a):
    Dentro de 15 días, la inmobiliaria empezará a pintar los interiores del edificio. Con el propósito de que los inquilinos estén presentes cuando esta labor se realice, a partir del 1º de octubre un empleado estará a su disposición, de las 16:00 a las 20:00 horas, en la administración. A él le hará usted saber qué día y a qué hora se le puede encontrar en su departamento.
    Sin más por el momento, me despido de usted.

Atentamente

Ricardo Suárez
Gerente de operaciones

Los sindicatos hacen uso de las circulares para movilizar al personal.

Se trata de una circular breve dirigida a los inquilinos de una unidad habitacional. Es una carta en la que se adhirió una etiqueta impresa con el nombre de cada inquilino. La inmobiliaria también habría podido enviar el mismo texto con el siguiente encabezado: "Aviso para todos los inquilinos". Pero, en cualquier caso, se habría tratado de una circular, aun cuando el aviso y la nota suelen colocarse en pizarrones, más que enviarse por correo. La rapidez y la eficacia que se buscan nos obligan con frecuencia a sacrificar la cortesía.

La diferencia principal entre el panfleto y la circular reside en que el primero tiene un objetivo decidida y claramente ideológico (político, sindical, religioso, etcétera), y no siempre busca llegar a un grupo muy definido.

CIRCULAR COMERCIAL

Los buzones siempre nos reservan algunas sorpresas, en lo que respecta al envío de circulares por parte de entidades comerciales. Si tomáramos en cuenta la cantidad de circulares que recibimos cada año por correo o que alguien desliza por debajo de nuestra puerta, difícilmente tendríamos tiempo para leerlas todas.

De hecho, muchos suscriptores de los diarios, tarjetahabientes bancarios, clientes especiales de alguna tienda y otras personas que reciben correspondencia frecuentemente, se quejan de esa invasión de papeles. Puede tratarse de avisos remitidos por compañías constructoras que han puesto a la venta un nuevo desarrollo residencial, o por sociedades de crédito, organizadores de campañas de suscripción o comerciantes de todo tipo que aprovechan ese canal de acceso directo a nuestras casas para llevarnos la "buena nueva". En ciertos casos, tales circula-

res se envían junto con alguna cuenta mensual, y en ellas se nos ofrece un seguro de vida o la oportunidad de ganar un viaje... al Sol. Tienen el tono de una carta personal, pero nos damos cuenta de que nuestro nombre está escrito con letra distinta: está claro que se imprimieron miles con el mismo texto. Veamos un ejemplo:

DISEÑO Y MODA, S.A.

Avenida de las Palmas 501
Lomas de Chapultepec
México, D.F.

Estima<u>do</u> Señor <u>Tito Ibargüengoitia:</u>

Puesto que usted es uno de los clientes preferenciales de Diseño y Moda, S.A., le ofrecemos nuestro exclusivo lanzamiento de las fragancias D'amour, y lo invitamos a la presentación que con este motivo hemos organizado especialmente para usted, <u>Tito Ibargüengoitia,</u> en el Salón Francés de nuestras instalaciones.

CIRCULAR ADMINISTRATIVA

Los diversos organismos públicos nos comunican, por este medio, las modificaciones ocurridas en las tarifas o la interrupción o introducción de algún servicio. La autoridad municipal, estatal o federal nos avisa de los aumentos en la cuota del pago predial, del consumo de agua, del consumo de energía eléctrica o cualquier otro servicio.

Son también circulares administrativas las que recibimos en nuestro lugar de trabajo, pero que constituyen más bien una nota interna.

LAS DIRECTRICES

Hacer un comentario sobre el sentido literal de la palabra "directriz" no nos llevaría muy lejos. Los diccionarios nos indican que proviene del sustantivo "director" (persona encargada de dirigir cierta cosa), y que es una palabra cuyo empleo ha resurgido en los últimos tiempos. El Diccionario esencial Santillana de la lengua española nos explica que se usa más en plural, y significa "instrucción", "norma".

Las directrices son lineamientos u orientaciones generales, que pueden plasmarse en un documento emanado de la dirección de una empresa o de una administración. Dicho documento establece la orientación de una política, pero brinda a los departamentos encargados de aplicarla un margen de maniobra, de iniciativa y, en consecuencia, de considerable responsabilidad.

Es comprensible que a los supervisores modernos les desagrade emplear fórmulas autoritarias como "Así se tiene que hacer" o "Son órdenes superiores", pero, como dice un refrán: "Donde manda capitán no gobierna marinero." Así, nos deslizamos ahora a un sinónimo de directriz, "instrucción", cuyas connotaciones ofrecen perspectivas de mayor interés. En efecto, "instrucción" en el sentido de "enseñanza" significa, a la vez, "enriquecimiento y formación del espíritu; saber de un individuo". Y aunque en el lenguaje profesional se interprete como consigna, direc-

triz, prescripción o regla, no pierde su valor de persuasión y justificación.

Los métodos de mando han evolucionado, y el vocabulario da fe de ello. Naturalmente, la toma de decisiones aún sigue siendo indispensable para la buena marcha de una empresa moderna, cualquiera que ésta sea, pero ya no es autoritaria ni unilateral.

Las directrices resultantes de la toma de decisiones son el fruto de debates y explicaciones, incluso de iniciativas que a veces provienen de los empleados de menor jerarquía. El camino semántico que acabamos de recorrer tiene una indudable influencia en la expresión oral y escrita de dichas directrices. El estilo carece de rodeos: es directo; representa un propósito específico (dirigir); la decisión contenida es coherente (orden) y se basa en argumentos y explicaciones (instrucción).

Un ejemplo interesante de directrices nos lo ofrece la empresa Johnson & Johnson —importante laboratorio farmacéutico estadounidense con varias filiales internacionales—, que, con el título casi religioso de "Nuestro Credo", presenta a todos sus ejecutivos los siguientes lineamientos (proporcionado por el señor Alejandro Hernández, de Johnson & Johnson de México):

Creemos que nuestra primera responsabilidad es con los médicos, enfermeras y pacientes, con los padres, madres y todos aquellos que utilizan nuestros productos y servicios.

Para satisfacer sus necesidades, todo lo que hacemos debe ser de óptima calidad.

Debemos esforzarnos constantemente para reducir nuestros costos, a fin de mantener los precios a un nivel razonable.

Debemos atender los pedidos de nuestros clientes con rapidez y exactitud.

Daremos a nuestros Distribuidores y Proveedores la oportunidad de obtener una utilidad justa.

Somos responsables de nuestros empleados, de los hombres y mujeres que trabajan con nosotros en todo el mundo.

Debemos considerar de cada uno de ellos su calidad humana.

Respetaremos su dignidad y reconoceremos sus méritos.

Haremos que se sientan seguros en sus empleos.

La remuneración debe ser justa y adecuada.

Las condiciones de trabajo higiénicas, organizadas y sin peligro.

Debemos ayudar a nuestros empleados en sus responsabilidades familiares.

Los empleados deben sentirse con libertad para formular sugerencias y presentar quejas.

Ofreceremos la misma oportunidad de empleo, mejora y progreso a quienes sean idóneos.

Nuestros directores deben ser competentes para que sus decisiones sean justas y éticas.

Somos responsables ante la comunidad en la que vivimos y trabajamos, así como con la humanidad entera.

Debemos ser buenos ciudadanos, apoyar obras de beneficio social

La vida comunitaria, como toda vida pública, se organiza mediante directrices.

y de caridad y pagar los impuestos que nos correspondan. Estimularemos mejoras cívicas, el mejoramiento de la salud y de la educación.

Mantendremos en buen estado los bienes que tenemos el privilegio de utilizar, protegiendo el medio ambiente y los recursos naturales.

Nuestra última responsabilidad es con nuestros accionistas. Los negocios deberán producir buenas utilidades. Debemos ensayar nuevas ideas.

Desarrollar nuestras investigaciones, implantar programas innovadores y corregir nuestros errores.

Debemos adquirir equipo nuevo, construir nuevas instalaciones y colocar en el mercado productos nuevos.

Crearemos reservas para afrontar tiempos adversos. Cuando actuamos de acuerdo con estos principios, los accionistas obtendrán los resultados esperados.

DARSE A ENTENDER CLARAMENTE

La responsabilidad del mando, tal como la concebimos hoy en día, supone intercambios, contactos y concertación, y en estas acciones, dicho sea de paso, se hallan los ingredientes de la comunicación. Un padre da instrucciones a su hijo; una madre, a la amiga que cuidará a su bebé; el empleado de una empresa, al compañero que lo sustituirá durante sus vacaciones.

A partir de estas observaciones, podemos decir algo de carácter general: no es necesario estar agobiado por las responsabilidades para dar órdenes; todos, en nuestra vida cotidiana, transmitimos mensajes en forma de instrucciones y directrices.

Las instrucciones se transmiten entre los departamentos de una empresa o entre las diversas categorías del personal. En un grupo, ciertos individuos adoptan espontáneamente algunas responsabilidades; esto produce decisiones que deben aceptarse y aplicarse.

Se habla mucho de que vivimos en una era de desinformación, pero en la mayoría de los casos se trata, en realidad, de una deformación inicial del mensaje. En el caso de lo que aquí llamaremos con el nombre genérico de orden, con mucha frecuencia los emisores tienden a acusar a sus subordinados de falta de atención, incompetencia, e incluso, estupidez, cuando el mensaje es interpretado en forma contraria o incompleta. Sin embargo, realmente harían bien en preguntarse ellos mismos y analizar con los interesados los motivos de dicha incomprensión. Luego de tal examen, sin duda modificarían su método de mando y emplearían el esquema que describiremos en seguida.

La decisión

Es indispensable que la decisión vaya precedida por un periodo de reflexión y consulta en el que se examinen todas las eventualidades, incluyendo la de una mala ejecución o el rechazo. El responsable de decidir habrá de

Frecuentemente, las directrices contienen prohibiciones, pero también indican lo que sí debe hacerse.

identificarse con el ejecutante para "adivinarle" las posibles reacciones.

La formulación de una decisión
Formular una decisión requiere claridad y precisión. Los términos vagos quedan prohibidos. En el caso de una fábrica o un taller, se usarán expresiones técnicas que describan exactamente los materiales que se van a utilizar o transformar. La claridad consiste en definir la tarea por ejecutar o el objetivo por alcanzar, sin ambigüedades en cuanto a lugar, hora, persona, departamento y, sobre todo, resultados.

Las órdenes
No es la orden un mensaje abstracto dirigido a cualquiera. Su destinatario (el ejecutante) es un ser humano, con sensibilidad, habilidades y nivel de formación y cultura propios. Por lo tanto, se emplearán términos comprensibles, pero sin caer en un paternalismo ofensivo o una familiaridad demagógica.

Concepción y redacción de las órdenes
Dar órdenes no es cosa sencilla. No se trata solamente de poner cara de circunspección y decir "Hágase esto". Es necesario actuar antes, durante y después de dar la orden. Veamos ciertos aspectos que se deben revisar y algunos consejos para sacar provecho de nuestra autoridad.

Situación. Debemos analizar las circunstancias de manera general, a fin de justificar nuestro objetivo. Por ejemplo, el gerente de servicios generales de la compañía Plásticos Rovirosa ha advertido una tendencia de los empleados a gastar demasiado papel en las fotocopiadoras que están disponibles para todos; algunas personas las utilizan para documentos personales y otras ensayan una y otra vez hasta obtener la copia deseada.

Objetivo. Es preciso tener claro lo que nos proponemos con la orden. En el ejemplo, el gerente pretende que se reduzca el desperdicio de papel.

Plan general. Debemos hacer un plan para dar a conocer las órdenes y evaluar su ejecución. En Plásticos Rovirosa puede consistir en los siguientes pasos:

1. Emitir, el lunes, una circular para todos los empleados, en la cual se explique la situación y el propósito.

2. Distribuir, el viernes, otra circular en la que se avise a los empleados que en cada fotocopiadora habrá una per-

---

Ordenar es comunicar

- La mala ejecución de una orden puede deberse a que ésta no se expresó correctamente.
- Cuanto más importante sea una orden, menos improvisada debe ser.
- Dirigir es, ante todo, darse a entender.

sona encargada de dar el servicio sólo a quienes lleven un permiso escrito del director de su área.

3. Semanalmente, comparar la cantidad de papel consumido con la cantidad de autorizaciones para fotocopias. Esta etapa de evaluación es muy importante, pues nos permitirá saber si la orden ha sido cumplida eficazmente.

4. Establecer el plazo de un mes para reducir al 10% el desperdicio.

5. Cumplido el plazo, evaluar los resultados y darlos a conocer a todos los empleados.

6. Tomar otras medidas, en caso de que ésta no haya sido eficaz.

La emisión del mensaje

Debe evitarse cualquier laguna de información al dar a conocer una orden. La omisión de algún dato, por superficial que parezca, podría deformar e, incluso, impedir la ejecución de la orden. Cada interesado interpretaría de manera generalmente contradictoria el significado del eslabón faltante, y ello provocaría discusiones inútiles. Esto, a su vez, se traduciría en retrasos, tensiones y sobrecargas de trabajo que se interpretarían como un error y falta de capacidad, en general, de quienes dicen ser los responsables.

Categorías de órdenes

Distingamos, de modo muy esquemático, dos categorías de órdenes: las de ejecución simple y las generales. Las explicaremos a continuación partiendo de ejemplos concretos.

Órdenes de ejecución simple

Con frecuencia, las órdenes de ejecución simple son de naturaleza verbal: "Haga esto con tal individuo en tal lugar", "Esa carga debe llegar tal día, entre tales horas", etcétera. La característica de este tipo de órdenes es su brevedad y precisión, así como su carácter provisional, efímero.

El mensaje con frecuencia se transforma en una nota, en la correspondencia interna, dado que se transmite a los empleados de diversos niveles. La nota determina por escrito una orden puntual y es, necesariamente, personal, tanto en lo que se refiere al emisor como a los destinatarios (receptores).

A diferencia de estas órdenes, las consignas y los reglamentos —que carecen de este rasgo contingente y efímero— rigen en forma permanente los horarios de trabajo y las normas obligatorias y restrictivas de seguridad.

Órdenes generales

Éstas recurren en mayor medida a la interpretación, sugestión, iniciativa y concertación. Para ello se puede emplear la circular, que es un texto con una extensión relativamente grande, y que tiene el propósito tanto de informar como de dirigir ciertas acciones.

Las directrices verbales se dan cuando diversos representantes de los departamentos se reúnen para discutir orientaciones o proyectos que después se convertirán en decisiones. Éstas serán sintetizadas en un documento que llevará precisamente el título de "directrices". La resolución adoptada se describirá con claridad, en términos generales y en sus puntos principales, pero las modalidades de la ejecución concreta se dejarán al arbitrio de los diversos departamentos, dando márgenes de interpretación y acción que, en ocasiones, pueden ser muy amplios.

Pero esta descripción estaría incompleta si nos deja una impresión de rigidez y estrechez. Los gerentes, directores, profesores y padres de familia han dejado de considerarse autoridades soberanas y absolutas. La experiencia les ha mostrado que para obtener los mejores resultados es necesario hacer responsables a los individuos que integran el grupo o la sociedad que dirigen, y mantenerlos informados.

QUÉ HACER	QUÉ EVITAR
Reflexionar antes de dar una orden.	No reflexionar o concertar.
Consultar e informar a los responsables de la ejecución.	Improvisar órdenes.
Ser claros y concisos.	Dejar lagunas en la concepción y redacción de una instrucción.
Adaptar el mensaje al receptor.	Dar la impresión de ser injustos.
Distinguir entre orden, instrucción, nota interna y directrices.	Abusar de las órdenes y contraórdenes.
Verificar que la orden haya sido recibida, aceptada y ejecutada.	Afirmar o pensar: "No entendieron nada porque son perezosos o incompetentes."
Estar convencidos de que ordenar es comunicar.	

LOS REGLAMENTOS

El término "reglamento" evoca de inmediato la idea de una disciplina nacida de la coacción. Todos hemos estado alguna vez sujetos a la autoridad de un reglamento en una institución educativa, militar, laboral o en alguna otra organización. En este sentido, el reglamento emanado de la autoridad impone a los miembros de un grupo la obligación o la prohibición de hacer ciertas cosas; el incumplimiento está previsto, y para ello se hicieron los castigos.

El reglamento toma la forma de un documento en el que aparecen consignadas las reglas destinadas a regular el funcionamiento de un grupo humano, ya se trate de una asociación, empresa u organización.

La Constitución Política de los Estados Unidos Mexicanos es la ley suprema de la nación, y de ella emanan otras leyes. Para aplicarlas, se han emitido reglamentos que son mucho más explícitos, pues aquéllas marcan sólo lineamientos generales. Existe, por ejemplo, la Ley del Impuesto al Valor Agregado así como el Reglamento de la Ley del Impuesto al Valor Agregado. La ley enuncia, en su artículo 1°: "Están obligadas al pago del Impuesto al Valor Agregado establecido en esta Ley, las personas físicas y las morales que, en territorio nacional, realicen los actos o actividades siguientes:..." El reglamento aclara, en el artículo 1°:

"Cuando en este Reglamento se haga referencia a la Ley, se entenderá que se trata de la Ley del Impuesto al Valor Agregado..."

LOS REGLAMENTOS "PRIVADOS"

Si se infringe un reglamento de gobierno, hay un castigo que aplican los organismos gubernamentales. Pero si la infracción se comete en una institución privada, la sanción será interna, a menos que rebase este fuero y deba ser aplicada por un organismo de gobierno (un crimen cometido en un bar no será castigado por los propietarios). En el siguiente ejemplo, el castigo no amerita la aplicación de leyes federales ni estatales.

Luego de varios meses de espera, Marcelo se hizo miembro de un elegante club de golf, en Querétaro, por lo cual pagó varios miles de pesos. Al sentirse privilegiado por pertenecer a ese club, decidió hacer caso omiso de la prohibición de llevar a sus amigos y compañeros de profesión cualquier día de la semana (según el reglamento, sólo puede llevar invitados los miércoles, después de las 13:00 horas).

Después de varias advertencias que la dirección del club hizo a Marcelo en el sentido de que acatara el reglamento, el consejo de administración le envió un escrito sobre la posibilidad de suspensión temporal en caso de reincidencia, pero esto resultó inútil. Entonces, el consejo votó por suspender a Marcelo durante un mes como miembro del club.

Es evidente, en nuestro ejemplo, que Marcelo no será llevado ante los tribunales por infringir el reglamento de su club, pero no le queda otra opción que recibir la sanción prevista por no respetar las reglas del juego.

Exhibición del reglamento

Dada la extensión habitual de los reglamentos, debe considerarse la pertinencia de colocar un extracto en los tableros de avisos o de darlo a conocer mediante una circular. En efecto, puede procederse así, pero siempre debe aclararse que se trata de un extracto; también debe explicarse a los interesados lo que deben hacer si desean consultar el reglamento completo. Con frecuencia, el desconocimiento de la totalidad de las reglas provoca que se interpreten mal las que sí se conocen.

La redacción

El autor de un documento como éste deberá titular su texto con la palabra "Reglamento" e indicar en virtud de qué otro reglamento o ley se instituye. Conviene que, si se va a exhibir, lleve un preámbulo que destaque las razones y la importancia de las reglas señaladas. Tales motivos podrían ser, por ejemplo, la tranquilidad de los condóminos, la seguridad de los habitantes de la ciudad, la higiene de un hospital o la protección de un parque nacional.

En los parques nacionales, la protección de los sitios, de la fauna y de la flora exige el riguroso respeto del reglamento expuesto en los principales puntos de acceso al lugar.

En cuanto al estilo, las reglas se redactan casi siempre en forma de cláusulas o párrafos numerados. Este método, tomado de las leyes, permite lograr una presentación clara y precisa, pues cada cláusula, que trata un solo tema a la vez, se basta a sí misma y puede ser leída fuera del contexto en la mayoría de los casos. A veces remite a otra: "En caso de reincidir en lo estipulado en la cláusula décima..."

La cláusula debe ser perfectamente comprensible y no dar lugar a una interpretación distinta que pudiera afectar la autoridad del reglamento. Este método de presentación facilita, además, la mención de las reglas por simple referencia al número de la cláusula, sin tener que citarlas por entero. También se puede hacer una numeración interna, dentro de cada cláusula. Veamos, por ejemplo, un reglamento de inmuebles (que no es lo mismo que uno de copropiedad):

SE PROHÍBE

— Dejar objetos en la entrada del inmueble.

— Colgar ropa en las ventanas.

— Hacer ruido después de las 22:00 horas.

Como podemos observar, se redactaron cláusulas muy breves que van precedidas por un guión; pero también

pueden utilizarse letras o números cuando los párrafos constan de varias líneas.

Por último, el reglamento menciona las sanciones, que toman el nombre de infracciones, contravenciones, faltas o transgresiones de respeto al reglamento.

ALGUNOS EJEMPLOS DE REGLAMENTOS
Reglamento que rige a un colegio profesional

Es el reglamento que rige, por ejemplo, al colegio de arquitectos, médicos u otros grupos de profesionales. Debe tomar en cuenta las leyes del país respecto a la profesión y extraer de ellas los elementos más significativos. Puede, por ejemplo, incluir los siguientes puntos:

● Principios generales: *resumen de los principios esenciales que expone la ley.*

● Organización: *elección de sus representantes, funcionamiento interno.*

● Acceso: *requisitos para ser miembro del colegio (diplomas, experiencia, etcétera).*

● Derechos y deberes de los miembros.

● Disciplina: *sanciones aplicables al infractor.*

● Solución de diferencias en la toma de decisiones.

Este tipo de reglamento constituye la ley de la profesión a la que rige; contiene reglas deontológicas (relativas a la moral de la profesión) cuya violación amerita una sanción disciplinaria, la censura, la suspensión e, incluso, la expulsión. El reglamento prevé también la defensa en un proceso disciplinario que podría condenar al interesado a no volver a practicar su profesión.

Reglamento de un concurso

Las operaciones de promoción comercial llevan a los fabricantes a organizar concursos que constituyan un medio para estimular las ventas. La forma de ganar el concurso no debe dejar lugar para ninguna ambigüedad. Por ello, los organizadores deben establecer un reglamento que incluya, en principio, los siguientes puntos:

— condiciones de participación
— fecha del concurso
— método de selección de los ganadores
— integrantes del jurado
— naturaleza de los premios y fecha de entrega
— vencimiento de la fecha de entrega.

A menudo, los concursos hacen surgir reclamaciones; por ello es importante tener un reglamento muy preciso.

Reglamento deportivo

El deporte es un área de la actividad social que propicia el establecimiento de muchos reglamentos, los cuales consignan las reglas que se imponen a los miembros de los diversos clubes deportivos y federaciones. A nivel mundial, el reglamento es un requisito para la organización de las actividades deportivas (tanto de exhibición como de competencia). Todos los reglamentos se sujetan a la ley vigente, pero existen ciertas reglas que, naturalmente, no están incluidas.

Como es evidente, no es el Poder Ejecutivo quien va a fijar los reglamentos del futbol, del tenis o del beisbol, ni quien decide cuándo se debe castigar, cuándo tiene que repetirse una jugada o un jugador debe ser expulsado. Las federaciones deportivas crean sus propias reglas tomando en cuenta la legislación, las reglas del juego y las costumbres del deporte en cuestión, y determinan la forma en que deben aplicarse las sanciones a los jugadores.

Miles de deportistas profesionales y aficionados se someten a las reglas establecidas por una organización privada, que a veces comete abusos que los afiliados denuncian ante la prensa. Esto no significa que los tribunales no puedan intervenir en ciertos litigios tocantes a la legalidad o validez de dichas reglas, pero, en general, los deportistas simplemente las obedecen y las aceptan... o renuncian.

Reglamento de la Ley General de Salud en Materia de Control Sanitario de la Publicidad

No se debe convencer al consumidor de comprar un producto, anunciando características que éste no tiene. La

El consumo de alcohol y los horarios de apertura de un café o de un restaurante están reglamentados.

publicidad está reglamentada, así como otras actividades. En el capítulo 10 de este reglamento leemos:

Publicidad de los Servicios y Procedimientos de Embellecimiento

ARTÍCULO 71.- Para los efectos de este Reglamento se entenderá por servicios y procedimientos de embellecimiento, los que se ofrezcan o utilicen para modificar las características del cuerpo humano mediante:

I.- La práctica de técnicas físicas;

II.- La acción de aparatos y equipos, y

III.- La aplicación de productos o métodos.

En ningún caso se les podrán atribuir cualidades preventivas, rehabilitatorias o de salud.

ARTÍCULO 72.- La publicidad de los servicios y procedimientos de embellecimiento deberá limitarse a ofrecer los resultados reales, plenamente comprobados técnica y científicamente ante la Secretaría, que causen en la apariencia física del ser humano.

ARTÍCULO 73.- La publicidad de los servicios y procedimientos a que se refiere este Capítulo sólo se autorizará cuando:

I.- Se acrediten las afirmaciones que en ella se hagan por pruebas y documentación con plena validez científica [...]

LAS JUNTAS

Una junta no es otra cosa que una reunión de trabajo. Hay empresas que padecen "juntitis", según dicen los empleados que consideran innecesarias tantas reuniones. Hay juntas para comunicar, tomar decisiones, discutir, hacer planes, evaluar, organizar juntas... Para muchos ejecutivos, la vida transcurre en una sala de juntas, al lado de una taza de café y entre nubes de humo de tabaco. Pero, ¿qué hemos aprendido después de asistir a tantas juntas? La experiencia no puede compararse con la teoría. Como dice el proverbio africano, "El agua caliente no olvida que fue fría". Más cerca de nosotros también hay un proverbio alusivo al tema: "El gato escaldado del agua fría huye." Las teorías sobre la conducta de los individuos dentro de un grupo, en reuniones espontáneas o en juntas destinadas a promover una mejor organización del trabajo, se inspiran en buena medida en estos dos refranes.

LA COMUNICACIÓN DENTRO DE UN GRUPO

Tomar conciencia de la conducta de los individuos en una reunión en la que éstos están organizados en un grupo temporal o permanentemente implica, primero, observar la dote afectiva que cada uno aporta. En los grupos, la comunicación entre individuos obedece a un cierto núme-ro de reglas naturales, determinadas por factores tales como el tamaño del grupo, su naturaleza y su estructura, el carácter de los lazos y otros.

Sabemos que existe una gran variedad de grupos: la familia, la pandilla, el equipo deportivo, el equipo de trabajo, el personal del taller de una fábrica, etcétera. Ciertos grupos, como las pandillas, son espontáneos; otros son "institucionalizados"; pero todos se sujetan a reglas que surgen progresivamente, aparecen en el transcurso de la vida del grupo, o existían antes de que se formara. Dichas reglas, en todos los casos, constituyen estímulos o señales que provocan conductas específicas de los individuos.

Como en todo grupo social, se crean sistemas de señales "rituales", que permiten a cada individuo, a cada miembro del grupo, establecer y mantener relaciones sociales con los otros. Así se evitan los conflictos y la agresividad inherentes a una situación colectiva. Un conjunto de actos rituales, que llegan a constituir reglas, determina el lugar de cada quien dentro del grupo y las relaciones que se establecen en él.

Rituales, papeles y territorios

En gran escala, se espera que, dentro de un grupo, tal o cual persona exhiba tal o cual conducta, en esta o aquella circunstancia. Como en el teatro, se trata en cierta forma de actores que interpretan uno o varios papeles; se espera que una persona cuya jerarquía se conoce tenga una conducta determinada. Puede tratarse de un joven o un anciano, de un ejecutivo o un empleado; en cualquier caso, la persona está "etiquetada", debe asumir "su" papel.

En la reunión de un grupo existen, por lo tanto, rituales de reconocimiento entre los miembros, y cada individuo tiene uno o varios papeles a los que debe sujetarse. Los gestos de la persona que habla implican una dimensión espacial entre los individuos; los interlocutores estarán más cerca o más lejos unos de otros según el grado de intimidad o de distancia social que haya entre ellos.

La conducta territorial varía con la personalidad de cada individuo. Una persona recelosa querrá preservar su espacio vital y mantener la distancia con sus interlocutores. El individuo utiliza el espacio de acuerdo con su sensación de seguridad.

La desconfianza aumenta con la cercanía. No permitimos que haya menos de un metro de distancia entre un desconocido y nosotros; este espacio íntimo está reservado para la familia y los amigos más cercanos. El espacio social es el lugar donde se crean las relaciones de trabajo. Finalmente, el espacio público es la distancia desde la cual podemos tratar a cualquier persona, por desconocida o peligrosa que nos parezca.

Observemos lo que hacen los pasajeros en un autobús. Los primeros en subir, si no se conocen, ocupan asientos

El desayuno puede ser también una junta de negocios; así se hace más agradable el momento y se aprovecha el tiempo.

tan alejados como sea posible; los últimos en abordar el vehículo no tienen más remedio que sentarse junto a desconocidos. Sin embargo, observamos que tan pronto como se desocupa un asiento donde puedan estar solos se apresuran a ocuparlo.

Ubicación, jerarquías y actitudes dentro de un grupo

Imaginemos una gran habitación rectangular, con grandes ventanales que dan hacia un agradable y frondoso bosque. En el centro de la habitación hay una mesa ovalada. Varias personas que no se conocen son presentadas unas a las otras, y luego se les invita a tomar asiento a la mesa, en el lugar que elijan. Observamos que, por lo general, la elección depende del papel al que cada persona aspira en la comunicación dentro del grupo.

Los extremos de la mesa permiten tener una visión global de los otros, y generalmente son ocupados por las personas que ejercen cierto poder. En contraste, las posiciones centrales, lado a lado, sugieren más bien una dependencia. Los sitios ubicados en las esquinas son ocupados por quienes entablan charlas individuales y se distraen con frecuencia.

La forma en que se organiza la disposición espacial es indicativa, de manera consciente o inconsciente, del tipo de relación que la persona desea entablar con sus interlocutores. Tales posiciones influirán sin duda en el tono del intercambio; por ejemplo, cuando nos sentamos frente a frente percibimos una intención de conversar con vehemencia, de afirmar nuestras respectivas posturas ante el interlocutor.

El tono de la voz y el del debate o la conversación —del "discurso"— van aparejados de ademanes que preceden, acompañan o siguen lo que se dice, como la postura al sentarse (derecho, inclinado hacia el frente o hacia atrás, con la silla inclinada, moviendo el pie, fumando, etcétera);

211

los movimientos de la cabeza, los brazos o las manos; la rigidez o la curvatura de la columna vertebral; los movimientos impulsivos o controlados; la respiración tranquila, agitada o entrecortada, y muchos otros. Todos esos gestos constituyen un símil del lenguaje hablado. La observación de las tensiones es un elemento importante para prever la conducta. De esta manera, la laxitud y la contracción del cuerpo son claros indicios de la atención y de la receptividad.

La mímica, la expresión y la mirada llevan la marca de la personalidad. La mayor parte de las expresiones faciales se diferencian gracias a los músculos de los ojos, que son sumamente móviles. No existe interacción en la comunicación sin un intercambio de miradas, sin contacto a través de los ojos.

Por lo tanto, la actitud y el tono del intercambio transmiten una cantidad importante de información sobre la personalidad, la manera de ser y otros atributos del emisor. Las actitudes irán aparejadas a la modulación de la voz, a su intensidad, a la respiración, a la articulación y al ritmo del discurso, a las inflexiones, y a los silencios o, mejor dicho, a los tipos de silencios. Hablamos con el cuerpo, y hablar significa dar cuenta de lo vivido dentro de nuestro cuerpo.

Observar la afectividad que cada uno de los integrantes aporta al grupo, así como los papeles desempeñados y las actitudes, permite darse una idea del carácter y de la permeabilidad del grupo. Si el contenido de las tareas, de la información y de los objetivos proporciona satisfacción al grupo —y, por ende, a cada uno de sus miembros en gran medida—, la reunión desembocará en la toma de decisiones positivas.

El análisis de la expresión de la afectividad a través de las actitudes de los miembros del grupo es fundamental para comprender los procesos de influencia y de interacción en la dinámica de grupo.

LAS JUNTAS DE TRABAJO

Las reuniones o juntas de trabajo son el encuentro entre personas que se congregan con un mismo propósito: transferir o intercambiar información. Pero esto no es tan sencillo; debemos imaginar que tienen un poco más de utilidad, es decir, que en realidad son reuniones destinadas a trabajar. Este carácter de dinamismo, del que no se puede prescindir en las juntas de trabajo, es también un rasgo común en los grupos que tienen un propósito bien definido. Las propuestas de un grupo apuntan siempre hacia un objetivo, y, sólo cuando se siguen los pasos adecuados, los resultados son buenos.

Un grupo está formado por individuos ligados por una relación común. Las personas que se hallan en una fiesta, por ejemplo, forman un grupo, pues están unidas por una misma actividad: la diversión. Su finalidad es divertirse,

pero en este encuentro no existe una conciencia de grupo, puesto que no persiguen un objetivo colectivo. Es necesario que un equipo de personas que se juntan a trabajar tengan una conciencia de grupo muy clara; si logran sentirse parte de un grupo, serán más fáciles las relaciones laborales, pues uniendo sus fuerzas podrán alcanzar las metas compartidas. Si estos elementos no se presentan, las personas estarán *reunidas* como las que asistieron a la fiesta, pero no estarán *unidas* como conviene a toda junta de trabajo.

La comunicación en las juntas de trabajo

Para que un grupo alcance sus metas de trabajo, todos sus integrantes deben "hablar el mismo idioma", es decir, entenderse mutuamente aunque hablen lenguas distintas (inglés, español, francés, etcétera). El elemento más importante para el funcionamiento exitoso de un equipo es, entonces, una buena comunicación. Esto no siempre sucede en una reunión de trabajo y puede ser la causa de malentendidos o dificultades en la discusión y en la solución de problemas.

Recordemos tres elementos fundamentales (estudiados en el capítulo "Para entender la comunicación") que siempre están presentes en la comunicación y, por lo tanto, en toda junta de trabajo. El proceso es muy sencillo: un emisor transmite un mensaje a un receptor. El emisor es quien expresa una idea, quien se dirige al grupo; el receptor es el elemento que recibe la información del emisor; el mensaje es lo que une a ambos, lo que se dice. El resultado de una junta de trabajo —mejor organización y mayor rendimiento— estará determinado por la calidad de la comunicación, y para mejorarla debe realizarse un esfuerzo constante.

Como ya se ha visto, la comprensión cabal entre las personas depende de la eficacia con la que puedan comunicarse. Saber escuchar es, entonces, una habilidad que se necesita desarrollar y mejorar en un equipo de trabajo. Es común que el receptor sólo capte una parte de lo que dice el emisor, por lo que éste debe hacer un esfuerzo para evitar que una parte de la información se desperdicie; de lo contrario, su desempeño en la reunión será considerado malo o deficiente. Para evitar que el mensaje se comprenda sólo parcialmente, el oyente necesita educar el oído con el propósito de tomar parte activa en lo que se dice, y no conformarse con sólo "asistir" a una junta. Por su parte, el emisor debe recordar que para que los asistentes entiendan su mensaje, debe transmitirlo de la manera más clara posible.

Consejos para escuchar mejor

Nacemos con la capacidad de oír, pero no con la habilidad de escuchar; ésta tiene que adquirirse. En seguida presen-

Algunos tipos de individuos presentes en los grupos

El **narcisista:** su principal interés es la conversación cuyo centro es él mismo. Es autónomo y nada lo arredra. Paradójicamente, esta manera de relacionarse con los demás hace de él un candidato adecuado para asumir un puesto de líder.

El **obsesivo:** es un defensor implacable de la aplicación y el respeto de las reglas. Lo acusan de "cuadrado" por no saber hacer excepciones.

El **perverso:** al contagiar su angustia a los demás miembros del grupo, puede crearles la necesidad de aceptarlo como su líder.

El **veleidoso:** cambia constantemente de opinión; incluso llega al extremo de defender la idea contraria a la que había expresado.

El **adulador:** siempre elogia al jefe y está de acuerdo con él en todo; no tiene opiniones propias, por lo que se dedica a repetir lo que otros han dicho.

El **rebelde:** está en contra de todo y de todos; a veces acepta las propuestas o las opiniones ajenas, pero primero les encuentra todos los defectos y las desventajas posibles.

---

tamos algunos consejos útiles para sacar mayor provecho de lo que nos ofrece el emisor:

1. Mire directamente a su interlocutor, y no al piso, al techo o a las paredes.

2. No lo interrumpa con preguntas o discursos largos. Espere a que él dé por terminado un tema y entonces participe usted.

3. Mientras él habla, hágale preguntas breves para precisar conceptos o datos ("¿Cuándo?", "¿Cuántos?", etcétera). Esto no es una interrupción, sino una manera de hacerle saber que usted está escuchando.

4. No cambie el tema que se está tratando.

5. Controle sus emociones al participar. Evite alterar a quien está hablando.

6. Evite escuchar con prejuicios al expositor. Un rostro o una voz que a usted no le agraden no debe ser obstáculo para darle importancia a su discurso.

También podemos hacernos el propósito de atacar los factores que nos impiden oír:

1. Visite al otólogo (especialista en enfermedades del oído); tal vez tenga usted una lesión.

2. Elimine las fuentes de ruido. Cierre las puertas si afuera alguien o algo está provocando distracción. Des-

cuelgue el teléfono o pídale a su secretaria que tome los recados.

3. Controle la temperatura ambiental si tiene clima artificial.

4. No se sitúe demasiado lejos del expositor.

5. Verifique que los micrófonos estén funcionando adecuadamente.

El coordinador

Una junta de trabajo se desarrolla con la participación de dos o más partes. Por lo general, una de éstas se encarga de la coordinación del grupo. Su primer objetivo es encaminar a los participantes hacia la consecución de la meta que se han propuesto, para lo cual el coordinador debe tener muy claro a dónde quiere llegar. Él tiene la obligación de planificar el trabajo y ordenarlo de manera que la exposición de los temas no sea confusa. Puede resultar de gran utilidad seguir un orden del día previamente redactado. También es preciso que el coordinador aclare al grupo las dudas que surjan antes de la reunión y durante ella, y que propicie la producción de ideas nuevas para el logro de objetivos.

El coordinador es el agente catalizador del grupo, es decir, el individuo que logra acelerar el desempeño del equipo. Debe concentrar su energía para evitar las repeticiones innecesarias, las conclusiones precipitadas, los caminos y desarrollos equivocados, etcétera. En otras palabras, su función es planificar, orientar y moderar el curso de la reunión.

Tipos de juntas de trabajo

La dinámica de una junta de trabajo varía según el objetivo que se persiga. Y precisamente con base en los propósitos se ha elaborado una clasificación:

De comunicación. En ellas se pretende solamente dar a conocer hechos o datos entre los asistentes.

Analíticas. El propósito es propiciar la discusión acerca de hechos ya conocidos por el grupo.

De toma de decisiones. Lo más importante aquí es decidir qué se hará respecto al tema tratado.

De retroalimentación (feed-back). Se cita a los miembros de un grupo para pedirles su opinión acerca de una o varias cuestiones; con frecuencia se pide que se haga una crítica constructiva acerca del desempeño de los presentes en actividades específicas.

Mixtas. En éstas se combinan varios propósitos, y son las más comunes. Por lo general, primero se informa, después se discute y finalmente se toma una decisión.

Técnicas de grupo

A las prácticas concretas de organización que regulan el funcionamiento de un grupo se les conoce como "técnicas de grupo". Son una serie de reglas fundamentadas científicamente que encauzan la energía de los integrantes de un equipo de trabajo, y constituyen útiles instrumentos para el logro de objetivos colectivos. Las podemos considerar como distintos medios para alcanzar un mismo fin. Como se ha dicho ya, el éxito de una reunión de trabajo depende de la manera en la que ésta se realice y del grado de comunicación que se logre entre sus integrantes. El propósito de toda técnica de grupo es, precisamente, facilitar la relación entre los colaboradores del equipo, con la finalidad de propiciar su desarrollo.

Existen muchas técnicas para manejar equipos de trabajo. Cuando haya que utilizar alguna, deben analizarse con profundidad los objetivos, las necesidades y las características del grupo. Ninguna técnica es perfecta, pero unas son más adecuadas que otras para llegar a la meta.

Las técnicas de grupo se han dividido en dos clases, según las características de los participantes. Por un lado están las técnicas en que la actividad está a cargo de especialistas y en las que el grupo participa como espectador o receptor. Por el otro, tenemos aquéllas en que el grupo participa activamente.

Técnicas a cargo de especialistas

Su finalidad es poner a los asistentes al corriente en asuntos especializados, como la medicina. Aunque la actividad está a cargo de una persona o de un grupo pequeño de especialistas, es importante que los asistentes se esfuercen por escuchar de una manera activa.

Simposio. Es la exposición detallada de un tema desde diferentes perspectivas para lograr una visión de conjunto. El tema por tratar se descompone en partes más sencillas que son expuestas individualmente por personas calificadas, y que al final se integran en una síntesis para mostrar un panorama completo. En un simposio participan de tres a seis especialistas que dan diferentes enfoques del tema en cuestión en exposiciones de 15 a 20 minutos, de manera que las sesiones no excedan de una hora y media. Debe haber un coordinador que dé principio y fin al simposio y que, cuando terminen las exposiciones, haga un resumen de las principales ideas presentadas. Después de esto, se abre un espacio para que el público manifieste dudas y se hagan aclaraciones.

Congreso. Es una reunión en la que un grupo de personas calificadas en determinada esfera del saber intercambian experiencias y opiniones y analizan situaciones concretas con base en la información proporcionada por especialistas. Sus objetivos son, principalmente, dos: por una parte, divulgar información especializada (como podrían ser nuevos descubrimientos o investigaciones), y por la otra, plantear y analizar problemas específicos, con la intención de proponer soluciones y tomar decisiones al respecto. En los congresos generalmente participan delegados de grupos o asociaciones especializadas que se reúnen durante uno o varios días en lugares como auditorios, teatros, salas de actos, etcétera.

Mesa redonda. Es la reunión de un grupo de expertos —de cuatro a seis— con el propósito de dar a conocer a un auditorio puntos de vista divergentes sobre un tema que puede comprenderse sin tener conocimientos especializados. Por lo general, se abre un debate entre los participantes después de que han expresado sus opiniones. Un moderador controla el uso de la palabra y evita que se cambie el tema de la discusión.

En una mesa redonda debe existir igualdad jerárquica entre los integrantes. Éstos hablan durante 10 minutos, aproximadamente, de manera que la reunión no dure más de una hora. Una vez concluidas las exposiciones y el debate, el moderador sintetiza las ideas tratadas e invita al público a participar.

Panel. Los participantes en esta técnica charlan libremente acerca de un tema para exponerlo, pero su participación no es tan rígida ni ordenada como en las otras técnicas: fluye espontánea y dinámicamente. También hay un coordinador que hace preguntas y modera las participaciones, y un público que puede convertir en foro la sesión que empezó como panel.

Técnicas a cargo del grupo

Estas técnicas son más informales que las primeras, por lo que permiten la apertura de los individuos y el intercambio de opiniones. En ellas, el especialista o el coordinador interviene sólo como otro miembro del grupo para guiar y orientar el desarrollo de la actividad.

Phillips 66. Un grupo grande se divide en subgrupos formados por seis personas. Cada una tiene un minuto (seis minutos por grupo) para expresar sus opiniones acerca de un asunto en particular, con el propósito de llegar a una solución democrática. De los resultados obtenidos de los subgrupos se extrae una conclusión general que será aceptada por todos.

Foro. En esta técnica participa todo el auditorio, un moderador y un secretario. Generalmente se realiza después de otra actividad, como la presentación de una obra de teatro o una película, con el propósito de que todos los participantes, al tener los mismos conocimientos, puedan opinar. Aunque esta técnica es un tanto informal, las intervenciones están controladas por el moderador y deben estar relacionadas con el tema. Esta técnica permite la expresión de ideas de manera que al final se tengan distintos enfoques. Un foro se inicia cuando el moderador explica el tema que se va discutir y hace una pregunta específica sobre la que se basarán las opiniones. Al final, se concluye con una síntesis de las ideas y se extraen de ellas conclusiones.

Asamblea. Su objetivo es informar y discutir respecto de los problemas y actividades de una comunidad. Las asam-

Durante las reuniones de carácter público —comidas de políticos, desayunos en cámaras de comercio, debates, etcétera—, el protocolo limita mucho la expresión espontánea de las impresiones individuales.

bleas cumplen con este propósito en todos los niveles: privado, local, estatal, nacional, internacional, etcétera. Una asamblea está integrada por el auditorio y una mesa directiva (formada por un presidente, un secretario y varios argumentadores).

Como su propósito es tratar asuntos que atañen a toda la comunidad, debe alentarse la participación activa del auditorio y se deben tomar en cuenta las propuestas que surjan de él. El presidente de la asamblea inicia la sesión exponiendo los asuntos que se tratarán. Luego los argumentadores exponen sus informes, mientras que el secretario hace anotaciones de los puntos más relevantes. Al finalizar la asamblea se discuten los argumentos y se llega a resoluciones, con frecuencia después de someter a votación las propuestas.

El tiempo no está limitado, pues lo importante es resolver satisfactoriamente los problemas, así que puede durar varias horas.

La eficacia de una reunión puede depender de elementos tan simples como la forma de la mesa. Claro está que no debe descuidarse la preparación adecuada de los documentos ni una buena moderación de los debates.

Seminario. Es una técnica con propósitos eminentemente didácticos. Un grupo de entre cinco y doce personas con intereses comunes y un nivel intelectual semejante, coordinadas por un especialista, se reúnen para estudiar a fondo una materia. El coordinador propone un plan de trabajo con base en las necesidades de los participantes y lo discute con ellos. Cada uno investiga en forma individual un tema, antes de la sesión, y después comparte la información con el resto del equipo, de manera que al final se pueda hacer una síntesis con base en las aportaciones de todos los colaboradores. Las sesiones de un seminario pueden durar de dos a cuatro horas, hasta que se cumplan los objetivos. Al final del seminario debe evaluarse la participación de cada uno de los miembros y la eficacia de los métodos y técnicas utilizados, para determinar hasta qué punto se lograron los propósitos.

El tono de la participación

Es frecuente que, al asistir a una junta, tomemos notas de cada una de las intervenciones de los asistentes. Con esto podemos llenar páginas enteras, pero, al leer de nuevo nuestras notas, ¿qué hemos aprendido realmente sobre la conducta de cada participante? Nada, a menos que sepamos evaluar el tono de cada participación.

Es aconsejable, luego de cada intervención, anotar brevemente el tema que se abordó y, observando su tono, marcar un signo "+" para indicar una actitud positiva del participante, y un signo "-" en caso de que sea negativa. Después, se podrán contar los signos "+" y los "-" de cada persona. El tono es bueno si se marcaron como positivas las intervenciones de una misma persona. Existen varias formas de participación positiva. Para distinguirlas, se puede utilizar una hoja en la que aparezcan los siguientes datos:

TONO POSITIVO

Nombre del participante:
Objetivo de la reunión:
Fecha:
1ª intervención (anotar el signo correspondiente)
2ª intervención
3ª intervención
4ª intervención

Veamos algunos ejemplos de intervenciones que se pueden juzgar como positivas.

A. La persona que interviene ofrece *información*, del tipo "Se cuenta con..." Ejemplo:

Se cuenta con la Biblioteca Nacional para hacer la investigación.

B. La persona que interviene expresa su *opinión* diciendo algo como "Considero que..." Ejemplo:

Considero que la Biblioteca Nacional ofrece excelentes opciones de lectura.

C. La persona que interviene hace una *sugerencia* del tipo "Sería necesario que..." Ejemplo:

Sería necesario que la Biblioteca Nacional respetara las instrucciones que se le dan periódicamente.

D. La persona que interviene expresa sus *posturas* más o menos así: "Estoy de acuerdo con..." Ejemplo:

Estoy de acuerdo con la forma de préstamo que practica la Biblioteca Nacional.

El tono es malo si las personas reaccionan de manera negativa. Existen varias formas de expresar la oposición en una junta. Para identificarlas se puede utilizar una hoja de anotaciones similar a la primera:

TONO NEGATIVO

Nombre del participante:
Objetivo de la reunión:
Fecha:
1ª intervención (anotar el signo correspondiente)
2ª intervención
3ª intervención
4ª intervención

A. La persona que interviene *exige* una *información* iniciando así: "Aunque usted no mencionó nada al respecto, yo quiero saber..." Ejemplo:

Aunque usted no mencionó nada al respecto, quiero saber su opinión sobre el sistema de préstamo de libros de la Biblioteca Nacional.

B. La persona que interviene quiere obligar a los otros a expresar su *opinión*; entonces dirá una frase del tipo "¿Están de acuerdo...?" Ejemplos:

¿Están de acuerdo en que el sistema de archivo de la Biblioteca Nacional no ofrece grandes ventajas para la búsqueda de las obras? ¿Están de acuerdo en que el sistema de archivo de la Biblioteca Nacional es muy malo?

En ambos casos, "yo expreso" una opinión no sólo para obligar a "los otros" a que me den la suya, sino también para que ésta sea acorde con la mía.

C. La persona que interviene expresa su *desacuerdo* indirectamente: "Realmente no entiendo..." Ejemplo:

Realmente no entiendo por qué se le da tanta importancia a la Biblioteca Nacional.

CÓMO CONDUCIR CON ÉXITO UNA JUNTA	
QUÉ HACER	**QUÉ EVITAR**
Planear la reunión con tiempo.	Iniciar una reunión sin haberla planeado adecuadamente.
Avisar oportunamente a los participantes.	Imponer puntos de vista con prepotencia.
Escuchar comprensivamente.	Poner en ridículo a los participantes. Si es necesario llamar la atención a alguien, debe hacerse en privado.
Propiciar una atmósfera agradable.	No aclarar suficientemente los puntos importantes.
Expresarse con claridad.	Permitir la crítica destructiva entre los participantes.
Alentar la participación activa de todos los integrantes.	

EL ENSAYO

La palabra "ensayo" proviene del verbo "ensayar", que significa "intentar", "probar". Aunque el término es relativamente nuevo, la práctica es vieja. Los antiguos griegos y los romanos escribían sus ideas de un modo semejante al ensayo, pero apenas en el siglo XVI esta forma de escritura adquirió las características y el nombre con que la conocemos en la actualidad: el filósofo francés Miguel de Montaigne (1533-1592) la utilizó por primera vez para nombrar este género literario; él mismo fue un excelente ensayista.

CARACTERÍSTICAS DEL ENSAYO

Un ensayo es un intento de acercarse al mundo para entenderlo y explicarlo por medio de la palabra escrita. Aunque algunos han sido escritos en verso, lo más común es encontrarlos en prosa.

Este género permite al autor la expresión personal de su actitud reflexiva ante el mundo. Su finalidad es plantear y probar una teoría sobre cualquier asunto. Es una interpretación original de la realidad, en la que se expresa una postura crítica ante ella.

Una de las principales características del ensayo es su propósito didáctico e informativo, pues pretende enseñar algo de una manera amena mostrando trozos de la realidad y revelando distintos aspectos desde donde contemplarla.

Propone diferentes maneras de ver y concebir al hombre y lo que lo rodea.

Un ensayo vuelve claras las cosas: lo complicado lo transforma y lo hace sencillo. El ensayista se acerca junto con su lector a la realidad. Podemos, entonces, pensar en este género literario como un intermediario entre el mundo y el hombre, ya que crea un espacio en el que se permite y se alienta el diálogo entre lectores y escritores de diferentes lugares y épocas.

Ciencia y literatura

En el ensayo convergen dos métodos de investigación que conciben al mundo de manera diferente: uno objetivo (la ciencia) y otro subjetivo (la literatura). En este terreno se concilian dos realidades: se une la objetividad de los hechos con la subjetividad personal. Por su carácter literario, en él intervienen el pensamiento y el modo de expresión del escritor; por sus cualidades científicas, su desarrollo es lógico y sistemático. El ensayo es, entonces, la unión inseparable de la originalidad individual y el rigor propio de la ciencia; en él coexisten dos funciones de la lengua: la referencial y la poética. El ensayista toma una parte del mundo y crea a partir de ella. Lo que hace diferentes a todos los ensayos no es una innovación en el tema, sino la manera particular de acercarse a éste, así como el estilo que se usa.

El ensayo también hace gala de versatilidad, pues puede tratar asuntos de cualquier disciplina. Es un espacio en el que cabe la reflexión sobre cualquier campo de estudio, desde los más trillados hasta los más novedosos. Existen ensayos de filosofía, literatura, ciencia, arte, religión, política, etcétera. En un ensayo se pueden mezclar no solamente varias disciplinas, sino también diversos enfoques que ayuden a la comprensión más profunda de un problema. El acercamiento de un ensayista al tema que investiga puede ser profundo o superficial: puede analizar a fondo un aspecto del mundo o dar una visión general de los hechos.

Sea cual fuere el asunto que desarrolle, un ensayo siempre supone un juicio crítico. Es un ejercicio de opinión y, como tal, implica una toma consciente de postura. Es parcial, dado que no puede abarcar toda la realidad: muestra solamente una parte de ella. Podemos imaginar que el ensayista toma una parte del mundo y la revisa en el microscopio. Su exposición tiene un carácter general, pues no se necesitan conocimientos especializados del tema que se trata en él para poder comprenderlo.

CÓMO SE ESCRIBE UN ENSAYO

Al escribir un ensayo deben tenerse en cuenta los elementos mencionados, además del tema, el procedimiento y el propósito. No existe un modelo establecido y rígido que nos dé las reglas de su organización y su construcción. Éste es un género que permite la libertad de expresión; sin embargo, existen ciertas constantes en su estructura. El ensayo, recordémoslo, es a la vez literatura y ciencia, por esto su técnica y su estructura tienen algo de ambas actividades. La exposición del discurso debe ser, por una parte, clara y sistemática, y por la otra, bella.

Las partes de un ensayo

Un ensayo consta, de manera general, de tres partes: planteamiento, desarrollo y conclusión. En la primera de éstas se hace una exposición introductoria al tema y se plantea una tesis, que será probada durante el desarrollo. Generalmente esto se hace al principio del documento para captar la atención del lector. En la segunda etapa, el desarrollo, se explica la idea anunciada en el planteamiento y se exponen los argumentos que la afirman o la niegan. La tercera parte, la conclusión, regresa al planteamiento inicial para analizar, a la luz de los argumentos de la investigación, la tesis propuesta al principio del ensayo. En esta última etapa se atan los cabos que se han dejado sueltos y se concluye la exposición.

El lenguaje

Debe buscarse la manera más adecuada de comunicar al lector la motivación del ensayo. Las ideas deben exponerse de manera sencilla y con un vocabulario adecuado. Los conceptos que sostengan la tesis deben seguir un orden lógico que haga del escrito un todo coherente de donde se puedan extraer las conclusiones del escritor y puedan surgir ideas nuevas.

Un ensayo debe ser persuasivo y organizar los argumentos de manera convincente. Es muy importante que su título sea adecuado al contenido, y que anuncie al lector el tema que se tratará en él. Aunque la opinión subjetiva del escritor es una parte importante, éste debe buscar siempre la mayor objetividad posible, y evitar que se crucen en su camino prejuicios personales.

Como en cualquier actividad, la práctica hace al maestro. Por lo tanto, la persona que pretenda desarrollar una gran destreza en la exposición deberá, por una parte, adquirir experiencia por medio de la lectura de grandes ensayistas para aprender las técnicas que utilizan, y por la otra, practicar la escritura de ensayos para adquirir un estilo propio de expresión.

La extensión

¿Cuántas páginas debe tener un ensayo? Su extensión es muy variable: algunos ocupan un libro entero y otros se desarrollan en unos cuantos párrafos. Pero lo más importante de él son la riqueza y la precisión de su contenido, así como la eficacia de sus argumentos para comunicar su mensaje. Su finalidad no es imponer verdades, sino sugerir posibilidades para comprender el mundo.

Alfonso Reyes (1889-1959), poeta y ensayista mexicano cuya obra influyó en la evolución cultural de América.

EL ENSAYO EN MÉXICO

A principios del siglo xix se da en México el clima adecuado para la libre expresión. Este medio fértil propició el florecimiento del ensayo, que tuvo en este primer momento un carácter político e histórico. Para finales de ese siglo, se desarrolló y adquirió una personalidad más literaria.

Los ensayistas de principios del siglo xx fueron hombres universales que escribieron acerca de infinidad de temas. Ejemplos claros son Alfonso Reyes, Antonio Caso y José Vasconcelos. Ramón López Velarde (1888-1921), célebre escritor zacatecano más conocido por su poesía, también escribió ensayo: *Yo quiero hablaros esta mañana de la derrota de la palabra. Es decir, del retorno del lenguaje a la edad primitiva en que fue instrumento del hombre y no su déspota. Pienso, a las veces, que los bárbaros artistas que crearon la rueda y el hacha y los vocablos para designarlas fueron espíritus menos toscos que el ciudadano de hoy, aguja de fonógrafo, aguja muerta.* [...]

LA TESIS

Tal vez la acepción más conocida de la palabra "tesis" sea la que provoca muchos dolores de cabeza a los estudiantes: ese documento que deben redactar como producto de una investigación y como requisito para recibir el título de abogados, ingenieros, médicos o de cualquier otra profesión, en el nivel técnico, de licenciatura, maestría en ciencias o doctorado. A este significado nos referiremos aquí, aunque aclararemos su acepción más amplia. La elaboración de una tesis escolar o universitaria debe estar guiada por un asesor de la institución para que llegue a buen término, pues en cada caso hay un sinfín de particularidades. Expondremos en este capítulo las características que son comunes a la mayoría de las tesis.

QUÉ ES UNA TESIS

La palabra "tesis" proviene del latín *thesis* y significa "Conclusión, proposición que se mantiene con razonamientos". Este sentido amplio de la palabra se puede aplicar a cualquier propuesta; sin embargo, es posible limitar su significado para pensar en "Disertación escrita que presenta a la universidad el aspirante al título de licenciatura, maestría o doctorado". Este informe escrito se realiza una vez que se han concluido los estudios correspondientes a cada nivel académico o en los últimos semestres. Una tesis es, pues, la conclusión de un proyecto.

CÓMO HACER UNA TESIS

1. El primer paso en este proyecto consiste en definir el tema que se va a tratar y establecer una hipótesis —uno o varios enunciados que constituyan una explicación tentativa del fenómeno— que especifique y delimite la dirección de la investigación.

Dos hipótesis son, por ejemplo, las siguientes: I. "La causa principal de la incidencia de cáncer de pulmón en los adolescentes de entre 12 y 15 años es el consumo de tabaco." II. "El factor que acelera la agudización de este cáncer es la desnutrición."

Las hipótesis (el "paso anterior a la tesis") no deben ser el resultado de la imaginación del investigador, sino de otros trabajos de investigación o de teorías que sirven como base para la presente. Establecidas las hipótesis, el investigador buscará demostrarlas durante su trabajo, y en la tesis expondrá los resultados, que pueden confirmar o rechazar las hipótesis.

2. Después se hace la selección, la recopilación y la lectura del material bibliográfico que sirva al investigador en su propósito. Para organizar esta información de una manera práctica, se crean fichas (ver el capítulo correspondiente) de trabajo con comentarios, citas e ideas para desarrollar.

3. Una vez que se tiene suficiente información acerca del tema, se plantea un método de investigación cuyo hilo conductor será la comprobación de la hipótesis.

4. Luego se realizan los experimentos o las investigaciones necesarias; para ello, se recolectan los datos obtenidos, se analizan y, a partir de ellos, se obtienen una o varias conclusiones.

La redacción y la presentación de la tesis

Redactar una tesis es seleccionar, organizar y representar en palabras el proceso de investigación o experimentación llevado a cabo, de tal manera que el lector entienda fácilmente el propósito, el método y las conclusiones. Para lograr esto, es de suma importancia limitar los alcances de la investigación: considerando las hipótesis que pusimos como ejemplo, no es aconsejable que el investigador pretenda determinar las causas del cáncer de pulmón en los adolescentes de cualquier edad y de... ¡todo el mundo!

Desde el inicio del proyecto se debe contar con el título, la introducción y el índice. Escribir estas secciones antes que el texto mismo no nos compromete irremisiblemente: una vez concluida la redacción del cuerpo de la tesis es pertinente regresar a ellas para hacer cualquier modificación que sea necesaria. El objetivo principal de la primera redacción de estos tres elementos es delimitar claramente el proyecto y evitar que la tesis se vaya por derroteros que ninguna relación tienen con el propósito inicial. Un título acertado, una introducción clara y un índice de contenido minucioso darán como resultado un ahorro de tiempo, una buena tesis y la aprobación del examen profesional.

El título debe referirse claramente a la investigación, además de abarcarla por completo; un título demasiado limitado reducirá los alcances del proyecto; uno muy extenso lo ampliará. Por esto, se debe procurar que estén a la misma medida el título y el proyecto.

La formalización de una tesis consiste en la ordenación de los elementos que la conforman. Éstos se agrupan en tres categorías: los preliminares, el texto o cuerpo de la tesis y los apéndices o anexos.

Los preliminares. Una tesis, vista de afuera hacia adentro, empieza con la *portada*. En ella debe aparecer el nombre del instituto, la universidad, la escuela o la facultad a la que pertenece el estudiante; el título del trabajo; una leyenda que indique el grado que se obtendrá con la tesis; el nombre del autor; la ciudad, y la fecha en la que se preparó o se terminó el escrito.

A la portada le sigue la portadilla, en la que se escribe, usualmente, una *dedicatoria*, esto es, el agradecimiento escrito a alguien cuyo apoyo fue determinante en la realización del trabajo. Se puede tratar de familiares, maestros, amigos o cualquier otra persona. Es importante, sin embargo, no excederse en su extensión, puesto que, objetivamente, esto no es parte de la tesis.

Estos aspectos formales de toda tesis van seguidos por la *introducción*, que debe resultar atractiva e interesante para el lector, pues de lo contrario éste no se tomará la molestia de seguir leyendo el resto del trabajo. Para llamar su atención, es indispensable redactar en un estilo interesante y ligero y, si se considera necesario, contextualizar el trabajo expuesto: hacer mención del campo del conocimiento al cual pertenece. La introducción debe exponer el objetivo y los límites de la investigación.

A continuación se encuentra el *índice*, que es una tabla de contenidos en la que se hace una división de la tesis en capítulos, partes o secciones, y que facilita la localización de éstas dentro del trabajo. Debe ser sumamente preciso y detallado, ya que será la columna vertebral del proyecto y la base sobre la que se construirá el cuerpo de la tesis. Un buen índice dará pie a un buen texto; si es confuso, es posible que también el texto lo sea.

El índice va seguido de un *sumario*, cuyo objetivo es resumir el proyecto y sus resultados para que el lector se familiarice con el contenido sin leerlo todo y decida, antes de continuar, si le es útil. Por ser una tesis la exposición de un problema específico, no está dirigida a un grupo ilimitado de lectores. En consecuencia, es importante mencionar en el sumario las posibles aplicaciones o beneficios que puede prestar la investigación a quien decida hacer uso de ella; por ejemplo, podríamos decir que los resulta-

dos servirán para prevenir el cáncer en los adolescentes mediante el combate al tabaquismo y a la desnutrición. El sumario no se podrá redactar antes de terminar el trabajo de tesis, pero se imprimirá al principio del documento.

El texto. Después del sumario aparece el cuerpo de la tesis, que incluye el marco teórico, la hipótesis, el diseño experimental, el análisis de los datos, las conclusiones y la bibliografía, en este orden.

Esta sección es lo primero que nos viene a la mente cuando pensamos en una tesis, pero los demás elementos también son importantes y no se deben descuidar. El cuerpo de la tesis nace de la investigación y del estudio, que poco a poco se van transformando en argumentos, pruebas y, por fin, en la tesis propiamente dicha: la "proposición o conclusión que se mantiene con razonamientos" y se defiende ante un grupo.

El *marco teórico* introduce al lector en el trabajo y lo familiariza con el tema por tratar. Aquí se incluyen todas las afirmaciones y definiciones necesarias para la comprensión del trabajo. Diremos, por ejemplo, qué es el tabaquismo, qué pruebas demuestran que es la causa del cáncer de pulmón, cuáles son los porcentajes de incidencia de la enfermedad en otras ciudades, etcétera. Una tesis no es una caja de sorpresas, por lo que no se debe ocultar la información pertinente.

Una vez concluida la exposición del marco teórico se incluye la *hipótesis* que se probó en la investigación.

En seguida se hace una descripción del *método de investigación* o del *diseño experimental* utilizado. Sólo después de esto es posible exponer los resultados obtenidos en el proyecto. Del rigor con que se haya desarrollado esta primera parte del cuerpo de la tesis dependerá la claridad del *análisis de los resultados*, ya que en esta sección se incluyen los argumentos que prueban la hipótesis.

Después se pasa a las *conclusiones*, que deberán ser minuciosas para enriquecer la discusión y la explicación de los resultados. El éxito de una conclusión es el resultado de una exposición concreta y precisa, y de una comprensión plena de lo ocurrido durante el trabajo. El conjunto de conclusiones tiene que ser claro y evitar lo superfluo.

El texto ha de verse sólo como una parte del informe de la investigación, que empieza con la creación de un marco teórico y termina con la *bibliografía*, en la que se incluyen las fuentes de información que sirvieron de apoyo y de referencia en la investigación y en la elaboración de la tesis, así como las obras de carácter general y las fuentes de consulta indirecta.

Los apéndices o anexos. Aparecen al final de la tesis. En ellos se agrega información complementaria, como datos, cifras, cuestionarios, estadísticas, tablas, ilustraciones, fotografías, etcétera, de los cuales podría prescindirse sin alterar la tesis. También pueden ser índices de autores o glosarios.

EL COMUNICADO DE PRENSA

Un comunicado o boletín de prensa es una nota breve y de actualidad que proporciona a los periodistas información acerca de un hecho que puede convertirse en noticia en los medios de comunicación masiva. Es, por lo tanto, una nota externa. Por medio de él, una empresa se dirige al público; una asociación da a conocer sus actividades o proyectos; un sindicato hace pública su postura...

NOSOTROS Y LOS MEDIOS DE COMUNICACIÓN

Es conveniente aprender a manejar las relaciones con la prensa, la radio y la televisión locales, pues en cualquier momento podemos vernos en la necesidad de recurrir a dichos canales para dar a conocer alguna información. Desde luego, también ellos nos necesitan: siempre están en busca de hechos para nutrir sus notas con información acerca de todo tipo de temas que puedan interesar a su público. En tal caso, existen algunos principios sencillos que deberemos respetar.

En primer lugar, antes de decidir a qué medio se enviarán los comunicados, es preciso saber a qué público se dirigirán. Para dar a conocer una noticia de interés local o regional, se utilizarán los medios que cubran dicho territorio. Pero en el caso de difundir información dirigida a un público más amplio, la situación varía. Por ejemplo, aunque la construcción de una fábrica de aluminio tiene un especial interés para los obreros de la región, fuera de ella también ejercerá un efecto económico y social. Por lo tanto, se dará a conocer a través de medios de alcance nacional.

Los comunicados de prensa pueden tener un doble efecto: por una parte, transmitir información de manera breve; por otra, hacer que la noticia tenga mayor trascendencia si logra despertar la curiosidad de un periodista.

Los medios de comunicación reciben a diario muchos comunicados, algunos de los cuales van a parar al "archivo muerto", es decir, al cesto de papeles. Para evitar esto, existen ciertas técnicas que pueden atraer la atención deseada del periodista.

TÉCNICA DEL COMUNICADO DE PRENSA

— Un título breve llamará más la atención, y deberá destacar el elemento más interesante del comunicado.

— También el texto debe ser breve, y contener todos los datos pertinentes, a saber: el propósito del comunicado y el nombre de su protagonista, así como el lugar, la causa de los hechos y la fecha.

— Lo esencial del mensaje debe aparecer en el primer párrafo. Los párrafos siguientes desarrollarán los puntos fundamentales presentes en el primero, por orden de importancia.

— Se empleará un estilo periodístico, que capte el interés del lector.

— La extensión recomendable varía entre 10 y 20 líneas, pero si hubiera que hacerlo de mayor extensión, no debe tener más de dos cuartillas. En caso necesario, es mejor anexar un expediente.

— Es aconsejable escribir con sencillez, empleando palabras precisas y sin ambigüedades. En la oración "El ingeniero Mario García firmó el contrato con su colega Victorina Carrillo en su oficina", es evidente que no sabremos si el hecho ocurrió en la oficina de él o en la de ella.

— Se utilizarán frases cortas y se evitarán las perífrasis o rodeos. Es mejor decir: "El presidente de la República inaugurará..." en lugar de: "El señor presidente de la República, licenciado don Gerardo Rodríguez Badillo, será la figura pública que inaugure..."

— Es indispensable proporcionar el nombre completo de las personas citadas y su función dentro de la corporación o la institución motivo de la noticia. No olvidemos que los mismos apellidos pueden acompañar a miles de nombres, así que no es suficiente escribir: "El señor López, coordinador de la Cámara..."

— Si las siglas empleadas no son ampliamente conocidas, deben aparecer junto a su explicación la primera vez que se usen. Todo el mundo sabe qué es la ONU, pero pocos conocen el significado de ATAM; en este caso escribiremos: "La Asociación de Tecnólogos en Alimentos de México (ATAM) organizó el concurso..." En las menciones posteriores bastará decir: "La ATAM premió a la nutrióloga..."

La presentación

La disposición de los datos y el material que se empleará también obedecen a ciertas reglas convencionales.

— La hoja debe llevar un encabezamiento que indique la fuente del comunicado, sin ambigüedades. En él aparecerán el nombre de la empresa o institución, su dirección y su teléfono.

— Con mayúsculas, en la parte superior y al centro, debe escribirse la leyenda: COMUNICADO DE PRENSA.

— No puede faltar la fecha de envío del documento a los medios de comunicación.

— Se indicará en qué momento podrá darse a conocer: "Para publicación inmediata", "Publicarlo tal día a tal hora", o cualquier otra.

— En seguida aparecerá el título, que resumirá el contenido resaltando lo más importante.

— Es necesario escribir el comunicado a máquina o en la impresora de la computadora, en una hoja de tamaño carta, a doble espacio.

— Sólo se utilizará el anverso de la hoja.

— Para atraer la atención, puede usarse papel de color.

— En la parte inferior debe aparecer el nombre, el domicilio y el número telefónico de la persona que podría dar información adicional o hacer aclaraciones.

— El comunicado podrá ir acompañado de un expediente, un estudio, un informe anual o cualquier otro suplemento que pueda enriquecer la noticia.

— Cuando sea posible, deberá anexarse una fotografía al comunicado; ésta será muy apreciada por los periodistas.

— Si el acontecimiento no amerita la redacción de un comunicado, será mejor enviar una fotografía con una nota explicativa de unas cuantas líneas.

La difusión

Siempre es preferible hacer llegar el comunicado de prensa directamente al periodista interesado en el tema, más que al lugar en el que trabaja. En caso necesario, se le puede avisar por teléfono sobre el envío del documento.

Debemos tomar en cuenta los días y el horario de cierre de la redacción. Si queremos que la información sea difundida, debemos indicar la fecha y la hora en el documento. De esta manera, los medios de difusión lo transmitirán en el momento oportuno.

En la actualidad hay varios medios para hacer llegar el comunicado a los periodistas: correo, teléfono, fax y cable de prensa, principalmente.

Por correo. Escriba correctamente el domicilio. Si el sobre contiene una fotografía, inserte un cartoncillo para protegerla.

Por teléfono. Si se presenta un caso de emergencia, se podrá dictar un texto breve al periodista o al jefe de redacción. Además, el teléfono puede utilizarse para comunicar a la prensa que se ha enviado el comunicado por otro medio.

Por fax. Este medio de transmisión se utiliza sobre todo para enviar un número reducido de páginas. Sin embargo, ofrece la ventaja de un trato personalizado.

Por cable de prensa. Se trata de teleimpresoras que emplean las agencias de prensa para transmitir sus mensajes a los miembros de la red. A través de este medio se tiene la seguridad de que el comunicado llegará directamente a las salas de redacción.

CUIDADO: Un comunicado de prensa sólo resulta de interés para los periodistas cuando la información que contiene presenta un carácter "excepcional" o responde realmente a una demanda de información por parte del público. Usted deberá, por lo tanto, juzgar si su mensaje amerita ser dado a conocer mediante un comunicado. Además, sin deformar la realidad, deberá resaltar tal o cual aspecto de su información. Al respecto, los periodistas suelen decir lo siguiente: "Que un perro muerda a un peatón no tiene el menor interés. Pero que un peatón muerda a un perro, eso sí que lo tiene."

Algunos principios que se deben respetar

El comunicado no sustituye a la invitación personal que se envía a los periodistas cuando se quiere dar a conocer un hecho. Es una cuestión de cortesía y de eficacia, pues el periodista acostumbra deshacerse del comunicado una vez que el tema ha sido tratado.

Respete al periodista y no le pida que se convierta en su publicista o en su portavoz. Solamente en él y en la gente de su sala de redacción está la decisión de difundir la información transmitida.

En nuestros días, los periodistas no están ya obligados a depender de sus fuentes para nutrirse de información. Las reglas de ética y las convenciones les permiten guardar cierta distancia respecto a los hechos y analizarlos según los criterios de la profesión.

No dude en posponer el envío de un comunicado si sabe que ese día el periodista está sobrecargado de trabajo, o llámelo por teléfono para atraer su atención.

Trate el asunto directamente con el periodista responsable del caso, más que con el jefe de redacción, quien tiene otras ocupaciones.

No diga jamás una mentira ni desvirtúe la realidad de los hechos.

Evite citarle al periodista acontecimientos que tal vez él no conozca, pues tiene otros problemas en la cabeza, o quizá sea otro el que se encargue del asunto. Sobre todo, piense en los lectores que ignoran los antecedentes del tema actual.

Tome en cuenta las limitaciones tanto de horario como materiales de las salas de redacción (horario de cierre para la prensa, hora del boletín de información para la radio o la televisión).

¿Por qué debemos redactar un comunicado de prensa en lugar de hacer una simple llamada telefónica?

— Porque un texto escrito, bien preparado, es más preciso y evita olvidos.

— Porque es tan rápido como la llamada o más.

— Porque se puede enviar por correo o entregarse aunque el periodista esté ausente.

— Porque el texto escrito, que es idéntico para todos los periodistas, evita malentendidos al dejar una huella escrita.

Ejemplo

Redactemos un comunicado que contenga la siguiente información: la empresa Marcos Colunga e Hijos abrirá un nuevo taller de producción de muebles para oficina, que iniciará operaciones en el mes de marzo. Esta ampliación de la fábrica va a dar por resultado la contratación de 10 obreros, con lo que el número de empleos que proporciona la empresa ascenderá a 100. La decisión se tomó en la última sesión del consejo de administración.

Hay que destacar los elementos más interesantes; en este caso, el de la creación de 10 nuevos empleos. En la difícil situación laboral que impera, este aspecto es muy positivo para la empresa, por lo cual será el que aparezca en el título.

Otro hecho que da valor a la empresa es su propósito de invertir en nuevos planes de producción, lo cual hace suponer que tiene confianza en el futuro y que tal vez la crisis esté cerca de su fin. Este último elemento es una hipótesis, pero permite que la empresa destaque su actitud optimista frente a la situación actual.

Marcos Colunga e Hijos
Av. Fernando Rodríguez 1523
Col. Ampliación Los Ángeles
Torreón, Coah.
México
Tel. 5-32-14

29 de agosto de 1993
Para publicación inmediata

COMUNICADO DE PRENSA

Marcos Colunga e Hijos crean 10 nuevos empleos

El fabricante de muebles para oficina de Torreón, Marcos Colunga e Hijos, ha decidido ampliar su producción mediante la manufactura de sillas secretariales, lo que le permitirá servir mejor a su clientela.

El nuevo taller estará listo para marzo de 1994. El vicepresidente de la empresa, César Colunga, prevé la contratación de 10 empleados para esta fecha, lo que elevará el número de puestos de trabajo a 100.

Los ejecutivos de la empresa se sienten muy satisfechos con los resultados que obtuvieron el año pasado y esperan que el año fiscal que está por concluir les permita aumentar aún más sus actividades.

Fuente: Yolanda Villarreal Dosal, directora comercial
Tel. 5-32-14

Éste es un ejemplo de un comunicado de prensa sencillo y eficaz. El interés que presenta para la localidad es evidente, por lo que los periódicos locales, como *El Siglo,* y las difusoras de radio y televisión de la ciudad lo darán a conocer con gusto. Respecto a los medios de comunicación regionales y nacionales, es posible que, en los primeros, la nota vaya a dar a una columna financiera, donde probablemente pase inadvertida y, en los segundos, simplemente no aparezca.

En cuanto a los comunicados de las grandes corporaciones, sería preferible colocarlos como anuncios; esto, sin duda, tendría más efecto. La situación es diferente en el caso de grupos u organismos que laboran en el campo social o económico. La elección de los medios es, en cualquier caso, muy importante.

Medios de comunicación regionales

En éstos trabaja un gran número de personas, que realizan su labor principalmente en las regiones apartadas de los grandes centros urbanos. Ahí tienen una gran influencia sobre la opinión pública y los órganos de decisión. En estos medios, el jefe de redacción es quien decide el contenido editorial y, por ende, el tratamiento que se dará al material que reciba.

La radio, la televisión y los diarios regionales buscan, ante todo, noticias de actualidad. Por lo tanto, usted deberá relacionar su información con un elemento de actualidad. Por ejemplo, un grupo ecologista de la frontera puede aprovechar las declaraciones negativas que hizo un senador estadounidense acerca de las lluvias ácidas, para denunciar el poco caso que se hace de los efectos nocivos de éstas sobre la agricultura del norte de México y, así, convencer a la población de los peligros que acechan a su región. Un comunicado que se emita en ese momento y que destaque los efectos de la contaminación en el medio natural y en la calidad de la vida será difundido por los medios, al estar conscientes éstos de lo que interesa directamente a su público. Las reivindicaciones no son lo único que atrae a los periodistas. También, por ejemplo, llamará su atención una recaudación de fondos para abrir un parque recreativo. Sin embargo, en los medios de gran alcance la situación es diferente, pues tienen la consigna de tratar temas de interés nacional.

Un acontecimiento importante para la vida local o nacional, como la inauguración de una obra pública, amerita la difusión mediante un comunicado de prensa.

Medios de comunicación nacionales

Ponerse en contacto con este tipo de medios no es tan sencillo como en el caso de los regionales. Se trata de empresas grandes y complejas, divididas en muchos departamentos, y puede resultar difícil hallar el camino. No son inaccesibles, pero sí conceden prioridad a las noticias que están de acuerdo con su política editorial. Así, por ejemplo, la decena de empleos creados en Torreón quedará perdida detrás de los miles de dólares y los cientos de empleos de la cementera de Monterrey. No obstante, esto no significa que sean insensibles a noticias de carácter humanitario o espectacular.

Lo importante es hacer llegar la noticia a la persona adecuada. Póngase en contacto directamente con un periodista y haga que se interese en su tema. En este caso, no bastará con enviar un simple comunicado de prensa, sobre todo si usted y el acontecimiento que desea dar a conocer pertenecen a una región apartada; será conveniente hacer también una llamada telefónica para explicarle con claridad de qué se trata.

Tenga al alcance de la mano toda la información pertinente: nombres, fechas, domicilios y números telefónicos. Si su expediente está bien documentado, hay muchas probabilidades de que sus gestiones se vean coronadas por el éxito. En todos los casos, deberá elegir el vehículo de difusión que mejor convenga para dar a conocer su mensaje. Y, al respecto, no habrá que descartar las revistas de interés general ni las especializadas.

REGLAS ESENCIALES PARA LA REDACCIÓN DE UN COMUNICADO DE PRENSA

Responder las tres preguntas siguientes:
- ¿El tema tratado interesará a los periodistas?
- ¿El comunicado es el mejor medio para dar a conocer esta noticia?
- ¿Cómo obtener el mayor provecho de esta información?

Reglas de presentación
- Encabezado: nombre y domicilio de la empresa.
- Hoja tamaño carta (usar sólo el anverso).
- A doble espacio; de 10 a 20 líneas de extensión.
- Margen de 3 cm.
- Fuente y fecha.
- Título.
- Introducción breve que diga ¿dónde?, ¿cuándo?, ¿quién?, ¿qué?, ¿por qué?
- Un cuerpo que desarrolle los puntos esenciales.
- Explicación de las siglas empleadas.
- Nombre y teléfono de un responsable.

Tres decisiones
- El medio de difusión que pueda transmitir la información al público al que se dirige.
- El enfoque que mejor convenga para que el comunicado no se convierta en letra muerta.
- La mejor manera de hacerlo llegar a su destino.

LA ENTREVISTA

Con frecuencia, la comunicación no es espontánea: supone un método, etapas y paciencia. Es un proceso que, en ocasiones, se asemeja a una carrera de obstáculos. En el caso de la negociación respecto a un empleo, dos gestiones se entrecruzan: por una parte, una empresa u organismo ofrece un empleo, a través de un anuncio clasificado; por otra, miles de personas lo leen. Un número muy variable de ellas hablan por teléfono, piden una cita, acuden y entregan un currículum vitae. El proceso de selección ha comenzado. Con base en el perfil del candidato, se le "darán las gracias" o se le pedirá que acuda a una o varias entrevistas. Ahora hay que mostrar lo mejor de uno mismo, sin incurrir en exageraciones ni mentiras.

La fecha fatídica está escrita en las agendas de las dos partes. Unos días antes de la entrevista, seguramente el candidato revisará el expediente de la empresa que tal vez lo contrate, y el representante de ésta hará lo mismo con el de aquél. Un encuentro semejante no se improvisa. Ambos interlocutores potenciales sacarán mucho provecho de las siguientes recomendaciones:

— Una entrevista exitosa requiere que las partes "vayan de la mano", que estén equilibradas. No debe haber inseguridad en ninguna de ellas.

— En el concepto de entrevista hay una dinámica positiva. Entrevistar a alguien en el contexto de la vida profesional significa permitirle, en el futuro, desarrollarse. Las recriminaciones, el pesimismo y el negativismo deben evitarse por completo.

— La palabra *entrevista* porta en sí riqueza y complejidad. El propósito de los interlocutores que participan en ella es conocerse. Ningún tema debe descartarse: ni las pretensiones en el ámbito profesional ni las aspiraciones intelectuales y artísticas, pues, como dijera maravillosamente Pascal: "Todas las cosas se entretejen por un lazo natural e invisible." Uno debe definirse ante el interlocutor, sin caer en actitudes cínicas o inmorales.

PREPARACIÓN DE LA ENTREVISTA

Un solicitante de empleo que se prepara para la entrevista debe evitar todo comportamiento taciturno o desenfadado; los extremos son malos. Signo de madurez es evitar la mención de relaciones con personas célebres (aunque sean verdaderas) o aparentar que se ha leído, escuchado y vivido todo. El futuro profesional del candidato le pertenece a él mismo, y si quiere ganárselo debe echar mano de su habilidad para convencer a su interlocutor con argumentos sólidos.

Para lograrlo, y tratando de evitar los errores que acabamos de mencionar, proponemos una red de análisis suficientemente flexible para adaptarse a todos los temperamentos y a todas las interpretaciones.

El expediente

Es útil que el solicitante prepare un expediente previo a la entrevista, formado de tres partes principales:

— La que presenta al solicitante del puesto y resume su identidad.

— Los datos que él ha recabado acerca de su interlocutor y de la empresa que éste representa.

— Una argumentación para justificar su candidatura y nutrir la entrevista.

Respecto a la primera parte (su identidad y presentación), hay pocos comentarios que hacer. El expediente contendrá

La preparación de la entrevista en cinco puntos

- Reúna los documentos y el material indispensables. No olvide llevar una agenda, una libreta de notas y un bolígrafo.
- Lea por última vez el expediente que ha preparado.
- Memorice los datos contenidos en su currículum y en su solicitud, pues lo que usted responda verbalmente, deberá coincidir con lo escrito.
- Haga una lista de las preguntas que desea hacer.
- Evite vestirse de un modo excéntrico.

La entrevista rara vez es fortuita: exige el conocimiento recíproco de las expectativas de cada parte.

fotocopias de sus documentos universitarios y profesionales, así como del anuncio clasificado al que respondió mediante la entrega de su currículum vitae y la sòlicitud de empleo.

Lea cuidadosamente todos esos documentos. La persona que fue designada para recibirlo hará lo mismo. Al comparar los datos objetivos —diplomas, cartas de recomendación, títulos, etcétera— con elementos subjetivos, deducidos de sus aspiraciones y rasgos de carácter señalados por el resultado de algún examen psicométrico que tal vez le apliquen, dicha persona estará tratando de imaginar su personalidad. Es una ventaja evidente —para el entrevistador— que puede hacerlo a usted vulnerable. Pero dicho peligro puede ser conjurado por dos medios:

La introspección. El currículum vitae es un resumen de sus logros, sus mejores cualidades y algunas debilidades.

Estas últimas serán mencionadas durante la entrevista; sería ingenuo tratar de disimularlas. Los entrevistadores aprecian la sinceridad de sus interlocutores. Si usted es tímido y, por ejemplo, solicita un puesto que requiere firmeza de carácter, será mejor confesarlo antes de que el entrevistador lo advierta y se sienta decepcionado.

La inversión de papeles. La empresa también puede ser cuestionada, siempre que esto se haga sin agresividad y, sobre todo, sin intención de molestar.

El responsable de las entrevistas recibe, en un día, más de diez candidatos. Es posible, pues, sobresalir de la banalidad y del anonimato mostrando interés y conocimientos sobre la empresa o el organismo que podría contratarlo. Dicha curiosidad no deberá ser servil ni exageradamente crítica. En su nivel ideal, la podríamos calificar de positiva y, sobre todo, comunicativa.

Una empresa cuenta con un número determinado de empleados, tiene definida una política, obtiene resultados y se dedica a una actividad económica en la que pueden surgir problemas de todo tipo.

En una entrevista, para ser capaces de sostener un diálogo que parta de un hecho concreto —una oferta de empleo— y culmine en asuntos de política general, requerimos un expediente nutrido de investigaciones y datos reales. No se trata de hacer una enciclopedia, sino de compilar suficiente información. El expediente es esencial: destacará los argumentos que usted empleará para "venderse", así como las carencias de su personalidad que sea preciso explicar o difuminar. Además, contendrá las características de la empresa donde usted desea ingresar, así como las del contexto en que se desarrolla.

También precisará el lugar que a usted le gustaría ocupar dentro de ese conjunto, su plan de carrera, sus pretensiones salariales y, luego de esta descripción ideal, los compromisos que está dispuesto a aceptar, acordes con sus gustos, ambiciones y preparación académica.

El conocimiento de sí mismo

Una entrevista no es ni una tragedia ni una ceremonia solemne: es un momento importante que puede decidir el curso de una carrera o un cambio radical en nuestra vida. Pero no olvidemos que puede ser únicamente un paso más,

Las dos partes que se encontrarán deben preparar la entrevista para evitar enfrentarse en desventaja.

Algunos estudios de la conducta tienden a establecer una relación entre la postura del interlocutor al sentarse, y su carácter.

un intento más, en nuestro recorrido por el mundo laboral. Antes de conocer el placer de ser contratados, es probable que pasemos por 10 o más encuentros. Esta iniciación nos permite descubrir muchas cosas, desde nuestras muletillas y la ignorancia respecto a ciertos asuntos hasta los métodos de entrevista de los encargados de recursos humanos. En ciertos casos, los entrevistados adquieren tal experiencia en estas lides que llegan a conseguir trabajo sin reunir los requisitos, pero al cabo de cierto tiempo demuestran que no son aptos para el puesto que les fue asignado y reciben la notificación de despido. Las formas de entrevistar varían según las empresas y los puestos. La más común es el diálogo, pero es posible que también se empleen la entrevista ambulante, la entrevista en cadena, la entrevista en grupo y, principalmente, la entrevista ante un jurado.

La lucidez radica en tener los conocimientos; la habilidad, en aplicarlos; y el humor, por último, consiste en romper la inevitable tensión que resulta de dichos encuentros, mencionando anécdotas graciosas. Una sonrisa en el momento adecuado nunca está de más. El dominio de los nervios, por otra parte, es también condición para tener éxito.

La presentación

Es preciso subrayar que las entrevistas pueden ser subjetivas; algunos entrevistadores juzgan a su interlocutor por un detalle: el vestido, el peinado o la voz. La naturalidad ayudará a poner de relieve ciertos aspectos de la personalidad que se manifiestan en circunstancias de tensión.

El vestido, el tono de la voz y la mirada juegan un papel primordial. Si bien el fondo es importante, la forma es lo que transmite el mensaje. Con frecuencia, una voz pausada y segura, un vestir adecuado y buenos modales cuentan más que el currículum vitae y las referencias.

Conviene vestir y peinarse conservadoramente, y estar lo más relajado posible al presentarse a la cita. Don Quijote aconsejaba a Sancho acerca del aspecto personal: "No andes, Sancho, desceñido y flojo; que el vestido descompuesto da indicios de ánimo desmazalado, si ya la descompostura y flojedad no cae debajo de socarronería, como se juzgó a Julio César."

Por otra parte, conviene preguntarnos: "¿Estoy tranquilo?" Esta pregunta supone, como respuesta, mantener el equilibrio nervioso y físico. Sin tener que llegar al

Cómo prepararse

Informarse sobre la empresa, sus características económicas, financieras y jurídicas; su ambiente y lo que ofrece a su personal.

Leer varias veces el expediente: oferta de empleo, currículum vitae, carta de solicitud de empleo, nota de argumentación.

Cuidar la presentación y llegar puntualmente.

Durante la entrevista

Estar relajado y presentarse con seguridad.

Responder sobria y claramente a las preguntas planteadas.

Hacer las preguntas previamente anotadas en una lista.

Después de la entrevista

Anotar los puntos esenciales que se abordaron durante la entrevista.

Analizar nuestra actitud. ¿Cuáles fueron los puntos fuertes y los débiles en la argumentación?

Resumen de los tipos de entrevistas

Entrevista simple, con un solo interlocutor.

Entrevista frente a un jurado.

Entrevistas sucesivas (en cadena o ambulantes).

Entrevista en grupo.

ascetismo ni a la dieta, conviene, la víspera de una entrevista, relajarse con la práctica de algún deporte, no beber demasiado alcohol y acostarse temprano.

Estar tranquilo significa ordenar adecuadamente la información, y organizar las actividades y los horarios. Antes de salir, no olvide su expediente, las fotocopias de sus referencias y su agenda: si la entrevista termina con la proposición de un nuevo encuentro —lo cual es un signo sumamente positivo—, sería un poco incómodo tener que anotar la hora y el lugar de la próxima cita en un pedazo de papel. Ello produciría, además, una mala imagen ante el entrevistador.

Aun cuando el lugar de la entrevista no quede muy lejos de su casa, prevea un margen de tiempo de seguridad. Más vale llegar un cuarto de hora antes y tomar algo en un restaurante mientras espera, que llegar sofocado y agitado a la cita con el conocido pretexto del problema del tránsito.

Y bien, la espera ha terminado. Se encuentra en la puerta de la oficina. Su interlocutor se acerca y lo hace pasar. Ahora depende de usted el convencerlo.

LA ENTREVISTA SIMPLE

No existen reglas absolutas ni recetas mágicas para tener éxito en una entrevista. Esto depende de las circunstancias. La entrevista se desarrolla entre dos seres humanos, cada uno con sus propios sentimientos y aspiraciones.

El lenguaje y la fuerza de su presencia deben adaptarse al tipo de empleo solicitado. De manera general, la sobriedad es lo más efectivo, pero tampoco hay que caer en excesos. Una sonrisa y algunos rasgos de humor pueden ayudar a aligerar el ambiente. Para estos casos, también encontramos sabiduría en la obra cumbre de Cervantes: "Anda despacio; habla con reposo, pero no de manera que parezca que te escuchas a ti mismo; que toda afectación es mala."

LOS CINCO TIPOS DE ENTREVISTAS

Entrevista simple. Es la más frecuente. A partir de un cuestionario —escrito u oral— que el entrevistador presenta al candidato, se inicia una conversación más profunda, que puede durar varias horas.

Entrevista frente a un jurado. El candidato es sometido a las preguntas de cuatro o cinco personas en un mismo lugar y a la misma hora.
- Cualidades que requiere el candidato: dominio de los nervios, serenidad y sentido de adaptación.
- Ventajas para el reclutador: conocer varias opiniones de inmediato.

Entrevista en cadena. El candidato es instalado en una oficina, donde varias personas lo entrevistan sucesivamente.
- Trampa que el candidato debe evitar: contradecirse.
- Ventajas para el reclutador: poner a prueba el equilibrio y los conocimientos del candidato.

Entrevista ambulante. Es una variante de la técnica de la entrevista en cadena. El candidato va de una oficina a otra; en cada una de ellas es entrevistado por una persona distinta.
- Ventaja para el candidato: puede darse una idea del ambiente de la empresa.
- Ventaja para la empresa: los jefes de diversos departamentos emiten juicios acerca del candidato.

Entrevista en grupo. Varios candidatos para un mismo puesto son reunidos en un solo lugar, y deben hablar acerca de las características del puesto que solicitan.
- Peligro para los candidatos: hacerse competencia mutuamente y neutralizarse.
- Ventaja para el reclutador: poner a prueba la habilidad oral de los candidatos.

La entrevista entre dos personas y el diálogo en grupo han sido objeto de análisis y estudios minuciosos.

En cualquier caso, es preciso prepararse para la entrevista, dominando el tema. Así, le será fácil destacar sus aptitudes profesionales relacionadas con el puesto deseado. No debe olvidarse que, en el momento de decidir, la mayoría de los entrevistadores se basarán en la primera impresión (ropa, buenos modales, etcétera) que les dio el candidato, aunque no nos parezca justo.

Algunos entrevistadores tienden a tratar de turbar al candidato; otros, por el contrario, se muestran comprensivos. Pero, sea como sea, es necesario prepararse para cualquier eventualidad. Sin caer en la euforia, hay que mostrar entusiasmo por el trabajo propuesto y no dejarse llevar a terrenos peligrosos.

En una entrevista no caben las dudas. Al igual que en el currículum vitae, hay que evitar las "lagunas" y tener una respuesta para cada pregunta.

FRENTE A UN JURADO

Esta clase de entrevista es muy compleja. Con frecuencia, cada miembro del jurado tiene un enfoque diferente y no todos esperan las mismas respuestas, lo cual se deduce del tipo de preguntas planteadas. Por lo tanto, es preciso poner mucha atención a las sutilezas que puedan aparecer en la conversación, y ser capaces de matizar las respuestas sin repetirlas. Al responder a la persona que ha planteado la pregunta, es importante recordar lo que preguntaron las demás. Se recomienda, asimismo, mantener el contacto visual con los jurados, sin fijar la atención en ninguno en particular. Aquí también es necesario adaptarse pronto a la situación y evitar dar pie a una controversia que podría generar opiniones opuestas entre los miembros del jurado. Una actitud relajada, combinada con reflexión, ayudará a evitar el pánico.

LA ENTREVISTA AMBULANTE

En este tipo de entrevista, las conversaciones se desarrollan de persona a persona, en forma sucesiva. Tiene la particularidad de permitir que el candidato conozca a los responsables de los diversos departamentos del entorno de trabajo. Ello ofrece varias ventajas tanto al candidato como al patrón. El primero conocerá a sus posibles compañeros de trabajo en tanto que el segundo contará con la opinión de varias personas.

En Europa esta práctica es muy común, pero no en Latinoamérica; se emplea, básicamente, para el caso de los vendedores. Éstos, en efecto, tienen un poder que puede influir sobre el rendimiento y la reputación de la empresa, y también cuentan con la confianza de ésta en lo relativo al manejo de dinero.

En América, las entrevistas ambulantes tienen un carácter más bien informal, pero no por ello significan un menor reto para el candidato, quien debe poder adaptarse a las diferentes personas y situaciones que habrá de enfrentar. Es conveniente que el candidato desconfíe de las complicidades fáciles que podrían hacer surgir rivalidades internas y, por ende, poner en peligro su contratación. Un candidato bien preparado utilizará la diplomacia y, sobre todo, dominará su tema. De esta manera, será capaz de desviar la atención y plantear preguntas pertinentes que le ayudarán a darse una mejor idea de lo que se espera de él.

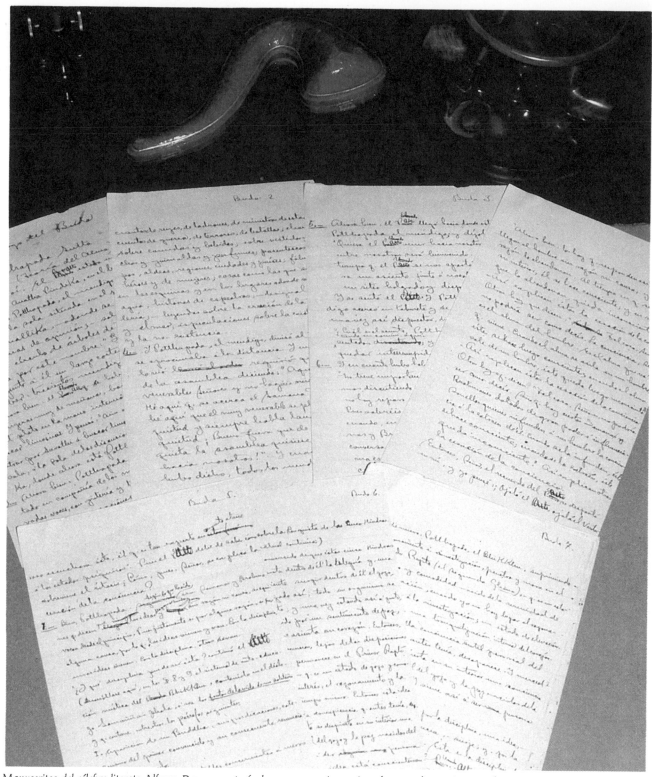

Manuscritos del célebre literato Alfonso Reyes, con tachaduras y correcciones. Aun los grandes escritores trabajan sus textos una y otra vez.

NOCIONES DE GRAMÁTICA Y ORTOGRAFÍA

Gramática

Ortografía

Prontuario de dudas

GRAMÁTICA

Hay palabras en las que se encierra una carga negativa. Si bien lo piensa el lector, recordará que gramática es un vocablo que se emplea en muy pocas ocasiones, pero siempre en un contexto adverso, tal como: "¿Para qué sirve la gramática?" "Yo no sé nada de gramática ni me interesa."

A esto se agrega cierto remordimiento: "Tal vez no logre nunca un ascenso por mi ignorancia gramatical, mi mala ortografía... porque no sé redactar."

Habría que esforzarse por neutralizar toda esa carga negativa y convertirla en positiva mediante un esfuerzo pequeño pero constante.

Los seres humanos inventaron el lenguaje porque sentían la necesidad de comunicarse unos con otros. Es evidente que también los animales de una misma especie se comunican entre sí, pero carecen de un lenguaje articulado. Por ejemplo, las abejas son capaces de intercambiar información por medio de diferentes vuelos; bajo el agua del mar, las ballenas producen sonidos que sus congéneres interpretan correctamente.

En la carretera aparecen señales que pueden ser comprendidas claramente por hablantes de distintos idiomas: flechas que señalan el camino, una X que significa "no hay paso", un dibujo de piedras que caen por una ladera para indicar el peligro de derrumbes.

Este tipo de señales físicas sirve para el intercambio de información concreta, pero no de información abstracta, de modo que el ser humano creó el lenguaje articulado para expresar pensamientos, ideas y conceptos que no podían ser transmitidos por señas, ademanes ni gritos inarticulados, por ejemplo, los conceptos de bondad, belleza, fidelidad. Y una vez que existió el lenguaje, se le dio una gramática.

¿Era esto necesario? Evidentemente lo era, pues un lenguaje sin reglas sería hablado por cada quien a su manera y dejaría de ser un elemento de comunicación para convertirse en causa de confusión. Recordemos el caos que se produjo en la Torre de Babel cuando cada uno de los participantes en la obra comenzó a hablar un idioma distinto. Una lengua sin gramática, con cada uno de los hablantes expresándose a su capricho, produciría un desorden babélico.

El lenguaje articulado, característico de la comunicación humana, da nacimiento al discurso.

EL DISCURSO Y SUS PARTES

Diez acepciones de la palabra "discurso" ofrece el *Diccionario de la Real Academia Española* (DRAE). Sólo dos de ellas corresponden al tema de este capítulo, la 5ª y la 7ª.

La 5ª: "Serie de las palabras y frases empleadas para manifestar lo que se piensa o siente." Y frase es un "conjunto de palabras que basta para formar sentido, y especialmente cuando no llega a constituir una oración cabal." Por ejemplo, frases son: *Buenos días. ¿Qué tal? ¡Hola! Muchas gracias. Hasta mañana.*

La 7ª: "oración: palabra o conjunto de palabras con que se expresa un concepto cabal." Por ejemplo, oraciones son: *El sol brilla. Las reses están en el campo. Todos viajamos en tren. Mi hermano se ha comprado un automóvil.*

Así pues, llamamos *discurso* a la actividad que consiste en expresar un pensamiento completo, ya sea mediante el empleo de frases, de oraciones o de ambas, como cuando decimos: "Bienvenido, ¿qué tal el viaje?" "Llegas muy cansado. Ven conmigo a tomar un café."

EL SUSTANTIVO O NOMBRE

Hay dos tipos de palabras que, por su naturaleza, son sustantivos: el nombre y el pronombre.

El sustantivo es la clase de palabra caracterizada por poseer género gramatical y variación de número (DRAE).

Hay nombres que son sustantivos comunes, como *árbol, animal, humanidad;* y hay nombres propios, que corresponden a personas o cosas determinadas y las distinguen de su especie o clase: *el (río) Nazas, (la cordillera de) los Andes, (el señor) López.*

El género

En español existen tres géneros: masculino, femenino y neutro, y los nombres y pronombres sustantivos se dividen, por lo tanto, en masculinos, femeninos y neutros.

Al género masculino corresponden, evidentemente, los sustantivos que se aplican al sexo masculino: hombre, animal macho, y también a objetos inanimados carentes de sexo pero que el uso ha dado en considerar masculinos: *balcón, sol, mar, ladrillo...*

Generalmente, asociamos a la idea de masculino las terminaciones en **o** de los nombres comunes: *armario, ladrillo, caserío, médico, abogado.* Pero hay excepciones tales como: *la libido, Rosario, la mano* y *la nao.*

El género femenino abarca a todos los seres de sexo femenino —*mujer, niña, leona*— y objetos y conceptos que tradicionalmente se clasifican como femeninos, aun sin tener características sexuales: *comisión, carne, felicidad*.

Podríamos decir que las palabras del género femenino son las terminadas en **a**: *ama, casa, cama, ánima, colina, montaña*. Ahora bien, si el femenino por excelencia, *mujer*, no termina en **a**, es natural que también aquí encontremos excepciones del género masculino terminadas en **a**, tales como: **el** *programa*, **el** *diagrama*, **el** *morfema* y muchas más.

En general, podemos afirmar que cuatro series de palabras pertenecen al género femenino: las que terminan en *-dad* (*libertad, bondad, caridad, amistad*, etcétera), las terminadas en *-ción* (*nación, revolución, canción, adaptación, situación*, etcétera) y las terminadas en *-eza* (*belleza, alteza, bajeza, pereza*) y en *-nza* (*danza, templanza, alabanza*).

Hay también nombres ambiguos, sustantivos que se usan indiferentemente en femenino y en masculino: son palabras como *artista, pianista, mar, azúcar, estadounidense*, que suelen corresponder al masculino o al femenino, según el caso. Se dice también que son de género común.

En cuanto al neutro, lo encontramos en (lo) *bueno*, (lo) *noble*, (lo) *infame*, adjetivos convertidos en nombres mediante la anteposición del artículo neutro, y que suelen referirse a conceptos abstractos.

Los nombres colectivos

Habitualmente, un nombre en singular representa a una sola persona o un solo objeto. Sin embargo, los nombres colectivos, que son palabras en singular, pueden representar a muchísimas personas: *la humanidad, la armada, el ejército, la población, la familia, la muchedumbre, la docena, la gruesa* (12 docenas), *el par* y *la gente*.

> NOTA. Cuando tenemos las expresiones *un par, una docena, una gruesa*, los adjetivos correspondientes y el verbo, si lo hay, estarán en singular: *Me regaló* **un** *precioso* **par**. Pero si a esas expresiones agregamos un modificador explicativo, es decir, un complemento plural: *un par de guantes; una docena de huevos; una gruesa de calcetines*, no se podrá considerar como falta poner el verbo en plural: *Un par de guantes que* **hacen** *juego con los zapatos. Una docena de huevos se* **rompieron** *al caer. Una gruesa de calcetines se* **perdieron** *durante el transporte*, puesto que, al fin y al cabo, un par es 2, una docena, 12, y una gruesa, 144, o sea que esos sustantivos ocupan el lugar de adjetivos numerales.

Nombres plurales

Así como tenemos nombres colectivos que están en singular aun cuando representen a millones de individuos o de cosas, también hay nombres que siempre están en plural pero que representan un objeto único; tal es el caso de *las tijeras, los pantalones, los anteojos*... y *las narices*. Y aquí todo se pondrá en plural: *Las tijeras están bien afiladas. Mis pantalones no estaban bien planchados. Mis anteojos se han roto*... y *Tengo las narices heladas*.

El verbo como sustantivo

En algunos casos se antepone el artículo determinado masculino (*el*) a un verbo en infinitivo (terminado en *-ar, -er* o *-ir*), convirtiéndolo así en sustantivo común:

Al buen **callar** llaman Sancho.

El **comer** y el **rascar**, sólo quiere empezar.

El **saber** no ocupa lugar.

Y en ocasiones, se prescindirá del artículo:

Correr no te servirá de nada, si no sales a tiempo.

Amar es lo mejor de la vida.

Ni **llorar** es bueno.

El número

Existe otro accidente gramatical, llamado *número*, relacionado con la cantidad de personas o cosas de que se trate. Si es una sola, está en singular; de dos en adelante, está en plural.

Reconocemos que un sustantivo está en plural si, conociéndolo en singular —*ladrillo*—, comprobamos que tiene una **s** final —*ladrillo***s**—. Así, decimos: *una leona, dos leona**s***; *un río, dos río**s***.

Los afijos

Los afijos son partículas invariables que se colocan generalmente al principio o al final de las palabras para modificar su significado. Se clasifican en prefijos y sufijos. Para conocer bien el sustantivo, es menester saber de qué se compone. El sustantivo se compone de una raíz, y puede tener un afijo anterior (prefijo), un afijo posterior (sufijo) o ambos. Veamos, por ejemplo, la palabra *transportación*. Tiene una raíz: *-***port***-*, un prefijo: **trans**- (que indica "situación al otro lado") y un sufijo: *-***ación** (con el sentido de acción).

Un ejemplo clásico de sufijo lo encontraremos en el capítulo dedicado a "Diminutivos y aumentativos", pues al aplicarlos a un nombre, por ejemplo *hombre*, tendremos *hombre***cito** y *hombr***ón.** El diminutivo *-***cito** y el aumentativo *-***ón** son sufijos.

Los sufijos

Otros sufijos importantes son los que denotan calidad, entre ellos *-dad* como en *libertad, crueldad, curiosidad; -eza* como en *belleza, bajeza, realeza; -ismo: realismo, socialismo, maniqueísmo*, entre otros; los que denotan acción: *-azo*, como en *portazo, golpazo, trancazo; -aje: aterrizaje, abordaje, pasaje; -ura: rotura, fractura, apertura*; los que indican al que hace la acción: *-ador, -edor, -idor: labrador, proveedor, inquisidor*; y los que designan a la persona relacionada con: *-ario: actuario, -ero: plomero, -ista: estadista, electricista*.

Sufijos que dan idea de lugar son, entre otros: *-ador: mirador; -edor: comedor; -ería: librería; -orio: consultorio*.

El sentido de conjunto también se da mediante algunos sufijos, tales como: *-ado: alumnado, profesorado; -eda: alameda; -ena: docena, centena; -ío: gentío.*

Los prefijos

El prefijo, ese afijo que se antepone a la raíz del nombre, modifica en cierto aspecto el sentido de aquélla, como en **co**laborador. Co- denota compañía, asociación.

Otro ejemplo de prefijo puede ser *sobre-:* **sobre**carga, **sobre**alimentación y **sobre**giro.

Dos prefijos que encontramos muy frecuentemente son *hiper-,* que significa *exceso,* como en **hiper**tensión, es decir, presión demasiado alta de la sangre en el sistema circulatorio; *hipo-,* como en **hipo**glucemia, o sea, disminución de la cantidad normal de azúcar contenida en la sangre.

El prefijo *sub-* aparece en **sub**desarrollo, **sub**estimar y **sub**rayar. Encontramos *contra-* en **contra**rrevolución (nótese la segunda **r** añadida para conservar la pronunciación) y **contra**ofensiva.

En los diccionarios, después de la voz por definir, suele aparecer un paréntesis en el que se indican las partes de que consta —por ejemplo: **contorno** (de *con* y *torno*) m.; y la definición viene después.

Los pronombres

Las palabras que se aplican temporalmente a seres designados por nombres que, para aligerar el estilo, no se repetirán se denominan *pronombres;* en realidad, son sustitutos de los nombres.

Los **pronombres personales** no sustituyen solamente nombres de personas, sino también de animales o cosas. Por ejemplo, hablando de la casa, diremos: *Es una casa grande, en* **ella** *viven ocho personas.* El pronombre *ella* ha servido para evitar la repetición: *esa casa.*

En singular, la persona que habla es la primera persona: *yo.* La persona a quien se habla es la segunda persona: *tú.* Otra segunda persona, llamada de cortesía, es *usted.* Y la persona cuya acción se relata: *él* o *ella.* El pronombre neutro es *ello,* tercera persona.

Los pronombres personales *yo* y *tú* desempeñan siempre la función de sujeto, es decir, que son los que ejercen la acción, como en *Yo hablo, Tú escuchas.* Los pronombres *usted, él, ella* y *ello* también son sujetos de la acción, pero pueden ocupar, dentro de la oración, otras funciones que se estudiarán más adelante.

El pronombre neutro *ello* sirve principalmente para sustituir toda una expresión:

No tenían dinero para ir a la feria; **ello** *no les impidió divertirse.*

No tenía tu dirección; a **ello** *se debe que no te escribiera.*

Al igual que el nombre sustantivo, el pronombre que lo sustituye posee género y número, y éstos serán los mismos que los del nombre sustituido.

Sin embargo, aquí entra en juego otro factor: el plural de *yo* —que en realidad sustituye al hablante, sea quien fuere, y no a un nombre— es *nosotros.* Y *yo* será femenino cuando la persona que habla sea de sexo femenino (*Yo estoy cansada*), y masculino cuando hable un hombre (*Yo soy muy serio*). El pronombre neutro carece de plural.

Los pronombres personales en función de sujeto		
Persona	**Número**	
	Singular	Plural
primera	yo	nosotros
segunda	tú, usted	ustedes
tercera	él, ella, ello	ellos, ellas

Los **pronombres posesivos,** como todos los pronombres, sustituyen al nombre sustantivo a la vez que indican posesión. Ejemplo: *Si no tienes libro, yo te prestaré* **el mío.** Tienen forma femenina y masculina, singular y plural. Son los siguientes:

Pronombres posesivos			
Persona	**Número**		
Singular		Plural	
Masculino	Femenino	Masculino	Femenino
UN SOLO POSEEDOR			
1ª el mío	la mía	los míos	las mías
2ª el tuyo	la tuya	los tuyos	las tuyas
3ª el suyo	la suya	los suyos	las suyas
VARIOS POSEEDORES			
1ª el nuestro	la nuestra	los nuestros	las nuestras
2ª el suyo	la suya	los suyos	las suyas
3ª el suyo	la suya	los suyos	las suyas

NOTA. Los pronombres de la tercera persona del singular y del plural son comunes a las voces de cortesía: *de usted* y *de ustedes.*

Los **pronombres demostrativos** sustituyen al nombre según la distancia a la que éste se encuentre del hablante; no se emplea para algo que está cerca el mismo pronombre que se utiliza para sustituir algo que está lejos. Los pronombres demostrativos pueden cumplir función de sujeto u otras funciones, como se estudia en el capítulo dedicado a "La oración".

Pronombres demostrativos		
Singular	Plural	Neutro
Junto a la persona que habla		
éste	éstos	esto
ésta	éstas	
Cerca de la persona que habla		
ése	ésos	eso
ésa	ésas	
Lejos de la persona que habla		
aquél	aquéllos	aquello
aquélla	aquéllas	

NOTA. Hemos acentuado los pronombres femenino y masculino poniéndoles una tilde. La Real Academia permite ya que se elimine ese acento, llamado diacrítico, cuando no haya ambigüedad (*ver* "Acentuación"), puesto que sólo sirve para diferenciar dos palabras de idéntica ortografía pero que ejercen funciones distintas. De todos modos, ese acento desaparece si después de esos pronombres viene un pronombre relativo: "Aquel *que* esté libre de pecado...") Y conviene recordar que *esto, eso* y *aquello* nunca van acentuados.

Los **pronombres indefinidos,** que sustituyen de manera imprecisa a un sustantivo, son los siguientes: alguien y algo (siempre en singular), alguno, algunos, otro, otros, nada, nadie, todo, todos, poco, pocos, bastante, bastantes, quienquiera, mucho, muchos, uno y cualquiera.

Alguien no se limita a ser un pronombre; en ocasiones, empleado como atributo o epíteto, puede ser halagador: E*se hombre es* **alguien** significa: *es una persona importante, famosa o de gran valía.* Y cuando decimos: E*so ya es* **algo**, parece que se ha obtenido alguna ventaja.

Cualquiera es un pronombre peculiar. Si decimos: E*so es algo que* **cualquiera** *puede entender* o **Cualquiera** *te lo confirmará,* el pronombre no lleva carga negativa. En cambio, si agregamos el artículo *un* o *una*, casi se convierte en insulto: *Es un* **cualquiera**, *Es una* **cualquiera**.

Además, en su función adjetiva, el apócope *cualquier* se antepone al nombre en singular: **Cualquier** *hijo de vecino,* **Cualquier** *cosa,* pero no cuando vaya pospuesto: *Una máquina* **cualquiera**, *Un libro* **cualquiera**.

El plural *cualesquiera* sólo suele emplearse en la lengua escrita, aunque también se oye en el habla culta.

Conviene señalar aquí la semejanza entre estos pronombres y algunos adverbios. Tenemos el adverbio *mucho*, que es invariable, pero que al cumplir función de pronombre (o de adjetivo) varía en género y número: de ahí *mucho,* *mucha, muchos, muchas.* Como pronombre: *Entre todas mis compañeras,* **muchas** *no han leído nunca un libro.* **Muchos** *son los que quisieran tu empleo.*

En el mismo caso están *poco, demasiado* y *bastante,* este último del género común, que sólo varía en número.
Pocos saben lo que quieren.
Llegaron **demasiadas** *para tan pocas sillas.*
Han llegado cincuenta; son **bastantes**, *puedes cerrar la puerta.*

Los **pronombres numerales** indican la cantidad exacta de los seres designados, y responden a la pregunta: ¿*Cuántas* (*hermanas*) *eran*? ¿*Cuántos* (*pesos, kilos*) *hay*? Y las respuestas pueden ser lacónicas: *Tres* (hermanas). *Veinte* (pesos). *Cien* (kilos). (*Cien*, apócope de *ciento*, se usa cuando es número redondo, pero 105 se dice *ciento cinco,* en lugar de *cien cinco,* y 100% se dice *ciento por ciento.*)

EL ADJETIVO
Los adjetivos se emplean para modificar al sustantivo. Esta modificación puede referirse a la posesión —adjetivos posesivos—, a la distancia —demostrativos—, al lugar de origen —gentilicios—, a la cantidad —numerales— y a la calidad, la forma, el color, etcétera, del sustantivo.

Llamaremos adjetivos determinativos a los que no describen al nombre, sino sólo lo señalan, como *aquel, este;* y calificativos a los que describen como *rojo, mexicana.*

Son **adjetivos determinativos** los posesivos, demostrativos, relativos, numerales e indefinidos.

Adjetivos posesivos		
Persona	**Número**	
	Singular	Plural
	UN SOLO POSEEDOR	
primera	mi	mis
segunda	tu, su	tus, sus
tercera	su	sus
	VARIOS POSEEDORES	
primera	nuestro, nuestra	nuestros, nuestras
segunda	su	sus
tercera	su	sus

Solamente *nuestro* adopta el género del sustantivo que modifica: *nuestra* en femenino, y en los plurales *nuestros* y *nuestras* (igual que en el caso de *vuestro, vuestra, vuestros, vuestras,* raras veces empleados en el español moderno de México).

Otro tipo de adjetivo posesivo es el posesivo acentuado. Se forma como el pronombre posesivo pero, a diferencia de éste, pierde el artículo al convertirse en adjetivo. Además, difiere también de los adjetivos posesivos simples, que se anteponen al nombre que modifican; en efecto, este adjetivo posesivo acentuado se sitúa después del sustantivo al que modifica. He aquí algunos ejemplos:

Un amigo **mío** y una amiga **mía**.
Estos zapatos son **míos** y esas medias también son **mías**.
Un hermano **tuyo** me ofendió, pero una hermana **tuya** me defendió.
Señor, un empleado **suyo** lo llama.
Señora, una vecina **suya** la busca.
Unos primos **tuyos** y unas primas **tuyas** han llegado ayer.
Don Juan, he encontrado estos guantes **suyos**.
Doña Luisa, estas peinetas son **suyas**.
Los niños dicen que un primo **suyo** se accidentó.
Por lo visto, una casa **suya** está en venta.
Mis tíos dicen que unos amigos **suyos** viven en Miami.
Esas tías **suyas** están solteras.

Los adjetivos demostrativos, de igual modo que los pronombres demostrativos, señalan la cercanía del ser u objeto designado, pero siempre acompañan a un sustantivo. Son: este, estos, esta, estas, ese, esos, esa, esas, aquel, aquellos, aquella, aquellas:

Este libro, **esta** mesa, **estos** cuadernos y **estas** sillas están aquí.
No conozco a **ese** señor, a **esa** dama, a **esos** niños ni a **esas** niñas que están ahí.
Aquel árbol, sobre la colina; **aquellas** aves que vuelan a lo lejos.

Adjetivos relativos son *cuyo* y *cuanto* (el primero de ellos se considera también pronombre relativo, y el segundo, adverbio relativo). Aun cuando se emplean poco en el habla cotidiana, conviene conocerlos, pues son muy útiles y deberían aprovecharse mejor:

El amigo **cuya** carta estoy leyendo vive en Pekín. Al no utilizarse el adjetivo *cuya*, habría que arreglárselas y decir: *de quien estoy leyendo una carta*.

Me han quitado **cuanta** ilusión tenía. Sin *cuanta*, habría que decir Me han quitado todas las ilusiones que tenía.

En los dos ejemplos anteriores, renunciar a *cuya* y a *cuanta* produce una forma de expresión menos elegante y menos breve y usualmente más confusa.

El adjetivo numeral significa cantidad exacta. Puede ser cardinal (*dos amigos, siete días*), partitivo (*medio kilogramo*), múltiplo (*un premio doble*) u ordinal (*el primer cosmonauta, el tercer hombre, el quinto mandamiento*).

Los adjetivos indefinidos señalan de manera vaga o imprecisa a un sustantivo, a semejanza de los pronombres indefinidos; pero, a diferencia de éstos, siempre acompañan a un sustantivo:

Se casará con **algún** político de altos vuelos.
¿Por qué vinieron tan **pocos** invitados?
No creo que haya **otro** problema.
Cualquier persona lo puede hacer.

El **adjetivo calificativo** es una palabra que modifica al sustantivo y lo describe, pues al calificarlo sirve para distinguir entre dos sustantivos iguales: el sustantivo *casa* no es suficiente para que sepamos de qué casa se trata, pues hay muchas; entonces decimos casa **nueva** o casa **vieja**. Decir *automóvil* no basta para que sepamos cuál es; entonces nos explican: *automóvil* **rojo** o automóvil **verde**.

El adjetivo calificativo suele especificar la forma, el color y, en general, alguna característica que tenga la persona, el animal o la cosa calificada: *hombre* **bueno**, *mesa* **redonda**, *calle* **larga**, *niños* **traviesos**, *tela* **sedosa**, *venenos* **mortales**, *película* **aburrida**.

Y comprobamos también que el adjetivo calificativo tiene género y número, según las mismas reglas que rigen al nombre sustantivo.

La posición dentro de la oración del adjetivo calificativo, en español, y a diferencia de los adjetivos anteriormente estudiados, es generalmente posterior a la del nombre modificado por él. Sin embargo, se puede anteponer al nombre como en **un hermoso niño**, **una inmensa fortuna**. Tratándose de formas y colores, el adjetivo va después del nombre: *una tela* **roja**, *una mesa* **cuadrada**. Lo que se llama *licencia poética* permite que un poeta escriba: "El azul resplandor de la *plateada* luna..."; pero en prosa no gozamos de licencias especiales.

Cuando el adjetivo está junto al sustantivo que califica, antes o después, algunos gramáticos dicen que es *epíteto*; otros lo llaman *atributo*.

Hay adjetivos que, antepuestos al nombre, cambian de forma: se apocopan; así, *bueno* se convierte en *buen: un* **buen** *amigo*. Y *grande* se vuelve *gran: un* **gran** *hombre, una* **gran** *mujer*, al igual que el indefinido *cualquiera*, que se torna en **cualquier**. Decimos entonces que *gran* es apócope de *grande; buen*, de *bueno*, y **cualquier**, de *cualquiera* (este último se apocopa siempre que anteceda al nombre: **cualquier** *hombre*, **cualquier** *trabajador*, **cualquier** *mujer*, **cualquier** *ave*). Ante nombres masculinos en singular solamente se apocopan *bueno, malo, primero, tercero* y *postrero*, así como los indefinidos *alguno* y *ninguno: un* **mal** *comienzo, el* **primer** *hombre, el* **tercer** *hijo, el* **postrer** *esfuerzo*, **algún** *amigo*, **ningún** *programa*.

Y además, algunos adjetivos cambian de sentido si van antes o después del nombre que califican. Por ejemplo: *un pobre hombre* es alguien digno de lástima, pero que puede tener mucho dinero; *un hombre pobre* no tiene dinero, pero tal vez es muy feliz; y el que ha caído en absoluta desgracia es *un pobre hombre pobre*.

Además, el adjetivo calificativo puede cambiar de forma si expresa una cualidad (o defecto) o una dimensión que alcanza grado superlativo (*ver* "Ortografía"): un árbol *alto* se volverá *altísimo*, y una bella mujer, *bellísima*.

El **adjetivo gentilicio** denota el origen o nacionalidad del sustantivo. Así, podemos decir: *Los productos* **mexicanos** *empiezan a competir en los mercados internacionales, principalmente en el* **canadiense** *y el* **estadounidense**.

Hemos visto que algunos nombres sustantivos son ambiguos o comunes, es decir, que pueden representar femenino y masculino sin cambiar de terminación. Lo mismo sucede con los adjetivos cuyas terminaciones son *-ante, -ente, -iente*, pues aun cuando varían en número, sirven en una misma forma para calificar masculinos o femeninos: *importante, interesante, imprudente, valiente, candente, existente, saliente* y *potente* son algunos de ellos.

Otros que varían en número pero no en género son los terminados en *-al* —*mortal, formal, fatal, primordial*, entre otros—, y lo mismo puede decirse de los terminados en *-z* (*audaz, feliz, capaz*, etcétera), que aun cuando conservan su misma forma en femenino, pierden la *z* en plural y la sustituyen por *-ces: audaces, felices, capaces*.

La concordancia

Los ejemplos anteriores nos muestran que el sustantivo calificado y el adjetivo calificativo concuerdan en género y en número: hay concordancia. Es decir, que si el sustantivo es masculino o femenino, singular o plural, el adjetivo (su modificador) lo será igualmente.

La concordancia es precisamente la armonía gramatical que existe entre algunas de las palabras que forman parte de una misma oración. A un sustantivo masculino singular corresponde un adjetivo en masculino singular: *caso* **cerrado**. Y si el sustantivo es femenino y plural, también lo será el adjetivo: *casas* **visitadas**.

> NOTA. Hemos visto convertidos en adjetivos los adverbios *mucho, demasiado, bastante* y *poco*. Este último, *poco*, que podemos emplear en femenino y en plural, ha ocasionado una falta inconsciente pero flagrante: E*spolvoree* **una poca de** *azúcar* es una barbaridad; hay que decir: **un poco de** *azúcar*.
>
> En cambio, se dirá: *No hay que echarle* **mucha** *sal; con* **poca** *sal tendrá mejor sabor*. En este último ejemplo, entre *poca* y su sustantivo no va la preposición *de*.

> NOTA. Veremos también que hay concordancia entre artículo, nombre, adjetivo y verbo, aun cuando éste carece de género salvo en forma de participio con función adjetiva: *cansado, cansada, cansados, cansadas*.

El artículo

Otra palabra que señala claramente el género y el número del sustantivo es el artículo, palabra cuya función consiste en modificar al sustantivo que introduce.

Hay dos clases de artículos: el determinado y el indeterminado, llamados también definido e indefinido.

El **artículo definido** o **determinado** tiene:

1. Tres formas en singular: masculino, *el*; femenino, *la*; y *lo*, que es una forma neutra, carente de plural, y que se suele usar para introducir abstracciones (sí, *lo* abstracto, *lo* que no es concreto). Por eso decimos: **el** *hombre*, **la** *mujer*, **lo** *curioso*, **lo** *importante*.

2. Dos formas en plural: *los* para el masculino y *las* para el femenino, como en: *los niños* y *las niñas*.

El artículo determinado singular se encuentra también en dos formas contractas: *al* con la preposición *a* (*a + el = al*), y *del* con la preposición *de* (*de + el = del*), y se llama entonces artículo contracto.

El **artículo indefinido** o **indeterminado** tiene:

1. Dos formas en singular: masculino, *un*, femenino, *una* (**un** *hombre y* **una** *mujer*). Pero algunos sustantivos del género femenino que comienzan con vocal adoptan también el artículo *un*: **un** *águila dorada*, **un** *alma bendita*; **un** *hacha*.

2. Dos formas en plural: masculino, *unos*; femenino, *unas* (**unos** *periódicos y* **unas** *revistas*).

EL VERBO

El verbo suele definirse como "el elemento indispensable para la constitución de un enunciado declarativo finito" (una oración).

El verbo sirve para expresar la existencia —*ser*—; el estado —*estar*—; la acción —*avanzar*—; el sentimiento —*amar, odiar*—; la actitud —*oponerse*—; fenómenos psicológicos —*pensar, idear, imaginar*—; situaciones —*provocar, descubrir*— y demás exteriorizaciones de una realidad —activa o pasiva— que es la acción del sujeto.

El verbo es una palabra variable sometida a las leyes de la concordancia. Las variaciones en la terminación del verbo —desinencia o gramema— dependen de la persona (1ª, 2ª o 3ª) o cosa (siempre 3ª) que constituye el sujeto y su número —singular o plural—, así como del modo y tiempo en que se produce la acción. El verbo no depende del género del sujeto ni lo señala.

El verbo consta de una raíz (lexema) y de una terminación, desinencia o gramema; la raíz es invariable en los verbos regulares —ejemplo: **cant**ar, la raíz o lexema es **cant**, y **-ar** es la terminación, desinencia o gramema. Pero la raíz puede y suele variar en algunos tiempos y personas de la conjugación de los verbos irregulares —en el verbo *caber* encontraremos, por ejemplo, yo *quepo* y yo *cupe*. Aun cuando en todos los verbos la variación se encuentra en la terminación, en ocasiones aparece una misma terminación en dos o más personas distintas: *que yo sepa, que él sepa, sepa usted*.

La terminación varía de acuerdo con la persona-sujeto del verbo: *yo canto, tú cantas, ellos cantan,* y esta diversidad es lo que nos permite omitir la expresión del sujeto al hablar: por eso decimos *canto, cantas* y *canta,* sin especificar quién y sin que se produzca confusión.

Las personas del verbo son las de los pronombres personales: es decir, tres personas en singular, además del neutro *ello* (correspondiente a la tercera del singular), y tres personas en plural.

Los modos del verbo

Son tradicionalmente cinco los modos del verbo: indicativo, potencial, subjuntivo, imperativo e infinitivo; pero la teoría gramatical moderna los ha reducido a tres: indicativo, subjuntivo e imperativo. De acuerdo con la teoría estructuralista, el modo potencial se llama condicional y se integra en el indicativo. El modo infinitivo tradicional se convierte en formas no personales o verboides.

El modo indicativo es el más usual en el habla cotidiana. Es el que expresa la realidad: El *niño* **duerme**; **despertará** *a las cuatro.*

El modo subjuntivo, en cambio, es el que sirve para expresar acciones deseadas (*Quiero que* **vengan**), dudosas (*No creo que* **llegues** *a tiempo*), posibles (*Quizá* **deje** *pronto de llover*), manifestaciones de emoción (*Abrigo la esperanza de que* **ganemos**) o de temor (*Me aterra la idea de que* **estalle**).

NOTA. Curiosamente, el verbo *creer* se presta a dos interpretaciones. Cuando alguien dice: "Creo en Dios", nadie pone en duda su fe. Pero si a una pregunta alguien responde: "Yo *creo* que sí", no se hace esperar la réplica: "¡Ah!, ¿conque **crees**? ¿O sea que no estás seguro?"

Sin embargo, el hecho de que se diga: "*Creo* que vendrá", empleando el modo indicativo y no el subjuntivo, debería eliminar la duda.

En el habla cotidiana se está revelando de día en día un abandono mayor de este modo, tal vez por pereza mental, ignorancia o quizá por una simplificación excesiva, una falta de matiz en el pensamiento actual. Así es como suele decirse *No es seguro que* **vendrá** en vez de *No es seguro que* **venga**. En cambio, es correcto decir: Es *seguro que* **vendrá**.

El subjuntivo presta sus formas al imperativo, aun cuando sólo sea en las personas *usted, nosotros* y *ustedes*. Por ejemplo: *Venga... Vayamos... Dejen.*

El modo subjuntivo se emplea en oraciones independientes, pero primordialmente en las llamadas oraciones subordinadas (ver "La oración").

El modo indicativo expresa el presente, el pasado según distintos matices —copretérito, pretérito, antepresente, antepretérito— y el futuro —futuro y antefuturo.

Ya hemos visto que el modo potencial ha desaparecido al integrarse al modo indicativo en sus dos formas: pospretérito (*Me gustaría...*) y antepospretérito (*Te habría convenido...*).

El modo subjuntivo tiene también presente, pretérito, antepresente, antepretérito, futuro y antefuturo.

El modo imperativo, que según esta nomenclatura sólo tiene dos personas, la segunda del singular y la segunda del plural (vosotros), se conjuga así: *ama, amad,* aunque esta última forma se ha abandonado en muchas partes de la América hispanohablante.

¿Y las demás personas del imperativo? Tomadas del modo subjuntivo, son: *ame* (usted), *amemos* (nosotros), *amen* (ustedes, ellos).

Al pasar a la forma negativa, el modo imperativo cambia la terminación de la segunda persona del singular y del plural: *ama, no ames, amad, no améis,* y en este caso la forma pura del imperativo se ha abandonado para adoptar la forma "prestada" por el modo subjuntivo (*ames, améis*).

Los tiempos del verbo

El tiempo es una categoría gramatical que sirve para señalar el momento en que se realiza la acción, en que se lleva a cabo el hecho verbal.

El presente es el momento en que el hablante expresa el mensaje. Lo sucedido es el pasado, y lo que está por suceder, el futuro.

Los tiempos son simples cuando se expresan mediante un solo vocablo —*bailamos*—; y compuestos cuando constan de dos vocablos: el verbo auxiliar *haber,* conjugado, y el participio del verbo, invariable, como en *hemos bailado.*

También los nombres de los tiempos del verbo han sufrido modificaciones en sus formas tradicionales, y los escolares de México y otros países de América aprenden los nombres que Andrés Bello dio a los distintos tiempos de la conjugación.

LOS TIEMPOS DEL MODO INDICATIVO

Tiempos simples

Presente
Amo *a mi prójimo.*
Tú **escribes** *bien.*
El pájaro **canta**.

Copretérito o pretérito imperfecto
Temían *una rebelión.*
Siempre **comíamos** *juntos.*
No **sabía** *qué decir.*

Pretérito o pretérito perfecto simple
Partieron *sin despedirse.*
Protegió *bien sus intereses.*
Dirigiste *magistralmente la orquesta.*

Futuro

No **ganarás** nada sin esfuerzo.
Comerán tres veces al día.
No **dormiremos** mucho.

Tiempos compuestos

Antepresente o pretérito perfecto compuesto
La señora **ha salido.**
Hemos terminado la tarea.
Han venido a visitarte.

Antecopretérito o pretérito pluscuamperfecto
Habían aceptado sus explicaciones.
Tú no **habías intervenido**.
Habíamos logrado una buena calificación.

Antefuturo o futuro perfecto
Ya lo **habrás leído** en la prensa.
No **habré terminado** antes de las 7.
Para entonces, ya **habrán dado** su respuesta.

Antepretérito o pretérito anterior
Apenas **hubieron cenado**, se fueron.
No bien **hubimos recibido** el pliego, lo firmamos y lo devolvimos a la escuela.
Se durmió tan pronto como **hubo cesado** el ruido.

Sólo encontramos este último tiempo en el lenguaje escrito... bien escrito.

El modo potencial, cuya posición hemos definido ya, consta de un tiempo simple y uno compuesto, ambos insertados ahora en el modo indicativo.

Pospretérito o condicional
Ayudaría mucho si no estorbara.
No lo **cambiaríamos** por nada.
¿Crees tú que **accederían**?

Antepospretérito o condicional perfecto
Habría sido imprudente intervenir.
Nadie lo **habría hecho** mejor.
Jamás **habríamos dicho** semejante cosa.

LOS TIEMPOS DEL MODO SUBJUNTIVO

Tiempos simples

Presente
Le ruegan que **conteste**.
No creo que **responda**.
Es posible que lo **encuentres**.

Pretérito o pretérito imperfecto (las desinencias -era pueden transformarse en -ese)

Sea como **fuera** y caiga quien **cayera** (y también suele decirse: Sea como sea y caiga quien caiga, a pesar de que la expresión correcta está en futuro).
Si se **llegara** a ese extremo...

Futuro
Sea como **fuere** y caiga quien **cayere**...
Si se **llegare** a ese extremo...
Reconozcamos que este tiempo se emplea en poquísimas ocasiones, pues casi siempre es sustituido por el pretérito. Abunda, por ejemplo, en la redacción de las leyes: Si la multa a la que se **hiciere** acreedor el infractor...

Tiempos compuestos

Antepresente o pretérito perfecto
¡No es posible que **hayan pasado** tantos años!
Cuando **hayas terminado** de leer, guarda el libro.
En cuanto lo **hayamos encontrado,** te avisaremos.

Antepretérito o pretérito pluscuamperfecto
Si **hubieras** (o **hubieses**) **estado** aquí, nadie habría votado por él.
¡Si solamente **hubiéramos** (o **hubiésemos**) **sabido** la verdad!
¿Qué habrías contestado si te lo **hubieran** (o **hubiesen**) **preguntado?**

Antefuturo o futuro perfecto
Como sucede con el futuro simple, este antefuturo, en el que se conjuga el auxiliar *haber*, no se aplica en el habla común. Se conjuga así:
Si **hubiere cantado,** estaría feliz.
Si no **hubiéremos dormido,** ahora no estaríamos descansados.
Cuando los estudiantes **hubieren comprendido** el tema, se les aplicará el cuestionario.

LOS TIEMPOS DEL MODO IMPERATIVO
El modo imperativo es el más sencillo y lo aprenden los niños desde los dos años porque los mayores siempre les dan órdenes, y ellos las repiten. Sólo tiene presente:

Ama a tu prójimo como a ti mismo.
(La persona correspondiente al *vosotros* tiene poco uso en México: **Amaos** los unos a los otros.)
Entregue usted su boleto.
Veamos el menú.
Hablen ustedes más bajo.

Los verboides
Con esta palabra se designan las formas verbales que no cumplen cabalmente con las propiedades de los verbos, pues, aunque comparten con éstos el significado, no indican persona, número, tiempo ni modo. Al mismo tiempo, abarcan más, pues su función puede ser sustantiva, adjetiva o adverbial. Se conocen también como "formas no perso-

nales del verbo" y como "derivados verbales". Adoptando los tres verbos que suelen servir de modelo de conjugación, veamos los derivados verbales:

Infinitivo: *amar, temer, partir.*

Infinitivo compuesto: *haber amado, haber temido, haber partido.*

Gerundio simple: *amando, temiendo, partiendo.*

Gerundio compuesto: *habiendo amado, habiendo temido, habiendo partido.*

Participio o participio pasivo: *amado, temido, partido.*

NOTA. Muchas veces leemos perífrasis verbales que no corresponden a lo que se deseaba expresar: *Le estoy enviando* en vez de *Le **envío**... No teniendo nada que hacer* en vez de *Como no **tenía** nada que hacer... El tiempo iba pasando mientras estábamos esperando* en vez de *El tiempo **pasaba** mientras **esperábamos**. Se preguntaba si ya estarían cerrando la tienda,* en lugar de: *Se preguntaba si ya **cerrarían** la tienda* o si ***habrían cerrado** ya la tienda.*

Los verbos regulares

Ya se ha dicho que los verbos regulares conservan siempre invariable la raíz o lexema del verbo. Las conjugaciones se designan con números ordinales según la terminación del infinitivo; sus modelos son *amar, temer* y *partir*:

1ª Conjugación: verbos terminados en -*ar*.

2ª Conjugación: verbos terminados en -*er*.

3ª Conjugación: verbos terminados en -*ir*.

Modelo de la primera conjugación: *amar*
MODO INDICATIVO

Presente

	Simple	Compuesto
Yo	amo	he amado
Tú	amas	has amado
Él	ama	ha amado
Nosotros	amamos	hemos amado
Ustedes	aman	han amado
(Vosotros	amáis	habéis amado)*
Ellos	aman	han amado

* *Entre paréntesis aparece la forma que se usa en España y no en México.*

Copretérito

	Simple	Compuesto
Yo	amaba	había amado
Tú	amabas	habías amado
Él	amaba	había amado
Nosotros	amábamos	habíamos amado
Ustedes	amaban	habían amado
(Vosotros	amabais	habíais amado)
Ellos	amaban	habían amado

Pretérito

	Simple	Compuesto
Yo	amé	hube amado
Tú	amaste	hubiste amado
Él	amó	hubo amado
Nosotros	amamos	hubimos amado
Ustedes	amaron	hubieron amado
(Vosotros	amasteis	hubisteis amado)
Ellos	amaron	hubieron amado

Futuro

	Simple	Compuesto
Yo	amaré	habré amado
Tú	amarás	habrás amado
Él	amará	habrá amado
Nosotros	amaremos	habremos amado
Ustedes	amarán	habrán amado
(Vosotros	amaréis	habréis amado)
Ellos	amarán	habrán amado

Pospretérito

	Simple	Compuesto
Yo	amaría	habría amado
Tú	amarías	habrías amado
Él	amaría	habría amado
Nosotros	amaríamos	habríamos amado
Ustedes	amarían	habrían amado
(Vosotros	amaríais	habríais amado)
Ellos	amarían	habrían amado

MODO SUBJUNTIVO

Presente

	Simple	Compuesto
Yo	ame	haya amado
Tú	ames	hayas amado
Él	ame	haya amado
Nosotros	amemos	hayamos amado
Ustedes	amen	hayan amado
(Vosotros	améis	hayáis amado)
Ellos	amen	hayan amado

Pretérito**

	Simple	Compuesto
Yo	amara	hubiera amado
Tú	amaras	hubieras amado
Él	amara	hubiera amado
Nosotros	amáramos	hubiéramos amado
Ustedes	amaran	hubieran amado
(Vosotros	amarais	hubierais amado)
Ellos	amaran	hubieran amado

** *Este tiempo tiene una forma alternativa: amase, amases, amase, amásemos, amasen, (amaseis), amasen.*

Futuro

	Simple	Compuesto
Yo	amare	hubiera amado
Tú	amares	hubieres amado
Él	amare	hubiere amado
Nosotros	amáremos	hubiéremos amado
Ustedes	amaren	hubieren amado
(Vosotros	amareis	hubiereis amado)
Ellos	amaren	hubieren amado

MODO IMPERATIVO

Presente
Ama tú
Ame él
Amemos nosotros
Amen ustedes
(Amad vosotros)
Amen ellos

FORMAS NO PERSONALES

Infinitivo: amar, haber amado
Gerundio: amando, habiendo amado
Participio: amado

Los verbos irregulares

Estos verbos presentan más variaciones en la raíz que en las terminaciones. Resulta curioso que este grupo sea mucho más numeroso que el de los verbos regulares, y ya se han levantado algunas voces manifestando su disconformidad con el criterio que ha servido para establecer la clasificación. Mientras los gramáticos no se pongan de acuerdo y decidan algún cambio, seguiremos con esta división tradicional.

Son considerados irregulares los verbos cuya conjugación difiere de los modelos adoptados —*amar*, *temer* y *partir*.

La irregularidad de la conjugación se manifiesta mediante un cambio en la raíz (lexema), en las terminaciones (gramemas) o en ambos componentes.

Por otra parte, hay cierta regularidad dentro de la irregularidad, aun cuando esto suene ilógico: las irregularidades que aparezcan en el presente de indicativo aparecerán igualmente en el presente de subjuntivo y en el imperativo.

Cuando aparece una irregularidad en el pretérito de indicativo (saber: *supe*, caber: *cupe*), la encontraremos también en el pretérito (*supiera*, *supiese*; *cupiera*, *cupiese*), en el futuro de subjuntivo (*supiere*, *cupiere*), y en algunos casos en el gerundio (*pudiendo*).

Y cuando hay irregularidad en el futuro de indicativo (poder: *podré*), habrá la misma en el condicional simple o pospretérito (*podría*).

Muchos verbos comparten las mismas irregularidades, lo cual permite clasificarlos, agrupándolos. Una de las

irregularidades más frecuentes es la diptongación (transformación de una vocal en un diptongo) de la raíz, en verbos tales como:

INDICATIVO Presente	SUBJUNTIVO Presente	IMPERATIVO Presente
	ACORDAR	
Yo acuerdo	Yo acuerde	_____
Tú acuerdas	Tú acuerdes	Acuerda tú
	ADQUIRIR	
Yo adquiero	Yo adquiera	_____
Tú adquieres	Tú adquieras	Adquiere tú
	CERRAR	
Yo cierro	Yo cierre	_____
Tú cierras	Tú cierres	Cierra tú
	JUGAR	
Yo juego	Yo juegue	_____
Tú juegas	Tú juegues	Juega tú

Como acordar y jugar se conjugan: almorzar, apostar, aprobar, avergonzar, cocer, colar, colgar, consolar, contar, costar, doler, encontrar, forzar, llover*, mover, mostrar, oler, poblar, probar, recordar, renovar, resolver, rogar, rodar, soler, soltar, soñar, torcer, tostar, tronar, tropezar, volar, volcar, volver.

Como adquirir y cerrar se conjugan: acertar, alentar, apretar, arrendar, atravesar, calentar, cegar, comenzar, concertar, confesar, defender, descender, despertar, desterrar, empezar, encender, entender, enterrar, escarmentar, extender, fregar, gobernar, helar*, manifestar, merendar, negar, nevar*, pensar, quebrar, recomendar, regar, sembrar, temblar, tender, tropezar.

* Verbos impersonales.

Otra irregularidad consiste en cambiar la *e* en *i*, y la *o* en *u* (debilitación) en los presentes cuando esas vocales llevan el acento prosódico (véase "Acentuación"), y en los pretéritos cuando en las terminaciones aparece un diptongo *ie* o *io*, respectivamente, y también en el gerundio.

REÍR

Indicativo	*presente*	río
Subjuntivo	*presente*	ría
Imperativo	*presente*	ríe (tú)
Indicativo	*pretérito*	rió
Subjuntivo	*pretérito*	riera
	futuro	riere
Gerundio		riendo

VESTIR

Indicativo	*presente*	visto
Subjuntivo	*presente*	vista
Imperativo	*presente*	viste (tú)
Indicativo	*pretérito*	vistió
Subjuntivo	*pretérito*	vistiera
	futuro	vistiere
Gerundio		vistiendo

Se conjugan como reír: freír y sonreír.

Se conjugan como vestir: competir, repetir, concebir, desvestir, elegir, colegir, gemir, medir, pedir, impedir, seguir y servir.

Hay verbos en que se da esta irregularidad al mismo tiempo que la diptongación: sentir, adherir, advertir, convertir, divertir, invertir, pervertir, inferir, preferir, conferir, transferir, herir, mentir, morir y dormir.

Algunos verbos ofrecen cierta irregularidad en sus presentes, la cual no consiste en un cambio sino en la adición de una consonante postiza: *c*, *g* o *y*, como en *agradecer* (agradezco), *valer* (valgo) y *huir* (huyo). La *y* se interpone ante cualquier vocal menos la *i*: yo huyo, nosotros huimos.

AGRADECER

Indicativo	*presente*	agradezco
Subjuntivo	*presente*	agradezca, agradezcas, agradezcamos, agradezcan
Imperativo	*presente*	agradezca, agradezcan

Sobre el modelo de agradecer se conjugan todos los verbos terminados en *-ecer*: aborrecer, parecer, perecer, obedecer, ofrecer; y complacer, conocer, lucir, nacer, pacer y yacer.

VALER

Indicativo	*presente*	valgo
Subjuntivo	*presente*	valga, valgas, valga, valgamos, valgan
Imperativo	*presente*	vale, valga (usted), valgamos, valgan (ustedes)

También encontramos la interposición de la *g* en los verbos: caer, traer, salir, tener, poner, venir, y en sus derivados que tengan la misma terminación. Todos los verbos en que se produce esta irregularidad tienen una forma especial de imperativo: cae, trae, sal, ten, pon, ven.

Además, *tener* y *venir* y sus compuestos diptongan, en presente de indicativo, las personas con raíz tónica en que no hay interposición de *g*: tener, tengo, tienes, tiene, tenemos, tienen; *venir*, vengo, vienes, viene, venimos, vienen.

Todos los verbos que tienen interposición de *g* en el presente (excepto asir: *yo asgo*) tienen futuro irregular (*valdré*, *saldré*, etcétera); algunos también tienen irregulares los pretéritos (tener: *tuve*; poner: *puse*; venir: *vine*; y sus respectivos derivados).

HUIR

Indicativo	*presente*	huyo, huyes, huye, huimos, huyen
Subjuntivo	*presente*	huya, huyas, huya, huyamos, huyan
Imperativo	*presente*	huye, huya, huyamos, huyan

Se interpone siempre *y* en los presentes de todos los demás verbos terminados en *-uy-* (destruir, construir, obstruir, instruir, etc.); todos ellos, además, presentan la *y* como sustituta de la *i* en los pretéritos: huyó, construyó. (Excepción: el verbo *inmiscuir*, que es regular y se conjuga como *partir*, aun cuando, bajo la influencia del habla popular, se está aceptando la *y*: Yo no me **inmiscuyo** por Yo no me **inmiscuo**; y No te **inmiscuyas** por No te **inmiscuas**.)

La consonante *y* se presenta siempre en sustitución de la *i* en los pretéritos de los mismos verbos que interponen *y* en el presente, o sea los terminados en *-uy-* y los terminados en *-eer* (leer, creer, proveer), así como en el verbo *oír*: huyó, creyó, leyó, proveyó, oyó. En los pretéritos de otros verbos cuya raíz termina en *ñ* o *ll*: reñir, mullir, esa misma *i* desaparece de las terminaciones, absorbida por la consonante que antecede: *riñó*, *mulló*.

NOTA. El verbo *mullir* —ilustre desconocido en el habla corriente— significa: "ahuecar y esponjar una cosa para que esté blanda y suave". Otro ejemplo sería *bullir*, que significa "hervir el agua u otro líquido", verbo igualmente insólito.

REÑIR

Indicativo	*pretérito*	reñí, reñiste, riñó, reñimos, riñeron
Subjuntivo	*pretérito*	riñera, riñeras, riñera, riñéramos, riñeran
	futuro	riñere, riñeres, riñere, riñéremos, riñeren
Gerundio		riñendo

Esta irregularidad se encuentra también en los verbos *ceñir*, *teñir*, *tañer* y *atañer*.

Ser, estar, *haber* y *hacer* son cuatro verbos cuya conjugación merece estudiarse aparte, no sólo porque son de uso constante en el habla, sino porque su conjugación presenta algunas dificultades.

Un importantísimo verbo sin el cual no se podrían formar los tiempos compuestos de todos los demás verbos es el verbo auxiliar *haber*. No se emplea solo sino como auxiliar, y por eso conocer correctamente su conjugación asegura la corrección de todas las demás conjugaciones.

La conjugación del verbo *haber*
MODO INDICATIVO

Presente

	Simple	Compuesto
Yo	he	he habido
Tú	has	has habido
Él	ha	ha habido
Nosotros	hemos	hemos habido
Ustedes	han	han habido
(Vosotros	habéis	habéis habido)
Ellos	han	han habido

Copretérito

	Simple	Compuesto
Yo	había	había habido
Tú	habías	habías habido
Él	había	había habido
Nosotros	habíamos	habíamos habido
Ustedes	habían	habían habido
(Vosotros	habíais	habíais habido)
Ellos	habían	habían habido

Pretérito

	Simple	Compuesto
Yo	hube	hube habido
Tú	hubiste	hubiste habido
Él	hubo	hubo habido
Nosotros	hubimos	hubimos habido
Ustedes	hubieron	hubieron habido
(Vosotros	hubisteis	hubisteis habido)
Ellos	hubieron	hubieron habido

Futuro

	Simple	Compuesto
Yo	habré	habré habido
Tú	habrás	habrás habido
Él	habrá	habrá habido
Nosotros	habremos	habremos habido
Ustedes	habrán	habrán habido
(Vosotros	habréis	habréis habido)
Ellos	habrán	habrán habido

Pospretérito

	Simple	Compuesto
Yo	habría	habría habido
Tú	habrías	habrías habido
Él	habría	habría habido
Nosotros	habríamos	habríamos habido
Ustedes	habrían	habrían habido
(Vosotros	habríais	habríais habido)
Ellos	habrían	habrían habido

MODO SUBJUNTIVO

Presente

	Simple	Compuesto
Yo	haya	haya habido
Tú	hayas	hayas habido
Él	haya	haya habido
Nosotros	hayamos	hayamos habido
Ustedes	hayan	hayan habido
(Vosotros	hayáis	hayáis habido)
Ellos	hayan	hayan habido

Pretérito**

	Simple	Compuesto
Yo	hubiera	hubiera habido
Tú	hubieras	hubieras habido
Él	hubiera	hubiera habido
Nosotros	hubiéramos	hubiéramos habido
Ustedes	hubieran	hubieran habido
(Vosotros	hubierais	hubierais habido)
Ellos	hubieran	hubieran habido

** Este tiempo tiene las formas alternativas *hubiese, hubieses, hubiese, hubiésemos, hubiesen, (hubieseis), hubiesen.*

Futuro

	Simple	Compuesto
Yo	hubiere	hubiere habido
Tú	hubieres	hubieres habido
Él	hubiere	hubiere habido
Nosotros	hubiéremos	hubiéremos habido
Ustedes	hubieren	hubieren habido
(Vosotros	hubiereis	hubiereis habido)
Ellos	hubieren	hubieren habido

MODO IMPERATIVO

Presente
He tú
Haya él
Hayamos nosotros
Hayan ustedes
(Habed vosotros)
Hayan ellos

FORMAS NO PERSONALES

Infinitivo   haber, haber habido
Gerundio   habiendo, habiendo habido
Participio   habido

La conjugación del verbo *hacer*
MODO INDICATIVO

Presente

	Simple	Compuesto
Yo	hago	he hecho
Tú	haces	has hecho
Él	hace	ha hecho
Nosotros	hacemos	hemos hecho
Ustedes	hacen	han hecho
(Vosotros	hacéis	habéis hecho)
Ellos	hacen	han hecho

Copretérito

	Simple	Compuesto
Yo	hacía	había hecho
Tú	hacías	habías hecho
Él	hacía	había hecho
Nosotros	hacíamos	habíamos hecho
Ustedes	hacían	habían hecho
(Vosotros	hacíais	habíais hecho)
Ellos	hacían	habían hecho

Pretérito

	Simple	Compuesto
Yo	hice	hube hecho
Tú	hiciste	hubiste hecho
Él	hizo	hubo hecho
Nosotros	hicimos	hubimos hecho
Ustedes	hicieron	hubieron hecho
(Vosotros	hicisteis	hubisteis hecho)
Ellos	hicieron	hubieron hecho

Futuro

	Simple	Compuesto
Yo	haré	habré hecho
Tú	harás	habrás hecho
Él	hará	habrá hecho
Nosotros	haremos	habremos hecho
Ustedes	harán	habrán hecho
(Vosotros	haréis	habréis hecho)
Ellos	harán	habrán hecho

Pospretérito

	Simple	Compuesto
Yo	haría	habría hecho
Tú	harías	habrías hecho
Él	haría	habría hecho
Nosotros	haríamos	habríamos hecho
Ustedes	harían	habrían hecho
(Vosotros	haríais	habríais hecho)
Ellos	harían	habrían hecho

MODO SUBJUNTIVO

Presente

	Simple	Compuesto
Yo	haga	haya hecho
Tú	hagas	hayas hecho
Él	haga	haya hecho
Nosotros	hagamos	hayamos hecho
Ustedes	hagan	hayan hecho
(Vosotros	hagáis	hayáis hecho)
Ellos	hagan	hayan hecho

Pretérito**

	Simple	Compuesto
Yo	hiciera	hubiera hecho
Tú	hicieras	hubieras hecho
Él	hiciera	hubiera hecho
Nosotros	hiciéramos	hubiéramos hecho
Ustedes	hicieran	hubieran hecho
(Vosotros	hicierais	hubierais hecho)
Ellos	hicieran	hubieran hecho

** *Este tiempo presenta las formas alternativas hiciera, hicieses, hiciese, hiciésemos, hiciesen, (hicieseis), hiciesen.*

Futuro

	Simple	Compuesto
Yo	hiciere	hubiere hecho
Tú	hicieres	hubieres hecho
Él	hiciere	hubiere hecho
Nosotros	hiciéremos	hubiéremos hecho
Ustedes	hicieren	hubieren hecho
(Vosotros	hiciereis	hubiereis hecho)
Ellos	hicieren	hubieren hecho

MODO IMPERATIVO

Presente
Haz tú
Haga él
Hagamos nosotros
Hagan ustedes
(Haced vosotros)
Hagan ellos

FORMAS NO PERSONALES

Infinitivo   hacer, haber hecho
Gerundio   haciendo, habiendo hecho
Participio   hecho

Como *hacer* se conjuga el verbo *satisfacer*. Esto significa que debemos decir: *Se* **satisfarán** *los requisitos. No me* **satisficieron** *los resultados. No me* **satisfizo** *tu actitud, etcétera.*

La conjugación del verbo *ser*
MODO INDICATIVO

Presente

	Simple	Compuesto
Yo	soy	he sido
Tú	eres	has sido
Él	es	ha sido
Nosotros	somos	hemos sido
Ustedes	son	han sido
(Vosotros	sois	habéis sido)
Ellos	son	han sido

Copretérito

	Simple	Compuesto
Yo	era	había sido
Tú	eras	habías sido
Él	era	había sido
Nosotros	éramos	habíamos sido
Ustedes	eran	habían sido
(Vosotros	erais	habíais sido)
Ellos	eran	habían sido

Pretérito

	Simple	Compuesto
Yo	fui	hube sido
Tú	fuiste	hubiste sido
Él	fue	hubo sido
Nosotros	fuimos	hubimos sido
Ustedes	fueron	hubieron sido
(Vosotros	fuisteis	hubisteis sido)
Ellos	fueron	hubieron sido

Futuro

	Simple	Compuesto
Yo	seré	habré sido
Tú	serás	habrás sido
Él	será	habrá sido
Nosotros	seremos	habremos sido
Ustedes	serán	habrán sido
(Vosotros	seréis	habréis sido)
Ellos	serán	habrán sido

Pospretérito

	Simple	Compuesto
Yo	sería	habría sido
Tú	serías	habrías sido
Él	sería	habría sido
Nosotros	seríamos	habríamos sido
Ustedes	serían	habrían sido
(Vosotros	seríais	habríais sido)
Ellos	serían	habrían sido

MODO SUBJUNTIVO

Presente

	Simple	Compuesto
Yo	sea	haya sido
Tú	seas	hayas sido
Él	sea	haya sido
Nosotros	seamos	hayamos sido
Ustedes	sean	hayan sido
(Vosotros	seáis	hayáis sido)
Ellos	sean	hayan sido

Pretérito**

	Simple	Compuesto
Yo	fuera	hubiera sido
Tú	fueras	hubieras sido
Él	fuera	hubiera sido
Nosotros	fuéramos	hubiéramos sido
Ustedes	fueran	hubieran sido
(Vosotros	fuerais	hubierais sido)
Ellos	fueran	hubieran sido

** *Este tiempo presenta las formas alternativas fuese, fueses, fuese, fuésemos, fuesen, (fueseis), fuesen.*

Futuro

	Simple	Compuesto
Yo	fuere	hubiere sido
Tú	fueres	hubieres sido
Él	fuere	hubiere sido
Nosotros	fuéremos	hubiéremos sido
Ustedes	fueren	hubieren sido
(Vosotros	fuereis	hubiereis sido)
Ellos	fueren	hubieren sido

MODO IMPERATIVO

Presente
Sé tú
Sea él
Seamos nosotros
Sean ustedes
(Sed vosotros)
Sean ellos

FORMAS NO PERSONALES

Infinitivo	ser, haber sido
Gerundio	siendo, habiendo sido
Participio	sido

La conjugación del verbo *estar*
MODO INDICATIVO

Presente

	Simple	Compuesto
Yo	estoy	he estado
Tú	estás	has estado
Él	está	ha estado
Nosotros	estamos	hemos estado
Ustedes	están	han estado
(Vosotros	estáis	habéis estado)
Ellos	están	han estado

Copretérito

	Simple	Compuesto
Yo	estaba	había estado
Tú	estabas	habías estado
Él	estaba	había estado
Nosotros	estábamos	habíamos estado
Ustedes	estaban	habían estado
(Vosotros	estabais	habíais estado)
Ellos	estaban	habían estado

Pretérito

	Simple	Compuesto
Yo	estuve	hube estado
Tú	estuviste	hubiste estado
Él	estuvo	hubo estado
Nosotros	estuvimos	hubimos estado
Ustedes	estuvieron	hubieron estado
(Vosotros	estuvisteis	hubisteis estado)
Ellos	estuvieron	hubieron estado

Futuro

	Simple	Compuesto
Yo	estaré	habré estado
Tú	estarás	habrás estado
Él	estará	habrá estado
Nosotros	estaremos	habremos estado
Ustedes	estarán	habrán estado
(Vosotros	estaréis	habréis estado)
Ellos	estarán	habrán estado

Pospretérito

	Simple	Compuesto
Yo	estaría	habría estado
Tú	estarías	habrías estado
Él	estaría	habría estado
Nosotros	estaríamos	habríamos estado
Ustedes	estarían	habrían estado
(Vosotros	estaríais	habríais estado)
Ellos	estarían	habrían estado

MODO SUBJUNTIVO

Presente

	Simple	Compuesto
Yo	esté	haya estado
Tú	estés	hayas estado
Él	esté	haya estado
Nosotros	estemos	hayamos estado
Ustedes	estén	hayan estado
(Vosotros	estéis	hayáis estado)
Ellos	estén	hayan estado

Pretérito**

	Simple	Compuesto
Yo	estuviera	hubiera estado
Tú	estuvieras	hubieras estado
Él	estuviera	hubiera estado
Nosotros	estuviéramos	hubiéramos estado
Ustedes	estuvieran	hubieran estado
(Vosotros	estuvierais	hubierais estado)
Ellos	estuvieran	hubieran estado

**Este tiempo presenta las formas alternativas estuviese, estuvieses, estuviese, estuviésemos, estuviesen, (estuvieseis), estuviesen.*

Futuro

	Simple	Compuesto
Yo	estuviere	hubiere estado
Tú	estuvieres	habieres estado
Él	estuviere	hubiere estado
Nosotros	estuviéremos	hubiéremos estado
Ustedes	estuvieren	hubieren estado
(Vosotros	estuviereis	hubiereis estado)
Ellos	estuvieren	hubieren estado

MODO IMPERATIVO

Presente
Está tú
Esté él
Estemos nosotros
Estén ustedes
(Estad vosotros)
Estén ellos

FORMAS NO PERSONALES

Infinitivo	estar, haber estado
Gerundio	estando, habiendo estado
Participio	estado

Los verbos defectivos

Son verbos cuya conjugación es incompleta porque le falta alguna persona o algún tiempo.

Abolir. Carece de las tres personas del singular y de la tercera persona del plural del presente de indicativo, de todo el presente de subjuntivo, y de las personas del singular y tercera del plural del imperativo. Se usa en todas las demás formas:

Se **abolirá** la pena de muerte.

Abolieron la ley fiscal.

Han abolido el pago de impuestos.

Aguerrir. Se emplea únicamente el participio *aguerrido*, y casi siempre como adjetivo.

Atañer. Sólo se usan dos formas:

Eso no me **atañe** a mí.

Sus problemas no me **atañen.**

Balbucir. (También se dice *balbucear*, que es un verbo regular.) Sólo se usa en las formas con i: *balbuciendo, balbucí, balbucía, balbucido, balbucimos...*

Blandir. Como el anterior, sólo las formas con i:

Estoy **blandiendo** la espada.

Concernir. Las terceras personas, singular y plural, del presente:

Me **concierne** tu bienestar.

Esas cosas no me **conciernen,**

y del pretérito de indicativo:

Me **concernió,** y nos **concernieron,**

así como del presente de subjuntivo:

Ocúpate de lo que te **concierna.**

Desabrir. Sólo se usa, como adjetivo, el participio *desabrido.*

Descolorir. Sólo se usa en su participio: *descolorido.*

Despavorir. Se usa poco en infinitivo; su participio, más frecuentemente como adjetivo:

El niño huyó, **despavorido.**

Empedernir. Poco uso del infinitivo. El participio sirve de adjetivo:

Un solterón **empedernido.**

Incoar. Sólo se usan el gerundio, *incoando,* y el participio, *incoado.*

Manir. No tiene presentes. Las demás formas se usan poquísimo. Pero con el participio, decimos:

Es un asunto muy **manido** (trillado).

Soler. Se usa en presente, copretérito y pretérito (*solí,* lo cual resulta curioso pues la idea de repetición va reñida con lo definitivo del pretérito). Las más usuales son las del presente —*suelo, sueles, suele, solemos, suelen*— y las del copretérito —*solía, solías, solía, solíamos, solían.*

Los verbos impersonales

Estos verbos suelen referirse a fenómenos atmosféricos o meteorológicos, aunque no de modo exclusivo, y se conjugan exclusivamente en tercera persona del singular. Carecen de modo imperativo. Son: llover, amanecer, anochecer, atardecer, centellear, clarear, chispear, deshelar, diluviar, escampar, escarchar, granizar, helar, lloviznar, nevar, oscurecer, relampaguear, rielar, rutilar, tronar, ventear, ventisquear, acontecer, acaecer, atañer, concernir, incumbir, suceder, ocurrir (como en "se me ocurrió", pues como sinónimo de *concurrir* se conjuga en todas las personas).

Un importantísimo verbo impersonal es *haber*, que no debe confundirse con el verbo auxiliar *haber*, cuya conjugación ya se ha visto.

Este verbo **haber** sólo se conjuga en la tercera persona del singular, como los otros verbos impersonales, y en todos los tiempos, excepto en presente de indicativo, su conjugación coincide con la del auxiliar *haber*. La excepción es, pues, el presente de indicativo, *hay:*

Hay 80 millones de habitantes en México.

Hay un niño que pregunta por ti.

Hay doce meses en el año.

No importa si lo que *hay* es singular o plural, esta palabra es invariable. Y cuando se trata de *nosotros*, por ejemplo, no se puede recurrir al verbo *haber* para conjugar esta persona, que no existe en los verbos impersonales. Decir *habemos muchos* es una falta imperdonable; lo más que podemos aproximarnos sería: **Hay** *muchos, y nos contamos entre ellos* o **Hay** *muchos, y entre ellos, nosotros.*

Los verbos y sus participios

	Regular	Irregular
Abrir	—	abierto
Afligir	Afligido	aflicto
Atender	atendido	atento
Bendecir	bendecido	bendito
Compeler	compelido	compulso
Comprender	comprendido	comprenso
Comprimir	comprimido	compreso
Concluir	concluido	concluso
Confesar	confesado	confeso
Confundir	confundido	confuso
Convencer	convencido	convicto
Corregir	corregido	correcto
Corromper	corrompido	corrupto
Cubrir	—	cubierto
Decir	—	dicho
Despertar	despertado	despierto
Difundir	difundido	difuso
Elegir	elegido	electo
Escribir	—	escrito
Excluir	excluido	excluso
Eximir	eximido	exento
Expeler	expelido	expulso
Expresar	expresado	expreso

Extender	extendido	extenso
Extinguir	extinguido	extinto
Fijar	fijado	fijo
Freír	freído	frito
Hacer	—	hecho
Hartar	hartado	harto
Imprimir	imprimido	impreso
Incluir	incluido	incluso
Infundir	infundido	infuso
Ingerir	ingerido	ingerto
Injertar	injertado	injerto
Invertir	invertido	inverso
Juntar	juntado	junto
Maldecir	maldecido	maldito
Manifestar	manifestado	manifiesto
Morir	—	muerto
Nacer	nacido	nato
Oprimir	oprimido	opreso
Poner	—	puesto
Prender	prendido	preso
Poseer	poseído	poseso
Presumir	presumido	presunto
Pretender	pretendido	pretenso
Propender	propendido	propenso
Prever	—	previsto
Proveer	—	provisto
Recluir	recluido	recluso
Resolver	—	resuelto
Romper	—	roto
Salvar	salvado	salvo
Satisfacer	—	satisfecho
Sepultar	sepultado	sepulto
Soltar	soltado	suelto
Sustituir	sustituido	sustituto
Sujetar	sujetado	sujeto
Suprimir	suprimido	supreso
Suspender	suspendido	suspenso
Teñir	teñido	tinto
Torcer	torcido	tuerto
Ver	—	visto
Volver	—	vuelto

No solemos emplear todas las formas anteriores, pero sí muchas de ellas, pues en algunos casos el uso de cada una puede indicar casos o matices distintos:

Se han **imprimido** 2,000 ejemplares.

Todos los ejemplares **impresos** se han vendido ya.

Ha llegado sano y **salvo**; lo había **salvado** su buena estrella.

Se han **soltado** los cables; uno estaba **suelto** y aflojó a los demás.

Lo han **prendido** los gendarmes y ahora está **preso**.

Es un **maldito**; hasta su padre lo ha **maldecido**.

Hay que tener siempre presentes estas dos formas, porque en ocasiones el hablante se siente vacilante: ¿lo

habrá empleado bien? Conocerlas proporciona seguridad en la expresión del pensamiento.

Dos verbos que se prestan a confusión son *cocer* (los alimentos) y *coser* (la ropa). Debemos decir: Yo *cuezo*, tú *cueces*, ella *cuece* pero Yo *coso*, tú *coses*, ella *cose*.

Las frases o perífrasis verbales

Se trata de un conjunto de formas verbales para expresar ideas que podrían ser contenidas en un verbo. La más común y usada de todas puede ser la que se emplea en vez de *iré*: *voy a ir*.

Las perífrasis verbales consisten generalmente en un verbo auxiliar (*haber, ser, estar*) y una forma verbal que no sea personal (*infinitivo, gerundio, participio*). Habitualmente no decimos: *Ahora como*, sino: *Estoy comiendo*.

Y es frecuente decir: *Acabo de tomar una decisión* y no *En este momento he tomado una decisión*. Otros ejemplos:

Empieza a responder al tratamiento.

Deja de molestar.

Se puso a decir tonterías.

Tengo que pensarlo.

Rompió a llorar.

Echó a perder la comida.

Van cayendo en silencio los copos de nieve.

Lleva dos horas **esperando.**

Anda por ahí **calumniando** a la secretaria.

Sigue diciendo lo mismo.

Tengo hechas las tareas.

Lleva ganados tres premios.

Ha vuelto a ponerse el sombrero.

Debemos cumplir con los plazos.

Tenían que entregar la correspondencia.

Hay que comprender los problemas.

No contestan, **creo que debe de ser** otro número.

El uso del gerundio en las perífrasis verbales debe limitarse a:

❑ La expresión de una acción simultánea a la del verbo conjugado:

Lo miraba **sonriendo.**

Entró **canturreando.**

Ha amanecido **lloviendo.**

❑ La expresión de una acción anterior a la del verbo conjugado:

Habiendo manifestado su opinión, salió sin despedirse.

❑ En perífrasis con el verbo *estar*, para indicar una acción prolongada o que se repite:

Estuvieron **jugando** a la baraja toda la tarde.

Han estado **arrojando** piedras contra las ventanas.

❑ En únicamente dos casos —hirviendo y ardiendo— puede usarse el gerundio en función de adjetivo:

Echa las verduras en agua **hirviendo.**

Tiene la frente **ardiendo.**

Cualquier uso que se haga de otros gerundios como adjetivos será incorrecto. No debe decirse: *Han publicado un decreto limitando el uso del automóvil,* sino lo siguiente: *Han publicado un decreto que limita* el uso del automóvil.

Cuando se experimenten dudas respecto al gerundio, será mejor no emplearlo que hacerlo incorrectamente.

La voz verbal

La categoría gramatical llamada *voz* indica si el sujeto del verbo es activo y está cometiendo la acción o si es pasivo y está recibiéndola. En la oración *El maestro explica la lección de gramática,* el sujeto es activo, pero en *La lección de gramática es explicada por el maestro,* es pasivo.

En la voz pasiva tenemos un sujeto pasivo, un verbo conjugado con el auxiliar *ser,* y un complemento agente, es decir, el que sería sujeto en la frase activa correspondiente.

Otra voz pasiva, en la que debería prescindirse del agente, se forma con el pronombre *se:*

Se ha difundido el rumor (**El rumor** *ha sido difundido*).

Aún no se ha confirmado la noticia (**La noticia** *aún no ha sido confirmada*).

Eso **no se dice** (*No hay que decirlo* o *No hay que decirlo así*).

*¿De qué **se** trata?* (*¿**Qué asunto** está en cuestión?*)

EL ADVERBIO

Así como el nombre sustantivo tiene sus modificadores (artículo y adjetivo), también el verbo tiene un modificador que es el adverbio, complemento del verbo.

El adverbio es una palabra invariable— o sea que carece de género y número— que modifica el sentido del verbo en cuanto a distintas circunstancias:

lugar: aquí, ahí, acá, allá, encima, debajo, arriba, abajo, delante, detrás, adelante, atrás, dentro, fuera, adentro, afuera, cerca, lejos. El adverbio interrogativo correspondiente es: *¿dónde?,* y el relativo: *donde.*

tiempo: ahora, entonces, hoy, ayer, mañana, antes, después, temprano, pronto, tarde, todavía, aún, ya, siempre, nunca, jamás. El adverbio interrogativo correspondiente es: *¿cuándo?,* y el relativo: *cuando.*

modo: así, bien, mal, peor, mejor, de prisa, despacio, sólo, y también los adverbios formados por un adjetivo femenino (o ambiguo) más la terminación *-mente:* solamente, lentamente, curiosamente, ruidosamente, calladamente, tristemente, alegremente, etcétera. El adverbio interrogativo correspondiente es: *¿cómo?,* y los relativos: *como, cual, según.*

intensidad o **cantidad:** así, tanto (tan), mucho (muy), poco, bastante, demasiado, algo, nada, más, menos, medio, apenas, casi. El adverbio interrogativo correspondiente es: *¿cuánto?,* y los relativos: *como, cuanto.*

afirmación: sí, claro, desde luego.

negación: no.

duda: quizá, acaso, tal vez.

NOTA. Los adverbios *nunca* y *jamás,* así como los pronombres *nadie* y *nada,* pueden anteponerse al verbo: **Nunca** *lo entendí.* **Jamás** *lo he visto.* Pero si van después del verbo, debe anteponerse a éste la negación *no:* **No** *lo entendí* **nunca.** **No** *lo he visto* **jamás.**

NOTA. Se está afirmando una tendencia a colocar el adverbio antes del verbo, y también se antepone a éste la locución *nada más* precedida de *no: no nada más,* que es una fabricación absurda por la doble negación *no nada.* Así, dirán: *No nada más es para mí...* en vez de: *No es sólo* (o *solamente*) *para mí...*

Otra incorrección consiste en añadir el adverbio *bien* a algún adjetivo: *Está bien bueno. Es bien agraciado. Es bien triste* (¡!). Es un préstamo del francés, pero en español, si no podemos decir: *Es mal bueno, es mal agraciado, es mal triste* —como cuando decimos *bienagradecido, malagradecido*—, tampoco podremos usar *bien.*

Locuciones adverbiales

Se trata de construcciones a las que ha dado forma el uso en el habla, y que constan de sustantivo o adjetivo sustantivado, con o sin preposición. Son verdaderos adverbios invariables: *tal vez, en un santiamén, a pie juntillas, a lo mejor, a la ligera, de veras, sin embargo* (frecuentemente considerado este último como conjunción).

Otras expresiones también entran en esta categoría: *en todo caso, de todos modos, sin duda... en cualquier caso, de cualquier modo, sin duda alguna.*

Otro tipo de locución adverbial consiste en una repetición del verbo para imprimir la idea de continuidad: *dale que dale* (o *dale que le das*), *corre que corre, llora que llora,* etcétera.

LA PREPOSICIÓN

Los nexos son vocablos pequeños, invariables, que desempeñan sin embargo una función primordial, pues unen unas palabras con otras dando a la expresión un sentido coherente. Son las preposiciones y las conjunciones.

La preposición es una palabra de enlace que si se antepone a un sustantivo lo convierte en complemento:

El público (sujeto) *aplaude **a*** (preposición) *Plácido* (complemento).

*Estamos hablando **de*** (preposición) *política* (complemento).

La preposición también convierte al sustantivo en complemento de otro sustantivo, haciendo del segundo un modificador llamado complemento adnominal, que se asemeja en función a un adjetivo:

*El libro **rojo*** (adjetivo modificador de *libro*) *es el libro **de Juan*** (complemento o modificador del segundo *libro*).

En español tenemos las siguientes preposiciones: a, ante, bajo, con, contra, de, desde, durante, en, entre, hacia, hasta, para, por, pro, según, sin, sobre, tras.

Según es la única preposición acentuada; las demás son átonas. Además, se emplea con pronombres sujeto, y aun cuando se dice: *Se presentó* **ante** *mí*, deberá decirse: **Según** *yo*, *eso está mal.*

Algunas preposiciones pasadas de moda son: *allende, aquende, cabe* (=*junto a*); y también *so* —aun cuando en casos abstractos **so** sería preferible a *bajo*: **So** *pretexto de...*

Ciertos verbos exigen el empleo de una preposición determinada. A esta relación se le conoce como régimen preposicional:

Abusar *de* nuestra bondad.
Acceder *a* sus ruegos.
Acercarse *a* la playa.
Acertar *a* expresarse, *en* el pronóstico.
Acometer *por* la espalda.
Acompañar(se) *con* un buen vino, *de* varios
    comprobantes, *a* Lucinda *al* cine.
Acordarse *de* comprar el diario.
Acordarse *de* nosotros.
Acudir *al* llamado, *con* el remedio.
Adecuar el procedimiento *al* asunto.
Adiestrarse *a* luchar, *en* la lucha.
Admirarse *del* suceso.
Aferrarse *a* sus principios, *con* todas sus fuerzas.
Aficionarse *a* la pintura.
Agarrar *de* la mano, *por* el asa.
Agregarse *a* la comitiva.
Ajustarse *a* los medios.
Alegrarse *de* su buena suerte.
Alegrarse *de* verlas, *con* unas copas, *por* su
    restablecimiento.
Alejarse *de* la casa.
Amenazar *a* alguien, *con* un arma, *de* muerte.
Anegar *en* llanto, las plantas *en* agua.
Apasionarse *por* la política.
Apegarse *a* los términos convenidos.
Apoderarse *de* lo ajeno.
Aprender *a* leer, *de* Fulano.
Aprovecharse *de* nuestra ignorancia.
Aproximarse *a* la costa.
Armarse *de* valor.
Arrepentirse *de* su mala acción.
Arrimarse *a* la barandilla.
Asistir *a* una sesión.
Asociarse *a* la demanda, *con* sus colegas.
Asustarse *de* cualquier ruido, *con* el menor pretexto,
    por las amenazas.
Atenerse *a* lo dicho.
Aunarse *con* otra persona.
Avergonzarse *de* lo que hizo, *por* su mala conducta.
Avocar (alguna cosa) *a* sí.
Bañar (algo) *con* ron, *de* crema, *en* jarabe.

Burlar *a* alguien.
Burlarse *de* algo, *de* alguien.
Carecer *de* bienes.
Comenzar *por* el principio.
Confiar *en* las promesas.
Confrontar una cosa *con* otra.
Contagiarse *con* el catarro, *del* vecino, *por* contacto.
Contentarse *con* poca cosa.
Cotejar *con* el original.
Cumplir *con* lo estipulado.
Decidirse *a* actuar.
Deleitarse *con* la música.
Desistir *de* su empeño.
Disculpar *a* alguien.
Disculparse *con* el ofendido.
Disfrutar *de* la vida.
Dudar *de* todo, *en* contestar, *entre* subir y bajar.
Ejercitarse *en* algún deporte.
Empapar *de* agua, *en* la salsa.
Empujar *a* la gente *hacia* la muralla, *hasta* que se
    detenga *contra* las piedras.
Encapricharse *con* una joven, *en* conquistarla.
Encarnizarse *con* el vencido, *en* lastimarlo.
Enemistarse *con* la familia.
Enfrentarse *a* las calamidades.
Fluctuar *entre* siete y nueve.
Gustar *de* hacer bromas.
Habituarse *a* seguir un régimen.
Importunar *con* sus demandas.
Influir *con* alguien *en* alguna cosa, *para* un fin.
Injerirse *en* lo que no es *de* su incumbencia.
Insistir *en* lo dicho.
Internarse *en* el bosque.
Ir *a* Toluca.
Lamentarse *de* su desdicha.
Litigar *con* el licenciado *contra* el casero.
Meditar *sobre* cuestiones teológicas.
Mirarse *al* espejo, *en* sus ojos.
Ocuparse *con* tareas fáciles, *en* resolver problemas
    ajenos.
Ofenderse *de* su poco interés, *con* cualquier cosa, *por*
    lo que dijeron.
Olvidarse *de* sus pesares.
Oponerse *a* la decisión.
Pensar *en* el porvenir.
Preocuparse *por* su ausencia.
Pugnar *contra* alguien, *por* escaparse.
Recaer *en* quien lo había hecho, *sobre* sus propios
    pies.
Rendirse *a* la razón.
Resignarse *a* pagar *con* mucha pena.
Rodear *con* los brazos, *de* atenciones.
Soñar *con* su amada.

Tardar *en* dar una respuesta.

Traducir *del* inglés *al* español, *en* español moderno.

Trocar una cosa *con, en, por otra.*

Uniformar una cosa *con* otra.

Vacilar *en* tomar una decisión.

Vencer *a* su rival *con* malas artes y *por* traición.

Volver *de* Veracruz.

Zafarse *de* sus obligaciones.

NOTA. Debemos decir: *Acordarse de algo* pero *Recordar que...* o *Recordar algo. Me acuerdo de lo que sucedió = Recuerdo lo que sucedió.*

La preposición más frecuente es *de*, pero sólo debe emplearse cuando sea necesario. Decir *Me recuerdo de...* es un barbarismo y una barbaridad; decir *Resulta de que...* también lo es.

La preposición *de* se emplea como introductora de los adverbios: *antes, después, encima, debajo, delante, detrás, dentro, fuera, cerca, lejos, en medio.* Forma con éstos locuciones prepositivas (locución = conjunto de palabras considerado como modalidad de palabras compuestas), algunas de las cuales equivalen a preposiciones simples:

delante de = ante

encima de = sobre

debajo de = bajo

detrás de = tras

Así como la preposición *de* se incorpora a los adverbios *dentro* y *fuera* para indicar movimiento *desde* —como en: *Salió de dentro del cajón. Vino de fuera y nos trajo regalos*—, la preposición *a* señala un movimiento *hacia: Pasen ustedes adentro. Vamos afuera a tomar el sol.*

La preposición *a* establece cierta distinción entre dos expresiones similares. Si decimos: *Necesito una secretaria,* significa que cualquier secretaria servirá. En cambio, al decir: *Necesito a una secretaria,* se trata sin duda de una persona en particular, y podría agregarse: *que se llama María Luisa Ruiz.*

Es incorrecto el uso de la preposición *a* en el siguiente caso: *Visitó a México;* lo correcto es: *Visitó México.*

Las preposiciones funcionan también con sustantivos y con adjetivos para formar frases prepositivas:

Con arreglo a...

En lo referente a...

Conforme a...

De acuerdo con...

En relación con...

Algunas preposiciones designan funciones:

Estuvo de cónsul en París.

Trabaja de contador.

Teodoro entra de director en Pemex.

En estos tres últimos casos se está empleando con demasiada frecuencia el adverbio *como* en lugar de la preposición *de*; se admite gramaticalmente, pero deja un resquicio a la duda... *trabaja como contador;* pero, ¿lo es?

LA CONJUNCIÓN

Disponemos de estas cuatro conjunciones: *que, si, pues, y.* Sin embargo, la conjunción *que* contribuye a incrementar la lista así como las posibilidades de expresión para enunciar:

causa: *porque*

finalidad: *para que, a fin de que*

tiempo: *después de que, en cuanto*

límite final (espacio, tiempo): *hasta que*

excepción: *aparte de que, sino que*

adición: *y*

condición: *con tal que, siempre que, a menos que, a no ser que*

concesión: *si, bien que, aunque*

paralelismo: *cuanto más*

contraste: *mientras que, mientras*

restricción: *que yo sepa*

intensidad: *cuanto* (= *todo lo que...*).

Se dice que las anteriores son conjunciones subordinantes porque introducen una oración subordinada, tal como: *Ella no da golpe mientras que yo me mato a trabajar.*

Las siguientes son conjunciones coordinantes; sirven para unir sustantivos, adjetivos, verbos, adverbios (y oraciones independientes unas de otras): *y, ni, o, pero, sino, luego, pues.* Ejemplos:

Juan y María.

Es alto y delgado.

Tarde, mal y nunca.

Come y bebe sin tasa.

No come pan ni tortilla.

Llegará el lunes o (alternativa) *el martes.*

Sabe leer pero (oposición) *no le gusta.*

No es terquedad sino (incompatibilidad) *perseverancia.*

Ha llovido, luego (consecuencia) *la hierba estará mojada.*

No insistas, pues (causa) *ya se tomó la decisión.*

La coordinación puede lograrse también mediante las siguientes expresiones: *Así como... Tanto (él) como (yo)...*

La conjunción *y* se transforma en *e* ante la vocal *i* o *hi: Padres e hijos;* pero no se altera cuando la *i* suena como una *y* griega: *Está cubierto de plomo y hierro.*

La conjunción *o* se convierte en *u* ante la vocal *o: Compra siete u ocho de los mejores.* (También deberíamos adoptar *u* después de una palabra terminada en *o*, pero nunca lo hacemos: ¿quién se atrevería a decir "Tengo ocho u nueve"?

En lenguaje poético y literario, la conjunción *pero* suele sustituirse por la conjunción *mas* —sin acento, claro está.

LA INTERJECCIÓN

Esta palabra invariable no pertenece a la oración. Al hablar, se le da una entonación diferente, como exclamación, y por escrito va separada de las demás palabras por comas o signos de admiración.

Al hablar, todos pronunciamos interjecciones que salpican nuestra conversación dándole expresividad. Si relatamos algo, podemos imitar sonidos mediante interjecciones: ¡Pum! ¡Crash! ¡Guau!, como en las caricaturas impresas o animadas. Si decimos ¡caramba!, ¡ay! o ¡eh!, estamos pronunciando `interjecciones.

Pueden convertirse en interjecciones algunas palabras de otras clases: ¡Hombre! ¡Vaya! ¡Dios mío! ¡Buenas tardes!

LOS SINÓNIMOS

Son sinónimos los vocablos o expresiones que tienen una significación idéntica o parecida. Es difícil encontrar sinónimos idénticos, pues siempre hay matices que distinguen una palabra de otra, pero su utilidad es indiscutible en cuanto a evitar repeticiones de palabras y prestar mayor agilidad al discurso.

Hay sustantivos sinónimos, adjetivos sinónimos y verbos sinónimos. Y existen diccionarios de sinónimos para contribuir a ampliar el vocabulario de quien los consulta. Algunos ejemplos de sinonimia:

Adjetivos: *Tosco, grosero, rudo, zafio. Obstinado, porfiado, rebelde. Descarado, sinvergüenza, insolente.*

Nombres: *Cacerola, olla, puchero, marmita. Elegancia, finura, exquisitez. Mejoramiento, mejora, mejoría.*

Verbos: *Mejorar, perfeccionar, hermosear. Pordiosear, mendigar, limosnear. Ubicar, situar, colocar.*

La sinonimia presenta la ventaja de que, en ocasiones, evita la necesidad de una definición, como cuando se pregunta:

❑ ¿Qué significa **levante?**
❑ *Es lo mismo que decir* **el este** *o* **el oriente.**
❑ ¿Qué es una **perquisición?**
❑ *Es lo mismo que una* **indagación, investigación o pesquisa.**

LA HOMONIMIA

Se dice que son homónimos dos señores que llevan un mismo nombre: los dos se llaman Juan López. Pues bien, son homónimas las palabras que se escriben, se pronuncian o ambas cosas a la vez, de un mismo modo.

Consideremos el verbo *ir*, pretérito de indicativo: *yo fui ayer al cine.* Ahora veamos el verbo *ser*, pretérito de indicativo: *Yo* **fui** *muy terco al discutir contigo.*

Decimos que *fui* (ir) y *fui* (ser) son homónimos.

También podemos decir que la preposición *de* y *dé* (del verbo *dar*, y con acento diacrítico) son homónimos.

Muchos errores se cometen con los homónimos; por ejemplo, la expresión *Vamos a ver*, hay personas que la escriben incorrectamente: *Vamos haber*, que no tiene ningún sentido.

La pronunciación de la *c* igual a la *s* produce homónimos que resultan incómodos a la hora de escribir: *sima* es una grieta en la tierra, mientras que *cima* es una cumbre. *Cebo* es algo que se pone en el anzuelo para pescar, mientras que *sebo* es producto de la grasa de res. *Asechanza* es un engaño o artificio para hacerle daño a alguien; *acechanza* es acecho, espionaje. *Cedente* es el que cede; *sedente*, el que está sentado. *Ceso:* dejo de hacer algo; *seso*, cerebro. *Bracero* es un jornalero; *brasero* es un calentador de carbón. *Cesión* es el acto de ceder; *sesión*, cada una de las juntas de algún concilio. *Cocer*, poner alimentos sobre el fuego; *coser*, dar puntadas en una tela. *Ir a cazar*: ir de cacería; *casar* o *casarse*, contraer matrimonio. *Ciervo*, animal del bosque; *siervo*, esclavo. *Cierra*, imperativo del verbo cerrar; *sierra*, serrucho.

Naturalmente, no es posible confundirse cuando se guisa: *los alimentos se cuecen en la olla*, pero en ocasiones el verbo se conjuga como *coser*, y entonces resulta que *los alimentos se cocen o se cosen...* y hay que tener mucho cuidado.

LA ORACIÓN

La oración o enunciado es una palabra o un conjunto de palabras que expresa un concepto cabal. Se puede decir que la oración es un enunciado bimembre, porque consta de dos miembros: sujeto y predicado. Al decir *El niño salta*, decimos que *El niño* es el sujeto, porque es el que actúa; y el verbo simple, *salta*, o sea la acción, es lo que llamamos predicado.

Si decimos *Bailemos*, enunciaremos otra oración cuyo predicado es el verbo *bailemos*, y cuyo sujeto se manifiesta tácitamente mediante la terminación *-mos* que corresponde a *nosotros*; en este caso el sujeto está presente dentro del verbo y se dice que es morfológico.

La oración o enunciado bimembre describe la acción de un sujeto y los elementos —complementos— sobre los cuales recae esa acción, así como las circunstancias en las que se verifica: momento, lugar, manera y demás (complementos de tiempo, lugar, modo, etcétera).

Además de la oración o enunciado bimembre, existe también el enunciado unimembre. Este enunciado, cuyo sentido es completo, no responde a la idea de *sujeto + predicado*. Algunos enunciados unimembres son: *Adiós. Adelante. Muy buenos días.*

La oración simple

La oración es simple cuando consta de un sujeto y un predicado. El sujeto puede ser un nombre propio —Juan— o un sustantivo común precedido de su artículo —*el cielo*—, acompañado o no de un adjetivo calificativo —*el cielo azul*— o de varios —*el inmenso cielo azul oscuro*. En este caso se dice que el núcleo del sujeto es *cielo*, mientras que *el, inmenso, azul* y *oscuro* son modificadores del sujeto.

El inmenso cielo azul oscuro se extendía hasta la línea horizontal del mar. Ésta es una oración simple porque sólo consta de un sujeto, cuyo núcleo es el sustantivo *cielo*, y de un predicado, cuyo núcleo es el verbo *se extendía*, modificado en cuanto a su extensión por el complemento circunstancial de lugar: *hasta la línea horizontal del mar*. También se dice que es una oración independiente pues, en efecto, no va ligada a ninguna otra.

En el sujeto puede haber aposiciones, que son otros sustantivos o frases que repiten al núcleo. En la oración: *México, la Ciudad de los Palacios, es la urbe más poblada del mundo*, la frase *la Ciudad de los Palacios* es una aposición de la que podríamos prescindir.

El pronombre, como sustantivo que es, también puede ser sujeto en una oración:

Nosotros hemos llegado temprano; ellos siempre llegan tarde.

El predicado más sencillo es el que consta exclusivamente del verbo, o sea del núcleo: *Los niños juegan* o *Los niños están jugando*. Sin embargo, una oración tan escueta como ésta sólo suele servir de respuesta, por ejemplo a la pregunta: *¿Qué hacen los niños?* La respuesta podría ser más lacónica aún: *Están jugando*, y será una oración simple con sujeto morfológico (*Ellos*).

Por lo general, el predicado suele estar integrado por la adición de complementos directos, indirectos o circunstanciales o de todos ellos. Y la oración anterior podría ser más explicativa, indicando el lugar (complemento circunstancial de lugar): *Los niños están jugando en el parque*. Si vamos a decir a qué juego se entregan, podemos completar: *Los niños están jugando a la pelota en el parque desde las dos de la tarde* (complemento circunstancial de tiempo).

La oración completa es una oración simple; tiene por sujeto *Los niños* y su predicado es: *están jugando a la pelota en el parque desde las dos de la tarde*; aquí, el núcleo del predicado es el verbo: *están jugando*.

Esa misma oración simple podría haber tenido un sujeto compuesto: *Mi hijo y el tuyo*, sujeto plural (más de uno).

Verbo copulativo y complemento predicativo

Un verbo copulativo es en realidad un nexo —enlace— entre el sujeto y la cualidad que se le atribuye, llamada *complemento predicativo*; en este caso, el verbo y el complemento predicativo integran el núcleo, que se denomina *predicado nominal* con este tipo de verbos.

Los verbos *ser* y *estar* son considerados verbos copulativos por excelencia.

Así como el verbo *ser* imparte un sentido de permanencia —**Soy** mujer y él **es** hombre—, el verbo *estar* señala un estado que no es permanente: **Estoy** cansado (*pero descansaré*), Juan **está enfermo** (*pero se curará*).

No sólo *ser* y *estar*, también otros verbos pueden desempeñar función copulativa:

Parece furioso.
Los diamantes **cuestan** caros.
Andas muy alicaído.
Pedro **sigue** desaparecido.
El soldado **quedó** inválido.

Los verbos transitivos y el complemento directo

Los verbos transitivos son aquellos cuya acción se ejerce sobre una persona o cosa que no es el sujeto sino lo que se llama complemento u objeto directo. Las preguntas cuya respuesta es el complemento directo se formulan como sigue:

Comemos *un pastel*. ¿Qué *comemos*? **Un pastel**: complemento directo de *comemos*.

Ella **lee** *el periódico*. ¿Qué *lee*? **El periódico**: complemento directo de *lee*.

Juan **escribe** *una carta*. ¿Qué *escribe Juan*? **Una carta**: complemento directo de *escribe*.

Puesto que son verbos transitivos aquellos que tienen complemento directo, todo verbo transitivo desprovisto de complemento directo se volverá intransitivo.

Por ejemplo, en las siguientes oraciones no hay complemento directo: *Estoy leyendo. Hemos comido. No bebas. Andrés Henestrosa escribe* (significa que es escritor). Los cuatro verbos anteriores son intransitivos.

Compárense las oraciones anteriores con: *Estoy leyendo un libro. Hemos comido pescado. No bebas licores fuertes. Henestrosa escribe poesía.* Aquí los verbos tienen complemento directo, luego son transitivos.

Los verbos transitivos tienen las dos voces: activa y pasiva. Por ejemplo, si *Juan escribe una carta* —voz activa—, podemos decir que *Una carta es escrita por Juan* —voz pasiva—. Si *Comemos un pastel*, podemos también decir que *Un pastel es comido por nosotros* —voz pasiva—. Y si *Ella lee el periódico* —voz activa—, diremos que *El periódico es leído por ella* —voz pasiva—.

Los pronombres personales en función de complemento directo son átonos.

	1ª persona
Singular:	*me* (Él me mira.)
Plural:	*nos* (Él nos mira.)

	2ª persona
Singular:	*te* (Yo te escucho.)
Cortesía:	masculino,
	lo (Yo lo escucho a usted, señor.);
	femenino, *la* (Nosotros la admiramos, señora.)

Plural: masculino, *los* (*Niños, vengan, ya los hemos visto.*);
femenino, *las* (*Hola, niñas, ya las conocemos.*).

Cortesía: masculino, *los* (*Señores, pasen, los estábamos esperando.*);
femenino, *las* (*Señoras, las recibimos con placer.*)

3ª persona

Singular: masculino, *lo* (*¿Juan? Hace tiempo que no lo veo.*);
femenino, *la* (*Ayer llegó María. ¿La conoces?*); neutro, *lo* (*Ya lo sé.*)

Plural: masculino, *los* (*¿Los Alpes? No los conozco.*);
femenino, *las* (*Llama a las niñas; yo ya las he llamado dos veces.*)

Los pronombres que cumplen la función de complemento directo se anteponen al verbo, como en los ejemplos anteriores. Sin embargo, cuando se emplean con un verbo en imperativo se unen a la terminación del verbo: *Llámalos. Conózcalos. Escúchanos. Mírame.* Nótese que para conservar el acento en la sílaba que corresponde al verbo, el compuesto verbo-complemento se ha convertido en esdrújula.

NOTA. Un verbo intransitivo, *regresar*, está sometido a capricho, pues lo están convirtiendo en transitivo para no emplear el verbo correcto, que es *devolver*. Y se dice: *Te lo presto pero me lo tienes que **regresar** mañana*, cuando debería decirse: *Te lo presto, pero tienes que **devolvérmelo** mañana.*

NOTA. Un detalle más que resta elegancia a la expresión hablada o escrita consiste en decir: **Me lo tienes** *que devolver* en vez de *Tienes que **devolvérmelo***, pues *me* y *lo* son complementos, respectivamente indirecto y directo, de *devolver*, no de *tienes*.

NOTA. El complemento directo está en contacto directo con el verbo excepto cuando es una persona. *Admiramos la puesta de sol. ¿Qué admiramos? La puesta de sol*, complemento directo del verbo *admiramos*.

En cambio, cuando nuestra admiración se dirige a una persona, decimos: *Admiramos a Einstein*, y esa preposición *a* sólo es necesaria para introducir un complemento directo que sea una persona. La pregunta es, entonces: *¿a quién?* y la respuesta —*a Einstein*— es complemento directo de *admiramos*.

Animales o cosas suelen ser complementos directos sin intervención de una preposición. Pero si concedemos personalidad a algún animal, ya sea al elefante o la ballena —por su tamaño—, diciendo: *Hay que salvar de la extinción **al** elefante y **a la** ballena*, la preposición **a** se justifica; también dando importancia a nuestras mascotas: *Acaricio **a** mi perro. Admiro **al** águila: ¡cómo vuela!*

NOTA. Hemos visto antes que el complemento directo de la voz activa se convierte en sujeto de la voz pasiva, y el que era sujeto activo se vuelve complemento agente: *(Nosotros) Admiramos a Einstein* —voz activa—, se convierte en pasiva como sigue: *Einstein es admirado por nosotros.*

Los verbos intransitivos

Son verbos intransitivos aquellos cuya acción se limita al sujeto, como *vivir* y *nacer*, y que por lo tanto no tienen voz pasiva: *Raúl corre. Ella suspiró. Todos rieron. Llegamos a tiempo. Partimos todos juntos. Vendrán por el camino más corto. Vamos al teatro. Subamos en el ascensor; bajaremos por la escalera. Ya abrieron las puertas; entremos. Han salido sin ver el final. Nació un 4 de julio. Murió esta mañana.*

Algunos verbos intransitivos pueden volverse transitivos si se les agrega un complemento directo, por ejemplo:

*Raúl corre **el maratón**. Subamos **este pesado mueble** en el ascensor; bajaremos **los libros** del ático. Ha vivido **una larga vida**.*

Los verbos intransitivos no tienen complemento directo, pero sí indirecto y circunstancial. Por ejemplo, el verbo *pensar* tiene un complemento circunstancial que encontraremos preguntando: *¿En qué piensas?* La respuesta: *Pienso **en mi familia**,* nos indica que *mi familia* es el complemento circunstancial de *pienso.*

El verbo *correr*, intransitivo, puede tener varios complementos circunstanciales (o adverbiales): de intensidad, de lugar, de modo y de tiempo: *Raúl corre **mucho en el parque con elegancia todas las mañanas**.* Y sabremos cuáles son esos complementos si, al hacer las preguntas adecuadas, obtenemos las respuestas: *¿Cuánto corre? **Mucho** (cantidad o intensidad). ¿Dónde corre? **En el parque** (lugar). ¿Cómo corre? **Con elegancia** (modo). ¿Cuándo corre? **Todas las mañanas** (tiempo).*

El complemento indirecto

El verbo puede tener también un complemento indirecto. Éste, si es nombre, va introducido por alguna preposición, como en: "El profesor (*sujeto*) explica (*verbo, núcleo del predicado*) la lección (*complemento directo de* explica) a sus alumnos (*complemento indirecto de* explica). Aquí, el predicado completo es: *explica la lección a sus alumnos*, y su núcleo, ya lo hemos visto, el verbo *explica.*

¿Cómo sabemos la función de cada parte de la oración? Preguntando: *¿quién explica? El profesor*, sujeto. *¿Qué explica? la lección*, complemento directo. *¿A quién la explica? a sus alumnos*, complemento indirecto.

Cuando el complemento indirecto es un pronombre personal, ya no va introducido por una preposición. Los pronombres en función de complemento indirecto son:

1ª persona
Singular: *me* (¿Cuándo **me** enviarás esos libros?)
Plural: *nos* (No **nos** has contado nada.)

2ª persona
Singular: *te* (**Te** han traído una carta.)
De cortesía: *le* (**Le** dejaron un mensaje.)
Plural: *les* (**Les** concedieron tres días más.)
De cortesía: *les* (No **les** causaremos más molestias.)

3ª persona
Singular: *le* (**Le** hablarán mañana.)
Plural: *les* (No **les** hables más.)

Los pronombres personales que aparecen después de una preposición también son complementos indirectos, por ejemplo: *Me dio el libro; me lo dio porque ese libro era* **para mí.** El primer complemento indirecto es *me*; el segundo, *para mí*, responde a la pregunta: *¿para quién era ese libro?* También pueden usarse con esta función *ti* y los pronombres-sujeto.

En ocasiones, antepondremos uno de esos pronombres al verbo, y el complemento indirecto sustituido por ese mismo pronombre aparecerá después del verbo, como en: "Le dije la verdad a Juan", y nos encontramos con que *Le* y *a Juan* son una misma persona y complemento indirecto.

Cuando la expresión está en el modo imperativo, el pronombre se sitúa como sufijo, al final del verbo: *Lée**me** ese artículo en voz alta. Sírve**le** un café, por favor.*

El ejemplo típico del verbo transitivo que requiere ambos complementos es **dar.** Cuando damos, *damos algo a alguien. Algo* es la respuesta a *¿qué damos?* Y *alguien* es la respuesta a *¿a quién le damos?* Es decir, el verbo **dar** puede servir de modelo para encontrar ambos complementos de otro verbo similar.

NOTA. Es una falta demasiado generalizada poner en plural el pronombre neutro *lo*. Cuando le decimos a una sola persona: "Ayer te **lo** expliqué", no hay error posible. Pero cuando se trata de dos o más personas, las cosas se embrollan demasiado para el hablante y se equivoca al pluralizar: *Ayer se los expliqué.*

NOTA. El pronombre **le** complemento indirecto debe emplearse exclusivamente cuando sustituye a una persona, cosa o animal, en singular.

Si cuento algo acerca de Juan, debo decir: **Le** *dije que viniera a vernos.*

Pero si hablé a Juan y a Pedro, juntos, expresaré: **Les** *dije que vinieran a vernos.*

En cambio, demasiadas personas expresan ingenuamente esta barbaridad: *Enséñe**le** a sus hijos,* cuando debería decirse: *Enséñe**les,** explíque**les,** diga**les** a sus hijos...*

Así como se forma el plural de *tú* en *ustedes* (en España se sigue diciendo *vosotros*, y por lo tanto: "Ayer *os* lo expliqué"), tendremos el plural de *te*, automáticamente, como *se*. Al decir: *Ayer se lo expliqué,* es evidente que *se* significa *a ustedes*. ¡Y nada de *se* **los**! ¿Qué viene haciendo ese *los* de la conversación corriente?

Este grave error se multiplica en casos como éste: "Mi mamá tenía una casa, y nos *las* regaló cuando nos casamos." ¡Pero si sólo era una casa, aunque los novios fueran dos...!

Tratándose de un animal o una cosa, también se emplea *le*, por ejemplo: *La puerta cerraba mal,* **le** *puse una cerradura nueva. Voy a llevar a pasear al perro; ya* **le** *he puesto el collar.*

Y en plural, naturalmente *les*: *Las bisagras hacen ruido;* **les** *pondré un poco de grasa. Los perros ladran mucho;* **les** *daré de comer.*

El verbo *hablar* es intransitivo, salvo si decimos: "Hablo francés, inglés, alemán, etcétera", pues en este caso —y sólo en éste— se ha vuelto transitivo, *¿Qué hablo? Francés,* etcétera, complemento directo de *hablo*. Pero *hablar*, en los demás casos, tiene un complemento indirecto, pues es evidente que si hablo, no hablo solo. Entonces, *¿a quién* **le** *hablé por teléfono?* A *le* = Fulano (*le*, sustituto de Fulano, es complemento indirecto de *hablé*).

El complemento circunstancial
Las expresiones que responden a las preguntas expresadas por los adverbios interrogativos correspondientes (¿dónde, cuándo, cómo...?) son los complementos circunstanciales que forman parte del predicado, completándolo.

Las circunstancias que hemos aprendido en el estudio del adverbio son complementos circunstanciales; el complemento circunstancial no siempre es un adverbio o una locución adverbial, en ocasiones puede ser un sustantivo introducido por distintas preposiciones:

"Esta mañana (*tiempo*), en mi propia casa (*lugar*), el bruto de Juan (*sujeto*) me (*complemento indirecto*) llamó (*verbo, núcleo del predicado*) tonto de capirote (*complemento predicativo de llamó*)."

En este caso, el predicado es: *Esta mañana, en mi propia casa... me llamó tonto de capirote.* Y el sujeto: *el bruto de Juan.*

Los verbos pronominales
Se llama verbo pronominal al verbo cuyo infinitivo lleva como sufijo el pronombre *se*. Los verbos pronominales pueden ser reflexivos o recíprocos.

Algunos pronombres átonos que hemos visto son a la vez formas reflexivas; empleamos estos pronombres reflexivos cuando la acción se ejerce sobre el sujeto mismo, como en el caso de *Yo* **me** *lavo*. Los verbos formados sobre el modelo de *lavarse*, llamados *reflexivos*, se conjugan así.

Ya hemos visto el caso en que un pronombre átono —*le*, *les*— es sustituido por el pronombre *se*. Este mismo pronombre **se** aparece en la formación del infinitivo de los verbos pronominales que son:

a) los **verbos reflexivos**: *lavarse, vestirse, sentarse, levantarse*, etcétera, en los que la acción recae sobre el sujeto:

Yo me lavo, tú te peinas, él se levanta, usted se enoja, ella se viste, nosotros nos apuramos, ellos se sientan, ellas se preparan, ustedes se dirigen a la salida.

b) los **verbos recíprocos.** Tenemos dos o más personas que hablan unas con otras, intercambian miradas y sonrisas: y los infinitivos serán *hablarse, mirarse y sonreírse*.

Luis y María **se** *hablan,* **se** *miran y* **se** *sonríen. Después* **se** *dan la mano y* **se** *separan.*

Es evidente que los verbos recíprocos están siempre en plural, pues el sujeto es plural, ya se trate de *nosotros* (ya no *nos hablamos*), de *ustedes* (¿*No se conocen?* Los *presentaré* —el uno al otro) o de *ellos* (*se saludaron* fríamente). Pero ¿podemos decir, como en el caso de los verbos reflexivos, que la acción del sujeto recae sobre el sujeto mismo? No sería exacto decirlo, pues la acción de uno o varios de los sujetos siempre recae sobre otro u otros sujetos distintos, y por eso se dice que es una acción recíproca y no reflexiva.

NOTA. Se está poniendo de moda un error imperdonable: tratar los verbos pronominales como si fueran intransitivos. Por ejemplo:

Inicia la sesión a las nueve horas, como si se tratara de un verbo transitivo. Y nos hacemos la pregunta: ¿qué o quién inicia? Respuesta: la sesión, y seguimos preguntando: Si la sesión es el sujeto, ¿qué será lo que la sesión inicie? En realidad, el verbo debería ser *iniciarse*, forma pronominal de *iniciar*, y lo correcto sería:

Se inicia la sesión a las nueve horas.

Y cuando se trate del verbo *iniciar* (no ya pronominal sino transitivo) se dirá:

El presidente **iniciará** *la sesión a las nueve horas.* ¿Qué iniciará el presidente? *La sesión*: complemento directo de *iniciará*.

Otro caso similar es el verbo *aplicar*, que se emplea en su sentido pronominal pasivo pero con un aspecto de verbo transitivo que no le corresponde. Cuando leemos u oímos:

Aplican restricciones... no tenemos sujeto y preguntamos: ¿Quiénes aplican restricciones? o ¿Qué aplican las restricciones... y a quién? Y nos encontramos sin respuesta. La forma correcta es:

Se aplican *restricciones*.

En cuanto al verbo *aplicar* como transitivo, lo emplearemos correctamente como sigue:

El médico del dispensario **aplicó** *fomentos calientes al brazo hinchado.*

¿Qué aplicó el médico? *Fomentos calientes*: complemento directo de *aplicó*.

La oración compuesta

Hasta ahora hemos visto oraciones simples, independientes —es decir, que no dependen de ninguna otra—. Las oraciones compuestas son oraciones ligadas entre sí de tal manera que el sentido de una o varias de ellas completará el sentido de otra o de todas las demás.

Las oraciones coordinadas

Si habláramos mediante oraciones simples, independientes, una tras otra y separadas por un punto, nuestro estilo sería "golpeado", sin fluidez alguna. Cuando una oración ha expresado una idea, es frecuente que esa idea esté insuficientemente desarrollada, de manera que tendremos que ampliarla, aclararla, explicitarla mediante otras oraciones, y dichas oraciones deberán tener algún nexo que les proporcione unidad. La forma más fácil es la *coordinación*. Se trata, en efecto, de oraciones simples, aparentemente independientes, pero cuyo sentido mantiene cierta cohesión.

"Esta noche mi hermana llegará tarde, y la esperaremos por lo menos una hora después de la cena. Sería inútil telefonearle. La impaciencia no nos conduciría a nada."

En las oraciones que anteceden, la idea es que "esperaremos para enterarnos de las noticias que traiga la hermana." La segunda oración va unida a la primera por la conjunción de coordinación **y**. Las demás oraciones son independientes, únicamente ligadas a las anteriores por la idea común.

No me ha telefoneado **sino que** *me ha escrito.*

Aquí tenemos dos oraciones coordinadas por la conjunción **sino** (siempre seguida de **que**).

Te enseñaré el procedimiento **pero** *no te daré la respuesta.*

Éstas son dos oraciones coordinadas por la conjunción **pero**. En la mayoría de los casos, el orden de las oraciones coordinadas no altera su significado. Así, podríamos decir: *No te daré la respuesta* **pero** *te enseñaré el procedimiento. Me ha escrito,* **que** *no me ha telefoneado.*

Las oraciones subordinadas

De las oraciones que no funcionan como tales sino que sólo desempeñan una función dentro de otra oración, se dice que son subordinadas.

Te agradeceré **que** *me des una pronta respuesta.*

En la oración anterior tenemos dos verbos: *agradeceré* y *des*, lo que significa que tenemos dos predicados y, por lo tanto, dos enunciados unidos por la conjunción **que**, o sea, dos oraciones:

1. *Te agradecer* es la oración principal. Su sentido queda incompleto mientras no agreguemos la segunda oración:

2. *que me des una pronta respuesta*, oración subordinada a la principal mediante la conjunción de subordinación **que**. Es obvio que tampoco tendría sentido esta oración si estuviera sola.

*Vámonos a comer, **porque** me muero de hambre.*

Aquí también hay dos verbos (*vámonos, me muero*), es decir, dos oraciones. La principal —*Vámonos a comer*— podría *ser* una oración independiente —sin necesidad de explicaciones—, pero en este caso está explicada por la subordinada —*porque me muero de hambre*—, introducida por la conjunción de subordinación *porque.*

De las dos oraciones subordinadas anteriores se dice que son subordinadas conjuntivas, porque el nexo que las une a la principal es una conjunción de subordinación (**que, porque**).

¿Qué función desempeña la subordinada respecto a la principal? Hagamos la pregunta: *Vámonos a comer, ¿por qué?, porque me muero de hambre*: oración de causa de *vámonos a comer.*

Debe existir una concordancia de tiempos entre los verbos de las diferentes oraciones; generalmente, el tiempo del verbo de la oración principal determinará los tiempos de los verbos de las oraciones subordinadas.

Vámonos (imperativo) *a comer, porque me muero* (presente de indicativo) *de hambre.*

Habíamos pedido (antecopretérito de indicativo) *pescado porque era* (copretérito de indicativo) *viernes.*

Habríamos comprado (antepospretérito de indicativo o condicional perfecto) *la casa si nos la hubieran dejado* (antepretérito de subjuntivo) *más barata.*

Te daría (pospretérito de indicativo o condicional) *todo lo que tengo si fueras capaz* (pretérito de subjuntivo) *de administrarlo igual que yo.*

NOTA. Hay que ser muy cuidadosos al momento de formular oraciones compuestas. Por ejemplo, cuando ambas oraciones tienen un mismo sujeto, debe aprovecharse la posibilidad de reducir la oración compuesta a una simple:

No debe decirse: *Él niega que tenga conocimiento de los hechos.* Esta oración compuesta es incorrecta.

Debe decirse: *Él niega **tener** conocimiento de los hechos.* Y sobre ese mismo modelo: *Creo tener razón* (en vez de: *creo que tengo razón*).

Sin embargo, el modelo no sirve cuando se trata de dos sujetos distintos. No debe decirse: *Te pido contenerte.* Lo correcto es: *Te pido **que te contengas**.* Tampoco se dirá: *Te ruego responderme*, sino: *Te ruego **que me respondas**.*

Los pronombres relativos

Se denominan así los siguientes pronombres: **que, quien, cual** (precedido de artículo) y **cuánto**.

Que es invariable en cuanto a género y número.

Quien tiene variación de número (*quienes*).

Cual tiene variación de género mediante el artículo: *el cual, la cual*; y de número: *los cuales, las cuales.*

Cuanto varía en género y número: *cuanto, cuanta, cuantos, cuantas.*

El pronombre relativo, como todos los demás pronombres, sustituye al nombre, pero no a cualquier nombre sino al que es su antecedente en la oración anterior, y la oración que introduce se llama oración relativa.

❑ *Juan, a **quien** no conoces todavía, vendrá a cenar.* Quien, pronombre relativo, sustituye a su antecedente Juan. Dentro de la oración subordinada relativa que introduce —*a quien no conoces todavía*— es complemento indirecto del verbo *conoces*, y es la respuesta a la pregunta: ¿A quién no conoces? Respuesta: *a Juan*, sustituido en la oración subordinada por el pronombre relativo **quien**.

❑ *El cuadro **que** estás mirando es de un pintor anónimo.* Que, pronombre relativo, sustituye aquí a su antecedente *cuadro.* Dentro de la oración subordinada relativa que introduce —*que estás mirando*— es complemento directo del verbo *estás mirando*, y es la respuesta a la pregunta: ¿Qué estás mirando? Respuesta: *el cuadro*, sustituido en la oración subordinada por el pronombre relativo **que**.

❑ *Han retirado aquellos anuncios de **los cuales** te habías quejado.* **Los cuales**, pronombre relativo, sustituye a su antecedente *anuncios.* Dentro de la oración subordinada relativa que introduce, es complemento circunstancial del verbo *habías quejado*, y se obtiene como respuesta a la pregunta: ¿De qué te habías quejado? Respuesta: *de los anuncios*, sustituido en la oración subordinada por el pronombre relativo **los cuales.**

❑ *Hemos podido comprobar todo **cuanto** nos dijiste.* Cuanto, pronombre relativo, sólo sustituye al antecedente *todo.* Aquí introduce la oración subordinada relativa, y dentro de ésta es complemento directo del verbo *dijiste*; lo comprobamos al hacer la pregunta: ¿Qué dijiste? Respuesta: *todo*, sustituido por el pronombre relativo **cuanto.** Y este pronombre relativo puede sustituirse por **lo que**, diciendo: *Hemos comprobado todo **lo que** dijiste.*

En los demás casos, **cuanto** funciona sin antecedente: *Haz **cuanto** quieras. Compra **cuanto** puedas.*

Los pronombres *que* y *cual* se refieren indistintamente a personas o cosas, pero *quien* sólo se refiere a personas (hay cierta tendencia a emplearlo, indebidamente, en otros casos), y *cuanto* sólo se refiere a cosas si está en singular (*Comió **cuanto** quiso*, es decir, *todo **lo que** quiso*), y a personas o cosas cuando va en plural. ***Cuantos** lo conocieron, lo admiraron.*

Los pronombres relativos son muy flexibles y pueden emplearse con preposiciones: *El abogado **de quien** te hablé... La señorita **con quien** va a casarse... El libro **al que** se refería* el crítico... En estos casos, en la oración relativa que introduce suele ser complemento de agente, complemento indirecto o circunstancial del verbo, según la función de la preposición de que se trate. Pero debe tenerse presente que siempre es posible sustituir cualquiera de los demás pronombres relativos por *que*:

Juan, *al que* todavía no conoces... Han retirado aquellos anuncios *de los que* te quejaste. Hemos podido comprobar todo <u>lo que</u> nos dijiste. Haz <u>lo que</u> quieras. Compra <u>lo que</u> puedas.

❑ El *hombre* **que no se haya preparado bien** fracasará.

Este enunciado compuesto consta de dos oraciones unidas por **que.** En este caso, **que** es un **pronombre relativo,** y está sustituyendo —evitando una repetición, que es la función de los pronombres— a *hombre.*

1ª oración: El *hombre fracasará*; oración principal.

2ª oración: **que** *no se haya preparado bien*; oración subordinada. En esta oración, el **sujeto** es **que,** pronombre relativo cuyo antecedente es *hombre.* Y porque el nexo que las une es un pronombre relativo (**que),** ésta es una oración subordinada **relativa.**

¿Y qué función cumple esta oración subordinada relativa? Modifica al sujeto *hombre* como lo haría, por ejemplo, el adjetivo *impreparado,* y entonces tendríamos: El *hombre impreparado fracasará.* Es decir, que la función de esta oración subordinada relativa es la de una oración adjetiva.

Otros pronombres relativos que también cumplen esta función son *cual* (*cuales*) y *quien* (*quienes*), y las oraciones compuestas correspondientes pueden formarse como sigue:

❑ Los amigos con **quienes** viajamos viven en Londres.

❑ Consultaré al abogado Ruiz, **el cual** goza de buena fama.

En los dos casos anteriores, la oración subordinada relativa tiene función adjetiva y es adjunta del núcleo del sujeto de la principal (*amigos, abogado Ruiz*).

❑ Estudia poco, **lo cual** le costará un año más de escuela.

Lo cual, pronombre relativo, sustituye a la oración principal —estudia poco— y es sujeto del verbo *costará.*

❑ Carezco de fortuna, **por lo que** acepto cualquier empleo.

❑ Ganó el primer premio, **con lo que** se cumplen sus anhelos.

Lo que: pronombre relativo, sustituye a su antecedente, que es la oración principal: *gano el primer premio.* La oración subordinada relativa —con lo que se cumplen sus anhelos— es complemento de consecuencia del verbo *ganó.*

Los adverbios relativos

Estos adverbios son también nexos entre oraciones pero, a diferencia de los anteriores, introducen (señalan el comienzo) oraciones circunstanciales (o, según algunos gramáticos, adverbiales).

Tales complementos expresan:

el **lugar:** *Lo encontré* **donde** *menos lo esperaba. ¿Dónde?*

el **tiempo:** *No lo hicimos* **cuando** *nos dieron la oportunidad. ¿Cuándo?*

el **modo:** *Hace siempre las cosas* **como** *le da la gana. ¿Cómo?*

la **intensidad:** *Ha luchado* **cuanto** *se lo han permitido sus fuerzas. ¿Cuánto?*

la **causa:** *Triunfará* **porque** *se esfuerza sin medida. ¿Por qué?*

la **finalidad:** *Te lo diré* **para que** *te enteres. ¿Para qué?*

la **condición:** **Si** *no te molesta, fumaré un cigarro.*

la **consecuencia:** *Hay tanta niebla* **que** *no me veo la mano.*

la **restricción:** **Que** *yo sepa, no están casados.*

la **concesión:** **Aunque** *llevaba retraso, salió por fin el tren.*

la **excepción:** *Ya podemos salir,* **salvo que** *tú dispongas alguna otra cosa.*

En algunos casos, comprobamos que frecuentemente se coloca la oración adverbial al comienzo de la oración (**que yo sepa, aunque**). Sin embargo, hay que someter este orden al sentido general de la oración completa.

ORTOGRAFÍA

La ortografía podría definirse como un convenio entre los hablantes de una lengua para escribir las palabras que la constituyen de acuerdo con una clave determinada. Y volvemos a lo que ya se ha dicho: primero fue la lengua hablada y después, la gramática. Ahora podemos insistir diciendo que primero fue la lengua hablada y después, la escrita.

Y así como los hablantes debieron ponerse de acuerdo para que el objeto que conocemos por mesa *fuera llamado* mesa*, gramáticos y hablantes tuvieron que avenirse a escribir esa palabra con cuatro fonemas que*

son m/e/s/a; y todos debemos escribirla de esa manera. Y aun cuando haya personas que tengan algún defecto físico de pronunciación y digan, por ejemplo, meta *o* meza *o* mecha*, deberán escribirla* mesa *porque tal es su ortografía.*

Toda lengua, escrita o hablada, es un convenio entre sus hablantes. La prueba de ello es la existencia de tantas lenguas humanas: en español mesa*, en francés* table*, en inglés* table*, en alemán* Tisch*. O sea que los distintos grupos humanos han establecido, cada uno, su código propio, y para entenderse los de un* *grupo con los de otro necesitan efectuar lo que se llama traducción. La traducción es fácil cuando se trata de conceptos físicos como el que acabamos de ver —mesa—; sin embargo, cuando se trata de conceptos abstractos se comprueba que no existe una traducción que sea ciento por ciento correcta. En muchos casos,*

para traducir al español una palabra del inglés con todos los matices que encierra, habrá que emplear varias del español. Podemos decir, por ejemplo, que la riqueza del inglés en cuanto a sonidos, miradas y diferentes maneras de sonreír provoca algún que otro dolor de cabeza a los traductores.

EXTRANJERISMOS

Lo que decimos de las palabras es más cierto aún cuando se trata de la construcción de las oraciones y el funcionamiento de sus elementos constitutivos: la sintaxis.

Muchos errores de traducción se han introducido en nuestro idioma y han adquirido, sin derecho alguno, carta de naturalización. La mayoría de la gente da la hora a la moda del inglés, diciendo: *Cuarto para la una*, cuando debería decir: *La una menos cuarto*, y ¿*Cuál es tu nombre?* en vez de ¿*Cómo te llamas?*

En cuanto a los deportes, todos, menos la esgrima, hablan en inglés. Lo mismo sucede con el lenguaje de la informática, que adopta palabras inglesas a pesar de que tienen sus equivalentes en español (*batch* por **lote**, *input* por **entrada de datos**).

Otra importación consiste en fabricar verbos terminados en *-izar*. En español existen el verbo *optimar* y el sustantivo *optimación*; ello no impide que nos digan *optimizar*, *optimización* sin el menor recato. Y como este modelo, hay muchos (*legitimizar* por *legitimar*, etcétera).

No sólo le debemos incorrecciones al inglés, también al francés; y es curioso encontrar un galicismo en gente que no habla más que español, pero que imita fiel e indiscriminadamente una sintaxis incorrecta como: ¿*Qué es lo que quieres?* por ¿*Qué quieres?* o como: *Es por eso que...* en vez de, simplemente, *Por eso...*

El español es una lengua casi fonética, lo cual significa que se escribe *casi* como se pronuncia. Evidentemente, la **h** de *hombre*, *hambre* y *hora* no se pronuncia, y es un buen pretexto para equivocarse.

En España la **b** y la **v** se pronuncian como bilabiales; siempre ha sido así, por lo visto, ya que se cuenta que los romanos juzgaban a los habitantes de la Península Ibérica como gente para la que *Vivere et bibere idem est* (*Vivir y beber es lo mismo*), dicho que, aun cuando se presta a dos interpretaciones, una de las dos se refiere, indudablemente, a la pronunciación. Automáticamente, los hispanohablantes americanos han aprendido también a pronunciar la *v* como *b*. En otros idiomas la *v* es dentolabial, lo cual significa que se pronuncia con los dientes incisivos de arriba oprimiendo brevemente el labio inferior. Sería mucho más fácil la ortografía del español si se siguiera esta regla, aunque sin exagerar.

En muchas provincias de España y todos los países hispanohablantes de América, se pronuncian por igual la *c* (antes de *e*, *i*), la *s* y la *z* (ante cualquier vocal), y aquí tenemos la causa de infinidad de faltas de ortografía.

Otro escollo lo constituye la pronunciación de la *ll* y la *y*, pues la mayoría de los hispanohablantes las pronuncian como si ambas fueran *y*. Pero no lo son. Y en algunas regiones ambas letras se pronuncian como la *j* del francés, sonido que no tiene representación gráfica en español.

También resulta conflictivo distinguir en algunos casos, al escribir, entre *j* y *g*. En efecto, la *j* se pronuncia ante las cinco vocales por igual. En cambio la *g* se pronuncia de manera distinta ante *a*, *o* y *u*. Para pronunciarla así ante *e*, *i*, tenemos que escribirla con *u*, es decir: *gue*, *gui*. En cambio, directamente, *ge* y *gi* se pronuncian como *je* y *ji*. Sí, pero como se suele considerar que ante *e*, *i*, se usará la *g* (*ágil*, *página*, *engendro*), ¿cómo resolver las dudas puesto que también se escribe: *paraje*, *jefe*, *jeringa*, *jícara* y *jinete*?

La pregunta a la cual debemos responder es, en realidad, ¿cómo adquirir una buena ortografía?

Hay dos sistemas que, lejos de excluirse, se refuerzan mutuamente: *a*) leer mucho, muchísimo, y *b*) acostumbrarse a consultar el diccionario —sí, el vilipendiado, socorrido e indispensable *tumbaburros*, que siempre está al alcance de la mano— para asegurarse de la ortografía correcta de las palabras, además del beneficio adicional que representa enterarse de lo que significan y evitar despliegues públicos de ignorancia.

LA SEPARACIÓN SILÁBICA

Ya sabemos que el mínimo sonido vocal de la lengua es, precisamente, el fonema que llamamos **vocal** (*a*, *e*, *i*, *o*, *u*); y que apoyados en la vocal existen otro tipo de fonemas llamados **consonantes** (*b*, *c*, *ch*, *d*, *f*, *g*, *j*, *k*, *l*, *ll*, *m*, *n*, *ñ*, *p*, *q*, *r*, *s*, *t*, *v*, *x*, *y*, *z*).

Cuando una consonante se asocia con una vocal, obtenemos una sílaba: *ba*, *ir*, *ce*, *en*, *es*, *di*, *mo*, *nu*. La sílaba es la unidad más pequeña que podemos oír, y la vocal aislada es también una sílaba, la cual, al aparecer en compañía de consonantes, constituye el núcleo de la sílaba.

Las palabras que sólo tienen una sílaba son monosílabas, como las que constan de una sola vocal, tales la preposición *a*, la conjunción *o* y las interjecciones *eh*, *oh*, *ah*, acompañadas éstas de esa *h* que tantos errores propicia.

Cuando una o más consonantes acompañan a una vocal, tenemos monosílabos tan importantes como las preposiciones *de*, *en*; las conjunciones *si*, *que*, *ni*; los pronombres *yo*, *tú*, *él*; los verbos, en infinitivo o conjugados, *ver*, *él ve*, *ser*, *él es*, *dar*, *él da*.

Naturalmente, una palabra monosílaba es indivisible, aunque conste de varios fonemas, por ejemplo *tren*.

Para dividir una palabra en sílabas no podemos atenernos a las solas vocales, debemos considerar también las consonantes que dependen de ellas.

¿Dónde empiezan y dónde terminan las sílabas en *transporte*? Esta palabra se divide así: *trans-por-te*, y vemos que *n* y *s* siguen a la *a* y forman parte de su sílaba, *trans-*, mientras que *-por-* constituye otra sílaba.

Algunos grupos de palabras resultan indivisibles; tal es el caso de los afijos (prefijos y sufijos) como *trans-* (**trans**-*po-ner*), *con-* (**con**-*cier-to*), *des-* (**des**-*ha-cer*); *-ción* (*can-***ción**), *-azo* (*gol-***pazo**); y en el caso de estos dos sufijos, vemos que llevan adherida la consonante final de la raíz. En cuanto a *nosotros*, la tradición permite separarlo por sílabas (*no-so-tros*) o conservar el sentido de cada componente: *nos-otros*.

NOTA. Por lo general, al llegar al final de una línea no conviene dividir las sílabas de tal modo que sólo queden dos letras al final ni al principio de línea. Hay que evitar escribir: *fa-tigado* o *fatiga-do*. Y, peor aún, dejar una sola vocal: *o-lor*, *a-yer* o *cesantí-a*.

También, cuando hay doble consonante como en *elección*, es aceptable dividir la doble *c*: *elec-ción* (pero no *e-lección*).

Se puede generalizar diciendo que es imposible separar, al final del renglón:

- Las palabras de 3, 4 o 5 letras (*idea*, *asear*, *crear*, *adiós*, *raíz*), aun cuando sean de dos o tres sílabas (*idea*, 3; *asear*, 3; *crear*, 2; *adiós*, 2; *raíz*, 2);
- Las siglas (NAFINSA = *Nacional Financiera*; PEMEX = *Petróleos Mexicanos*);
- Las cantidades escritas con números (35.289,527.85);
- Los números de serie como *Luis XIV*, *Jorge V*, *Alfonso XII*.

Aun cuando la vocal es el núcleo de la sílaba, este núcleo no siempre será una sola vocal, pues en ocasiones constará de combinaciones de vocales. Tal es el caso del diptongo y el triptongo, que también son núcleos de sílabas.

Cuando el núcleo de la sílaba consta de dos vocales, se dice que es un diptongo. Ejemplos de diptongos son: *viento*, *baile*, *oigo*, *odio*, y su división silábica se efectúa así: *vien-to*, *bai-le*, *oi-go*, *o-dio*.

En ocasiones, no son dos sino tres las vocales que constituyen el núcleo de la sílaba, y entonces se dice que es un triptongo.

Ejemplos de triptongos, poco usuales en el español de México, son las segundas personas del plural (correspondiente a **vosotros**) en verbos tales como *averiguar*: *averiguáis*; *cambiar*: *cambiáis*; *menospreciar*: *menospreciéis*. Tampoco las vocales que forman triptongos pueden separarse: *a-ve-ri-guáis*, *cam-biáis*, *me-nos-pre-ciéis*.

Encontraremos a veces dos vocales juntas que no forman diptongo, y tal vez haya un acento ortográfico que nos ayude a distinguirlas: *Ayer **leímos*** (*le-í-mos*) *una historia curiosa. Él **sabía*** (*sa-bí-a*) *que tú y yo **vendríamos*** (*ven-drí-a-mos*). Y lo mismo pasará con algunos triptongos: *decíais* (*de-cí-ais*).

LA FORMACIÓN DE PLURALES

En el capítulo de "El discurso y sus partes", hemos comprobado la existencia del número. Todas las palabras tienen un número que es el singular —*el río caudaloso*— o el plural —*los ríos caudalosos*—, según sea el caso.

El plural del artículo

El plural del artículo determinado masculino *el* no sigue la regla general del plural, que consiste en agregar *-s* o *-es* al final de la palabra: el plural de *el* es *los*. En cambio, el plural del artículo determinado *la* sigue la regla general: *las*.

El artículo indeterminado masculino *un* forma el plural en *unos*, y el femenino *una* (y en algunos casos *un*, como en *un águila*), en *unas*.

El plural del adjetivo

A los adjetivos, ya sean del género masculino, del femenino o del común, terminados en vocal no acentuada, se les agrega una *s* en plural: *bonito*, *bonitos*; *bonita*, *bonitas*; *alto*, *altos*; *alta*, *altas*; *triste*, *tristes*.

Cuando el adjetivo es palabra aguda y termina en consonante, el plural se forma agregándole *es* al final: *natural*, *naturales*; *fiel*, *fieles*; *celular*, *celulares*; *angular*, *angulares*. (Nótese que estas terminaciones *l* y *r* caracterizan también adjetivos comunes a ambos géneros.) Y *pelón*, *pelones*; *llorón*, *llorones*; *fregón*, *fregones* —que en plural pierden el acento, pues se han convertido en palabras graves.

Pero cuando la consonante terminal es *z*, esta consonante cambiará a *c* ante la terminación plural *es*: *precoz*, *precoces*; *feroz*, *feroces*; *audaz*, *audaces*; *capaz*, *capaces*. (También esta terminación en *z* es común a ambos géneros.)

El plural del sustantivo común

En plural, todos los sustantivos terminan en *s* (salvo alguna excepción de palabras que carezcan de plural: *déficit*, por ejemplo).

A los nombres comunes terminados en vocal no acentuada o en *e* acentuada (*é*), se les agrega una *s* al final: *casa*, *casas*; *ojo*, *ojos*; *nene*, *nenes*; *café*, *cafés*.

Al pasar al plural, las palabras agudas terminadas en consonante adquieren *es* al final: *color, colores; pañal, pañales; libertad, libertades; reloj, relojes; canon, cánones; acimut, acímutes.*

Si la consonante terminal de una palabra grave es *s*, la palabra no varía en plural: una *dosis*, varias *dosis*; una *crisis*, varias *crisis*.

Si la palabra es aguda y la consonante final es *z*, ésta se cambiará en *c*: *luz, luces; pez, peces; paz, paces; codorniz, codornices; capataz, capataces; albornoz, albornoces; cruz, cruces; arroz, arroces.*

Cuando la vocal terminal está acentuada y no es *a, o* ni *e* (es decir, que no sea una vocal fuerte), el plural se forma agregando *es* a la sílaba final: *cebú, cebúes; colibrí, colibríes.* Sin embargo, cada día se nota un rechazo mayor en el habla popular contra esta forma de plural, y no tardaremos en decir: *menús* y *colibrís* tan pronto como los gramáticos y la Academia nos lo permitan.

> NOTA. En español tenemos tres vocales fuertes: *a, e, o*; y dos débiles: *i, u.*

En algunos casos, al poner en plural nombres terminados en una sílaba acentuada y consonante final, se pierde el acento gráfico: la palabra se vuelve grave, y el acento prosódico queda en la misma sílaba que en singular: *francés, franceses; revés, reveses; arnés, arneses.*

En otros casos, cuando el acento está en otra sílaba, no cambiará de lugar en plural: *ángel, ángeles; árbol, árboles.*

Algunas palabras pasan de graves a esdrújulas al ponerse en plural, para conservar el acento prosódico donde se encontraba; ejemplos: *cardumen, cardúmenes* y *origen, orígenes*; en cambio *carácter* se mantiene como palabra grave en plural —*caracteres*— y pierde el acento escrito.

Palabras esdrújulas como *espécimen* y *régimen*, seguirán siendo esdrújulas mediante un cambio de la sílaba acentuada: *especímenes* y *regímenes* respectivamente.

REGLAS DE ACENTUACIÓN

Tenemos tres tipos de acentos en español:

1. El acento prosódico, es decir, el que se manifiesta cuando al hablar aplicamos mayor intensidad a la pronunciación de una de las sílabas de la palabra. Por ejemplo, al articular la palabra *caritativo*, apoyaremos ligeramente la voz en la penúltima sílaba, *-ti-*; al pronunciar la palabra *calor*, nuestra voz destacará la sílaba final, *-lor*; y al pronunciar *libertad* será la sílaba *-tad* la que se destaque.

2. El acento ortográfico, que va escrito e indica dónde debe aplicarse la intensidad al hablar, como en *cantó, ratón, prófugo* y *árbol.*

3. El acento diacrítico. Al leer encontramos palabras que se parecen, pero una lleva acento y la otra no. ¿Por qué? Porque aun cuando su aspecto físico sea idéntico, sus funciones son distintas, y para establecer esa distinción se escribe un acento, una tilde, que no afectará la pronunciación pero que mostrará la diferencia entre, por ejemplo, *el*, artículo (*el día*) y *él*, pronombre (*él canta bien*).

Si al hablar es importante saber dónde se apoya el acento de cada una de las palabras que pronunciamos, este punto cobra mayor importancia aún al escribir: lo "inmortalizamos" que escribimos, alguien lo va a leer; y si cuando hablamos nos pueden corregir —"Oye, no pronuncies *carcoma* igual que *cárcamo*"—, tan pronto como escribimos algo lo convertimos en "momento histórico" y tal vez en "error garrafal". Por eso se suele decir que "las palabras vuelan, los escritos quedan".

Dividimos las palabras del español, en cuanto al acento, en agudas, graves, esdrújulas y sobresdrújulas.

Las palabras agudas

Son las que llevan el acento, prosódico u ortográfico, en la última sílaba; se acentúan gráficamente todas las terminadas en *n, s* o vocal: *ladrón, cebú, café, mamá, rodó, colibrí, jazmín.* También son palabras agudas, pero no llevan tilde: *calor, dolor, portal, arrabal, celestial, papel, crisol, matiz, desliz, billar, doblez, beldad, libertad, reloj, carcaj, cenit, acimut.*

Y son agudas, sin tilde, las terminadas en alguno de los diptongos *ay, ey, oy, uy: Guirigay, mamey, convoy, Jujuy.*

Las palabras graves

Son palabras graves las que llevan el acento, gráfico o prosódico, en la penúltima sílaba. No se acentúan si terminan en vocal o en las consonantes *s* o *n*: *cautiverio, sombrero, aliciente, aguacate, leen, ibis, sabes, crisis, estratosfera.* Pero sí llevan tilde en caso contrario: *débil, ángel, árbol, cáliz.*

Las palabras esdrújulas

Estas palabras llevan el acento, un acento que siempre se escribe, en la antepenúltima sílaba : *cántaro, jícara, rústico, sátrapa, fúnebre, esdrújula.*

Las palabras sobresdrújulas

El acento de estas palabras, que siempre se escribe, va sobre la sílaba anterior a la antepenúltima. No son palabras simples sino formaciones verbales unidas a dos pronombres átonos: *corrigiéndoselo, contestándonoslo, descuéntamelo.*

¿Hay que acentuar los monosílabos?

Al escribirlos tenemos dos casos:

A) No se acentúan:

❏ *Tu* papá está furioso. Yo *fui*. Ella *fue, vio* y *dio* fe. Me duele *el pie*. En los últimos casos comprobamos que el acento prosódico se aplica a la vocal fuerte, no a la débil que antecede.

❏ Te digo *que* no. Ven a verme *si* puedes. *Se* levantó tarde. Es hora *de* comer.

B) *Sí se acentúan* (acento diacrítico):

❑ *Él* y *tú* (pronombres sujeto). Eso no es para *mí*. ¿Qué haces aquí? He dicho que *sí*. Cada quien mira para *sí*. Ya lo *sé*. No quiero que te lo *dé*.

❑ También se acentúan los interrogativos: ¿*qué*?, ¿*quién*?, ¿*cuánto*?, ¿*por qué*?, ¿*dónde*?, ¿*cuándo*? y *cómo*? Pero no se acentúan las siguientes palabras cuando no actúan como interrogativos: *porque, donde, cuando, como*.

He pegado a un escudero.
¿Por qué?, ¿dónde?, ¿cuándo? ¿cómo?
Porque donde cuando como sirven mal;
me desespero.

¿Y la *o* de "tres *o* cuatro"?

Cuando la conjunción *o* se encuentra entre letras no necesita acento, porque no existe la posibilidad de error. Pero si al escribir 3 o 4 pudiera leerse *trescientos cuatro*, es indispensable que se le ponga tilde: 3 ó 4.

La *h* no separa

Por eso escribimos: *búho, vahído, rehúso* y *se prohíbe*. Y decimos *desahucio* y *sahumerio*, con *a + u* (una vocal fuerte y otra, débil) formando diptongo.

Hay que fijarse bien

Ayer María **frió** *unas papas; hoy yo* **frío** *el pescado.*

Tengo mucho **frío**. (Compárese con: *el río* y *él se rió*.)

Sólo (adverbio = solamente) tiene diez años. ¿Has venido **solo**? (= *sin compañía*). Para saber si esta palabra lleva acento, basta sustituirla por *solamente*, y si no parece correcta, por el femenino *sola*. Uno de los dos debe ser el sinónimo correspondiente.

Pedro no ha llegado **aún** (= *todavía*). Es guapísima, **aun** enojada (= *incluso* cuando está enojada).

Tengo **más** *años que tú. Quería venir,* **mas** (= *pero*) *le fue imposible.* (Es decir, que si *mas* puede sustituirse por *pero*, no llevará acento.)

Mi (adjetivo posesivo) *hermana nunca piensa en* **mí** (pronombre personal).

En el plural, a veces hay que agregar el acento

Volumen, examen, cardumen, virgen, origen, en plural se escriben *volúmenes, exámenes, cardúmenes, vírgenes, orígenes*. Al leer esas palabras en voz alta, se puede comprobar que el acento prosódico no ha cambiado de lugar, aun cuando la palabra se ha vuelto esdrújula al pasar al plural.

Otras veces hay que quitarlo

Parabién, parabienes, pantalón, pantalones, revés, reveses. Y así, el acento prosódico sigue sobre la misma sílaba del singular, aun cuando la palabra aguda se haya vuelto grave, en cuyo caso no es menester ponerle acento ortográfico. En cam-

bio, en el caso de *carácter, caracteres*, la palabra en singular era grave, y en plural sigue siéndolo, sin necesidad de acentuarla.

Acentos que se pueden escoger

Algunas palabras pueden pronunciarse de dos maneras distintas, ambas correctas: *elíxir* o *elixir*; *alvéolo* o *alveolo*; *chófer* o *chofer* (pero en ambos casos, en plural: *choferes*); *pecíolo* o *peciolo*; *olimpíada* u *olimpiada*; *auréola* o *aureola*; *cónclave* o *conclave*; *dínamo* o *dinamo*; *etíope* o *etiope*. Y en el caso de *libido*, como lo escribe la Academia, muchas personas dicen *líbido* (quizá por analogía con el adjetivo *lívido*).

El acento de las medidas

Las terminadas en *gramo* y *litro* son graves: *miligramo, centigramo, kilogramo, decilitro, centilitro*.

Las terminadas en *metro* son esdrújulas: *milímetro, centímetro, kilómetro*.

Palabras con terminación de origen griego...

Las terminadas en *grama* son graves: *telegrama, ideograma, anagrama*.

Son esdrújulas las terminadas en *dromo*: *hipódromo, aeródromo, autódromo*; y también las terminadas en *grafo*: *cinematógrafo, fonógrafo, mecanógrafo* (y *mecanógrafa*).

... o de origen latino

como las terminadas en *-sfera*, creando un hecho curioso: decimos *atmósfera*, palabra esdrújula, pero las demás palabras con esa terminación serán graves: *estratosfera, biosfera*.

Las palabras compuestas

Los adverbios compuestos de un adjetivo y de la terminación *-mente* llevan dos acentos: el del adjetivo (acento ortográfico o prosódico) y el de la terminación, que es grave: *ágilmente, enfáticamente, psicológicamente*.

Sólo el último elemento conserva su acento en: *asimismo*, y en palabras compuestas como *decimonónico* (del siglo XIX) (aun cuando *décimo*, palabra aislada, lleva tilde) y *hazmerreír*.

Las palabras compuestas de verbo y pronombre átono (*sábelo, cúralo, métome*) más un complemento no llevarán acento: *sabelotodo, curalotodo, metomentodo, cazafortunas* y *correveidile* (corre, ve, y dile)**,** es decir, que serán graves.

Las palabras latinas que empleamos usualmente llevarán el acento que les corresponde en español por nuestra forma de pronunciarlas: *memorándum, ítem*.

Las palabras compuestas unidas por un guión conservarán su acento habitual: *anglo-soviético, cántabro-astur, histórico-crítico-bibliográfico*.

Muchas palabras compuestas no llevan guión pues forman un solo cuerpo: *aguamiel, turborreactor, contraataque, chupamirto, picaflor*.

NOTA. Se tiende a conservar el guión entre dos palabras cuando hay oposición: la guerra *franco-prusiana*. Pero se suprime cuando, por el contrario, hay asociación: la alianza *anglofrancesa*, el tratado *sinojaponés*.

¿Llevan acento las mayúsculas?

No lo llevan pero deberían llevarlo. Por ejemplo, en los libros que tratan de la Lengua encontramos acentuadas las mayúsculas (**versales** y **versalitas**). Y es una gran ayuda para los estudiantes.

LA DIÉRESIS

Llamada también *crema* —aun cuando el DRAE nos define ésta como "signo de puntuación", que no lo es—, la **diéresis** se define como: "Signo ortográfico que se pone sobre la *u* de las sílabas *gue*, *gui*, para indicar que esta letra debe pronunciarse; como en *vergüenza*, *argüir*..." Otros ejemplos son los sustantivos *agüero*, *Sigüenza*, *pingüino*, y el diminutivo de *agua*, *agüita*; del verbo **averiguar**: *averigüen*; y el adjetivo *pingüe* (= abundante, copioso, fértil).

Consideremos el sustantivo *paraguas*; si queremos conservar ese sonido de la **g**, para indicar "la tienda donde venden paraguas", tendremos que ortografiarla como sigue: *paragüería*.

LA PUNTUACIÓN

En la lengua escrita, la puntuación representa lo que la respiración en la lengua hablada. No podríamos hablar sin interrumpirnos de vez en cuando para recobrar el aliento. La puntuación realiza lógica y oportunamente esos cortes.

Los signos de puntuación cumplen, pues, una función necesaria, toda vez que lo escrito debe poder leerse en voz alta... sin que se asfixie el lector por falta de aire.

Veamos cuáles son los signos de puntuación y la función que desempeñan.

La coma (,)

Es el signo correspondiente a la pausa más breve, y se usa:

❏ Para separar los elementos de una enumeración o lista: *los ojos, la boca, la nariz, las mejillas, la frente y la barbilla*. Los dos últimos elementos no van separados por una coma sino unidos por la conjunción de coordinación **y**.

❏ Para separar varias proposiciones sucesivas: *Se levantó, fue hacia la ventana, la cerró, se acercó a la mesa y encendió la lámpara*. También aquí, las dos últimas proposiciones van unidas por la conjunción **y**.

❏ Para destacar el vocativo en medio de una frase: *Usted, amigo mío, siéntase como en su casa*.

❏ Para ocupar el lugar de un verbo ausente: *Todos lo apoyaremos, y tú, también*.

❏ Para separar, dentro de la frase, alguna aclaración: *La dama, vestida a la última moda, tenía un aspecto ridículo*. *Luis, que*

nada sabía del asunto, se mantuvo callado. Las niñas, que habían merendado mucho, no quisieron cenar.

Aquí tenemos que establecer una distinción importante. En el ejemplo anterior, gracias a las comas, nos enteramos de que *todas las niñas* habían merendado mucho. Ahora bien, si quitamos las comas tendremos: *Las niñas que habían merendado mucho no quisieron cenar*. Pero las demás, las que **no** habían merendado mucho, sí cenaron.

❏ Y para separar dos sujetos distintos en una misma frase:

Juan y Pedro querían venir, Luis se lo prohibió. Me puse los zapatos, y las botas se quedaron en el armario (sin la coma, se habría puesto *los zapatos y las botas*).

El punto y coma (;)

Se emplea:

❏ Cuando, sin llegar al final de la frase, conviene hacer una pausa de separación más prolongada que la coma, pero sin que corresponda el **punto**, porque la idea no ha sido totalmente expresada: *La oscuridad de la noche fue causa de que los barcos de la armada se separaran; al amanecer, todos se habían dispersado*.

❏ Y también cuando distintas proposiciones independientes van unidas únicamente por el sentido:

Ha llegado la hora; debemos iniciar la marcha. Es demasiado tarde; ya nadie nos espera.

Existe cierta tendencia a menospreciar el punto y coma; casi podría decirse que está pasando de moda. Este prejuicio injustificado no debe privarnos de un útil recurso de puntuación.

Los dos puntos (:)

Son muy prácticos para anunciar algo, ya sea:

❏ Una enumeración, como en: *Se enmendarán los siguientes artículos: el 1º, el 2º y el 3º*.

❏ La indicación de que se dirá, anunciará, preguntará, indicará, ordenará, etcétera, *algo* a *alguien*, como en: *Explícate: ¿qué has hecho? Es una orden: a las 10 deberán apagarse todas las luces.*

El punto (.)

El *punto y seguido* es un punto que aparece dentro del párrafo sin ponerle fin. Éste es un signo que marca una pausa más prolongada que los tres signos anteriormente estudiados. Se emplea cuando las oraciones sucesivas tienen estrecha relación entre sí.

El *punto y aparte*, en cambio, sirve para separar los párrafos, entendidos éstos como ideas totalmente desarrolladas.

El *punto* sirve también para cerrar las abreviaturas, como en: Sr., Sra., fig., pág.

El párrafo

"Cada una de las divisiones de un escrito señaladas por una letra mayúscula al principio del renglón y punto y aparte al final del trozo de escritura."

Tal es la definición que nos proporciona el *Diccionario de la Academia*. Es decir, que las tres líneas que nos han proporcionado la definición de la palabra **párrafo** constituyen, efectivamente, un párrafo.

Se considera que cada párrafo debe encerrar una idea. El párrafo consiste en una serie de oraciones separadas por los distintos signos de puntuación. Un párrafo largo, si consta de una sola oración, resulta farragoso: obligará al lector a leerlo un par de veces antes de lograr asimilarlo; es preferible que la idea desarrollada en el párrafo se divida en oraciones que sigan, en su presentación, una progresión lógica, ya sea ésta cronológica, psicológica o enumerando de lo menos a lo más importante, como es costumbre en nuestro idioma. (Los textos en inglés suelen seguir una progresión descendente, o sea, de más a menos.)

Igualmente, el orden de los párrafos debe seguir la lógica que el tema imponga. En la literatura moderna, muchos novelistas y biógrafos inician su obra con un entierro, y después pasan a contar la historia del difunto, aun cuando en el desarrollo de la biografía también se permiten licencias con la cronología, obligando al lector a fijarse en las fechas que inician los capítulos para no enredarse.

Los puntos suspensivos (...)

Formados por tres puntos —y sólo tres—, constituyen un solo signo ortográfico y denotan que ha quedado incompleto el sentido de algún enunciado; alguna expresión de incertidumbre, temor o duda. *Quién sabe... Por favor, no...*

No deben escribirse después de la palabra etcétera. Si aparecen al final de una frase, hacen inútil el punto final.

También se usan para señalar un corte en alguna cita entrecomillada: *"... huele, y no a ámbar."*

En la conversación, todo el mundo habla dejando sus frases sin terminar, como si se quedara el final de lo que dice al cuidado del interlocutor: es un poco hablar con *puntos suspensivos*, aun cuando éstos no se vean.

El asterisco (*)

Se suele emplear para indicar que habrá una nota al calce, y cuando haya dos (**), indicará la segunda nota. Pero si son más de dos, todas deberán ir señaladas por números: (1), (2), (3), etcétera.

El signo de interrogación (¿?)

En español, el signo se compone de dos partes. Hay una tendencia indebida a suprimir la primera parte (¿) como imitación servil de otros idiomas. Pero si tomamos en cuenta que por lo menos el francés, el inglés y el alemán construyen el inicio de sus preguntas de tal manera que no

es necesario señalarlo por otros medios, se justifica que sus interrogaciones no comiencen con un signo. Pero en español el caso es muy distinto.

En efecto, afirmamos: *Está servida la cena.* Pero también preguntamos: *¿Está servida la cena?*

La segunda vez se trata de una interrogación, y la construcción de la frase es la misma que en la frase afirmativa; por lo tanto, es necesario anunciar desde el principio que se trata de una pregunta.

El signo de admiración o de exclamación (¡!)

Este caso es similar al de los signos de interrogación:

¡Qué barbaridad! ¡No lo puedo creer! ¡Es imposible!

Estas tres expresiones, habladas, llevan una carga enfática en la voz; escritas, deben traducir ese mismo énfasis mediante las dos partes del signo de admiración.

El paréntesis ( )

Este signo ortográfico suele encerrar una frase o expresión sin enlace necesario con los demás miembros de la oración que la rodean, pero que explica o agrega algo necesario a su entendimiento:

*Los hijos de Juan (**eran tres**) corrieron a su encuentro.*

*La sardana (**baile nacional de Cataluña**) se baila en corro y contando los pasos.*

*La oración (**enunciado bimembre**) consta de sujeto y predicado.*

El guión (-) y las rayas (—)

Al final de un renglón, si no cabe la palabra entera, escribimos un **guión** y terminamos de escribir la palabra al principio del renglón siguiente.

También ponemos un **guión** entre adjetivos compuestos creados por la necesidad de actualizarse: *técnico-administrativo, físico-químico.*

Las rayas (más largas que el guión) sirven, al igual que el paréntesis, para explicar algo o para completar lo que se dice pero que no forma parte de la oración que se enuncia. En ocasiones podrían sustituirse por un paréntesis: *Emilio —su hermano— contestó por él.*

Pero en otros casos encierran una oración incisa y realizan la misma función que desempeña la coma: *Las dos maestras —que ya se habían puesto de acuerdo— firmaron la reclamación.*

Las comillas (" ")

Se emplean para destacar alguna frase dentro de otra, por ejemplo, al citar el título de algún libro:

Encontré esa palabra en el "Diccionario de Sinónimos".

Al citar una frase de otra persona:

Como dijo Descartes: "Pienso, luego existo".

Para señalar alguna palabra que todavía no es de uso común:

A estas fechas no todos están "credencializados".

¿Qué sucede cuando debería haber comillas dobles? Por ejemplo: *"Reflexionen ustedes y comenten la siguiente expresión que aparece en "Don Quijote de la Mancha". "Tripas llevan patas, que no patas llevan tripas"."*

¿No resulta algo pesado? Los textos en inglés tienen resuelto el problema de la siguiente manera:

"Reflexionen ustedes y comenten la siguiente expresión que aparece en 'Don Quijote de la Mancha': 'Tripas llevan patas, que no patas llevan tripas'." Así se evita la acumulación de comillas. Unos pocos editores de libros en español ya han adoptado este sistema.

NOTA. Hemos visto los **signos** de puntuación. **Signo** puede ser *un signo lingüístico* —una palabra—, uno de los *signos del zodiaco* —Acuario—, una *señal* o *figura* empleada en matemáticas (+, %, $, etcétera), uno de los caracteres que se usan para escribir música: redondas, corcheas, etcétera, o una *seña* que se hace con los ojos, la boca o la mano (un ademán).

En inglés se emplea la palabra *sign* en un sinfín de expresiones para las cuales el español tiene diversas palabras: Por ejemplo, no debería decirse: "Me hizo *signos*" por "Me hizo **señas**". Tampoco debería decirse que "Emiliano muestra *signos* de recuperación" sino "Emiliano muestra **señales** de recuperación".

EL DIMINUTIVO

Curiosamente, los diminutivos consisten en un agregado al final de la palabra, un **sufijo**, que la alarga, para indicar algo más pequeño. Los diminutivos se aplican a los nombres sustantivos y a los adjetivos calificativos.

Si la palabra termina en vocal, pierde ésta al agregársele un diminutivo: **casa**, *casita*; **perro**, *perrito*; **vino**, *vinito, vinillo*; **borrico**, *borriquito*, **borriquillo** (nótese el cambio de **c** en **qu** en presencia de la **i**); **callando**, *callandito*; **guapa**, *guapita*; **bobo**, *bobito*.

El diminutivo **-ito, -ita** es el más empleado en español; sin embargo, existen muchos diminutivos más, y algunos caracterizan perfectamente la región de España donde se usan preferentemente.

NOTA. Los nombres propios de persona son buenos ejemplos de los diminutivos locales: María: *Marichu* en Vasconia, *Marusiña* en Galicia, *Maruja* en muchas otras partes de España; Pilar: *Pilarica* en Aragón; y en "El lindo don Diego" encontramos, de Beatriz; *Beatricilla*.

El diminutivo **-illo, -illa** también es muy usual, aun cuando en ocasiones no demuestra afecto sino un leve desprecio: *Tengo un trabajillo de poca monta. Aunque sean pocos, los dinerillos siempre caen bien.*

Los diminutivos **-ececito, -ececillo, -ececico** y sus correspondientes femeninos terminados en **a,** sirven para alargar un poco algunas palabras monosílabas: *pie, piececito; luz, lucecita; cruz, crucecita* —estas dos últimas con el cambio de **z** en **c** como sucede en el plural—; *pan, panecillo.*

Los diminutivos **-ecito, -ecillo, -ecico** (siempre con la terminación **a** para el femenino) se aplican a:

❑ Los monosílabos terminados en consonante (incluso la **y**): *red-ecilla; sol-ecito; pan-ecillo; flor-ecita; pez-ecito* (así lo escribe la Academia, lo cual causa confusión porque el plural de *pez* es *peces*); *rey-ecito.*

Excepciones: *Juan-ito, Luis-ito.*

❑ Los bisílabos cuya primera sílaba sea uno de los diptongos **ei, ie, ue** : *reina, rein-ecita* (pero en México se dice *reinita*); *huevo, huev-ecito* (pero en México se dice *huevito* aunque también, en ciencias: *huev-ecillo*).

❑ Los bisílabos cuya segunda sílaba es diptongo de **ia, io, ua**: *bestia, besti-ecilla* (es más usual *bestezuela*); *genio, geni-ecillo; guante, guant-ecito; poco, poqu-ito; fresco, fresqu-ecito* (pero también se dice *fresquito*); *tregua, tregü-ecita; lengua, lengü-ecita* (pero aquí decimos *lengüita*, y tratándose de un protector de cuero del zapato: *lengüeta*).

Excepciones: *agü-ita, rub-ita.*

(Nótese: La **diéresis** o **crema** va sobre la **u** (**ü**), para conservar la pronunciación de la **g**. Y en *poco* y *fresco*, la **c** cambia a **qu** para conservar ante la **i** la pronunciación **k** de la **c** ante **o**; *poquito, fresquito*.)

Todos los vocablos bisílabos terminados en **e**: *pobr-ecito; madr-ecita; caf-ecito* (palabra grave que ha perdido el acento; en cuanto a *leche*, aquí decimos *lechita* y no *lech-ecita*); *monte-cillo; torr-ecilla; nub-ecilla; parqu-ecillo.* (Y tanto en España como en América se dice: **nen-ito**, no *nenecito*.)

Los diminutivos **-cito, -cillo, -cico** y sus femeninos se aplican a:

❑ Las voces agudas de dos o más sílabas terminadas en **n** o **r**: *calor-cillo; olor-cillo; dolor-cillo; amor-cito; corazon-cito; colchon-cito; cantar-cito; cancion-cita.* (Obsérvese que palabras acentuadas como *corazón, canción* y *colchón* al adquirir un diminutivo se vuelven graves y pierden el acento que las hacía agudas.)

❑ Las dicciones graves terminadas en **n**: *Carmen-cita; examen-cito; imagen-cica.*

Los diminutivos en **-ito, -illo, -ico** y sus femeninos se usan con palabras que no han sido especificadas antes, pero que admiten diminutivo: *estatu-illa; pajar-ito; vain-illa; pucher-ico.*

En ocasiones, el empleo de un diminutivo implicará un cambio en el sentido de la palabra, por lo que deberá escogerse con cuidado; diremos **hembrita**, pero no *hembrilla*, pues ésta es una pieza, generalmente metálica; si el **torno** es pequeño —por ejemplo, de juguete—, podríamos decir **tornito**, pero no *tornillo*, palabra que significa "pieza metálica que se atornilla en una tuerca, un mueble de madera, etcétera"; y la *colilla* no es una pequeña *cola* sino un cigarrillo casi consumido.

Los diminutivos en **-uelo, -zuelo, -ezuelo, -cezuelo**, con las correspondientes terminaciones en **a** para el femenino, nos dan: *pequeñ-uelo, moz-uelo, joven-zuelo, mujer-zuela, rey-ezuelo, ladron-zuelo*, los tres últimos vocablos con sentido peyorativo.

Para hablar correctamente, habrá que modificar algunas palabras cuando se les agrega un diminutivo: **caliente** debería decirse ***calentito***.

Algunos adverbios también pueden llevar un diminutivo: *despac**ito**, tempran**ito**, tardec**ito**, cerqu**ita**, encim**ita**, debaj**ito*** e incluso *despues**ito*** (¡!).

EL AUMENTATIVO

Son los sufijos **-ón, -azo** y **-ote, -ona, -aza** y **-ota** en femenino. Es imposible agregar un aumentativo a **todas** las palabras; pensemos, por ejemplo, en *enano, pigmeo*, o en los adjetivos *diminuto, insignificante, ínfimo*.

Pero hay palabras que sí admiten el aumentativo; si terminan en vocal, la pierden, pero si finalizan en consonante, conservan ésta: *grande, grand-ote; perra, perr-ota; avergonzado, avergonzad-ón; hombre, hombr-ón (y hombrach-ón); muchacho, muchach-ón, muchach-ote; papel, papel-ón, papel-ote; calor, calor-ón; gigante, gigant-ón; ladrón, ladron-azo; pícaro, picar-ón; picaron-azo; salvaje, salvaj-azo; golpe, golp-azo; encuentro, encontr-ón, encontr-on-azo; amigo, amig-azo, amig-ote* (este último, algo peyorativo).

Por otra parte, aquí también hay que respetar los usos locales de las palabras. Por ejemplo, el sufijo **-azo** que sirve de aumentativo en España, en México no significará lo mismo; si en España por un gato grande se dice **gatazo**, en México se dirá **gatote**, y el **gatazo** de México significará una apariencia verdaderamente agradable, tanto de las personas como de las cosas, y se combina con el verbo *dar*: Tu *coche da el gatazo (se ve bien)*.

> NOTA. Es necesario insistir en la diferencia existente entre idiomas como el francés y el inglés, por una parte, y el español, por otra.
>
> En efecto, en francés el diminutivo se ha ido perdiendo y solamente queda en algunas palabras (*fille* —niña—, *fill**ette**; garçon* —niño—, *garço**nnet***). Cuando se necesita un diminutivo, se antepone el adjetivo **pequeño,** *petit,* **pequeña,** *petite: un* **petit** *garçon, une* **petite** *fille.*
>
> En inglés, para expresar el diminutivo, también se antepone al sustantivo el adjetivo equivalente a nuestros **pequeño, pequeña** —little—: a **little** *boy, a* **little** *girl.*
>
> En cuanto a los aumentativos, ambos idiomas emplean el equivalente de nuestro adjetivo **grande,** y lo anteponen al nombre por aumentar**.**

En francés: *un* **grand** *garçon, une* **grande** *fille.* En inglés: *a* **big** *boy, a* **big** *girl.*

Está justificado el procedimiento en francés y en inglés; en español, **no.**

EL GRADO COMPARATIVO

Para comparar, empleamos las formas *más... que, menos... que, tan... como*, flanqueando la palabra (adjetivo, nombre común o adverbio) que se compara: *El niño es* **más alto que** *su hermana*, comparativo de superioridad. *Tengo* **menos dinero que** *tú*, comparativo de inferioridad. *Juan llegará* **tan lejos como** *nosotros*, comparativo de igualdad.

Para comparar, el adjetivo *bueno (buena)* dispone de la forma ***mejor***. *El agua es buena pero el vino es mejor*. Pero eso no excluye el uso de **más bueno**, como en "Es **más bueno** que el pan." También el adjetivo *malo (mala)* tiene su forma comparativa, que es ***peor***. *La bronquitis es* ***peor*** *que el catarro*. La forma ***peor*** no elimina el uso de **más malo**, como en "Es **más malo** que el mismísimo demonio."

EL GRADO SUPERLATIVO

No todas las palabras admiten superlativo, pues algunas son superlativas de por sí: *maravilloso, extraordinario, exquisito, inmenso, inconmensurable, desmedido, incapacitado*; sería ridículo pretender agregarles algo.

Un adjetivo terminado en consonante se volverá superlativo al añadírsele **-ísimo** al final; los terminados en vocal perderán ésta: *grande, grand-ísimo; hermoso, hermos-ísimo; triste, trist-ísimo; alta, alt-ísima; guapa, guap-ísima; dulce, dulc-ísima; formal, formal-ísimo; actual, actual-ísimo*.

Los adverbios formados partiendo de un adjetivo también suelen admitir este superlativo, pero aplicado al adjetivo que constituye su raíz: *lenta, lentamente, lentísimamente; triste, tristemente, tristísimamente*.

Los adjetivos terminados en **-ble**, como *amable, sensible, horrible*, reciben una **i** entre la **b** y la **l**: *amabil-ísimo, sensibil-ísimo, horribil-ísimo*. Y los adverbios de modo, al aceptar el superlativo en **-ísimo**, conservarán esa **i** del adjetivo: *ama**bilísima**mente, sensi**bilísima**mente, horri**bilísima**mente*.

Algunos adjetivos tienen su propio superlativo: *bueno,* **óptimo**, o sea: insuperablemente *bueno; malo,* **pésimo**, es decir, el colmo de lo malo. Eso no es obstáculo para emplear los superlativos *bonísimo* (popularmente se dice *buenísimo*) y *malísimo*, que producen, a su vez, los adverbios *bonísimamente* o *buenísimamente*, y *malísimamente*. Otro superlativo de *bueno* se forma con el comparativo *mejor*, y así tenemos: *el mejor, la mejor, los mejores, las mejores*. Y el otro comparativo de *malo*, naturalmente, también se forma con su comparativo *peor: el peor, la peor, los peores, las peores*.

El superlativo de los siguientes adjetivos se forma con el sufijo *-érrimo: acre, acérrimo; pobre, paupérrimo; célebre, celebérrimo; pulcro, pulquérrimo; íntegro, integérrimo; mísero, misérrimo; libre, libérrimo;*

Muy es "un adverbio que se antepone a nombres adjetivados, adjetivos, adverbios y modos adverbiales, para denotar en ellos grado sumo o superlativo de significación"(DRAE). Ejemplos: Es **muy** hombre. Está **muy** enterado. Caminan **muy** sobre seguro. Era **muy** hermosa. Llegó **muy** temprano. Leen **muy** despacio. Vive **muy** lejos.

LAS MAYÚSCULAS

¿Qué se escribe con mayúscula?

La letra que inicia:

1. Una frase: Ayer llovió.

2. Cualquier nombre propio: María, París, Mogadiscio.

3. Cualquier nombre común que sirva como nombre propio: la Zona Sur, el Gran Mogol, el Quinto Poder.

4. El título de una obra artística o literaria: Don Quijote, la Piedad.

5. Los nombres que designan cargos: Su Alteza, Su Santidad, Su Majestad.

6. Algunos nombres comunes tomados como propios por la representatividad que ostentan: la Prensa, el Estado, la Patria, la Nación.

7. Lo que se refiere a Dios: Él, Su Santo Nombre, el Creador... pero el diablo se inicia con minúsculas, aun cuando el Malo lleve mayúscula.

NOTA. Se ha puesto de moda, comenzando por la prensa y continuando por los títulos de libros, iniciar con mayúsculas todas las palabras de más de tres letras; así, el encabezamiento de un artículo puede presentarse como sigue:

Persiguieron al Asesino Hasta Rodearlo y Apresarlo, y el título de un libro: La Gran Tumba Imperial de China. Muchos editores han optado por poner todo el título en mayúsculas, evitando así un énfasis tan ridículo en palabras que no lo ameritan.

Lo más curioso es que años atrás se había puesto de moda escribirlo todo en minúsculas, aunque fuera principio de frase o nombre propio, y se podía leer: **juan espino, arquitecto, unam, 1965.**

PLEONASMO

Es una "figura de construcción que consiste en emplear en la oración uno o más vocablos innecesarios para el recto y cabal sentido de ella, pero con los cuales se da gracia o vigor a la expresión" o, claro está, se puede incurrir en una pesadez imperdonable, como cuando se dice: Padece artritis **articular**, pues la artritis es, precisamente, un tipo de reumatismo articular. O también: ¿Has comido la **comida**? O Mañana vendrán a cenar ambos dos.

REDUNDANCIA

"Sobra o demasiada abundancia de cualquier cosa o en cualquier línea" (DRAE).

A pesar de que las definiciones no son iguales, suelen usarse indiferentemente pleonasmo y redundancia. Pero en el campo de la gramática, emplearemos, de preferencia, pleonasmo.

INCORRECCIONES Y CORRECCIONES

En la actualidad, se ha dado en emplear una serie de expresiones incorrectas sin el menor remordimiento; es decir, que las personas que cometen incorrecciones lo hacen sin tener conciencia de ello.

● Una palabra que se emplea a diario es televisivo, como en Un programa televisivo. ¿Qué significa la palabra televisivo? Simplemente: "Que tiene buenas condiciones para ser televisado." O sea que la expresión un programa televisivo sólo indica que podría ser televisado, no que lo haya sido. El adjetivo televisual es "Perteneciente o relativo a la televisión".

● Emocionante es un adjetivo y significa "que emociona". Este adjetivo está perdiendo la batalla contra emotivo, que deberíamos reservar para una cualidad anímica, dando a cada uno el lugar que le corresponde: La ceremonia fue **emocionante**, y María, que es una jovencita muy **emotiva**, se deshizo en llanto.

● El mercurio difiere **de** los demás metales porque es líquido. Se dice claramente: difiere **de.**

El mercurio es diferente **de** los demás metales...

Ser distinto **de**... Ser diferente **de**... Pero Ser igual **que**: Yo soy igual **que** tú.

Sólo en matemáticas debe decirse igual **a**: 3 + 4 = 7, es decir, Tres más cuatro es igual a siete.

● Para hacer hincapié en algo que ha dicho anteriormente, una persona suele decir, mal dicho: Te vuelvo a repetir. Sólo se volverá a repetir lo que se haya repetido anteriormente después de haberlo dicho por vez primera. O sea: Anteayer te lo dije, ayer te lo repetí, y hoy vuelvo a repetírtelo. Esto es lo correcto: sólo desde la tercera vez que se dice, en adelante, se ha vuelto a repetir.

El razonamiento anterior sirve para modificar: Ha vuelto a **re**surgir. Eso implicaría que ya había resurgido por lo menos una vez después de haber surgido.

● Todo el mundo emplea el verbo trastocar cuando debería decirse trastrocar.

"**Trastocar** (De trastrocar.) tr. p. us. Trastornar, revolver. 2. prnl. p. us. Trastornarse, perturbarse la razón". (DRAE.)

"**Trastrocar** (De tras por trans, en sentido de cambio, y trocar.) tr. Mudar el ser o estado de una cosa, dándole otro diferente del que tenía. U. T. C. prnl." (DRAE.)

Es decir, que cuando está la idea de trocar, de trueque, se debe decir **trastrocar.**

PRONTUARIO DE DUDAS

Los medios de comunicación modernos ponen en circulación una gran cantidad de términos y expresiones que no todos los receptores entendemos plenamente. En los periódicos, en la televisión y en la radio se informa de lo que ocurre en la bolsa de valores, de la nueva misión del transbordador espacial, del futbol profesional, de que los bancos tienen problemas de cartera vencida y de muchos otros temas más. Las áreas de la política, las finanzas, el deporte, la ciencia y la tecnología son el objetivo de los informadores.

Hay otras áreas del conocimiento cotidiano y del ámbito laboral que también han creado su propio vocabulario. Cada día es más común manejar computadoras en las oficinas o en el hogar, y debemos entender conceptos como software, hardware, sistema operativo y otros que, inevitablemente empleamos o escuchamos. Y también forman parte de nuestro lenguaje términos como light, carisma, burocracia, código de barras, malinchismo, que no se pueden clasificar pero son de uso diario y poca gente podría dar una explicación satisfactoria de lo que significan.

La presente sección de Hablar y escribir bien: la llave del éxito ofrece una explicación amplia de un conjunto de términos y expresiones escogidos de los ámbitos laboral, cotidiano, científico, económico, tecnológico y político, que resultarán de una invaluable utilidad para quien pretenda comprender mejor la información que a diario transmiten los "medios". Es indudable que muchos conceptos quedaron fuera, pero era necesario hacer una selección considerando su importancia y su frecuencia de uso en el habla actual. No todos son de reciente aparición, pero su significado es igualmente interesante.

Acuerdo de libre comercio. Ver Tratado de libre comercio

Acuerdo General sobre Aranceles Aduaneros y Comercio

Mejor conocido por sus siglas en inglés (GATT, *General Agreement on Tariffs and Trade*), este acuerdo es un foro de promoción del comercio internacional en el que se establecen normas generales para el intercambio, y mecanismos de solución de los conflictos que surjan.

La existencia de numerosas barreras contra el comercio internacional al término de la Segunda Guerra Mundial impulsó a Estados Unidos a proponer, en diciembre de 1945, la creación de un organismo que regulara las relaciones comerciales. Esta iniciativa dio lugar a la resolución del Consejo Económico y Social de las Naciones Unidas del 18 de febrero de 1946, en la que se convocó a la Conferencia Internacional sobre Comercio y Empleo por celebrarse en la ciudad de La Habana, Cuba, donde se desarrolló entre el 21 de noviembre de 1947 y el 24 de marzo de 1948.

Para tal conferencia se elaboró un documento normativo del comercio internacional que habría de conocerse como *Carta de La Habana* y en el que se preveía el establecimiento de una institución internacional que, en calidad de agencia especializada de la Organización de las Naciones Unidas, regulara los intercambios internacionales. No obstante, la falta de acuerdo entre los países participantes impidió la aplicación de esta medida.

En la reunión preparatoria de la Conferencia de La Habana, Estados Unidos propuso el inicio inmediato de negociaciones arancelarias, sugerencia que fue aceptada por 23 países y que se concretó el 30 de octubre de 1947 con la firma del Acuerdo General sobre Aranceles Aduaneros y Comercio. La primera conferencia arancelaria se celebró muy pronto en Ginebra, de manera que el Acuerdo entró en vigor en enero de 1948, mismo año en que los países signatarios procedieron a hacer efectivas las primeras reducciones de aranceles.

En la que habría de ser su forma definitiva —el GATT, cuya sede fue fijada en Ginebra, Suiza—, el Acuerdo dejó de concebirse como un organismo de las Naciones Unidas para constituirse más bien como un acuerdo intergubernamental multilateral normador de las relaciones comerciales entre sus miembros.

Dos son los principios orientadores de las actividades de esta institución: la existencia de un comercio sin discriminación alguna y la adopción de los aranceles como la única forma de protección de las industrias nacionales de las naciones firmantes.

En lo que compete a la ausencia de discriminaciones en el artículo I se establece que las ventajas, concesiones o privilegios otorgados por una de las partes a un producto originario de otro país serán concedidas inmediata e incondicionalmente a todos los productos similares originarios de las demás partes contratantes, cláusula a la que se le conoce como "de la nación más favorecida".

El artículo XXIV indica, a su vez, que los países participantes en una unión aduanera o zona de libre comercio no harán extensivas sus concesiones mutuas a los otros miembros del GATT, excepción importante a la cláusula de la nación más favorecida, junto con la acordada en noviembre de 1979 con el título de "Trato diferenciado y más favorable, reciprocidad y mayor participación de los países en desarrollo", mejor conocida como "cláusula de habilitación". El trato diferenciado y más favorable a los países en desarrollo sería aplicado por los países desarrollados a productos originarios de aquéllos, de conformidad con el Sistema Generalizado de Preferencias, con las disposiciones del Acuerdo sobre medidas no arancelarias resultado de negociaciones multilaterales, con los acuerdos regionales o generales entre países en desarrollo que fuesen miembros del GATT, con los criterios fijados por las partes respecto de medidas no arancelarias aplicables a los productos importados en su comercio mutuo, y con el trato especial concedido a los países en desarrollo menos adelantados en el contexto de las disposiciones previstas en su caso.

Entre las excepciones al segundo principio básico del GATT —la protección de las industrias nacionales mediante el recurso exclusivo de los aranceles— se encuentran las medidas de urgencia y el comercio de productos agrícolas y textiles, del acero y de otros artículos sensibles (que resultarían afectados por las importaciones).

Las medidas de urgencia permiten la suspensión total o parcial de cierta obligación o el retiro o modificación de la concesión implicada cuando un miembro del GATT importa un producto en cantidades y condiciones tales que causen o amenacen con causar un perjuicio grave a los productores nacionales de bienes similares o de competencia directa con aquél. Otra excepción relevante a la norma que prohíbe la aplicación de restricciones cuantitativas en lugar de los aranceles es el caso de una parte contratante del Acuerdo que decide recurrir a ellas con el propósito de proteger su balanza de pagos.

El Acuerdo General sobre Aranceles Aduaneros y Comercio es el único instrumento de negociación multilateral del comercio internacional. Ha organizado hasta 1993 ocho rondas de negociaciones, la primera de las cuales se celebró en Ginebra, Suiza (1947-1948), con la participación de 23 países, mientras que la más reciente tuvo como sede inicial la ciudad de Punta del Este, Uruguay (1986-1993), y contó con la participación de 117 países.

Las primeras siete rondas concluyeron con avances muy positivos. Tal es el caso de la séptima, la Ronda de Tokio (1973-1979), de la que se desprendieron seis códigos referidos a la reducción o eliminación de medidas no arancelarias, tres de los cuales (los de Valoración en Aduanas, sobre Subvenciones y Derechos Compensatorios y Antidumping) interpretan, amplían y reglamentan algunos artículos del Acuerdo, en tanto que los restantes (Código de Obstáculos

Técnicos al Comercio, sobre Procedimientos para el Trámite de Licencias de Importación y sobre Compras del Sector Público) reglamentan y precisan ciertos aspectos técnicos.

Código de Valoración en Aduanas
Tiene por objeto establecer un sistema equitativo y uniforme para la operación que reglamenta.

Código sobre Subvenciones y Derechos Compensatorios
Se propone evitar que el empleo de subvenciones por parte de los gobiernos perjudique los intereses comerciales de los otros países y que las medidas compensatorias, impuestas para atenuar los efectos de tales subvenciones, obstaculicen injustificadamente el comercio internacional.

Código Antidumping
Interpreta las disposiciones del artículo VI del Acuerdo, que establecen las condiciones en las cuales podrán imponerse derechos *antidumping* (*ver* Dumping).

Código de Obstáculos Técnicos al Comercio
También conocido como Código de Normas, supone el compromiso de que los reglamentos técnicos que adopten los gobiernos por razones de seguridad, sanidad y protección del consumidor o del medio natural no creen ningún obstáculo innecesario al comercio.

Código sobre Procedimientos para
el Trámite de Licencias de Importación
Tiene por objeto impedir que los trámites respectivos constituyan restricciones a la importación.

Código sobre Compras del Sector Público
Busca promover mayor competencia internacional en las licitaciones de contratos del sector público. Estipula reglas detalladas sobre las convocatorias y la adjudicación de los contratos.

La octava ronda, la Ronda de Uruguay, fue producto del mayor volumen y complejidad de los intercambios mundiales, y de la consiguiente necesidad de regular aspectos de desarrollo notable y áreas que tradicionalmente no habían sido objeto de control. Así pues, sus principales objetivos fueron los siguientes:

a) Contener las presiones proteccionistas y avanzar en el proceso de apertura comercial multilateral.

b) Reforzar la disciplina tanto para evitar las prácticas desleales como para vigilar que el combate en su contra no se convierta en instrumento de proteccionismo disfrazado.

c) Extender las disposiciones del GATT a nuevas áreas del comercio internacional, como la propiedad intelectual y los servicios.

d) Incorporar a la agricultura y los textiles en el cuerpo regulatorio.

Entre los logros alcanzados por la Ronda de Uruguay, formulados en las disposiciones del *Acta Final* —cuya fecha establecida para la entrada en vigor fue el primero de enero de 1995— destacan los siguientes:

a) La creación de una Organización de Comercio Mundial, que constituirá el marco institucional del GATT e incluirá todos los acuerdos concertados bajo sus auspicios y los resultados completos de la Ronda.

b) Reducciones importantes en el sector agrícola, tanto en niveles arancelarios como en los subsidios a la exportación.

c) La eliminación, en 10 años, del límite en las cuotas de exportación de textiles y vestimentas de los países en desarrollo hacia las naciones desarrolladas.

d) Disposiciones más exigentes en las prácticas desleales, derechos de propiedad intelectual e inversiones.

e) Reducción de 33% en los aranceles a la importación de los productos no formalmente incluidos en el *Acta Final*.

Adicciones

Se consideran adicciones las formas de dependencia física o psíquica ocasionadas por un consumo habitual. Para la Organización Mundial de la Salud, la *dependencia física* es un estado de adaptación a una sustancia y se manifiesta en trastornos fisiológicos al interrumpir su administración. En cambio, cuando el organismo no la demanda pero existe una necesidad compulsiva, hablamos de una *dependencia psíquica o psicológica*.

La OMS advierte: droga es toda sustancia que, introducida en el organismo, puede modificarlo en una o más de sus funciones. Esto significa que drogas también son las bebidas, las plantas, los polvos y las pastillas que alteran la conciencia, el humor o la conducta. Si ya se cuentan por centenares de millones las personas que buscan la euforia del opio y sus derivados (heroína, morfina), que son alcohólicas crónicas, consumen la coca, mascan nueces de cola o fuman mariguana, no es posible ignorar a quienes sufren la adicción al tabaquismo, el café, los fármacos antidepresivos y otras sustancias cuyo uso, aunque doméstico, resulta igualmente nocivo.

El consumo de drogas es quizá tan antiguo como la civilización. Jean-Louis Brau refiere, en su *Historia de las drogas*, que el hallazgo de una especie poco común de adormidera, planta de cuyos frutos se obtiene el opio, en las ruinas de las ciudades lacustres de La Tene, Suiza, hace suponer que sus cualidades fueron conocidas desde el mesolítico (8000 a 5000 a.C.); también se le encontró representada en la escritura cuneiforme de Sumeria (3000 a.C.). Cuenta Homero que hacia el siglo xvi a.C., al evocar el destino de Ulises, Telémaco y la corte de Menelao cayeron en profunda melancolía, razón por la cual Helena mandó escanciar las copas con nepente, "bebida que produce olvido del dolor y el infortunio". Los escitas, por su parte, al guardar luto se reunían en una tienda de campaña y arroja-

ban granos de cáñamo al fuego. Aspirar el humo, decían, les permitía hablar con el ausente e interceder ante los dioses en su favor.

Las drogas estaban restringidas a ciertos grupos y momentos, como se deduce de un bajorrelieve asirio del rey Teglatfalasar II (siglo xi a.C.), donde un sacerdote sostiene un ramo de adormideras. Según la élite religiosa griega, el éxtasis era una de las puertas al más allá, y de ahí que recurriera a diversas sustancias para propiciar los delirios proféticos en los oráculos. En los oráculos de Trofonio, por ejemplo, muchos fieles se untaban. el cuerpo con aceite opiado y se presume que en las liturgias de Eleusis se empleaba el cáñamo (también llamado hachís, mariguana o kif). Asimismo, los sacerdotes frigios solían echar en un brasero puñados de hierbas narcóticas.

En la mitología hindú, la amrita, el brebaje de la inmortalidad, no era otra cosa que una cocción de hachís. En América, los indígenas acostumbran desde hace milenios mascar hojas de la coca y del peyote. Considerado este último como un cacto sagrado, se utiliza en ceremoniales asociados a la fertilidad de la tierra, razón por la cual el rito se relaciona con las lluvias y la cosecha del maíz.

Igualmente antiguos son los excesos. Al iniciar la era cristiana, Galeno lanzó la primera advertencia: el cáñamo, tomado en demasía, lesiona el cerebro. Sin embargo, él mismo debió elaborar un medicamento con fuertes dosis de opio para aliviar las cefaleas de Marco Antonio. El emperador se aficionó tanto al remedio que diariamente ingería una dosis "grande como un haba de Egipto".

Pronto pasarían las drogas de las élites al pueblo, conforme se descubriera su utilidad para estimularle en las guerras. En el siglo xi se fundó la Orden de los Asesinos (*haxixinos*, originalmente), que ganaría fama de crueldad durante las Cruzadas. El hachís exaltaba a los *fedawis*, personajes a quienes se confiaban las misiones de sacrificio. Más tarde, los turcos se acostumbrarían a tomar opio cuando marchaban a la guerra, para olvidar los peligros, combatir el cansancio e insensibilizar al cuerpo. Caro lo pagarían, pues a mediados del siglo xvi no había turco que no gastara su dinero en comprar opio.

Fue así como comenzó el gran negocio de las adicciones y la búsqueda sin escrúpulos de nuevos mercados. En China se escribió un triste capítulo de esta historia. En el siglo xvi, los chinos aprendieron a preparar la pasta de opio, y con rapidez proliferó la toxicomanía. Aunque en 1729 el emperador Yong-tcheng prohibió la importación del opio, los portugueses continuaron introduciéndolo en forma clandestina hasta 1773, cuando la Compañía Inglesa de la Indias Orientales se apoderó del comercio. A lo largo de las costas chinas intercambiaba la droga por lingotes de oro y de plata.

Los ingleses comenzaron a aficionarse al opio, al grado de que nobles y políticos se volvieron adictos, como el vizconde Sidmouth Addington y los parlamentarios William

Wilberforce, lord Erskine y sir James Mackintosh, quienes levantaron la voz en la Cámara de los Comunes, en 1839, ante las protestas del emperador Lin Tso-siu por el tráfico ilícito, y estuvieron de acuerdo en que era "inoportuno abandonar una fuente de ingresos tan importante como el monopolio de la Compañía de las Indias Orientales en materia del opio".

En respuesta, los aduaneros chinos decomisaron un gran embarque del narcótico y lo arrojaron al mar, ante lo cual Inglaterra, en nombre de la libertad de comercio, le declaró la guerra, que sería conocida precisamente como Guerra del Opio. Con la victoria, los británicos abrieron varios puertos al comercio del opio y gracias a ello, entre 1850 y 1878, los adictos chinos pasaron de 2 millones a 120 millones.

En el pecado Europa llevó la penitencia, pues la opiomanía se extendió al Viejo Continente. A mediados del siglo XIX, los boticarios vendían píldoras de opio a un precio inferior al de la cerveza; en París, Havre, Burdeos y Marsella aparecieron fumaderos. Al iniciar el siglo XX, estos sitios se contaban por miles, a los cuales asistían lo mismo las clases populares que la élite política y militar. Tendría que caer en la adicción un joven oficial y poner en peligro el código secreto de la marina francesa para que se reglamentara la importación de opio en Francia y se prohibiera su venta, aunque el consumo de morfina, cocaína y otras drogas ya causaba estragos sociales y económicos.

En 1909, delegados de 13 países acordaron en el Congreso Internacional de Shangai suprimir el uso del opio y limitar el empleo de alcaloides en los tratamientos médicos, lo cual sería ratificado tres años más tarde en el Convenio Internacional de La Haya. Surgieron así los primeros intentos de control internacional, pero nada se decía de muchas otras sustancias.

Durante la Primera Guerra Mundial, los alemanes se volvieron adictos al éter que se les repartía antes de emprender un ataque. Su aroma desata impulsos agresivos, pero también causa inestabilidad psicomotora, zumbidos y alucinaciones; la excitabilidad muscular causó con frecuencia crisis convulsivas y hasta a la muerte. A pesar de ello, esa sustancia no fue mencionada en los convenios antidrogas de 1925, 1931 y 1936.

Recién conformada, la Organización de las Naciones Unidas creó en 1946 la Comisión de los Estupefacientes. Con el Protocolo de 1948, esta comisión ubicó fuera de la ley 90 sustancias naturales y sintéticas, cifra notable aunque insuficiente toda vez que las drogas obtenidas de productos naturales suman cientos, y las sintéticas (creadas en laboratorios) se cuentan por miles.

Tan grave como lo anterior resulta la aceptación social de productos estimulantes que contienen nicotina, cafeína y alcohol, pues sus efectos son notoriamente nocivos.

La toxicidad del tabaco se equipara con la del ácido cianhídrico. Ocasiona trastornos respiratorios que derivan en tos pertinaz y catarros bronquiales. A nivel circulatorio, debido a su acción vasoconstrictora, provoca desde hipertensión hasta infarto de miocardio. Además, produce cáncer pulmonar y de laringe. El monóxido de carbono, al difundirse 150 veces más rápidamente que el oxígeno, merma la oxigenación de la sangre y los tejidos. En cuanto a la nicotina, actúa sobre las glándulas suprarrenales que secretan adrenalina.

En 1603, Jacobo I, monarca inglés, prohibió el consumo de tabaco porque "su humo negro y apestoso evoca el horror de un infierno lleno de pez y sin fondo"; dos décadas más tarde el papa Urbano VIII excomulgó a los fumadores por sacrificarse "a una sustancia tan degradante para el alma como para el cuerpo". Sin embargo, con el tiempo se le confirió un halo de distinción hasta convertirlo en una de las principales adicciones de la actualidad. Aunque 60 países han legislado con el objeto de limitar su consumo y algunos reglamentos prohíben fumar en sitios públicos, el tabaco sigue siendo una droga tolerada.

La cafeína, por su parte, es un alcaloide que se encuentra en el café, el té, la cola, el mate, el cacao y algunas otras hierbas. Estimula el sistema nervioso central y el corazón, pero su abuso ocasiona arritmia cardiaca, insomnio, cefaleas, temblores en las extremidades y perturbaciones psíquicas que conducen a estados alucinatorios. De hecho, el hábito de tomar té es un problema de salud pública en Túnez. Incluso el mate, que llegó a recomendarse para niños y ancianos, es una planta rica en alcaloides cuyo exceso produce embrutecimiento y daña, a la larga, la corteza cerebral.

El alcohol, el éter, el cloroformo, el tetracloruro de carbono, la bencina y el petróleo son sustancias embriagantes que, tras una estimulación pasajera, provocan depresiones y hasta coma. Dipsómanos como Alejandro Magno, el emperador Tiberio y los papas Nicolás V y León X supieron del daño progresivo que la embriaguez recurrente produce en el aparato digestivo y el hígado. El consumo de sustancias embriagantes es común en países pobres: en México, mientras cada persona ingiere 66 litros de alcohol al año, crece la inhalación de disolventes entre niños y jóvenes. Sin embargo, de este fenómeno no están exentas algunas naciones desarrolladas. En los años sesenta, un estudio reveló que el auge cobrado por los clubes de modelismo en Estados Unidos se relacionaba con la adicción de los aficionados al disolvente volátil del pegamento.

Estas drogas "blandas" y las "duras" configuran el complejo fenómeno de las adicciones, que constituyen un problema de salud pública y un alto costo social, pues deterioran el organismo del individuo a la vez que afectan sus relaciones familiares y su rendimiento escolar y laboral.

Los sociólogos consideran que el incremento en las adicciones es un reflejo de crisis sociales, políticas o económicas, ante las cuales se busca el olvido de las insatisfacciones y de la incapacidad de las ideologías para responder a las expectativas de felicidad. En forma más esquemática, otros estudios señalan la convergencia de tres factores: sociales, familiares e individuales. Sin embargo, ambas posturas olvidan la persistencia de vínculos entre el narcotráfico y la política de algunos países desarrollados, que trasladaron su centro de operaciones de China a Indochina, Centroamérica y otras regiones. Esta complicidad limita las acciones internacionales antidrogas.

Mientras tanto, la demanda no cesa de crecer, quizá porque, en opinión de los analistas, las sociedades modernas ofrecen pocos satisfactores en la convivencia diaria.

Aficionado. Ver *Amateur*

Amateur

Este vocablo proviene del francés y se utiliza como sinónimo de *aficionado, principiante o no profesional*.

Con el desarrollo alcanzado por el profesionalismo en el deporte a lo largo del siglo XX, se hizo común la división de los deportistas en "aficionados" o *amateurs* y "profesionales". A los primeros se les considera depositarios del espíritu deportivo, mientras que de los segundos se piensa que han aprovechado la importancia social del deporte en las últimas décadas para ganar dinero a través de la práctica sistemática de alguna disciplina física.

Sin embargo, la clasificación de los deportistas en aficionados y profesionales perdió vigencia cuando ellos mismos descubrieron que podían ganarse la vida y asegurar su futuro explotando sus habilidades físicas. De esta manera, el dinero pasó a ocupar un lugar importante en el deporte.

El escritor estadounidense Ernest Hemingway (1898-1961) escribió que "cuando un deporte es suficientemente atractivo para inducir a la gente a pagar por verlo, se tiene el germen del profesionalismo".

Algunos deportes por su espectacularidad, ciertos deportistas considerados "estrellas" y algunos torneos o competencias por su grandiosidad, demostraron que podían atraer multitudes y producir extraordinarios beneficios económicos. Muchos atletas de las más diversas especialidades vieron en ello la posibilidad de dedicarse plenamente al deporte, lo que representó el nacimiento formal del profesionalismo en esta área. (*Deporte y sociedad*, Salvat, Barcelona, 1975.)

Pero más allá del dinero, en países como la desaparecida Unión Soviética y otras naciones socialistas la vida era sencillamente inconcebible sin el deporte, pues el interés por la salud física y moral del individuo constituía un rasgo propio de la idiosincrasia que se desarrolló bajo tales regímenes.

Así, en su artículo 25 la Constitución soviética proclamaba: "En la URSS existe y se perfecciona un sistema único de instrucción pública que asegura la formación cultural y la capacitación profesional de los ciudadanos, y que sirve a la educación comunista y al desarrollo espiritual y físico de la juventud, preparándola para el trabajo y la actividad social". En el artículo 41 se consideraba que el deporte era un derecho, pues permitía un descanso activo y racional; como tal —y a diferencia de lo que ha ocurrido en los regímenes occidentales, donde los gastos de entrenamiento corren por cuenta de los propios deportistas—, quedaba garantizado mediante el apoyo material del Estado.

Todo indica que la división clásica entre el deportista profesional y el aficionado ha sido superada. El deporte ha adquirido tanta importancia en el siglo XX que ya se empieza a utilizar una nueva clasificación: la del deporte trascendente y el intrascendente. El primero sería aquel que tiene repercusión social y cuyos resultados e incidencias interesan no sólo a una comunidad, sino incluso a millones de espectadores (como es el caso de los Campeonatos Mundiales de futbol). El segundo, el deporte intrascendente, sería entonces el que se realiza por puro placer y que interesa únicamente a sus practicantes.

La palabra en español equivalente a *amateur* es *aficionado*, aquella persona que, sin ser profesional, cultiva o practica un arte, oficio, ciencia

o deporte. Este término se usa en ocasiones en sentido despectivo, para expresar la falta de profesionalismo en la ejecución de alguna actividad. En el toreo, se le dice *aficionado* al entusiasta de la fiesta taurina que conoce su técnica o que incluso lidia un toro, sin ser profesional. Por otra parte, al conjunto de personas que asisten asiduamente a determinados espectáculos o sienten un vivo interés por ellos se le conoce genéricamente como "afición".

La lengua italiana aportó en este sentido la palabra *diletante*, cada vez más popular, aunque con ella se hace referencia más bien a la persona que practica o se interesa como aficionada por una ciencia o arte en particular.

Arancel

El arancel es el impuesto que se aplica a los bienes comerciados internacionalmente, y en consecuencia el principal instrumento de política comercial de la mayoría de los países.

Los aranceles a la importación de productos cumplen la función de proteger los bienes y servicios nacionales contra la competencia externa, o de impedir el ingreso de bienes de consumo no esenciales a un país.

Por su parte, los aranceles a la exportación gravan productos cuyas ventas al exterior se desea obstaculizar o impedir por diferentes motivos, como asegurar el abasto para el consumo básico de la población y el suministro de materias primas a los productores nacionales, o regular los recursos no renovables del país. A la inversa: un gravamen bajo o nulo en este renglón ayuda a estimular las exportaciones de productos nacionales con valor agregado alto o de difícil colocación en el mercado internacional.

La aplicación de aranceles también puede obedecer a propósitos no directamente vinculados con el ámbito comercial o con el desarrollo económico, como sería el caso del cumplimiento de cierto objetivo en la recaudación de impuestos.

Según el nivel de impuesto que se fije para cada producto, se facilita o dificulta la entrada de productos del exterior a un país, dependiendo del monto del arancel.

El propósito general de la eliminación de aranceles, llamada también "liberalización comercial", es promover la competitividad, facilitándoles a los productores del país de que se trate el acceso a maquinaria y bienes intermedios, y proporcionándoles a los consumidores una mayor variedad de bienes y servicios a precio y calidad internacionales.

Los aranceles pueden ser *ad-valorem*, cuando se expresan en términos porcentuales respecto del valor de la mercancía en aduana; *específicos*, cuando se expresan en términos monetarios por unidad de medida, y *mixtos*, cuando se combinan los criterios anteriores.

Su evolución histórica corre del periodo mercantilista (siglos XVII y XVIII) —caracterizado por elevados aranceles a la importación de manufacturas— al librecambismo, surgido en el siglo XIX como reacción a la etapa proteccionista anterior y que se distinguió por un comercio internacional sin barreras arancelarias de consideración.

Sin embargo, el modelo librecambista comenzó a transformarse a partir de los años setenta del siglo pasado, pues a fin de desarrollar sus propias industrias frente a la competencia británica, países como Alemania y Francia decidieron adoptar políticas arancelarias cada vez más proteccionistas. Así, el periodo de entreguerras (1918-1939) se caracterizó por la elevación generalizada de los aranceles y el establecimiento de restricciones al intercambio de mercancías.

La creación del Acuerdo General sobre Aranceles Aduaneros y Comercio (GATT) en 1948 respondió a la necesidad de establecer un marco de reglas internacionales para el comercio mundial y de contrarrestar la creciente adopción de políticas proteccionistas.

Uno de los principios esenciales de este Acuerdo fue el postulado de que la protección de las industrias nacionales sólo podría efectuarse mediante los aranceles aduaneros, con lo cual se excluía de este campo a cualquier otra medida comercial.

Como resultado de las negociaciones multilaterales del GATT (Ronda de Uruguay, 1986-1993) tendientes a reducir sustancialmente el nivel general de los aranceles, se logró que las partes contratantes los redujeran en 33%, en promedio, en un periodo de cinco años a partir de 1995 y en rubros carentes de disposiciones específicas, como los productos industriales. Esta meta toma como base los aranceles "consolidados", es decir, los niveles máximos comprometidos por cada país en el seno del GATT.

La reducción arancelaria del sector agrícola alcanzada en la Ronda de Uruguay reviste particular importancia, debido, entre otras, a las siguientes razones:

a) Atañe a un sector estratégico, que aporta los alimentos y materias primas indispensables para la vida humana.

b) El intercambio comercial respectivo se ha incrementado de manera considerable en los últimos 30 años, al tiempo que ha tendido a concentrarse en los países desarrollados.

c) Este sector había sido objeto hasta ahora de excesivas protecciones arancelarias de toda clase.

d) Por primera vez fue posible lograr consenso en el marco del GATT para ordenar las actividades del comercio internacional de este tipo.

Uno de los propósitos de la Ronda de Uruguay en materia agrícola fue justamente mejorar el acceso de los productos al mercado mediante la reducción de los aranceles. Los principales compromisos alcanzados en este terreno fueron los siguientes:

a) En lo que se refiere al acceso a los mercados, las medidas no arancelarias serán remplazadas por aranceles que aporten el mismo grado de protección.

b) Los aranceles resultantes de este proceso, así como los de suyo aplicados a los productos agropecuarios, se reducirán en un promedio de 36% entre los países desarrollados y de 24% en el caso de los países en desarrollo.

c) Las reducciones se efectuarán en un periodo de seis años para los países del primer grupo y de más de 10 para los del segundo. Los países menos adelantados quedarán libres de la obligación de reducir sus aranceles.

Para facilitar la aplicación de estas disposiciones, en el Acuerdo sobre Agricultura se introdujo una cláusula de "trato especial", que en determinadas condiciones permitirá que un país mantenga restricciones a la importación hasta el fin del periodo de aplicación. Entre tales condiciones figuran las siguientes:

a) Que las importaciones del producto agropecuario primario y los productos con él elaborados o preparados, los así denominados "productos designados", hayan sido inferiores al 3% del consumo interno en el periodo 1986-1988.

b) Que no se hayan concedido subvenciones a la exportación de estos productos desde 1986.

c) Que el producto agropecuario primario sea objeto de medidas eficaces de restricción de la producción.

d) Que se dé oportunidad de acceso mínimo al mercado.

En cuanto al sector textil, área en la que también se lograron cambios relevantes en la Ronda de Uruguay, se estableció el compromiso de iniciar el primero de enero de 1995 la sustitución arancelaria de las cuotas de importación negociadas bilateralmente en el marco del Acuerdo Relativo al Comercio Internacional de los Textiles, conocido como Acuerdo Multifibras y que entró en vigor el primero de enero de 1974, originalmente por un periodo de cuatro años, que sin embargo se ha prolongado hasta la fecha. La sustitución por aranceles en este renglón será seguida por la reducción de su monto.

Aparte del GATT, otras modalidades de integración económica y comercial también persiguen la eliminación de aranceles en periodos previamente acordados.

Así, uno de los objetivos centrales del Tratado de Libre Comercio signado por Estados Unidos, Canadá y México es la eliminación total, aunque paulatina, de los aranceles a las mercancías de la región que cumplan con las reglas de origen previstas en el mismo documento, diseñadas a su vez para asegurar que las ventajas de la eliminación de aranceles beneficien únicamente a los bienes producidos en la región.

Asertividad

Actuar asertivamente significa tener la habilidad para transmitir y recibir mensajes acerca de sentimientos, creencias u opiniones propias o de los demás de una manera honesta, oportuna y respetuosa. De este modo, el objetivo de la asertividad es lograr una comunicación satisfactoria en las relaciones humanas.

Ser asertivo no es imponerse sobre otro, sino triunfar en el respeto mutuo, en la permanencia de acercamientos satisfactorios con los demás y en la dignidad humana, sin importar que en ocasiones sea imposible obtener de ello un resultado práctico o personalmente benéfico.

Sin embargo, también implica no doblegarse ante cualquier acción con la que se pretenda violar el respeto a lo propio, y respetar los derechos de los demás.

Por consiguiente, los elementos morales de la asertividad son el respeto (de sí mismo y de los demás), la honestidad, el autocontrol emocional, la capacidad para expresarse sin herir, la habilidad para escuchar y el optimismo ante todo lo que se emprende. La conducta asertiva requiere el manejo armonioso de estos elementos con el fin de lograr una comunicación satisfactoria permanente.

Es nuestra responsabilidad decir las cosas de forma tal que no violemos los derechos de los demás. Siempre existe una manera apropiada de expresión de los mensajes, cualesquiera que éstos sean. Ejercitarnos en la aplicación adecuada y darnos tiempo para pensar antes de hablar, ocupando ese lapso para pulir la forma de lo que se desea transmitir, es básico para la comunicación fructífera.

Puede suceder que, a pesar de expresarnos adecuadamente y con respeto, no logremos cambio alguno o mejoría en el intercambio. Esto es lógico si se entiende que en el proceso de la relación humana intervienen muchos otros factores, como la capacidad de escuchar, la disposición del otro para comunicarse honestamente, la interferencia de valores, el conflicto de intereses, las variables de tipo emocional, las barreras semánticas (relativas al significado que cada persona les otorga a las palabras), etcétera.

Por otra parte, aprender a decir "no" de manera eficaz requiere primero de un cambio de mentalidad a fin de dejar de sentirnos culpables por negarnos a algo, y estar en condiciones de utilizar correctamente nuestro poder para establecer límites.

Decir "no" tiene sus ventajas, pues nos permite dedicar mayor tiempo y energía a las situaciones o personas que más nos gustan o necesitan, de lo que nos beneficiamos tanto nosotros mismos como los demás. Rehusar algo no significa que rechacemos a una persona, sino simplemente que estamos conscientes de nuestros límites.

He aquí algunos ejemplos de conducta asertiva, según los enuncia Eduardo Aguilar Kubli (*Asertividad: Sé tú mismo sin sentirte culpable*, Pax, México, 1988):

❑ Ganar seguridad en uno mismo.
❑ Controlar mejor las emociones personales.
❑ Expresarse sin ofender.
❑ Respetarse a uno mismo.
❑ Dialogar con un alto grado de comunicación.
❑ Saber escuchar.
❑ Sentirse positivo y lograr que los demás también lo sean para con uno.
❑ Sentirse satisfecho de las relaciones interpersonales sin afectar a terceros.

❑ Terminar con relaciones interpersonales dañinas o promover su franca mejoría cuando esto sea posible.

❑ Decir "no" sin sentirse culpable.

Por el contrario, la conducta no asertiva se caracteriza por la deficiente expresión de los propios sentimientos, creencias u opiniones, los que al no responder a los requerimientos de una situación específica dan lugar a la violación de los derechos personales.

Esta conducta —en la que, aun sin notarlo, incurrimos frecuentemente— consiste en no comunicarse o en hacerlo con extremada suavidad o timidez, a resultas de lo cual las ideas propias quedan inexpresadas y el mensaje es transmitido en forma defectuosa por indirecta. Este modo de actuar es básicamente pasivo o débil, pues en lugar de manifestar con claridad lo que requerimos, esperamos que los demás lo adivinen.

La conducta no asertiva impide el enriquecimiento de la experiencia social; es un mecanismo que resta en lugar de sumar (expresado en términos aritméticos), ya que perdemos nuestra seguridad y el control de las situaciones, canalizamos inadecuadamente nuestra energía y mostramos incapacidad en la solución de cualquier conflicto.

Algunos ejemplos de conducta no asertiva son los siguientes:

❑ No poder expresar libremente los sentimientos.

❑ No atreverse a reclamar algo legítimo.

❑ Hacer muchas cosas que realmente no se desean.

❑ Condolerse de la escasa valía personal.

Best-seller

Esta locución inglesa se aplica a la comercialización de los libros para indicar la obra de mayor éxito de ventas en un periodo determinado.

Por lo general, el *best-seller* es un libro de reciente publicación cuyas ventas en librerías son superiores a las de otros libros de la misma clase. También se consideran *best sellers* algunos libros perennes, cuyas altas ventas continúan a través de los años, tales como la *Biblia* y las obras de William Shakespeare.

La recopilación sistemática de información sobre los *best-sellers* empezó con el ejemplar inicial de *The Bookman* (El librero), una revista literaria publicada en 1895. Ese ejemplar contenía una lista titulada "Demanda de libros" (*Books in Demand*), cuya información había sido compilada a partir de los datos de ventas en las librerías de 16 ciudades de Estados Unidos.

Poco después se agregaron a la lista otras ciudades y se elaboró un resumen denominado "Libros de mayor venta" (*Best Selling Books*). A partir de 1899, *The Bookman* publicó una serie de listas anuales.

Actualmente, aunque publicaciones como *The New York Times Book Review* dan a conocer listas semanales de *best-sellers*, la revista estadounidense *Publishers Weekly* reúne esta información tomando como base periodos anuales. Así, en el transcurso de un año, aproximadamente 40 títulos aparecen en las listas semanales de esa publicación, pero sólo los diez mejores en ventas son *best-sellers*.

En un intento por dar precisión al término *best-seller*, Frank Luther Mott diseñó en su libro *Golden Multitudes* (Multitudes Doradas) una fórmula original para determinar lo que es un *best-seller*. Sus listas, que cubren nada menos que el periodo 1662-1945 por décadas, contenían los nombres de libros que habían vendido por lo menos una cantidad igual al 1% de la población total de Estados Unidos en el decenio respectivo. Según este criterio, en nuestros días la venta mínima sería de 2,500,000 ejemplares.

Hasta la Segunda Guerra Mundial, las listas de *best-sellers* incluían únicamente libros publicados en pasta dura. Como resultado de la rápida expansión de la industria del libro en edición rústica (*paperback*), *Publishers Weekly* incluye ahora dos listas de *best-sellers*: una de libros con pasta dura y otra en rústica (libros de bolsillo). Es muy raro que un libro de pasta gruesa obtenga la categoría de *best-seller* según el requisito del 1% de la población. Esto se debe generalmente a que la aparición previa de la edición en rústica reduce sus ventas.

Entre los 10 *best-sellers* de todos los tiempos o los libros más ampliamente distribuidos, se encuentran los siguientes: la Biblia, con más de 2,400 millones de ejemplares vendidos desde 1816, sin contar los comercializados antes de esa fecha; *Citas de las obras de Mao Tse-Tung*, 800 millones; el *American Spelling Book*, de Noah Webster, cuyas ventas oscilan entre los 50 y los 100 millones de ejemplares; *La verdad que nos guía a la vida eterna*, publicado por los Testigos de Jehová, 74 millones; *Un mensaje a García*, de Elbert Hubbard, 50 millones; el *Almanaque Mundial*, 36 millones desde 1868; *Sobre sus pasos*, de C. M. Sheldon, 28.5 millones; *El libro de los récords de Guinness*, 71 millones desde 1955; el *Manual para el cuidado del bebé*, del doctor Benjamin Spock, 24 millones, y la novela *El valle de las muñecas*, de Jacqueline Susann, 28 millones de ejemplares.

Como puede observarse, en esta lista no aparece ningún libro en lengua española, pero quizá habría que incluir en ella *El Ingenioso Hidalgo Don Quijote de la Mancha*, la novela clásica de Miguel de Cervantes, a pesar de que no se conozca una cifra exacta de sus ventas, que abarcan desde el siglo XVII a la fecha.

En México, aunque a enorme distancia de las cifras mencionadas, el libro de superación personal *La búsqueda*, de Alfonso Lara Castilla, ha roto récords de ventas desde su aparición, ocurrida hace 10 años, con más de 800 mil ejemplares vendidos hasta 1993.

Hasta antes de los años ochenta, la industria editorial mexicana operaba bajo una lógica especial: la edición de grandes tirajes cuyo fin era durar años. Sin embargo, México cuenta actualmente con un mercado librero sumamente restringido, caracterizado por estrechos canales de distribución: apenas si existen poco más de un millar de librerías en todo el país, en tanto que las tiendas de autoservicio sólo alcanzan a comercializar una pequeña porción de la producción editorial. Esta situación ha obligado a los editores a realizar tirajes de entre 3,000 y 5,000 ejemplares.

Los libros no necesariamente viven unos cuantos meses. Aunque una parte de ellos tienen una existencia efímera y rápidamente concluyen su ciclo de vida como producto, hay otros que pueden ser permanentes. Cuando un editor recibe un manuscrito, debe pronosticar su ciclo de vida, pues sólo así puede decidir su tiraje y sus puntos de venta. En general, podría decirse que existen tres rutas de vida para los libros:

❏ Un ciclo de vida característico es el del *instant book*, el libro de impacto inmediato, que asciende tan rápidamente como declina. Se trata de obras de tirajes elevados, con la intención de que se agoten en su primera y generalmente única edición.

❏ En cambio, hay otro tipo de libros: los que constituyen el fondo editorial, llamados *long-sellers*. Son títulos de ventas reducidas, pero continuas.

❏ De la combinación de estos dos tipos de libros resulta el tercero: el *best-seller*, la obra con un tiraje inicial determinado y posteriores reimpresiones permanentes que la mantienen durante muchos años en el gusto del público lector.

Bolsa de valores. *Ver* Mercado de valores

Burocracia

Este término se asocia de inmediato con dependencias de gobierno rebosantes de empleados inactivos, poco amables y a menudo prepotentes, encargados de múltiples y muy lentos trámites administrativos.

El vocablo *burocracia* fue acuñado en 1764 por el economista Vincent de Gournay para designar el poder de funcionarios y empleados de la administración estatal que cumplían tareas especializadas al servicio del monarca absoluto. De Gournay se quejaba de que en Francia el verdadero espíritu de las leyes radicaba en la subordinación del interés público a oficinas y funcionarios, lo que constituía en realidad una nueva forma de gobierno.

La idea de burocracia se afinó a principios del siglo XIX y vino a sumarse a la antigua clasificación griega de formas de gobierno: monarquía, aristocracia y democracia. Originalmente aludió al gobierno de los funcionarios, pero desde entonces ha hecho referencia de modo un poco peyorativo, al conjunto de los empleados públicos como tal y a la estructura del gobierno.

La nueva palabra fue incluida en algunos diccionarios de la época y empleada por novelistas como Honoré de Balzac,

si bien su acepción más difundida fue de carácter negativo. Su uso se extendió muy pronto por todos los países europeos, y especialmente en los círculos liberales y radicales, que de este modo contaron con un instrumento para reprobar abiertamente la altanería de los empleados de la administración pública en los regímenes autoritarios, particularmente en Alemania.

El significado del término se ha ampliado a lo largo de los últimos 150 años, y su uso sigue siendo muy común. A finales del siglo pasado servía ya para designar a todo conjunto de profesionistas tanto al servicio del Estado como de las grandes empresas, y hacia mediados del siglo xx se utilizaba como sinónimo de "compañía de gran tamaño".

Filósofos y economistas han tratado de definir el concepto de burocracia, al que le han asignado ciertos rasgos esenciales, pero cuyas peculiaridades varían enormemente según la definición de que se trate.

Para el filósofo alemán Georg Wilhelm Friedrich Hegel, la burocracia era la clase social compuesta por los funcionarios públicos, quienes se encontraban en una posición privilegiada respecto de las demás clases (campesinos y obreros en particular) en virtud de que se les confiaban los intereses del Estado y el mantenimiento de la legalidad. Según su visión, los funcionarios públicos debían trabajar en beneficio únicamente del interés universal, y recibir por lo tanto la educación adecuada para el desempeño de sus importantes tareas. Al referirse a ellos en su obra *Filosofía del derecho*, G.W.F. Hegel afirmó que los burócratas constituían "la mayor parte de la clase media, la clase en la que se encuentra la conciencia de lo recto y la inteligencia desarrollada de la masa del pueblo".

Más tarde, el también filósofo y economista alemán Carlos Marx formuló duras críticas contra la burocracia, a la que acusó de haberse confabulado con las más poderosas instituciones sociales en perjuicio de la ciudadanía, de haber adoptado una mentalidad formalista y de invocar un interés general puramente abstracto. Así, la burocracia había terminado por crear una jerarquía del conocimiento, al que convirtió en un cúmulo de misterios y secretos, y había sumido a los funcionarios en una desesperada carrera tras los ascensos.

Max Weber (1865-1920), estudioso alemán considerado el padre de la sociología contemporánea, ideó el punto de partida de las explicaciones modernas de la burocracia, a la que definió como la estructura administrativa propia del más puro dominio legal. Afirmaba que la organización burocrática ideal se caracteriza por relaciones de autoridad entre partes jerárquicamente ordenadas, esferas de competencia claramente definidas, una elevada división del trabajo y una marcada separación entre persona y oficio en el sentido de que los empleados no poseen a título personal los recursos administrativos a su disposición, de los que más bien deben rendir cuentas. Además, sus funciones son continuas y su ejercicio se basa en documentos escritos. El personal que integra la burocracia se halla bajo contrato, es compensado con un salario de acuerdo con calificaciones técnicas específicas, sigue una carrera regular y considera su trabajo como una ocupación de tiempo completo.

En la Rusia de las primeras décadas del siglo, Vladimir Ilich Lenin aceptó como válidos los principios de la burocracia para organizar un partido revolucionario, aunque los rechazaría más tarde en su intento por controlar el Estado soviético. León Trotsky habría de llegar más lejos aún, pues hizo de la crítica de la burocracia uno de los puntos fundamentales de su campaña contra José Stalin.

Cuando, a principios de los años cincuenta, el dirigente político yugoslavo Josip Broz Tito libró a su país del dominio soviético, atacó frontalmente a la burocracia de la URSS, en tanto que en su libro *The New Class* (1957), su compatriota Milovan Djilas caracterizó a la maquinaria del Estado y del partido de corte marxista como una auténtica burocracia y una clase social en sí misma.

En China, Mao Tse-tung basó el inicio de la revolución cultural en su oposición a la burocracia, lo que implicó la destitución inmediata de funcionarios de todo tipo.

En la actualidad, la burocracia no cesa de aumentar debido en gran parte a la proliferación de organismos públicos, y se ha extendido a todas las formaciones sociales y a todos los sistemas políticos.

Calidad total

La calidad es el conjunto de propiedades y características que posee una cosa, bien o mercancía en correspondencia con ciertas normas. Un enfoque más moderno incluye en este concepto a todas las actividades y elementos que componen una empresa —productos, procesos, personal, insumos, organización y aun el comportamiento del producto en manos del cliente—, lo que indica que la calidad total exige la eficiencia permanente de toda la compañía.

La intención que se persigue con el hecho de responsabilizar de la calidad a todas y cada una de las áreas de una empresa es garantizar la adecuada realización de cada actividad desde el principio mismo del proceso productivo, a fin de evitar artículos defectuosos o productos que no satisfagan los requerimientos de los consumidores.

En la actualidad, el control de la calidad reviste especial importancia como elemento de competitividad y penetración en los mercados internacionales.

El concepto moderno de control de calidad se remonta a los años treinta de este siglo, con la aplicación industrial de un cuadro de control de calidad ideado por el doctor W. A. Shewhart. Este cuadro fue difundido entre diversas industrias de Estados Unidos durante la Segunda Guerra Mundial, cuando la reorganización de los sistemas productivos efectuada hasta entonces resultó insuficiente para cumplir con las exigencias bélicas. Las normas para tiempos de guerra que se publicaron en esos años fueron denominadas Normas Z-1 y consistían en una modalidad, novedosa en el contexto estadounidense de entonces, del control estadístico de la calidad.

Inglaterra, por su parte, también desarrolló sistemas de control de calidad. En 1935 se adoptaron las Normas Británicas 600, basadas en los trabajos estadísticos de E. S. Pearson, aunque sin excluir la aplicación de otras normas.

Durante los años treinta, Japón inició la aplicación de las Normas Británicas, al tiempo que sus expertos en este campo se dedicaban al estudio de la estadística moderna. En lo que hace estrictamente a los aspectos administrativos, también se difundió entonces el método de Frederik W. Taylor —considerado en Estados Unidos una autoridad en la administración científica—, el cual consiste en la elaboración, por especialistas, de normas técnicas y laborales que los obreros deben acatar. El énfasis de este método, que aún sigue utilizándose en Estados Unidos, Europa y otros países, está puesto en la inspección.

En los años cincuenta se puso de moda en Japón el control estadístico de la calidad, promovido por el experto estadounidense W. Edwards Deming, quien ya había destacado en el campo del muestreo. En 1954, otro especialista originario de Estados Unidos, el doctor Joseph M. Juran, dio a conocer el control de calidad como instrumento de dirección, lo que marcó un cambio importante en Japón en la medida en que el centro de atención pasó de la inspección a las diversas etapas del proceso productivo y a las de los procesos vinculados con la planeación y el diseño de nuevos productos.

Juran hizo hincapié en la necesidad de concebir la calidad como una responsabilidad de todos los integrantes de la empresa y en el trabajo en equipo como un medio para mejorar la calidad.

Estas aportaciones, consideradas como un nuevo enfoque sobre el control de calidad en el que se combinaban aspectos técnicos y humanos, fueron adaptadas a la filosofía japonesa por Kauro Ishikawa, reconocido como la principal autoridad mundial en control total de calidad y cuyas propuestas técnicas han dado buen resultado no sólo en Japón, sino también en muchos otros países. Cada vez son más las empresas interesadas en aplicar el control total de calidad a sus procesos particulares, pues esta visión sobre la calidad de los productos se ha convertido en una herramienta competitiva de primer orden.

Creador de varios conceptos vinculados con el control de calidad, como el de "cero defectos", y sustentador de la idea de que los problemas de las empresas estadounidenses tienen su origen en una mala administración y no en la "perniciosa" influencia de los trabajadores, Phillip B. Crosby es otro distinguido especialista en esta materia.

El concepto de "control total de calidad" fue propiamente creado por el doctor Armand V. Feigenbaum, quien en 1957 publicó un artículo sobre el tema, y posteriormente un libro (1961). De acuerdo con su concepción, el control total de calidad es un sistema a cargo de ciertos grupos de una compañía en el que se integran el desarrollo, el mantenimiento y el mejoramiento de la calidad a fin de que la empresa produzca bienes de manera económica sin descuidar la satisfacción de las necesidades de los clientes.

Esta concepción globalizadora de la calidad difiere de la práctica japonesa, para la que el control de calidad no es función de una gerencia especializada, sino de todos los empleados (directivos o no), quienes deben participar en el estudio, la promoción, la aplicación y el control de la calidad total. En años recientes, el control de calidad se ha ampliado para también incluir en él a los subcontratistas, a los sistemas de distribución y a las compañías filiales.

Es un hecho que existen diferencias en la aplicación del control de calidad entre Japón y Occidente, lo cual obedece en lo fundamental a las características socioculturales de cada país. Esto explica asimismo la razón de que el concepto de control de calidad, surgido en Estados Unidos, tenga más arraigo, desarrollo y éxito en Japón, donde el trabajo en equipo es una vieja costumbre.

Debido al proceso de globalización, la mayor interdependencia entre las empresas de diferentes países y la gran difusión que ha alcanzado el concepto de calidad total, incontables compañías han adoptado las prácticas de calidad que mejor se adecuan a sus necesidades, gracias a lo cual las diferencias en este renglón entre Oriente y Occidente tienden a desaparecer.

No se trata, pues, de sustituir una cultura organizacional por otra, sino de asimilar lo más relevante y útil de las enseñanzas de expertos como Juran, Deming, Ishikawa y otros, así como de aprovechar la experiencia de las empresas que han establecido estos conceptos en su quehacer cotidiano, sin perder de vista la idiosincrasia y las circunstancias específicas de cada compañía.

Dado que la concepción moderna del control de calidad no se limita al cumplimiento de una serie de normas o especificaciones nacionales, sino que implica más bien la producción de artículos que satisfagan las necesidades y deseos de los consumidores, los cambios en la tecnología y en los gustos de los clientes imponen la modificación constante de las normas de calidad establecidas. A eso se debe que el control de calidad sea un proceso continuo de rediseño y mejoramiento no sólo del producto, del proceso productivo y del servicio, sino también de la información, la planeación y el personal mismo de todos los niveles de la empresa.

Bajo esta óptica, la calidad del producto final es resultado de la calidad de todas las actividades que realiza cotidianamente la compañía, actividades no sólo productivas, sino también administrativas, financieras, operacionales, etcétera. Esta concepción de calidad significa una modificación profunda de la tradicional manera de operar de cualquier empresa e implica un cambio sustantivo en su cultura organizacional.

Carisma

El término *carisma* proviene de un antiguo concepto religioso que significa "gracia". Igualmente, se le llama *carisma* al conjunto de rasgos del carácter de una persona que le confieren cierta autoridad moral y gran credibilidad. Es una cualidad propia de actores y políticos, los que suelen atraer vivamente a las multitudes. En su sentido sociológico, *carisma* es el equivalente de una serie de conceptos ligados a la idea de espontaneidad, de sumisión sin explicación, de aceptación. (Lindholm, Charles, *Carisma: análisis del fenómeno carismático y su relación con la conducta humana y los cambios sociales*, Gedisa, Barcelona, 1992.)

El jefe carismático es, según Lindholm, quien expresa espontáneamente, pero sin discusión, las aspiraciones latentes de los individuos. Se trata de alguien que en vez de convencer, seduce a su público, porque se expresa en forma elocuente y simboliza la voluntad de su auditorio, a veces —quizá con demasiada frecuencia— en beneficio propio, como en el caso de los dictadores.

El líder carismático es lo contrario al líder racional, a quien se acepta como producto de una reflexión y no por sentimentalismo. De aquí se desprende la utilización del término *carismático* en el proceso de la comunicación social como lo opuesto a los procesos estrictamente racionales, o "fríos".

Las relaciones carismáticas pueden ser gratas o ingratas, buenas o malas, pero constituyen la base de las ideas de comunidad y de participación. Representan en el plano psicológico una comunicación más fácil en la medida en que la comunicación es la explotación de algo que se posee en común, en este caso los sentimientos y valores.

¿Por qué en diversas épocas y contextos sociales nunca han dejado de surgir figuras capaces de transformar la vida de los demás e incluso de modificar el destino de una sociedad entera? En un aparente reto a las leyes de la sensatez y la supervivencia, esos hombres han podido conducir a millones hacia la muerte y la catástrofe. ¿Son producto de su época o efectivamente están bendecidos por cualidades innatas e inusitadas?

La atracción carismática implica una pérdida de voluntad e identidad personal en el sujeto. Es una relación que combina la "usurpación masiva con el consentimiento total", en la que se facilita el sacrificio individual porque los participantes experimentan un contacto directo e inmediato con el objeto carismático. La experiencia de un sujeto auténticamente carismático se considera emocional y emocionante. La experiencia visceral es anterior a todo mensaje.

La participación en el ritual colectivo y la estimulación de emociones intensas son modos de alcanzar el éxtasis, el cual a menudo se focaliza en torno de un individuo, que es el iniciador o símbolo de la experiencia carismática.

La relación carismática, dado su carácter extraordinario, se aleja de los intereses mundanos y egoístas. Es una fuerza creativa y regeneradora que se debe impulsar particularmente en tiempos de malestar y sufrimiento social, cuando las formaciones sociales fragmentadas necesitan revigorizarse mediante la participación carismática. Aunque esta relación de atracción carismática y autonegación es por fuerza transitoria y está sometida a la fatiga del exceso erótico, es un manantial de esperanza y fe que ofrece la percepción de un mundo mejor a una humanidad dividida por el miedo, la hostilidad y las exigencias de la lucha por la supervivencia en un mundo social inhóspito y aislante.

Otro enfoque de esta relación, que surge de la experiencia real de un lazo carismático, fue transformado por otros teóricos en la "ciencia" de la psicología de masas. Sin embargo, esta "ciencia" ha ejercido poca influencia sobre los estudiosos precisamente porque comenzó como una explicación del carisma por parte de un carismático, un hombre a quien ahora se considera más un charlatán que un intelectual. Se trata de Franz Anton Mesmer, el inventor del "mesmerismo" —hoy conocido como hipnotismo—, quien promovió su doctrina con gran éxito en el París de fines del siglo XVIII, poco antes de las transformadoras conmociones de la Revolución Francesa.

Para Lindholm, Mesmer fue una figura extraordinaria, una cruza de profeta y embaucador, combinación típica en los carismáticos. Sus experiencias también son prototípicas, y el esfuerzo que él y sus seguidores realizaron para comprender y dominar el trance hipnótico nos brindan elementos para construir un modelo más sintético de la relación carismática que el suministrado por los análisis externos realizados 100 años después por Max Weber y Emile Durkheim.

A Mesmer se le atribuía una capacidad especial para controlar y dirigir el flujo de los campos energéticos invisibles que, según él mismo, recorrían el universo. Esa energía invisible era, de acuerdo con su visión, un lazo que vinculaba a toda la creación en una unidad dinámica. Para él y sus colegas, estas energías unificadoras eran datos objetivos que los practicantes calificados de la nueva ciencia experimentaban subjetivamente como sensaciones revivificantes. Además, tales energías invisibles se podían manipular y medir objetivamente en los efusivos y convulsivos trances de los acólitos. Al evocar estos trances extáticos, los manipuladores podían liberar la energía bloqueada de individuos y grupos, curar enfermedades, erradicar males sociales y contribuir a crear un nuevo paraíso donde toda la humanidad estaría en armonía consigo misma y con la naturaleza.

La principal prueba de la veracidad de la revelación de Mesmer estaba en las curas que conseguía con sus métodos, pues sanaba dolencias que iban desde la ceguera hasta el tedio. Estas curas se atribuían a su "magnetismo" personal, es decir, a su aptitud para actuar como foco y conducto del flujo de energía vital. Este magnetismo se revelaba en su intensidad y vivacidad individual, en su mirada electrizante y en su exótica indumentaria, una llamativa túnica de tafetán de color lila. Su dramática apariencia era realzada además por la atmósfera de su clínica, preparada para darle al paciente la sensación de estar aislado de lo mundano en un ámbito especial, enclaustrado y casi sagrado. Se tocaba una música suave, y la luz se atenuaba. El decorado incluía extraños adornos astrológicos y signos místicos, así como misteriosos artilugios tales como tinas con limadura de hierro, agua "mesmerizada" y las varas de hierro utilizadas para encauzar el flujo de energía.

En este ámbito sugestivo, Mesmer apresaba las rodillas del paciente entre las suyas y le acariciaba el cuerpo con sus manos "magnetizadas", concentrándose en el abdomen superior, mientras intensos haces de "energía fluida" volaban de sus ojos a los ojos del afectado. Mediante estas técnicas, Mesmer y sus discípulos podían inducir trances de sonambulismo y arrebatos epileptoides en sus clientes, quienes despertaban revivificados y a menudo liberados de sus dolencias. (Lindholm, *op. cit.*)

Mesmer sabía muy bien que su éxito no se debía sólo a su vitalidad carismática, a su toque magnético ni a ese contexto sugestivo. Pensaba que la dinámica amplificadora del grupo también desempeñaba un papel decisivo, pues el tratamiento solía ser más efectivo si participaba una comunidad. El grupo reforzaba y magnificaba el flujo de energía al formar "una cadena mesmérica, una suerte de circuito eléctrico". En esas cadenas circulares, un estrecho contacto físico unía a todos los participantes en la comunión grupal, sin diferencias de clase ni temperamento.

El mesmerismo influyó sobre dos ilustres ciudadanos franceses, Gustave Le Bon y Gabriel de Tarde, quienes escribieron a comienzos del siglo xx y procuraron franquear la brecha entre la orientación grupal de Durkheim y el individualismo de Weber, utilizando la experiencia del hipnotismo como marco de su teoría de la motivación humana.

El más conocido de ellos es Le Bon, periodista liberal y teórico racial cuyo trabajo *La multitud: un estudio de la mente popular* se transformó al instante en un clásico, inspirando gran parte de la psicología social moderna e influyendo enormemente sobre la Escuela de Chicago, en el campo de la sociología. Más asombrosa, sin embargo, fue la importancia de su teoría del liderazgo para la práctica real de la política. Roosevelt lo conoció, De Gaulle lo citaba y Hitler se enorgullecía de admitir que consideraba a Le Bon un maestro.

Cartera vencida

La cartera vencida consiste en el incumplimiento de pago en los plazos estipulados del crédito otorgado a una persona física o moral por una institución financiera. Cartera vencida transitoria es aquella en la que el incumplimiento se debe a factores temporales, tales como el retraso de pago de un proveedor o la existencia de errores en la carta de crédito documentada de un banco, lo que significa que el sujeto de crédito no es insolvente.

El registro y la calificación de las carteras de crédito vencidas se realiza de acuerdo con una cierta metodología, la cual difiere entre un país y otro. En Estados Unidos, por ejemplo, los Principios Contables Generalmente Aceptados (USGAAP, por sus siglas en inglés), a los que necesariamente deben ajustarse los grupos financieros que deseen cotizar en la bolsa de valores de Nueva York, establecen que se debe catalogar como incobrable el monto total de un crédito si una de sus parcialidades no es pagada en 180 días. En México, en cambio, este plazo es de 45 días, además de que se considera como parte de la cartera vencida únicamente el pago no efectuado.

Con el proceso de globalización, la tendencia a la internacionalización de los sistemas financieros de los diferentes países y la entrada en vigor del Tratado de Libre Comercio, la metodología contable de los diferentes países tenderá a ajustarse a los estándares internacionales.

El incremento del índice de la cartera vencida representa un problema importante para los intermediarios financieros, en virtud de que además de no recuperar la totalidad o una parte de su cartera vencida, deben congelar una parte de su capital o utilidades a fin de contar con provisiones preventivas para futuros riesgos crediticios, lo cual repercute en el desempeño de estas instituciones.

El incremento de la cartera vencida no obedece exclusivamente a que las instituciones otorgantes del financiamiento no comprueben de manera rigurosa la solvencia del sujeto de crédito, sino también a la situación económica por la que atraviesa el país respectivo, ya que en una economía en recesión las empresas suelen afrontar una grave crisis de liquidez que coloca a muchas de ellas en la insolvencia ante sus acreedores financieros, situación que puede verse agravada por la elevación de las tasas de interés reales en el mercado con el consiguiente encarecimiento del costo del dinero.

Un caso muy común de cartera vencida es el de los créditos canalizados al sector agrícola, pues la actividad que éste realiza está sujeta a muchos imponderables, como vaivenes climáticos, plagas y enfermedades, a lo que hay que agregar el hecho de que su escasa capacidad de pago lo convierte en un sector de alto riesgo crediticio, sobre todo en el caso de los países en desarrollo.

Por tal motivo, la banca comercial suele resistirse a financiar el campo, que debe ser atendido entonces por instituciones de crédito administradas por el gobierno, las que con frecuencia se ven obligadas a condonar adeudos y sanear su sistema crediticio ante la insolvencia de los agentes productivos.

Entre las medidas que normalmente se adoptan para reducir la cartera vencida están la reestructuración de los créditos vencidos y una aplicación más prudente en el otorgamiento de financiamiento. Lo recomendable a largo plazo sería superar las dificultades económicas del país, ya que sólo de este modo pueden mejorar tanto las perspectivas generales como la liquidez de las empresas.

Cláusula de la nación más favorecida

La primera forma de preferencia comercial que se estableció en las relaciones internacionales fue la cláusula de la nación más favorecida. Ya desde el siglo XVI esta cláusula se incluía en todos los tratados comerciales, aunque su consagración definitiva ocurrió con la firma del tratado franco-británico Cobden-Chevalier (1860), a partir del cual se volvió imprescindible en los acuerdos bilaterales de la etapa librecambista. Aunque fue formulada en términos diferentes de su concepción moderna, esta cláusula evitaba el otorgamiento de ventajas especiales a terceros países, pues los países firmantes del acuerdo en el que se le incorporaba eran los únicos que podían beneficiarse del establecimiento de tasas de derechos más favorables y otras concesiones.

Esta misma cláusula aparece en el artículo I del Acuerdo General sobre Aranceles Aduaneros y Comercio (GATT), en el que se estipula que "cualquier ventaja, favor, privilegio o inmunidad concedido por una parte contratante a un producto originario de otro país o destinado a él, será concedido inmediata e incondicionalmente a todo producto similar originario de los territorios de todas las demás partes contratantes o a ellos destinado."

Lo novedoso de este hecho fue que la cláusula haya sido incluida en un acuerdo multilateral y no bilateral o regional, lo que evidentemente le concedió gran relevancia.

La aplicación de esta cláusula en el seno del GATT está sujeta a varias excepciones, como en el caso de las uniones aduaneras y zonas de libre comercio, siempre y cuando los aranceles impuestos al comercio de los países miembros de un acuerdo regional con los países ajenos a él no sean más restrictivos que los que se aplicaban antes de iniciado el proceso de integración. Por tal motivo, todas las etapas y modalidades de los procesos de integración (la Comunidad Europea, la Asociación Latinoamericana de Integración, el Tratado de Libre Comercio de América del Norte, etcétera) constituyen una excepción a la aplicación de la cláusula de la nación más favorecida.

Hasta 1960, esta cláusula fue un bastión intocable. Sin embargo, sus beneficios fueron puestos en duda en el seno de la Conferencia de las Naciones Unidas sobre Comercio y Desarrollo con el argumento de que un tratamiento igualitario para situaciones desiguales no era el adecuado para combatir el subdesarrollo, pues acentuaba la desigualdad. En consecuencia, lo justo era intentar restablecer la igualdad a través de un trato especial y más favorable para los países en desarrollo.

Habiendo retomado estas ideas, el GATT aprobó en 1971 una resolución que instituía durante 10 años (los cuales se han venido prorrogando hasta la fecha) un Sistema Generalizado de Preferencias de los países desarrollados en beneficio de las naciones en desarrollo, prerrogativas que, según se desprendía del artículo I del Acuerdo, no podrían ser extendidas a los demás países desarrollados.

Las modificaciones en la aplicación de la cláusula han sido fruto de la necesaria respuesta a los requerimientos reales de los países en desarrollo y a la cambiante situación del mundo entero.

Es importante hacer la distinción entre la aplicación de un arancel preferencial derivado del Sistema Generalizado de Preferencias (arancel SGP) y de un arancel derivado del otorgamiento de la cláusula de la nación más favorecida (arancel NMF). La ventaja arancelaria que emana del SGP es de índole estrictamente comercial, está sujeta a una vigencia temporal y no es producto de una negociación, mientras que el otorgamiento de la cláusula NMF no se circunscribe al ámbito comercial, es negociado y no supone un plazo de vigencia (*ver* Sistema Generalizado de Preferencias).

El otorgamiento de la cláusula de la nación más favorecida y la creciente difusión de procesos de integración pueden ofrecer ciertos inconvenientes. México, por ejemplo, suscribió un Tratado de Libre Comercio con Estados Unidos y Canadá, pero al mismo tiempo pertenece a un proceso latinoamericano de integración (el Tratado de Montevideo), que en el artículo 44 de su marco normativo señala que los países que otorgan ventajas a productos de otra nación por acuerdos no previstos en el propio Tratado de Montevideo, deberán extender dicho tratamiento, en forma inmediata e incondicional, a los restantes miembros de la asociación, los que por lo tanto serán objeto de la aplicación de la cláusula de la nación más favorecida.

Así pues, el hecho de que México haya firmado el Tratado de Libre Comercio con Estados Unidos y Canadá significa que les está otorgando a estos países ventajas arancelarias y no arancelarias que debería hacer extensivas a los países latinoamericanos pertenecientes a la Asociación Latinoamericana de Integración (ALADI), de conformidad con lo anteriormente expuesto. Por lo tanto, México tendría que aplicarles la cláusula de la nación más favorecida a los países de la ALADI, o bien renunciar a alguno de los dos procesos de integración a los que pertenece, a fin de no violar el artículo citado. Sin embargo, también podría solicitarles a los países miembros de la ALADI que se le dispensara de cumplir con las obligaciones contraídas en el Tratado de Montevideo.

Esta dispensa podría consistir en exceptuar a México de lo estipulado en la carta constitutiva de la ALADI a cambio de una compensación bajo la forma de un pedido de reparación a cada uno de los países miembros del acuerdo regional por desvío de comercio a raíz del Tratado de Libre Comercio de América del Norte.

Código de barras

Son ya muy familiares estas figuras rectangulares que aparecen en los empaques de los productos comerciales y están compuestas por determinado número de franjas verticales paralelas de distinto grosor con unos dígitos en su base. Sin duda, habrá usted notado que ayudan a los cajeros en los comercios a obtener la descripción y el precio de los productos que adquiere. La información contenida en estas figuras, llamadas código de barras, puede ser leída o decodificada únicamente por aparatos especiales, conocidos como lectores ópticos, y cuyo funcionamiento es muy peculiar.

Naturalmente, la información contenida en un código de barras no incluye ni el precio ni ningún otro dato específico del artículo, sino que es un número o código de artículo que está relacionado en las computadoras de los comerciantes y productores con la ficha general del artículo. Cuando el lector óptico informa al sistema de cómputo el código leído, el sistema busca ese código en sus archivos y aporta los datos correspondientes.

El lector óptico (en ocasiones parecido a una pluma o una pistola) contiene una fuente de luz monocromática, que habitualmente es un rayo láser de helio y neón de color rojo, con una longitud de onda correspondiente a 633 nanómetros, aunque también los hay con otras fuentes luminosas, como los llamados diodos emisores de luz (*Light Emission Diode*, LED por sus siglas en inglés).

La luz emitida hacia el código de barras es reflejada por las superficies blancas y absorbida por las barras negras. Mediante un sensor contenido en el lector óptico —y que puede ser un fotodiodo o un fototransistor— se captan las diferencias entre la luz que se refleja y la que no, registrándose sus intervalos. La señal analógica así obtenida se transmite a un amplificador, que la convierte en una señal "cuadrada" o digital, en forma de números, signos o letras (en el código empleado usualmente por las computadoras, llamado ASCII). El código de producto así "leído" corresponde a alguno de los diferentes tipos ya establecidos, sea éste el Código Universal de Producto (UPC), el European Article Numbering System (EAN) o cualquier otro.

El grosor de las distintas barras determina los números o letras por decodificar. Se emplean estándares internacionales, los cuales componen una especie de alfabeto. Así se conoce el significado de cada barra; hay códigos numéricos, como el EAN, o alfanuméricos, como los llamados 39 y 128.

Para prever las muchas variantes de velocidad de barrido o lectura que un lector óptico puede hacer de los códigos de barras —ya que el movimiento para la lectura por lo normal se realizará manualmente—, posee la capacidad de reconocer los códigos sin importar la velocidad. Esto es posible gracias a la aplicación de una normalización por medio de la cual el equipo reconoce la "duración" que la lectura de un código deberá tener. En caso de que la lectura se efectúe en la mitad del tiempo, el equipo lector "sabrá" que toda la información leída tendrá que ser multiplicada por 2. Esta operación se basa en el hecho de que los códigos contienen un carácter especial de inicio y otro de fin, además de un separador de campo que indica la dirección de la lectura, pues los códigos son bidireccionales. El carácter del principio permite saber cuál será la longitud del código. Los caracteres también varían de acuerdo con los tipos de códigos. El código EAN, por ejemplo, cuenta con módulos, dos barras al principio y dos al final, así como con una línea intermedia que funciona como paridad o guía. Si el código EAN empieza en negro, deberá acabar en blanco. También el código 39 se sirve de módulos, aunque en su caso son nueve, tres de ellos negros (lo que explica que se le llame de esa manera).

Cuando la computadora ha "normalizado" la distancia y el tiempo de lectura —al dividir o multiplicar por un factor constante a fin de que la señal siempre tenga la misma

codificaciones como el código 49, de tipo bidimensional, pueden almacenar de 250 a 500 caracteres en una superficie sumamente reducida. El único requisito para lograrlo es que la calidad de impresión sea muy alta, lo cual representa a su vez una limitante de este sistema.

Sin embargo, se cuenta ya con impresoras adecuadas de tipo térmico, de transferencia térmica, láser y de matriz de puntos, aunque por lo pronto la fabricación industrial de etiquetas se realiza comúnmente mediante las técnicas de *offset*, serigrafía o flexografía.

Sin ser perfecto, el código de barras posee cualidades que hacen de él una herramienta eficaz en las actividades comerciales y productivas. Entre las ventajas más notables tanto del código mismo como de la tecnología con él relacionada, destacan la confiabilidad de la información, la velocidad, el bajo costo y la facilidad para capacitar al personal que habrá de manejarlos.

longitud—, la información pasa al programa de *software*, donde se realiza la decodificación e interpretación de las barras. Los factores de normalización varían de acuerdo con los fabricantes de *hardware*.

¿Cómo es posible que el lector óptico desempeñe su función cuando la etiqueta por interpretar se encuentra cerca y también cuando está considerablemente lejos de él? Ya sea que se trate de plumas lectoras o de lectores del tipo pistola, es la "penetración" que alcanza un haz luminoso, conocida como profundidad de campo, la que les concede a estos aparatos tan extraordinaria capacidad.

La profundidad de campo es inversamente proporcional al ángulo de divergencia, lo que significa que cuanto menor sea el ángulo, mayor será la penetración. A ello precisamente se debe el empleo del rayo láser en los lectores ópticos, que ofrece una gran penetración a causa de su nulo ángulo de divergencia. Por otra parte, al momento en que el código es barrido, se registra una reflexión luminosa con variaciones de intensidad de mayor o menor grado. El receptor percibe múltiples intensidades luminosas que, mediante circuitos electrónicos, serán convertidas en una señal electrónica de sólo dos niveles. De aquí se deduce que, para ser leído bien, el código de barras debe proyectar un cierto contraste —claros y oscuros—, pues si sólo reflejara la luz, la decodificación daría como resultado una señal plana, sin información (como números 1, no alternados con 0, en un código binario).

No obstante la aparente complejidad del proceso, existen en el mercado circuitos integrados que funcionan como decodificadores de todo tipo de códigos de barras.

Por lo que respecta a la contraparte de los lectores ópticos y los *softwares* de decodificación, es decir, a las etiquetas de código de barras, su desarrollo sigue adelante. Nuevas

Código genético

Pocos descubrimientos han sido tan reveladores como el que, a partir de las investigaciones realizadas por Charles Darwin y Gregor Mendel en el siglo pasado, permitió entender el origen y la reproducción de la vida, el mecanismo de la herencia biológica y la razón por la cual organismos tan distintos como una rana, una bacteria y un ser humano tienen algo en común.

Durante décadas, estas interrogantes preocuparon a buen número de hombres y mujeres de ciencia. Entre ellos estuvieron los célebres investigadores James D. Watson y Francis Crick, quienes, como resultado de sus experimentos, en 1953 dieron a conocer que todos los seres vivos desarrollan sus funciones vitales siguiendo las "órdenes" dictadas por las moléculas de ácido desoxirribonucleico (ADN), localizadas en el interior de las células.

Si bien el ADN se había descubierto desde 1869, y para 1944 ya se le consideraba como la molécula de la herencia, las investigaciones de Watson y Crick establecieron con precisión su estructura. Enrollado en una doble hélice que parece una escalera de caracol y cuya longitud lineal podría alcanzar cien mil veces la distancia que hay de la Tierra a la Luna, el ADN es el responsable de las diferencias entre organismos de una misma especie (el color del pelo, la piel y los ojos, la pertenencia a un grupo sanguíneo determinado, etcétera), así como de la herencia biológica entre padres e hijos, lo que hace de él, para decirlo en pocas palabras, la molécula de la vida.

El descubrimiento de la estructura del ADN abrió nuevos panoramas para el conocimiento biológico y se convirtió en el punto de partida de múltiples investigaciones. Fue así como en los años sesenta surgió el concepto de "código genético", una especie de "lenguaje" universal contenido en los genes de las células de cualquier organismo vivo, que permite descifrar las instrucciones específicas que determinan su producción de proteínas.

Si, con el propósito de hacer más claro este concepto, establecemos una analogía con la computación, podríamos decir que el código genético se asemeja a un programa que hubiese sido *escrito* en las moléculas de ADN, en tanto que la doble hélice del ácido desoxirribonucleico contiene cierta cantidad de caracteres (genes) unidos entre sí por sustancias químicas llamadas bases, cuatro de las cuales —adenina, timina, citosina y guanina; A, T, C y G, respectivamente— hacen posible el funcionamiento del código.

En su actividad normal, estas bases actúan en grupos de tres a fin de caracterizar cualquiera de los 20 aminoácidos que, unidos en un orden específico, forman una proteína. Para que las instrucciones contenidas en el ADN puedan llegar a los centros productores de proteínas, el código genético es transcrito a una molécula complementaria móvil, llamada ARN o ácido ribonucleico, la cual utiliza las bases ya mencionadas, con excepción de la timina, a la que reemplaza con uracilo (U).

En función de las instrucciones contenidas en el código genético, así como de la combinación entre las distintas bases, la molécula de ARN informa a la maquinaria productora de proteínas qué tipo de aminoácido debe localizar. Por ejemplo, ante una terna de bases UGG —es decir uracilo, guanina y guanina—, el aminoácido por encontrar es el triptofano. Si la siguiente terna es AAG, se requiere hallar licina y unirla al triptofano, para continuar sucesivamente hasta que la combinación dé como resultado UAG.

De acuerdo con el código genético universal, esta última terna indica la interrupción del proceso, pues para entonces ya se han integrado en su totalidad los 20 aminoácidos que forman una proteína. Tal fue la creencia de los científicos, al menos hasta mediados de los años ochenta, cuando, a partir de diversos experimentos realizados por investigadores tanto japoneses como europeos y estadounidenses, se encontraron pequeñas variaciones de este código en cuatro especies de organismos unicelulares y en una especie de bacterias.

En el paramecio —uno de estos microscópicos organismos—, por ejemplo, se encontró que, en vez de ordenar la interrupción del proceso, la terna UAG hace que la maquinaria productora de proteínas encadene a la serie otro aminoácido llamado glutamina. Con dicho hallazgo, los biólogos moleculares corroboraron una hipótesis formulada tiempo atrás, según la cual era probable la existencia, al menos en teoría, de diversos códigos genéticos.

Los conocimientos adquiridos en el estudio del código genético y de la genética en general han permitido que los científicos desarrollen experimentos por demás novedosos. Así, en los años setenta, un equipo de investigadores, entre los que se encontraba el mexicano Francisco Bolívar Zapata, logró producir por vez primera proteínas semejantes a las humanas a partir de bacterias mediante técnicas de ingeniería genética.

Hacia 1978, los avances en esta materia hicieron posible la primera fertilización humana *in vitro*, lo que daría origen a Louise Brown, conocida mundialmente como la primera "niña de probeta". De igual manera, en 1983 se desarrolló en el vientre de una madre infértil un óvulo fecundado en laboratorio, y un año más tarde habría de nacer en Australia, a partir de un embrión congelado, una niña que fue bautizada como Zoe. Diez años después, a finales de 1993, los doctores Stillman y Hall, de la Universidad George Washington, lograron la clonación de embriones humanos.

Si bien en unas cuantas décadas los avances en el campo de la genética han sido espectaculares, la carrera apenas comienza. El proyecto Genoma Humano pretende clasificar e interpretar la información de entre 50 mil y 100 mil genes, lo que equivaldría a traducir un mensaje de unos 3 millones y medio de letras.

El código genético podrá descifrarse cada vez con mayor exactitud, de manera que no pocos científicos habrán de recordar en el futuro lo que Francis Crick escribió en 1953: "La doble hélice es una molécula notable. El hombre moderno tiene quizás unos 50 mil años de existencia, y la civilización unos 10 mil, pero el ADN y el ARN han existido en forma activa desde hace miles de millones de años, y nosotros somos las primeras criaturas conscientes de su existencia."

Computadora

La imagen de una computadora nos es familiar desde hace varias décadas gracias al cine de ciencia ficción, pero es una realidad cotidiana a partir de la segunda mitad de los años ochenta. Cuando pensamos en esta maravilla de la época moderna, por lo general nos imaginamos un teclado, una pantalla y una unidad de procesamiento donde ocurren las principales operaciones de cómputo.

Pero, ¿qué es una computadora? En nuestros días la respuesta no tiene que ser tan detallada, pues virtualmente toda la gente las conoce. Es una máquina programable compuesta de *hardware* (una serie de dispositivos electrónicos y mecánicos) y de *software* (programas lógicos que indican al *hardware* las funciones que debe desarrollar).

Los principales dispositivos mediante los cuales se le introduce la información que procesará ("periféricos de entrada") son el teclado, los lectores ópticos —conocidos como *escáners*—, el ratón o *mouse*, la pluma, el micrófono y la cámara. La información también puede provenir de un canal de comunicaciones conectado a ella (módem, fax o red).

Con la información almacenada en la memoria, la computadora puede efectuar cálculos, comparar y copiar los datos realizando operaciones aritméticas básicas, y efectuar anotaciones lógicas acerca de tales datos. Analiza y evalúa los datos comparándolos con otro tipo de información existente. Puede copiar toda la documentación de la memoria en repetidas ocasiones o con una determinada secuencia. Si nos preguntaran cuáles son sus partes más importantes, diríamos que son el microprocesador y la memoria. El primero "corre" el programa e identifica la procedencia de la última instrucción. Al ejecutar cada instrucción, regresa a la memoria para realizar la siguiente, hasta terminar el programa. Al conjunto de instrucciones se le denomina *rutina*.

La computadora puede ejecutar desde algunos miles hasta varios millones de instrucciones por segundo. Esta capacidad depende de la rapidez con que sus componentes electrónicos puedan encenderse y apagarse, pues éste es el principio de su funcionamiento.

La memoria puede ser de acceso aleatorio (RAM), o estar reservada únicamente para la lectura (ROM). Está alojada en un "disco duro".

Existe una diferencia entre memoria y almacenamiento, que confunde a muchos usuarios. La memoria de una máquina, como la de una persona, es el sitio donde se guarda la información importante que el cerebro utiliza. El almacenamiento funciona como nuestras libretas de notas: es el lugar donde se guarda información que no se quiere memorizar, pero que se puede consultar. Los dispositivos de entrada y los de salida se comparan con nuestros sentidos: permiten a la máquina comunicarse —"ver y oír"— hacia el exterior, con el ser humano y con otras computadoras.

Hay múltiples clases de computadoras, desde las llamadas *mainframes* o sistemas grandes —cuyas dimensiones han ido disminuyendo en los últimos años (actualmente son del tamaño de un refrigerador mediano)—, hasta las populares computadoras personales o de escritorio y los asistentes personales digitales (PDA, por sus siglas en inglés: *Personal Digital Assistant*), que son máquinas portátiles con teléfono celular integrado.

Contaminación

La contaminación está presente lo mismo en las profundidades oceánicas que en las altas capas de la atmósfera. Mares y ríos reciben toda clase de desechos, desde materia orgánica y plásticos hasta petróleo y químicos peligrosos, como disolventes, fósforo, cianuro, fenoles y metales.

La paradoja de nuestros días consiste en que el volumen de desperdicios es similar al de bienes producidos. Cada año, las industrias se deshacen de 340 millones de toneladas de residuos peligrosos (disolventes, metales pesados, pinturas y ácidos, entre otros); de ellos, el 90 % corresponde a los países desarrollados. Al no existir un pleno control acerca de su destino, estos desechos terminan por contami-

nar mares, ríos y, sobre todo, los sitios donde se entierran. A este problema se suma la basura doméstica.

La contaminación es fruto de la actividad humana, por lo que crecerá conforme sea mayor la población del planeta. Hasta 1850 había mil millones de habitantes, cantidad que se duplicó en sólo 75 años. Hacia 1960, la cifra creció a 3 mil millones y en 1993 arribó a los 5 mil 400 millones de personas, todas ellas consumidoras de bienes y energía. Esto explica que en el último medio siglo se haya quemado la misma cantidad de carbón que en toda la historia de la humanidad.

A la par con este crecimiento, el anhelo de progreso industrial fue más poderoso que las molestias ocasionadas por fábricas y altos hornos primero, centrales eléctricas más tarde, y finalmente los automóviles. Sin embargo, la primera advertencia ocurrió en 1909, cuando un millar de habitantes de Glasgow y Edimburgo sufrieron la letal unión de humo (*smoke*) y niebla (*fog*). A Des Voeux debemos la abreviatura de esa mezcla, *smog*, nombre que por extensión también sirvió para llamar a toda clase de humos tóxicos, con sólo dos distinciones: *smog* sulfuroso, si dominan los compuestos de azufre, y *smog* fotoquímico, que aparece cuando la radiación solar hace reaccionar óxidos de nitrógeno, monóxido de carbono e hidrocarburos, de cuya combinación surgen poderosos oxidantes, como el ozono.

Los episodios dramáticos se repitieron en el valle de Mosa, Bélgica (1930); en Pensilvania (1948); en Poza Rica, México (1950); en Tokio (1971), y en Los Ángeles (1972). Sin embargo, en Londres (1952) alcanzó dimensiones trágicas al provocar la muerte de 4,000 personas por neumonía.

Desde entonces, las sociedades contemporáneas añoran respirar "aire puro", aquel que está compuesto principalmente por nitrógeno, oxígeno y pequeñas cantidades de argón, helio, metano, criptón, óxido nitroso, hidrógeno, zenón y ozono. Cuando en esta mezcla se encuentran otras sustancias o el porcentaje de alguna de las mencionadas alcanza niveles que alteran la salud, hablamos de contaminación atmosférica.

Las primeras mediciones sistemáticas de la calidad del aire se efectuaron en los años sesenta; a través de ellas, los especialistas reconocieron que la atmósfera adquiría, cada vez con mayor frecuencia, características insalubres. Entre las sustancias más peligrosas señalaron a las partículas en suspensión, el plomo y el bióxido de azufre.

Las partículas suspendidas comprenden polvo, ceniza, hollín, metales, cemento y polen. Provocan irritación en las vías respiratorias; de acumularse en los pulmones, ocasionan enfermedades como asbestosis o silicosis; además, agravan los padecimientos cardiovasculares. Desafortunadamente, su presencia va en aumento. Según la Organización Mundial de la Salud (OMS), se encuentran elevadas concentraciones de estos contaminantes en el aire que respiran 1, 300 millones de personas, sobre todo en países pobres, lo cual agrava su efecto por los precarios niveles de salud y nutrición. Recientes investigaciones indican que las partículas menores de 10 micras son especialmente nocivas.

En cuanto al bióxido de azufre, genera irritación de los ojos y del tracto respiratorio, reduce las funciones pulmonares y agrava las enfermedades respiratorias como el asma, la bronquitis crónica y el enfisema.

Respecto del plomo, se le emplea en diversos productos y como aditivo en los combustibles. Este metal penetra en el organismo por inhalación o por ingestión, se acumula en los órganos del cuerpo, causa anemia y daños a los riñones y contribuye a la hipertensión, preámbulo de ataques cardiacos y cerebrales. Al depositarse en la sangre, afecta el desarrollo neurológico de los infantes.

Otros gases enturbian el aire. Los autos, por ejemplo, generan cada año casi tres veces su peso en bióxido de carbono. Este vapor reemplaza al oxígeno en la sangre, de tal suerte que obliga al corazón a realizar un esfuerzo mayor para suministrar el oxígeno que demandan los tejidos, lo cual afecta a personas con problemas cardiacos. Los fetos, las personas que padecen anemia falciforme y los niños de corta edad también son perjudicados, incluso ante bajas concentraciones de este gas. Los coches expulsan, además, óxidos de nitrógeno, que provocan afecciones respiratorias y que en ciertas condiciones lesionan el pulmón.

A partir de 1970, conforme algunas naciones hicieron obligatorio que los autos incorporaran el convertidor catalítico y, por lo tanto, operaran con gasolina sin plomo, se redujo la presencia de este metal, así como las emisiones de monóxido de carbono, hidrocarburos y óxidos de nitrógeno. No obstante, hacia fines de siglo poco servirá esta medida si se mantiene el vertiginoso incremento en el número de vehículos. Actualmente, la tasa de crecimiento es de 5% anual; a ese paso, los millones de automóviles de hoy serán el doble para el año 2025.

A lo anterior debe añadirse un problema creciente en las grandes urbes: los elevados índices de ozono, oxidante que irrita los ojos y el tracto respiratorio, agrava las enfermedades respiratorias y cardiovasculares y reduce la capacidad pulmonar.

Mención aparte merece el hecho de que, ante la contaminación del aire, los procesos naturales como la lluvia y las inversiones térmicas adquieren un carácter nocivo. En 1979 surgieron los primeros indicios de la muerte de bosques europeos por acidificación. Esto obedece a que los contaminantes fotoquímicos son arrastrados por los vientos, se combinan con la humedad y conforman una "lluvia ácida" que merma el crecimiento de la vegetación y los cultivos, afecta su proceso fotosintético y los debilita ante plagas y cambios de temperatura. Los daños alcanzan a ríos y lagos; en las ciudades, provocan desmoronamiento en las fachadas de algunos edificios.

Por lo que respecta a las inversiones térmicas, éstas se presentan sobre todo en invierno. En condiciones normales, el calor que emana de la Tierra se eleva y gradualmente se enfría, pero en temporadas invernales y de escaso viento surge una situación estacionaria donde una capa de aire caliente atrapa a otra de aire frío cercana al suelo. Esto impide que se produzca la turbulencia ascendente que propicia la mezcla homogénea de gases, y de ahí que los humos tóxicos sean retenidos a baja altura.

En tales condiciones, los riesgos dependen del volumen de contaminantes y del tiempo que dure la inversión térmica (más de un día es letal).

Por otro lado, algunos gases se acumulan en la parte alta de la atmósfera y tienden a acentuar el natural efecto invernadero que mantiene vivo al planeta. Se les llama, precisamente, "gases invernadero"; entre ellos sobresalen el bióxido de carbono, generado por la quema de árboles y combustibles fósiles; el metano, proveniente de fugas de gas, y los clorofluorocarburos, empleados en los refrigeradores, los sistemas de aire acondicionado, el poliestireno que se utiliza en empaques y, hasta hace poco, los aerosoles.

Más de la mitad de los gases invernadero que cada año recibe la atmósfera proviene de los países desarrollados. El Comité Intergubernamental sobre el Cambio de Clima, de las Naciones Unidas, estima que, de continuar su hacinamiento en la atmósfera, para el año 2030 la temperatura planetaria se elevará entre 1 y 5°C, aumento sustancial toda vez que desde la última glaciación la temperatura ha ascendido, en promedio, un grado cada 1,000 años. De cumplirse el pronóstico, las zonas climáticas se desplazarán hacia los polos, se perderán las cosechas, surgirán huracanes y tifones, los casquetes polares se descongelarán con la consecuente inundación de islas bajas y de todas las costas, y escaparán las grandes cantidades de metano que retiene el suelo helado de Alaska.

Cálculos conservadores indican que un control efectivo de los gases expulsados por las industrias y un uso eficiente de la energía bastarían para reducir entre 10 y 47% las emisiones de gases invernadero.

Uno de ellos está causando un problema adicional en la estratosfera, donde la capa de ozono retiene las radiaciones infrarrojas y ultravioleta, y con ello preserva la salud de todos los seres vivos. Hasta esa altura llegan las moléculas de clorofluorocarburos, cuya reacción es tan intensa que una sola molécula es capaz de fragmentar 100,000 moléculas de ozono.

Desde 1970, el estadounidense Sherwood Rowland y el mexicano Mario Molina advirtieron este fenómeno, pero fueron ignorados. Años más tarde se obtuvo evidencia de un progresivo adelgazamiento de la capa de ozono sobre los polos. La reducción alcanzó tales proporciones que se habló de agujeros. Por ello, 30 países firmaron el Protocolo de Montreal en 1986, en el que acordaron eliminar para el año 2000 las emisiones de los gases más activos contra la capa superior de ozono.

La contaminación atmosférica exige medidas radicales, como lo es aprovechar en forma eficiente la energía. En Helsinki, Finlandia, más de la mitad de los hogares se calientan con el calor desechado por fábricas, en tanto que las empresas japonesas lograron reducir su consumo de energéticos en dos tercios, gracias a que reciclan el 95% de los periódicos, el 65% de las botellas y el 40% del aluminio.

Asimismo, los grupos ecologistas sugieren mejorar el transporte público y crear ciclopistas. Una opción más son las fuentes alternas de energía, es decir, el Sol, el viento, las olas y los ríos. En Dinamarca, los generadores de viento aportan más del 1% de la electricidad del país; en Ghana, las bombas de agua y los molinos locales operan con celdas solares, y en Nueva Zelandia se transforma el estiércol de vaca en fertilizante y en gas metano para calefacción.

Chauvinismo. *Ver* Malinchismo

Chicano

En el libro de Tino Villanueva, *Chicanos* (selección, FCE, México, 1985), encontramos la siguiente información respecto a este término. A principios del siglo xx, el término *chicano* tenía en Estados Unidos un significado peyorativo, y así se denominaba al mexicano de "clase inferior", es decir, a un ciudadano estadounidense de ascendencia mexicana, ya fuese originario de la región o naturalizado.

Con este vocablo se hacía referencia por lo general al obrero mexicano no calificado y recién llegado a Estados Unidos. A diferencia del "pocho" —el mexicano nacido allá, esto es, el "mexicano-americano" que se encontraba más establecido en el país, y más "adaptado" al idioma inglés y a las costumbres estadounidenses—, al chicano se le clasificaba en una categoría social inferior por ser un obrero transitorio, que tenía que emigrar a regiones agrícolas, yendo de cosecha en cosecha, a campamentos de obras ferroviarias, o bien a las ciudades, en busca siempre de trabajo para ganarse el sustento.

La división de clases, y por consiguiente la conciencia de clase, fueron creación del pocho, el mexicano americanizado que se sentía más "de acá" (Estados Unidos) que "de allá" (México). Sintiéndose superior al obrero recién llegado del sur de la frontera, el pocho generó una situación que derivó ni más ni menos que en la marginación social de sus compatriotas.

Así, el sector más "integrado" (el residente pocho, trátese del obrero emigrante o del proletariado urbano de empleo más o menos fijo y estable), en afán de sentirse superior a un sector "no integrado" (el obrero chicano nómada, recién llegado y aún carente del idioma inglés), produjo una división de clases en cuya cima se halló el pocho, el *Mexican-American*. En la estructura social, el chicano quedó relegado a una categoría secundaria.

Tal y como emergió en los años sesenta, *chicano* es un término ideológico de solidaridad que pretende abarcar, idealmente, a todo estadounidense de ascendencia mexicana: los obreros de las clases populares unidos a los de la clase media y profesional que, si bien de un modo más sutil, se ven de igual manera cercados por el prejuicio racial.

Por su parte, el término *pocho* se deriva, según Ramos Duarte, del sonorismo *pochi* (adjetivo), que significa *corto, rabón*. Así, unos pantalones *pochis* serían unos pantalones cortos, mientras que un perro *pochi* es un animal "rabón". (Ramos Duarte, Félix. *Diccionario de mejicanismos: Colección de locuciones i frases viciosas*, Imprenta Eduardo Dublín, México, 1895, p. 408.)

A continuación citamos la definición de *pocho* aparecida en el *Diccionario general de americanismos* (1942):

"Pocho, -cha. m. y f. Nombre con que se designa a los noramericanos descendientes de español, especialmente de mejicano, en el sur de Estados Unidos y particularmente en California; también al residente extranjero del mismo origen. (En Méjico lo más común es decir *pocho* y *pocha*, y no es difícil que su origen sea el mismo de *pochio*, sonorismo que procede probablemente del yaqui; a veces también *limitado de alcances*, más claramente, *estúpido*).

"2. Castellano corrompido, mezcla de inglés y peor español, que hablan los noramericanos y los residentes extranjeros de origen español, principalmente mejicano, en California (Estados Unidos)."

Horacio Sobarzo, autor del *Vocabulario sonorense*, considera el vocablo "pochi" (pocho) como un "auténtico sonorismo", atribuyéndolo a dos fuentes indígenas. En su primera acepción, *pocho* proviene de *potzico*, que significa "cortar", "arrancar la yerba"; *potzi* se refiere a cortar, recortar cualquier cosa, y la partícula *tzi* suena "chi" al adaptarse a la fonética castellana. A mediados del siglo XIX, *potzico* significaba metafóricamente "el arte de arrancar la hierba", refiriéndose al compatriota que fue arrancado de nuestra nacionalidad.

En cambio, el modismo que se usa para denominar al "animal rabón", se deriva de la palabra *tacopotzi*. En síntesis, la etimología evolutiva de nuestro vocablo remonta a dos posibles fuentes indígenas: 1) potzico, potzi, pochi, pocho y 2) tacopotzi, potzi, pochi, pocho.

Sobre el término *chicano*, el lexicógrafo Francisco J. Santamaría consigna lo siguiente en su *Diccionario de mejicanismos*:

"Chicano, a. m. y f. Bracero mejicano que cruza la frontera hacia E.U. en busca de trabajo y, en general, mejicano nacido en Méjico, para los nacidos en la Unión Americana. La denominación es propiamente norteña."

La palabra *chicano* se halla en varios léxicos regionales desde hace tiempo, ya como voz coloquial, a veces como sustantivo despectivo. Hay que señalar que, en términos generales, desde hace tres cuartos de siglo y hasta los años sesenta, la palabra *chicano* seguía teniendo una significación peyorativa. Esto explica la razón de que muchos mexicanos residentes en Estados Unidos prefieran llamarse a sí mismos *Mexican-Americans*, es decir, méxico-estadounidenses, preferencia que, sin embargo, obedece también a que gran parte de los habitantes de esta comunidad rechazan en general el fervor social y la actitud de protesta de quienes se declaran chicanos.

Los activistas chicanos, a su vez, señalan que la protesta social del siglo XIX y la de la primera mitad del XX se dieron en casos aislados. Como prueba de su reducido alcance está el hecho de que, salvo en contadas ocasiones, no modificaron las estructuras básicas de los sistemas político y social, a los que ni siquiera consiguieron darles una nueva dirección. Se argumenta, por consiguiente, que la lamentable y prolongada circunstancia chicana obedece realmente a que en épocas pasadas los mayores se hayan mostrado pasivos, o bien se hayan humillado ante el paternalismo y el racismo anglosajón o integrado a esa sociedad sin cuestionar en absoluto su sistema de valores.

De ahí que la causa chicana haya sido adoptada por la juventud estadounidense de la década de los sesenta, que vio en ella no sólo una voluntad de autodeterminación, sino también una decisiva postura de definición individual: la afirmación "Soy chicano" supone una ruptura con la mentalidad oficialista de pasadas generaciones.

Déficit

El superávit es el predominio de los ingresos sobre los egresos, o el sobrante de los recursos tras las obligaciones. A la situación contraria, una cuantía mayor de los egresos sobre los ingresos, se le denomina déficit.

En contabilidad, el superávit representa el exceso del activo sobre la suma del pasivo (obligaciones) y el capital exhibido, que constituye la participación que les corresponde a los socios o propietarios de una empresa en el total de los bienes de la misma.

En las transacciones comerciales internacionales se habla de un superávit de la balanza comercial cuando las exportaciones exceden a las importaciones, y se dice que hay un déficit cuando las importaciones son mayores que las exportaciones.

También en economía es común utilizar estos conceptos para aludir al desequilibrio presupuestal del gobierno. Así, el superávit presupuestal es la superioridad de los ingresos respecto de los gastos públicos, y el déficit es la insuficiencia de los ingresos para financiar el nivel de gasto deseable.

En la economía de cualquier país es de vital importancia mantener el equilibrio tanto en las transacciones con el exterior como en el presupuesto del gobierno, ya que un desajuste creciente en cualquiera de los dos factores, o en ambos, puede traer graves consecuencias no sólo para el país directamente implicado, sino también para muchos otros, en caso de que la economía que lo registra ocupe una posición de liderazgo en el ámbito mundial.

Un déficit comercial acentuado demanda la adopción de una política proteccionista con el propósito de disminuir las importaciones y fomentar las exportaciones con la intención de restablecer el balance comercial perdido.

En caso de prolongarse, un déficit comercial amenaza con impedir el desarrollo económico del país que lo sufre, en virtud de que la creación de empleos y el acceso a la maquinaria, a los componentes y a otros insumos dependen en gran medida de las importaciones, y la imposibilidad de financiar éstas provoca como respuesta una contracción en la demanda externa de los productos nacionales y una más abundante salida de capitales para el pago de mercancías consideradas indispensables.

Por el contrario, un superávit comercial fortalece el aparato productivo en cuanto que representa una mayor demanda de los productos nacionales con efectos multiplicadores sobre el resto de los sectores productivos y beneficios mayores por concepto del ingreso de los recursos monetarios producto de esas exportaciones.

En determinadas condiciones, un gobierno puede verse obligado a mantener un superávit comercial durante periodos prolongados. Tal es el caso de países con una deuda externa significativa, los cuales deben obtener del exterior las divisas necesarias para cubrir sus compromisos, motivo por el que están forzados a acelerar sus exportaciones.

Para diluci-
dar si el desequi-
librio comercial (ya
sea déficit o superávit)
de un país es coyuntural
o estructural y si es benéfico o negativo, se requiere analizar en detalle la naturaleza del
fenómeno. Un país, por ejemplo, puede reportar un déficit
comercial a lo largo de varios años sin por ello generar un
problema posterior en su balanza de pagos, pues bien puede
ocurrir que la inmensa mayoría de sus importaciones sean
de bienes de capital (maquinaria, equipo y herramientas) y
también de materias primas para la necesaria renovación de
su aparato productivo, y que la consecuente modernización
y competitividad de su sector industrial revierta la tendencia
deficitaria de su balanza comercial. Es obvio que la situación
sería completamente diferente si el persistente déficit comercial obedeciera a la importación de artículos de lujo y de
bienes superfluos sin ningún impacto en el aparato productivo del país.

Deflación. *Ver* Inflación

Democracia

Se denomina así al sistema o régimen político, a la forma de
gobierno o al modo de vida social en que el pueblo cuenta
con los medios para determinar su destino, la integración de
sus órganos fundamentales y la orientación ideológica de
sus instituciones. Es, en esencia, una forma de organización
del gobierno —no del Estado— que reconoce en el pueblo
al origen, el sostén y la justificación del poder público.

El concepto de "pueblo" comprende a todos los ciudadanos que residen permanentemente en un territorio y que
disfrutan de la mayoría de edad legal. Toda discriminación
de categorías de grupos de población en virtud de su raza,
religión, sexo o condición socioeconómica contradice el
concepto democrático de "pueblo", o al menos lo reduce, tal
como ocurrió en la democracia ateniense bajo Pericles en el
siglo v a.C.

Fueron justamente los griegos de esa época quienes
usaron por primera vez la palabra *demokratia* para designar
una nueva concepción de la vida política y las prácticas
entonces comunes en muchas de sus ciudades-Estado. Los
atenienses ya habían previsto como deseables en su sistema político ciertos tipos de igualdad —la del derecho de
todos los ciudadanos a hablar en la asamblea de gobierno,
isegoría, y la igualdad ante la ley, *isonomía*—, pero no fue
que la asamblea del pueblo o *demos* empezó a ser considerada como la autoridad soberana cuando al nuevo sistema
comenzó a llamársele "democracia" para significar el mandato del *demos* en oposición al dominio de unos cuantos
individuos (aristocracia u oligarquía) o de uno solo (autarquía
o tiranía).

Posteriormente, el crecimiento demográfico y el desarrollo cultural y político de los pueblos dio lugar a la aparición
de las democracias representativas, basadas en el principio
de que el pueblo actúa por medio de mandatarios en los
parlamentos, como ocurrió en las Cortes de León y de
Castilla en la España del siglo xii, y también en la Inglaterra
del siglo siguiente.

La democracia moderna surgió en el siglo xviii tras las
grandes revoluciones inglesa (1680) y francesa (1789) y la
independencia de Estados Unidos (1776), y tiene su base
teórica en las obras de importantes autores de la época,
como John Locke y Jean-Jacques Rousseau. El primero de
ellos argumentó en favor de los derechos fundamentales del
hombre, la división de poderes, el valor de la Constitución
y el principio mayoritario, en tanto que Rousseau exaltó la
voluntad general y la soberanía absoluta del pueblo.

Las democracias se distinguen por las limitaciones constitucionales a la acción gubernamental, por medio de cambios periódicos de las autoridades y a través de órganos de
representación popular efectiva que velen por los intereses
tanto individuales como colectivos. Estos cambios implican
un sistema de elecciones que ofrezca la posibilidad real de
optar, ya sea mediante designación o voto directo, por uno
de los candidatos, quienes a su vez deben seguir normas
como la presentación de un programa de gobierno. Los
partidos políticos son la vía mediante la cual se garantiza un
contacto permanente entre el pueblo y sus representantes,
y junto con las demás organizaciones sociales debe

otorgárseles la oportunidad de analizar los programas de los candidatos, criticar las decisiones gubernamentales y asumir la representación de ciertos sectores de la opinión pública. La democracia supone necesariamente la existencia de instituciones que permitan al pueblo expresar su voluntad y participar en las decisiones políticas, instituciones que pueden tener un carácter directo, plebiscitario (de consulta) o representativo.

Los medios de comunicación masiva (prensa, radio y televisión) han de gozar de la libertad de informar y emitir su juicio. Las libertades de expresión y de asociación son derechos políticos y civiles plenamente reconocidos, al igual que el respeto a las minorías y a las garantías individuales, el recurso a la discusión —y no a la fuerza— para dirimir las disputas acerca de la legitimidad del sistema de gobierno y la seguridad jurídica de protección contra el terror, la ilegalidad o la arbitrariedad en la aplicación de las leyes. La democracia debe asegurar, en suma, la defensa de los derechos fundamentales que hacen posible la libre formación de la opinión en lo que concierne a la decisiones políticas.

La doctrina conocida como "democracia cristiana" inspiró una serie de partidos dominantes en la escena política europea durante los años de la guerra fría (los posteriores a 1945, fecha de conclusión de la Segunda Guerra Mundial), mientras que por la misma época los regímenes comunistas de varias partes del mundo, y específicamente los del este de Europa, se dieron a sí mismos el nombre de "democracias populares".

Respondiendo al llamado del periódico *Feance Culture*, se realizó en la ciudad de Atenas un importante coloquio sobre la democracia, en el cual participaron distinguidos intelectuales de todas las tendencias. Se discutió ahí el futuro de "la única organización social que prefiere a los seres humanos vivientes antes que a las personas morales o abstractas". Los debates se centraron en las nociones de democracia formal y real, al tiempo que se hizo hincapié en el peligro que para las democracias representan las armas atómicas y las compañías transnacionales.

Derechos humanos

La multiplicación, en numerosos países, de asociaciones civiles dedicadas a la defensa de los derechos humanos (conocidas habitualmente como Organizaciones No Gubernamentales, ONG, título que sin embargo no es exclusivo de ellas) es la causa de la amplia difusión actual de esta expresión.

Su origen se remonta a la célebre *Declaración de los derechos del hombre y del ciudadano* emitida por la Asamblea Nacional francesa en 1789, en la cual se proclamaron la libertad de todos los hombres sin distinción alguna de condición social, su igualdad de derechos y la vigencia permanente de prerrogativas naturales como la propiedad, la seguridad y la

resistencia a la opresión. No obstante su originalidad, esta declaración tuvo como antecedentes el *Bill of Rights* (*Declaración de derechos*) enarbolado por buena parte de las colonias británicas en América del Norte que se independizaron en 1776 para formar los Estados Unidos de América, y el documento del mismo nombre que representó la culminación de la "gloriosa revolución" inglesa de 1689.

La teoría en la que se apoya este concepto sostiene que los seres humanos poseen derechos naturales anteriores a la formación de la sociedad, que el Estado debe reconocer y garantizar. Tales derechos se clasifican en civiles, políticos y sociales. Los primeros se refieren al individuo (libertad personal, de pensamiento, de religión, de reunión, económica) y garantizan un margen de acción personal lícito que resguarde al mismo tiempo los derechos de todos los demás individuos. El Estado está obligado a no coartar el ejercicio de esta categoría de derechos. Los derechos políticos (libertad de asociación en partidos, facultades electorales) están vinculados a la organización democrático-representativa e implican la libre participación de los ciudadanos en la dirección del gobierno.

Finalmente, los derechos sociales (al trabajo, los servicios asistenciales, el estudio, la protección de la salud, un nivel de vida decoroso y la seguridad), producto de las exigencias de la sociedad industrial, implican la creación por parte del Estado de una situación de certidumbre para todos sus gobernados.

Los derechos fundamentales, naturales o humanos, entre los cuales están el derecho a la vida y a no padecer hambre, tortura o privación arbitraria de la libertad, empezaron a ocupar un primer plano con la aparición del individualismo de John Locke (1632-1704). Se propuso entonces que eran derechos esenciales por tres motivos, diferentes pero relacionados entre sí. En primer lugar, porque satisfacen necesidades de suma importancia. En segundo, porque son básicos en lo referido a asuntos de titularidad, entendida ésta como la justificación que permite asignarle un objeto a una persona a modo de merecimiento o propiedad. En tercer lugar, porque hacen posible la presentación de demandas respecto de otras personas con deberes correlativos a fin de asegurar que cada uno reciba lo que legítimamente le corresponde.

En el ámbito internacional, los ideales humanitarios fueron por largo tiempo invocados únicamente en relación con el trato brindado a los extranjeros y, más esporádicamente, con el respeto debido a los miembros de minorías étnicas o grupos religiosos.

El clima de cooperación resultante de la Segunda Guerra Mundial (1939-1945) avivó la necesidad de una auténtica acción internacional en favor de los derechos humanos. Los gobiernos firmantes de la *Declaración de las Naciones Unidas* (1° de enero de 1942) se dijeron convencidos de que una victoria sobre sus enemigos era "esencial para defender la vida, la libertad, la independencia y la libertad religiosa, así como para conservar los derechos humanos y la justicia en los propios países y en las otras naciones".

El 26 de junio de 1945, en San Francisco, los redactores de la *Carta de las Naciones Unidas* incluyeron entre los fines de esta organización el de "conseguir la cooperación internacional en la solución de los problemas internacionales de carácter económico, social y cultural o humanitario, y en la promoción y el fomento del respeto de los derechos humanos y de las libertades fundamentales para todos sin distinción de raza, sexo, lengua o religión".

En México fueron creadas la Comisión Nacional de Derechos Humanos y la Comisión de Derechos Humanos del Distrito Federal, así como las equivalentes de esta última en buen número de entidades del país, organismos todos ellos que tienen por objeto la defensa, vigilancia, promoción, estudio y difusión de los derechos humanos.

Descapitalización

La pérdida o disminución del capital o patrimonio de una persona física o moral se denomina descapitalización. No sólo significa la disminución de la cantidad de dinero disponible mediante ahorros y depósitos en valores, sino también la pérdida de capital en un sentido amplio, para lo cual es necesario definir dicho concepto.

Se entiende por capital el conjunto de valores o bienes que pueden producir una ganancia. En economía se considera capital a la propiedad total o al activo que se posee con el fin de satisfacer una necesidad, brindar un servicio o hacer producir una utilidad o un interés.

El capital, por lo tanto, es un patrimonio, y constituye toda propiedad de cualquier clase empleada en un negocio, desde el dinero en efectivo hasta la maquinaria, el equipo, los bienes raíces y las materias primas, lo que suele llamarse su activo.

El término *descapitalización* se utiliza indistintamente para referirse a la situación particular de una empresa, a un sector de la economía o a un país, es decir, tanto en el ámbito macro como en el microeconómico.

Cuando se habla de la descapitalización de una empresa, esto significa que, por diversas razones, dicha unidad productiva está afrontando una situación financiera difícil caracterizada por la disminución de su liquidez —es decir, de su efectivo en caja y sus depósitos bancarios—; si la descapitalización es muy grave, la compañía puede perder parte de sus activos e incluso quebrar.

Este proceso obedece a diversos motivos, entre los cuales se hallan la mala administración de una empresa o su falta de visión en un mercado muy competitivo. Sin embargo, puede deberse también a causas ajenas a la empresa, factores que inciden en su competitividad pero que escapan a su control, tales como financiamiento, infraestructura, estímulos gubernamentales, etcétera.

Entre las principales causas de descapitalización de las empresas está la elevación desmedida de las tasas de interés del sistema financiero nacional en comparación con el internacional. Si una empresa solicitó créditos para renovar su maquinaria, puede encontrarse de pronto con que las condiciones económicas del país han cambiado hasta provocar un ambiente recesivo de contracción del mercado interno y con un aumento creciente en las tasas de interés, lo que la obligará a realizar erogaciones cada vez más onerosas y le significará el riesgo de verse envuelta en un proceso de descapitalización.

El mismo fenómeno puede ocurrir también a escala macroeconómica, tal como sucedió en los años ochenta, cuando la elevación sin precedentes de las tasas de interés internacionales desencadenó fricciones entre países deudores y acreedores, incapacidad de pago de las deudas contraídas, renegociaciones de las mismas y, por supuesto, una descapitalización creciente de los países endeudados, principalmente de los del "Tercer Mundo".

El concepto de descapitalización también se aplica a una situación en la que un sector económico —la agricultura, por ejemplo— experimenta una disminución progresiva de su capital fijo —tractores o maquinaria, para seguir utilizando el mismo caso— así como una menor utilización de diversos insumos para elevar la productividad del sector (pesticidas, fungicidas y semillas mejoradas, entre otros).

La descapitalización del sector agrícola afecta a muchos países en desarrollo, con el agravante de que la agricultura se ve expuesta de suyo a otra forma de descapitalización conocida como "deterioro de los términos de intercambio", que consiste en el aumento de los precios de las materias primas y los alimentos en menor proporción que los de los productos manufacturados, y en un descenso más pronunciado cuando se impone una tendencia a la baja.

Puesto que los países en desarrollo son exportadores netos de materias primas e importadores también netos de productos manufacturados y bienes de capital, sus transacciones internacionales suponen un deterioro constante de sus términos de intercambio, lo que significa para ellos un proceso de descapitalización permanente. En contrapartida, los países industrializados se benefician de lo que para ellos representa un proceso de constante capitalización vía el intercambio comercial.

Desincorporación. Ver Privatización y desincorporación

Diletante. Ver Amateur

Dioptría

Nuestra vista registra las imágenes de nuestro alrededor porque las radiaciones luminosas cruzan de manera convergente el globo ocular y se plasman en la retina, desde donde los nervios ópticos envían la información al cerebro. Cuando tales imágenes pierden nitidez, significa que el punto de convergencia de los rayos luminosos ya no coincide con la retina. Para corregir esa distorsión visual, el oculista suele prescribir el uso de anteojos cuyos cristales serán convergentes (convexos) para los présbites, o divergentes (cóncavos) para los miopes.

La graduación se fija en fracciones o unidades de dioptrías. Este término fue acuñado por el francés Monoyer en 1872 a fin de expresar la capacidad de una lente para hacer coincidir los rayos lumínicos que, habitualmente, se desplazan en forma paralela. Si, una vez que cruzan la lente, encuentran su foco o punto de convergencia a una distancia de 1 metro, estamos hablando de una lente convergente de una dioptría.

Existe una fórmula para calcular el poder que tienen los cristales: $D = 1/F$, donde D representa las dioptrías

y F la distancia focal. Si el punto de convergencia se ubica a 50 cm, se trata de una lente de dos dioptrías; en cambio, si se localiza a 4 m su potencia será de 0.25 dioptrías.

Por extensión, se llama dióptrica a la rama de la física que estudia la forma como se propaga la luz a través de cuerpos transparentes. Invariablemente, al encontrar un objeto o ambiente con densidad distinta, como sería pasar del vacío a la atmósfera terrestre y de ésta al agua o un cristal, los rayos luminosos experimentan un cambio en su trayectoria. A este fenómeno se le conoce como refracción.

Si bien el término dioptría tiene poco más de 100 años, se estima que la construcción de lentes para mejorar la visión es una práctica milenaria. En las ruinas de Nínive, la antigua capital asiria, se encontró una pieza de cristal con la forma de una lente convergente (900 a 700 a.C.). Basado en su conocimiento empírico, Confucio afirmó que las lentes mejoraban la visión (500 a.C.), en tanto que Aristófanes describió la forma de encender fuego con la luz solar mediante unas piedras transparentes (425 a.C.).

En cuanto al fenómeno de la refracción, la referencia más antigua que se conoce corresponde a Platón (370 a.C.). Sin embargo, fue Claudio Tolomeo quien delineó los primeros esbozos de una ley, únicamente válida para ciertos ángulos de incidencia (180 d.C.). Durante la Edad Media, el filósofo árabe Abu Ysuf Yaqub Ibn Is-Hak, también llamado Al-Kindi (813-880), estructuró algunas consideraciones generales. Más tarde, el también árabe Ibn Al-Haitham, más conocido por su nombre latinizado, Alhazem (965-1038), hizo el primer estudio realmente científico acerca de la refracción y demostró algunos conceptos planteados por Tolomeo; también dedujo una ley que permitía ubicar las posiciones relativas de un objeto y su imagen formada por una lente, preámbulo del cálculo de las dioptrías.

Cabe mencionar que para entonces aún no se bautizaban las rudimentarias piedrecillas transparentes empleadas en los experi-

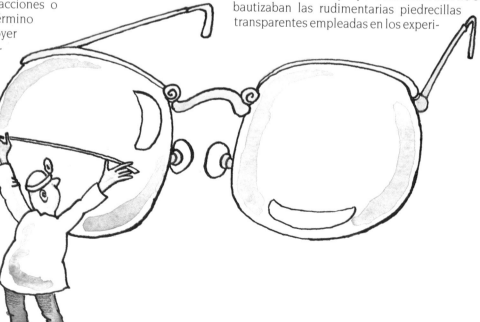

mentos. Tal acción corrió por cuenta del fraile franciscano inglés Roger Bacon, quien en 1266 talló con esmero lo que se considera en términos técnicos las primeras lentes en forma de lentejas, de donde se deriva su nombre. Bacon formuló una serie de descripciones de los cristales para corregir diferentes trastornos de la vista, lo que le ocasionó años de encarcelamiento por no acatar las enseñanzas de la Iglesia. Sin pretender restarle méritos a Bacon, Marco Polo refiere la utilización de anteojos para la lectura en la corte de Kublai Khan, práctica que al parecer data del siglo x en el Lejano Oriente.

El material tallado por los chinos era cristal de roca. Por su parte, los europeos trabajaban el cuarzo y el aguamarina; hasta principios del siglo XIII, no contaban con materiales más dúctiles y transparentes. La clave estaba en manos de los artesanos de Constantinopla, fabricantes del mejor vidrio. Durante la cuarta Cruzada, los venecianos desviaron su camino de Tierra Santa y saquearon Constantinopla; regresaron a Venecia con buen número de especialistas en vidrio, de quienes adoptaron la tecnología.

Así surgieron, entre los años 1285 y 1300, los primeros anteojos europeos, unos elaborados por Alexandro della Spina, monje dominico de Pisa, y otros por su amigo de Florencia, Salvino de Armati. En 1352, Tomaso da Modena realizó el que sería el primer retrato de un hombre con anteojos, y en 1480, el pintor florentino Domenico Ghirlandajo incluyó unos anteojos convexos en un cuadro de San Jerónimo, lo que convirtió a este santo en patrono de los constructores de lentes.

Precisamente uno de ellos, Hans Lippershey, encontró en 1608, por la vía empírica, la manera de construir un telescopio de corto alcance. Colocó una lente convergente lejos del ojo y en medio otra divergente; era una manera simple de observar más grandes los objetos lejanos. De inmediato, Galileo Galilei hizo lo propio y estudió el funcionamiento de estos instrumentos. Ideó un telescopio que amplificaba 30 veces las imágenes, con el cual le fue posible observar los satélites de Júpiter y los cráteres de la Luna. Johannes Kepler sugirió en 1610 cambiar la lente divergente por otra convergente, con lo cual creció el campo observado.

En 1621, Willebrord Snell postuló la ley de la refracción, válida y exacta para cualquier circunstancia. Mientras tanto, la óptica instrumental siguió avanzando. En 1665 Robert Hooke construyó un microscopio rudimentario; nueve años después, Antonie van Leeuwenhoek diseñó un modelo más afortunado que le permitió observar por vez primera un microorganismo.

El vidrio óptico experimentó diversas mejoras. En 1855, Ernst Abbe y Otto Schott, a partir de trabajos de Michael Faraday, lograron producir el *crown glass* y el *flint glass*, los tipos de cristal que se emplean en la actualidad.

Un elevado conocimiento de la óptica y una depurada tecnología en la fabricación de las lentes propiciaron el surgimiento de instrumentos modernos, desde los gemelos hasta sofisticadas cámaras aéreas que lo mismo permiten estudiar la superficie del planeta desde satélites que realizar minuciosas investigaciones astronómicas.

Doctrina Monroe

En política, una doctrina es la enunciación formal, por parte de un jefe de Estado o del ministro responsable, de los lineamientos a los que su país se atendrá respecto de un tema o sector de sus intereses nacionales o internacionales.

Aunque el término no fue usado como tal hasta mucho después, tuvo su origen en 1823 con la declaración del presidente estadounidense James Monroe que se resume en la frase "América para los americanos", en referencia a la no intervención de Europa en los asuntos del continente. La que se conocería más tarde como Doctrina Monroe había sido adelantada parcialmente por el Congreso de Estados Unidos en 1811 durante los movimientos de independencia de América Latina a través de la Resolución de No Transferencia, por la cual aquella nación manifestó su acuerdo con que España retuviera sus posesiones americanas siempre y cuando no incurriera en la entrega de territorios fronterizos con Estados Unidos, lo que sería visto desfavorablemente. Los estadounidenses cerraban el paso así a la posibilidad de que Gran Bretaña se apropiara por dicho medio de esos territorios.

Dos amenazas impulsaron a Monroe a emitir su famosa declaración: la primera era el temor de que Rusia colonizara la costa norte del Pacífico; la segunda, el riesgo de que España pretendiera recuperar su imperio en el Nuevo Mundo con la ayuda de la Santa Alianza.

En el derecho internacional también han cobrado importancia otras doctrinas, como la Doctrina Estrada, formulada por el canciller mexicano Genaro Estrada para fijar la posición de México ante su reconocimiento de gobiernos extranjeros. De acuerdo con estas normas, los cambios en el régimen político de cualquier país no suponen otra cosa para el gobierno mexicano que el mantenimiento o retiro, según lo estime procedente, de sus representantes diplomáticos en aquella nación, reservándose sin embargo la libertad de seguir aceptando a los de los demás países con los que sostiene relaciones sin calificar su derecho a conservar o sustituir a sus autoridades o a abstenerse de reconocer a algún gobierno, por considerar que de lo contrario se violaría el principio de la no intervención.

Entre muchas otras doctrinas importantes, cabe señalar las siguientes:

De acuerdo con la *Doctrina Calvo* (1884), se juzga contraria al derecho internacional la intervención diplomática o armada en un Estado soberano contra el cual particulares de un tercer país hayan presentado una reclamación.

La *Doctrina Drago* fue formulada en 1902 por el ministro de relaciones exteriores de Argentina, José María Drago, con el propósito de asentar que las deudas, tanto de particulares como de los Estados, no pueden ser exigidas por procedimientos compulsivos. El gobierno argentino enunció de esta forma su tesis acerca de la responsabilidad de un Estado para con ciudadanos extranjeros respecto de deudas públicas contraídas por regímenes precedentes.

Mediante la *Doctrina Stimson*, de 1932, el gobierno de Washington declaró a China y Japón la intención de no reconocer ninguna circunstancia que pudiese contravenir el pacto Briand-Kellog de 1928.

La *Doctrina Truman*, de 1947, se refiere a las relaciones entre Europa occidental y el entonces bloque soviético.

Dopaje

Esta palabra se deriva del término inglés *dope*, "narcótico", y se usa en el ámbito deportivo para indicar el suministro de sustancias capaces de elevar artificialmente el rendimiento de un atleta en las competencias.

Las opiniones de los fisiólogos sobre el dopaje son variadas; algunos han acabado por considerar dopaje a tratamientos como el simple baño o los compuestos caseros elaborados con huevo, café, extractos de cola, etcétera. Estos datos, basados en experiencias de laboratorio, no son aplicables sólo al sector deportivo. Además, no se puede afirmar que el suministro de vitaminas a un deportista que sufra avitaminosis pueda favorecer inmediatamente su rendimiento físico.

En cambio, existen ciertos fármacos cafeínicos, como la benzedrina y la efedrina (anfetaminas), que intervienen en el sistema nervioso y elevan parcialmente el rendimiento muscular al tiempo que retrasan la sensación de fatiga, de tal manera que el atleta no se da cuenta de que está cansado. Por eso, el dispendio de fuerzas de un deportista puede alcanzar extremos peligrosos.

Diagnosticar que un atleta ha utilizado el dopaje implica un complejo procedimiento clínico, el cual debe realizarse en un laboratorio mediante el análisis de la sangre o la orina. Actualmente, casi todas las federaciones deportivas, sobre todo las de profesionales, han hecho obligatorio el examen para los atletas. Gracias a este procedimiento se descubrió el uso de sustancias estimulantes por el atleta canadiense Ben Johnson.

Los entrenadores y atletas buscan permanentemente maneras de conseguir una "ventaja" competitiva y mejorar el rendimiento deportivo. No es sorprendente, sin embargo, que para ello se utilice rutinariamente una variedad de sustancias y procedimientos ergogénicos (para mejorar la capacidad de trabajo o el rendimiento físicos) en casi todos los niveles competitivos. Ciertas sustancias son usadas con frecuencia por los atletas, tanto universitarios como profesionales, mientras que los complementos nutritivos son más comunes en individuos que se entrenan para elevar su condición física y con miras a realizar actividades deportivas.

El dopaje es definido también como el uso o la distribución por parte del deportista de ciertas sustancias que pueden tener el efecto de mejorar en forma artificial la condición física o mental del atleta, aumentando de este modo su rendimiento.

Es bien sabido que muchos atletas, hombres y mujeres, utilizan una gran variedad de fármacos con la creencia de que una droga específica tendrá una influencia positiva sobre su destreza, fuerza o resistencia. En nuestra cultura competitiva orientada hacia los fármacos, es frecuente el uso de drogas entre los atletas, incluso en los niveles estudiantiles.

Resulta irónico que los atletas se esfuercen por fomentar todos los aspectos de su salud, se entrenen duramente, ingieran alimentos equilibrados, busquen y reciban asesoramiento médico para sus diversas lesiones y, sin embargo, consuman al mismo tiempo drogas sintéticas, muchas de las cuales pueden precipitar efectos secundarios que van desde náusea, pérdida del pelo, comezón e irritabilidad nerviosa hasta esterilidad, enfermedades del hígado y adicción a las drogas.

La mayoría de las federaciones deportivas internacionales, encabezadas por el Comité Olímpico Internacional, tienen sus propias reglas contra el dopaje. La clasificación general de sustancias de dopaje es la siguiente: estimulantes, analgésicos narcóticos y esteroides anabólicos.

Los estimulantes incluyen una amplia gama de drogas. Muchos de ellos están presentes en forma natural en compuestos como la cocaína y la cafeína. Las drogas preparadas químicamente, como las anfetaminas, también tienen propiedades similares, pues ejercen acción directa en los sistemas nervioso central y cardiorrespiratorio, estímulos ambos que pueden elevar el rendimiento deportivo. Son los efectos secundarios, sin embargo, los que pueden sobreestimular al deportista y eliminar en él los signos de fatiga, de modo que la estimulación mental lo obliga a seguir compitiendo.

No obstante, no existen evidencias suficientes como para probar que las anfetaminas contribuyen a un mayor rendimiento físico o a elevar las destrezas psicomotrices.

Los analgésicos narcóticos comprenden a su vez a todos los narcóticos (como la morfina) y sus análogos y derivados (como la codeína). Parecerá extraño que estas drogas sean utilizadas en la alta competencia, pero es proverbial la aplicación de inyecciones de morfina para lograr un efecto temporal, aunque poderoso.

Además de sus efectos dañinos, y de los problemas de dopaje asociados a su uso, muchos de los analgésicos narcóticos están controlados por una estricta legislación en casi todos los países, de modo que la sola posesión de estas drogas en circunstancias no clínicas constituye un delito.

Finalmente, los esteroides anabólicos son drogas que funcionan en forma similar a la hormona masculina llamada testosterona, la cual determina en gran parte las características sexuales secundarias masculinas y las diferencias sexuales en cuanto a masa muscular y fuerza que comienzan a desarrollarse al inicio de la pubertad.

"Anabólico" significa "constructor" del tejido corporal. El cuerpo contiene hormonas naturales que producen un efecto anabólico y que promueven el crecimiento, la cicatrización y el aumento del tejido en el entrenamiento y uso de los músculos. Estas hormonas incluyen a la del crecimiento (producida por la glándula pituitaria e íntimamente implicada en los procesos de construcción de tejidos y el crecimiento humano normal) y a la ya citada testosterona. Los esteroides anabólicos son derivados químicos de las hormonas naturales masculinas, las cuales tienen efectos habitualmente más puros y menos virilizantes.

Se carece, sin embargo, de pruebas que demuestren que los efectos benéficos de los esteroides sean la fuerza y potencia musculares. Los efectos secundarios potenciales de estas drogas pesan más que cualquier posible beneficio para el ejercicio.

Los atletas que toman estas drogas lo hacen normalmente en los años activos de su carrera deportiva, durante los cuales se administran frecuentemente dosis combinadas cada vez mayores (acumulación) de esteroides muy por encima de la dosis médica recomendada. El objetivo es mejorar el rendimiento en deportes que requieren fuerza, velocidad y potencia, de manera que es común que recurran a estas sustancias los practicantes de disciplinas atléticas como maratón, levantamiento de pesas, lucha, futbol americano, ciclismo y boxeo.

Durante muchos años se ha intentado descubrir las razones del mejor rendimiento que afirman tener los atletas que toman anabólicos. Es posible aumentar el volumen muscular en forma considerable tomando esteroides anabólicos; sin embargo, se ha demostrado que el volumen extra está formado por agua y minerales, y no por fibras musculares más grandes y mejores. No ha sido posible demostrar que haya un aumento en la fuerza provocado por los esteroides anabólicos, y más bien existe coincidencia en que lo que importa no es la supuesta potencia de los anabólicos, sino el trabajo intenso, única garantía real del alto desempeño atlético. En todo caso, la alimentación, el entrenamiento y los anabólicos pueden ser una combinación efectiva.

Dumping

A las conductas comerciales internacionales que afectan el buen funcionamiento del mercado y entorpecen el libre flujo de los productos —motivo por el cual son reprobadas por la mayoría de los países—, se les conoce como prácticas comerciales desleales. El dumping es una de ellas.

Con este procedimiento, que consiste en términos generales en la venta de productos a un precio inferior a su costo, una empresa persigue fundamentalmente dos propósitos: apoderarse del mercado en detrimento de sus competidores

y ejercer un monopolio que le permita después elevar abusivamente los precios a fin de resarcirse de las pérdidas registradas en la primera parte de la operación.

El impacto económico del dumping sobre los competidores del país importador puede ser mínimo, pero también puede afectar gravemente a su industria, por lo que muchos países han optado por combatir esta práctica mediante disposiciones legales específicas que les permitan determinar la diferencia entre el precio de un artículo en el mercado de origen y en el de exportación, a lo que se le conoce como "margen de dumping".

Una vez establecido este margen, la sanción usual en su contra consiste en fijar a la importación un impuesto de magnitud equivalente a la que representa, a fin de desalentar la reincidencia en esta práctica.

El origen del concepto no ha sido precisado. Vicente Querol aventura la posibilidad de que "la expresión dumping haya sido por primera vez usada en los debates parlamentarios del siglo XIX en Gran Bretaña y esclarecida a comienzos del presente siglo", habiendo surgido en 1904 "en Canadá la primera ley en esta materia, seguida de la promulgada en Nueva Zelandia en 1905 y en Australia en 1906".

Durante las negociaciones comerciales internacionales que en 1948 desembocaron en el establecimiento del Acuerdo General sobre Aranceles Aduaneros y Comercio (General Agreement on Tariffs and Trade, GATT por sus siglas en inglés), se adoptaron leyes para combatir el dumping, ante la amenaza de que llegara a convertirse en un serio obstáculo para el desarrollo del comercio internacional. Esta preocupación quedó reflejada en el artículo VI del Acuerdo, que regula lo relativo a esta materia y en el que el dumping es definido concluyentemente como la introducción de los productos de un país en el mercado de otro a un precio inferior a su valor normal.

En 1979, al término de las negociaciones de la Ronda de Tokio en el marco del GATT, se emitieron dos textos complementarios del Acuerdo General: el Código Antidumping y el Código Antisubvención. El primero representó un avance, dado que en él se especificó que no bastaba con que un país probara haber recibido importaciones subsidiadas o en condiciones de dumping, sino que además era necesario que demostrara que tales importaciones dañan a la industria local productora de artículos similares.

Al iniciarse, en septiembre de 1986, una nueva ronda de negociaciones del GATT, denominada Ronda de Uruguay por haber tenido como sede la ciudad de Punta del Este en ese país, los Estados firmantes del Acuerdo emprendieron nuevos esfuerzos por precisar las disciplinas antidumping existentes, con la intención de evitar que, como venía ocurriendo, los gobiernos utilizaran las leyes en la materia como instrumento de protección comercial.

En el Acta Final de la Ronda de Uruguay —ronda que concluyó el 15 de diciembre de 1993, luego de sucesivos y conflictivos aplazamientos— fueron incorporadas normas más detalladas para determinar si un producto es objeto de *dumping*, criterios para sostener que las importaciones objeto de *dumping* causan daño a la producción nacional, procedimientos para realizar las investigaciones al efecto y reglas de aplicación de las medidas contra esta práctica.

Asimismo, se reguló más estrictamente la obligación de que el país importador establezca una relación causal evidente entre las importaciones objeto de *dumping* y el perjuicio a la producción nacional; se establecieron procedimientos minuciosos para iniciar los casos *antidumping* y efectuar las investigaciones correspondientes; se fijaron los requisitos para garantizar que todas las partes interesadas puedan presentar pruebas, y se hicieron más rigurosas las normas sobre aplicación de medidas provisionales.

Se dispuso también que las medidas *antidumping* expirarían tras cinco años de vigencia —a menos que su derogación implicara el riesgo de que el daño persistiera o reapareciera— y que una investigación sería improcedente cuando el margen de *dumping* no rebasara el 2% del precio de exportación del producto o si el volumen de las importaciones objeto de *dumping* fuera inferior al 3% de las realizadas por el país importador de cierto producto procedente de un país determinado.

Todas las medidas *antidumping*, ya sean preliminares o definitivas, deberán ser notificadas en adelante a un Comité de Prácticas Antidumping. El GATT permitirá que las partes en litigio realicen consultas sobre el funcionamiento y los objetivos de dicho Comité y soliciten en su caso el establecimiento de grupos especiales para el estudio de las diferencias.

Edificio inteligente

Una casa sin cerraduras, un edificio sin letreros para advertirles a los ocupantes sobre el cuidado de la energía eléctrica y el uso racional del agua, y viviendas capaces de "autoadministrarse" son ideas aparentemente arrancadas de relatos de ciencia ficción. Sin embargo, en la actualidad existen ya este tipo de construcciones, a las que se les llama casas o edificios "inteligentes".

La evolución de la electrónica y de la computación, y en particular de la fibra óptica y de la llamada "inteligencia artificial" (que es la habilidad que poseen ciertas máquinas para ejecutar decisiones simples a partir de un patrón de conducta señalado en sus instrucciones de funcionamiento), ha propiciado que sus aplicaciones rebasen los límites de las empresas y se introduzcan en la creación de modelos de casas y edificios cuyas características de seguridad y comodidad superarán con mucho a las que ofrecen las construcciones actuales, gracias a la "inteligencia" de que los dotarán sus creadores.

Las casas y los edificios inteligentes cuentan con cables y controles eléctricos especiales que permiten obtener grados más altos de seguridad y comodidad. Una ventaja

evidente es el reemplazo de la gran cantidad de alambres que corren a través de las paredes y los pisos de las viviendas actuales por un solo cable —de fibra óptica— en el que están contenidos todos los circuitos eléctricos.

El propósito que se persigue es desarrollar un sistema eléctrico integrado de uso múltiple para el envío, a todas las tomas de pared por medio de un solo cable, tanto de señales de control, audio y video como de energía eléctrica. Así, el cable de la casa inteligente contiene tres alambres: el primero podría conducir electricidad, el segundo señales de control y datos, y el tercero señales de audio y video. Como cada alambre se conectaría a todas las tomas de la casa, estos receptáculos de propósitos múltiples podrían servir para las más diversas aplicaciones.

En el caso de los edificios inteligentes, el cableado permite la interconexión de redes de cómputo, además de un control muy estricto de los dispositivos de energía y seguridad. En México existen ya algunos edificios inteligentes: el Centro Inteligente de Cómputo y Comunicaciones del Instituto Politécnico Nacional y las sedes de la Casa de Bolsa Probursa y el Banco Nacional de Comercio Exterior. Además ha surgido ya una Asociación Mexicana de Edificios Inteligentes, encargada de intercambiar las experiencias de quienes diseñan este tipo de construcciones. Cabe mencionar que el Centro Inteligente de Cómputo y Comunicaciones del Instituto Politécnico Nacional y la Torre Chapultepec son hasta ahora los únicos proyectos que han sido concebidos desde su origen como edificios inteligentes, mientras que los otros casos han sido producto de adaptaciones a las necesidades de sus ocupantes.

Tanto en el caso de viviendas particulares como de edificios, el concepto de esta nueva arquitectura se refleja en detalles como la ausencia de cerraduras en las puertas, puesto que existen sensores que permiten el acceso a través de la identificación de huellas digitales o mediante el reconocimiento de la voz. La energía eléctrica también es un recurso que se aprovecha al máximo, puesto que se cuenta con dispositivos especiales que detectan el nivel de luminosidad requerido y la presencia de un usuario en una determinada habitación, gracias a lo cual las luces se encienden y se apagan dependiendo de la presencia o ausencia de personas, lo que hace posible prescindir de los habituales interruptores. La temperatura del ambiente se regula asimismo en forma automática, con lo cual los servicios de calefacción o aire acondicionado responden a las necesidades del momento.

Otro aspecto relevante de los edificios inteligentes es la seguridad de sus centros de cómputo, plenamente resguardados gracias a sistemas automáticos de monitoreo que controlan el acceso a la información. De igual modo, las comunicaciones al exterior de estos edificios no se reducen sólo a las líneas telefónicas, pues cuentan también con redes de microondas y enlaces satelitales. La vigilancia de las personas que deambulan por el edificio se efectúa a través de un circuito cerrado de televisión, operado, al igual que todos los demás servicios, mediante fibra óptica.

El manejo del espacio de estas nuevas concepciones arquitectónicas también es objeto de cambios importantes. Las habitaciones son diseñadas para que quien las ocupe goce de un ambiente tranquilo donde pueda desempeñar eficazmente todas sus actividades.

El concepto de edificio inteligente sintetiza las aportaciones de la aplicación práctica de la arquitectura de acuerdo con las necesidades humanas, gracias a lo cual es posible aprovechar en alto grado las comodidades provistas por la tecnología electrónica y de computación.

Energéticos

Para entender el origen de las fuentes energéticas debemos considerar el principio físico establecido por el notable científico francés Sadi Carnot (1796-1832) conocido como Principio de Carnot, según el cual si se toma prestado el calor de una fuente caliente para transmitírselo a una fría, se obtiene trabajo (energía). Cuanto mayor sea la diferencia de temperatura, mayor será también la cantidad de energía producida.

Con base en este principio de transformación de la energía con el fin de obtener trabajo, la materia prima necesaria para tal transformación se conoce, en conjunto, como "energéticos". Los energéticos existen en estado natural, y en algunos casos son procesados para derivar de ellos sustancias que realicen la transformación de energía en trabajo. Entre los principales materiales energéticos se encuentran los siguientes:

❏ El *petróleo*, recurso natural no renovable que resulta de la transformación sufrida durante largo tiempo por microorganismos y particularmente por minúsculos animales marinos que fueron aprisionados en las "trampas" geológicas (tanto pliegues rocosos como fallas). Este material se encuentra en estado líquido, encerrado en una cavidad subterránea y como un depósito natural; asimismo, está impregnado en rocas porosas, de arena o barro. Es la diferencia de presión entre la superficie y los lechos profundos la que hace brotar repentinamente al petróleo de los pozos perforados.

Al someterse al proceso de refinación, el petróleo proporciona la mayoría de los combustibles empleados en las sociedades actuales, por lo que ha sido llamado "oro negro" dado que es un factor de gran influencia en la economía. El valor del barril de petróleo determina en gran medida el precio de los derivados energéticos. La certeza del agotamiento de las reservas petroleras ha influido decisivamente en la búsqueda del potencial de desarrollo de otras fuentes energéticas.

❏ El *gas natural*, el cual se obtiene directamente de la extracción del petróleo; de hecho, ciertos yacimientos contienen mayor volumen de gas que de petróleo. Este gas es combustible y aprovechable, por lo que ha ido reemplazando gradualmente al "gas doméstico" (gas L.P., licuado de petróleo), producido por medios artificiales en cámaras de gas. De igual manera, el gas natural es el empleado para accionar las turbinas en las plantas generadoras de electricidad, siendo éste su principal uso.

❏ El *calor de la Tierra*, forma de energía que se basa en la geotermia. Esta fuente se localiza entre los 1,500 y los 2,000 metros de profundidad en las capas de agua que se filtran en las rocas porosas. Tales yacimientos se encuentran en algunas regiones volcánicas y en las cuencas sedimentarias, formadas estas últimas a partir de depósitos sucesivos de materia orgánica (plantas y pequeños animales). El principal uso de este tipo de energía es la generación de electricidad, aunque en ocasiones también se ha empleado como fuente de calefacción doméstica.

Debido a que los tipos de energía descritos anteriormente provienen de la naturaleza y no se ha encontrado la manera de producirlos artificialmente, se han buscado otras formas de generar energía para hacer frente a la crisis energética que se acerca con el exterminio de los recursos naturales existentes. Entre las principales formas de producción de energía que se desarrollarán en un futuro cercano están las siguientes:

❑ La *energía nuclear*, forma de producción de energía que se deriva de la descomposición molecular del uranio, el elemento más pesado que se conoce y cuya desintegración provoca un nivel térmico capaz de elevar la temperatura del agua, produciendo con ello el vapor necesario para impulsar las turbinas que llevan a cabo la transformación. No obstante, este tipo de energético se enfrenta al gran problema de que su manejo implica severos riesgos a la seguridad, por lo cual se prevé que su empleo generará mayores medidas de precaución en el futuro, debido en especial a los accidentes hasta ahora registrados en buen número de plantas nucleares, particularmente en la de Chernobyl (ex Unión Soviética) en 1986.

❑ La *energía solar*, que se deriva de la transformación del calor proveniente del sol para obtener electricidad. Esta forma de obtención de energía tiene la cualidad de ser segura y limpia, motivo por el cual se ha desarrollado una nueva generación de aparatos o equipos eléctricos que la utilizan, por lo que se le considera ya como el energético del futuro.

La captación de energía solar se efectúa a través de celdas solares, cristales líquidos capaces de retener las radiaciones del sol, y no únicamente la luz visible, sino también los rayos infrarrojos y ultravioleta mediante un sencillo transformador por el cual generan calor y energía eléctrica. El efecto es similar al obtenido en un invernadero.

Actualmente se han comercializado ya ciertos aparatos de energía solar de uso doméstico y existen ya prototipos de automóviles, aunque por lo pronto los usos más comunes se ubican en el campo de las calculadoras y los relojes.

Ergonomía

A partir de la Revolución Industrial, el trabajo no es posible sin las herramientas adecuadas: el desarmador, el martillo, el torno, el taladro... las grúas, las computadoras, los microscopios electrónicos y una infinidad de artefactos que van de la sencillez hasta la más sorprendente complejidad (hay herramientas especiales diseñadas para que los astronautas trabajen en el cosmos).

Pero las máquinas y las herramientas tienen una característica hasta ahora inevitable: una persona debe manejarlas. Alguien debe dar vuelta al desarmador, empuñar el martillo, ajustar el microscopio o programar la computadora. Como estos elementos no son capaces de pensar, de tomar decisiones ni de ejecutar acciones complejas (ojalá que siempre sea así), el trabajo seguirá a cargo del hombre.

Por otra parte, la actividad productiva se realiza en instalaciones especiales, llámense fábricas, talleres, oficinas, minas, etcétera.

La *ergonomía* es la disciplina cuyo objeto de estudio es la relación del hombre con su ambiente de trabajo, es decir, con su entorno sociotécnico. Su propósito general es mejorar las condiciones en que se realiza el trabajo, y se puede detallar en los siguientes puntos:

❑ Hacer ajustes constantes y sistemáticos entre el hombre y su ambiente de trabajo.

❑ Diseñar el ambiente de trabajo de manera que éste resulte satisfactorio, cómodo, fácil y acorde con las necesidades de seguridad e higiene.

❑ Elevar los índices de productividad, en sus aspectos cuantitativo y cualitativo.

Se trata de una disciplina en la que intervienen muchas ciencias y técnicas: anatomía funcional, antropología, antropometría, biometría, diseño, economía, fisiología climática, fisiología, ingeniería, medicina del trabajo, psicología experimental, psicología social, toxicología y otras.

La ergonomía se ha conocido con diversos nombres: adaptación de la máquina al hombre, biomecánica, biotecnología, ciencia del trabajo, ingeniería de factores humanos, ingeniería humana, ingeniería psicológica, psicobiología, psicofísica aplicada, psicología aplicada a la ingeniería, psicología experimental aplicada, psicotecnología, sistema hombre-máquina, etcétera.

El término fue acuñado en Londres en 1949, año en que el psicólogo K.F.H. Murrell y otros profesionales relacionados con la industria (ingenieros, médicos, psicólogos y otros) fundaron la Ergonomics Research Society (Sociedad para la Investigación en Ergonomía). Rápidamente, la nueva disciplina adquirió auge en toda Europa, incluso en los países socialistas.

En México, la enseñanza formal de la ergonomía como materia de estudio se inició a principios de los años setenta en el Colegio de Psicología de la Universidad Nacional Autónoma de México. Posteriormente, su estudio se extendió a las carreras de diseño industrial y arquitectura de varias universidades, e incluso se creó, en 1980, la Sociedad Mexicana de Ergonomía. Sin embargo, esta rama del saber aún no ha visto sus mejores días en nuestro país ni en el resto de América Latina: no se le ha dado la importancia que merece porque se ignoran sus alcances, y aun su existencia y denominación mismas.

La falta de consideraciones ergonómicas afecta la seguridad e implica un alto costo para el individuo y para la empresa: lesiones, bajo rendimiento y hasta muerte. Para tener una mejor idea de la utilidad que representa esta disciplina nacida a mediados del siglo XX, veamos algunos de los hallazgos que se han hecho en este campo.

La música de fondo en la industria

El trabajo rutinario resulta poco estimulante, por lo cual se ejecuta con menor eficiencia que la deseada por los patrones. Se dice que la música de fondo puede ayudar a los trabajadores de la industria a alcanzar un rendimiento mayor, porque alivia el aburrimiento y la fatiga, especialmente en quienes realizan labores repetitivas: los obreros.

W.H. Gladstones dio a conocer en 1969 los resultados de sus investigaciones, y afirmó que la música de fondo no tenía efectos importantes en el ritmo de trabajo ni en la cantidad de errores. En cambio, según un estudio publicado en 1971 por J.G. Fox, la música sí es benéfica si se suministra en las condiciones adecuadas: aumenta el rendimiento, disminuye la cantidad de errores y accidentes e incrementa la calidad de la producción.

¿Cuáles son tales "condiciones adecuadas"? Gladstones estudió las reacciones de los trabajadores en un medio en el que se escuchaba música todo el día, por lo cual no encontró ningún efecto. En opinión de Fox, la música continua no es deseable, pues se convierte en una parte de la rutina y pierde todo valor estimulante; aunque no investigó lo suficiente para determinar el periodo de duración de la música de fondo que es ideal para obtener resultados de producción satisfactorios, sí apoyó su afirmación en resultados experimentales. En otros estudios, encontró que también es importante la calidad de la música que se toca (comercial, clásica, etcétera), además de la decisión del propio trabajador acerca de lo que se debe tocar, pero aún no está dicha la última palabra al respecto.

La tipografía y la lectura

Para que la comunicación escrita sea eficaz, el mensaje debe leerse e interpretarse correctamente en el menor tiempo posible. Cuanto más tarde una persona en leer un mensaje o descifrar un símbolo, más lenta será su comprensión. En esta lectura tienen mucho que ver los aspectos tipográficos.

En 1946, los señores D.G. Paterson y M.A. Tinker dieron a conocer un estudio titulado "Readability of Newspaper Headlines printed in Capitals and Lower Case" ("Legibilidad de los encabezados de periódicos, escritos en mayúsculas y minúsculas"). Según sus resultados, se pueden leer mejor y más rápidamente los textos escritos en minúsculas o en mayúsculas combinadas con minúsculas que los escritos sólo en mayúsculas. E.C. Poulton confirmó estos hallazgos en 1967, y en 1969 explicó que la causa estriba en la diversidad de formas y tamaños: en un texto escrito con mayúsculas, todas las letras tienen la misma altura; en cambio, las minúsculas tienen rasgos ascendentes y descendentes que permiten al lector distinguirlas mejor.

Necesidades de espacio

Si en las instalaciones de una industria los trabajadores deben caminar por los pasillos, la anchura de éstos debe ser por lo menos igual a la medida de los hombros de los varones o de las caderas de las mujeres. Estas dimensiones se incrementarán conforme lo haga la ropa de trabajo que deban vestir.

Si el problema es el desplazamiento hacia diferentes pisos o niveles de la planta o edificio, las escaleras requieren del trabajador un menor desgaste fisiológico que las rampas en cuanto a consumo de oxígeno, ritmo cardiaco y ángulo máximo de flexión de las rodillas. Sin embargo, tratándose de personas ancianas es más fácil usar rampas, pues las escaleras imponen un paso que aumenta la flexión de la rodilla, aunque se consuma más energía. Las rampas tienen, además, la ventaja de facilitar el transporte de carga, como las cajas.

Hay cuatro aspectos geométricos de las escaleras que determinan la seguridad y la facilidad de su uso: la distancia vertical entre un escalón y otro, la anchura del escalón, la inclinación y el tipo de superficie.

Especulación

En su acepción en el terreno de la economía, la especulación es una transacción mercantil de la que se espera obtener ganancias superiores a las normales como consecuencia de riesgos mayores.

Considerada como operación financiera, la especulación consiste en la compra y venta de acciones aprovechando las fluctuaciones de la oferta y la demanda con la intención de

obtener en un tiempo relativamente corto beneficios más o menos considerables, aun corriendo riesgos superiores a los normales.

La especulación puede adoptar diferentes formas. Así, por ejemplo, en una economía caracterizada por un alto índice inflacionario, las medidas tomadas por el gobierno para contener la inflación —como el control de precios y el racionamiento de bienes— pueden dar origen a actividades especulativas genéricamente conocidas como "mercado paralelo" o "mercado negro", de acuerdo con las cuales los compradores de mayor fuerza económica adquieren una gran cantidad de productos escasos, a precios incluso superiores a los establecidos, para revenderlos después a precios aún más altos.

Otra forma común de especulación es la representada por el mercado paralelo de divisas. Cuando en un país se prohíbe la libre convertibilidad de la moneda nacional a divisas (monedas extranjeras), los especuladores les compran éstas a los turistas a un precio más elevado que el oficial y las revenden más tarde a precios ventajosos.

Los bienes raíces (propiedades y terrenos) son otro campo muy socorrido para la realización de actividades especulativas. La compra de lotes ubicados en zonas de inminente urbanización suele redundar en ganancias considerables tras su venta a precios más altos poco tiempo después de realizada la compra original.

De mayor relevancia en este sentido es la especulación en la Bolsa de Valores. Es costumbre que los intermediarios financieros sumen a las ganancias obtenidas por su intermediación en la oferta y demanda de valores las que puedan conseguir gracias a su mejor conocimiento del mercado y de las tasas futuras de rendimiento de los activos. Si sus expectativas son acertadas, obtendrán cuantiosas ganancias, pero en caso contrario incurrirán en pérdidas. Ése es el riesgo de la especulación.

El elemento esencial de la demanda de dinero para especulación son las predicciones acerca de cambios futuros en la tasa de interés. Si los intermediarios juzgan que la tasa vigente en el mercado se halla por debajo de la tasa normal, y esperan un descenso en el precio de los títulos que poseen, intentarán vender estos últimos, o bien si cuentan con fondos para invertir en nuevos títulos aguardarán a que sus cotizaciones se reduzcan. Por el contrario, si suponen que la tasa vigente es anormalmente alta y que el previsible descenso de ésta incrementará el precio de sus valores, tratarán de adquirir más·títulos antes de que suban de precio. Cuanto mayor sea el beneficio esperado, mayor será también el valor absoluto de los títulos demandados.

Por otra parte, cuando existe una oferta limitada de un bien cuya demanda es relativamente alta, el acaparamiento con fines especulativos se convierte en una opción muy tentadora. La reventa de boletos en diversos espectáculos de gran demanda (teatro, conciertos, etcétera) es un ejemplo de este tipo de especulación.

Estrés

Ésta es una palabra de origen inglés que sugiere tensión, violencia y coacción, el estado de presión aguda experimentado por un organismo cuando se ve obligado a movilizar sus defensas a fin de enfrentarse a una situación amenazadora.

El agente agresor puede ser de carácter físico (un traumatismo, un elemento tóxico, una infección) o psicológico (la emoción intensa). La reacción del organismo se caracteriza por modificaciones neuroendocrinas, estrechamente mezcladas, que ponen en juego el hipotálamo (centro de emoción del cerebro) y las glándulas hipófisis y suprarrenales (centro de reactividad). Esta reacción, que es la respuesta normal a un agente específico, se produce en todo individuo sometido a una agresión.

El biólogo canadiense Selye describió un "síndrome general de adaptación al estrés" que implica una fase de alarma, una de resistencia y una más de agotamiento. Estas fases representan un esfuerzo del organismo para reestablecer urgentemente un equilibrio comprometido.

Selye bautizó a este síndrome como "el estrés de la vida", con lo que quiso aludir a la necesidad que tiene el ser humano de adaptarse sin demora al esfuerzo excesivo que se le exige al organismo, lo cual daña sensiblemente el equilibrio neuroendocrino; estar estresados es como si estuviéramos dispuestos a morir con tal de oponer resistencia a condiciones de vida desfavorables.

Este estudioso tuvo el mérito de insistir sobre los mecanismos con que el organismo responde por sí mismo a toda agresión para resistirla y adaptarse a toda costa a un efecto desequilibrador. Para estos mecanismos propuso la palabra *estrés*, adoptada ya por el lenguaje internacional.

A principios del siglo xx, los estudios fisiológicos demostraron que cuando se despiertan emociones en los animales, pueden producirse diversos cambios en sus secreciones, tensiones musculares y circulación.

En etapas muy tempranas de la vida, el individuo aprende a responder ante estímulos específicos del ambiente, ante la presencia de, por ejemplo, una persona que puede representar el cese o el inicio de tensión. Sin embargo, incluso en el mundo animal el estrés psicológico está determinado por muchos más factores que la amenaza o la realidad de la pérdida de una relación de dependencia. En la situación experimental denominada "el mono ejecutivo", por ejemplo, se coloca a un mono en condiciones de adiestramiento que le permitan aprender a evitar choques eléctricos. Sometido a esta presión, el animal desarrolla úlceras gástricas, mientras que otro mono simultáneamente impedido de controlar el programa de los choques permanece sin lesiones físicas.

Las reacciones de estrés no sólo incluyen las provocadas por el ataque de otros organismos o agentes físicos, sino también las que resultan de la capacidad que tiene el hombre para interpretar ciertos símbolos como índices de peligro, para lo cual se basa en su experiencia. Estos símbolos incluyen las amenazas que resultan de la conformidad obligatoria ante las reglas familiares y culturales, que en sí mismas conducen hacia la privación de ciertas satisfacciones deseadas de manera innata. Las reacciones orgánicas son acompañadas en este caso por diversos sentimientos y actitudes con los que el individuo pretende protegerse, adaptarse o prepararse ante situaciones de emergencia.

Eutanasia

Quizá tan polémico como su expresión opuesta —la fertilización artificial—, el tema de la eutanasia ha concitado desde siempre intensas discusiones que desbordan las fronteras de la salud. Médicos, filósofos, funcionarios públicos, ministros de múltiples religiones y sobre todo la población en general, han debatido acerca de las implicaciones éticas y morales de la práctica de la eutanasia, opiniones todas ellas que por lo general sólo tienen en común una marcada divergencia.

El término *eutanasia*, acuñado por el filósofo inglés Francis Bacon (1561-1626) a partir de las voces griegas *eu*, bueno, y *thanatos*, muerte, para describir una muerte sin dolor, es definido por el Diccionario de la Real Academia Española como una "doctrina que justifica la acción de facilitar la muerte sin sufrimiento a los enfermos sin posibilidad de curación y que sufren", definición muy similar a la de uso corriente en el campo de la medicina: "Terminación deliberada de la vida del paciente con el objeto de prevenir sufrimientos posteriores".

Sin embargo, la complejidad de la eutanasia no radica en su definición. A decir de especialistas en el tema, la dificultad para establecer coincidencias entre las distintas posiciones al respecto es resultado de los tajantes contrastes en las nociones mismas de vida y muerte. El sociólogo suizo Jean Ziegler escribió sobre el particular que "la muerte es un suceso marcado por la ambigüedad: natural y trasclasista como el nacimiento, la sexualidad, el hambre, la sed o la risa, y social como cualquier episodio de la praxis humana, también es, sin embargo, un hecho cultural, vivido bajo una apariencia que debe servir para explicarlo y justificarlo. Este suceso toca a los hombres de toda clase y nación, pero en situaciones sociales específicas, de modo que está determinado por el carácter de clase, familia, nación, cultura y religión de cada individuo. Así, la imagen de la muerte y las representaciones que los hombres hacen de ella son necesariamente de origen social, y por lo tanto han sido investidas, elaboradas y colmadas por las distintas experiencias de edad, clase, región, clima, cultura, lucha y utopía".

Los estudios de los antropólogos han permitido documentar y explicar las prácticas mortuorias de sociedades tan diversas como una colonia de blancos sajones en alguna ciudad estadounidense, un pueblo indio de Asia o una comunidad campesina del Bajío mexicano, con objeto de mostrar la diversidad cultural y con ello las distintas maneras de concebir no sólo la vida y la muerte, sino también, y de manera específica, la eutanasia.

Así, las investigaciones han hecho posible identificar entre los indios boroboro del estado brasileño de Mato Grosso y los indios cuna de las islas San Blas, en Panamá, por ejemplo, prácticas que bien podrían considerarse como eutanásicas desde un punto de vista occidental y positivista. De acuerdo con ciertas versiones etnográficas, entre los cuna es normal que los chamanes o curanderos se encarguen de procurar un deceso sin dolor a los enfermos incurables, utilizando para ello una planta que llaman *ida muso*. La infusión de esta planta produce una sustancia tóxica tan poderosa que unas cuantas gotas debajo de la lengua son suficientes para provocar la muerte.

James George Frazer, precursor de los estudios antropológicos contemporáneos, relata en su memorable y extensa obra *La rama dorada* que, sin importar su fama o estirpe, en algunos pueblos de Asia y África se daba muerte a los monarcas que con el paso de los años mostraban evidente debilidad o vejez achacosa, pues, según se creía, este sacrificio les evitaba la pena de morir por causas naturales.

En las sociedades "modernas", por el contrario, las prácticas eutanásicas han despertado reacciones de toda índole. Para algunos, como el estadounidense William Sackett —quien en 1969 sometió un proyecto de ley en la materia a las cámaras legislativas del estado de Florida—, la eutanasia es un fenómeno en el que se superponen dos dimensiones diferentes: la social y la económica. Para que este acto tenga validez según el derecho positivo, decía Sackett, sería necesario adoptar los siguientes criterios:

a) Toda persona adulta y civilmente responsable debería gozar de la oportunidad de firmar en vida un acta notarial debidamente registrada en la que, en obsequio a sus médicos de cabecera, especificara bajo qué condiciones precisas, en qué circunstancias y por mediación de qué persona podría ponerse fin a su vida.

b) En ausencia de tal documento, un pariente de primer grado (padre, hermano, cónyuge,hijo) debería estar autorizado a firmar un documento de igual valor jurídico a fin de que el paciente, sumergido ya en un estado de inconsciencia, pudiera morir con toda dignidad.

c) Si el enfermo careciera de un familiar que se ocupe de él, la muerte debería poder administrarse sin consultar al paciente de acuerdo con las siguientes condiciones: tres miembros del cuerpo médico del hospital firmarán un documento detallado en el que hagan constar que, desde el punto de vista humano, es imposible que el enfermo recupere la capacidad de darse a sí mismo una existencia decorosa, tras de lo cual el juez del distrito del que dependa el hospital dictará un fallo que autorice a los doctores a *darle muerte al paciente*.

No hace falta agregar que la propuesta de Sackett provocó encontradas reacciones, tal como ocurrió también con un proyecto similar presentado por aquellos años en el Parlamento inglés.

En la actualidad, el debate acerca de la participación o no de los médicos en las decisiones relacionadas con la terminación de la vida enfrenta principalmente a dos corrientes: la que está en favor de formas de eutanasia de distinto grado y la que propugna el suicidio asistido. Eutanasia activa es el hecho de que el médico o sus asistentes apliquen una droga letal, mientras que la pasiva supone la interrupción de todo tratamiento para que la enfermedad siga su curso normal. Por el contrario, el suicidio asistido, concepto de aparición reciente, significa que el médico le proporciona al enfermo los medios letales necesarios para que él mismo se encargue de administrárselos.

A quienes piensan que la adopción de alguna de estas variantes es poco menos que inimaginable les asombrará saber que, de acuerdo con cifras extraoficiales, tan sólo en Holanda cada año se presentan 9 mil solicitudes explícitas de eutanasia o suicidio asistido, aunque únicamente la tercera parte de ellas es efectivamente cumplida. Por su parte, los especialistas indican que a pesar de tratarse aún de un acto ilegal, la eutanasia se practica con sorprendente frecuencia, sobre todo en casos de pacientes en fase terminal. Esta realidad ha provocado que diversos sectores se pronuncien por su legalización, a fin de que se le considere como un acto médico no vinculado con el homicidio.

Factoraje

La concepción moderna de este término, derivado de "factoría" —palabra con la que se designaba al mismo tiempo la función y la oficina de un agente comercial o "factor" (a su vez vocablo latino que significa "el que hace")—, surgió en los siglos XVII y XVIII ante la necesidad del imperio británico de efectuar transacciones comerciales y financieras con sus colonias. Así, las empresas de factoraje de esa época realizaban dos funciones: una comercial, que se circunscribía a negociar con los compradores precios de venta y condiciones de pago, y otra financiera, que consistía en otorgar financiamiento a las empresas sobre los documentos por cobrar a sus clientes.

Con la creciente importancia económica de las colonias europeas, el factoraje se limitó a su aspecto financiero, al tiempo que se ensanchaba el ámbito de acción comercial de las potencias gracias a la posibilidad de tener empresas subsidiarias o representantes en los territorios dominados.

En la actualidad, el factoraje no es en rigor una forma de financiamiento, sino el conjunto de transacciones mercantiles relativas a la administración de las cuentas por cobrar —también llamadas cartera— y el suministro especializado de los consecuentes servicios, tales como investigación de compradores, custodia de documentos cobrables, gestión de cobranza, registro contable de las cuentas por cobrar, etcétera.

Por sí misma, la operación consiste en que la casa de factoraje o factor anticipa a una empresa cliente, o cedente, el pago de las cuentas por cobrar que sus clientes o compradores le adeudan, con lo que la compañía obtiene liquidez inmediata y puede reiniciar o continuar su ciclo productivo. Entre las diversas modalidades de este procedimiento destacan las siguientes:

Factoraje sin recurso
El factor compra en firme de la cartera de una empresa, caso en el que el factor asume el riesgo de que los pagos sean extemporáneos o incluso nulos.

Factoraje con recurso
El factor adquiere las cuentas por cobrar de la empresa proveedora y ésta se hace responsable ante el primero no sólo de la legitimidad de los documentos por cobrar, sino también de la solvencia del comprador de sus productos. Todo problema en el cobro al vencimiento comprometería por igual a la empresa cedente que a su cliente.

Factoraje plan proveedores
El factor establece líneas de crédito con las empresas compradoras y adquiere del proveedor los documentos que aquéllas le emiten como pago. El proveedor, al vender su cartera, queda desligado de las obligaciones de pago de sus clientes.

Factoraje a la exportación
El factor de la parte importadora realiza la investigación en el país importador y le proporciona al factor del país exportador los documentos verificados materia de la operación, quien a su vez los liquida a la empresa exportadora.

Factoraje sindicado

Cualquiera de los señalados, con la particularidad de que participan en él dos o más asociados a fin de atender operaciones de montos significativos y diversificar el riesgo en la compra de documentos.

Las ventajas del factoraje en comparación con las diversas modalidades de disposición de recursos para el capital de trabajo requerido por comerciantes e industriales son, entre otras, las siguientes:

a) Obtención de liquidez inmediata en proporción directa al volumen de ventas de la empresa cedente.

b) Inexistencia de deudas, ya que sólo se recibe en forma anticipada el pago de cuentas por cobrar; no se adquieren compromisos por encima de la propia capacidad de pago.

c) Acceso a una fuente continua y revolvente de recursos en función de las necesidades de la empresa.

d) Ahorro de recursos, ya que la empresa cedente suprime los controles sobre las cuentas por cobrar.

e) Obtención de flujos de efectivo cuando la empresa lo requiere, lo que resulta de particular importancia cuando las ventas son de carácter estacional y por tanto los ingresos de la compañía no bastan para satisfacer su necesidad de recursos.

El factoraje es uno de los principales mecanismos de obtención de liquidez para la microempresa y la pequeña empresa, pues le evita endeudarse mientras espera el pago de las grandes compañías con las que comercializa sus productos, o, peor aún, verse obligada a adquirir capital a través de prestamistas y a costos mucho más elevados que los que suelen cargar las instituciones financieras.

Feedback. *Ver*
Retroalimentación

Fibra óptica

Las fibras ópticas son delicadas hebras de cristal puro no más gruesas que un cabello, que pueden conducir miles de datos al mismo tiempo gracias al recorrido que la luz hace a través de ellas, de modo que han venido a sustituir a los usuales cables de cobre de los circuitos eléctricos, a los que superan en capacidad y economía de producción. En consecuencia, estas fibras se han convertido en el medio predilecto para transmitir voz, datos y señales de video a lo largo de grandes distancias.

Un sistema óptico básico para la transmisión de mensajes está formado un rayo láser emisor de luz, un conjunto de fibras ópticas como medio de transporte de esa luz y un detector en el receptor. El hilo de fibra óptica actúa como una guía luminosa, con muy escasa pérdida de potencia en largas distancias. Es la luz la que, a través de los componentes de la fibra óptica, conduce las señales por trayectos previamente trazados.

El concepto de un sistema de comunicación basado en esta tecnología nació con el invento del rayo láser en 1958 y el ulterior desarrollo de las fibras ópticas, en 1966. Este sistema se sirve de fibras ópticas para la transmisión de televisión por cable y para aplicaciones como el establecimiento de mecanismos de seguridad.

La reciente instalación de cables submarinos de fibra óptica en las cuencas de los océanos Pacífico y Atlántico es producto de la tendencia, propia de los años noventa, a instalar sistemas de cable de mayor capacidad. El negocio de la comunicación por fibras ópticas se ha disparado hasta tal punto que su crecimiento mundial anual ha llegado a multiplicarse hasta por más de mil millones de veces, mercado del que las telecomunicaciones absorben por sí solas más del 60%. De igual forma, una proporción superior al 80% de los hogares estadounidenses se hallan rodeados de líneas telefónicas de fibra óptica distantes de ellos a, cuando mucho, 40 kilómetros.

En nuestro país, la empresa Teléfonos de México inició en 1992 la instalación de la Red Digital Integrada (RDI), lo que ha redundado en una mayor agilidad en la transmisión de voz, datos e imagen, en beneficio, durante esta primera etapa, de los usuarios corporativos.

El desarrollo futuro de la fibra óptica está ligado a la evolución de los conductores. A la conducción eléctrica con resistencia cero se le conoce como superconductividad, fenómeno que ha mantenido fascinados a los ingenieros durante ya más de un lustro. El descubrimiento de los superconductores de cerámica en 1986 condujo a la obtención de la superconductividad en el óxido de itrio-bario-cobre a 95 °K en 1987. Alex Muller y Georg Bednorz, del laboratorio de la IBM en Zurich, Suiza, obtuvieron ese año el premio Nobel de física debido a este descubrimiento.

Los superconductores transmiten corriente eléctrica sin ocasionar prácticamente pérdida alguna de ésta y les basta con poca energía para producir poderosos campos magnéticos. Hasta hace poco tiempo, estas propiedades sólo podían obtenerse sumergiendo aleaciones metálicas en helio líquido, sustancia sumamente costosa. Ahora, los superconductores de cerámica oponen gran resistencia a temperaturas que pueden alcanzarse con nitrógeno líquido, de mucho menor costo.

La posibilidad de que los superconductores de cerámica operen a temperaturas aún más altas abre nuevas fronteras a su aplicación. Por lo pronto se les utiliza ya en circuitos electrónicos y en la transmisión de potencia, pero todavía pasarán una o dos décadas para superar las dificultades técnicas que implica la introducción amplia de componentes superconductores. La investigación sobre materiales cerámicos y técnicas de fabricación habrá de desembocar en el mejoramiento tanto de los componentes de los circuitos eléctricos como de las fibras ópticas.

Fideicomiso

Derivado de las palabras latinas *fides*, "fe", y *commissus*, "confiado", este término posee en la actualidad diferentes significados, el más común de los cuales es el de "donación testamentaria en favor de una persona para que se encargue de restituir a otra o de efectuar una voluntad particular del testador".

En el ámbito bancario, el vocablo alude al depósito de una suma que el banco habrá de entregarle posteriormente a una tercera persona o de invertir en un proyecto específico.

El fideicomiso constituye, pues, una operación crediticia por medio de la cual el fideicomitente u otorgante cede la titularidad de ciertos bienes y derechos al fiduciario o agente a fin de que, disponiendo de los bienes en custodia, éste ejerza los derechos para la realización de los objetivos establecidos en favor del fideicomisario o beneficiario del fideicomiso.

Las principales funciones del fideicomitente son señalar los fines del fideicomiso, designar a los fideicomisarios y al fiduciario y exigirle a éste el reporte de su gestión o, en caso de incumplimiento, su corrección o la rescisión del contrato, con el pago de los daños y perjuicios causados.

Los fideicomisos públicos adquieren gran relevancia dentro de la administración pública, debido al número y volumen de recursos financieros que operan y al ámbito de actividad en que se desenvuelven.

El desarrollo económico mundial, el creciente proceso de globalización, el avance de la informática y la competencia financiera han hecho surgir nuevas necesidades en el ámbito bancario, entre ellas la de crear nuevos instrumentos de inversión que favorezcan la competitividad y satisfagan los nuevos requerimientos del público inversionista, como la administración de algunos de sus bienes.

En este contexto, el fideicomiso es un servicio bancario por medio del cual una persona física o moral le asigna a una institución de crédito la administración de sus bienes —ya sea en efectivo, valores, muebles o inmuebles— para alcanzar determinado objetivo.

Éstas son algunas modalidades de este servicio:

Fideicomiso testamentario. El fideicomitente entrega bienes al banco para que los administre y los distribuya a su muerte entre los beneficiarios.

Fideicomiso de administración en proyectos de infraestructura. Útil en la ejecución de proyectos concesionados a particulares.

Fideicomiso de garantía. Se constituye para avalar el cumplimiento puntual de obligaciones asumidas entre personas físicas o morales.

Entre las demás modalidades destacan los fideicomisos de beca institucional, para administración de inmuebles, para la creación de fondos de pensión por jubilación, para la construcción, urbanización, fraccionamiento y venta de inmuebles, de inversión turística, etcétera.

Debido a su versatilidad, el fideicomiso se adapta tanto a las necesidades del usuario como a las dimensiones de su inversión, lo que explica la difusión cada vez mayor de este instrumento.

Futbol

Esta palabra se deriva del inglés *foot*, pie, y *ball*, pelota. El futbol es un deporte en el que compiten dos equipos de 11 jugadores cada uno y que consiste en disputar con los pies un balón e introducirlo en la portería contraria, impulsándolo conforme a reglas determinadas, de las que la más característica es la prohibición de que sea tocado con las manos, salvo por un jugador que guarda la portería, y éste en una determinada zona.

La afición humana por juegos que asocian pelota y pie es muy antigua. En China, por ejemplo, se acostumbró un juego llamado *tsu chu: tsu* significa "debe patear", y *chu*, "pelota de cuero rellena de pelo o crin". Se colocaban dos postes de bambú de más de 8 metros de altura y entre ellos se tendía una red con una abertura de poco más de 30 centímetros, por la que los jugadores trataban de pasar el balón (Álvarez, R., *Enciclopedia de México*, ed. Ciudad de México, México, 1978).

En el Japón se practicó en tiempos remotos un juego similar llamado *kemari*, mientras que en Grecia surgieron el *harpaston* y el *episkyros*, que servían de entretenimiento a las tropas. Los romanos practicaron por su parte un juego muy parecido llamado *harpastum*, del que muchos especialistas afirman que se derivó el futbol, en tanto que otros sostienen la hipótesis de que desciende del *calcio* (se pronuncia "calcho"), introducido en Inglaterra por inmigrantes florentinos.

El juego conservó su nombre inglés de *football*, aun cuando realmente se trataba de uno diferente del que conocemos en la actualidad. Con el paso de los años, este deporte se

extendió de las esferas bajas a todas las clases sociales de Inglaterra.

En 1823, los alumnos del colegio de Rugby decidieron hacer modificaciones como las de tomar el balón con las manos y darle una forma oval, de donde nació el juego conocido con ese nombre. Años después, en 1869, un joven de 17 años, llamado Gerrit Smit Miller creó en una escuela de Boston, Estados Unidos, el deporte que sería llamado futbol americano.

Según Álvarez (*op. cit.*), en 1857 nació el primer club de futbol del mundo, el Sheffield. Seis años más tarde, el 26 de octubre de 1863, un grupo de equipos de Londres decidió crear una asociación que se encargaría de supervisar los encuentros y de aplicar las normas creadas en 1848, conocidas como Reglas de Cambridge y que con ligeras modificaciones siguen gobernando este deporte.

Los británicos invadieron el mundo con su juego. Estudiantes, marinos, comerciantes y ejecutivos fueron quienes propagaron el futbol a la Europa continental —Suiza, Bélgica, Francia, España— y a muchos otros países, los de América entre ellos.

Entre las principales reglas de juego están las que se refieren al balón, el cual debe ser de cuero o vinilo y poseer una circunferencia de 71 centímetros como máximo y 68 como mínimo, así como un peso máximo de 453 gramos. En cuanto a las dimensiones del terreno de juego, el largo debe medir entre 90 y 120 metros, y el ancho de 45 a 90; el campo debe estar marcado por líneas de banda o longitud, líneas de meta en ambos extremos y una línea de medio campo con un círculo central de 9.15 metros de radio. El partido se divide en dos tiempos de 45 minutos cada uno, y el gol o tanto a favor tiene lugar cuando el balón rebasa la línea de la meta contraria. Son faltas graves tocar la pelota con la mano y empujar al contrario o hacerle una zancadilla, además de sujetarlo, golpearlo o intentar hacerlo. El control del juego es responsabilidad del árbitro, auxiliado por dos jueces de línea. Los aficionados conocen un gran número de reglas, no enunciadas aquí.

Gallup, encuestas. *Ver* Sondeos de opinión

GATT. *Ver* Acuerdo General sobre Aranceles Aduaneros y Comercio

Glasnost. *Ver Perestroika*

Globalización

Se denomina así al proceso de expansión de la economía mundial que implica relaciones·más estrechas entre las economías de los países y entre las unidades que las conforman, tales como el mercado, las industrias y las empresas. La peculiaridad de este proceso de expansión es que no se limita al incremento del comercio internacional, sino que supone también el creciente traspaso de las fronteras para llevar a cabo diferentes actividades económicas y productivas en función de las ventajas comparativas de las empresas.

La economía global está integrada por dos elementos básicos: el mercado y la producción. El mercado global rebasa la simple suma de los mercados internos de los países para constituirse más bien como el espacio integral de adquisición, distribución y comercialización de los productos en todo el mundo, en tanto que la producción global supone el desarrollo de las empresas fuera de su ámbito local o regional y la inclusión en sus actividades productivas de compañías de distintos países. Las nuevas relaciones económicas que este modelo entraña dejan atrás a las que en décadas anteriores fueron resultado de la expansión de empresas multinacionales orientadas a un mercado específico, pues ahora implican una producción compartida.

Esta tendencia obliga a las unidades productivas a modificar sus métodos de producción y comercialización. Hasta hace unos cuantos años, por ejemplo, una empresa de la industria automotriz o de la computación manufacturaba prácticamente todas las partes y componentes que formaban parte de su producto, mientras que en la actualidad miles de proveedores en todo el mundo compiten por suministrarles a los grandes fabricantes partes y componentes de automóviles y computadoras, a tal grado que con frecuencia es difícil saber cuál es el país de origen del producto final, ya que la manufactura de una mercancía suele atravesar por distintas etapas diseminadas en diversos países.

El término *globalización* se utiliza indistintamente en los más variados campos de la economía mundial. Así, sirve para referirse, en el contexto del sector financiero, al aprovechamiento de los recursos ofrecidos por el mercado financiero mundial, que hacen más fluido y continuo el comercio de capital gracias a que los agentes que lo manejan se ocupan por igual de actividades financieras nacionales e internacionales. Este proceso genera un incremento en el flujo mundial de fondos, una mayor interdependencia entre los mercados financieros mundiales y un movimiento hacia la uniformación mundial de las tasas de interés.

Las tendencias de la economía internacional que dieron origen a la globalización de los procesos productivos y distributivos se originaron en los años setenta. Entre ellas sobresale el dinamismo de la innovación y adaptación tecnológica, ya que permitió que las empresas reorganizaran sus procesos productivos, diseñaran nuevos productos, redujeran sus costos, desarrollaran ventajas técnicas sobre sus competidores y aprovecharan más racionalmente tanto materias primas como energéticos.

El trasfondo del proceso de globalización de la economía mundial es la persistente competencia por la conquista de nuevos mercados. Las tendencias de la globalización provocan que los recursos materiales, humanos, financieros y tecnológicos obtengan una gran movilidad y un control reducido, factores que contribuyen a su vez al acelerado incremento de la competencia.

Las relaciones que se establecen así entre países, industrias y, más específicamente, empresas, ya no estriban de modo exclusivo en sus lazos comerciales, sino también en sus vínculos de competencia y en sus comunes estrategias contra la amenaza representada por los demás competidores. Operaciones como las de fusión y adquisición permiten que las compañías integrantes de los nuevos conglomerados empresariales compartan recursos e intercambien técnicas de producción.

La globalización constituye un gran reto para las empresas de la actualidad, pues su futuro dependerá en gran medida de su capacidad para competir en el contexto mundial. Una empresa ineficiente en el mercado internacional difícilmente podrá sobrevivir incluso en el de su propio país, ya que la lógica de la globalización no establece diferencias entre la competitividad nacional y la mundial.

Green Peace

En los años setenta, y mezclada con los movimientos *hippies*, pacifistas, de derechos civiles y de protesta contra las guerras, en especial la de Vietnam, surgió en el mundo una tendencia que proclamaba modos de vida alejados de los riesgos del progreso. Se puso en boga entonces la protección ambiental, junto con un movimiento internacional en pro del retorno a la naturaleza, de una nueva actitud de respeto por el planeta.

Los ríos y mares de todo el mundo son víctimas de la contaminación; los desiertos ocupan el lugar de bosques y selvas; el aire de las grandes ciudades está envenenado, y numerosas especies animales y vegetales están en inminente peligro de desaparecer (otras ya han desaparecido). Muchas personas se preguntan qué se puede hacer para evitar que la catástrofe continúe.

En este marco, y por iniciativa de 12 personas que en septiembre de 1971 se embarcaron hacia la isla de Amchitka, en Alaska, para protestar por los ensayos de pruebas nucleares oceánicas realizados por Estados Unidos, surgió una de las organizaciones ecologistas más grandes del mundo: Green Peace (cuya traducción literal es *Paz Verde*). Aunque aquel grupo no pudo llegar a Amchitka, su acción fue objeto de un decidido apoyo, lo que significó la suspensión definitiva de las pruebas nucleares oceánicas estadounidenses.

Así, lo que empezó como una iniciativa espontánea de un pequeño grupo de personas, se convirtió con el paso de los años en un enorme movimiento de ciudadanos en todo el mundo inspirado en los principios de la resistencia civil no violenta.

Desde entonces, miembros de Green Peace se han desplazado a muchas regiones de la Tierra: se han interpuesto entre las ballenas y los arpones de barcos balleneros; han viajado a las heladas regiones del Ártico para detener la matanza de focas provocada por la industria de pieles; se han enfrentado en pequeños botes inflables a navíos que pretenden tirar al mar desechos tóxicos o radioactivos; han escalado chimeneas para alertar sobre la contaminación atmosférica, realizando en todos estos casos lo que su organización llama "acción directa".

A los largo de más de 20 años, y ahora con oficinas en 30 países del mundo, Green Peace se ha convertido en una de las organizaciones civiles internacionales más conocidas combativas y comprometidas en la defensa del planeta y de toda forma de vida.

Como organización ecologista internacional, Green Peace se dedica a combatir los problemas ambientales que afectan al planeta en su conjunto, tales como:

❑ la contaminación atmosférica y el cambio del clima

❑ la destrucción de la capa de ozono

❑ la generación y el comercio de productos y desechos peligrosos

❑ la amenaza nuclear

❑ la devastación de los ecosistemas marinos y las selvas.

El impacto ambiental de las actividades humanas está tan extendido y se ejerce de manera tan constante que sus efectos sobre la biosfera ya pueden ser considerados como permanentes.

Tras las acciones directas de Green Peace suele haber un intenso trabajo de investigación y establecimiento de redes de información con comunidades científicas y organizaciones ciudadanas. En 1982, por ejemplo, la Comisión Ballenera Internacional (CBI) decretó la moratoria temporal que prohíbe la caza comercial indiscriminada de ballenas, medida que entró en vigor en 1986. Sin embargo, Green Peace calcula que desde entonces han sido cazadas con fines comerciales más de 14 mil ballenas. Japón y Noruega son los únicos países miembros de la Comisión Ballenera que se han resistido a acatar la resolución, invirtiendo grandes recursos para que la moratoria mundial de caza de ballenas se suspenda.

Green Peace participa también en numerosos foros nacionales e internacionales, en los que documenta los problemas de su especialidad y sugiere soluciones. Actualmente cuenta con ocho barcos que recorren ríos y mares para luchar contra la depredación y la contaminación, y dispone de los servicios de más de 1,000 voluntarios en permanente intercomunicación para coordinar las campañas en el mundo entero. Organismo independiente sin ningún vínculo con gobiernos, partidos políticos, empresas y corporaciones industriales, Green Peace se sostiene con los donativos de 5 millones de colaboradores que viven en 143 países y con la venta de productos y publicaciones.

Entre las actividades que esta organización ha realizado en México a partir 1993, año en que inició sus operaciones en nuestro país, destacan las siguientes:

❑ En marzo de ese año, impidió que un cargamento de desechos peligrosos saliera de Inglaterra hacia México.

❑ Lanzó una campaña para combatir la contaminación de la Ciudad de México. Entre otros actos simbólicos, algunos de sus miembros le colocaron a la estatua conocida como *Diana Cazadora* una máscara antigás y tanques de oxígeno, al grito de "Quitémosle la máscara a la ciudad"

❑ En julio denunció la negligencia e irresponsabilidad de las autoridades ante el accidente del barco noruego *Betula* en las costas del estado de Michoacán; exigió que el gobierno informara pública, oportuna y verazmente sobre casos de accidentes ambientales.

❑ En septiembre de 1993 dio a conocer a la opinión pública un análisis crítico de un informe de las autoridades del Distrito Federal sobre diversos contaminantes de la atmósfera de la ciudad, haciendo notar la parcialidad y confusión del reporte oficial.

❑ En noviembre, difundió un estudio y un video en los que se documentan ampliamente diversos casos de envío de desechos tóxicos a varios países de América Latina, incluyendo México; hizo entonces un llamado a todos los gobiernos de la región para que se sumen a la prohibición total de importación de estas sustancias peligrosas.

Hardware

Los componentes físicos que integran una computadora u ordenador y sus accesorios o periféricos se denominan *hardware*. Forman parte de él los siguientes elementos: unidad central de proceso (*Central Processing Unit*, CPU por sus siglas en inglés), tarjeta principal, fuente de poder, *chips* de memoria, discos duros, unidades para discos flexibles, cables, circuitos, tarjetas de video, monitores, teclado, impresoras, interruptores, módems, etcétera.

La palabra no es nueva en inglés: su significado original es el de "ferretería" o "fierros". En el ámbito de la computación se le utilizó por primera vez en 1951, año en el que la oficina de censos de Estados Unidos adquirió la primera computadora digital electrónica comercializada en el mundo; de entonces deriva su acepción técnica de "equipo de cómputo". La palabra ayudó a diferenciar claramente en esta materia a los elementos físicos de los no físicos, consistentes estos últimos en diversas formas de información computacional, a los que se llamó *software*.

En un principio, el *hardware* era de gran tamaño, no muy eficiente y sumamente caro, de modo que los primeros usuarios fueron sólo grandes empresas, organismos gubernamentales o instituciones universitarias o de investigación con la suficiente capacidad económica para adquirir los equipos. No obstante, a partir de los años ochenta el término se popularizó gracias al surgimiento de la computación personal, que ha puesto a disposición de toda clase de usuarios equipos veloces con gran poder de almacenamiento de datos y amplia facilidad de manejo a precios muy accesibles.

Aunque en afán de exhaustividad, bien puede decirse que el *hardware* incluye desde transistores, discos, unidades de poder y tarjetas de memoria hasta monitores, pantallas, teclados, impresoras, lectores ópticos, unidades de almacenamiento (entre ellas los discos magnéticos con formatos de 5.25 y 3.5 pulgadas), cartuchos de cinta y discos compactos interactivos (CD-I) —es decir, todo lo que se puede ver y tocar en una computadora, ya sea portátil o gigantesca, como las supercomputadoras corporativas—. Su componente básico es el microprocesador, con el que establece las reglas del conjunto de instrucciones que puede ejecutar y aloja el funcionamiento de su elemento inseparable, el *software*.

Constituido físicamente por un circuito integrado o *chip* que va instalado en la tarjeta principal de la computadora, el tipo de microprocesador determina el poder y la velocidad de funcionamiento del equipo en el que "correrá" un programa de cómputo (elementos del *software*). Fabricado con silicio, encierra millones de transistores en un área no mayor de un par de centímetros cuadrados. Este pequeño centro de almacenamiento y transmisión es capaz de realizar funciones aritméticas y lógicas mediante la apertura y el cierre de sus interruptores con un código binario, es decir, un sistema basado en únicamente dos símbolos: los números 0 y 1.

El microprocesador es de vital importancia en un sistema de cómputo, pues se encarga de realizar tareas tan esenciales como operaciones aritméticas, direccionamiento de memoria, gestión de instrucciones de un programa y control del transporte de los datos. Y si bien no es un componente exclusivo del mundo computacional —se le utiliza también en otros aparatos, como teléfonos y relojes digitales, y en vehículos de transporte como automóviles y aviones con funciones digitales—, sí constituye su base.

Su escaso rendimiento original provocaba que el *hardware* funcionara muy lentamente. Sin embargo, la miniaturización y la explosión del mercado de las computadoras personales dieron origen a una carrera tecnológica que ha permitido que los microprocesadores dupliquen su poder de procesamiento en un lapso de 18 meses, al mismo tiempo que han abaratado sus costos.

El principal fabricante de microprocesadores en la actualidad es Intel Corporation, empresa que a fines de los años setenta introdujo el primer *chip* para computadoras personales, llamado escuetamente 8088, y cuyo ejemplo muy pronto fue seguido por otras compañías, cada una de las cuales ha bautizado sus nuevos productos de distinta forma. Entre los recientes están: el Pentium de Intel; el Alpha de Digital Equipment; el R4400 de MIPS, y el Power PC, diseñado conjuntamente por IBM, Apple y Motorola. Las versiones más recientes de microprocesadores son capaces de ejecutar la sorprendente cifra de 100 millones de instrucciones por segundo.

El *hardware* básico de una computadora está compuesto por un teclado, un monitor y una unidad de procesamiento central, donde, como su nombre lo indica, se procesa la información. De acuerdo con la función que desempeñan, los componentes del *hardware* también se clasifican en dispositivos de entrada y de salida.

Entre los primeros, mediante los cuales se "captura" la información por procesar, los más conocidos son el teclado, los lectores ópticos —también llamados *escáners*—, las tarjetas digitalizadoras, el ratón o *mouse* y, para información previamente capturada, las unidades de discos flexibles. Cuando la información ha sido introducida, ya sea a través de un dispositivo periférico de entrada o de un canal de comunicaciones conectado al aparato (que puede ser un módem, un fax o una red local o ampliada), la computadora la puede almacenar en su memoria.

Los dispositivos de salida más comunes son el monitor o pantalla (donde la información aparece ya sea bajo la forma de texto o de elementos gráficos) y la impresora. Ésta puede ser a su vez de diversos tipos; los más usuales son: de matriz de puntos (que dibuja los caracteres marcando puntos sobre una cinta con tinta que imprime en el papel), láser (un rayo láser calienta el papel, marcando las zonas que ocupará la tinta en polvo o el *toner*, dibujando los caracteres o imágenes) y de inyección de tinta (una cabeza móvil expulsa minúsculos surtidores de tinta sobre el papel). Existen muchos otros tipos de impresoras, más o menos especializadas; las hay a color, de alta resolución, para diapositivas y *plotters* (para la impresión de planos en disciplinas como la arquitectura o la ingeniería), entre otras. En nuestros días, es indispensable tener una impresora, pues con frecuencia habrá que entregar el trabajo en papel, no sólo en disco.

Las dimensiones del *hardware* dependen naturalmente del tipo de computadora de que se trate. Las *mainframes* son hoy día los sistemas de mayor tamaño, pero éste ha ido disminuyendo en los últimos años hasta asemejarse al de un refrigerador mediano; les siguen las computadoras personales, y finalmente están los llamados asistentes personales digitales (*Personal Digital Assistant*, PDA), máquinas portátiles que caben en el bolsillo del saco y que incluso llegan a tener un teléfono celular integrado.

Hoyos negros

Hasta hace unas décadas se creía que el universo estaba formado tan sólo por estrellas, planetas y nebulosas, pero el desarrollo de la astronomía reveló la presencia de objetos singulares como cuasares, pulsares y hoyos negros. Estos últimos permanecieron durante 200 años en la extensa lista de las especulaciones científicas, toda vez que resulta imposible observarlos.

En torno de su existencia, buena cantidad de astrofísicos repiten la máxima de Santo Tomás apóstol ("Ver para creer"), aun cuando las leyes físicas acrediten su existencia. Sin tomar partido, Isaac Asimov lo planteó de la siguiente manera: el Sol tiene un diámetro de 1,396,000 km y una masa 330,000 veces superior a la de la Tierra. En función de ello, cualquier cuerpo colocado sobre su superficie estaría sometido a una acción gravitatoria 28 veces por encima de la que experimentamos en nuestro planeta.

Una estrella común conserva su tamaño gracias al equilibrio entre una altísima temperatura en su centro, que tiende a expandir la sustancia estelar, y la fuerza gravitatoria que intenta contraerla y estrujarla. Si en un momento dado la temperatura interna desciende, la fuerza de gravedad se impondrá. El astro comenzará a contraerse, sin perder masa, con lo cual aumentará su densidad. La estructura atómica se desintegra: en lugar de átomos, ahora habrá electrones, protones y neutrones sueltos. De alcanzar un balance entre la gravedad y la repulsión mutua de los electrones, la estrella se convertirá en una enana blanca.

En caso de que la gravitación sea superior, la estrella seguirá encogiéndose; en esas circunstancias, electrones y protones se fusionarán para formar neutrones. Una estructura neutrónica con suficiente fuerza logrará detener el proceso de contracción. El resultado será una "estrella de neutrones" que podría albergar toda la masa del Sol en una esfera de apenas 16 kilómetros de diámetro; su fuerza gravitatoria equivaldría a millones de veces la de la Tierra.

Si el poder de la gravitación supera a la estructura neutrónica, ya nada podrá oponerse al colapso. La estrella continuará disminuyendo mientras la gravedad superficial aumentará sin cesar. En condiciones normales, para que un objeto abandone la Tierra requiere una velocidad mínima de 11 km/seg, pero en un astro que se contrae más allá de una estrella de neutrones llegará un momento en que la velocidad de escape superará a la de la luz (300,000 km/seg), la máxima posible de acuerdo con toda experiencia conocida. De su campo gravitacional no escaparán ni los rayos luminosos ni cuerpo alguno que se le aproxime, tal y como si hubiesen caído en un hoyo, el más profundo e infinito.

Desde 1783, el catedrático de Cambridge John Michell planteó este fenómeno y advirtió que aun cuando no fuésemos capaces de observarlo, sí notaríamos su atracción gravitatoria sobre otros objetos. En 1800, el francés Laplace hizo un postulado similar en su libro *El sistema del mundo*, aunque lo eliminó en la tercera edición, quizá por considerar demasiado aventurada semejante hipótesis.

La idea, inquietante y sugerente, quedó en el baúl de las especulaciones hasta que las leyes gravitacionales de Albert Einstein le reconocieron un alto grado de probabilidad. En 1928, el hindú Subrahmanyan Chandrasekhar calculó que toda estrella que inicia el proceso de colapso y tiene más de una vez y media la masa del Sol será incapaz de soportar su propia gravedad. Una década después, Robert Oppenheimer estimó que lo mismo sucedería con las estrellas de neutrones con 3.2 veces la masa del Sol.

Al estadounidense John Archibald Wheeler corresponde el mérito de haberles llamado *black holes* (hoyos o agujeros negros) a estos depósitos cuyo tamaño puede ascender a cientos de kilómetros de circunferencia con una masa de 4 a 50 veces la del Sol, o reducirse a minúsculos agujeros con mil millones de toneladas de masa.

Su conocimiento teórico experimentó entonces un notable progreso; sin embargo, los hoyos negros continuaron siendo un reto a la imaginación. Al no permitir que escaparan ni luz, ni partículas, ni ondas de radio, ni rayos X, no se contaba con medio alguno para su observación. Por ese motivo, la búsqueda comenzó a centrarse en sus efectos indirectos. Los astrofísicos soviéticos Zeldovich y Guseynof se abocaron en los años sesenta al estudio de los cientos de sistemas estelares binarios, aquellos donde dos estrellas giran alrededor de un centro común pero sólo una es visible. Suponían que en alguno de ellos encontrarían una estrella normal asociada a un hoyo negro.

Al tiempo que esto ocurría, Maarten Schmidt identificó un objeto cuyo cambio de color sólo podía representar un colapso gravitatorio, no ya de una estrella sino de la región central de una galaxia. Jocelyn Bell descubrió poco después pulsos regulares de ondas de radio a los que llamó "enanitos verdes", pues creía que eran señales de extraterrestres, pero se trataba de pulsos emitidos por estrellas de neutrones en rotación. Estos *pulsares* representaron la primera evidencia de que existen las estrellas de neutrones.

En aparente contradicción, algunas fuentes estelares de rayos X coincidieron con sistemas binarios que podrían contar con hoyos negros, como el Cygnus X-1, en la constelación del Cisne. El ya célebre físico británico Stephen Hawking, tras combinar la teoría gravitatoria de Einstein con las de la mecánica cuántica y la termodinámica, concluyó que la estrella visible pierde materia y ésta se dirige hacia el invisible compañero, efectuando un movimiento en espiral "parecido al movimiento del agua cuando se vacía una bañera", lo que le hace adquirir una elevada temperatura y emitir radiaciones subatómicas. Asimismo, indicó la posibilidad de que los agujeros se "evaporen" lentamente.

A la fecha, se considera más probable la formación de hoyos negros donde las estrellas tienden a mantenerse juntas, como, por ejemplo, en el centro de las galaxias, tal como sucede en el sistema estelar M-51 y en las Nubes de Magallanes. De igual forma, los hoyos negros podrían esclarecer por qué nuestra galaxia gira a la velocidad con que lo hace, pues la masa de las estrellas visibles es insuficiente para explicarlo.

Inflación

Existen varias teorías acerca del origen de la inflación, fenómeno que consiste en el incremento general de precios de los bienes y servicios de una economía en un periodo determinado. Los precios se miden a través de los índices de precios al consumidor o al productor, mismos que se calculan con base en una muestra representativa.

Las teorías estructuralista y monetarista son las más destacadas en este ámbito. La primera considera que la inflación es resultado de ciertos desajustes en el aparato productivo, los que se traducen en un aumento en los costos de los bienes y por lo tanto en una limitación en la oferta de productos, propiciando así la elevación de los precios. Cuando, por ejemplo, los sindicatos obtienen un aumento salarial superior al incremento de la productividad, la situación de los negocios es positiva y la ocupación es alta, asciende el costo de la mano de obra por unidad producida, costo que los empresarios trasladan al precio de sus productos. La elevación de precios en algunos ramos obedece también a la situación monopólica imperante en ellos, lo que permite que ciertas empresas eleven los precios de sus productos muy por encima del nivel justificable.

Para la teoría monetarista, por su parte, la inflación se debe a que el incremento de la demanda es superior al de la oferta de bienes, razón por la cual se genera un aumento de dinero circulante (billetes y monedas) en la economía, lo que da lugar a la situación resumida en la famosa frase "Mucho dinero y pocos bienes".

La relación entre el aumento de circulante y el alza de precios fue patente en muchos países, principalmente europeos, durante las dos guerras mundiales, e incluso después de ellas.

La *inflación galopante* o *hiperinflación* ocurre cuando los precios se elevan hasta cien, mil o más veces su nivel original durante un periodo relativamente prolongado, caso contrario de la *inflación reptante*, aquella en la que los precios se mantienen en un nivel estable o de ascensos mínimos. La inflación rinde efectos negativos sólo si es alta y prolongada.

Es habitual que durante las guerras o después de ellas se presenten fenómenos de hiperinflación, pues los gobiernos de los países beligerantes tienden a imprimir billetes para cubrir sus excesivos gastos; sin embargo, también en tiempos de paz la inflación puede rebasar los límites previstos, a causa sobre todo de que el gasto del gobierno sea desmesurado, lo que desemboca en un aumento de circulante.

Otros factores que propician la elevación de precios son los subsidios para garantizar la rentabilidad del sector agrícola y las restricciones a la importación, caso éste en el que la existencia de un mercado cautivo sin competencia externa incide naturalmente en la elevación de los precios.

Las consecuencias más sobresalientes de la inflación son: disminución del poder adquisitivo de los sectores con ingresos fijos (asalariados, pensionados, etcétera); aumento de las ganancias de los exportadores por el hecho de recibir moneda extranjera, de mayor poder adquisitivo que la nacional; beneficios para los empresarios, pues en el corto plazo venden sus productos a los nuevos precios, más elevados, mientras que cubren salarios y préstamos con moneda desvalorizada, en tanto que en el mediano plazo trasladan el efecto inflacionario a los precios de sus productos; mayores ganancias para los comerciantes, que venden con nuevos precios los productos que mantenían almacenados antes de ocurrido el incremento.

Especialmente cuando es aguda y prolongada, la inflación provoca un descenso en la capacidad de ahorro de la población, una elevación de las tasas de interés, desconfianza entre los inversionistas y fuga de capitales, así como dificultades crecientes tanto en el sector público como en el privado y financiero ante el impedimento de planear sus actividades con cierto grado de certidumbre.

Por tal motivo, la inflación elevada es perniciosa para el país que la padece, pues fomenta la especulación, obstruye las decisiones de los agentes productivos, desalienta el ahorro, reduce la inversión y retarda el crecimiento económico.

El hecho de que un país posea índices de inflación superiores a los de otros, y en especial a los de aquellos con los que comercia, significa una pérdida en la competitividad de sus productos, con lo cual sus exportaciones tenderán a disminuir, sus importaciones ascenderán, su moneda se mostrará débil y su tipo de cambio estará sobrevaluado.

La desconfianza en la solidez futura de la moneda puede provocar fuga de capitales o conversión de la moneda nacional en divisas (moneda extranjera), lo que acelera el déficit de la balanza de capitales y disminuye la reserva de divisas del banco central del país de que se trate.

Entre las medidas más comunes para combatir la inflación se cuentan la contracción drástica del gasto público, el incremento de los impuestos, la contención de los salarios y la apertura comercial para adquirir bienes a precios reducidos e inducir un alza en la productividad de la economía.

La *deflación*, por su parte, también conocida como "austeridad", consiste en la reducción del gasto público y privado, por lo que técnicamente es lo contrario de la inflación. Su objetivo es reducir los ingresos de los habitantes de un país para nivelar la balanza de pagos (compuesta por la totalidad de ingresos y egresos producto de las relaciones comerciales con el exterior).

Así, mediante una política deflacionaria se reduce el ingreso, lo que significa disminución de salarios y aumento de impuestos, con el propósito de restringir la demanda de importaciones y fomentar las exportaciones. Esto último se consigue por medio de la reducción de los costos de producción consecuencia de la contención salarial, mientras que el descenso de los ingresos es resultado de la elevación de las tasas de interés y de redescuento, del racionamiento del crédito, de la contracción del gasto público y de la elevación fiscal. El principal efecto de la deflación es el descenso en el empleo, las inversiones y las utilidades como consecuencia de la contracción de la actividad económica.

Infraestructura

Por infraestructura se entiende el conjunto de instalaciones y servicios de mantenimiento y enlace de una economía o región, habitualmente sujeto a las determinaciones estratégicas del gobierno de un país.

La decisión de establecer ciertas instalaciones en un punto dado corresponde normalmente a la autoridad pública, pues ésta posee (o debería hacerlo) una visión general de las necesidades de la población. Los servicios de conservación, reparación y de otro tipo que componen la infraestructura son objeto a su vez de diferentes modalidades de administración, la cual puede ser pública, privada, mixta, centralizada o descentralizada.

La infraestructura comprende, entre otros, los siguientes rubros: carreteras, medios de transporte (ferrocarriles, aviación, transporte público, etcétera), energía eléctrica, suministro de agua, drenaje, puertos y telecomunicaciones. Cada uno de ellos posee sus propias peculiaridades en lo que se refiere a magnitud de inversión, empleo, ventajas y efectos sobre los sectores económicos.

La modernización de cualquier país demanda la ampliación, diversificación e integración de los diversos elementos de su infraestructura, la cual es de vital importancia para el desarrollo de la economía. Sin una infraestructura moderna y eficiente, una nación se condena a sí misma al estancamiento, pues carecerá de los recursos que le son indispensables no sólo para la integración de las diferentes regiones que la componen, sino también para su vinculación con los mercados internacionales y para el mejor aprovechamiento de sus ventajas comparativas.

Al elaborar su política de relocalización de determinados segmentos productivos o incluso de empresas completas, tanto los países en desarrollo como las empresas transnacionales prestan gran atención a los asuntos relacionados con la infraestructura, cuya modernización constituye además un incentivo adicional para atraer nuevas inversiones extranjeras y dispersar las enormes concentraciones humanas en las grandes ciudades, lo que posibilita un desarrollo regional más armónico y equilibrado.

La infraestructura es también una de las más importantes fuentes de los beneficios indirectos que influyen tanto en la productividad como en la determinación de cuán prolongado será el periodo de recuperación de las inversiones. Una infraestructura mal diseñada y erróneamente ubicada tiene un efecto negativo en la economía, mientras que las obras y servicios que se articulan de manera conveniente con los centros de producción y consumo generan un positivo efecto multiplicador en todos los sectores de la economía.

La nueva tecnología ha revolucionado los usos, los materiales, los costos y la demanda de los distintos elementos de la infraestructura, y en especial de los transportes, columna vertebral del desarrollo económico.

A partir de la segunda mitad del presente siglo, los avances tecnológicos en las comunicaciones y los transportes restaron importancia a las barreras geográficas contra la interconexión regional. En 1958 se puso en órbita el primer satélite de comunicaciones, y en 1969 se iniciaron los vuelos comerciales transpacíficos, hechos que dieron inicio a una nueva era de interdependencia económica y cultural. Asimismo, los adelantos logrados en el terreno de la electrónica han producido progresos espectaculares en las comunicaciones y la informática, y han convertido al mundo en una aldea donde todo se sabe casi en el momento en que ocurre.

Como resultado de este desarrollo, el traslado de personas, mercancías, capitales, tecnologías e información incrementó de manera acelerada su volumen y calidad, dinamismo que ha sacado a la luz la necesidad de optimizar el uso de los medios de transporte y las telecomunicaciones. Así, por ejemplo, en la actualidad se ofrecen servicios de transporte puerto a puerto que utilizan, en combinación, barcos, ferrocarriles, autobuses y aviones.

Esto ha significado la modificación sustancial de los transportes y la homogeneización de su empleo a escala mundial, lo que a su vez ha derivado en su especialización. La carga que hasta hace poco era trasladada por buques de líneas en la esfera del transporte marítimo, por ejemplo, se mueve ahora con medios específicamente destinados a cada tipo de bien, como lo comprueba el uso generalizado de contenedores en los servicios de transporte.

Los países que no han adaptado su infraestructura y equipo a los avances tecnológicos —y que por lo tanto son incapaces de brindar un servicio unitario de carga, por ejemplo— han perdido competitividad. El proceso de cambio económico y los requerimientos del comercio internacional han modificado las preferencias en la utilización de los diversos tipos de transporte en el traslado de mercancías, pues ahora se opta por servicios integrados, económicos y eficientes que hagan posible la movilización de contenedores por el mundo entero mediante un sistema de transporte combinado, marítimo para las rutas largas y terrestre para las cortas.

Dada su estrecha vinculación con el proceso de producción, distribución y consumo, el transporte multimodal (marítimo, terrestre y aéreo) les ofrece a los exportadores la oportunidad de que sus productos accedan a los mercados internacionales en condiciones óptimas de competitividad. Las empresas conocidas actualmente como "operadoras de transporte multimodal" proporcionan un servicio especializado que consiste en la mezcla de medios de transporte y servicios complementarios en condiciones de alta eficiencia y calidad.

El transporte marítimo se ha convertido ya en el principal medio de movilización de mercancías: el 80% de las transacciones comerciales que se realizan en el mundo implican el traslado por esta vía. Por su parte, el transporte aéreo ha quedado restringido al movimiento de mercancías específicas en razón de sus elevados costos, mientras que el transporte por carretera no ha sido liberado aún de la excesiva reglamentación que lo rige, de manera que sigue representando una limitante para el movimiento transfronterizo.

Intervencionismo

Se entiende por esta denominación aquella política de un Estado que consiste en la intromisión expresa en los asuntos de otro país o región, ya sea mediante su participación en conflictos que no le atañen directamente o a través del establecimiento de alianzas y tratados militares con Estados alejados geográficamente de su territorio. En la esfera jurídica, el intervencionismo es el favorecimiento por un Estado o grupo de Estados poderosos de la intervención en una o varias naciones para imponer en ellas cierto comportamiento político, económico, social o cultural.

El intervencionismo aparece ligado históricamente al antiguo colonialismo europeo, que recurrió incluso a la celebración de "tratados" a fin de someter a países débiles.

En América Latina, esta práctica fue resultado de la pretensión de gobiernos, bancos, empresas o ciudadanos de países poderosos de cobrar con el recurso de la fuerza deudas contraídas por ciudadanos, bancos, empresas y aun gobiernos de las naciones del continente.

Los historiadores argentinos, por ejemplo, han puesto énfasis en exhibir el intervencionismo franco-inglés en la Guerra Grande del Río de la Plata (1842-1852).

Asimismo, en 1903, cuando Venezuela anunció la interrupción de los pagos de su deuda externa, los gobiernos de Inglaterra, Francia e Italia realizaron maniobras navales conjuntas en la bahía de La Guaira. Esta actitud intervencionista mereció la reprobación del gobierno estadounidense, el que por medio del Corolario Roosevelt les hizo saber a los gobiernos europeos que no consentiría el cobro forzado de sus deudas, pues el intervencionismo era atributo exclusivo de Estados Unidos. En efecto, el gobierno de Washington aplicó esta medida en reiteradas ocasiones para cobrar deudas bancarias a las débiles repúblicas del Caribe durante la etapa de sus relaciones con América Latina conocida como Big Stick (El Gran Garrote, 1898-1933).

Acciones intervencionistas más cercanas a nuestros tiempos han sido, por ejemplo, la invasión de la URSS en Afganistán, en 1979, y la de Granada, en 1983, por tropas estadounidenses.

Izquierda y derecha

La lucha política implica por definición el enfrentamiento entre bandos opuestos, integrados ya sea por partidarios o adversarios de tal o cual religión (católicos contra protestantes), forma de gobierno (monárquicos contra republicanos) o sistema económico (mercantilistas contra fisiócratas).

Así, con los términos *izquierda* y *derecha* se intenta caracterizar al par de actitudes políticas contrapuestas en las que esquemáticamente se dividen la totalidad de los puntos de vista políticos.

La asignación de sentido ideológico a estas palabras indicadoras de una u otra ubicación en el espacio no pudo ser más accidental: durante una de las reuniones de la Asamblea Nacional de París en 1789, en plena época revolucionaria, la mayoría de los miembros del ala radical se sentó a la izquierda de la tribuna del presidente, en tanto que el sector moderado se colocó a la derecha. Tras la restauración de la monarquía francesa en 1815, *izquierda* pasó a significar "a favor de la Revolución" y *derecha*, "en contra"; aquélla argumentaba que la soberanía residía en el pueblo y apoyaba una política republicana y anticlerical, mientras que la derecha rendía tributo "al Trono y el Altar", es decir, al régimen monárquico y autoritario impulsado por la Iglesia

Cuando, en la segunda mitad del siglo XIX, Europa entró en el periodo de franca industrialización, los términos *izquierda* y *derecha* comenzaron a señalar la posición a favor o en contra de los intereses de los trabajadores o de los capitalistas y patrones.

La adopción de una mentalidad política de izquierda supone, en general, la convicción de que hombres y mujeres poseen la capacidad de perfeccionarse y de mejorar tanto individual como socialmente por medio de la acción política; una disposición favorable al cambio y la innovación; un compromiso con la ampliación de las libertades civiles y morales, y la certeza de que la igualdad política es un derecho inalienable. Todos estos preceptos se asocian con la ideología que afirma la superioridad de la razón y la ciencia respecto de la tradición y el dogma religioso, y que por tanto postula como posible el progreso de la humanidad. En su expresión netamente política, la izquierda ha solido desempeñar el papel de oposición, motivo por el cual la mayor parte de sus propuestas revisten un notorio carácter combativo.

Este sector ha dirigido consistentemente su interés a los asuntos sociales y económicos. Su base social procede por lo común de las clases empobrecidas, con las que sus pensadores representativos tienden a identificarse. Ha privilegiado la instauración de libertades concretas a partir de las cuales sea factible aspirar a la igualdad como fundamento de la acción humana y la práctica social.

La derecha se inclina, por su parte, al escepticismo en cuanto a la capacidad regeneradora de la acción política, se admite vinculada al orden moral y social dominante, rechaza la soberanía popular, reconoce ciertas virtudes en las

desigualdades sociales y económicas y desconfía del cambio, de modo que se le identifica lógicamente con la moderación y el conservadurismo. En consecuencia, quienes se adscriben a este sector ideológico suelen sentirse satisfechos con las condiciones imperantes, empeñarse en el mantenimiento del orden establecido —en el que ocupan una posición de privilegio que no pretenden abandonar— y pugnar por la restauración del antiguo orden, de lo cual esperan obtener ventajosas oportunidades. Su ideología apela tanto a creencias y sentimientos no racionales, los religiosos entre ellos, como a concepciones racionales, y defiende la moral tradicional de la familia.

Laissez faire

Laissez faire, laissez passer, es una expresión francesa que puede traducirse como "Dejad hacer, dejad pasar", y es la máxima que condensa la doctrina de los fisiócratas, los seguidores de una corriente de pensamiento que surgió en Francia a mediados del siglo XVIII y entre los que sobresalió el doctor y economista François Quesnay.

Esta corriente creyó encontrar en el campo de la astronomía el principio fundamental que regía a todo el proceso productivo, de modo que trasladó mecánicamente el concepto de equilibrio de la mecánica celeste al ámbito económico. Los fisiócratas fueron los primeros en exponer la filosofía de la "ley natural", en la que basaron una de las primeras explicaciones sistemáticas de la producción y distribución económica según la cual la agricultura era la única fuente real de riqueza.

Convencidos de que la actividad productiva del hombre era un fenómeno natural, pues se realizaba de manera espontánea, los fisiócratas dedujeron que la labor del Estado consistía solamente en salvaguardar el libre juego de las fuerzas del mercado, en el que debía intervenir sólo cuando el proceso económico natural fuera alterado por factores externos.

La explicación de que el "orden natural" no se materializaba por completo residía en la intervención del Estado y de los individuos, motivo por el cual era necesario limitar su acción al *laissez faire*, "Dejad hacer", de la ley natural, lo que garantizaba el imperio de la armonía.

Así, el libre desarrollo de la humanidad, conducido sólo por la ley natural, era capaz de producir los mayores beneficios. En consecuencia, la ley de la oferta y la demanda bien podía encargarse de regularlo todo, tanto en lo productivo como en lo comercial.

En el ámbito productivo, la libre competencia garantizaba la mejor asignación de recursos, los cuales podían emplearse entonces en los sectores de óptimo rendimiento.

En el aspecto comercial, el libre cambio proporcionaba un mercado para la producción y su regulación, de tal forma que cuando la oferta de productos fuera mayor que la demanda, el descenso de los precios induciría a los productores a disminuir la oferta en la cantidad necesaria para igualarla con la demanda; y en caso de que la demanda fuera mayor que la oferta, el alza de los precios y, por consiguiente, de las ganancias, estimularía la producción hasta ajustarla con la demanda.

Láser

A diario escuchamos hablar de nuevas aplicaciones de instrumentos modernos que operan con rayo láser: sistemas de detección y comunicación, equipos industriales para corte de diversos materiales, instrumental médico, quirúrgico, didáctico y científico, aparatos bélicos, computadoras... En realidad se trata de artefactos relativamente sencillos que aplican los últimos conocimientos en óptica, electromagnetismo, física atómica, teoría de la radiación, mecánica estadística y otras ramas de la Física.

La palabra *láser* corresponde a las siglas de la expresión inglesa *Light Amplification by Stimulated Emission of Radiation* (amplificación de luz por emisión estimulada producida con radiación).

Aun cuando lo parezcan, estos conceptos no son complejos. Toda la materia está compuesta por átomos que cuentan con un núcleo alrededor del cual giran electrones en órbitas específicas. Existen métodos para inyectarles energía y hacerlos saltar a una órbita mayor, donde permanecerán en "estado excitado", pero tenderán a regresar a su sitio original, cosa que consiguen liberándose de la energía excedente ya sea de manera "espontánea" o "estimulada". Esta energía escapa con una trayectoria incierta en forma de luz, cuya unidad mínima es un fotón, la estructura básica de la luz y de cualquier otra onda electromagnética.

Al enviar un fotón contra un electrón que se encuentra excitado, este último regresará a su órbita original tras liberar su sobrecarga de energía. Del átomo saldrán entonces dos fotones, el inducido y el liberado, con idénticas características y trayectoria, duplicidad que se conoce como "amplificación".

A partir de estas bases, todo aparato láser consta de tres componentes: un medio activo, un sistema de bombeo y una cavidad resonante. En el primero se encuentran los átomos que pueden absorber y emitir fotones. El sistema de bombeo provee al medio ac-

tivo de un elevado flujo de energía que excita a los átomos, circunstancia en la que cualquier fotón libre desatará una reacción en cadena, pues se multiplicará en forma geométrica al chocar con los átomos excitados.

Como los fotones se propagan a la velocidad de la luz, su permanencia en el medio activo sería demasiado breve de no ser por el tercer elemento: la cavidad resonante, un juego de espejos colocados en los extremos longitudinales del medio activo. En tanto uno de los espejos refleja en su totalidad a los fotones, el otro permite que se filtre una décima parte del flujo luminoso que, gracias a la curvatura exterior del espejo, sale en forma concentrada: un haz de luz al que llamamos luz láser.

Ahora bien, la absorción y emisión de fotones también se presenta en iones y moléculas, de ahí que sea posible construir diferentes rayos al conformar el medio activo con líquidos, gases, plasmas, electrones libres o sólidos semiconductores. Asimismo, los sistemas de bombeo pueden ser ópticos, térmicos, químicos, solares, de descarga eléctrica, con acelerador de electrones o de electroionización. De acuerdo con el tipo de medio activo y el sistema de bombeo empleados, surgirán luces con distinta longitud de onda (distancia entre dos crestas sucesivas) para diversas aplicaciones.

La historia de este prodigioso rayo tiene su antecedente en la teoría electromagnética de la luz, desarrollada y demostrada en el siglo XIX por James Clerk Maxwell (1831-1879), teoría que sentó las bases para encontrar otras formas de energía como las microondas, los rayos X y las radiaciones gamma, beta y alfa. Hacia 1916, Albert Einstein (1879-1955) señaló la posibilidad de estimular a los electrones con el propósito de que emitieran energía en forma de luz, con una longitud de onda y una frecuencia específicas. Si bien para 1928 diversos estudios habían corroborado esta tesis, no fue hasta 1951 cuando se pensó en materializar semejante planteamiento. El soviético V. A. Fabrikant y el estadounidense Joseph Weber comenzaron a trabajar en ese sentido mientras los soviéticos Basov y Prokhorov profundizaban en los aspectos teóricos.

En 1953, el estadounidense Charles Townes creó el primer dispositivo amplificador por emisión estimulada, cuando buscaba perfeccionar la tecnología de radar, al construir el *máser*, es decir, *Microwaves Amplification by Stimulated Emission of Radiation* (amplificación de microondas por la emisión estimulada mediante radiación). Como las microondas amplificadas

tenían una longitud de onda y frecuencia constantes, se aplicó el máser en relojes atómicos de alta precisión, y en 1960 se le aprovechó para hacer legibles las señales sumamente débiles que enviaba el satélite *Echo Pierce I*.

En cuanto al láser, desde 1957 Townes estudiaba cuán factible era amplificar la luz infrarroja e incluso la luz visible, proyecto en que participó el físico Arthur L. Shawlow (merecedor en 1981 del premio Nobel de física por sus investigaciones en torno al rayo láser). Otro físico, Gordon Gould, ex discípulo de Townes, contribuyó en el terreno teórico al señalar que la luz láser alcanzaría altas temperaturas debido a su intensa concentración en un espacio reducido, lo cual, escribió, podría emplearse con fines militares, entre otros.

Townes, Basov y Prokhorov recibieron en 1964 el premio Nobel de física, en buena medida debido al hallazgo que poco antes efectuara otro físico estadounidense, Theodore Maiman, quien tras estudiar las propiedades del rubí sintético lo colocó en un cilindro recubierto con placas de plata; dos discos del mismo metal sellaban los extremos del prisma. En mayo de 1960 aplicó energía con una bombilla de magnesio y observó maravillado la aparición de breves destellos rojizos, lineales, que viajaban largas distancias sin perder coherencia. Luz y energía se concentraban en un espacio diminuto.

El descubrimiento fue retomado por gran cantidad de investigadores que experimentaron con otros cristales e incluso con gases. A partir de 1962 se desató un frenesí en la investigación, al grado de que para 1965 se sabía de un millar de gases útiles para producir láser.

Tal amplitud de conocimiento ha permitido extender las aplicaciones de esta luz. Así, en la medicina resulta sumamente útil en la vaporización de células vivas, en la cirugía ocular y en otro tipo de intervenciones; el calor concentrado actúa como cauterizante y evita el sangrado. Al mismo láser recurre la industria manufacturera para realizar, según la potencia del equipo, labores de alta precisión como soldaduras, perforación de tubos, tratamiento térmico a ciertos materiales y cortes en cartón, plástico, acero o bloques de mármol.

En cuanto al área de las telecomunicaciones, en un haz de láser caben 800 millones de ondas hertzianas que viajan a la velocidad de la luz, lo cual supera con creces las señales de la telefonía común, que transmite entre 1,000 y 4,000 ondas hertzianas, y aun de la radiotransmisión, que envía 50,000 millones de ondas.

Algunos espectáculos recurren al uso de láser para tender fulgurantes líneas de colores. Los supermercados lo emplean para, mediante una luz roja, identificar el tipo y precio de los productos (*ver* Código de barras).

La investigación no se detiene. La aparición de aleaciones y nuevos materiales, así como el perfeccionamiento de los sistemas de bombeo y operación interna han dado como resultado un haz luminoso cada vez más versátil, al grado de que se especula que durante el siglo XXI la óptica reemplazará a la electrónica como tecnología prioritaria.

Lavado de dinero

Con esta expresión se hace referencia al mecanismo mediante el cual las personas que se dedican a actividades ilícitas —como el contrabando, el mercado negro y el narcotráfico— invierten sus lucrativas ganancias en otras actividades para ocultar su enriquecimiento "inexplicable" y legitimar su riqueza con base en los beneficios que obtengan de sus nuevas inversiones.

Esta forma de hacer negocios permite disfrazar el enriquecimiento mal habido, pues ofrece la impresión de que dicha riqueza es producto de empresas aparentemente legales. Quien incurre en esta práctica dispone así de la posibilidad de poner en circulación una cantidad de dinero propio congruente con la supuesta rentabilidad de sus nuevas actividades, con lo que evita resultar sospechoso para las autoridades.

El lavado de dinero se realiza habitualmente mediante transacciones bancarias, pero también se lleva a cabo en casas de cambio, entre prominentes empresarios y en otros rubros económicos, como la adquisición de bienes raíces, joyas y obras de arte.

Cada vez son más diversos los países y ramas de actividad a los que los narcotraficantes destinan sus inversiones. Esta actividad ilícita se extiende a todos los sectores de la sociedad, pues su alto grado de organización y su gran solvencia económica permiten que quienes participan en ella se valgan de recursos de "persuasión" como el soborno, la intimidación, la difamación y hasta la eliminación física.

No sólo los funcionarios públicos encargados de combatir el narcotráfico están expuestos a estas amenazas; lo están también todos los demás sectores de la sociedad, comenzando por aquellos entre los que es reclutada la fuerza de trabajo calificada y no calificada de que se precisa para labores tales como la siembra de la amapola y otros productos, y su procesamiento, distribución y comercialización.

La Comisión Interamericana para el Control del Abuso de las Drogas (CICAD) ha estimado que del trillón de dólares diarios manejados en las transacciones financieras del Banco de la Reserva Federal de Estados Unidos, entre 75 y 100 millones de dólares son producto del lavado de dinero proveniente del narcotráfico y otras actividades ilícitas.

Asimismo, ha señalado que, a escala mundial, el lavado de capitales asciende a un monto de entre 300,000 y 500,000 millones de dólares, que no siempre son invertidos en la banca internacional, sino también en giros como terrenos, casas y joyas.

Los países involucrados en el combate al narcotráfico miembros del CICAD elaboraron un reglamento para impedir el lavado de capitales, tarea en la que participaron expertos de 13 naciones.

El combate al lavado de dinero no es labor exclusiva del sector bancario, sino que requiere de la colaboración de todas las instituciones financieras, políticas y económicas nacionales.

Otra de las medidas tomadas en este campo consiste en un seguimiento de las formas de operación del mercado de futuros (ver Mercado de Valores), cuyo rápido crecimiento lo expone en particular a ser infiltrado por el "dinero sucio". Otro elemento por considerar aquí es la alta liquidez en el intercambio de contratos de futuros, lo que permite que los corredores de bolsa realicen transacciones sin tomar en cuenta la identidad de los inversionistas, lo que dificulta conocer la procedencia del efectivo.

Líder

Un líder es un jefe o conductor de un grupo político, social o de otra índole. El término como tal se deriva del inglés *leader*, que significa "guía" (Bennis, W., *Cómo llegar a ser líder*, Norma, Bogotá, 1992).

En cierto modo, el liderazgo es como la belleza: difícil de definir pero fácil de reconocer si uno lo ve. Los líderes no son, ni con mucho, gente común y corriente.

Los líderes no nacen, se hacen; y se hacen por sí mismos más que por medios externos. Sin embargo, nadie se propone hacerse líder sólo por el gusto de serlo, sino más bien para expresarse libre y totalmente; es decir, los líderes no tienen interés en probarse a sí mismos, sino en expresarse. La diferencia es abismal, pues es la que distingue entre ser conducidos, como lo son muchos hoy, y conducir, que es lo que muy pocos hacen.

Los líderes no cesan de desarrollarse. Personas como Gandhi, Martin Luther King, Winston Churchill y George Bernard Shaw son muestra de ello. Pero, ¿qué es un líder? ¿Qué características debe poseer? La escritora estadounidense Gertrude Stein (1874-1946) definió al líder de la siguiente manera: "Un líder es un seguidor de un líder". Esta frase que a primera vista parece una perogrullada, no hace sino enfatizar justamente el carácter de guía inherente que peculiariza a un hombre con esta cualidad.

Sin embargo, el liderazgo no es únicamente de carácter político. Actualmente, muchas de las principales corporaciones y empresas ofrecen a sus ejecutivos cursos sobre desarrollo de liderazgo para desempeñar sus puestos. Vea-

mos algunas de las normas que se imparten en dichos cursos:

Hay líderes de todos los tipos, formas y tamaños: bajos, altos, limpios, desaseados, jóvenes, viejos, hombres y mujeres. La mayoría de ellos parecen compartir algunos de los siguientes ingredientes, si no es que todos:

❑ El primer ingrediente básico del liderazgo es una visión guiadora. El líder tiene una idea clara de lo que quiere hacer —personal y profesionalmente— y la fortaleza para perseverar a pesar de los contratiempos y hasta de los fracasos. A menos que uno sepa a dónde va y por qué, no es posible que llegue.

❑ El segundo ingrediente básico es la pasión por una vocación, profesión y línea de conducta. Al líder le satisface profundamente lo que hace. El escritor ruso León Tolstoi (1828-1910) dijo que las esperanzas son los sueños del hombre despierto. Sin esperanza no podemos sobrevivir, y mucho menos progresar. El líder que comunica pasión les da esperanza e inspiración a los demás.

❑ Otros dos ingredientes básicos son la curiosidad y la audacia. El líder se interesa por todo, quiere aprender todo lo que pueda, está dispuesto a arriesgarse, a experimentar, a ensayar cosas nuevas. No se preocupa por los fracasos sino que acepta los errores sabiendo que de ellos se puede aprender, aprender de la adversidad.

Aunque para mucha gente un gerente debe ser líder, Bennis (*op. cit.*) señala:

"La diferencia que existe entre un líder y un gerente es la misma que hay entre quienes dominan sus circunstancias y quienes se dejan vencer por ellas. También hay otras diferencias y son sumamente importantes:

❑ El gerente administra; el líder innova.

❑ El gerente es una copia; el líder es un original.

❑ El gerente conserva; el líder desarrolla.

❑ El gerente se vale del control; el líder inspira confianza.

❑ El gerente tiene una visión a corto plazo; el líder, a largo plazo.

❑ El gerente fija la vista en las utilidades; el líder mira el horizonte.

❑ El gerente imita; el líder origina.

❑ El gerente es un buen soldado; el líder es la persona que no depende de nadie."

Visión, inspiración, empatía, capacidad de infundir confianza, son manifestaciones del buen juicio y del carácter de un líder. El carácter es vital en un líder, la base de todo lo demás.

Otra cualidad sería la capacidad de inspirar confianza.

Inspirar confianza es la base no sólo para poner a los demás de parte de uno, sino también para conservarlos ahí. Hay cuatro ingredientes que tienen los líderes capaces de sostener el rumbo:

❑ Constancia. Aun cuando los líderes mismos no puedan sufrir sorpresas, no le crean sorpresas al grupo. Los líderes son coherentes; mantienen el rumbo.

❑ Congruencia. Los líderes practican lo que predican. No hay vacíos entre las teorías que un líder propugna y la vida que lleva.

❑ Confiabilidad. Los líderes están en su puesto cuando se les necesita. Están dispuestos a apoyar a sus compañeros de trabajo en los momentos críticos.

❑ Integridad. Los líderes cumplen sus compromisos y sus promesas.

Los líderes deben poseer talento empresarial, perseverancia, firmeza de propósito, carácter e imaginación.

Todos los líderes han construido conscientemente su propia vida y el contexto en que viven y trabajan. Cada uno no es sólo actor, sino también dramaturgo.

Los medios de expresión son los pasos hacia el liderazgo:

1. La reflexión lleva a la resolución.
2. La resolución lleva a la perspectiva.
3. La perspectiva lleva al punto de vista.
4. El punto de vista lleva a las pruebas y los medios.
5. Las pruebas y los medios llevan al deseo.
6. El deseo lleva a la maestría.
7. La maestría lleva al pensamiento estratégico.
8. El pensamiento estratégico lleva a la expresión plena.
9. La síntesis de la expresión plena lleva al liderazgo.

El liderazgo es primero ser y después hacer. Todo lo que hace el líder refleja lo que él es.

Sin embargo, la historia demuestra que se han formado más líderes por accidente, por las circunstancias, que por todos los cursos de enseñanza juntos. Estos cursos sólo pueden enseñar habilidades; no pueden enseñar carácter ni visión. Desarrollar carácter y visión es la forma en que los líderes se inventan a sí mismos.

La Gran Depresión fue el crisol en que Franklin Roosevelt se transformó de político en líder. Harry Truman ascendió a la presidencia a la muerte de Roosevelt, pero lo que hizo de él un líder fue su fuerza de voluntad.

Otra acepción de líder, muy usada en la actualidad, se refiere al medio de comunicación que ocupa el primer lugar por su prestigio, circulación o audiencia. De aquí se derivan palabras como liderato —es decir, mando y dirección—, o líder de opinión.

Es obvio, por lo demás, que para ser líder de un grupo hay que pertenecer a él; el profesor no es líder salvo que sea percibido como un miembro del grupo, lo cual es deseable,

siempre que la personalidad del profesor sea suficientemente madura como para poder compatibilizar la cercanía y amistad con los alumnos, con la exigencia formal y la conservación de su papel institucional.

Durante mucho tiempo, la sociología y la psicología social se afanaron en tipificar las condiciones de un líder: si debía ser inteligente, sincero, afectuoso, fuerte, etcétera. Tal tipo de investigación —obviamente mal orientada en lo teórico— no llevó a resultado alguno, ya que había líderes con las cualidades más opuestas entre sí. Éstos dependían de las características del grupo: un muchacho peleonero puede ser líder de una pandilla de barrio, pero si ése es su único atributo destacable, seguramente no lo será a la hora de organizar actividades académicas o un baile de gala.

Existen diversos tipos de liderazgo en el manejo de un grupo. Cuando se está en una situación definida, el liderazgo puede ejercerse, según la psicología social clásica, de manera autoritaria, liberal o democrática.

Para Bennis no existen perfectos autoritarios ni perfectos democráticos; hay mezclas de características en cualquier liderazgo concreto. Sin embargo, estas categorías bastan para especificar los rasgos principales en cualquier caso.

El líder autoritario es el jefe tradicional, punitivo, impositivo, que no deja hacer sino lo que él ordena expresamente, que no tolera disidencias ni comentarios a sus órdenes, que insiste en la formalidad de la disciplina y no en la legitimidad del mando, que sanciona severamente toda desviación, que no concilia, no consulta; toma las decisiones por sí y ante sí, y asume que el valor de éstas depende de que él las imparte y no de su racionalidad intrínseca.

El líder liberal es lo contrario del anterior, pero como en toda reacción, suele verse atrapado en aquello mismo contra lo cual reacciona. En este tipo de liderazgo se abandona la función activa de dirección y se mantiene el reconocimiento de ser líder, por la aquiescencia o complicidad que se tenga con el dirigente para hacer "lo que se quiera"

Finalmente, el líder democrático mantiene pautas y normas, pero hace descansar su legitimidad en sus intercambios con el grupo. Favorece la participación, sostiene diálogos fluidos, y aún así mantiene su condición de dirigente. Se interesa en representar la opinión mayoritaria, o en persuadir racionalmente si es que no coincide con ella.

Light

Buscar la palabra *light* en cualquier diccionario inglés-español no es, por supuesto, empresa difícil. En el Williams, por ejemplo, aparece acompañada de su pronunciación: *lait*. Enseguida se indica que, como adjetivo, se relaciona con el peso y denota algo ligero, leve, liviano; si se refiere al pelo, alude a lo claro, blondo, rubio; en cuanto a la lectura, quiere decir "poco serio", mientras que asociada al carácter significa alegre y despreocupado. Como adverbio expresa algo sin carga, sin equipaje; como sustantivo es luz, lumbre, fuego, señal, claro, hueco, y si se le utiliza en calidad de verbo quiere decir alumbrar, iluminar o encender. Como puede verse, entonces, la palabra *light* tiene uno y mil significados.

Uno más se ha acuñado en los últimos tiempos: aquel con el que se designa toda una gama de productos cuyo contenido, para goce de algunos y molestia de otros, es "ligero, leve, liviano". En esta cada vez más numerosa serie de artículos es posible hallar desde cigarros, cervezas, jugos y sopas hasta películas de estreno, *best-sellers* y quizá muy pronto fritangas o prendas íntimas.

La fiebre por lo *light* parece haberse iniciado con los alimentos. Mediante técnicas publicitarias en las que el infaltable mensaje subliminal es cada vez menos clandestino, los productos *light* suelen promocionarse acompañados de verdaderos prototipos humanos: bellas modelos de esbelta figura, musculosos personajes de presencia varonil o niños felices y rebosantes de salud.

Especialistas en la materia recomiendan utilizar los términos "libre", "bajo" o "alto" para referirse a la presencia o ausencia de ciertos compuestos en los alimentos, sobre todo porque la palabra *light* es ambigua y no precisa el contenido específico de grasa, calorías, azúcares o algún otro componente. Y aunque la menor o mayor presencia de estos compuestos en determinados alimentos se asocia con características potencialmente dietéticas, no en todos los casos ocurre así.

A decir de los expertos, para que un producto pueda ser considerado como verdaderamente "ligero", y por tanto dietético, debe contener una proporción de grasa equivalente a la mitad de la de los productos normales. Sin embargo, el hecho de que se anuncie que una marca de leche, yogur o cereales contiene la mitad de grasa no significa que también las calorías o azúcares, por ejemplo, sean inferiores en la misma proporción.

Así, los fabricantes de cierta marca de yogur pueden presumir el bajo contenido calórico de su producto sin especificar su contenido de grasa y azúcar, componentes que también producen calorías. Una situación similar se presenta con ciertos tipos de leche *light* y algunos de sus derivados, como la margarina o la mantequilla.

Mención especial merecen los famosos alimentos dietéticos preparados. Si bien éstos sólo contienen la mitad de los compuestos mencionados en comparación con cualquier producto normal, presentan excedentes de otras sustancias, como el sodio. De esta manera, una persona con problemas de hipertensión arterial quizá logre controlar su peso al consumirlos, pero a riesgo de que su presión sufra graves consecuencias.

Por lo que se refiere a las bebidas embotelladas, los productos *light* más populares son los "refrescos dietéticos", en los que por lo general el azúcar es sustituida por un edulcorante conocido como *aspartame*. Este compuesto es potencialmente riesgoso para las personas que padecen fenilcetonuria (de la que hablaremos enseguida), así como para las mujeres embarazadas y los niños menores de tres años, circunstancia que ha obligado a los fabricantes a colocar una etiqueta de advertencia en este tipo de productos.

La fenilcetonuria no es una enfermedad propiamente dicha, sino un trastorno secundario. Se presenta cuando en el torrente sanguíneo de personas con diabetes, alteraciones metabólicas o alimentación deficiente, se mezclan acetona y aminoácidos, lo que produce una sustancia tóxica conocida como fenilanina. En condiciones normales, esa sustancia es arrastrada por la corriente sanguínea y más tarde eliminada a través de la orina, pero si una persona con este padecimiento llega a consumir una bebida que contenga aspartame, estimulará su producción de fenilanina, lo que obligará a su hígado a retener un mayor volumen de elementos nocivos.

Cuando esto sucede, pueden presentarse desde mareos, dolores de cabeza y otros trastornos hasta una fuerte intoxicación que provoca lesiones en el hígado, los riñones e incluso el cerebro. En el caso de mujeres embarazadas, el aumento de acetona en el organismo conlleva riesgos para el feto, que podría sufrir lesiones cerebrales.

Así pues, contrariamente a lo que su nombre indica, una presencia significativa de productos *light* en la dieta alimentaria puede resultar demasiado pesada para el organismo en términos de salud.

Por extrapolación, en el campo de la cultura se habla también de películas, discos, revistas y libros *light*. Se dice que quien consume tales obras de contenido "liviano" sin tomar las necesarias precauciones, podría ver adelgazada su capacidad reflexiva hasta extremos alarmantes.

Maastricht, tratado de

Se denomina así al tratado económico firmado el 7 de febrero de 1992 en la ciudad holandesa del mismo nombre por los jefes de Estado de los países pertenecientes a la Comunidad Europea (Alemania, Bélgica, Francia, España, Inglaterra, Grecia, Italia, Holanda, Portugal, Dinamarca, Luxemburgo e Irlanda) y que consiste principalmente en la unión monetaria y política en el viejo continente, prevista para concretarse antes de que concluya el siglo. Dinamarca fue el único país miembro de la Comunidad que se negó a firmar dicho documento... esta vez. El impacto de este rechazo se hizo sentir de inmediato en la mayor parte del continente, tanto en el escenario político como en el económico. No obstante, en medio de la crisis que desató la oposición danesa a la firma del acuerdo, los cancilleres de los 11 países restantes decidieron seguir adelante con la ratificación de dicho acuerdo.

El presidente en funciones del consejo de la Comunidad Europea, el portugués Joao de Deus, confirmó que se analizaría si Dinamarca quedaba o no excluida de la Comunidad

Anunció también que no se escatimarían esfuerzos a fin de resolver las diferencias, se determinarían los mecanismos de admisión de nuevos miembros y se elaboraría en breve un plan financiero para los próximos años.

La posibilidad de que el tratado no fuera aprobado por la generalidad de la población en el referéndum o consulta convocado para el efecto, preocupaba enormemente a los Estados miembros de la Comunidad. Finalmente se impondría el voto a favor de Maastricht, pero con un margen sumamente reducido. En Francia, a 12 días del referéndum el sector a favor fluctuaba en entre 53 y 59%, en tanto que la oposición reunía a una proporción que representaba de 47 a 49.5% del electorado.

Por tal motivo, la Comisión Europea realizó esfuerzos desesperados para sacar adelante el tratado de Maastricht y la Unión Monetaria Europea, al mismo tiempo que enviaba un mensaje para revertir las ominosas expectativas sobre el crecimiento económico mundial. Así, en un intento por reactivar la economía europea, crear un mejor clima para que los franceses apoyaran el tratado de Maastricht y promover la recuperación económica de Estados Unidos, el Bundesbank (Banco Central de Alemania) ordenó una reducción en sus principales tasas de interés.

El 20 de septiembre de 1993, cerca de 38 millones de franceses acudieron a las urnas para decidir si debía ratificarse el tratado de Maastricht. Tras Dinamarca e Irlanda, Francia fue el tercer y último país que se pronunciaba sobre esta cuestión por la vía del referéndum. Días después, en Inglaterra, la Cámara de los Comunes daba una respuesta afirmativa aunque reticente, posponiendo de hecho la decisión. La débil mayoría obtenida en el referéndum francés salvó por escaso margen a la Unión Europea, pero confirmó el movimiento contestatario que se había revelado en la consulta danesa, además de que reflejó un panorama político nacional nuevo.

En el mecanismo de la construcción de la Unión Europea, el rechazo danés puso de manifiesto que el fallo de uno solo de sus miembros podía hacer tambalear los cimientos de dicha construcción. La aceptación irlandesa no logró borrar la amenaza de una dislocación, con lo cual la consulta popular francesa cobró una dimensión histórica, concentrando todas las esperanzas y convirtiendo a Francia en punto de mira no sólo de los países miembros, sino también de todos aquellos que habían solicitado su entrada en la Comunidad Económica Europea (CEE).

La ratificación dio lugar a un replanteamiento jurídico y político. Previamente a la ratificación del tratado se tuvo que proceder a una revisión de la Constitución, pues algunas de las disposiciones contenidas en aquél no eran conformes a los principios fundamentales de la carta magna francesa. La revisión finalizó con la adopción de un texto adicional a la Constitución por el Congreso, reunido en Versalles el 23 de junio de 1992. Los principales obstáculos constitucionales

—la transferencia de competencias, concretamente el abandono del franco en beneficio de una moneda única; el abandono de la política nacional de los visados para los extranjeros de la CEE, atribución transferida al Consejo de Ministros europeos; el derecho de voto y de elección de los ciudadanos de la Comunidad en elecciones locales; el principio de subsidiariedad, y la supremacía del derecho comunitario— eran comunes a otros países, cada uno de los cuales debía resolverlos según su propio orden legal. Pese a que diferentes institutos de sondeos aseguraban en junio de 1992 que el tratado sería ampliamente aprobado, la tendencia fue invirtiéndose durante la temporada estival hasta alcanzar un grado de tensión que contribuyó a paralizar la vida política y, sin ser directamente responsable de los desórdenes monetarios que agitaron a toda Europa, creó incertidumbre en los mercados financieros.

El análisis del escrutinio mostró que la división bipartita resultante no correspondía a la habitual confrontación entre la derecha y la izquierda políticas. La consulta reflejó una multiplicidad de Francias con sus temores ante la incógnita de la futura Europa, ante una hegemonía alemana y ante un agravamiento de la situación del empleo, con sus esperanzas de mejoras económicas y de paz política y con sus decepciones de ilusiones socialistas. Una Francia rica frente a una pobre, siendo el nivel de instrucción uno de los principales criterios determinantes. Una Francia de "centros" frente a una Francia de "extremas": el centro-izquierda, el centro-derecha y el centro-verde votaron "sí", mientras que el Partido Comunista y diversas extremas izquierdas, parte de la derecha, profundamente dividida, y la extrema derecha votaron "no".

El voto de los electores franceses se podía explicar por la ignorancia casi total del ciudadano medio sobre el contenido del tratado, la pronta y determinada reacción tanto más entusiasta cuanto inesperada de los adversarios de Maastricht y la débil reacción de los partidarios del "sí". El texto del acuerdo fue publicado en forma de un documento tipo periódico de 24 páginas. Escrito en un estilo jurídico, lleno de referencias, enmiendas, añadidos y sustituciones de artículos respecto del Tratado de Roma, la lectura del documento resultaba tarea ardua para un profano.

El debate de ideas a que dio lugar la publicación del tratado no llegó a las masas. Los responsables del gobierno, encerrados en un corsé eurocrático, dieron explicaciones tímidas y confusas. A pesar de la acción proeuropea de algunos responsables de la oposición, ni Valéry Giscard d'Estaing, de la Unión para la Democracia Francesa (UDF), ni Jacques Chirac, de la Reagrupación para la República (RPR), cuyo partido sufría una profunda crisis de conciencia política, lograron convencer masivamente a sus propios electores.

El lema adoptado por Phillippe de Williers y los restantes partidarios del "no" resultaba curioso: "Salvemos a Europa.

No a Maastricht". En el fondo, partidarios y opositores eran conscientes de que la Unión Europea era el único camino posible. Lo que los separaba era la forma en que esa unidad debía ser pactada. Para Jacques Delors, el referéndum fue uno de los más graves traspiés de su ya dilatada vida política al servicio de la Comunidad Europea. Lo que se cuestionaba era su modelo de Europa, un modelo forjado a su imagen y semejanza.

Las declaraciones de satisfacción y de alivio de los primeros ministros de todos los países miembros se acompañaron de advertencias más o menos veladas acerca de la necesidad de mayor transparencia, clarificación y explicación del tratado a la opinión pública para devolver la credibilidad y la confianza perdidas y detener el movimiento creciente de hostilidad que se había propagado en varios países europeos, en particular en Inglaterra, principal escollo pendiente, y Alemania.

¿Cómo tranquilizar a quienes se inquietaban por una evolución demasiado rápida de la Comunidad Europea? ¿Cómo demostrar que los Doce querían construir una unión democrática transparente, próxima a los ciudadanos y respetuosa del principio de subsidiariedad? ¿Cómo explicar las ventajas de la Unión Económica Europea cuando la libra esterlina y la lira italiana se habían visto obligadas a salir del Sistema Monetario Europeo (SME), cuando la peseta española se había devaluado en un 5% y cuando Alemania mantenía tipos de interés elevados? A fin de responder a todos estos interrogantes y de aportar un mensaje de confianza y serenidad a los mercados financieros y a la opinión pública, John Major, primer ministro británico, convocó, tras conocer el resultado del referéndum francés, a una cumbre extraordinaria en Birmingham, como fase previa a la de Edimburgo, planeada para el mes de diciembre.

La reunión del 16 de octubre de 1992 en Birmingham tuvo como única misión afirmar la voluntad de los Doce de seguir adelante en la construcción de la Unión Europea. Se eludieron, en efecto, las cuestiones delicadas: la evolución del mecanismo de cambio del sistema monetario, las negociaciones sobre el Acuerdo General sobre Aranceles Aduaneros y Comercio (GATT), el principio de "subsidiariedad", el "paquete Delors II" y el presupuesto financiero de 1993.

El mes siguiente, el 4 de noviembre de 1992, en una Inglaterra conmocionada ante la perspectiva de 30,000 supresiones de empleo en el sector minero, con una moneda fuera del SME, una economía desequilibrada y en plena crisis de confianza gubernamental, John Major consiguió, por tres votos de diferencia, que la Cámara de los Comunes votara la moción parlamentaria europea sobre el Tratado de Maastricht. Esta victoria, aunque débil también, marcaba una etapa indispensable en el proceso de ratificación del tratado por el parlamento británico, aunque no significara la garantía de su ratificación. Los procesos de ratificación, dolorosos y arduos, seguían su curso, a pesar de que la fecha de entrada en vigor de la Unión Europea probablemente no pudiera mantenerse al primero de enero de 1993, como estaba previsto.

Finalmente, en junio de 1993, los daneses se pronunciaron por el sí al tratado de Maastricht para la unión económica y política europea: de los casi 4 millones de votantes, 56.8 % se pronunció a favor y 43.2 en contra. No obstante, la aceptación de los daneses mereció cautelosas reacciones de parte de las principales capitales europeas.

Malinchismo

Este vocablo proviene del nombre de la mujer que sirvió como intérprete a Hernán Cortés durante la conquista de México.

También llamada Doña Marina, la Malinche nació entre los años 1498 y 1505. Es probable que su nombre auténtico haya sido Malinalli, y que con el sufijo reverencial náhuatl -tzin haya quedado en Malintzin, de donde se derivó Malinche. Huérfana de madre, su padre la vendió como esclava a unos mercaderes de Xicalanco, de donde pasó a Chokanputún (Tabasco).

En 1519, año en que Hernán Cortés arribó a México con sus soldados, el cacique de aquella región se la obsequió al conquistador junto con otras 19 jóvenes, según costumbre indígena. Cortés las repartió entre sus capitanes; Malintzin fue entregada a Alonso Hernández Portocarrero.

El soldado Jerónimo de Aguilar, que había sido rescatado en Yucatán, advirtió que Malintzin hablaba con los indígenas en otro idioma, que era el náhuatl, y como ella sabía maya, al igual que Aguilar, se formó una combinación de intérpretes: Cortés hablaba con Aguilar en castellano, éste en maya con Malintzin y ella en náhuatl con los indios, aunque pronto aprendió el español (Álvarez, R., *Enciclopedia de México*, ed. Ciudad de México, México, 1978).

Poco después, Cortés la tomó como compañera. Fiel e inseparable, Malintzin estuvo al lado del conquistador en todos los azares y momentos decisivos de la conquista del imperio azteca y en la expedición a Honduras.

Intérprete y consejera, fue enseñándole a Cortés los modos y costumbres de los diferentes grupos con los que tenía contacto, introduciéndolo así en la psicología indígena de los mexicanos sometidos. Tuvo de él un hijo varón, Martín, llamado El Bastardo, quien nació en 1522. Bautizada por los españoles, Malintzin cambió su nombre por el de Marina; la alcurnia que adquirió entre los conquistadores le valió finalmente el título de Doña Marina.

Para los indígenas, Malintzin era la voz por la que hablaba Cortés. La unión de una y otro llegó a ser indivisible para la mente indígena: las dos figuras se concebían juntas, actuando siempre de común acuerdo e inspirando al mismo tiempo temor y odio, respeto y admiración. A Cortés, los indios lo llamaron Señor Malinche, es decir, el hombre de Malinche o Malintzin, la india (Álvarez, *op. cit.*).

Materiales, tecnología de

La evolución de la humanidad ha corrido a un ritmo igual al desarrollo en el manejo de los muy variados materiales que los individuos han empleado para satisfacer necesidades básicas como el vestido y la vivienda. Tal manipulación y transformación de la materia ha tenido desde siempre trascendentales repercusiones en el terreno de la economía, causa de la consolidación de industrias tan poderosas como la textil, del vidrio, de los metales, de la cerámica y, ya en nuestro siglo, del plástico.

La cultura material también ha modificado la relación del hombre con la naturaleza. En los orígenes de la civilización, la mayor parte de los materiales eran completamente biodegradables, es decir, fácilmente asimilables a los ciclos naturales de la tierra o el agua, y en consecuencia provocaban una contaminación de muy sencillo control natural.

Sin embargo, avances de tanta relevancia como los alcanzados en la Revolución Industrial (siglo XVIII) generaron un profundo cambio en la fabricación de materiales, a partir de lo cual los abundantes desechos generados por éstos resultaron de difícil absorción por parte de la naturaleza. De cualquier forma, aún había que esperar el arribo del siglo XX para que la ciencia en general, y la ingeniería de materiales en particular, causaran una absoluta modificación del hábitat humano.

El descubrimiento, en 1930, de las propiedades de la materia con base en la forma en que se ordenan los átomos que la constituyen, condujo a un mejor entendimiento y control de los factores que fijan los atributos de los materiales, y también a la creación de otros nuevos, que han venido a transformar la civilización, nuestra civilización, de modo radical.

Las prótesis con las que actualmente es posible sustituir brazos o piernas humanos, los plásticos antiinflamables, las sedas sintéticas, y muchos otros componentes y aditamentos se cuentan entre los logros obtenidos por la ciencia de los materiales en el siglo XX, disciplina que impulsó el aprovechamiento de la utilidad práctica de los descubrimientos y ha hecho posible la fabricación de naves espaciales y la construcción de rascacielos.

Vasto es el campo de los materiales gracias a la infraestructura científica y tecnológica. Cuatro grandes grupos de materiales entre los creados en los últimos 60 años caracterizan a nuestra época y representan, según los especialistas, el punto de partida tecnológico del siglo XXI. Nos referimos a los fármacos, a los polímeros o plásticos, a los semiconductores y a los combustibles nucleares.

En torno de su figura se crearon numerosas leyendas, que aún subsisten. Su nombre le fue dado a volcanes, montañas y ríos de nuestro país. El término *malinchismo* nació en el siglo XX para designar al complejo social de apego a lo extranjero, con menosprecio o desdén de lo propio o nacional.

Octavio Paz, el escritor mexicano galardonado con el premio Nobel de literatura, señala en su obra El *laberinto de la soledad* que el término *malinchista* se emplea en forma despectiva para "denunciar a todos los contagiados por tendencias extranjerizantes. Los malinchistas son los partidarios de que México se abra al exterior... De nuevo aparece lo cerrado por oposición a lo abierto.

"Nuestro grito es una expresión de la voluntad mexicana de vivir cerrados al exterior, sí, pero sobre todo, cerrados frente al pasado. En ese grito condenamos nuestro origen y renegamos de nuestro hibridismo. La extraña permanencia de Cortés y de la Malinche en la imaginación y en la sensibilidad de los mexicanos actuales revela que son algo más que figuras históricas: son símbolos de un conflicto secreto, que aún no hemos resuelto. Al repudiar a la Malinche —Eva mexicana, según la representa José Clemente Orozco en su mural de la Escuela Nacional Preparatoria—, el mexicano rompe sus ligas con el pasado, reniega de su origen y se adentra solo en la vida histórica".

La palabra *chauvinismo* tiene alguna semejanza con *malinchismo*: es lo opuesto. Se deriva del francés *chauvinisme* y es la admiración y defensa excesivas del propio país, que raya en el fanatismo. Podríamos decir que *patrioterismo* es uno de sus sinónimos. En este sentido, *chauvinista* sería justamente lo opuesto a *malinchista*, dado que el primero siente una pasión exagerada por su patria y los símbolos de ésta. Dicha pasión, sin embargo, se exacerba sólo en las fechas conmemorativas de fundación, revolución o independencia del país en cuestión.

❏ Los fármacos son todos los medicamentos empleados en el control y combate de las enfermedades. Hasta principios de nuestro siglo, las medicinas más utilizadas en el tratamiento de toda clase de afecciones físicas eran los laxantes (para el remedio de trastornos estomacales), la quinina (contra la fiebre y la malaria), la cocaína, el opio, la morfina (como anestésicos) y la aspirina (usada como analgésico leve a partir de 1894).

Entre los fármacos desarrollados en el siglo xx destacan las sulfanilaminas, compuestos sintéticos cuyas moléculas contienen átomos de azufre y que ejercen una acción antimicrobiana. El aislamiento de la penicilina, a su vez, trajo consigo el surgimiento de una amplia variedad de antibióticos, medicamentos capaces de contrarrestar diversas infecciones.

❏ Por su parte, y pese a sus muchos detractores, es indudable que la industria del plástico es una de las más rentables en la actualidad. Basta mirar a nuestro alrededor para encontrarnos con una vasta cantidad de objetos fabricados con este material, cuyo uso, cada vez más extendido, también tiene sus orígenes en los primeros años de este siglo.

Los plásticos o materiales poliméricos sustituyen a compuestos naturales como el látex, la celulosa, las ceras y las resinas. Poseen propiedades como la moldeabilidad —su alto grado de manejo en estado líquido—, la cual puede observarse en aplicaciones como recipientes, partes de bolígrafos, carrocerías de automóviles y engranes de aparatos mecánicos o electrónicos. También se les puede dar la forma de forros o aislamientos flexibles para alambres conductores de energía eléctrica, de fibras para telas (como el poliéster) o de envases y envolturas para comestibles.

El éxito de los plásticos comenzó propiamente en los años treinta, cuando quedó más que demostrada su capacidad para sustituir a materiales como los metales, el vidrio, la madera, la cerámica, las fibras naturales y los tejidos orgánicos. Su uso actual se ha generalizado en sectores como el transporte, la construcción, la manufactura de bienes de consumo, el embalaje, la aeronáutica y la electrónica.

La amplia aceptación de los plásticos se debe en gran medida a factores como los siguientes:

● Amplia disponibilidad de materia prima, petróleo y gas natural principalmente.

● Bajo costo en su proceso de fabricación.

● Producción masiva y altamente automatizada.

● Tecnología de fabricación más sencilla y barata que la empleada en la fabricación de materiales como cerámica o vidrio.

● Aplicaciones muy específicas dada la flexibilidad del material, de tal suerte que es posible manufacturar plásticos antiastillables, antiinflamables o anticorrosivos.

Desgraciadamente, la cultura del plástico tiene su lado negativo, en la medida en que su amplio uso como material desechable contribuye a la contaminación en razón directa de su escasa capacidad de biodegradación, lo cual provoca graves daños ecológicos. Asimismo, el hecho de que se le fabrique con recursos naturales no renovables implica el riesgo de su gradual desaparición conforme vayan agotándose tales recursos. Sin embargo, su presencia en la civilización contemporánea es irreversible, al punto de que su supresión en la cultura material de nuestros días resulta inimaginable.

❏ Los semiconductores, el tercer grupo de materiales producto del desarrollo tecnológico actual, constituyen la base fundamental de industrias como la electrónica y la de computación. Sus orígenes radican en el conocimiento del comportamiento eléctrico de materiales aislantes como el silicio y el germanio, contaminados con impurezas de arsénico o boro. La posibilidad de modificar en ellos a voluntad la transición de malos a buenos conductores de la corriente eléctrica es justamente lo que les otorga el nombre de semiconductores. La abundancia del silicio ha favorecido la fabricación de estos materiales, cuya aplicación principal está en el diseño y la fabricación de transistores, puntales de las aplicaciones electrónicas y de los microcircuitos, clave a su vez de la computación. Otro de sus usos es la manufactura de celdas solares, útiles en la conversión de la energía solar en energía eléctrica.

❏ Con los combustibles nucleares se cierra el círculo de los nuevos materiales del mundo moderno. Su existencia es resultado del proceso de fisión nuclear, que consiste en la desintegración del átomo de elementos como el uranio, de la que se obtiene una enorme liberación de energía. Los reactores nucleares, donde se obtiene dicha energía, son similares a una olla de presión; en ellos se alojan los materiales por desintegrar, contenidos en pequeñas cápsulas, cada una de las cuales equivale a una tonelada de carbón o a casi cuatro barriles de petróleo.

Mayorías

En los regímenes democráticos, la mayoría —conjunto representativo de un fragmento de la población cuyo número de integrantes rebasa al de los demás fragmentos, que son sustento a su vez de una o varias minorías— es producto de un proceso electoral y, por ende, del voto o sufragio; así, se le determina después del escrutinio final de la suma mayor de voluntades. El principio del gobierno de la mayoría hace distinción entre mayoría absoluta, simple, relativa, calificada y parlamentaria.

Para serlo, la mayoría absoluta debe reunir la mitad de los votos más uno o fracción de uno, criterio que rige también a la mayoría simple en el procedimiento parlamentario, con la diferencia de que ésta se establece según el número de quienes participan en la votación. La mayoría relativa, propia de los sistemas multipartidistas, es aquella que, aunque no reúne la mayoría absoluta, cuenta con la cantidad suficiente de votos para superar a la oposición. La mayoría calificada requiere de un consenso mayor que la absoluta —dos tercios o tres cuartos de la totalidad de votos—, pero se lo utiliza exclusivamente para la adopción de medidas que afectan a la estructura social (una iniciativa de ley o una reforma a la Constitución, por ejemplo), en tanto que la mayoría parlamentaria es la integrada por el partido dominante o una coalición formada para el efecto.

El concepto de mayoría no ha correspondido siempre a su acepción rigurosamente matemática. El llamado principio de la mayoría —según el cual "las decisiones aprobadas por la mayoría en votaciones libres deben ser aceptadas por la minoría que ha votado en contra" (J. M. Coloma, *Léxico de política*, Laia, Barcelona, 1973, pág. 112)— se ha visto condicionado por múltiples exigencias que excluyen del proceso electoral a una gran cantidad de individuos.

El término *minoría* o *grupo de minorías* se usa frente al de *mayoría* para indicar en el plano numérico un grupo minoritario en un contexto social o político-institucional más amplio. Así pues, en un régimen democrático y parlamentario las minorías componen la oposición a la mayoría, la cual está a cargo del gobierno.

Medidas no arancelarias

Las medidas no arancelarias o "barreras comerciales invisibles" son los obstáculos a la importación de determinada mercancía por medio de una disposición diferente del arancel. Se les conoce también como "neoproteccionismo", pues generan nuevos problemas a la liberalización del comercio internacional.

Se trata de "barreras invisibles" porque su identificación suele ser complicada, ya que las más de las veces son resultado de determinaciones administrativas y prácticas burocráticas antes que de los ordenamientos internacionales que rigen a las barreras arancelarias, cuyos efectos las hacen perfectamente distinguibles.

Entre las incontables medidas de este tipo sobresalen las que sientan nuevos precedentes en el ámbito del comercio internacional.

Así, por ejemplo, los países desarrollados ejercen contra las naciones en vías de desarrollo una política de graduación que les permite excluirlas de sus esquemas de preferencias arancelarias si algunos productos exportados por ellas alcanzan un alto grado de competitividad en sus mercados.

Otra medida neoproteccionista muy frecuente es la cuota de importación, la cantidad en volumen o valor de un producto que, por decisión unilateral o mediante convenio, un país permite ingresar en su territorio.

De acuerdo con la cuota absoluta o unilateral, el país importador fija tanto el valor o volumen máximo como el periodo de vigencia de sus importaciones, lo que puede dar lugar a represalias comerciales por parte de los países afectados. Esta cuota es "global" cuando abarca a todos los países exportadores de la mercancía bajo control, y "asignada" cuando el país importador determina una cuota específica por país. La primera implica el agravante de que puede ser cubierta en su totalidad por el primer país exportador en arribar al mercado, en detrimento de todos los demás.

El Acuerdo Relativo al Comercio Internacional de los Textiles o Acuerdo Multifibras (AMF) —que entró en vigor el primero de enero de 1974 por un periodo de cuatro años y que se ha prorrogado varias veces— constituye un ejemplo elocuente de medida no arancelaria, pues en concordancia con él los países industrializados pueden limitar mediante cuotas las importaciones de textiles provenientes de los países en desarrollo. En la Ronda de Uruguay (1986-1993) del GATT se decidió el desmantelamiento gradual de este acuerdo durante un periodo de 10 años, así como la eliminación de otras "barreras invisibles".

La cuota bilateral o negociada es producto de un convenio entre el país importador y los países abastecedores, en los que suele recaer su administración.

La cuota arancelaria consiste a su vez en una combinación de arancel y cuota mediante la cual, durante un periodo determinado, una cantidad específica de mercancías ingresa al mercado importador bajo cierta tarifa arancelaria o libre de impuestos, en tanto que el excedente está sujeto a un arancel mayor.

Otras medidas no arancelarias de uso frecuente son las licencias a la importación, los requisitos sanitarios desmesurados y las restricciones tecnológicas. Las licencias y los permisos son normas administrativas para la importación o exportación de una mercancía específica establecidas por un país con el propósito de mantener un control estricto sobre el volumen y el valor comercializado del producto de que se trate.

Asimismo, por medio del control de divisas y otras restricciones financieras se pretende regular los pagos o cobros de las importaciones y exportaciones en moneda extranjera con la intención de vigilar el comercio o los movimientos internacionales de capital. Esta medida está vinculada con la política cambiaria fijada por cada país para sus relaciones con el exterior.

Por su parte, los gravámenes no arancelarios sobre las importaciones se diferencian de las restricciones cuantitativas en que se materializan en dinero. Llamados normalmente "derechos", contribuyen a incrementar los ingresos fiscales de los países que los aplican. Sus modalidades principales son los derechos variables, los requisitos de depósito previo, los derechos de compensación y los derechos *antidumping*.

Los derechos variables son impuestos que se aplican a ciertas importaciones (los artículos suntuarios, por ejemplo) para elevar artificialmente su precio en el mercado interno y reducir así su demanda.

Los requisitos de depósito previo consisten en la entrega por parte del agente importador de una parte del valor de una mercancía antes de su adquisición. En virtud de que este depósito no devenga intereses, se traduce en un financiamiento temporal que contribuye a aumentar los ingresos fiscales a costa de las importaciones.

Prácticamente todos los países recurren a "barreras invisibles", aunque con diversa intensidad y frecuencia. Los efectos de esta práctica sobre las naciones perjudicadas son variables, y muchas veces de difícil medición. Entre los productos más afectados se encuentran los textiles, el calzado, el hierro y el acero, los equipos de transporte y los productos químicos, así como sectores de conocimiento intensivo como el de procesamiento de datos.

El neoproteccionismo no sólo afecta a los países exportadores cuya mercancía se ve limitada por medidas no arancelarias, sino también a los consumidores del país limitante, ya que el mercado se desabastece, se encarece el producto y se restringe la diversificación de precio y calidad. Parte de la responsabilidad de esta nueva forma de proteccionismo es atribuible a los sectores obrero y patronal, que con el pretexto de los riesgos que corren la producción y el empleo, suelen presionar a los gobiernos para forzar su aplicación.

Meditación

Para el hombre ordinario, cuya mente es un tablero de ajedrez, de reflexiones contradictorias, de opiniones y de prejuicios, la atención simple —que se logra a través de la práctica de la meditación— es casi imposible de lograr. Por lo tanto, su vida no está centrada en la realidad, sino en la idea que tiene de ella. Al concentrar por completo la mente en cada objeto y acción, la meditación aleja al hombre de pensamientos externos y le permite encontrar una identificación total con la vida.

La meditación siempre ha sido considerada como una disciplina propia del Oriente. Sin embargo, la experiencia de siglos demuestra que, más allá de su lugar de origen y mayor desarrollo, es la forma más sencilla de acallar la mente y de llevarla a una unidad de concentración de modo que pueda emplearse como un instrumento de autodescubrimiento.

En Occidente se describe a veces a la meditación como el método que se propone observar la propia mente en estado de tranquilidad, motivo por el que también es llamada reflexión serena o quietud del no pensar. Sin embargo, la meditación no consiste en suprimir los pensamientos o el conocimiento, sino en descubrir de este modo los límites de la mente. Ésta se libera del lazo que la ata a todas las formas de pensamiento, visión, objeto y formas imaginativas, por más sagradas y elevadas que sean, y se transporta a un estado de vaciedad total desde el cual algún día podrá percibir su propia y verdadera naturaleza, o la naturaleza del universo.

A través de la inmovilización de pies, piernas, manos, brazos, tronco y cabeza en la posición conocida como "flor de loto", así como por la regulación de la respiración, el freno

de los pensamientos, la unificación de la mente a través de formas especiales de concentración, el desarrollo de un control sobre las emociones, el fortalecimiento de la voluntad y el cultivo de un silencio absoluto en los rincones más profundos de la mente, se establecen las primeras condiciones para mirar la mente y descubrir ahí la verdadera naturaleza de la existencia. A partir de este estado de perfecto equilibrio mental y físico y de armonía interna resultante, surge la serenidad que inunda el cuerpo por completo con un sentimiento de suprema felicidad. La respiración es el vehículo de la experiencia espiritual, el mediador entre el cuerpo y la mente. Con el equilibrio del cuerpo-mente se establece un foco de conciencia, un centro de energía vital que influye en todo el organismo.

Colocar el centro de gravedad del cuerpo abajo del ombligo, es decir, establecer un centro de conciencia en ese sitio, automáticamente relaja las tensiones producidas por el hábito de levantar los hombros, tensar el cuello y apretar el estómago. A medida que la rigidez va desapareciendo, se experimenta una mayor vitalidad y un nuevo sentido de libertad en todo el cuerpo y la mente, que más y más se van sintiendo como una unidad.

No se trata de sentarse de manera común y corriente. No sólo debe estar la espalda recta, la respiración regulada apropiadamente y la mente más allá del pensamiento, sino que es preciso "sentarse con un sentido de dignidad y grandeza."

Mercado común

Se conoce con este término la integración económica entre dos o más países que incluye el libre comercio de mercancías, una unión aduanera y el libre movimiento de los factores de la producción (trabajo y capital).

El libre comercio de mercancías implica la prohibición de fijar pagos de derechos a la importación y la exportación y cualquier otro tipo de restricciones que afecten el comercio entre los países miembros del mercado común. Las restricciones cuantitativas a la importación, como cuotas o permisos, son eliminadas en forma inmediata o gradual.

La instauración de una unión aduanera supone la supresión inmediata o gradual de las barreras arancelarias y comerciales a la circulación de mercancías entre los países miembros, aspecto que asemeja a esta modalidad a las zonas de libre comercio, de las que se diferencia, sin embargo, por el establecimiento de un arancel aduanero común frente a los países no miembros y por la supresión de aduanas entre las naciones signatarias.

Dado que la diversidad de sistemas monetarios, fiscales, de transporte, etcétera, entre los Estados participantes genera problemas para la correcta aplicación de la unión aduanera, paralelamente a su creación se hace necesario armonizar todos estos elementos, que componen el marco institucional de la economía.

El establecimiento de un mercado común exige asimismo modificar las respectivas estructuras nacionales a fin de que los costos sociales producto de su aplicación sean mínimos lo cual demanda un periodo de transición relativamente prolongado durante el cual se transfiera cierto grado de las soberanías nacionales a las instituciones comunitarias, que con ello adquieren un carácter supranacional.

No obstante su importancia, el mercado común constituye en realidad una etapa intermedia hacia la unión económica, objetivo último al que debe tender todo esfuerzo integrador de las economías; para alcanzarlo es preciso abrir un lapso de armonización paulatina de la política económica (fiscal, monetaria, comercial, de transporte, etcétera) de los países involucrados.

La Comunidad Económica Europea es en la actualidad la representación más acabada de un mercado común en funciones. El proceso de su constitución se inició en 1957 con el Tratado de Roma, el cual fue suscrito por Bélgica, Italia, Holanda, Luxemburgo, la entonces Alemania Federal y Francia. El objetivo básico de este acuerdo fue la creación de un ente supranacional con personalidad propia, la Comunidad Económica Europea (CEE), encargado de la formación de un mercado común sin pretensiones todavía explícitas de unificación.

El Tratado de Roma ha sufrido desde entonces cambios sustanciales y ha incrementado el número de sus miembros, los que ya sumaban 12 en 1993, tras la incorporación sucesiva de Inglaterra, Dinamarca e Irlanda (1973), Grecia (1981), España y Portugal (1985).

En 1985, los países integrantes de la Comunidad respaldaron un documento de la Comisión Europea titulado "Consecución del mercado interior" que incluía un detallado programa legislativo para la creación en 1992 de un auténtico mercado europeo mediante la aplicación de 300 medidas de eliminación de barreras no arancelarias. Por su parte, el Parlamento Europeo elaboró el documento conocido como *Acta Única Europea*, que constituye el marco normativo, jurídico y político para realizar dichas acciones y cuya vigencia comezó en julio de 1987.

En 1992 fue aprobado el Tratado de la Unión Europea, más conocido como Tratado de Maastricht (nombre de la ciudad holandesa en la que fue emitido), cuyo propósito es la integración definitiva para promover un progreso económico y social equilibrado a partir de la creación de un espacio regional sin fronteras internas.

La concertación de tratados de libre comercio, como el celebrado recientemente en América del Norte y del cual México forma parte, y la integración de un mercado común europeo despiertan el temor de que el regionalismo tome el lugar del multilateralismo propuesto por el GATT. La formación de bloques, en efecto, ofrece el riesgo de una guerra comercial que ahogue en la práctica el espíritu de cooperación.

Mercado de valores

El mercado de valores es el ámbito para la compraventa de valores en el que confluyen tanto oferentes como demandantes de recursos. Está compuesto por un mercado primario para la nueva emisión de valores; un mercado secundario para las transacciones (compraventa) de valores ya emitidos; un mercado de dinero para inversiones a corto plazo; un mercado de capitales para inversiones a largo plazo; uno de metales, y mercados especiales como el *mercado de futuros*, modalidad de inversión en instrumentos financieros que permite establecer su precio de compraventa y su correspondiente liquidación en una fecha futura.

La bolsa de valores es el recinto donde se realizan las operaciones implicadas. A los individuos e instituciones que las llevan a cabo se les conoce como agentes de bolsa, personas físicas o morales que se especializan en la compraventa de acciones, bonos y valores en general y cuyos servicios son objeto del pago de una comisión.

Las operaciones en la bolsa de valores, y por tanto las cotizaciones o precios oficiales aplicados por los agentes, están sujetas a la ley de la oferta y la demanda.

Para poder operar en la bolsa es preciso cumplir con ciertos requisitos de inscripción (relativos al capital contable y las utilidades de la empresa), así como con el registro de los títulos, una vez realizado lo cual una compañía puede emitir y poner en circulación acciones y otros valores bursátiles, actividad a la que se le conoce como emisión.

Una empresa que cotiza en la Bolsa disfruta de la ventaja de acceder a financiamiento a largo plazo al colocar en el mercado parte de su capital social, pues por este medio consigue socios (accionistas) con los cuales compartir el riesgo de sus operaciones sin por ello poner en peligro su control sobre las acciones.

Para dar noticia de los movimientos ocurridos en los precios de las acciones y de los demás valores que se cotizan en la bolsa se utilizan determinados indicadores, los cuales ofrecen idea sobre el comportamiento tanto de los diversos factores bursátiles como del mercado. El índice accionario, por ejemplo, es un promedio de los precios y cotizaciones de una muestra de acciones representativa de las tendencias seguidas por el mercado.

El inversionista nacional o extranjero cuenta con una amplia gama de instrumentos de inversión, es decir, de títulos o valores hacia los cuales canalizar sus recursos en función de sus muy particulares necesidades. Si desea obtener rendimientos inmediatos, puede dirigir sus recursos al mercado de dinero, que le ofrece liquidez inmediata a través de diversas opciones de inversión a corto plazo con rendimientos competitivos y de bajo riesgo, ya sea que se trate de instrumentos de inversión gubernamentales, bancarios o privados.

El mercado de capitales suele ser la vía para la realización de inversiones a plazo largo con el propósito de participar en los derechos corporativos o patrimoniales de una empresa. El título propio de este mercado son las acciones, instrumentos de renta variable, pero en él también pueden adquirirse bonos u obligaciones, los que, por tratarse de valores de renta fija, aseguran un rendimiento preestablecido.

Tanto el mercado de capitales como el de dinero ofrecen una gran variedad de instrumentos de inversión, con plazos, rendimientos y riesgos adecuados a las necesidades de emisores e inversionistas. Éstos, por lo tanto, pueden crear un portafolio diversificado que responda a expectativas y objetivos específicos.

La importancia del mercado de valores radica en su significativa participación en la captación financiera de un país, captación cuyo nivel depende justamente del desarrollo alcanzado por el mercado de valores, en beneficio del financiamiento del sector productivo. En los países con una bolsa de valores muy desarrollada, la captación de recursos no se circunscribe a los capitales nacionales, lo que genera la competencia internacional de atracción de capitales.

Las empresas concurren al mercado de valores y se convierten en emisoras para allegarse los recursos de que precisan a fin de consolidar su desarrollo, pues difícilmente podrían financiarse a través de las fuentes tradicionales, o hacerlo les resultaría muy oneroso en razón de los altos niveles de las tasas de interés bancarias.

La actual internacionalización de los flujos de los mercados tanto de capitales como de valores provoca que lo que afecta a un mercado repercuta en el otro. El capital fluye con rapidez en mercados de alto rendimiento y bajo riesgo, y se retira en cuanto se avizoran problemas. De ahí que una de las principales características de estos mercados sea su sensibilidad y volatilidad.

Entre los factores que favorecen la afluencia de capital accionario al mercado de valores de un país se cuentan el alto grado de desarrollo económico, una infraestructura moderna, un ambiente de certidumbre política, una sólida estructura bancaria cuyo marco normativo sea acorde con las reglas internacionales y una bolsa firme y con proyección internacional.

El comportamiento de la bolsa puede mostrar una tendencia a la baja, mantenerse sin variaciones de importancia o registrar una tendencia al alza. Estas tendencias son producto a su vez del comportamiento promedio de los rendimientos y cotizaciones de los valores. Así, el Índice de Precios y Cotizaciones (IPC) muestra si la tendencia es al alza o a la baja según el ascenso o descenso porcentual promedio en las cotizaciones y rendimientos de los valores en un periodo determinado, que puede ser de un día, una semana o un mes, lo que no significa que todos los valores y acciones de la bolsa se modifiquen de acuerdo con el porcentaje señalado en el indicador bursátil. Dado que es probable que ciertos instrumentos hayan experimentado una tendencia contraria a la del IPC, siempre debe tenerse presente que el indicador es un índice promedio ponderado del total de las cotizaciones de los instrumentos bursátiles, y que como tal muestra la tendencia y el comportamiento generales.

Las fluctuaciones de los rendimientos y cotizaciones en las bolsas de valores dependen de una gran cantidad de variables, muchas de ellas imprevisibles, que modifican las perspectivas de desarrollo de la economía mundial, regional o de algún país en particular. En virtud de la globalización económica y de la interconexión entre las diversas bolsas de valores, todas se ven afectadas de una u otra forma por las variables en el comportamiento y desarrollo de las empresas de cada país.

Así, las bolsas tienden a la baja cuando se vislumbran alteraciones en el comportamiento normal de la economía y del comercio internacional, tales como guerras, inestabilidad de los países líderes del sistema capitalista, fluctuaciones abruptas de la paridad cambiaria de las divisas de mayor relevancia internacional, etcétera.

Registran una tendencia ascendente cuando las perspectivas de la economía y del comercio mundial son favorables, lo que induce a pensar en un mayor crecimiento y desarrollo industrial en general. Es claro que el comportamiento de la bolsa de valores de cada país depende de factores externos, internos, coyunturales y estructurales difíciles de predecir.

Las fluctuaciones dependen también del nivel y comportamiento de las tasas de interés bancarias, ya que los inversionistas canalizan sus capitales hacia donde pueden obtener mayores ganancias. De este modo, un ascenso en las tasas de interés repercute en una baja en las cotizaciones de las acciones de la bolsa, ya que es de esperarse que muchos inversionistas reorienten sus capitales hacia la banca; por el contrario, el descenso de las tasas de interés se traducirá en una tendencia al alza de las cotizaciones de las acciones en respuesta a una elevación en su demanda.

Mercadotecnia

Al conjunto de técnicas para la planeación y combinación de las actividades empresariales relacionadas con las estrategias de precio, producto, mercado y promoción a fin de que los bienes y servicios ofrecidos respondan a los gustos y necesidades de los consumidores o usuarios potenciales, se le denomina *mercadotecnia*.

El surgimiento de la producción en serie dio origen al mismo tiempo al desarrollo de la mercadotecnia, pues a partir de entonces fue necesario buscar nuevos mercados y canales de distribución —tales como las grandes cadenas de tiendas de autoservicio y los vendedores a comisión— para colocar la totalidad de los bienes producidos.

Fue así como a principios del presente siglo comenzaron a desarrollarse las técnicas que hasta la fecha siguen siendo la base de las ventas y la distribución, cuyo objetivo es acercar el producto al cliente. Sin embargo, la mercadotecnia actual se ha beneficiado enormemente de las posibilidades que le ofrece la nueva tecnología, y en particular de la televisión, que, combinando audio y video, transmite a los consumidores potenciales un mensaje más completo acerca de toda clase de productos y servicios.

La mercadotecnia también contribuye a la elevación de los niveles de vida de la sociedad, pues al generar satisfactores e incrementar la competencia por los mercados, impulsa el mejoramiento en la calidad de los productos, en beneficio de los empresarios y de la comunidad en general.

El proceso de globalización económica ha ampliado las perspectivas de la mercadotecnia, por lo que ahora el desarrollo de las empresas debe ser planeado con un enfoque mundial en lo que se refiere a su mercado y con una visión de largo plazo en cuanto a sus ventas, para lo cual han de elaborarse estrategias de penetración internacional, adaptación de los productos a las peculiaridades regionales, mejoría de diseños y presentaciones e internacionalización eficaz de las operaciones.

Numerosas empresas de todas las latitudes han crecido gracias a la adopción de esta política. Ello explica, por ejemplo, el vertiginoso desarrollo de los cientos de compañías actualmente en funciones en el llamado Sudeste Asiático (integrado por Singapur, Tailandia y Malasia, entre otros países), así como el logrado por muchas empresas estadounidenses que hasta hace poco se habían limitado a comercializar localmente sus productos y que ahora, por medio del ofrecimiento de franquicias, venden incluso la utilización de su nombre y procesos de producción en todo el mundo.

La internacionalización de la mercadotecnia ha implicado por lo tanto el desarrollo de técnicas especializadas para la colocación de bienes y servicios en distintos países, pues las muy diversas legislaciones, prácticas y costumbres regionales y la amplia variedad en las preferencias de los consumidores suponen estrategias comerciales claramente diferenciadas, lo que a su vez exige mayor dinamismo, una mejor planeación y sistematización de las actividades de negocios y una más sólida capacidad competitiva.

Para la acertada elaboración de técnicas comerciales deben tomarse en cuenta aspectos del entorno mundial que adoptan formas peculiares según la región — como los factores controlables por la empresa (precio, producto y promoción) y los factores no previsibles (conocidos como "variables de incertidumbre" y entre los que pueden citarse los elementos políticos, legales, culturales, sociales y económicos), todos los cuales deben ser analizados antes de que una empresa decida realizar negocios en determinado país, para tener presentes, por ejemplo, las probabilidades de expropiación, nacionalización, control de cambios, restricción a las importaciones y otras medidas que puedan ser dispuestas por el gobierno y afectar la actividad de la empresa.

De indudable interés en este sentido es el análisis del entorno tanto micro como macroeconómico, el cual indica si un país ofrece potencial de mercado, estabilidad y oportunidades de crecimiento de una inversión. Los indicadores básicos de la situación económica de un país son su capacidad y estructura de consumo y su grado de desarrollo.

La capacidad de consumo revela el potencial de mercado, en tanto que la estructura de consumo muestra el tipo de bienes y servicios de mayor adquisición. La primera se determina mediante las estadísticas de población e ingreso; los países con un alto potencial de consumo suelen caracterizarse por ingresos elevados y baja población, mientras que, por el contrario, los países con escaso potencial de consumo registran habitualmente altas tasas de crecimiento demográfico y reducidos índices de ingreso.

Sin embargo, en ocasiones, países con un escaso potencial de mercado ofrecen perspectivas alentadoras de desarrollo económico a largo plazo, motivo por el cual las tasas nacionales de crecimiento económico constituyen también una variable significativa. El grado de desarrollo económico de un país se deduce de indicadores estratégicos como nivel de ingreso, infraestructura, urbanización, fuerza de trabajo empleada en la agricultura, etcétera.

A su vez, el enfoque macroeconómico considera a la empresa dentro del entorno y del mercado específicos en los que se ubica. El análisis de este ámbito debe ser más detallado, pues de él dependen aspectos como el cálculo de la demanda del producto y la identificación del género de competencia existente.

La incorporación de los elementos del entorno al proceso de toma de decisiones de una empresa debe efectuarse de manera sistemática, para lo cual se requiere una cuidadosa planeación de las actividades. Con la planeación estratégica, modalidad que impera actualmente, se fijan tanto objetivos que habrán de traducirse en acciones, como medidas de seguimiento que permitirán no sólo evaluar el avance, sino también modificar los planes.

De uso relativamente reciente en la mercadotecnia, la planeación estratégica consiste, en este caso específico, en la sistematización de un plan de acción de largo plazo basado en un conocimiento profundo del entorno internacional para predecir y contrarrestar cualquier efecto negativo en el negocio o para aprovechar las oportunidades que se presenten en los mercados particulares en los que ya se opera o se pretende operar.

La adopción de un enfoque estratégico es indispensable para cualquier tipo de empresa, independientemente de sus dimensiones, aunque cada cual recurre a la metodología que mejor responda a sus posibilidades. Entre otros elementos, esta metodología supone la determinación de factores como el entorno, las ventajas y deficiencias de la empresa, los objetivos del programa de mercadotecnia, las características de los mercados-objetivo, las opciones de penetración, el diseño de la estrategia básica y el modelo para la evaluación y el control de la planeación.

La industria de la computación es un ejemplo elocuente del actual desarrollo de la mercadotecnia internacional. La feroz competencia propia de este mercado ha inducido la oferta creciente de productos sustitutivos de menor precio, de modo que en 1993, por ejemplo, el precio de las computadores personales presentó una reducción de más de 35%, muy superior a las tasas históricas de reducción en este sector, de entre 15 y 20%. La mercadotecnia de las empresas líderes de esta industria se caracteriza por la combinación de una política de costos con la consolidación de marcas asociadas que permitan definir el producto, mantener el prestigio de la marca e imponer posteriormente el precio, estrategia costosa y no siempre rentable, en especial cuando el ciclo de vida de los nuevos productos tiende a reducirse. Es por este motivo que muchas empresas de este ramo no logran sobrevivir.

Microondas

Con frecuencia escuchamos en la radio o en la televisión a un locutor decir algo así: "Dentro de unos segundos nos enlazaremos vía microondas con la ciudad de Guadalajara para llevar hasta ustedes la transmisión de la apertura de la exposición..." Por otra parte, en casa, muchas personas tienen un horno de microondas, pero lo único que saben de él es que calienta la comida en segundos.

Las microondas son ondas electromagnéticas cuya longitud puede variar entre 1 mm y 1 m. Al primer límite corresponde la frecuencia de 300,000 megahertz, y al segundo la de 300 megahertz. Se propagan en línea recta, como los rayos de la luz, y ello les permite concentrar su energía en haces muy estrechos.

La alta frecuencia de estas ondas permite su utilización para transmitir señales de radio, imágenes de televisión o una gran cantidad de comunicaciones telefónicas simultáneamente. Se emplean también en los sistemas de radar, en la medicina y como generadoras de calor en hornos domésticos. En todos los casos, la transmisión es inalámbrica.

Las microondas pueden penetrar a través de pequeños orificios y rendijas y propagarse por todo el espacio. Atraviesan materiales poco densos, como los tabiques de las paredes de una habitación. Gracias tanto a su alta frecuencia como a su baja potencia, no afectan a señales de otro tipo ni resultan afectadas por la interferencia de ellas; además, en cuanto a la seguridad de la información, son muy confiables cuando se emplean con el soporte de otras tecnologías.

La tecnología de las comunicaciones inalámbricas presenta diversas ventajas e inconvenientes relacionados con el ancho de banda de frecuencias, las coberturas, la seguridad en la transmisión de la información, las afecciones a la salud de sus usuarios, la disponibilidad de licencias para utilizar el espectro radioeléctrico, la compatibilidad con los estándares de las redes locales fijas y los costos tanto de equipo como de mantenimiento en comparación con los sistemas cableados.

Además de las microondas, existen otras tecnologías inalámbricas de telecomunicaciones: los rayos infrarrojos, el espectro radioeléctrico amplio (expandido) y el rayo láser, que se explican a continuación.

Los rayos infrarrojos

Las señales infrarrojas se ubican en una parte del espectro electromagnético situada apenas por debajo de la correspondiente a la luz visible. Viajan en línea recta y pueden ser interrumpidas por objetos opacos. Su capacidad de reflexión requiere la disponibilidad de superficies duras y lisas, lo que puede representar un obstáculo para su empleo en determinados espacios cerrados. Por otra parte, su uso no precisa de licencias administrativas y no se ve afectado por interferencias radioeléctricas.

Entre sus variables técnicas de utilización destaca la de "punto a punto", que consiste en la concentración de los rayos en un haz muy fino que se transmite, con la mayor potencia posible, a un punto concreto de recepción. De aquí se transmite a otro, y así sucesivamente, hasta completar un anillo que se duplica por razones de seguridad; cada uno de los tramos puede medir hasta 200 m.

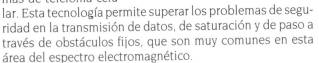

El *radio de amplio espectro*

Otro ejemplo de las telecomunicaciones inalámbricas es el del radio de amplio espectro, situado en la región de los 900 megahertz, que es el extremo inferior de la banda de ultra alta frecuencia (UHF), utilizada por la televisión, la radio de frecuencia modulada (FM) y algunos sistemas de telefonía celular. Esta tecnología permite superar los problemas de seguridad en la transmisión de datos, de saturación y de paso a través de obstáculos fijos, que son muy comunes en esta área del espectro electromagnético.

El *rayo láser*

Este recurso técnico se emplea, con algunas restricciones, en comunicaciones punto a punto, pero situadas a distancias cortas y con ubicación en línea recta y sin obstáculos. Su empleo en redes locales se reduce a la interconexión de segmentos distantes. Fuera de este terreno, el láser se emplea con éxito en las transmisiones de voz entre centrales digitales.

Militarismo

El militarismo es la doctrina o sistema que valora positivamente la guerra y atribuye a las fuerzas armadas primacía en el Estado y la sociedad. Exalta una función: la aplicación de la violencia; y una estructura institucional: la organización militar. Implica, a la vez, una orientación política y una relación de poder.

El militarismo constituye un vasto conjunto de costumbres, intereses, acciones y pensamientos asociados con la utilización de las armas y con la guerra, que sin embargo trascienden los objetivos puramente militares, los cuales incluso pueden ser imposibles de alcanzar. Esta práctica o doctrina se atribuye fines ilimitados, tiende a permear a toda la sociedad, se hace presente lo mismo en la industria que en el arte, privilegia a las fuerzas armadas sobre el gobierno, rechaza la cientificidad de toda elección y ostenta características de casta y de culto, de autoridad y de fe. La guerra se considera un mandato divino, o al menos una experiencia ennoblecedora que fomenta virtudes como el valor, el patriotismo, el honor, la unidad y la disciplina, cuya supuesta universalización da lugar a preceptos, símbolos y ceremonias.

La expresión fue utilizada originalmente en Francia por republicanos y socialistas contra el régimen de Napoleón III y se difundió rápidamente a Inglaterra y Alemania para indicar el predominio de los poderes militares sobre los civiles, así como la penetración de los intereses castrenses en el campo social y el empleo de abundantes recursos en la consolidación de las fuerzas armadas, en perjuicio de la cultura y el bienestar generales.

Sin embargo, sus primeras manifestaciones datan del último periodo del Imperio Romano, cuando tanto las guarniciones defensoras de las fronteras imperiales como la guardia militar del emperador en Roma constituían ya un instrumento indispensable para la conquista, el mantenimiento del poder y el ejercicio del poder imperial.

En la actualidad, con este vocablo se designa estrictamente la tendencia del ejército a extender su participación en el gobierno de una nación, al grado de desplazar de éste y sustituir en él a los civiles. En América Latina, a partir de 1930 se han sucedido frecuentes irrupciones militares en el gobierno, tendencia que, aunque latente, ha logrado ser controlada en el momento actual. Dado que tradicionalmente el arribo de los militares al poder ha sido producto de golpes de Estado, el término *golpismo* suele usarse como sinónimo del aquí comentado.

Minorías. *Ver* Mayorías

Minusválido

Cada niño es único y necesita de ayuda durante el proceso de desarrollo y adaptación a la vida. Sin embargo, algunos niños necesitan un grado mayor de asistencia e incluso otros requieren ayuda especial durante ciertas etapas de su vida, las que pueden ser de mayor o menor duración, como el transcurso del periodo escolar. Aquellos con necesidades severas han sido generalmente clasificados como "discapacitados" o "minusválidos", dándose la denominación de "educación especial" a la ayuda adicional proporcionada.

Una persona es minusválida cuando se le niega el acceso a oportunidades que están disponibles para otros miembros de la sociedad. Éste es el contexto en el cual debe interpretarse la Declaración Mundial sobre Educación para Todos (Jönsson, T., "Educación de niños con necesidades especiales", *La carpeta del maestro*, SEP-DGENAM, 1993).

El Año Internacional de los Impedidos (1981) constituyó un hito importante en el desarrollo de los servicios para los discapacitados en muchos países, especialmente del Tercer Mundo. Se introdujo entonces una diferenciación entre los conceptos de deficiencia, discapacidad y minusvalidez. La deficiencia, causada ya sea por genes defectuosos o por daños o enfermedades anteriores o posteriores al nacimiento, frecuentemente conduce a una discapacidad o limitación funcional en diferentes situaciones; tal es el caso de padecimientos como la hipoacusia (sordera), la parálisis cerebral y la invidencia. La minusvalidez consiste por su parte en las consecuencias sociales de una discapacidad y es una función de la interacción entre el individuo y el entorno. Por ende, no es una característica hereditaria de cierto tipo de personas, sino el resultado de actitudes negativas en las relaciones sociales entre discapacitados y no discapacitados. El deficiente será minusválido si le negamos acceso a los diversos sistemas de la sociedad, entre ellos primordialmente la educación. Son los no discapacitados quienes crean individuos minusválidos.

Según Jönsson, los niños pueden sufrir una discapacidad, sea ésta de grandes o pequeñas proporciones, pero el riesgo de que lleguen a ser minusválidos cuando se conviertan en adultos es producto del tipo de consideraciones y trato de que sean objeto por parte de su familia, vecinos, profesores y otras personas. Si no se les proporciona la ayuda y el apoyo que necesitan, o si no se les reconoce una posición de igualdad, pueden convertirse en adultos minusválidos y, por lo tanto, en un carga para su familia y para la sociedad.

"Los discapacitados deben ser aceptados como ciudadanos de igual valor que todos los demás y gozar de la oportunidad de desarrollar su potencial y aumentar sus capacidades desde temprana edad. Este criterio tiene importantes repercusiones políticas y de carácter meramente práctico, como el diseño de los servicios requeridos (rampas, baños especiales, lugares en autotransportes, estacionamientos, etcétera)", afirma Jönsson.

No obstante, la discapacidad ha de verse también desde una perspectiva más amplia, como parte del círculo vicioso de la pobreza, la cual genera desnutrición y malas condiciones de salud, y éstas, a su vez, discapacidad. El ciclo continúa entonces en falta de oportunidades para recibir educación y capacitación, lo que frustra toda perspectiva de trabajo y conduce nuevamente a la pobreza. Este círculo no cesará de prolongarse de generación en generación a menos que los problemas que implica sean atacados desde su raíz.

El modo en que, mediante la integración y una actitud positiva de la sociedad, una persona discapacitada puede alcanzar la meta de igualdad y plena participación en una comunidad recibe el nombre de *normalización*, concepto que, junto con el de integración, desempeña un papel esencial en la discusión de las nuevas tendencias de la educación especial.

Normalización no quiere decir que las personas discapacitadas deban ser tratadas como personas "normales", sino que debe reconocerse su derecho a ser aceptadas tal como son y a vivir dentro de la sociedad en calidad de seres humanos iguales a todos los demás. Así, son las condiciones de vida las que constituyen el objeto de la normalización (Jönsson, *op. cit.*).

En esto radica la diferencia entre la nueva actitud y la que lamentablemente ha prevalecido hasta ahora, caracterizada por servicios segregados y proteccionistas que con frecuencia conducen al aislamiento, la negligencia y los prejuicios. De lo que se trata a partir de esta nueva mentalidad es de brindar servicios activos que consideren a los individuos discapacitados como parte normal de la sociedad.

La clasificación de los niños de acuerdo con distintos tipos de discapacidad está siendo reemplazada por el concepto único, más amplio, de "niño con necesidades educativas especiales", cuyo rango varía entre discapacidad severa y dificultades ligeras. Esto incluye, además de los grupos discapacitados tradicionales, a niños que presentan dificultades de aprendizaje más generales, las cuales, de no ser debidamente atendidas, pueden conducir a la repetición y deserción, lo que frecuentemente se asocia con un sentimiento de fracaso personal que perdura toda la vida. Este concepto más amplio incluye tanto a niños con trastornos emocionales o problemas de adaptación social, como a niños superdotados que pueden padecer dificultades.

Multimedia

Los seres humanos aprendemos a base de historias que almacenamos en nuestra memoria. La construcción de esas historias se efectúa a través de la interacción de las percepciones de nuestros sentidos. Cuanto mayor sea el número de sentidos que participan en la percepción, será más fácil retener un mensaje específico.

Precisamente éste es el fundamento de la tecnología multimedia, la cual hace partícipes a la mayor parte de los sentidos del ser humano en su interacción con una computadora, a fin de establecer una comprensión global y a la vez profunda de los mensajes procesados en ella.

Creada a mediados de los ochenta, la tecnología multimedia acrecentó su desarrollo en la segunda mitad de la década. En México se ha formado la Asociación Mexicana de Multimedia y Nuevas Tecnologías (AMMNT), la cual ha analizado con profundidad el concepto y lo ha concebido en tres áreas de desarrollo. La primera, *transmedia*, comprende los medios de comunicación consolidados, es decir, los que ya tienen un lenguaje propio, como los medios impresos o la radio, donde la computadora se destina para la confección de un mensaje (por ejemplo, el diseño de un noticiario).

En la segunda área se encuentra el uso de elementos de diferentes medios de comunicación para transmitir un mensaje. De hecho, todos los medios de manejo y transmisión de datos, en este sentido, fueron originalmente multimedia, pues al encontrarse en desarrollo tomaban elementos de

otros medios ya maduros para consolidarse, y al lograrlo fueron considerados como verdaderos medios de comunicación y no multimedios. Ejemplos de lo anterior son la televisión y el video; a esta mezcla se le denomina *intermedios*.

La mezcla de información proveniente de diferentes medios —imagen fija, texto, imagen en movimiento, video, gráficas y audio, que incluye sonido, voz y música— que se puede emplear en combinación con la computadora es justamente lo que puede calificarse como *multimedia*.

Las áreas de aplicación de los programas multimedia son tres: la educativa o de difusión del conocimiento, la corporativa y la orientada a sistemas de inteligencia artificial o reconocimiento de patrones.

Los usos en la educación se han popularizado rápidamente gracias a un fuerte desarrollo del *software* y de los CD-I (discos compactos interactivos, donde se almacena una forma de aplicación), que son leídos por un "drive" o entrada especial con que cuenta la computadora, y que permiten una participación activa del usuario. Enciclopedias, manuales de capacitación, temas específicos, etcétera, se pueden consultar también en CD-ROM (discos compactos que sólo pueden leerse, es decir, que no permiten a los usuarios grabar o almacenar nada).

Los usuarios corporativos, es decir, las grandes empresas, manejan su información generalmente con programas y equipo disponibles en el mercado o, en ocasiones, con *software* desarrollado por su personal. Las aplicaciones de la tecnología multimedia agilizarán cada vez más el procesamiento de datos.

La tercera área de aplicación se orienta al desarrollo de programas en los cuales la computadora pueda ejercer funciones de análisis y toma de decisiones, basándose en el razonamiento, una función que cae en los terrenos de la inteligencia artificial.

¿Por qué decir *media* y no *medios*, o usamos ambas formas? Porque *media* es el plural, en latín, de *medium*, igual que *medios* lo es, en español, de *medio*.

Nacionalización

En términos económicos, la nacionalización es la incorporación, a la administración pública de un país, de todos o parte de los bienes y los medios de producción o de la prestación de un servicio hasta entonces propiedad de particulares.

El procedimiento suele llevarse a cabo bajo la forma de una expropiación, la cual consiste en la adquisición forzosa de un bien, previa indemnización a su propietario, realizada por causas de utilidad pública.

Esta operación difiere de un país a otro según la importancia del Estado en la actividad económica.

Al iniciar su proceso de industrialización, muchos países en desarrollo han adoptado el concepto de Estado empresarial, asignándole en consecuencia a su gobierno el papel de motor del crecimiento económico. Por lo tanto, la promoción de su desarrollo se basa en la existencia de industrias nacionalizadas o en la intervención estatal en las operaciones de las empresas del sector privado.

La industrialización mediante la sustitución de importaciones, a la que se acogieron algunos países de América Latina, dio lugar a que ciertos gobiernos nacionalizaran la explotación de sus recursos minerales y se apropiaran de empresas extranjeras.

Entre las principales razones de la creación de empresas públicas por medio de la nacionalización destacan la existencia de una situación de crisis económica ya sea general o de un sector en particular, la súbita aparición de compromisos bélicos y la necesidad de reconstruir la economía de una nación, tal como aconteció con los países beligerantes en la Segunda Guerra Mundial.

Una nacionalización también puede obedecer a la confiscación de instalaciones de actividades estratégicas (industria petrolera, administración de los ferrocarriles o de la banca) por motivos políticos, habitualmente para garantizar la soberanía nacional en la explotación de recursos escasos o esenciales, la producción de bienes o insumos básicos o la prestación de servicios elementales para el desarrollo económico del país.

Adicionalmente, un país en desarrollo puede optar por la creación de empresas públicas en caso de que su sector empresarial carezca de la fuerza necesaria en cierto ramo para competir con los países industrializados. Otro motivo de nacionalización es el rescate de unidades de producción y servicio o de fuentes de empleo en trance de desaparición.

Una vez concluida la Segunda Guerra Mundial, algunos países desarrollados, Inglaterra en particular, pusieron en marcha programas de nacionalización de industrias básicas para lograr una planificación más eficiente de la economía y garantizar el abasto ininterrumpido de artículos y servicios esenciales para la población. Sin embargo, este programa no brindó los resultados esperados, y dio lugar, por el contrario, a subsidios cada vez más gravosos, a una administración burocratizada y a continuas quejas por parte de los consumidores, lo que propició una profunda ola de privatizaciones a partir de 1979.

NAFTA. *Ver* Tratado de libre comercio

Narcotráfico

Aunque en la legislación de todos los países se declara como punible únicamente aquella tenencia de drogas que va encaminada al tráfico con terceras personas, y se hace reconocimiento expreso de que la posesión para uso individual está despenalizada, aún subsisten en las sociedades sectores doctrinales que abogan por la persecución judicial del consumo de drogas y, consecuentemente, de la posesión con este fin.

Constituyen tráfico ilícito de drogas o *narcotráfico* (del griego *narkee*, letargo, o *narkoo*, adormecer) todas las operaciones de cultivo, adquisición, enajenación, importación, exportación, depósito, almacenamiento, transporte, distribución y tránsito de sustancias que sean realizadas contrariamente a las disposiciones de la ley.

Sin embargo, la figura del drogadicto traficante o revendedor se extiende cada vez con mayor intensidad. Los altos precios que alcanzan los estupefacientes explican que el consumidor habitual destine al tráfico parte de las drogas adquiridas ilegalmente, obteniendo con el precio de su venta ganancias que le permiten evitar los efectos psicopatológicos de la llamada crisis de abstinencia. Así, todo toxicómano es un traficante en potencia.

En los países latinoamericanos el narcotráfico goza de enorme poder entre los laberintos de la economía informal y de la propiamente dicha economía subterránea o criminal.

La economía informal del narcotráfico está constituida por el conjunto de actividades económicas tanto legales como ilegales que escapan parcial o totalmente al control, la contabilidad o el registro de tipo legal, fiscal y estadístico del Estado, pues se realizan como trueques, ventas ambulantes y servicios domésticos.

A su vez, la economía subterránea o criminal está integrada por la proliferación y constelación de actividades económicas que transgreden normas legales y que, por lo tanto, constituyen actos delictivos: fraude fiscal, trabajo clandestino, transferencias ilegales, producción y distribución de bienes y servicios extralegales, y contrabando (de bienes suntuarios, divisas, armamentos, alcohol,

tabaco y drogas, entre muchos otros productos). Estos actos ilícitos se eslabonan en una estructura de subsistemas, cada uno de los cuales posee sus espacios y procesos propios sin por ello perder los vínculos —tecnológicos, personales, de capital y recursos, de operaciones— que, enlazando a un subsistema con todos los demás, componen el entramado de la economía criminal, cuyo eje está representado justamente por el narcotráfico.

No es exagerado afirmar entonces que este sector es una de las industrias de más rápido crecimiento en el mundo entero, al tiempo que ha conformado una gran transnacional latinoamericana con notables avances en la región, en la que se encuentran países fuente, traficantes y beneficiarios. En estos países, pero también en otras naciones productoras, comercializadoras, de tránsito y de consumo, el narcotráfico cuenta con redes y dimensiones económicas a las que controla o afecta de múltiples maneras.

Los narcotraficantes latinoamericanos distribuyen la ubicación de sus ganancias entre sus países de origen y países extranjeros en proporciones que varían según las circunstancias económicas y políticas y de acuerdo con las determinaciones acerca del "lavado" de dinero, la reinversión y las inversiones legales en actividades de consumo.

Las enormes ganancias en dólares y su concentración en un pequeño número de traficantes —en un contexto de países atrapados por el estancamiento y la inflación, la devaluación y la deuda— permiten comprarlo todo y ofrecen un muy amplio margen de maniobra para presionar, controlar y decidir. Los narcotraficantes pueden modificar fuerzas y estructuras socioeconómicas, actores sociales y políticos; trasmutan su poder económico-financiero en fuerza social, cultural, ideológica y de violencia y coacción.

El crecimiento del sector se manifiesta en todos los rubros imaginables: superficies cultivadas, número de campesinos cultivadores, plantaciones, laboratorios e infraestructura de producción, procesamiento, transporte y distribución. Nuevas áreas y países se agregan a la lista de espacios del narcotráfico en todos sus aspectos y niveles. Se montan y explotan empresas industriales y financieras de gran envergadura. Se compra y usa tecnología avanzada e insumos importados, así como los mejores medios de transporte y comunicaciones. Se corrompe a funcionarios de un gran número de países con sobornos de todos los tamaños. Se dispone de protección e impunidad frente a los aparatos de investigación, persecución y castigo, y se cuenta con una amplia gama de talentos profesionales y métodos refinados para el logro y manejo de enormes beneficios.

En países donde ocurre con frecuencia el tránsito y el lavado de dólares, como algunos de Centroamérica y otros del Caribe, el narcotráfico se ha apoderado de servicios muy importantes para la economía local.

El narcotráfico latinoamericano lava y recicla miles de millones de dólares procedentes de la droga a través del sistema financiero mundial, con la colaboración activa o la negligencia cómplice de banqueros e inversionistas de todo tipo. Opera mediante las redes electrónicas y aprovecha las leyes de secreto bancario de los paraísos fiscales y la falta o insuficiencia de regulación y vigilancia.

Criminalizado y perseguido por las fuerzas policiales y militares, el narcotraficante despliega, tanto en su personalidad como en su práctica, agresividad y destructividad, estrategias de confrontación con la sociedad y de búsqueda de su integración en ella, ostentación compulsiva en la posesión, el consumismo y el poder. Esto expresa la obsesión por el ascenso social de quienes provienen de grupos empobrecidos, su necesidad de autoafirmación, su resentimiento revanchista, la satisfacción de aspiraciones reprimidas, la preocupación por el logro de éxitos, apoyos, reconocimientos y posiciones de influencia y poder.

New Age

Ésta es una de esas frases o expresiones de aparición súbita, como "eurodólares", "tecnócrata" o "guerra nuclear". Nadie sabe cómo empezaron a usarse o lo que significan en realidad, pero repentinamente hacen acto de presencia y se instauran plenamente en el lenguaje de todos los días.

La naturaleza de esta New Age (Nueva Era) es difícil de definir, pero el significado de esta denominación está comenzando a evolucionar. La Nueva Era representa un estilo alternativo de vida cuyo énfasis está puesto en la meditación, los alimentos saludables, el humanismo y la ecología. La música de la Nueva Era también se relaciona con la tranquilidad, mediante la utilización de instrumentos particularmente acústicos, melodías sencillas, influencias orientales y sintetizadores estructuralmente programados.

Las raíces de este movimiento pueden rastrearse en los años sesenta. Hoy, tres décadas después, existe la tendencia a minimizar los logros de aquel tiempo, cuyos positivos efectos en las instituciones culturales de la actualidad no pueden, sin embargo, ser ignorados.

La actitud eminentemente cuestionadora de aquellos años tuvo un efecto sorprendente en la música. Cada tipo diferente de música fertilizaba al otro, produciendo una asombrosa floración híbrida. John Coltrane mezclaba el jazz y la música oriental; Bob Dylan mezclaba la música folk con la poesía beat y las guitarras eléctricas; Jimi Hendrix y Los Beatles se dieron cuenta de la importancia de las grabaciones de estudio y empezaron a considerar a la electrónica y a las multipistas (multitracking) como parte de los instrumentos bajo su control.

New Age es también un término popularizado a mediados de los ochenta para describir un conjunto de creencias pseudorreligiosas no del todo definidas, consecuencia a su vez de la contracultura de las dos décadas anteriores. En Estados Unidos este término alude a la esperanza de quienes creen que está iniciándose una Nueva Era espiritual en la cual los seres humanos alcanzarán su plenitud.

Así pues, este vocablo abarca una amplia gama de nociones: espiritualismo, astrología, experiencias extracorporales, reencarnación, disciplinas ocultas, teorías psicoterapéuticas poco ortodoxas y aplicaciones pseudocientíficas de los poderes curativos de cristales y pirámides.

En lo que se refiere específicamente a la música New Age, el término se aplica a los trabajos de varios compositores y músicos interesados en crear ambientes auditivos tranquilizantes más que en seguir estructuras de canciones. Así, es una música hecha para relajar a quien la escucha y nacida del gusto por la espiritualidad, lo que la hace especialmente propia para la meditación.

Las características que definen a la música de la Nueva Era son: consonancia armoniosa, melodías contemplativas, formas de canto no lineales y temas para levantar el ánimo. Sus intérpretes usan instrumentos étnicos tradicionales, acústicos, eléctricos o electrónicos, y aun sonidos de la naturaleza.

Los primeros en proponer la música de la Nueva Era fueron los grupos de rock progresivo de los años sesenta, notoriamente influidos por la música de las culturas orientales. Por su parte, los músicos de la nueva generación mezclan en sus composiciones elementos de jazz, folclóricos y clásicos, aunque otros las ejecutan a la manera tradicional.

La música New Age constituye todo un fenómeno internacional. La mayoría de las personas que la producen y escuchan son estadounidenses, pero músicos que tocan New Age los hay en todo el mundo. Entre los más destacados están el pionero de la música electrónica Brian Eno, conocido por sus grabaciones ambientales; el multiinstrumentista Kitaro; el solista George Winston, quien es el músico de New Age más exitoso; la vocalista Liz History; el arpista Andreas Vollenwaider, la vocalista Enya y el violinista Jean Luc Ponty.

Andreas Vollenwaider, artista suizo nacido en 1953, ejecuta música New Age incorporando sonidos naturales en lo que él llama arpa electroacústica de pedales modificados, instrumento con el que ha obtenido gran popularidad en Europa y Estados Unidos. Su canción Green Peace (Paz Verde) se ha convertido en el himno del movimiento ecologista mundial del mismo nombre.

Vollenwaider descubrió el arpa en 1977; la amplificó, la adaptó y formó un conjunto con el que ha grabado álbumes como: Behind the Gardens (1981), The Magic Cave (1982), White Winds (1985) y Down to the Moon (1986). Constantemente ofrece conciertos en Estados Unidos y Europa.

A continuación mencionamos aquí a diez pioneros de la Nueva Era; musicalmente hablando, algunos de ellos son famosos, otros han sido olvidados, pero todos ellos poseen el espíritu de aventura y curiosidad del verdadero pionero. En muchos casos, su obra completa los lleva más allá del género *New Age*: Wendy Carlos, Jean Pierre Rampal, Baden Powell, Carlos Santana, John Mc Laughlin, Paul Winter, Dave Brubeck, Terry Riley, Shakti y Paul Horn.

Ombudsman

Con el fin de evitar la violación de los derechos fundamentales del individuo, en muchos países se ha creado la figura del *ombudsman*, palabra sueca que significa "representante" y que alude al funcionario encargado de defender los derechos constitucionales de los ciudadanos contra los abusos de la autoridad. Su ocupación específica es la de prevenir la violación de tales prerrogativas y obtener su restitución si se trata de hechos consumados, aunque carece de la facultad de imponer la obligación de que sus determinaciones sean cumplidas.

De acuerdo con la definición propuesta por Donald C. Rowart en su obra *El ombudsman*, el defensor de los derechos del ciudadano presenta las tres siguientes características esenciales:

❑ Es un funcionario autónomo y sin vinculación alguna con los partidos políticos, aunque relativamente dependiente del Poder Legislativo. Sus funciones están reguladas por la Constitución.

❑ Recibe las quejas de la población contra injusticias cometidas por las autoridades.

❑ Posee la facultad de investigar y denunciar públicamente los abusos de la autoridad, pero está impedido de revocar o anular las decisiones gubernamentales.

Aunque los antecedentes del surgimiento de esta figura en Suecia se remontan al siglo XVIII —cuando la Corona dispuso el nombramiento de un Canciller de la Justicia que, en representación del rey, inspeccionara a los empleados gubernamentales—, su aparición formal data de la promulgación de la ley constitucional del 6 de junio de 1809, relacionada con la forma de gobierno (*Regerisform*), en la que se asentaba la necesidad de que el Parlamento ejerciera un control más eficaz sobre las acciones del Ejecutivo. En consecuencia, su responsabilidad se limitó entonces a vigilar la correcta aplicación de la ley en la administración pública.

Hasta la segunda posguerra, la institución del *ombudsman* seguía siendo vista como una exótica figura exclusiva de los países escandinavos (Suecia, Finlandia, Dinamarca, Noruega), de manera que era prácticamente inexistente en los demás países.

Sin embargo, al finalizar la Segunda Guerra Mundial e iniciarse una renovación importante de las instituciones jurídicas, especialmente de aquellas que tienen por objeto la protección de los derechos de los individuos, la figura del *ombudsman* se propagó más am-

pliamente, sobre todo en las naciones europeas, donde ha recibido indistintamente los nombres de Comisionado Parlamentario (Alemania), *Mediateur* (Francia), Defensor Cívico (Italia) y Comisionado (Zurich, Suiza), entre otros.

El primero de los países de influencia jurídica británica en adoptar al *ombudsman* fue Nueva Zelandia en 1962, seguido de Inglaterra en 1967. Fuera de ese ámbito particular, Portugal fue la primera nación en instituir un Promotor de la Justicia, en 1975.

En América Latina, Venezuela, Costa Rica y México crearon en fechas relativamente recientes organismos encargados de la protección del consumidor, que sin embargo actúan únicamente en el campo de la comercialización de bienes y servicios.

En el caso específico de México, la introducción de instituciones similares al *ombudsman* se inició en 1988 con la creación de la Procuraduría de Protección Ciudadana del Estado de Aguascalientes, seguida más tarde por la Comisión Nacional de Derechos Humanos y la Comisión de Derechos Humanos del Distrito Federal, cuyos responsables son nombrados por el presidente y sometidos a la aprobación de la Cámara de Senadores y de la Asamblea de Representantes del Distrito Federal, respectivamente.

El carácter no obligatorio de las resoluciones del *ombudsman* las hace parecer inofensivas, pero lo cierto es que la presión que ejercen sobre las autoridades es muy poderosa. Los informes que las contienen suelen ser destinados a la asamblea legislativa (como en Suecia, Dinamarca, España e Inglaterra) o a las autoridades directamente involucradas, pero las más de las veces son dados a conocer ante la opinión pública.

Oposición

Toda agrupación política que combate a su similar en el poder con objeto de arrebatárselo o, al menos, de influir en sus decisiones, recibe el nombre de oposición. Ésta, por lo tanto, suele adoptar la forma de partidos legalmente reconocidos y contrarios al partido o a los partidos en el gobierno, a los que está en derecho de criticar y frente a cuyas políticas puede ofrecer posturas alternativas que le atraigan el necesario apoyo electoral para llegar al poder.

La oposición puede estar constituida por una coalición o, como ocurre más frecuentemente, por un conjunto de grupos políticos minoritarios que, aun manteniendo diferencias ideológicas y doctrinarias, tienen como común denominador proponer una alternativa de poder.

Estuvo presente como tal desde las primeras manifestaciones de la organización política de la sociedad. Componente fundamental de la democracia, la oposición encontró en la antigüedad —en Grecia, y particularmente durante el periodo de mayor fulgor de Atenas— formas de expresión similares a las modernas. Sin embargo, luego de muchas vicisitudes, se concretó en el modelo específico de la oposición parlamentaria, la cual suele estar compuesta por partidos que en estricto sentido no forman una coalición. La oposición extraparlamentaria emana a su vez de partidos débiles o que no tienen intención de adquirir una representación en las cámaras.

La oposición parlamentaria nació en Inglaterra, cuna del parlamentarismo. En sus momentos iniciales, hacia el siglo XVIII, el Parlamento actuaba como una fuerza política con conciencia unitaria, pues sus miembros compartían la defensa de los intereses de la Corona, cuya existencia nadie ponía en entredicho. Sin embargo, ya entonces prevalecía la práctica de utilizar para ciertos fines legislativos a los seguidores del gobierno, de modo que se hizo costumbre que los miembros de la oposición tomaran asiento en la parte contraria de la Cámara. Lord Bolingbroke desarrolló en 1736 una teoría de la oposición en la que calificaba a ésta y al gobierno como concepciones alternativas de la dirección política, pero dotadas de iguales derechos.

Con el posterior desarrollo y afianzamiento de los partidos —y en especial tras la segunda reforma electoral de 1867, reforma de la que surgieron los liberales y los conservadores—, terminó por imponerse la idea de que la oposición en el Parlamento representa un provechoso contrapeso del gobierno y del partido que lo sustenta.

La oposición —sus formas, límites y relaciones con el poder— se mueve dentro del marco de la libertad política, entendida ésta como la participación responsable de los ciudadanos —y, entre ellos, de quienes discrepan del grupo gobernante— en la determinación de la política nacional.

Aspira la oposición a influir en la orientación política oficial. Busca el apoyo del electorado y la opinión pública en general para convertirse en grupo gobernante tras las nuevas elecciones. Existe por igual en los sistemas parlamentarios que en los presidencialistas y dictatoriales, con las peculiaridades del caso. Sin embargo, es impensable que pueda alcanzar forma eficaz en los regímenes totalitarios.

Desempeña varias funciones: 1) controla, limita y fiscaliza el ejercicio del poder; 2) informa a la opinión pública sobre el significado de las acciones del gobierno; 3) sirve de punto de convergencia de las minorías a fin de prepararlas para ocupar el poder; 4) garantiza el cumplimiento de las normas constitucionales mediante su presión sobre el gobierno, y 5) colabora con éste en la orientación de las acciones públicas a través de la crítica y el apoyo reservado.

Un sistema político en el que está prevista la existencia de la oposición supone entonces la participación de las minorías en la fijación, el desarrollo y el cumplimiento de la actividad gubernamental; en el respeto a la Constitución, aunque se le interprete de modo diverso, y en el reconocimiento explícito de las reglas del juego democrático.

La presencia de la oposición en los regímenes representativos es tan importante que muchos teóricos de la materia consideran que sin ella no puede hablarse de verdadera democracia, no sólo porque sirve de freno a los excesos del grupo mayoritario en el que suele apoyarse el Poder Ejecutivo —especialmente cuando aquél constituye la mayoría absoluta en la cámara legislativa—, sino también porque hace posible que los partidos y electores contrarios al sector dominante estén debidamente representados en las instituciones políticas formales.

Paridad cambiaria

También llamada "tipo de cambio", la paridad cambiaria es la equivalencia legal entre la unidad monetaria de un país y la de otro. A la moneda que puede intercambiarse libremente por las demás se le conoce como moneda convertible. Sin embargo, su convertibilidad en oro difiere de la que puede alcanzar con otras monedas, ya que en el primer caso la moneda se cambia por una cantidad legal y fija de oro, correspondiente a su valor en ese metal, conversión que de cualquier forma ya no rige en la actualidad.

Es común que junto con el tipo de cambio oficial existan tipos de cambio paralelos —cuya cotización depende de la libre oferta y demanda entre los particulares— u oficiosos, los ofrecidos ya sea a turistas y extranjeros en general para motivarlos a que gasten su dinero, o a los exportadores para fomentar su actividad.

El control de cambios supone la anulación de la libre convertibilidad de la moneda, que de este modo queda limitada a las transacciones autorizadas, con el fin de evitar movimientos especulativos.

Cuando, por otro lado, la banca nacional deja de intervenir en la determinación del tipo de cambio, éste varía según las condiciones del mercado, fenómeno que se conoce como flotación de la moneda.

La determinación del tipo de cambio de una moneda en relación con otra —principalmente con el dólar, que desempeña la función de patrón o divisa universal— es resultado de su venta por parte de los bancos nacionales cuando su cotización se eleva, lo que equivale a comprar divisas extranjeras, y de su compra cuando la cotización desciende, o venta de divisas extranjeras, en detrimento de las reservas.

Normalmente, estas intervenciones se realizan cuando el tipo de cambio se aleja de cierto porcentaje por arriba o por debajo de la paridad legal. Puede ocurrir que un gobierno deje flotar libremente el tipo de cambio de su moneda, lo que ocurre al retirarse al banco central de la compra o venta de divisas.

Asimismo, un país puede modificar la paridad de su moneda frente a otras a fin de corregir el desequilibrio de su balanza de pagos (la relación entre ingresos y egresos producto de las actividades comerciales en el exterior). Si la paridad de la moneda se eleva, el ajuste se conoce como revaluación; si disminuye, se le denomina devaluación.

Una devaluación favorece la venta de bienes y servicios en el extranjero por parte del país que devalúa, y constituye por lo tanto un mecanismo de fomento a las exportaciones y de restricción de las importaciones, ya que, correlativamente, las mercancías extranjeras se encarecen. La devaluación tiene también el efecto de enriquecer, en moneda del país, a los poseedores de cantidades significativas de monedas extranjeras.

Las consecuencias de una revaluación sobre el comercio exterior son las contrarias, pues se abaratan las importaciones y se encarecen las exportaciones, caso en el que los beneficiarios son las personas que hayan adquirido la moneda de inminente revaluación antes de efectuada ésta.

De aquí se desprende que las variaciones en la paridad dan lugar a la especulación monetaria, la cual ocurre cuando se prevé que el tipo de cambio de una moneda será modificado en breve.

Entre los objetivos que se persiguen con el control de cambios están una mayor racionalidad en el gasto de divisas, cierto grado de aislamiento de una economía respecto de las repercusiones externas, el establecimiento de un contrapeso a la fuga de capitales y la búsqueda de equilibrio en la balanza de pagos. Son desventajas del control de cambios el estímulo a la evasión de capitales, el desaliento de la inversión externa y la aparición del mercado negro.

Hasta ahora se han realizado numerosos intentos por establecer un sistema que facilite el intercambio de monedas y con ello las transacciones internacionales. La historia reciente del sistema monetario internacional se inició con la conferencia de Bretton Woods (ciudad de New Hampshire, Estados Unidos) en 1944, casi al término de la Segunda Guerra Mundial; de ahí surgió el sistema cambiario denominado patrón oro, según el cual cada moneda poseería una paridad fija respecto del dólar y un precio fijo en oro a razón de 35 dólares la onza troy (31.1 gramos). Estados Unidos se comprometió entonces a comprar y vender oro al precio convenido, a cambio de que los demás países mantuvieran sus cotizaciones de dólar y oro.

Este sistema rigió hasta 1971, año en que la comunidad internacional perdió su confianza en el dólar a raíz de los altos déficits en la balanza de pagos de Estados Unidos y del descenso en sus reservas. Fue así como se estableció un nuevo acuerdo, por el cual el precio del oro pasó a 38 dólares la onza troy, lo que en los hechos significó una devaluación del dólar y el consiguiente ajuste de las demás monedas en relación con él.

Sin embargo, el ajuste fue insuficiente, de manera que en 1973 se acordó la libre flotación de las paridades, criterio que subsiste hasta la fecha. El sistema monetario actual está regulado por el Fondo Monetario Internacional (FMI), organismo que se encarga de estabilizar los tipos de cambio y fomentar la libre convertibilidad de las monedas.

La experiencia reciente confirma que cuando existe exceso de demanda internacional de una divisa, ésta tiende a subir, los productos exportados por el país emisor tienden a encarecerse, y sus importaciones, a incrementarse, todo lo cual conduce a la demanda de otras monedas y, finalmente, al descenso de la divisa en cuestión.

Perestroika

Etimológicamente, *perestroika* significa "reconstrucción" o "reorganización". Desde el punto de vista ideológico, significó la adopción de una concepción nueva.

La *perestroika* fue el conjunto de transformaciones a gran escala realizadas por el Partido Comunista de la Unión Soviética (PCUS) y el Estado soviético para renovar democrática y radicalmente todas las esferas de la sociedad.

Específicamente, *perestroika* fue el proceso de reforma del sistema político, económico y social de la Unión de Repúblicas Socialistas Soviéticas (URSS) impulsado por Mijaíl Serguéyevich Gorbachov desde 1985.

La Unión Soviética comenzó a perder impulso en la segunda mitad de los años setenta. Los fracasos económicos se hicieron más frecuentes; factores de estancamiento y otros fenómenos ajenos al socialismo comenzaron a aparecer en la vida de la sociedad, frenando su desarrollo social y económico. Ante esta grave situación, un grupo de dirigentes del Partido y del gobierno iniciaron un análisis completo del estado de la economía soviética, el cual sería la base de los documentos de la *perestroika*.

La prioridad inmediata planteada en esos documentos era la de poner orden en la economía, ajustar la disciplina, elevar el nivel de organización y responsabilidad, y actualizar las áreas que estaban rezagándose.

En la reunión plenaria del Comité Central del Partido, realizada en abril de 1985, se anunció que la Unión Soviética estaba al borde de la crisis y se planteó una nueva estrategia económica, cuyos principios fueron objeto de una clara definición

De acuerdo con la exposición del entonces presidente del país, Mijaíl Gorbachov, *perestroika* significaba superar el proceso de estancamiento, quebrar el mecanismo que frenaba el progreso y crear un sistema confiable y efectivo para la aceleración del avance social y económico.

La *perestroika* incluyó entonces una apertura hacia la democratización de la sociedad, una amplia promoción de la democracia, el impulso del esfuerzo creativo, el mejoramiento del orden y la disciplina, la instauración de la crítica y autocrítica en todas las esferas de la sociedad soviética y la transparencia en la información (aspecto este último de gran importancia y esencia del otro brazo de la reforma, la *glasnost*).

Este proceso de reestructuración pretendía la firme implantación de los principios de justicia social, mejores condiciones de vida, trabajo, descanso, recreación, educación y cuidado de la salud del pueblo soviético, y mostraba una preocupación incesante por la riqueza cultural. De primordial importancia en el proceso era la unión de palabras y hechos, derechos y obligaciones, la elevación del trabajo honesto, altamente calificado, la superación de las tendencias a equiparar la remuneración y el consumismo. Los soviéticos consideraban que la *perestroika* contenía un espíritu genuinamente revolucionario y que se basaba en el principio de "Más socialismo y más democracia".

La *glasnost* o transparencia informativa fue una de las condiciones más importantes de la democratización de la sociedad soviética, pues garantizaba el derecho de cada ciudadano a obtener información completa y veraz sobre cualquier cuestión de la vida social, a analizar abierta y libremente los asuntos sociales de mayor importancia.

Guiada por los intereses del socialismo y la *perestroika*, la XIX Conferencia del Partido Comunista de la Unión Soviética consideró que el desarrollo de la *glasnost* era uno de los objetivos políticos más decisivos. La claridad informativa en la actividad del Partido, del gobierno, de las organizaciones públicas y de los medios masivos de comunicación; el desdoblamiento de las críticas y las autocríticas, y la afirmación de la apertura y la sinceridad en la política, permitirían que el Partido y el pueblo identificaran los factores de retardo e incitaran a las fuerzas patrióticas al trabajo activo en beneficio del país y del socialismo. Los soviéticos deseaban más apertura en los asuntos públicos, estar informados de las actividades de todos los cuerpos gubernamentales y participar en la elaboración de pautas fundamentales para la aceleración del desarrollo económico-social, todo lo cual era posible gracias a la *glasnost*. Este aspecto de la reforma se convirtió entonces en una condición necesaria para la promoción de todos los demás derechos, las libertades y las obligaciones constitucionales.

Peso corporal

Día con día aumenta el número de personas que cada mañana, antes de tocar el agua o mirarse en el espejo, se colocan sobre una pequeña báscula de piso para saber si luego de la opípara cena de la noche anterior su peso corporal aumentó, se mantuvo estable o, acaso, disminuyó.

Aunque todo indica que la antigua máxima griega de "Mente sana en cuerpo sano" ha vuelto a cobrar vigencia en estos tiempos, hay quienes opinan que, lejos de equipararse con alguna filosofía consistente, el renaciente culto por el cuerpo es fiel reflejo de la transformación en mercancía de todo lo existente en la sociedad contemporánea, incluido, por supuesto, el organismo humano. Desde el amplio espectro alimentario que incluye productos naturistas y alimentos *light* o enriquecidos con vitaminas y minerales, hasta el brote epidémico de gimnasios y centros deportivos donde practicar *aerobics* o cualquier otro tipo de ejercicio, asistimos hoy en día al auge de una industria del cuerpo cuya base se sustenta en la idea de que lo mejor es "verse bien".

Más allá de las tendencias en boga, los especialistas consideran que el proceso biológico asociado al desarrollo del peso corporal es un complejo asunto que merece la mayor atención, sobre todo porque cualquier desajuste que conduzca a los extremos de la obesidad o la delgadez puede incidir negativamente en el funcionamiento general del organismo. La obesidad, por ejemplo, suele relacionarse con enfermedades del corazón y las arterias, la diabetes, la cirrosis hepática o la apendicitis, mientras que estar "como varita de nardo" puede traer como consecuencias anemia y deficiencias notables en el sistema inmunológico.

No existe fórmula capaz de establecer con relativa exactitud el peso corporal idóneo. Si bien se han elaborado tablas que consideran la estatura, la edad y el sexo como los parámetros del peso ideal, no todos los especialistas han coincidido con los resultados de tal esquema. Se cuestiona, en primer lugar, la aplicación uniforme de tales valores, por no ser acorde con la realidad: un individuo podría pesar lo indicado en la tabla y aun así padecer de un exceso de grasa. Asimismo, se argumenta que también las dimensiones de la musculatura, la estructura ósea y la capacidad para retener líquidos, entre otros factores, inciden en el peso de cualquier persona.

Otros elementos que influyen en la determinación del peso corporal van desde las características hereditarias hasta el proceso metabólico, e incluso ciertos aspectos psicológicos, aunque, por supuesto, es preciso mencionar aquí el papel fundamental que desempeña el consumo de alimentos en la fijación del peso.

Como cualquier organismo vivo, el cuerpo humano es un sistema que requiere de energía. Esta energía se mide en calorías, unidades que equivalen a la cantidad de calor necesaria para, a la presión atmosférica normal, elevar la temperatura de un gramo de agua de 14.5 a 15.5 grados centígrados.

La energía calórica es indispensable para la realización de diversas funciones corporales, por ejemplo la regeneración de tejidos, el mantenimiento de una temperatura constante en el cuerpo, la actividad física, el combate de las enfermedades y las infecciones, y muchas más. El organismo obtiene esta energía calórica precisamente de los alimentos, así como de sus propias reservas energéticas, como la grasa y el glucógeno.

Cuando las necesidades de energía se satisfacen en forma adecuada, el peso corporal se mantiene estable. Pero si el consumo de calorías es inferior a lo que el organismo demanda, se desarrolla una "crisis negativa de energía", situación en la que el cuerpo recurre a su reserva energética de grasa y glucógeno. Si esta falta de combustible se mantiene durante un lapso considerable, el organismo empezará a consumir sus propios músculos y órganos. En este sentido, desde hace algunos años se dispone de pruebas de que las dietas prolongadas y aquellas que prohíben en su totalidad el consumo de grasas o carbohidratos tienden a provocar trastornos en la salud a causa de que producen la eliminación no de las grasas, sino de las proteínas de los músculos y órganos del cuerpo.

Por el contrario, si el número de calorías que consume el cuerpo rebasa sus necesidades inmediatas, se presenta una "crisis positiva de energía", momento a partir del cual se desarrolla la obesidad. Como si previniera tiempos difíciles, el organismo convierte el exceso de combustible en grasa, la cual es almacenada debajo de la piel; por cada 7,000 calorías extra, se acumula en el organismo aproximadamente un kilogramo de grasa.

El exceso de calorías no se deriva necesariamente de una ingestión desmesurada de azúcares y alimentos; también la abundancia de calorías proteínicas da lugar a la formación de grasa. Por esta razón, es probable que una persona que consume alimentos dietéticos continúe ingiriendo demasiadas calorías, y que por ello no pueda reducir y ni siquiera mantener su peso.

A fin de contrarrestar los nocivos efectos de la obesidad, se recomienda reducir el consumo diario de calorías e incrementar mediante el ejercicio las necesidades de energía del cuerpo.

Los nutriólogos miden el sobrepeso de sus pacientes con un pequeño instrumento conocido como calibrador de pliegue cutáneo. Como práctica común, se recomienda colocar los dedos pulgar e índice a unos 2.5 centímetros de distancia sobre la mejilla y juntarlos con suavidad; el grosor del doblez en la piel es una medida indirecta de la grasa corporal. Otros prefieren medir el tejido adiposo que se encuentra entre los músculos y la piel de los brazos.

De cualquier manera, se trata sólo de métodos muy generales: un estudio serio del peso corporal requiere tomar en consideración factores que trascienden lo superficial y lo estético.

Plebiscito. *Ver* Referéndum

Pluralismo
Es el pluralismo la concepción que propone como modelo una sociedad compuesta por muchos grupos o centros de poder, aun en conflicto entre ellos, a los cuales se les asigna la función de limitar, controlar, contrastar e incluso eliminar el control del grupo dominante identificado históricamente con el Estado. Como corriente de pensamiento político, se opone a la concentración del poder, propia de la formación del Estado moderno.

El término se identificó inicialmente con una escuela filosófica que rechazaba el concepto de Estado absoluto y soberano. Los pensadores europeos de principios del siglo xx elaboraron una compleja formulación de pluralismo que puso de manifiesto sus aspiraciones liberales, fuentes ideológicas y limitaciones.

El pensamiento pluralista contemporáneo se desarrolló en los años cincuenta. Su supuesto básico era que debía existir una distribución amplia e igualitaria de los recursos políticos y un reconocimiento abierto a los distintos intereses en juego en las disputas políticas. Esta postura representaba una reacción contra la teoría democrática clásica, pues adicionalmente restaba importancia al voto como mecanismo democrático de control y legitimaba intelectualmente la actividad de los grupos de presión.

Una versión reformada del pluralismo sostiene la idea de un gobierno fragmentado que, sin embargo, no ofrece acceso igual para todos.

Es, así, un esfuerzo de organización social basada en el respeto a todas las tendencias, por diferentes que éstas puedan ser. Por lo tanto, implica la aceptación incondicional de que la vida en sociedad comporta muy serias complicaciones. La coincidencia en este punto abre la puerta a un destino común en el que cada grupo ideológico encuentra su justificación.

El término se presta a distintas aplicaciones en el contexto de los partidos políticos. Pluralismo simple es el tipo de bipartidismo inglés bipolar, según el cual el funcionamiento del sistema gira en torno de dos polos (más allá del número de partidos existentes), los que tienden a conformar un centro y son en consecuencia centrípetos. Pluralismo moderado es aquel en el que operan tres o cuatro partidos también bipolares y centrípetos. El pluralismo extremo es multipolar, polarizado y centrífugo; el sistema gira en torno de más de dos polos, centrífugos en razón de la inexistencia de un punto central que los atraiga.

Junto a los partidarios del pluralismo de diversos tiempos (Spinoza, Locke, Montesquieu, Voltaire, Tocqueville, Stuart Mill, Laski), figuran sus enemigos (Hobbes, Rousseau, Mussolini, Schmitt y los políticos totalitarios).

Mientras que el pluralismo reivindica la autonomía y los derechos de las instituciones de intermediación entre el individuo y el Estado, quienes niegan el pluralismo tienden a promover la absorción estatal de la sociedad.

El llamado neopluralismo, hasta ahora de expresión puramente académica, se inclina a considerar a los grupos como sujeto básico y excluyente del proceso político.

Poder adquisitivo

Se llama poder adquisitivo a la cantidad de bienes y servicios que el trabajador puede obtener de su ingreso en un momento determinado, y que varía en el tiempo en función de las modificaciones de los precios de los bienes.

En un país con una inflación elevada, el poder adquisitivo de la población disminuye, lo que se refleja en un descenso en su nivel de vida, pues el nivel general de precios aumenta por lo común en mayor proporción que las retribuciones al factor trabajo, dado que mientras que la inflación se manifiesta a diario, la revisión contractual suele realizarse sólo una vez al año, además de que los patrones incrementan los salarios en una proporción menor que el índice inflacionario registrado en los 12 meses más recientes.

La pérdida del poder adquisitivo no afecta por igual a los diferentes estratos de la población. Los sectores más perjudicados son aquellos que reciben ingresos fijos (caso de los asalariados y pensionados), en tanto que los comerciantes se ven menos afectados gracias a la posibilidad de trasladar el efecto inflacionario al precio de sus productos, el cual en ocasiones elevan tanto —por encima del índice inflacionario— que incluso obtienen beneficios.

Es importante distinguir entre ingreso nominal e ingreso real. El primero es la cantidad de dinero que el trabajador recibe semanal o quincenalmente a cambio de su trabajo; el segundo es la cantidad de bienes o satisfactores que puede obtener con ese nivel de ingresos, lo que muestra la "capacidad adquisitiva" en un periodo determinado.

El incremento del poder adquisitivo de la población puede lograrse mediante la estabilidad de precios, tasas de crecimiento económico que sean mayores al crecimiento demográfico, una mejor distribución del ingreso y una política de desgravación fiscal por la cual el gobierno anule o reduzca los impuestos que deben pagar los estratos menos favorecidos, con lo que adicionalmente es posible ampliar el mercado interno.

Otro mecanismo para la defensa del poder adquisitivo del salario es el control de precios de las mercancías que integran la canasta básica, ya que el valor del ingreso real depende sobre todo del índice de precios de las industrias productoras de bienes de consumo popular, influido significativamente por los precios de las materias primas y de los alimentos.

De igual forma, la elevación de los ingresos de los trabajadores puede asociarse con un incremento en la productividad, procedimiento que ofrece la ventaja de evitar un aumento en los costos en las empresas y que por lo tanto anula la posibilidad de un efecto inflacionario.

Es obvio que en lo que respecta al ingreso real existen únicamente tres posibilidades: que aumente, que se mantenga relativamente estable o que disminuya. En caso de que aumente, caben entonces dos opciones: que sea mayor, en términos porcentuales promedio, al aumento de la productividad, con lo que se lograría una mejor redistribución del ingreso en favor de los trabajadores, o que sea indistintamente igual o menor al aumento de la productividad, con lo que sólo se conseguiría expandir el mercado interno.

La estabilidad del ingreso ofrecería a su vez dos posibilidades: una mejor distribución personal del ingreso en caso de que el empleo creciera a una tasa superior a la del aumento de la población económicamente activa (PEA), o que se incrementaran únicamente las ganancias del ingreso nacional si el empleo creciera a una tasa igual o menor que la de la PEA.

Finalmente, la disminución del ingreso real equivale al deterioro del poder adquisitivo y a la reducción del mercado interno, lo que para la economía de un país significa afrontar una indeseable etapa recesiva, a menos que este hecho forme parte del proyecto macroeconómico del gobierno de aplicar una política antiinflacionaria o de disminución del déficit externo.

La capacidad de negociación de los sindicatos se ha debilitado enormemente a últimas fechas tanto en los países desarrollados como en los que están en desarrollo, debido sobre todo a la magnitud del desempleo imperante y a la intensa competencia internacional, lo que induce a las empresas a mantener comprimidos sus costos. Por otra parte, también el avance tecnológico inhibe la lucha sindical, pues las empresas podrían automatizarse del todo en caso de que los costos de la fuerza de trabajo o los conflictos laborales les resultaran perjudiciales.

En lo que toca al poder adquisitivo de una moneda en las transacciones comerciales internacionales, éste depende del tipo de cambio de la moneda respecto de otras divisas (dólar, marco, yen, etcétera), lo que determina su poder de compra en el exterior, el cual varía a su vez en función del nivel de inflación que registren los diversos países con los que se comercia: a mayor inflación, menor competitividad de las exportaciones.

Posgrado

El posgrado corresponde al más alto nivel de estudios de la pirámide educacional, y a él pueden aspirar los profesionales que hayan terminado sus estudios de licenciatura. Este nivel se imparte a través de cursos de especialización, maestrías y doctorados.

El objetivo general de estos programas es lograr que los profesionales alcancen un mejor nivel académico a través de amplios conocimientos en un campo determinado y sean capacitados para la adaptación de métodos y técnicas particulares a problemas específicos de la disciplina, área o materia de que se trate.

Entre los fines específicos de estos programas se pueden mencionar los siguientes: 1) formar profesionales con las bases científicas y las habilidades necesarias para establecer, manejar e instrumentar técnicas y métodos de docencia e investigación; 2) entrenar y capacitar personal profesional cuya orientación teórico-práctica vaya encaminada hacia la resolución de problemas que afectan a la población, así como hacia la formación de una autodisciplina académica que permita mantener un alto nivel de conocimientos; 3) formar recursos humanos apropiados que posean los conocimientos, habilidades y aptitudes adecuados para ser capaces de analizar, interpretar, diagnosticar y desarrollar conocimientos amplios en determinada área; 4) mantener actualizado al profesional en los conocimientos propios de su especialidad.

El nivel conocido como maestría persigue el propósito de formar profesionales en áreas específicas del conocimiento para realizar investigación de carácter adaptativo. Quienes lo cursan son capacitados para el ejercicio profesional en un alto nivel de especialización disciplinaria, la cual puede ser enfocada hacia la docencia o hacia los campos científico, tecnológico o humanístico.

A su vez, el objetivo de los programas de doctorado es formar profesionales para la investigación básica o aplicada, la cual debe cumplir como requisito un alto grado de originalidad.

Asimismo, con los cursos de especialización se pretende mejorar el nivel académico del personal, tanto el docente como el administrativo. En ellos se ofrecen amplios conocimientos en un campo restringido y capacitación para la adaptación de métodos y técnicas particulares a problemas específicos.

Privatización y desincorporación

La privatización consiste en la transferencia de bienes y servicios propiedad del gobierno al sector privado. La más completa entre las diversas modalidades que este mecanismo puede adoptar es la de la venta de bienes gubernamentales (como empresas y terrenos) a compradores privados, que de este modo asumen el manejo de actividades antes controladas por la administración estatal.

Otras formas de privatización permiten que la iniciativa privada proporcione un servicio o actúe en un ámbito anteriormente reservado al gobierno, como sería el caso de la telefonía en México, o la invitan a competir por contratos de suministro de un servicio financiado por una dependencia gubernamental.

Por regla general, la privatización de una empresa hace necesario su saneamiento, a fin de que garantice una rentabilidad atractiva a los inversionistas. Esta operación implica ajustar su tamaño, líneas de producción, organización interna, modernización tecnológica y sistema financiero, lo que, de no lograrse, obligaría a optar por su liquidación.

La privatización se ha acentuado a escala internacional desde los años ochenta, lo mismo en la Comunidad Europea y en América Latina que en la Europa del Este. Inglaterra es el país que se encuentra a la cabeza en este renglón, pues a partir de 1979 su gobierno ha transferido al sector privado centenares de empresas públicas (compañías telefónicas, aeropuertos, servicios de abastecimiento de agua y gas, etcétera) que ya resultaban improductivas e ineficientes a causa de sus problemas laborales, de su mala administración o de la onerosa carga de subsidios que representaban. Con diferentes modalidades y estrategias, muchos otros países, México entre ellos, han seguido la misma dirección.

El gobierno francés, por ejemplo, retiró los subsidios a las compañías improductivas y comenzó a otorgarles a sus empresas el mismo trato que a las privadas, con los consecuentes impuestos, dividendos y pagos de amortización. Se basó en el criterio de que, ya sean públicas o privadas, las empresas deben competir internacionalmente para ser exitosas, de manera que toda entidad pública incapaz de elevar su productividad y eficiencia sería liquidada para evitar una merma en la competitividad del país.

Proteccionismo

La inexistencia de Estados nacionales antes del siglo XVI explica el hecho de que la primera corriente de pensamiento que analizó el intercambio internacional, el mercantilismo, haya aparecido con posterioridad a esa fecha. El objetivo esencial de la etapa mercantilista (siglos XVI a XVIII) fue la constitución de un Estado fuerte tanto en lo económico como en lo político, lo que provocó la promoción del nacionalismo. Así, las transacciones con el exterior estuvieron marcadas por la idea de garantizar una balanza comercial favorable mediante el recurso de fomentar las exportaciones, restringir las importaciones y utilizar el excedente para la compra de metales preciosos, considerados entonces como la mayor de las riquezas.

Por tal motivo, el mercantilismo se caracterizó por una política proteccionista en materia de comercio exterior, es decir, por la proliferación de medidas encaminadas a restringir las importaciones. El Estado promovía las exportaciones y limitaba el acceso a los mercados nacionales de productos como los artículos de lujo echando mano de instrumentos como la fijación de altos impuestos a la importación (aranceles), la aplicación de una reglamentación rigurosa al comercio exterior y el establecimiento de un monopolio en el comercio.

La desincorporación se distingue de la privatización en que las empresas estatales no pasan necesariamente a manos del sector privado, sino que simplemente son separadas del ámbito gubernamental mediante procedimientos como la venta, la fusión, la transferencia de propiedad o la liquidación.

El propósito general de ambas medidas es reducir la presencia del gobierno en la propiedad, el financiamiento y la regulación de bienes y servicios, a fin de que la desregulación y la competencia se encarguen de conseguir una asignación más racional de los recursos, eliminar barreras a la participación del sector privado en ciertas actividades económicas e incrementar la competitividad internacional del aparato productivo del país.

De igual forma, con la privatización y la desincorporación de las empresas públicas se persigue ya sea la obtención de recursos que permitan aliviar las dificultades financieras del sector público, como el pago de su deuda externa, o la eliminación de importantes fuentes de absorción de recursos, como los organismos paraestatales deficitarios.

El proceso de desincorporación se ve favorecido cuando los déficits acumulados por las empresas públicas entorpecen las funciones económicas del gobierno, o en razón de una presencia desmedida de las empresas estatales en la economía, circunstancia que en cierto momento hace aconsejable conservar únicamente aquellas actividades estratégicas y prioritarias.

También el contexto internacional contribuye a este proceso, ya que, entre otras condiciones, la globalización de los mercados demanda mayor flexibilidad y respuestas rápidas a las oportunidades, requisitos que la iniciativa privada cumple más satisfactoriamente dada su activa participación en la pugna competitiva y su permanente atención a las cambiantes señales del mercado.

La paulatina transformación del capitalismo comercial en capitalismo industrial (hacia fines del siglo XVIII) hizo inoperantes los monopolios reglamentados por el Estado y urgió más bien a la eliminación de barreras comerciales para dar paso a la expansión de la industria, particularmente de la inglesa y la francesa, sobre la nueva base de la producción masiva.

En concordancia con ello, la ideología y la política económica de la época dieron un giro radical hacia el librecambismo, surgido como reacción contra las prácticas proteccionistas del mercantilismo, a pesar de lo cual éstas no desaparecieron en todos los países a causa del desigual desarrollo industrial. Naciones como Alemania y Estados Unidos, que aún no habían logrado un crecimiento industrial similar al inglés o al francés y que poseían cierta capacidad de negociación, aceptaron con reservas el librecambismo y justificaron la aplicación de impuestos a la importación durante el lapso necesario para alcanzar la capacidad productiva que las habilitara a competir libremente en el mercado internacional.

Durante el siglo XIX y hasta la Primera Guerra Mundial se practicó un comercio internacional de moderado proteccionismo; este periodo se conoce como "la era del librecambio". Sin embargo, esta situación se vio modificada en el periodo de entreguerras (1918-1939), durante el cual barreras comerciales de todo tipo vinieron a sumarse a aranceles cada vez más elevados. Como ejemplos de barreras contra las importaciones aparte del arancel pueden citarse las cuotas, los cupos globales y las licencias, instrumentos que reciben el nombre genérico de medidas no arancelarias y que a menudo constituyen obstáculos todavía más importantes que los aranceles (ver Medidas no arancelarias).

Por su parte, en el siglo XX, los países en desarrollo iniciaron su proceso de industrialización bajo una política de protección a su naciente industria. Es obvio que los países industrializados pueden imponer derechos arancelarios más bajos, por lo menos a los productos industriales,

debido a que son más competitivos que los países en desarrollo, los que en cambio necesitan aranceles más altos para proteger su proceso de industrialización.

Ningún país practica el librecambismo en su versión más pura, lo que significaría la total ausencia de barreras al comercio exterior. El mayor o menor grado de proteccionismo depende de la capacidad de competencia internacional de cada sector de la economía de una nación.

A fin de reducir las crecientes barreras comerciales, en 1948 entró en vigor el Acuerdo General sobre Aranceles Aduaneros y Comercio (GATT; *ver sección respectiva*), con el que se pretendió establecer un marco contractual internacional para las transacciones comerciales, así como un foro de negociaciones para reducir los obstáculos al comercio y dirimir disputas de esta índole.

Si bien el GATT ha rendido el efecto esperado, a partir de los años setenta han abundado las restricciones no arancelarias, las que en más de una ocasión han nulificado las reducciones alcanzadas en los aranceles. Este nuevo proteccionismo se caracteriza por limitaciones negociadas que adoptan la forma de "restricciones voluntarias" a la exportación, acuerdos en virtud de los cuales los productores de un país aceptan limitar sus exportaciones a petición de los fabricantes del país importador.

Cuando las restricciones a la exportación se deciden tras una intervención abierta de los gobiernos, los convenios reciben el nombre de "acuerdos de comercialización ordenada". El Acuerdo Multifibras que regula el comercio textil es un convenio de este tipo.

También son restricciones al comercio los requisitos técnicos, las medidas sanitarias y fitosanitarias excesivas, los impuestos compensatorios y *antidumping* y las licencias de importación. Éstas y otras muchas medidas no arancelarias intentan restringir o eliminar las importaciones, de lo que se desprenden graves daños para los países menos desarrollados, cuya escasa o nula capacidad de ejercer presión en las negociaciones o de aplicar represalias comerciales los hace sumamente vulnerables.

La más reciente ronda de negociaciones en el seno del GATT (la Ronda de Uruguay, 1986-1993) se propuso justamente disminuir las barreras al comercio, y en especial las no arancelarias, particularmente dañinas en lo que se refiere no sólo al desarrollo de muchos países, sino también al incremento del comercio mundial.

Redes de computadoras

La capacidad, de suyo enorme, que posee una computadora puede incrementarse considerablemente si se enlaza ésta con otras más a través de una red.

Dos factores se conjugaron para el desarrollo de las redes de cómputo a partir de los primeros años de la década de los noventa. El primero tiene relación con el explosivo éxito de las computadoras personales o PC, que si bien contribuyeron al aumento de la productividad de los usuarios, generaron el nuevo problema de la integración de la información, pues ésta terminó aislada dentro de cada aparato. La imposibilidad de compartir información, impresoras o discos propició que los usuarios de computadoras tuvieran que manejar la información mediante *diskettes* e impresoras o PC adicionales con disco duro, dispositivo éste de alto precio, pero esencial para el almacenamiento.

El segundo factor tiene que ver precisamente con el diseño de redes locales, surgidas con el nombre de Ethernet en los Laboratorios Xerox de California. Aunque este concepto se manejaba ya en los años setenta, no fue hasta 1983 cuando se experimentó con computadoras personales.

Una red local o LAN (siglas en inglés de *Local Area Network*) es el enlace, mediante un sistema de cableado, de dos o más computadoras situadas a una distancia inferior a 6 kilómetros entre sí, y con velocidades medias superiores a 1 megabyte por segundo.

El desarrollo actual de redes de computadoras ha alcanzado niveles interesantes. Existe ya el *hardware* necesario para conectar entre sí computadoras de diversos tamaños (portátiles, de escritorio, *mainframes*, etcétera). Asimismo, ya es posible hacerlo dentro de un mismo edificio (caso en el que se encuentran las LAN) o entre grupos de computadoras ubicadas en zonas geográficas distantes (las denominadas redes de área amplia o WAN, siglas de *Wide Area Network*). Ello es posible gracias a los cableados de fibra óptica y a la transmisión de información mediante teléfono celular, módem o fax, además del uso de la transmisión vía satélite.

Las redes también requieren un sistema operativo para funcionar. El más popular hasta la fecha es NetWare de Novell, cuya primera versión fue introducida en 1983 y que ofrece servicios de impresión y archivo para pequeñas redes departamentales.

Los elementos que integran una red local son:

a) Estaciones de trabajo, cada una de las PC que se hallan conectadas a la red.

b) Servidor, la computadora capaz de compartir recursos tales como aplicaciones y sistema operativo, lo mismo que sus archivos (razón de que también se le llame *file server*) y sus impresoras.

c) Sistema de cableado, con el que se unen todas las computadoras que funcionan en red.

d) Tarjetas de red, las cuales permiten la conexión con el sistema de cableado, pues por lo general las computadoras personales no incluyen un puerto especial para LAN, es decir, una conexión para red.

Como ya se mencionó, el sistema operativo de red es diferente del que cada computadora emplea por separado. Entre las aplicaciones de *software* para red sobresale el *software* de grupo, mejor conocido como *groupware* y que abarca todos los paquetes de cómputo orientados a mejorar el trabajo tanto individual como de grupo. A este tipo de

software pertenecen los correos electrónicos (que eliminan memoranda, cartas y demás papeleo), las agendas de grupo (con las que se logra armonizar las citas y juntas de trabajo de los miembros de la red), los organizadores de tareas y actividades, y la modalidad de interacción directa con las bases de datos.

El empleo del *groupware* hace posible la automatización de las oficinas; en consecuencia, dejan de ser necesarios los servicios de secretarias que tomen notas o reciban recados, en tanto que el correo y los faxes eliminan el empleo de papel y las transmisiones habituales, que se realizan ahora de computadora a computadora.

Las ventajas fundamentales de una red local se pueden sintetizar en los siguientes puntos:

❑ Posibilidad de compartir fácilmente información, programas y los recursos del servidor.

❑ Automatización en las labores de respaldo.

❑ Mayor y mejor integración del personal al emplear programas especiales para red local orientados al *groupware*.

❑ Posibilidad de trabajar con archivos y bases de datos realmente grandes.

❑ Conectividad mayor entre computadoras personales y las de mayor tamaño (tanto minicomputadoras como *mainframes*).

❑ Mayor seguridad que la obtenida con una PC.

Finalmente, las redes de computación representan el camino para la fusión de las computadoras con los sistemas de comunicación. Así, la red Minitel de Francia conjuga teléfonos y computadoras, mientras que el actual gobierno estadounidense se ha propuesto instalar la llamada "supercarretera digital" a través de un gigantesco cableado de fibras ópticas de alta velocidad y de amplia capacidad para transmitir información, la cual conectará a todas las computadoras de aquel país. Se espera que para el año 2000 existan redes globales que permitan conectar al planeta entero.

Referéndum

El referéndum es un procedimiento de democracia directa que ha sido institucionalizado por algunos sistemas democráticos contemporáneos y mediante el cual —ya sea por iniciativa gubernamental, parlamentaria o popular— el electorado decide sobre la adopción o reforma de un texto legislativo fundamental. Es un instrumento para corregir los defectos y peligros de la representación política cuando se sospecha que el sistema parlamentario no puede expresar la verdadera voluntad ciudadana. Sirve para adoptar un punto de vista de tipo jurídico fundamental, que le conceda indiscutible legitimidad al texto resultante.

Tras la posguerra, ha sido incorporado a la constitución en sistemas políticos tanto pluralistas como populistas, que lo han admitido como instrumento válido de expresión de la voluntad popular.

Surgido en el siglo XVI, el término referéndum fue usado originalmente en los inicios de la organización federal del gobierno de Graubunden y Valais, actuales cantones de la Confederación Suiza, los cuales eran entonces meros distritos aliados. Los dispersos municipios que los integraban eran representados en la asamblea federal del distrito por delegados nombrados para el efecto, quienes debían reclamar instrucciones y rendir cuentas a sus electores. Estos individuos eran conocidos como comisionados *ad audiendum et referendum*.

Sin embargo, se le utilizó por primera vez como procedimiento formal para la ratificación constitucional en la consulta efectuada en Massachusetts en 1778, cuando el electorado de lo que comenzaba a llamarse Estados Unidos rechazó la constitución propuesta. Las primeras constituciones estadounidenses ratificadas mediante referéndum fueron la de Massachusetts en 1780 y la de New Hampshire en 1783. Asimismo, su primera aplicación para ratificar leyes comunes ocurrió en el cantón suizo de St. Gall en 1831. Se usó también en Francia tras la Revolución Francesa, de acuerdo con la noción de la soberanía del pueblo: en 1800 para ratificar una nueva Constitución, en 1802 para nombrar a Napoleón cónsul vitalicio y en 1804 para designarlo emperador.

Según la mayor o menor necesidad de la intervención popular, el referéndum puede ser *facultativo* si dicha intervención es prescindible sin mayor consecuencia sobre el acto, u *obligatorio* si el pronunciamiento del pueblo es indispensable para la validez del acto.

El plebiscito es también un procedimiento de democracia directa por el que se convoca y consulta al electorado para que ratifique o rechace una decisión política o para que otorgue o retire su confianza a una persona.

No se trata de una modalidad de referéndum, pues aunque comparte con éste ciertos rasgos, es un instrumento de legitimidad política y no jurídica. Ciertamente puede adoptar esta última forma, pero el alcance y contenido de su estructura es netamente político. El referéndum, a su vez, está regido por una mayor regularidad, es objeto de disciplina constitucional y lleva implícita la intervención de los órganos estatales, cuya ausencia caracteriza por su parte al plebiscito, al cual la excepcionalidad de sus asuntos no le ofrece cabida dentro del ámbito constitucional.

Tanto su origen histórico (la deliberación del pueblo, y más específicamente de la plebe, como respuesta a la convocatoria del ministro o tribuno que la defendía frente a los patricios o nobles en la antigua Roma) como las votaciones que bajo este nombre se verificaron en Europa sobre temas de relevancia constitucional a partir de la Revolución Francesa y de la divulgación de ideologías basadas en la soberanía del pueblo, demuestran que el plebiscito es en esencia un pronunciamiento popular. Tal carácter revistieron, en efecto, consultas como las realizadas durante el Risorgimento y la formación del Estado italiano acerca de anexiones territoriales.

Es posible distinguir varias clases de plebiscito: de *determinación*, que se realiza antes de cesiones o anexiones territoriales y que es, por lo tanto, condición previa para toda modificación de la soberanía; de *ratificación*, destinado a confirmar tales cesiones o anexiones y que tiene importancia simbólica, pues su resultado se conoce de antemano; de *iniciativa*, categoría definida por Scelle, cuyo objeto es que los habitantes se pronuncien no sobre negociaciones territoriales entre gobiernos, sino sobre los cambios que desean y que creen conveniente imponer a los gobernantes.

Retroalimentación

Se conoce con este nombre a la respuesta que el receptor de un mensaje le hace llegar a su emisor. No obstante, el uso de este término en diferentes ámbitos determina la variedad de sus significados. Así, en acústica se entiende por retroalimentación el sonido de un altavoz que vuelve al micrófono que lo generó; en biología, el tipo de regulación de la actividad enzimática en la que la acumulación de un producto final controla las reacciones que le dan origen, y en física, la transmisión de corriente o tensión desde la salida de un circuito o dispositivo a su entrada (H. de la Mota, A., *Diccionario de la comunicación*, editorial Paraninfo, Madrid, 1988, pág. 261).

Con todo, la aplicación más común de este vocablo corresponde al campo de la comunicación, actividad de la que puede decirse que tiene como meta fundamental justamente la de producir una respuesta. Así, el concepto de retroalimentación ha dado un nuevo sentido a la comunicación, pues enfatiza su carácter de relación de doble vía, es decir, con mensajes de ida y vuelta. Sin embargo, su aportación más interesante en este terreno es que le otorga al receptor un papel activo del que antes carecía, dado que tradicionalmente se le ha considerado como el objeto pasivo de la comunicación. En consecuencia, en este contexto se entiende por retroalimentación el mensaje de respuesta del receptor, que, al serle transmitido al emisor, invierte el sentido del proceso original. Se trata, pues, precisamente de lo que deseamos obtener cuando nos comunicamos, lo que explica que este término se haya vuelto decisivo para evaluar la eficacia de la comunicación.

La retroalimentación proporciona al emisor la información que necesita para saber si tuvo éxito en el cumplimiento de su objetivo de comunicar. Por lo tanto, una de las consecuencias de la existencia de una respuesta de este tipo en la comunicación es que sirve de apoyo tanto para el emisor como para el receptor.

La comunicación implica a menudo una interdependencia de acción-reacción. La acción de la fuente influye en la reacción del receptor, y la de éste influye en la reacción de la fuente. Tanto la fuente como el receptor pueden hacer uso de las reacciones de cada uno, las cuales constituyen la sustancia de la retroalimentación. Tales reacciones permiten que la fuente y el receptor ejerzan por sí mismos el debido control de sus recursos de comunicación y determinen el grado de éxito en el cumplimiento de su propósito. Así, por ejemplo, los oradores, el auditorio, los actores y cualquier tipo de emisor o receptor establecen entre sí relaciones de interdependencia a través de los efectos mutuos de sus reacciones (Berlo, K.D., *El proceso de la comunicación*, El Ateneo, Buenos Aires, 1973).

Supongamos que usted está pronunciando un discurso y en determinado momento cuenta un chiste. El auditorio debería reírse; si esto ocurre, esa reacción le indicará que tuvo éxito, que puede proseguir, que sus mensajes están surtiendo efecto. Supongamos, en cambio, que el auditorio no se riera; en este caso, la reacción también le servirá a usted de retroalimentación, pues gracias a ella sabrá que no está consiguiendo lo que desea. Podría entonces cambiar de chistes o dejar de contarlos. De este modo, el auditorio ejerce un control sobre usted y sus futuros mensajes, por medio de las respuestas que adopta.

De igual forma, un periódico influye en sus lectores seleccionando las noticias que les ofrecerá, pero también los lectores influyen en el periódico, pues si dejaran de comprarlo (retroalimentación negativa), podría darse el caso de que los directivos del diario decidieran modificar la selección y presentación de las noticias.

Los publicistas controlan a su vez los motivos que se le proporcionan al público para que compre tal o cual producto. Sin embargo, el consumidor influye en el publicista a través de la retroalimentación. Si el público adquiere mayores cantidades del producto (retroalimentación positiva), es muy probable que el publicista opte por conservar los mensajes que ha emitido hasta ese momento. Si, por el contrario, el público deja de comprar el producto (retroalimentación negativa), el publicista modificará sus mensajes o los accionistas de la empresa buscarán otro agente de publicidad.

Una situación de comunicación puede distinguirse de otra por la facilidad con que es obtenida la retroalimentación. Es evidente que la comunicación de persona a persona permite el máximo de retroalimentación; el emisor tiene la oportunidad de modificar su mensaje en el acto, como resultado de la reacción del receptor. Por otro lado, los medios de comunicación masiva (prensa, radio, televisión, cine) tienen una mínima oportunidad de recibir la retroalimentación, ya que el emisor y el receptor están separados en el tiempo y el espacio, lo que obviamente dificulta la obtención de retroalimentación a partir de las respuestas del otro.

Revolución tecnológica

La presencia en nuestros hogares de todo tipo de productos electrónicos —cuyo uso ha venido a transformar antiguos hábitos y conductas— es reflejo del creciente interés por la tecnología, visible desde hace décadas en el mundo entero, pero especialmente notorio a partir de los años ochenta. La actividad económica no podía permanecer ajena a lo que se ha llamado revolución tecnológica, en cuyos umbrales parecemos encontrarnos.

Y en efecto: la coincidencia de numerosas innovaciones tecnológicas capaces de transformar en su totalidad el aparato productivo nos permite hablar legítimamente de una revolución tecnológica, es decir, de "una constelación de sistemas tecnológicos con una dinámica común. Su difusión a lo largo y ancho del sistema productivo termina por englobar casi a la totalidad de la economía. Estas revoluciones conducen a profundos cambios estructurales y están en la raíz de cada gran auge de la economía mundial".

Un sistema tecnológico está integrado por un conjunto de innovaciones íntimamente vinculadas entre sí en sus aspectos tanto técnicos como económicos y que afectan a varios sectores y ramas del aparato productivo. En consecuencia, lo novedoso no es una innovación técnica en sí misma, por relevante que sea, sino la conjunción de varias innovaciones que ofrezcan la posibilidad de elevar considerablemente la productividad, y por lo tanto de abrir un abanico de nuevas oportunidades de inversión en áreas antes inexistentes y de inaugurar nuevas trayectorias de evolución tecnológica.

La revolución tecnológica da origen entonces a nuevas ramas de productos, lo que entre otros aspectos implica novedosos conceptos de eficiencia para la organización de la producción, menores requerimientos de fuerza de trabajo por unidad de producto, un nuevo patrón de inversión orientado hacia el uso de las innovaciones y una redefinición de las escalas óptimas de producción, así como un nuevo patrón de localización geográfica de la inversión, el uso de materiales diferentes acordes con la nueva tecnología, etcétera.

Estas profundas transformaciones imponen la exigencia de reconvertir el aparato productivo y de adecuar el marco reglamentario e institucional a las nuevas realidades. El proceso de asimilación y difusión de estos cambios no puede ser breve, ni sus trascendentes efectos en la vida económica y social son notables en un principio.

A la vanguardia de la revolución tecnológica, la "tecnología de punta" es la que integran actividades de reciente creación como la microelectrónica, la biotecnología, la telemática, la robótica, las telecomunicaciones digitales y la invención de nuevos materiales (fibra óptica, polímeros y cerámica, entre otros).

El sistema tecnológico central está constituido por la industria de componentes microelectrónicos, cuyos requerimientos de insumos, materiales y equipos motivan importantes innovaciones y contribuyen a generar una red de subsistemas con amplias perspectivas de desarrollo y un fuerte impacto en lo que se refiere a su encadenamiento productivo, tales como las computadoras, las telecomunicaciones digitales y las industrias tanto de *software* y sistemas como de servicios y procesamiento de datos.

La oficina y el hogar del futuro se beneficiarán de estos adelantos, pues se prevé que en ellos todas las actividades habrán sido automatizadas y girarán alrededor de las telecomunicaciones digitales para la transmisión de información bajo cualquiera de sus modalidades, ya sea mediante voz, datos o imagen. El proceso de fusión de la industria de la computación con las telecomunicaciones, con el equipo de oficina, con los productos electrodomésticos y con los medios de comunicación en general ya está en marcha y avanza con vertiginosa rapidez, aunque su aplicación efectiva y el acceso generalizado a estos recursos dependerán en gran medida de una más igualitaria distribución del ingreso.

El curso hacia la transformación tecnológica no será fácil. Obstáculos técnicos y económicos siguen impidiendo el despliegue de abundantes innovaciones, muchas de las cuales están aún por surgir. El desarrollo de las naciones estará indisolublemente ligado a su capacidad para aprovechar las oportunidades que se les presenten en este campo.

Seguridad en sistemas de cómputo

La información se ha convertido en uno de los activos más valiosos de las empresas y de muchos individuos. Al aparecer la tecnología avanzada para su procesamiento y distribución, han surgido problemas como la pérdida de datos, que puede significar graves peligros económicos. Un ejemplo de esto es un banco, donde todos los servicios se manejan tomando como base la información sobre los clientes. ¿Qué peligros corre la información contenida en las computadoras?

El *acceso no autorizado*

Este hecho ha propiciado el uso de códigos de seguridad denominados *passwords* o claves de acceso; incluso los mismos programas de *software* contienen claves que les permiten evitar daños o alteraciones a la información contenida en sus archivos. Preguntas como "¿Está seguro de borrar este archivo? S/N", suelen aparecer cuando el usuario ejecuta una instrucción que puede provocar una pérdida de información.

Los virus

Por otra parte, los mismos programadores de *software* generan, dentro de sus paquetes, claves que impiden copiarlos. Sin embargo, el afán de algunos usuarios por copiar ilegalmente el *software* de las corporaciones que lo crearon ha producido daños a la información causados por los "virus informáticos".

Así como una persona puede ser infectada por un virus y enfermarse, los programas de cómputo pueden ser contaminados por instrucciones alojadas en los discos que contienen el *software* de aplicación o los sistemas operativos. De hecho, los virus informáticos no son sino programas del mismo tipo que los procesadores de texto o las hojas de cálculo: contienen listas de instrucciones que la computadora debe ejecutar. Modifican a otros programas para crear una copia ejecutable y posiblemente alterada de ellos mismos. Son fáciles de crear y difíciles de detectar: podríamos no saber de su existencia durante varios meses debido a que los programas de cómputo pueden seguir funcionando normalmente luego de ser infectados.

Los virus tienen dos partes. Una construye la réplica de sí mismo e infecta la memoria de la máquina; la otra contiene las instrucciones de acción, y cuenta con una vasta cantidad de variantes. Un ejemplo curioso es el de un virus que, en el sistema Macintosh, aparecía la noche de Navidad y saludaba al usuario sin ocasionar daño a la información.

Los virus pueden iniciar acciones destructivas abiertamente, sea imprimiendo mensajes misteriosos o de burla, sea causando alteraciones en el funcionamiento del sistema de cómputo. Algunos ocasionan fallas que podrían relacionarse en principio con el *hardware* o el sistema operativo; pero otros se manifiestan de manera directa, por ejemplo representando en la pantalla pelotas que rebotan. El daño principal lo sufre el disco duro de la computadora, que puede ser destruido en su totalidad, con la consecuente pérdida irremediable de la información.

Se ha comprobado que los virus son desarrollados por

programadores de computadoras. Para algunos de ellos, esto constituye un verdadero "deporte". Algunos virus han ganado verdadera fama, como el denominado "Miguel Ángel", cuya fecha de activación, el 6 de marzo de 1992, provocó una alarma generalizada en miles de centros de cómputo de todo el mundo.

La proliferación de los virus informáticos ha generado el desarrollo de *software* antivirus. No obstante, de acuerdo con las recomendaciones de los fabricantes, la prevención del contagio está en el uso del *software* original. De igual manera se recomienda contar con "vacunas" antivirus, que no son más que programas para detectar posibles contagios en los discos flexibles y en el disco duro.

La seguridad de la información cobra especial importancia en la medida en que aumenta la comunicación entre computadoras, ya sea a través de redes o por medios como el teléfono o el fax. El interés por la seguridad se acrecentó a partir de 1988, año en el que se presentaron los primeros casos de pérdidas de grandes volúmenes de información en empresas muy importantes cuyos sistemas de cómputo habían sido contagiados por virus informáticos.

Espionaje y desastres

Otros factores —como el espionaje informático, los incendios, los terremotos o las inundaciones— han preocupado a los usuarios, en particular a las grandes empresas, y los han obligado a poner en marcha planes de contingencia para la construcción de centros de cómputo "espejo", ubicados en sitios fuertemente protegidos. Asimismo, se ha extendido la recomendación de contar siempre con respaldos de información en diferentes unidades de almacenamiento, ubicadas en sitios alejados unos de otros.

En algunos países se realizan investigaciones para crear sistemas cada vez más complejos de seguridad. En Estados Unidos, por ejemplo, se ha creado el *Public Key Encryption*, sistema que permite guardar la información con una clave doble de acceso, y proporciona al usuario una firma digital a prueba de falsificaciones. Pese a las bondades de este sistema, ha habido oposición en la policía estadounidense (FBI y CIA), pues se dice que esta firma digital podría facilitar las actividades de grupos criminales, por lo que propone emplear otro sistema que permita sólo a las autoridades policiacas descifrar cualquier archivo codificado.

Sistema Generalizado de Preferencias

El Sistema Generalizado de Preferencias (SGP) consiste en otorgar a las exportaciones —principalmente de productos manufacturados— de los países en desarrollo un acceso libre o con derechos arancelarios reducidos a los mercados de los países industrializados.

Sus antecedentes se remontan a las negociaciones de 1968 de la Conferencia de las Naciones Unidas sobre Comercio y Desarrollo (*United Nations Conference on Trade and Development*, UNCTAD por sus siglas en inglés), en las que se acordó establecer un esquema de preferencias arancelarias en favor de los países en desarrollo por un periodo de 10 años prorrogable por un lapso análogo.

El GATT acordó a su vez, el 25 de junio de 1971, eximir a los países desarrollados del cumplimiento de su artículo I (en el que se prohíbe la discriminación comercial) a fin de que pudiesen concederles a las naciones en desarrollo un trato arancelario preferencial.

A pesar de sus limitaciones, el SGP ha demostrado ser un instrumento útil para el establecimiento de relaciones comerciales más equitativas, ya que compensa en cierta medida las asimetrías económicas internacionales.

Antes que un procedimiento homogéneo y único, el SGP es un plan consistente en 16 esquemas de preferencias independientes y con modalidades y criterios diversos, lo que paradójicamente impide que los países beneficiarios obtengan de él todas sus posibles ventajas.

Esos esquemas de preferencias han sido denominados según los países en los que fueron elaborados y el año de su entrada en vigor, ofrecido entre paréntesis, y son los siguientes: Australia (1966), Austria (1972), Bulgaria (1972), Canadá (1971), Comunidad Económica Europea (1971), Checoslovaquia (1972), Estados Unidos (1976), Finlandia (1972), Hungría (1972), Japón (1971), Noruega (1971), Nueva Zelandia (1972), Polonia (1976), Suecia (1972), Suiza (1972) y Unión Soviética (1965).

En 1980, los países otorgantes de preferencias aceptaron la continuación del SGP, el cual sigue vigente hasta la fecha.

No obstante la variedad de los esquemas preferenciales, comparten entre sí características como las siguientes:

a) Son generalizados, pues los otorgan todos los países desarrollados en beneficio de todos los países en desarrollo, aunque cada país otorgante decide a cuáles beneficiar.

b) Son unilaterales y autónomos, ya que su establecimiento, los productos incluidos, su cobertura y demás componentes no se derivan de una negociación con los países beneficiarios, sino que son decididos por el país otorgante.

c) Promueven básicamente las exportaciones de productos manufacturados de los países en desarrollo, aunque en algunos casos también han sido incorporados ciertos productos agrícolas.

d) Son preferenciales, pues eliminan aranceles o rebajas a algunos productos de los países beneficiados.

e) Son temporales, ya que fueron concebidos para regir por un periodo de 10 años, aunque se han venido prorrogando por periodos iguales.

f) No son recíprocos, lo que significa que no exigen a cambio correspondencia ni ventajas de otra índole.

g) Son limitados, de manera que excluyen a ciertos productos o prevén reglas específicas que restringen su aprovechamiento.

Dada su inclinación en favor de los productos manufacturados, el Sistema Generalizado de Preferencias ha sido de mayor utilidad para los países en desarrollo con una base industrial amplia y exportaciones diversificadas que para países menos desarrollados con exportaciones limitadas a productos agrícolas y materias primas.

La revisión anual de los esquemas por parte de los países otorgantes, ya sea para mejorarlos o restringirlos, permite que los países beneficiarios presenten sus particulares peticiones comerciales, las cuales se agrupan en dos grandes apartados: necesidad de mejorar los esquemas (mediante el incremento del número de beneficiarios o de la cobertura de productos, o por medio de una mayor reducción arancelaria, por ejemplo) y urgencia de compensar la pérdida de margen preferencial cuando los países desarrollados se conceden entre sí reducciones arancelarias.

Para recibir los beneficios del SGP, un país debe cumplir los siguientes requisitos: que sus productos aparezcan en la lista del esquema preferencial del país desarrollado al que desea dirigir sus exportaciones; que los productos por exportar hayan sido elaborados en su territorio o posean al menos un porcentaje determinado de valor agregado nacional, y que sus exportaciones sean destinadas directamente al país otorgante, acompañadas de un certificado de origen de carácter gubernamental.

Sistemas operativos

La operación de una computadora requiere de un *software* básico denominado sistema operativo. Es el primer programa que se copia en la memoria de la computadora, a partir de un disco o cinta. Se trata del *software* del sistema primario y actúa como el "despachador principal" y como "controlador de tráfico".

Una parte del sistema operativo radica permanentemente en la memoria. Conocido también como programa ejecutivo o supervisor, realiza las siguientes funciones:

a) Responde a las indicaciones interactivas provenientes del usuario o de un conjunto de instrucciones previamente definido (a lo que se le conoce como "lenguaje de control de tareas").

b) Reproduce en la memoria programas específicos para que sean ejecutados en el momento requerido.

c) Controla la ejecución simultánea de varios programas de aplicación (tiempo compartido o multiprogramación), como los procesadores de palabras, las hojas de cálculo y el correo electrónico.

De igual forma, el sistema operativo se encarga de manejar las peticiones de entrada/salida del *software* de aplicación a través de métodos de acceso, los cuales crean los formatos de disco/cinta y por lo mismo "fijan" normas para la compatibilidad de los instrumentos (discos o cintas) en los que se almacenará la información procesada. Este sistema enlaza un programa del usuario con la máquina, pues convierte a las peticiones lógicas provenientes del programa (la copia de un archivo, por ejemplo) en un conjunto físico de instrucciones que activan los mecanismos de la unidad de disco y transfieren los datos. Ésta es la forma en que las computadoras con diferentes unidades de disco pueden "correr" el mismo programa para el usuario.

En los inicios de la computación, los sistemas operativos de las grandes máquinas eran diseñados por los propios fabricantes de *hardware* e integrados dentro de los equipos. Sin embargo, más tarde surgieron creadores independientes de sistemas operativos, cuyos programas, basados en funciones estándar, pudieron ser empleados en computadoras de diferentes tamaños gracias a su almacenamiento en discos independientes del *hardware*.

Uno de los sistemas operativos más populares, el Microsoft Disk Operative System (MS-DOS), el cual fue introducido en el mercado por Microsoft en 1981 y del que hasta ahora se han vendido millones de copias en todo el mundo, surgió en circunstancias muy curiosas. Microsoft era una compañía pequeña deseosa de vender su recién desarrollado sistema operativo, el cual había sido diseñado para computadoras personales IBM. Con tal objeto, sus ejecutivos solicitaron una cita en esta compañía, que les fue concedida. El día de la entrevista, sin embargo, el alto ejecutivo de IBM encargado de atenderlos canceló la reunión, pues recordó súbitamente que tenía un partido de golf.

Microsoft decidió entonces comercializar por su cuenta el MS-DOS, y no sólo para computadoras IBM, sino también para todas aquellas que fueran compatibles. En 1994, trece años después, su presidente y jefe corporativo, William Gates, es uno de los cinco hombres más ricos de Estados Unidos, el sistema operativo MS-DOS va en su sexta versión y Microsoft es una de las compañías más poderosas del mundo.

Otro factor que contribuyó al crecimiento de Microsoft fue la creación del programa Windows, una especie de sistema operativo con interfase gráfica que se puede cargar en máquinas que trabajan con DOS, el mercado más grande de computadoras en el mundo. Windows no es, en sentido estricto, un sistema operativo, ya que opera sobre el DOS previamente instalado, pero una vez funcionando simplifica todas las labores que normalmente se harían en DOS con comandos escritos. Windows surgió para las computadoras que operan con DOS como una respuesta al sistema operativo de las computadoras personales Macintosh, que desde años atrás ofrecieron a los usuarios una interfase gráfica ágil, cómoda e intuitiva a base de iconos y marcada por un uso intensivo del "ratón".

La primera versión de Windows data de 1984, pero en su versión 3.0 consiguió alcanzar la capacidad y sencillez operativa que le garantizaron una amplia difusión. El ofrecer la facilidad y rapidez del manejo de las instrucciones mediante el "ratón" y el despliegue de iconos y "ventanas" en el monitor de millones de máquinas que usan DOS, fue sin duda el motivo de su amplia aceptación. Los productores de programas de aplicación se apresuraron a desarrollar nuevas versiones de su *software* que pudieran correr sobre Windows y aprovechar sus ventajas. Hoy se dipone de más y mejores versiones de los programas para Windows que las que hay para DOS.

Otros importantes sistemas operativos para computadoras personales (o PC) son el OS/2 de IBM, Windows NT y el mencionado Sistema Operativo de Macintosh, actualmente (1994) en su versión 7.

Una de las limitaciones de los primeros sistemas operativos era su "linealidad", su incapacidad para operar en más de un tipo de *hardware* (ya fuera de un fabricante específico o de un tamaño determinado). A estos sistemas operativos, muy comunes en las computadoras medianas y grandes, se les denominó "sistemas propietarios", y entre ellos se cuentan MVS, sistema operativo de las *mainframes* IBM; Osiris, de Hitachi Data Systems, y VMS, de las minicomputadoras VAX de Digital Equipment.

Sin embargo, las crecientes necesidades de comunicación entre equipos de diferentes fabricantes demandaron la existencia de sistemas capaces de operar con múltiples usuarios y aplicaciones. Uno de ellos, UNIX, elaborado originalmente por USL para aplicaciones científicas, ha cobrado importancia durante los últimos años.

La velocidad de procesamiento de los sistemas operativos está determinada por la sencillez o elegancia de su estructura o diseño y por el microprocesador en el que corren. Actualmente se dispone ya de sistemas muy rápidos, como Windows New Technology de Microsoft, UNIX y NetWare de Novell, este último sistema operativo para redes de cómputo.

Software

Mientras que el *hardware* o equipo es un objeto o conjunto de objetos de consistencia física palpable, el *software*, el otro elemento básico de un sistema de computación, consiste en diversos tipos de información (textos, programas, cuentas, imágenes, etcétera) almacenada magnética u ópticamente y organizada en lenguajes computacionales que tienen como base un código binario (basado en dos dígitos: 1 y 0). El *software* es comparable más bien a la esencia de un relato literario, a los símbolos que lo integran, y gracias a los cuales podemos percibirlo como algo acabado. Estrictamente hablando, el *software* es el conjunto de instrucciones o programas de cómputo que funcionan en un equipo específico, ya sea una computadora personal, un *mainframe* o una red de computadoras. Como se trata de un elemento intangible, podríamos decir que es el "alma", las "ideas" o la "personalidad" del *hardware* (que en este caso representaría al "cuerpo" de una computadora), y al cual le da "vida".

Así, del mismo modo en que el cuerpo humano requiere una mente que lo dirija y accione, una computadora requiere un *software* para alcanzar su razón de ser, su utilidad. Es un tipo de *software*, que recibe el nombre de "sistema operativo", el que, con sus instrucciones y parámetros, genera el ambiente de control necesario para que la máquina efectúe las funciones básicas, comunes para todas sus acciones. Éste, además de coordinar las operaciones y procesos básicos, transporta los datos entre todos los componentes del *hardware*. Es, de igual forma, la base en donde "corre" otro tipo de *software* muy útil, llamado programas de aplicación (con usos particulares, como son los procesadores de textos, las hojas de cálculo, las bases de datos, etcétera).

El sistema operativo para computadoras personales más difundido ha sido el MS-DOS (*Microsoft Disk Operating System*), elaborado por Microsoft Corporation, la compañía productora de *software* más importante a nivel mundial. Con los años, se han difundido nuevas y mejores versiones de MS-DOS, actualizando sus capacidades para aprovechar los avances y desarrollos que se dan en el *hardware*. Otro exitoso sistema operativo ha sido el de las computadoras Macintosh que, a diferencia de DOS (que trabaja con base en instrucciones de texto) ofreció a los usuarios una interfase o presentación gráfica, por medio de dibujos o iconos, facilitando su aprendizaje y manejo. El exitoso programa Windows, publicado más tarde por Microsoft, ofreció un ambiente operativo similar al de Macintosh utilizable en las computadoras que trabajan con DOS. Otro sistema operativo gráfico para computadoras personales es OS/2 de IBM, importante por la capacidad de correr en él simultáneamente y con eficiencia varios programas de aplicación.

El *software* operativo para las grandes computadoras ha sido objeto de un diseño especial. Como ejemplos pueden citarse los sistemas MVS de IBM, VMS de Digital Equipment, Osiris de Hitachi y UNIX de Open System Foundation.

Los creadores de *software* se sirven de lenguajes especiales, tales como Fortran, Cobol y C++, a través de los cuales codifican instrucciones que finalmente serán presentadas al usuario en forma de comandos o iconos a fin de que pueda ejecutarlos de acuerdo con el propósito específico que persigue. Las herramientas de programación de *software* han evolucionado a tal grado que incluso hay programas para ingeniería de *software* (como el Computer Assisted Software Engineering, CASE).

Hay muy diversos programas de *software* de aplicación que, como se mencionó, sirven para funciones particulares. Los más comúnmente empleados en las oficinas son los procesadores de textos —algo así como una súper máquina de escribir—, las hojas de cálculo —que permiten realizar complicadas labores contables y matemáticas—, las bases de datos, útiles para administrar registros de información sobre personas o instituciones —por ejemplo, el número de suscriptores de un periódico o los clientes de una línea aérea— y, más recientemente, el *software* para correo electrónico, que con el uso de módems permite comunicar a diferentes usuarios a través de sus computadoras.

El crecimiento del *software* de aplicación fue considerable en los tres primeros años de la década actual. Ahora no sólo cubre los mercados del entretenimiento y de la educación —con el llamado *software* didáctico—, sino que cada vez hay más aplicaciones específicas para los ámbitos contable, financiero, médico, de diseño gráfico (Desktop Publishing, o DTP, como se le suele llamar), de diseño industrial o arquitectónico (Computer Assisted Design, CAD), para manufactura (Computer Assisted Manufacturing, CAM) o de ingeniería (Computer Assisted Engineering, CAE). De igual forma, existe *software* orientado a administrar redes de computadoras o a detectar problemas de seguridad en los sistemas, como es el caso del *software* llamado antivirus.

El *software* era uno de los productos más caros dentro de la tecnología de la información. Con el crecimiento del mercado, sus precios han disminuido, aunque hay aplicaciones, las denominadas *high end* o de alta tecnología, cuyos costos son aún considerables.

Por otra parte, la propiedad intelectual del *software* es un tema de gran importancia para los creadores de aplicaciones. La llamada piratería o copia ilegal ha desatado fuertes polémicas en muchos países, de manera que ahora es común que las leyes protejan los derechos de autor de los creadores y que los usuarios ilegales se hagan merecedores de sanciones. En 1989 se constituyó en México la Asociación Nacional de la Industria de Programas de Cómputo (ANIPCO), institución que alienta el desarrollo nacional de *software* y el combate a la piratería; sostiene relaciones con la Business Alliance Software (BAS), despacho jurídico internacional dedicado a la lucha contra el *software* ilegal, y ha promovido acciones penales contra empresas nacionales acusadas de emplear *software* pirata.

La ingeniería de *software* es un campo básicamente dominado por varones. Sin embargo, el primer programador de sistemas de cómputo de la historia fue una mujer: Lady Ada Augusta Byron (1815-1852), condesa de Lovelace, hermana de Lord Byron, el representante por excelencia del romanticismo poético inglés. Esta dama diseñó el primer programa para la máquina analítica de Babbage, considerada como el antecedente mecánico más remoto de las actuales computadoras.

Sondeos de opinión

Pionero en el desarrollo de técnicas para medir la opinión pública, George Gallup (1901-1984) contribuyó a hacer de las encuestas de opinión una de las instituciones más representativas de Estados Unidos en el siglo xx. Como director de investigación en la agencia de publicidad neoyorquina Young and Rubicam, puesto que ocupó de 1932 a 1947, fundó el Instituto Estadounidense de la Opinión Pública en 1935. Utilizaba métodos de investigación de mercado para reunir muestras de opinión solicitadas por clientes en el gobierno, los negocios, las universidades y los medios de información. Sus técnicas de muestreo fueron adoptadas por los encuestadores. A su muerte, la Encuesta Gallup seguía siendo el punto de referencia más respetado para conocer la opinión pública en Estados Unidos.

El sondeo es, por su parte, una prueba que permite conocer las características de una población determinada a partir de una muestra. El procedimiento para llevarlo a cabo consiste en reunir datos tipificados sobre individuos que pertenecen a una muestra representativa de una población más grande. Su objetivo es conocer la opinión y el comportamiento de esta población ante un problema particular. El método nació de la aproximación de dos técnicas que hasta entonces se utilizaban por separado: el cuestionario, como modo de observación, y el muestreo (Casalis, D. y Padioleau, J.G., *Larousse Universal*, Plaza y Janés, Barcelona, 1981).

Las encuestas por sondeo se aplican a campos muy diversos: el examen de las actitudes y de los comportamientos económicos (el consumo de las familias), políticos (la popularidad de un jefe de Estado), religiosos (la frecuencia de la asistencia al culto), sexuales (las opiniones sobre los tipos de anticoncepción), culturales (la frecuencia de escuchas radiofónicas), etcétera.

A lo largo de los últimos decenios, las encuestas por sondeo han llegado a convertirse en una técnica de observación relativamente precisa. Este procedimiento para recoger observaciones nació y se desarrolló en Estados Unidos durante los años treinta, con la creación de institutos especializados, entre los cuales el más célebre es el Instituto Gallup. Esta innovación se difundió en Inglaterra, los países nórdicos y Francia.

Las encuestas se caracterizan por dos cualidades: la estandarización y la representatividad de las informaciones recogidas con el fin de poder compararlas. Estas exigencias se satisfacen mediante el recurso conjunto de los procedimientos del cuestionario y el muestreo. En una fase posterior, las observaciones se analizan según reglas muy precisas.

El cuestionario es el medio privilegiado de comunicación entre el observador y el encuestado. Se presenta como una serie de preguntas referentes a los problemas acerca de los cuales se espera que el encuestado aporte alguna información. Reviste ciertas modalidades de presentación: puede ser escrito (enviado por correo generalmente) u oral. En el último caso, se hablará de entrevista o conversación, relación por la cual el encuestador y el encuestado se sitúan cara a cara. La entrevista puede ser única o repetida (técnica del panel).

El principio básico de la teoría del muestreo es simple: si se procede al sorteo de cierto número de elementos de una población, de tal manera que el subconjunto constituido de esta forma (la muestra) represente al universo (la población), los resultados obtenidos de la muestra pueden aplicarse a la población-universo. La validez de este razonamiento inductivo puede ser rigurosamente demostrada, empleando una teoría científica: la teoría estadística. De este modo, la técnica del muestreo evita la observación de cada una de las unidades de una población, permitiendo la generalización de los resultados.

Existen varios métodos para establecer la muestra representativa de la población estudiada. El método de las cotas es una muestra que se construye a imagen de la población a partir de categorías socioprofesionales o de otro tipo. A cada encuestador se le asigna un grupo de individuos a los que tiene que interrogar conforme al plan de "cotas", es decir, al conjunto de personas que representan las características requeridas: por ejemplo, 50 personas, de las cuales 29 deben ser hombres y 21 mujeres; 15 individuos que tengan entre 15 y 24 años de edad. En conjunto, este método ofrece resultados muy satisfactorios.

Para Casalis y Padioleau (*op. cit.*), las ventajas de las encuestas por sondeo son evidentes: permiten obtener con poco gasto y en un plazo muy corto una representación de las opiniones y de los comportamientos de las grandes poblaciones. La encuesta por sondeo excluye a las minorías marginadas de la sociedad, a pesar de que puedan ejercer gran influencia en la vida pública.

El método de los sondeos se basa en algunos principios: se interroga oralmente a un pequeño número de personas; este conjunto constituye estadísticamente una muestra representativa de la población cuya opinión se requiere conocer. La explotación de sondeos consiste, en la mayoría de los casos, en proceder a la descomposición general de cada categoría de respuestas de cada uno de los problemas de manera que se pueda dividir en porcentajes; por ejemplo: el 17% de la población piensa que... ; el 73% ..., etcétera.

Subliminal

En sentido literal, este término designa a lo que está por debajo del umbral de atención del individuo. Así pues, se refiere por extensión a una señal que se halla por debajo de las posibilidades humanas de percepción visual o sonora, pero que es captada por el subconsciente; la comunicación condena esta práctica, pero se ha constituido en la principal herramienta de la publicidad.

El organismo humano se ve poderosamente influido por aquellos mensajes de los que ni siquiera está consciente de haber percibido, pero que de cualquier forma han quedado impresos en su mente. Un sonido demasiado débil puede existir físicamente en la naturaleza, ser detectable por aparatos sensibles y, sin embargo, no ser percibido por el oído humano.

Demócrito (400 a.C.) fue el primero en referirse a este fenómeno, en estos términos: "Mucho de lo perceptible no es percibido por nosotros." Tiempo después, Aristóteles explicó más detalladamente los umbrales de la conciencia subliminal, y todo indica que fue el primero en sugerir que los estímulos no percibidos de modo consciente bien podrían afectar los sueños.

Todo órgano sensorial posee un umbral de sensibilidad, por debajo del cual ciertos fenómenos son demasiado pequeños para llegar a la percepción, es decir, para provocar una reacción mental o física. Dicho de otro modo, el cerebro humano es muy sensible a ciertos fenómenos físicos, pero no es capaz de hacerlos llegar hasta el nivel de la conciencia.

Son fenómenos subliminales todas aquellas técnicas ahora conocidas por la comunicación, y por medio de las cuales millones de seres humanos son manipulados diariamente sin darse cuenta de ello.

Toda persona que haya visto un anuncio publicitario, por ingenuo que parezca, tal vez ha sido embaucada y manipulada por el uso de estímulos subliminales que los profesionales de la comunicación dirigen a sus pensamientos inconscientes. Es prácticamente imposible tomar un periódico o una revista, encender la radio o la televisión, leer un folleto publicitario o ir de compras al supermercado sin correr el riesgo de que seamos bombardeados de manera intencional por mensajes con los que se pretende manipular nuestro subconsciente.

Las técnicas para la creación de mensajes subliminales son utilizadas ampliamente por los medios de comunicación, la publicidad y las agencias de relaciones públicas, compañías industriales y comerciales, y por el mismo gobierno federal. El uso de estas técnicas plantea, por supuesto, serios problemas morales. La comunicación masiva no hace otra cosa que invadir persistentemente nuestra intimidad, considerada por la sociedad occidental como uno de los derechos humanos fundamentales.

Llevada a sus extremos, la persuasión subliminal puede ser todavía más peligrosa para la salud mental. Técnicos muy capacitados están explotando y manipulando con fines comerciales el mecanismo más íntimo, profundo y complicado del sistema nervioso humano, que sigue siendo hasta ahora un misterio para la ciencia.

La base de la eficacia de los medios de comunicación modernos es un lenguaje dentro del lenguaje, con el que se pretende acceder a niveles inferiores a nuestro conocimiento consciente para entrar a los desconocidos terrenos de nuestra inconsciencia, donde se cree que reside la fuente de nuestra capacidad creadora.

Varios teóricos consideran que las intuiciones y todos los demás elementos del proceso creativo de los seres humanos integran, junto con los sueños y la percepción subliminal, un conjunto de conocimientos internos prelógicos que se oponen a los procesos lógicos de la mente a través de los cuales los seres humanos racionalizan sus acciones.

Sus estudios parten de la premisa de que existe algo en el cerebro humano y en el sistema nervioso que responde a la clasificación de "inconsciente" o "subconsciente". Puede demostrarse empíricamente y sin lugar a dudas que esta maquinaria existe como un aspecto vital del comportamiento humano en todas sus manifestaciones.

El funcionamiento de esta maquinaria nos es, prácticamente, desconocido. Lo más que han hecho hasta ahora la ciencia, la filosofía y la tecnología es concebir teorías poco probables sobre el modo en que opera esta parte subliminal del cerebro.

Los datos provenientes de estudios sobre neurología y psicología apoyaron firmemente la conclusión de que los sentidos poseen por lo menos dos niveles de percepción. La información se reúne en lo que podría llamarse nivel cognoscitivo o consciente, escala en la que cada ser humano se da plena cuenta de lo que ocurre. Sin embargo, al mismo tiempo nuestro nivel subliminal también inicia su propio proceso de recopilación de información, que no sabemos cómo llega a nuestro cerebro. Quizás entre la percepción consciente y la inconsciente existan muchos otros niveles, pero basta con estos dos para dejar planteado el problema de la percepción.

Estos dos grandes subsistemas operan en forma independiente, e incluso en oposición directa entre sí. El sistema que procesa los estímulos subliminales parece interesarse sobre todo en contenidos básicos de información emocional. Estas sencillas manifestaciones subliminales de la actividad cerebral siguen presentándose aun si la persona se halla en estado inconsciente.

Tanto nuestro ambiente natural como el creado por el hombre están llenos de influencias percibidas a este nivel subliminal; muchas de ellas continúan siendo subliminales sólo por ser comunes y corrientes, aspectos cotidianos de nuestra vida que pasan conscientemente inadvertidas. Parece extraño que muchos científicos contemporáneos que estudian a la sociedad y el comportamiento humano hayan ignorado, por ejemplo, los efectos subliminales del lenguaje en las relaciones humanas.

El término "percepción subliminal" describe las fuerzas sensoriales del sistema nervioso humano que lo rodean o son reprimidas por la conciencia consciente, fuerzas que, para decirlo más simplemente, se comunican con el inconsciente. Otros nombres científicos quizá más apropiados para este fenómeno son "recepción subliminal", "percepción inconsciente" y "subpercepción."

Los diseñadores industriales incluyen significados subliminales en productos tales como automóviles, botellas de refrescos y bebidas, cigarros, ropa, envases de alimentos, cosméticos, productos farmacéuticos, casas y artículos para el hogar, aparatos y, prácticamente, en todo lo producido para el consumidor.

Los procesos del mensaje subliminal pertenecen a esta categoría. Los mecanismos de percepción subliminal constituyen un material de selección, al utilizar sistemáticamente, por ejemplo, mensajes subliminales incorporados en mensajes explícitos: las reacciones del individuo son entonces determinadas conscientemente por el mensaje normal y más o menos modificadas por el mensaje subliminal incor-

porado. Si en una película de aventuras del viejo oeste, que se proyecta a una velocidad de 24 cuadros por segundo, se incorporan imágenes de diversas golosinas, es prácticamente seguro que la venta de esos productos aumentará en el intermedio. Sin embargo, se trata de una experiencia cuyo alcance es bastante limitado, contrariamente a las esperanzas que muchos publicistas habían puesto en este procedimiento, puesto que el resultado es fugaz y con frecuencia inestable, y no se relaciona con los deseos fundamentales del individuo, sino con motivaciones secundarias, a través de la movilización intelectual del sistema perceptivo, realizada por la trama de la acción.

De modo general, los procesos subliminales se aplican, en teoría, a todos los fenómenos sensoriales susceptibles de traducirse en percepciones del mundo exterior por el individuo. De hecho, para el emisor, el problema consiste en asegurar una variación del mensaje lo bastante lenta para que no sea percibida por el receptor; hay, pues, mensajes que se transmiten para que no sean percibidos, sino simplemente recibidos por el individuo.

En términos de motivación del comportamiento, los estímulos subliminales parecen trabajar mejor cuando pueden relacionar un ápice de un recuerdo inconsciente con los impulsos conscientes. Por ejemplo, un anuncio de cigarrillos podría mostrar una pareja caminando en el campo durante una hermosa tarde de primavera, escena en la cual el lector podría identificarse con uno de los modelos utilizados. Si la palabra "sexo" estuviera sugerida en los árboles o el pasto, el lector recibiría el estímulo para identificarse con uno de los modelos del anuncio, e indirectamente con la marca de cigarrillos.

"Sugerir", en este caso, se refiere a la práctica de ocultar en el fondo de los anuncios palabras o figuras con cargas emocionales. En la actualidad las palabras sugeridas y las ilusiones fotográficas están presentes en casi toda la publicidad creada en Estados Unidos. La palabra sugerida con más frecuencia en la industria publicitaria de ese país es, naturalmente, "sexo".

Los experimentos iniciales de percepción subliminal inducida de manera mecánica se basaron en el taquitoscopio, que consiste simplemente en un proyector de películas con un disparador de alta velocidad, el cual envía mensajes cada cinco minutos a 1/3000 de segundo.

El taquitoscopio se utilizó originalmente para emitir mensajes superpuestos sobre una película cinematográfica en un cine o sobre películas transmitidas por televisión.

Los mensajes a alta velocidad eran invisibles para el pensamiento consciente, pero introducían mensajes al inconsciente del observador, los cuales actuaron sobre un número estadísticamente importante de personas. Durante las seis semanas de prueba de la máquina en una sala cinematográfica, se emitieron anuncios alternados de: "¿Hambriento? Coma palomitas" y "Tome Coca-Cola". A lo largo de esas seis semanas, las ventas de palomitas aumentaron en 57.7% y las de Coca-Cola en 18.1%. Este tipo de publicidad está prohibida en todos los países. (Fuente: Bryan K., W., *Seducción subliminal*, Diana, México, 1993).

Superávit. *Ver* Déficit

Teléfono celular

La siguiente escena es cada día más común en las áreas urbanas: se marcan diez dígitos en el teléfono portátil o celular; mientras el interlocutor responde, el dueño del aparato se desplaza libremente por la ciudad, al tiempo que la señal es captada por las centrales que la compañía proveedora del servicio ha instalado en la zona. Al igual que la duración de la llamada, la respuesta será registrada por dichas centrales y procesada en una computadora, a fin de controlar el estado de cuenta del usuario.

El antecedente de esta innovación tecnológica de reciente aparición son los radios móviles empleados por ambulancias, bomberos o patrullas policiacas. Su aplicación a la telefonía surgió a fines de 1983, fecha en la que fueron otorgadas en Estados Unidos las primeras concesiones a las empresas proveedoras de servicios de telefonía celular.

El uso cada vez más extendido de este nuevo artefacto ha venido a revolucionar los antiguos esquemas de la comunicación. Basada en el principio de la localización, la telefonía celular implica la división de las áreas de una ciudad o un país en zonas de radiotransmisión llamadas "células" o "celdas", cada una de las cuales puede ser cubierta en su totalidad por un solo aparato transmisor -receptor de baja potencia. En el caso de un teléfono trasladado fuera de su célula particular, las llamadas que se hacen o reciben a través de él son conmutadas (enviadas) a un transmisor ubicado en la célula en la que se encuentre.

Cada célula cuenta con la señal de una radiobase que facilita la captación y transmisión de las llamadas a los teléfonos localizados en el área. A su vez, las radiobases se conectan con la central de telefonía móvil celular a través de técnicas computarizadas, de tal forma que, unidas a la red telefónica pública, permiten la comunicación entre teléfonos celulares y convencionales.

En México, la telefonía celular se inició en 1989 en la ciudad de Tijuana, Baja California. El otorgamiento de una concesión para instalar, operar y explotar el Servicio Público de Radiotelefonía Móvil con Telefonía Celular (nombre oficial) es atribución de la Secretaría de Comunicaciones y Transportes.

El país está dividido para estos efectos en nueve regiones, en las que operan las dos compañías que son las más importantes proveedoras de este servicio: Iusacell y Telcel (Radio Móvil Dipsa).

La telefonía celular alcanzó en México un éxito inmediato, pues a un mes de iniciado el servicio se habían rebasado ya las expectativas del primer año de operaciones. Si bien la contratación del servicio en estas épocas iniciales era de un costo muy elevado, su amplia demanda se debió en gran medida a que se le identificó socialmente como un símbolo de prestigio.

A mediados de 1994, los usuarios de teléfonos celulares en México sumaban alrededor de 380,000 y generaban al mes más de 40 millones de llamadas. Se espera que en lo que resta de la última década del siglo este mercado se incremente en forma considerable, debido sobre todo al paulatino abaratamiento del servicio.

La guerra comercial desatada por la telefonía celular ha producido algo más que espectaculares campañas publicitarias. Las mejoras realizadas hasta ahora en el servicio —tales como el ofrecimiento de números especiales de ayuda para los usuarios, el *Roaming* Automático Nacional (que facilita las operaciones de larga distancia), o la atención secretarial adicional, que entre otras cosas, permite que el usuario reciba mensajes pese a que su teléfono esté desconectado— también se derivan de la feroz competencia existente en este campo.

Los teléfonos portátiles son particularmente útiles para los agentes de ventas, operadores de flotillas y profesionales que viajan con frecuencia. El usuario de un teléfono celular puede recorrer las principales carreteras del país o trasladarse a cualquier población de 25, 000 o más habitantes con la confianza de que podrá hacer uso de él en cualquier momento.

Aunque existen cuatro tipos de aparatos celulares (portátil, móvil, celular transportable y residencial), el más común es el portátil —ligero y de tamaño compacto—, que, de acuerdo con datos de la Secretaría de Comunicaciones y Transportes, representa en México el 85% del total de la demanda.

Se ha calculado que, en promedio, un teléfono celular ahorra más de dos horas por semana de citas fallidas, programas retrasados y otros reordenamientos de planes.

Televisión de alta definición

La tecnología de la televisión ha evoluciona-do conjuntamente con el desarrollo de la electrónica. Luego de su masificación, ocurri-da en los años cincuenta, y que la convirtió en un objeto de consumo de elevada demanda, la televisión vio el inicio de un proceso de perfeccionamiento que necesariamente dio como resultado una mayor calidad en la re-cepción de imágenes y sonidos, como conse-cuencia natural de su creciente importancia en la comunicación social.

La necesidad de desarrollar mejores tec-nologías para la televisión responde en con-secuencia a la orientación de la cultura contemporánea hacia la imagen, sustento no sólo de los nuevos métodos educativos sino también de la percepción del mundo propia de nuestra época.

El desarrollo de esta tecnología obedece también al ajuste de la transmisión de imágenes a la naturaleza del ojo humano. Según los especialistas, los aparatos receptores de esta tecnología evitarán la fatiga ocular, dada su alta calidad en la resolución de imágenes.

La tecnología de la televisión convencional permite el despliegue, en la pantalla, de imágenes a color con una resolución (grado de claridad y nitidez) de 650 por 1,200 líneas, muy inferior a la que puede obtenerse en una panta-lla de cine.

Con la televisión de alta definición (High Definition Television, HDTV por sus siglas en inglés) fue posible duplicar la resolución de la televisión convencional. Los primeros pa-sos en este sentido se dieron en 1970, año en que, en asociación con otras empresas japonesas, la cadena nipona de televisión NHK inició los estudios para mejorar en prime-ra instancia la calidad de los aparatos receptores, luego de lo cual pretendería, como segunda fase, el perfeccionamien-to de la transmisión.

Las principales características de la televisión de alta definición son las siguientes:

a) Mayor resolución espacial vertical y horizontal, de aproximadamente el doble de la televisión convencional.

b) Mayor resolución temporal, lo que significa una repro-ducción más fiel de los objetos en movimiento, sin pertur-baciones ni parpadeos.

c) Mejor reproducción del color y eliminación de las interferencias mutuas entre color y cantidad de luz.

d) Pantalla de mayor tamaño y probable manejo del cristal líquido en lugar del cañón de rayos catódicos empleado en los televisores comunes.

e) Varios canales de sonido digital de alta calidad; la señal de sonido que reciben los televisores convencionales es de calidad semejante a la transmitida por las radiodifusoras de amplitud modulada (AM).

f) Transmisión mediante un ancho de banda de 6 megahertz y una sola señal que conjunta video, sonido y color, a diferencia de los televisores VHF (*Very High Frecuency*, de muy alta frecuencia) y UHF (*Ultra High Frecuency*, de ultra alta frecuencia), que reciben señales transmitidas por separado y que precisan de varias antenas de recepción.

La producción de esta nueva tecnología se utilizará en el futuro próximo para proporcionar señales fuente a varios medios de comunicación, entre los que se cuentan los siguientes:

❏ Servicios de radiodifusión por satélite.
❏ Producción de películas cinematográficas.
❏ Presentación electrónica de imágenes en salas cinema-tográficas.
❏ Cinta magnética de video doméstico.
❏ Sistemas caseros de cintas magnéticas y discos.

Televisión interactiva

Los sistemas interactivos de televisión permiten que el espectador ejerza mayor control sobre la elección de los programas que desea ver. Lo habitual hasta ahora ha sido que el espectador tenga que contentarse con lo que progra-men las cadenas de televisión, incluidas las de cable, pero con la construcción en Estados Unidos de la supercarretera de información se prevé que los televisores convencionales y de alta definición (HDTV) captarán fácilmente hasta 500 canales distintos.

Sin embargo, dada la amplísima variedad de programas —alrededor de 10,000— que estará a disposición del públi-co se planteará un nuevo problema: cómo elegir aquel o aquellos que sean de interés para el espectador. El uso del control remoto, que hace posible el traslado rápido entre muchos canales y facilita, en consecuencia, la exploración de la programación, representa por lo pronto la solución de este problema.

Al igual que ocurre con los programas de cómputo *multimedia*, la televisión interactiva ha vuelto obsoleto el concepto mismo de canal de televisión. Ya no es necesario sentarse frente al televisor y esperar algo interesante; ahora, en cualquier momento del día el espectador puede encontrar por sí solo un programa atractivo o un noticiario que lo ponga al tanto de los sucesos más recientes en un campo sujeto a su elección.

Dado que constituyen la base de la información, las noticias son una muestra inmejorable de las extraordinarias opciones que es capaz de ofrecer la televisión interactiva. Si el espectador desea saber, por ejemplo, qué sucedió durante la visita de un alto funcionario a una zona de conflicto armado, puede acceder directamente a esa información y explorarla con todo detalle. Dispondrá primeramente de un resumen de lo ocurrido: la entrevista del funcionario con los líderes del movimiento armado. Si desea detenerse en ciertos fragmentos del diálogo, podrá volver a ellos cuantas veces quiera, gracias a la posibilidad de operar la información como si estuviera contenida en un *videocassette*. Si lo que le interesa es conocer las reacciones mundiales ante el hecho que investiga, dispondrá de inmediato de resúmenes sobre las declaraciones al respecto de personalidades de influencia mundial.

Asimismo, el televidente podrá solicitar información sobre los antecedentes de la entrevista, en cuyo caso verá en la pantalla datos referentes a la situación, la reproducción de un artículo acerca de las razones del conflicto o el comentario del analista político de su preferencia. Su notorio interés en este acontecimiento pone sobre aviso al sistema de su televisión, que en cualquier momento podrá anunciarle en la pantalla que, por ejemplo, está a punto de empezar un debate en vivo entre las partes involucradas en el conflicto.

Si el usuario decide presenciar el debate, podrá incluso enviarles su opinión a los participantes, quienes la recibirán y comentarán en el instante.

Supongamos que, concluido el debate, el espectador decide ver una película; la cantidad de opciones a su disposición es enorme. A través de los servicios a los que esté suscrito, tendrá acceso a extensas filmotecas con películas de todas las nacionalidades, de cualquier época, para todos los gustos y con todas las estrellas del celuloide. De esta manera, a diferencia de lo que sucede con la programación convencional, el criterio del espectador será la única norma para determinar si el contenido de un programa es censurable o no.

Vamos a suponer que el usuario desea ver de nuevo una película que vio hace muchos años pero cuyo nombre no recuerda; las herramientas de búsqueda y exploración de la televisión interactiva le permitirán localizarla en los archivos, aun si la información sobre lo que busca es notoriamente incompleta: que, por decir algo, se trataba de una película francesa protagonizada por dos mujeres que cometían un asesinato y filmada en blanco y negro en los años cincuenta o sesenta. Como respuesta a la búsqueda, en la pantalla aparece una serie de títulos; luego de elegir uno, el usuario puede ver también, en afán de confirmación, el fragmento de una nota sobre el filme elaborada por su crítico de cine preferido. Una vez asegurado de que ésa es la película que buscaba, está en condiciones de solicitársela al sistema, que apenas minutos después comenzará a proyectarla.

Las extraordinarias repercusiones de la televisión interactiva en la educación y el entretenimiento están aún por evaluarse. La videoconferencia y la teleconferencia transmitidas vía satélite son el antecedente directo de esta modalidad de televisión, que rebasará a aquéllas con mucho en la medida en que no sólo hace participar el sentido de la vista, sino también los del olfato y el tacto a través de la emisión de olores y la sustitución del control remoto por pantallas de las llamadas *touch screen*, que permitirán que el usuario cambie de canal o elija la programación de su agrado con sólo "tocar" determinados símbolos.

Al igual que la televisión de alta definición, se espera que la televisión interactiva se popularice a fin de siglo.

TLC. *Ver* Tratado de libre comercio

Tomografía

Desde el simple estetoscopio hasta los modernos sistemas de diagnóstico por computadora, los médicos siempre han requerido instrumentos y tecnologías que les permitan evaluar el estado de salud de una persona, diagnosticar las posibles causas de su malestar y establecer la terapia por aplicar. La necesidad de tecnologías cada vez más depuradas, propia de nuestro tiempo, ha dado origen incluso a una disciplina de reciente aparición: la ingeniería biomédica.

Entre el amplio y complicado instrumental con que los médicos realizan su labor cotidiana, destaca por su importancia y efectividad la tomografía axial computarizada. Desarrollado apenas en el último cuarto de siglo, este procedimiento de diagnóstico consiste en la realización de estudios directos de la estructura craneal con el auxilio de computadoras, lo que ha significado un avance notable en la evaluación de los padecimientos craneales y cerebrales.

La historia de esta nueva rama del saber empezó en los años sesenta. Por aquella década, médicos de diferentes nacionalidades se afanaban en explorar métodos novedosos para el estudio del cráneo y el cerebro, que sólo era posible por medio de técnicas invasivas (las que implican la introducción de una sustancia o un objeto en el organismo).

Uno de los precursores en este campo fue el doctor W. H. Oldendorf, quien —al reflexionar sobre la necesidad de métodos alternativos a los rayos X— escribió en 1963: "Como neurólogo clínico en ejercicio, me enfrento a diario con la necesidad de practicar exámenes traumatizantes (angiografía y ventriculografía), porque la información obtenida por este medio es vital para el cuidado inteligente del paciente. Estos exámenes fueron introducidos en la medicina hace 30 y 40 años, respectivamente, y ninguno de ellos ha cambiado básicamente desde entonces. Cada vez que realizo uno de estos procedimientos primitivos, me pregunto por qué el mundo de la neurología clínica no siente la imperiosa necesidad de buscar alguna técnica que proporcione información directa de la estructura cerebral sin traumatizarla. Fue esta firme convicción la que impulsó el desarrollo de un sistema teóricamente capaz de producir un despliegue, en sección transversal, de las diferencias de radiodensidad dentro de un objeto irregular tal como la cabeza. Al momento de escribir estas líneas, ningún sistema biológico ha sido estudiado por este método, cosa que en realidad puede resultar completamente inútil en un conjunto casi tan homogéneo como el cerebro, pero que se expone aquí sólo como un posible enfoque del problema."

Lo que para Oldendorf era entonces una simple aproximación teórica, años más tarde se convertiría en realidad. Y, curiosamente, quien hizo posible el descubrimiento de este método no fue un neurólogo clínico ni un médico, sino un ingeniero en electrónica. Investigador de una importante compañía inglesa fabricante de discos y aparatos de grabación con la que Los Beatles realizaron buena parte de su producción discográfica, Godfrey N. Hounsfield se dedicaba entonces a poner a prueba las tecnologías que iban apareciendo en el campo de la electrónica, principalmente las relacionadas con las computadoras.

Entre 1969 y 1971, Hounsfield estudió y desarrolló los primeros prototipos de tomografía computarizada con la ayuda de especialistas en la materia. El problema principal consistía en resolver lo que ya en 1917 había predicho el matemático australiano Radon: la posibilidad matemática de que un objeto tridimensional pudiera ser reconstruido a partir del cálculo infinito de todas sus proyecciones.

Por otra parte, aunque desde principios de siglo se sabía que ciertos cristales emiten luz visible cuando son expuestos a los rayos X, esta cualidad no había sido explotada en el campo de la radiología. A partir de tales antecedentes, Hounsfield postuló un novedoso sistema que consistía en realizar un rastreo o barrido con un haz muy delgado de rayos X al tiempo que se efectuaban mediciones con un fotomultiplicador de la luz emitida por un cristal detector; el procesamiento de estos datos con una computadora proporcionaría abundante información con la que sería posible reconstruir una imagen decenas de veces más precisa que la obtenida mediante los procedimientos habituales.

Para los primeros experimentos se empleó un viejo torno adaptado para hacer las veces de cama giratoria. En él se fijaron los objetos que serían estudiados, como el cerebro de un buey o el tórax de un cerdo, a los cuales se les hizo girar en el ángulo deseado. Se utilizó una fuente de americio de

rayos gamma para irradiar el objetivo, y se calculó la transmisión fotónica por medio de un detector de cristal de yoduro sódico. Si bien la computadora tardaba dos horas y media en hacer su trabajo, la alimentación de los datos duraba mucho más, pues entonces se hacía mediante tarjetas perforadas.

Luego de incansables ensayos se perfeccionó el primer equipo de tomografía computarizada, instalado en 1971 en un hospital londinense. La prueba definitiva se realizó con una mujer de 41 años que padecía, al parecer, un tumor en el lóbulo frontal izquierdo; una computadora modelo ICL 1905, propiedad de la empresa donde trabajaba Hounsfield, proporcionó los resultados gráficos en 80 minutos.

Desde entonces a la fecha, el funcionamiento básico de la tomografía axial computarizada es el siguiente: un tubo de rayos X hace un rastreo horizontal y perpendicular al eje del cuerpo a través de la cabeza del paciente, mientras que en el lado opuesto los cristales detectores siguen con detalle los movimientos de los rayos. Dividido el cráneo en 240 franjas, se mide en cada una la cantidad de fotones que atraviesan; al concluir, el cabezal donde se localiza el tubo de rayos X gira un grado y el procedimiento se reanuda.

Después de 180 repeticiones, medio círculo alrededor del paciente, cada detector ha realizado más de 40,000 lecturas. Con esta información la computadora calcula más de 25,000 coeficientes de absorción de los tejidos cerebrales. Con los equipos modernos, la imagen resultante puede observarse en el monitor de la propia computadora o imprimirse para su análisis posterior.

En la actualidad, las técnicas de radiodiagnóstico se han diversificado. El desarrollo de la investigación nuclear y sus aplicaciones en la medicina han hecho posible que hoy se cuente con la bomba de cobalto, las gammagrafías y la resonancia magnética nuclear como otras tantas armas para diagnosticar enfermedades y padecimientos.

Totalitarismo

Se denomina *totalitarismo* al sistema político en el que no se admite ningún tipo de oposición al gobierno ni a los sujetos que ejercen el poder. Un solo partido, de naturaleza obviamente gubernamental, detenta la representación popular, además de que todos los medios de expresión se hallan férreamente controlados por el Estado. Es el sistema opuesto a la democracia.

Sus antecedentes históricos se remontan a la antigüedad griega y romana y el despotismo oriental. Franz Neuman ha dicho que tanto el régimen espartano como el Imperio Romano de la época de Diocleciano fueron "dictaduras totalitarias".

Entre las experiencias de esta índole en la Europa contemporánea destaca el caso de Italia, donde hacia mitad de los años veinte se hablaba ya de Estado "totalitario" para caracterizar al Estado fascista como opuesto al liberal.

Además, en su sentido netamente político, el término fue utilizado por primera vez justamente por Benito Mussolini y sus opositores en el periodo 1923-1925.

El uso de este vocablo para designar a todas o algunas de las dictaduras unipartidistas fascistas o comunistas se generalizó después de la Segunda Guerra Mundial. En esta misma época se formularon las teorías más completas sobre el tema, las de Hannah Arendt (*The Origins of Totalitarism*, 1951) y Carl J. Friedrich y Zbigniew K. Brzezinski (*Totalitarism Dictatorship and Autocracy*, 1956), las cuales coinciden en señalar al totalitarismo como una forma novedosa de dominio político, dado que es capaz de alcanzar un grado de penetración y movilización de la sociedad que no tuvieron regímenes similares en el pasado. Ambas concepciones subrayan tres aspectos centrales del régimen totalitario: 1) una ideología oficial, 2) el terror policiaco y 3) un partido único de masas. Friedrich y Brzezinski resaltan además el control monopólico de los medios de comunicación y de los instrumentos de violencia, así como la dirección centralizada de la economía. La Alemania nazi de Hitler y la URSS de Stalin son citadas habitualmente como el prototipo de los sistemas totalitarios.

Son propiedades del totalitarismo la tendencia constante a reforzar la unidad, el aniquilamiento de la oposición, el reclamo por parte de la autoridad de un conocimiento superior —si no es que hasta infalible— del modo como se ha de dirigir el gobierno, y la consagración de una "élite que se autoperpetúa" en el poder. La ideología que subyace en todo ello justifica la concentración del poder y las opresivas restricciones impuestas a grupos e individuos como medio necesario para conseguir un fin que se cree previsto en la naturaleza o en la historia.

Transbordador espacial

Desde el lanzamiento del satélite soviético *Spútnik*, ocurrido en 1957, la carrera espacial entre la entonces Unión Soviética y Estados Unidos aceleró el diseño de prototipos de naves espaciales cuyo objetivo, hasta los años setenta, fue principalmente la investigación. Sin embargo, los altos costos de los vehículos generaron, en Estados Unidos, el interés por buscar aplicaciones comerciales que pudieran financiar el desarrollo de la investigación aeroespacial. De tal suerte, la fabricación de un prototipo que conjugara las ventajas de un avión, pero que resistiera las condiciones hostiles de la estratosfera, fue una idea incubada desde la época de las misiones *Apolo*. La Administración Nacional para la Aeronáutica y el Espacio de Estados Unidos (NASA por sus siglas en inglés), inició el diseño y la fabricación del primer taxi espacial, a principios de los años ochenta, cuando ya la aeronáutica comercial había probado, sin suerte, el avión supersónico.

El taxi espacial es un híbrido de avión y nave espacial. El despegue lo realiza verticalmente, tal y como lo hacen los cohetes tradicionales en una plataforma, y el aterrizaje lo efectúa horizontalmente, sobre una pista muy parecida a la de un aeropuerto.

La primera nave de este tipo puesta en servicio fue un aparato estadounidense llamado *Columbia*; su lanzamiento se realizó el 12 de abril de 1981.

La estructura del transbordador espacial consta de tres partes principales:

1. La nave propiamente dicha, también llamada orbitador, muy similar a un avión de 37 m de largo y 24 m de envergadura; éste es más o menos el tamaño de un avión de línea. Pesa 68 ton y puede transportar hasta 30 ton de carga útil en su bodega cilíndrica de 18 m de largo.

2. El depósito de propergoles (las sustancias combustibles que producen gases para la propulsión de los cohetes), tanque que contiene oxígeno e hidrógeno líquidos, que actúan como combustibles de la nave. Ésta es la única parte del aparato que no es recuperable, pero es también la más costosa.

3. Los dos cohetes de aceleración, que tienen por objeto facilitar el despegue al proporcionar impulso extra.

En total, el transbordador mide 56 m de altura y puede transportar a siete personas para una misión de una semana de duración. Cada nave puede volver a utilizarse aproximadamente un centenar de veces. Algunas de sus funciones son la puesta en órbita de satélites artificiales, así como su inspección y reparación con la ayuda de un brazo teledirigido.

Uno de los objetivos principales del programa del transbordador es colocar en órbita una estación espacial de gran magnitud. Sin embargo, el programa sufrió un considerable revés: en enero de 1986, el transbordador *Challenger* estalló a 75 segundos de haber despegado.

Las investigaciones posteriores demostraron que una falla en el depósito de propergoles, no detectada por el avanzado equipo de cómputo, causó el lamentable accidente donde murieron los siete tripulantes, todos de nacionalidad estadounidense.

Antes de este suceso, las misiones de los orbitadores contaban con tripulaciones multinacionales en las que participaban pasajeros representantes de países que contrataban el servicio para la puesta en órbita de satélites de comunicación. Tal fue el caso de los satélites mexicanos *Morelos* I y II, puestos en órbita en junio y noviembre de 1985, respectivamente. En la misión 61-B del transbordador *Atlantis*, participó el primer astronauta mexicano, el doctor Rodolfo Neri Vela, quien viajó como especialista de carga útil.

La utilización del transbordador espacial es, en principio, de origen militar y estratégico. Asimismo, se le ha empleado para la puesta en órbita y la recuperación de satélites de comunicaciones y de estudio. Pero se considera que en el futuro podrá emplearse en el transporte comercial, con ahorro de tiempo y a un costo parecido al de un avión comercial.

Hasta 1993 se habían construido cinco transbordadores: *Enterprise* (prototipo empleado en pruebas), *Columbia*, *Challenger* (destruido en 1986), *Atlantis* y *Endeavour*.

Principales etapas de una misión espacial del transbordador
1. Lanzamiento, apoyado por dos cohetes laterales de aceleración, a 40 km de altitud.

2. Puesta en órbita, a aproximadamente 120 km de altitud; la nave propiamente dicha se separa del gran depósito de carburante, ya inútil, que se quemará en las capas densas de la atmósfera.

3. Despliegue de un satélite después de la apertura de las puertas de la bodega.

4. Retorno a la atmósfera, con el vientre al frente para reducir, por frotamiento sobre las capas atmosféricas, la velocidad orbital (28,000 km/h). Al ocurrir esto, ciertas partes de la nave (tobera y bordes de las alas) alcanzan una temperatura de 1,500°C. El aterrizaje se realiza en una pista como la de un aeropuerto, a 350 km/h.

El transbordador soviético
La Unión Soviética, pionera en la puesta en órbita de satélites artificiales y en la realización de viajes espaciales tripulados, se quedó a la zaga en muchos aspectos de la tecnología espacial. Tratando de alcanzar a su entonces rival militar, puso en órbita su primer transbordador espacial, sin tripulación, el 15 de noviembre de 1989. El *Burán*, después de haber dado dos vueltas a la Tierra, se posó en la pista de aterrizaje del cosmódromo de Baikonur.

Este ingenio también tiene la capacidad de poner en órbita satélites artificiales y cargas de elevado peso, así como la de recuperarlos. Mide 24 m de envergadura, 36.4 de longitud y 16.5 de altura. Su compartimento de carga tiene una capacidad de 30 ton. Aterriza como un avión caza, a una velocidad de 340 km/h.

Su casco está revestido por fuera con losetas de fibras de cuarzo que absorben el excesivo calor producido por la fricción. Los motores son alimentados por medio de tanques de propergol que, en conjunto, tienen una capacidad de 14 ton.

Aunque el primer viaje del *Burán* no fue tripulado —por razones de seguridad y experimentación—, se pretende hacer pruebas más intensas antes de enviar en él, o en naves similares, a los tripulantes (cosmonautas) y a otros científicos que ejecutarán misiones específicas.

Tratado de libre comercio
Cuando dos o más países soberanos se comprometen a eliminar sus mutuos obstáculos al comercio y la inversión, establecen entre ellos lo que se conoce como un tratado de libre comercio. Este acuerdo supone la creación de un conjunto de reglas que hagan posible eliminar los aranceles (impuestos a la importación de mercancías) y otros impedimentos no arancelarios (como los permisos de importación) existentes en sus relaciones comerciales, así como la determinación de procedimientos que permitan dirimir las controversias que puedan surgir como resultado del acuerdo.

Un tratado de esta naturaleza debe ofrecerles tanto a inversionistas como a exportadores las necesarias garantías sobre los intercambios que puedan realizar. En consecuencia, en él han de detallarse plazos y modalidades de desgravación arancelaria y reglas para determinar el origen de los productos.

Uno de los rasgos peculiares de este tipo de acuerdos es que la supresión de trabas aduaneras y comerciales entre las naciones firmantes no implica de ningún modo la eliminación de aranceles en sus relaciones con terceros países ni la modificación de su tradicional régimen de comercio con ellos. Ésta y las demás disposiciones reguladoras de este tipo de integración forman parte del artículo XXIV del Acuerdo General sobre Aranceles Aduaneros y Comercio (GATT).

Conforme a estas normas, un tratado de libre comercio es compatible con la disciplina del GATT siempre y cuando cumpla con las disposiciones generales del organismo y: *a*) cubra todo el comercio entre los países participantes, *b*) se instrumente en un periodo de transición razonable, *c*) prevea aranceles para terceros países no mayores a los anteriormente vigentes y *d*) contenga reglas de identificación del origen de los bienes en él incluidos.

Esta modalidad de integración económica (las otras son el acuerdo de preferencias comerciales, la unión aduanera, el mercado común y la unión económica) puede ser considerada como un término medio entre un acuerdo de preferencias comerciales y formas de integración más avanzadas. Se diferencia de aquél en su intención expresa de eliminar aranceles y no únicamente de suscribir arreglos comerciales de carácter bilateral o multilateral para el otorgamiento de ciertas preferencias, como sería el caso de la Commonwealth británica, formalmente instaurada en la Conferencia de Ottawa de 1932 para la concesión de preferencias bilaterales entre Inglaterra, Canadá, Australia, Nueva Zelandia, la India y los demás países antiguamente pertenecientes al imperio británico.

Por su parte, los estadios más avanzados de integración no se limitan a la eliminación de los aranceles y demás obstáculos al comercio, sino que adoptan un arancel externo común frente a terceros países, como en el caso de la unión aduanera, o incluso el libre movimiento de capital y trabajo, como en el del mercado común.

Entre los tratados de libre comercio celebrados en los últimos años destaca el suscrito entre Estados Unidos y Canadá en 1988, cuya amplia cobertura incluye compro-

misos para la eliminación paulatina de barreras comerciales, mecanismos de consulta y arbitraje para la solución de controversias y liberalización de algunos rubros del sector servicios.

El más reciente acuerdo de este tipo es el Tratado de Libre Comercio de América del Norte (TLC, o NAFTA por sus siglas en inglés, derivadas de *North America Free Trade Agreement*) establecido entre México, Estados Unidos y Canadá y que empezó a operar el primero de enero de 1994. Su importancia radica en los siguientes aspectos:

a) Vincula a dos de los países más desarrollados del mundo con un país de desarrollo intermedio, al que en consecuencia se le brindan plazos de desgravación arancelaria especiales en función de las asimetrías económicas entre los tres países.

b) Constituye un acuerdo de amplia cobertura, ya que además de la eliminación de barreras al comercio aborda temas como la inversión, los derechos de propiedad intelectual, los procedimientos para la solución de controversias, la revisión de asuntos en materia de *antidumping* (ver *Dumping*) y cuotas compensatorias, y las compras del sector público, entre otros.

c) Formaliza acuerdos complementarios de cooperación en materia ambiental y laboral para proteger y mejorar la ecología y garantizar el bienestar de los trabajadores de los tres países.

d) Propiciará el establecimiento de nuevos acuerdos de esta naturaleza, pues el grado de complementación que alcancen las tres economías participantes y los enormes recursos con los que cuentan —no sólo naturales, sino también financieros, tecnológicos y humanos— repercuti-

rán sin duda tanto en el ámbito regional como en la vinculación de éste con los demás países y bloques económicos, lo que tenderá a modificar los términos de competencia. Numerosos países, lo mismo en América Latina que en Europa del Este y otras regiones, están hoy vivamente interesados en participar en procesos de integración que les ofrezcan mejor acceso a los distintos mercados y muchas otras ventajas comerciales.

Tratado de Maastricht. *Ver* Maastricht, tratado de

Trauma

Este término sirve para describir cierta afectación de la conducta o determinadas obsesiones de las personas. Acuñado a partir de los vocablos griegos *trauma* y *atos*, que significan "herida", implica en sentido figurado un choque emocional que deja huella en el subconsciente. Sin embargo, esta palabra tiene además otro significado, de uso común en la medicina, y específicamente en la patología.

Los traumatismos se definen a su vez como aquellas lesiones orgánicas producidas por agentes mecánicos, físicos o químicos, mientras que traumatología es la rama de la medicina dedicada al estudio y tratamiento de esas lesiones. De acuerdo con la bibliografía médica, el traumatismo mecánico es el ocasionado por el choque o impacto violento del cuerpo contra elementos externos, tal como ocurre en accidentes automovilísticos, aplastamientos, derrumbes o arrastres. Las lesiones propias de este tipo de traumatismo son contusiones, heridas, fracturas, esguinces, ruptura de los vasos sanguíneos y de los tendones o daños musculares, entre otras.

Agentes físicos causantes de traumatismos son el calor (que provoca quemaduras), la electricidad (electrocuciones), el frío (congelaciones), las radiaciones y las explosiones. En cambio, los traumatismos químicos resultan del contacto con productos cáusticos, ácidos o gases, y en general con cualquier sustancia tóxica.

Así como es posible atender en el hogar los pequeños traumatismos, los de mayor gravedad requieren hospitalización inmediata y una terapia que puede ser compleja. En este caso, las complicaciones más frecuentes son el *shock*, la anemia hemorrágica aguda, las embolias grasas y gaseosas y la pérdida significativa de tejidos.

Los traumas psicológicos son de naturaleza completamente distinta, pues aunque es posible que su origen se encuentre en un hecho físico (un accidente, la muerte de alguna persona o una agresión violenta), no se localizan en ningún órgano del cuerpo en particular y su tratamiento no requiere de quirófanos ni botiquines. Su naturaleza es de carácter emocional, y tienden a dejar huella en el subconsciente de quien los sufre.

Según los expertos en psicología y psicoanálisis, todo ser humano padece al menos un trauma en su vida: aquel que se produce en el momento mismo del nacimiento. Aunque en este punto parecen coincidir las distintas corrientes de estas disciplinas, difieren en las consecuencias "traumáticas" del hecho. Al respecto, Sigmund Freud (1856-1939) escribió en su libro *El problema de la ansiedad*: "El proceso de nacimiento constituye la primera situación de peligro. El trastorno económico que ocasiona el nacimiento se convierte en el prototipo de la reacción de ansiedad; ya hemos seguido la línea de desarrollo que conecta a este primer peligro, la primera situación suscitadora de ansiedad, con todas las subsiguientes, y al hacerlo vimos que todas conservan algo en común, en cuanto que todas significan una separación de la madre, primero en el aspecto biológico, luego en el sentido de la pérdida directa de un objeto, y finalmente en el de la pérdida de un objeto en formas indirectas."

Por su importancia en el desarrollo posterior de la personalidad, los traumas infantiles han sido desde siempre un campo de estudio privilegiado por los especialistas en la materia. Entre ellos se pueden citar las restricciones, la acción de orinar y el llanto patológico.

Para el doctor Phyllis Greenacre, autor del libro *Trauma, desarrollo y personalidad*, el término *restricción* es amplio, pero en todas sus formas está presente una situación común: no se permite la respuesta espontánea de la cual es capaz el sujeto. La restricción se puede aplicar por medios físicos, como el acto de atar o fajar el cuerpo del niño o de encerrar al infante, o a través de vías psicológicas, mediante el uso de amenazas, advertencias y prohibiciones. Según la fase de desarrollo en que se encuentre el niño, las restricciones pueden ser un factor causante de "negativismo crónico, terquedad, obstrucción o falta de concentración"; la restricción temprana prolongada, que impide la espontánea canalización de los estímulos, podría desembocar en una erotización física general y agudizar los problemas asociados con este aspecto.

Otras situaciones relacionadas con el trauma se vinculan estrechamente con el desarrollo físico y psicológico de las personas. Así, en la pubertad y la adolescencia se presentan experiencias —como la menstruación, el desarrollo sexual o los primeros contactos sexuales— cuya complejidad e intensidad para los jóvenes puede provocar ciertos traumas, debidos en ocasiones al simple desconocimiento de la ocurrencia de tales hechos.

De acuerdo con sus características, no debe descartarse la posibilidad de que el trauma psicológico esté íntimamente relacionado con el complejo cultural que nos rodea, pues es ahí donde adquieren significado los sentimientos y las emociones asociados con la experiencia traumática, y donde toman cuerpo las posibles vías para cerrar las heridas que, según la concepción original, los traumas provocan.

Virus de las computadoras. *Ver* Seguridad en sistemas de cómputo

ÍNDICE ALFABÉTICO

CRÉDITOS Y RECONOCIMIENTOS

P. 8: Radial Press/Clasos Press; **P. 17 izq.:** Archivo General de la Nación/Hermanos Mayo, Alfabético-General, s.8072; **P. 17 der.:** Museo de América; **P. 27:** Archivo General de la Nación/Hermanos Mayo, Alfabético-General, s.9.340.1; **P. 32:** Dibujo de J.M. Folon, SPADEM París 1987; **P. 35:** Comunicaciones Canadá; **P. 37:** Asociación Olímpica Canadiense; **P. 39:** © Dimitri Ponomareff/Pono Presse; **P. 40:** Asociación Canadiense de Radiodifusores; **P. 42:** G. Dagli-Orti; **P. 43:** Magnum; **P. 45:** Lannion/CNET; **P. 46:** Revista Época/México; **P. 48:** Colección X; **P. 51:** Archivo Gráfico LA PRENSA; **P. 53:** P. Vauthey/Sygma; **P. 54:** © Perry Mastrovito/Réflexion; **P. 55:** Colección Viollet; **P. 67:** R. Capa/Magnum; **P. 69:** H. Josse; **P. 71:** J.-L. Charmet; **P. 75:** Giraudon/Lauros; **P. 78:** Museo Jeu de Paume/foto H. Josse; **P. 83: R. Capa/Magnum; P. 85:** Colección Babigeon, foto S.R.D.; **P. 86:** Tomada de De Icaza, Claudia, *Gloria y Jorge: Cartas de amor y conflicto*, 2a. ed., EDAMEX, 1993, pág. 158; **P. 89:** J.-L. Charmet; **P. 93:** J.P. Germain; **P. 94:** Museo de la Prefectura de Policía, París, foto S.R.D.; **P. 98:** M. Riboud/Magnum; **P. 99:** Sociedad Canadiense de la Cruz Roja, división de Quebec; **P. 103:** Museo Carnavalet/J.-L. Charmet; **P. 107:** © Corel Stock Photo Library, Corel Professional Photos, Corel Corporation; **P. 108:** © P. Roussel/Publiphoto; **P. 110:** © Michel Ponomareff/PonoPresse; **P. 113:** © Michel Ponomareff/PonoPresse; **P. 119:** Revista Época/México; **P. 124:** Archivo Gráfico LA PRENSA; **P. 129:** Revista Época/México; **P. 130:** Babout/Rapho; **P. 135 arriba:** Colección X; **P.136:** NOVOSTI/Gamma Liaison; **P. 139:** Kharbine/Tapabor; **P. 146:** R. Laboye; **P. 150:** J.-L. Charmet; **P. 151:** Ch. Simonpietri/Sygma; **P. 154:** Garnotte; **P. 159:** Garnotte; **P. 165:** J.-L. Charmet; **P. 174:** De Selva/Tapabor; **P. 186:** W.O. Vic Johnson/foto de las Fuerzas Canadienses; **P. 191:** A. Le Bot/Diaf; **P. 195:** AP; **P. 202:** © Michel Cloutier/F.T.Q.; P. 208: Michel Gascon/Réflexion; **P. 215:** © Corel Stock Photo Library, Corel Professional Photos, Corel Corporation; **P. 225:** Archivo General de la Nación/Hermanos Mayo; **P. 231:** Babout/Rapho; **P. 232:** Textos reproducidos con permiso de la Dra. Alicia Reyes, Capilla Alfonsina.

Las viñetas en color que aparecen en los capítulos "La comunicación y la vida privada", "La comunicación y la vida social" y "La comunicación y la vida profesional", así como en el "Prontuario de dudas", fueron elaboradas por Luis Enrique Flores Vázquez, a solicitud expresa de Reader´s Digest México.

Las fotografías cuyos créditos no aparecen en esta página fueron tomadas por Óscar Pugliese, a petición expresa de Reader´s Digest México.

Los mapas de las páginas 13, 28 y 29 fueron preparados por Armando Vázquez, a solicitud expresa de Reader´s Digest México.